本书为地方高水平大学创新团队华东政法大学
"全面建设新时代社会主义市场经济的法治创新"项目
阶段性成果

公司·金融·法律译丛

Principles of Corporate Finance Law
second edition

公司金融法律原理

(第二版)

〔英〕艾利斯·费伦(Eilís Ferran)
〔马来西亚〕何禄赞(Look Chan Ho) 著

罗培新 沈志韬 译

北京大学出版社
PEKING UNIVERSITY PRESS

著作权合同登记号　图字：01-2018-3758
图书在版编目(CIP)数据

公司金融法律原理：第二版/（英）艾利斯·费伦，何禄赞著；罗培新，沈志韬译. —2版. —北京：北京大学出版社，2021.5
（公司·金融·法律译丛）
ISBN 978-7-301-32106-5

Ⅰ.①公… Ⅱ.①艾… ②何… ③罗… ④沈… Ⅲ.①公司—融资—法律—研究 Ⅳ.①D912.290.4

中国版本图书馆 CIP 数据核字（2021）第 061128 号

ⓒ Eilis Ferran, Look Chan Ho, 2014
Principles of Corporate Finance Law, 2e, by Eilis Ferran, Look Chan Ho was originally published in English in 2014. This translation is published by arrangement with Oxford University Press. Peking University Press is solely responsible for this translation from the original work and Oxford University Press shall have no liability for any errors, omissions or inaccuracies or ambiguities in such translation or for any losses caused by reliance thereon.

《公司金融法律原理》（第二版）英文版于 2014 年出版。此翻译版本经牛津大学出版社授权出版。北京大学出版社负责原文的翻译，牛津大学出版社对于译文的任何错误、漏译或歧义不承担任何责任。

书　　　　名	公司金融法律原理（第二版） GONGSI JINRONG FALÜ YUANLI（DI-ER BAN）
著作责任者	〔英〕艾利斯·费伦（Eilis Ferran）　〔马来西亚〕何禄赞（Look Chan Ho）　著　罗培新　沈志韬　译
责任编辑	王　晶
标准书号	ISBN 978-7-301-32106-5
出版发行	北京大学出版社
地　　　　址	北京市海淀区成府路 205 号　100871
网　　　　址	http://www.pup.cn
电子信箱	law@pup.pku.edu.cn
新浪微博	@北京大学出版社　@北大出版社法律图书
电　　　　话	邮购部 010-62752015　发行部 010-62750672　编辑部 010-62752027
印　刷　者	三河市博文印刷有限公司
经　销　者	新华书店 965 毫米×1300 毫米　16 开本　37.5 印张　插页 1　757 千字 2012 年 3 月第 1 版 2021 年 5 月第 2 版　2021 年 5 月第 1 次印刷
定　　　　价	109.00 元

未经许可，不得以任何方式复制或抄袭本书之部分或全部内容。
版权所有，侵权必究
举报电话：010-62752024　电子信箱：fd@pup.pku.edu.cn
图书如有印装质量问题，请与出版部联系，电话：010-62756370

2011年6月,作者与译者于剑桥大学持第一版原著合影

2012年5月,作者与译者于剑桥大学持第一版译著合影

中译本序言

我非常高兴地看到,《公司金融法律原理》一书被译成了中文。

这本书与我在剑桥大学开设的一门课程有着很深的机缘。剑桥大学面向国际学生开设了"公司金融法律"的法律硕士课程,过去多年来,我很荣幸地成为这门课程的主讲教师。这门课程的出发点是,作为商事活动的一种工具,公司形态之所以受到广泛的青睐,其深层次的原因是融资方面的考量,而这后来也成为我写作本书的初衷。通过公司形态,无论是初出江湖的创业者,还是在业内已享有一定声望的公司管理者,都可以综合运用大量的融资工具和结构,以筹集他们所需的资金,从而最为有效地发展壮大公司。与此同时,在管理和分散财务风险方面,公司形式也是效率极高而且行之有效的一种机制。的确,在近期金融市场动荡不安的情形之下,世界各国的政策制定者已经达成共识,要求金融机构通过设立独立的子公司,将高风险的批发业务从更为稳定的零售业务中分离出去。它表明,自19世纪创设公司形式以来,与公司形式息息相关的根本特征,时至今日,依然关乎我们当下问题的解决。因而,学者与学生研习公司金融法律规范,也正是研讨当代经济活动的核心问题。

关于公司法、证券监管、信用与担保方面的优秀著述并不在少数,与之相比,本书为何依然能够脱颖而出?本书的独特之处在于,它对公司金融的集中关注,使其能够将这三个不同的法律领域有机整合成一部著作,并以系统全局的眼光来开展研究。在英国,这本书是第一部以该种方式对公司金融法律问题展开研究的著作。

本书主要关注的是英国的法律,然而,在诸多领域,相关法律规范在欧盟层面制定,然后转化为英国国内法律制度并加以实施。此外,英国的法律还受到国际标准的影响,证券监管领域的法律尤其如此。本书细致地分析了不同层面的立法是如何相互影响的,并对其原因作出了解释。与此同时,本书还对监管的根本政策目标以及在实践中达成这一目标的障碍,进行了全面彻底的分析。通过经常援引各国学者关于公司金融的卷帙浩繁的著述,我试图使本书不至于成为一本干巴巴地描述各类细致规则的、枯燥无味的著作。在努力达成这一妥当平衡的过程中,多年来,我的学生们给了我巨大的帮助。因为有了他们,我的一些不成熟的观点才获得了实地检验的机会。

公司金融方面的法律是一个非常具有活力的领域。它所面临的层出不穷的压力、挑战和机会意味着它总是变动不居,总是需要不断调整。这种适应与变革的进程,正在以日益开放和国际化的方式进行着。这也意味着,在通常情况下,一国进行的变革至少会成为其他国家考虑采取变革的起点。在本书中,我不仅试图阐释英国(以及欧盟)的规则是什么,而且还试图解释它们为什么会这样,以及它们将要达成什么目标。我衷心希望这些思考能够对中国的读者有所助益。

2011年6月,在剑桥大学圣凯瑟琳学院,我和罗培新教授有过一场愉快的会谈。他的智慧与勤勉,给我留下了深刻的印象。在将本书译成中文的过程中,罗培新教授付出了巨大的心力,在此谨致深深的谢意。

艾利斯·费伦(Eilís Ferran)教授
剑桥大学法学院院长
剑桥大学法学院公司法与商法研究中心主任
2011年12月12日

前 言

自本书上一版问世以来,金融市场经历了前所未有的压力。尽管银行和其他金融机构处于这场风暴的中心,但是它们所面临的问题也影响了普通商业公司的融资活动。规制公司融资行为的法律体制和监管框架所暴露出的问题,引发了大量的私人诉讼,也推动了监管制度的大变革。

换句话说,我在写新版书时有许多工作要做。我要特别感谢合著作者Look Chan Ho 的加入,他负责本书的第十一章和第十二章。感谢剑桥大学公司金融专业的多位法律硕士生对各章节草稿提供的反馈意见,感谢 Demetrio Maltese(2012—2013 级法律硕士生)为研究工作提供的具体帮助。我还要感谢剑桥大学 JM 凯恩斯金融经济学基金的受托人,他们为研究工作提供了资助。

这份书稿于 2013 年 8 月交付出版商,书稿反映了我们对当时法律法规和实践的了解和认识。但我们也简要地提到了从交稿到最后校对过程中所发生的重大变化。

还值得称赞的是,牛津大学出版社编辑和工作人员的专业精神和敬业精神。

艾利斯·费伦
2013 年 11 月

债务融资的法律制度和相关实践不仅是对金融危机的回应,而且是在危机中发展起来的。本书目前已经跨越了两次金融危机。本书第一版名为《公司法与公司金融》(Company Law and Corporate Finance),是在亚洲金融危机后出版的,而这一版本将在全球经济危机后,世界经济开始复苏时出版。

自从《公司法与公司金融》一书问世以来,作为它的崇拜者,我很高兴能为书中关于债务融资的两章作出贡献。

对于费伦教授的美意,我深表感谢,也赞同她对牛津大学出版社的赞扬。

何禄赞
Look Chan Ho
2013 年 11 月于伦敦

目　录

缩略词表	1
案件索引	7
法律索引	8

第一部分　概　述

第一章　监管框架	3
本书的范围	3
股份有限公司的类型	4
公司融资的监管框架	8
第二章　作为资金筹集和财务风险管理工具的公司形态的运用和滥用	13
本章探讨的问题	13
股份有限公司的显著特征	14
公司集团	24
第三章　资本结构——法律、会计和融资的基本考量	49
本章的范围	49
股权资本术语	49
普通股份发行的会计处理	51
普通股的特征	53
债权融资的术语	55
简单债务的特征	57
混合证券概述	58
证券估值	60
资本结构	62
英国公司的融资来源	66
中小企业的外部股本来源和风险投资的功能	67
资本市场：大公司的资金来源	69
有效资本市场	71

第二部分 法定资本

第四章 股本的构成 …… 83
- 研究范围 …… 83
- 单个股份的最低价格：面值 …… 83
- 最低资本 …… 87
- 已配售、已发行的权益股本 …… 96
- 股份的支付 …… 100
- 股份溢价 …… 113
- 其他形式的出资 …… 120
- 股本 …… 120

第五章 股份发行 …… 122
- 本章的范围 …… 122
- 规范股份发行活动：实现平衡 …… 122
- 股东利益特殊保护的情形 …… 123
- 《2006年公司法》规定的股东权力 …… 129
- 《2006年公司法》的法定优先购买权 …… 132
- 优先权的不适用：所有的公司 …… 139
- 不适用或者排除优先权：私人公司 …… 146
- 与股份发行相关的其他形式要求 …… 147

第六章 股份类别 …… 148
- 本章概述 …… 148
- 股份的法律性质 …… 149
- 股份的金融要素：资本和股息 …… 150
- 股份的权利：可转性 …… 159
- 股份的权利：投票权 …… 159
- 公司与其注册股东之间关系的法律性质 …… 159
- 股份权利的变动 …… 163

第七章 资本维持与资本减少 …… 179
- 债权人利益保护：引言 …… 179
- 英国资本维持制度的发展演变 …… 184
- 法定程序之下的减资 …… 191
- 法院批准程序 …… 193
- 偿债能力声明程序的减资：只适用于私人公司 …… 197
- 减少资本与协议安排：对两个案例的研究 …… 200

特殊的减资程序 203
第八章　股份回购和可赎回股份 205
　　导论 205
　　关于赞成或反对公司拥有回购股份/发行可赎回股份的权力的论争 205
　　评估机构的考量 211
　　欧洲的维度 212
　　过度放松管制？ 214
　　《2006年公司法》反对公司取得自身股份的一般法律规则 215
　　股份回购——《2006年公司法》所要求的授权 216
　　法律对回购条款及方式的其他限制 220
　　股份回购的会计安排 220
　　库藏股 222
　　运用资本回购自身股份：仅及于私人公司 224
　　有关股份回购合同事项的法定变更 227
　　金融服务局关于股份回购的规定 228
　　股份回购中《收购守则》的含义 229
　　发行可赎回股份的授权要求 230
　　《2006年公司法》关于回赎可赎回股份的其他要求 231
　　与股份回购及可赎回股份相关的类别权利问题 231
　　股份回购与可赎回股份和少数股股东的保护 232

第九章　对股东的分配 233
　　投资者的预期 233
　　股息政策的决定因素 235
　　对股息政策决定的规制 239
　　分配的制定法规则 245
　　不合法的分配行为 255
　　其他问题 261
　　进一步的改革？ 264

第十章　财务资助 268
　　禁止提供财务资助——一些基础问题 268
　　为什么要禁止提供财务资助？ 270
　　禁止提供财务资助是否具有正当性？ 273
　　法律框架概览 276
　　关于财务资助的"定义" 276
　　财务资助被禁止的情形 285

财务资助的目的 　291
无条件的例外 　296
有条件的例外 　297
提供非法财务资助的刑事制裁 　300
非法财务资助的民事后果 　301

第三部分　公司债务融资

第十一章　公司债务融资——总体考虑因素　311
本部分的范围 　311
无担保的贷款——概述 　312
透支 　314
定期贷款 　318
债权融资与公司治理 　341

第十二章　担保之债　348
担保债权人的优势 　348
关于担保债务的经济视角 　350
政策——合同自由居于支配地位 　353
双方同意的担保利益 　354
担保权益的标的——可以用作担保的财产的形态 　362
合意的不动产担保形式 　364
固定抵押和浮动抵押——它们关键特点的比较 　370
浮动抵押的性质 　373
固定抵押或浮动抵押的确定 　376
固定抵押或浮动抵押的分类及担保财产的性质
　　——以账面债权设定抵押 　381
Agnew 案和 *Spectrum* 案之于其他资产类别的后果 　386
对于 *Spectrum* 案件之后的状况的评估 　388
浮动抵押的固化 　389
相同财产所负载的竞争性权益的优先权规则 　393
抵押的登记——要求的概览 　397
登记要求——详情 　399
变革 　404

第四部分　资本市场融资

第十三章　股权证券的公开发行　409
- 本部分的范围　409
- 上市的原因　409
- 在哪上市？国际上的选择　417
- 在哪上市？国家（英国）和区域（欧盟）的选择　419
- 欧盟资本市场监管　421
- 在英国实施欧盟法律：概要介绍　424
- 正式上市——它在英国的持续重要性　425
- 另类投资市场交易的准入标准　432
- 股份公开发行的形式　433
- 发行价格的确定——承销和询价　434
- 招股说明书的强制性披露原则　436
- 强制性招股说明书披露制度的运作　437
- 规范公开发行和许可交易的证券法的实施——概述　454
- 有缺陷的招股说明书在英国导致的民事责任——合同的撤销　456
- 有缺陷的招股说明书的民事责任——赔偿请求权　460
- 虚假的招股说明书的民事责任——评估　469
- 针对有缺陷的招股说明书的行政制裁　471
- 针对有缺陷的招股说明书的刑事责任　472
- 私人公司公开发行证券　473
- 上市公司的定期和非定期的披露义务　476
- 源于《透明度义务指令》的发行人披露义务　476
- 获准在受管制市场中交易的发行人每年披露公司治理信息　479
- 另类投资市场发行人的定期披露　479
- 非定期披露义务　480
- 定期和非定期财务披露的民事责任　481
- 行政和刑事制裁　484

第十四章　股权证券的国际发行和上市　486
- 导论　486
- 建立国际发行监管框架的战略　487
- 为国际发行活动创建监管框架：国际标准的实际运用　494
- 证券跨境发行和上市的真正单一的监管制度：欧盟护照　506
- 外国发行人的上市条件及减让　514

没有招股说明书护照的跨境股份发行活动
　　——利用欧盟法律的豁免　　　　　　　　　　517
简单的跨大西洋的比较　　　　　　　　　　　　519

第十五章　公司债券　　　　　　　　　　　　　　　525
导论　　　　　　　　　　　　　　　　　　　　525
债券、发行人的资本结构和融资选择　　　　　　527
债券的条款　　　　　　　　　　　　　　　　　529
债券发行的结构　　　　　　　　　　　　　　　536
债券的上市与发行　　　　　　　　　　　　　　538
债券的二级市场交易：对热点问题的简要说明　　544

索引　　　　　　　　　　　　　　　　　　　　　　548

法律逻辑的精细之美
　　——译后记　　　　　　　　　　　　　　　　576
智识恒久远，学术永留传
　　——第二版译后记　　　　　　　　　　　　　580

缩略词表

ABI	Association of British Insurers	
	英国保险人协会	
ABL	Asset-Backed Lending	
	资产担保贷款	
ADR	American Depositary Receipt	
	美国存托凭证	
AGM	Annual General Meeting	
	年度股东大会	
AIM	Alternative Investment Market	
	另类投资市场	
ASIC	Australian Securities and Investments Commission	
	澳大利亚证券和投资委员会	
BBA	British Bankers Association	
	英国银行家协会	
BCBS	Basel Committee on Banking Supervision	
	巴塞尔银行监管委员会	
BIS	Department for Business, Innovation and Skills	
	英国商业、创新和技能部	
CAPM	Capital Asset Pricing Model	
	资本资产定价模型	
CDO	Collateralized Debt Obligation	
	担保债权凭证	
CESR	Committee of European Securities Regulators	
	欧洲证券监管委员会	
CJEU	Court of Justice of the European Union	
	欧盟法院	
CoCo	Contingent Convertible Bond	
	或有可转换债券	
CRA	Credit Rating Agency	
	信用评级机构	
CSD	Central Securities Depository	
	中央证券存管机构	

D&O	Directors and Officers	
	董事和高级管理人员	
DR	Depositary Receipt	
	存托凭证	
DTI	Department of Trade and Industry	
	贸易工业部	
DTR	Disclosure and Transparency Rules	
	《披露与透明度规则》	
ECLE	European Company Law Experts	
	欧洲公司法专家	
ECOFIN	Economic and Finance Ministers	
	经济和财务大臣	
EEA	European Economic Area	
	欧洲经济区	
EGC	Emerging Growth Company	
	新兴成长型公司	
EMIR	European Market Infrastructure Regulation	
	《欧洲市场基础设施规定》	
ENRC	Eurasian Natural Resources Corporation Plc	
	欧亚自然资源公司	
ESA	European Supervisory Authority	
	欧洲监管机构	
ESMA	European Securities and Markets Authority	
	欧洲证券和市场管理局	
EU	European Union	
	欧洲联盟(欧盟)	
FASB	Financial Accounting Standards Board	
	财务会计准则理事会	
FCA	Financial Conduct Authority	
	金融行为监管局	
FEE	Federation of European Accountants	
	欧洲会计师联合会	
FLS	Funding for Lending Scheme	
	贷款融资计划	
FRC	Financial Reporting Council	
	财务报告理事会	
FRSSE	Financial Reporting Standard for Smaller Entities	
	《小企业财务报告准则》	

FSA	Financial Services Authority	
	金融服务局	
FSAP	Financial Services Action Plan	
	《金融服务行动计划》	
FSMA	Financial Services and Markets Act 2000	
	《2000年金融服务与市场法》	
GAAP	Generally Accepted Accounting Principles	
	《公认会计准则》	
GDR	Global Depositary Receipt	
	全球存托凭证	
HMT	HM Treasury	
	英国财政部	
IAIS	International Association of Insurance Supervisors	
	国际保险监管协会	
IAS	International Accounting Standards	
	《国际会计准则》	
IASB	International Accounting Standards Board	
	国际会计准则理事会	
ICAEW	Institute of Chartered Accountants in England and Wales	
	英格兰和威尔士特许会计师公会	
ICAS	Institute of Chartered Accountants of Scotland	
	苏格兰特许会计师公会	
ICE	Intercontinental Exchange Inc	
	洲际交易所	
ICMA	International Capital Market Association	
	国际资本市场协会	
ICSD	International Central Securities Depository	
	国际性中央证券存管机构	
IDS	International Disclosure Standards	
	《国际披露准则》	
IFRS	International Financial Reporting Standards	
	《国际财务报告准则》	
IMA	Investment Management Association	
	投资管理协会	
IMS	Interim Management Statements	
	中期业绩报告	
IOSCO	International Organization of Securities Commissions	
	国际证监会组织	

IPO	Initial Public Offering	
	首次公开发行	
ISDX	ICAP Securities & Derivatives Exchange	
	英国毅联汇业证券和衍生品交易所	
JOBS	Jumpstart Our Business Startups	
	《促进创业企业融资法案》	
LIBOR	London Inter-Bank Offered Rate	
	伦敦银行同业拆借利率	
LMA	Loan Market Association	
	贷款市场联合会	
LR	Listing Rules	
	《上市规则》	
LSE	London Stock Exchange	
	伦敦证券交易所	
MAC	Material Adverse Change	
	重大不利变化	
MAD	Market Abuse Directive	
	《市场滥用指令》	
MiFID	Markets in Financial Instruments Directive	
	《金融工具市场指令》	
MJDS	Multi Jurisdictional Disclosure System	
	跨法域披露制度	
MM	Modigliani-Miller	
	Modigliani-Miller 理论	
MRSO	Mutual Recognition of Securities Offerings	
	证券发行的相互承认	
MTF	Multilateral Trading Facility	
	多边交易系统	
NAPF	National Association of Pension Funds	
	国家养老基金协会	
NOMAD	Nominated Adviser	
	提名顾问	
OFT	Office of Fair Trading	
	公平交易办公室	
ORB	Order book for Retail Bonds	
	零售债券指令簿	
OTC	Over-the-Counter	
	场外交易	

OTF	Organized Trading Facility	
	有组织的交易设施	
PAL	Provisional Letter of Allotment	
	临时发行函	
PDR	Prospectus Directive Regulation	
	《招股说明书指令条例》	
PIK	Payment in Kind	
	实物支付	
PIRC	Pensions Investments and Research Consultants	
	养老金投资和研究顾问	
PLC	Public Limited Company	
	公众有限公司	
PR	Prospectus Rules	
	《招股说明书规则》	
PSM	Professional Securities Market	
	专业证券市场	
QIB	Qualified Institutional Buyer	
	合格机构购买者	
RIE	Recognized Investment Exchange	
	被认可的投资交易所	
RIS	Regulated Information Service	
	监管信息服务系统	
ROT	Retention of Title	
	所有权保留	
SQC	Small Quoted Company	
	小型债券上市公司	
SFC	Securities and Futures Commission	
	证券及期货事务监察委员会	
SIV	Special Investment Vehicle	
	特别投资工具	
SLIM	Simpler Legislation for the Internal Market	
	简化国内市场立法	
SME	Small and Medium-Sized Enterprises	
	中小企业	
SPE	Societas Privata Europaea	
	欧洲私人公司	
SPV	Special Purpose Vehicle	
	特殊目的实体	

SUSMI	Substantial US Market Interest
	实质性美国市场利益
T2S	Target 2-Securities
	Target 2 证券法算平台
UKLA	UK Listing Authority
	英国上市监管局
WACC	Weighted Average Cost of Capital
	加权后的平均资本成本

案件索引

书中案件索引请查看二维码,索引中页码为原书页码,本书边码。

法律索引

书中法律索引请查看二维码,索引中页码为原书页码,本书边码。

第一部分

概　述

第一章 监管框架

本书的范围

英国的商事组织法律形态包括非法人个体经营者、社会团体、合伙、信托[1]以及注册成立的有限责任公司或无限责任公司、有限责任合伙、社会公益团体(社会企业)以及慈善组织。还包括互助组织,如为其成员或集体谋利的工业及互助会等。在上述众多的商事形态中,有限责任公司是最为普遍的且具有重大经济意义的现代商事组织。[2] 公司拥有这一突出的地位,是因为其作为一种组织形式,有着其他类似商业组织所不具有的优势:通过公司,人们可以控制资金风险,从投资者中筹集大量资金,同时将日常经营交给数量相对较少的经理人士。[3] 国家通过其公司法律制度提供这些制度

---

[1] 最近,商业信托作为融资工具在新加坡经历了复苏:TH Wu, "The resurgence of 'Uncorporation: The Business trust in Singapore'" [2012] JBL 683。商业信托在美国的使用:GC Walsh and MJ Michaels, 'The State of Statutory Business trusts in the United States' (2013) 19 *Trusts & Trustees* 681。

[2] 截至 2010 年 11 月末,共有 2,455,400 家公司在英国注册,其中只有 0.3% 为公众公司,6,000 家无限责任公司。至 2011 年 3 月 31 日,将近 200 万家已注册的公司发行了 100 英镑或更少的股本,只有不到 14,000 家公司发行了 1000 万英镑或更多的股本。截至 2010 年至 2011 年底,注册的有限合伙企业超过 18,000 家,注册的有限责任合伙企业约 43,000 家。以上数据均来自公司注册处《2010/11(2011)公司注册活动的统计表》。在一项代表商业、创新和技术部 (BIS)进行的"2012 年小企业调查"中,调查结果显示,中小型企业(SMEs)雇主的主要法律状态为,私人有限公司(52%)、独资企业(27%)以及合伙企业(12%);BMG Research, *Small Business Survey 2012: SME Employers* (April 2013)。2013 年,在英国有将近 1200 万家微型企业(micro-businesses)被定义为小型注册公司,以及符合资格的合伙企业;针对上述企业,在以下三个标准中应满足两个:总资产负债表 289,415 英镑(350,000 欧元);净收入 578,830 英镑(700,000 欧元);在一个财年中,平均有 10 位员工。BIS, *Simpler Financial Reporting for Micro-Entities: The UK's Proposal to Implement the 'Micros Directive'* (BIS, 2013) 9。

[3] 有限责任合伙的组织结构在筹集资金方面也具有一定的优势。《2000 年有限责任合伙法》引入了这一组织形式。一些大型的专业公司,例如会计师和律师事务所,最早采用了这一组织结构。然而,在一些小型的商事组织中,这种组织形式则更晚才得到采用,这可能是因为相关法律框架非常粗陋:M Lower, 'What's on Offer? A Consideration of the Legal Forms Available for Use by Small-and Medium-sized Enterprises in the United Kingdom' (2003) 24 *Company Lawyer* 166;J Freedman and V Finch, 'The Limited Liability Partnership: Pick and Mix or Mix-up?' [2002] JBL 475。

优势。[4] 公司法的这些特征，激励着贸易和商业活动的开展，并且在促进企业创办和投资方面发挥着关键的作用。[5]

公司法设定了公司的基本特征，这些特征使得在为商业融通资金方面，公司成为一种具有独特吸引力的组织形式。正因为如此，本书以公司法为起点，并将触角延伸至与公司融资相关的其他领域的法律。包括本章在内的第一部分，介绍了与英国公司融资相关的市场与监管框架，并梳理了公司可资利用的降低财务风险的种种方法。第二部分与公司法有关，重点在于与有限公司股份发行融资方式特别相关的公司法律规范。第三部分回顾了与公司债权融资相关的一些主要法律问题。公司金融理论认为，公司通过股份发行、收益留存和债权融资等种种方式的结合，来为其运作提供资金支持。因而，如果有关公司融资法律制度的著作不包括与公司借贷相关的法律规范（尽管这本身已经是一个宏大的范畴）方面的内容，则显然是不完整的。本书的最后一部分，也就是第四部分，考察了证券法的方方面面。资本市场是公司融资的宝藏，然而，如要利用这一资源，公司必须承担大量的义务，特别承担旨在支撑市场发挥有效分配资源和维护投资者信心的机制的信息披露义务。

通观全书，本书探讨的范围与根据《2006年公司法》《1985年公司法》及以前的公司法成立并注册的公司息息相关。[6] 虽然有可能根据公司立法成立无限公司[7]或担保有限公司[8]，但本书主要探讨股份有限公司。

股份有限公司的类型

股份有限公司可分为公众公司和私人公司。虽然就经营规模、市值和雇员人数等方面而言，公众公司均远远胜过私人公司，但在所有注册的公司中，只有大约1%的公司是公众公司。公众公司与私人公司之间的差别，在公司法律中有明确的体现。法律规定，除了少数例外的情形之外，每一家公司必须在其名称的后缀中标明其地位："公众有限公司"（缩写为plc）或者"私

---

[4] 这些特征，特别是公司财产免受股东自己的债权人追索这一特征（这对于公司的交易相对方而言，具有重要意义，因为这一特征使他们相信，只有他们才对公司的财产享有请求权）无法完全通过合同来复制。H Hansmann and RR Kraakman, 'The Essential Role of Organizational Law' (2000) 110 *Yale Law Journal* 387。

[5] HM Treasury and BIS, *The Plan for Growth* (March 2011).

[6] 公司也可以通过皇室特许状或国会的特别法令而成立，但以这些方式成立公司的情形现在并不普遍。

[7] 无限公司不受资本维持原则的规制，因而可自由地将资本返还给其成员。

[8] 非营利的组织往往采取这种公司组织形式。

人有限公司"(缩写为Ltd)。[9] 公众公司与私人公司的最根本区别在于,只有公众公司获许通过向投资大众发行股份和其他证券来筹集资本。[10] 这一限制是"众筹"平台需要应对的,"众筹"平台通过向多位投资人分别吸纳相对小额投资的方式,为创新的目的而募集资金。[11] 另外,有关公众公司与私人公司的公司立法之差异,还体现在股份资本的筹集与维持等方面。笼统而言,私人公司比公众公司的运作机制更为宽松。[12] 适用于公众公司的更为严格的规则,通常派生于欧盟(EU)的法律,欧共体的成员国有义务将这些规则转化为国内法律。另外,私人公司还免予承担公司法施加的某些管理义务,例如召开年度股东大会(AGM)和设置公司秘书。[13]

为便于阐述,通常比较方便的是对公众公司与私人公司进行如下比较:公众公司拥有大量股东,其中每一位股东持有少量股份,事实上并不承担管理职能;而私人公司拥有少数几位股东,其中大多数股东或者所有股东都从事公司经营管理。当然,这种做法不应当掩盖以下事实:被归类在"公众"公司和"私人"公司旗号下的公司,有着种种不同的类型与规模。在英国,私人公司的股东人数没有上限。私人公司也可以拥有与典型的公众公司相类似的管理结构,也就是说,私人公司的绝大多数股东也可以不直接参与公司经营管理。另一方面,公众公司的股东基数也可以非常少;近年来,公众公司股东人数的最低要求一直在松动,现在降到最低可以是一名股东,与私人公司保持一致。[14] 然而,遵循针对公众公司的苛刻要求所带来的负担,通常会阻遏小型企业谋求公众公司的地位,至少在小企业已经累积了足够声望从而可以把向外部投资者融资作为一种可行选择之前,情形是如此。而就公众公司而言,重要的是认识到,总会有一些公司,其股权如此分散以至于所有股东或股东群体都只拥有少量股份;也总会有另外一些公司,其中一名股东或股东群体拥有大量股权资本。[15] 在美国和英国最大的公众公司中,股权分散的所有权结构非常普遍,但在世界上其他地方,公众公司经常被单一股东或持股集中的股东集团所控制。[16] 随着股权分散程度的增大,任何一

---

[9] 《2006年公司法》,第58—65条。
[10] 同上,第755条。
[11] O Stacey, S Lovegrove, and D Murphy, 'Crowdfunding: Possibilities and Prohibitions (2012) 23(1) PLC18.
[12] 《2006年公司法》第17—18部分,本书第二部分对此将作细致分析。
[13] 同上,第336条(要求公众公司召开年度股东大会)和第270条(不要求私人公司设置公司秘书)。
[14] 同注[12],第7条。
[15] ES Herman, *Corporate Control, Corporate Power* (CUP, 1981) ch 3。BR Cheffins, *Corporate Ownership and Control: British Business Transformed* (Oxford: OUP, 2008)。
[16] RJ Gilson, 'Controlling Shareholders and Corporate Governance: Complicating the Comparative Taxonomy' (2006) 119 *Harvard Law Review* 1641.

名股东要对公司施加某种形式的实际控制,其持股比例的要求也相应降低了。[17]

所有或者绝大多数股东参与管理的公司,有时被描述为"准合伙"公司,这反映了其管理结构类似于合伙这一事实。准合伙公司往往是只有数名股东的私人公司。公司法并未专门认可准合伙公司这一类别,但是,法律不要求私人公司遵循特定的管理要求,从而认可了可能会存在一些公司,在这些公司中,划分一类公司主体(董事)与另一类公司主体(股东)既无必要也不适当。准合伙公司已经获得了与小股东保护相关的判例法的认可。当公司行为背离了各方实际达成的协议时,申请人可以寻求救济。[18] 上议院(现为最高法院)称,就准合伙公司而言,各方实际达成的承诺,通常可见于各方在缔结社团时的谅解之中。[19]

在会计和审计要求方面,公司法为"小型""中型"私人公司和"小型"公司集团设定了更为宽松的要求。无论是营业额、资产负债总量还是雇员人数,小型公司的要求都相对较低。[20] 出于法定会计规则和豁免审计要求方面的考虑,许多准合伙公司会选择满足小型公司的标准。另外,"上市"[21]和"非上市"公司所适用的会计规则也会有所差异,上市公司必须遵循更多的财务披露要求。[22] 而在法律的其他方面,特别是有关透明度和股东权利方面,上市公司还必须另外承担更为繁重的义务。[23] 公司法所认可的另一种公司类型,是作为大公司集团的组成部分的公司。公司集团必须遵循特定的会计要求。某些法律规则也专门适用于集团内部的公司。然而,英国的公司法并未对公司集团设定专门的规范。

---

[17] JE Parkinson, *Corporate Power and Responsibility* (Oxford: OUP, 1993) 59—63.
[18] *O'Neill and anor v Phillips and ors*, *Re a company* (*No 00709 of 1992*) [1999] 2 BCLC 1, [1999] 1 WLR 1092, HL.
[19] 同上。
[20] 《2006年公司法》第381—384条,第444—445条和第465—467条;2008年《小型公司和集团(会计账簿和董事报告)规定》,SI 2008/409;2008年《大型、中型公司和集团(会计账簿和报告)规定》,SI 2008/410;2013年《关于2006年公司法(战略报告和董事报告)的规定》SI 2013/1970(会计和备要求)》;第477—499条,以及《2012年公司和有限责任合伙规定(会计、审计豁免和审计框架变更)》,SI 2012/2301(审计豁免的条件)。
[21] 《2006年公司法》第385条将上市公司界定为在英国或者欧洲经济区的其他国家上市或者获准在纽约股票交易所或者纳斯达克市场上市交易的公司。
[22] 参见《2006年公司法》第15部分第6章(上市公司的董事薪酬报告要求)、第7章(财务报表的披露要求)和第9章(公司成员对董事薪酬报告的审批)。2013年,修订了与董事薪酬相关的规定,修订内容包括:修改了董事薪酬报告的内容,规定公司成员对薪酬政策享有具有拘束力的投票权(《2013年企业和监管改革法案》《2013年大型、中型公司和集团(会计账簿和报告)(修正案)规定》,SI 2013/1981。2013年《关于2006年公司法(战略报告和董事报告)的规定》,SI 2013/1970也针对温室气体排放问题,向上市公司施加了新的披露义务。
[23] 例如,参见《2006年公司法》第13部分第5章(与公司会议相关的条款)和第16部分第5章(公司成员提出审计事项的权利)。

尽管出于种种特定目的，法律认可了不同类型的公司形态，但笼统而言，在根本上可以将英国公司法理解为，同样一套法律框架适用于所有公司，而不论这些公司在股东或雇员人数、管理结构或资金运作的规模等方面存在多大差异。当然，不时有人提出建议，要为小型公司确立一套独立的公司形式[24]，但在《2006年公司法》颁布之前围绕公司法修订所进行的一场重要的审议，专门反对了这一选择。[25] 在那场论争中，反对将一套别具一格的公司监管框架适用于小型公司的一个强有力的理由是，这种就特殊事项设定的门槛，会成为成长的障碍。[26] 相反，政府试图通过修订公司法并使其更有效地为小型公司所利用，以解决小型公司面临的问题。[27] 这部法律修订的步伐，并没有大到彻底改头换面以优先回应小型公司需求的地步（"首先考虑小的"）。在审议公司法的修订时，人们也曾经考虑过要对其进行大幅调整，但在立法进程中，一些更为雄心勃勃的计划被缩减，其结果是法律的基础架构保持不变，但对于小型公司具有特别重要意义的条款却面目全非。而且，在自始至终的立法过程中，人们付出种种努力以更为易懂的语言来表述这部法律。

相关政府管理部门，即商业、创新和技术部（BIS），于2010年对《2006年公司法》的影响力作了评估；评估显示，虽然公司充分了解公司法，并在一些情形中能充分遵守、适用该法律，但大部分公司对该法律的附加价值（如灵活性、节省成本）等仍持中立意见。[28] 公司法关于私人公司内部决策程序（决议及会议）的修改，被认为尤其有利于公司的灵活性，且有利于节省成本。但总体而言，超过三分之一的公司不同意公司法已被简化的观点；这或许说明，公司法的修订还需假以时日才能深入人心，其好处才能被人们认识到。

使英国成为全欧洲范围内设立公司、筹措融资、经营公司的最佳场所，在政治上是一项优先任务。在世界经济论坛的全球竞争力指数排名中，英国在1998年排名第4，在2010年则下滑至第12；许多政治家们认为，沉重的监管负担是导致排名下滑的因素之一。[29] 就公司法而言，英国首相于2010年4月发起了"挑战繁文缛节"运动，这项运动最终产生以下结果：修改了公司、商业名称的管理制度，计划放松对少于10人公司（微型企业）的会计要

---

[24] 例如，*A New Form of Incorporation for Small Firms*（Cmnd 8171, 1981）。参见WJ Sandars, 'Small Businesses—Suggestions for Simplified Forms of Incorporation' [1979] JBL 14。2011年1月，商业、创新和技术部再次提出了这种可能性，目的是降低小企业主的成本，但尚未就这一问题提出更详细的建议。但正如下文将讨论的那样，根据这一倡议，部分法律规定已有所放松，其目的在于减少"繁文缛节"的规定。
[25] DTI, *Modernising Company Law* (Cm 5553, 2002) paras 1.5—1.6.
[26] DTI, *Modernising Company Law*, paras 1.5—1.6.
[27] DTI, *Company Law Reform Small Business Summary*, URN 05/927.
[28] ORC International, *Evaluation of the Companies Act 2006* (BIS, 2010).
[29] HM Treasury and BIS, *The Plan for Growth*.

求,并简化了其他细节要求。[30] 但上述变化更注重微调细节规定,并未进行大刀阔斧、影响深远的改革。

公司融资的监管框架

大量的组织,包括本国和区域性(例如欧盟)立法机构、国内和国际标准设定组织,以及私人部门和自愿性组织,提供着法律和非法律的基准、原则、标准、指引和规则,它们共同构成了规制英国公司融资活动的监管框架。这些大量的监管活动有着一个共同的目标,即构建最理想的命令和激励框架,以施加于市场主体,从而激励值得追求的行为并遏制不值得追求的行为。这套监管框架的主要因素包括如下数项。

立法

《2006 年公司法》是关于公司设立、运作和规制的最主要立法。这部法律适用于设立于大不列颠(英格兰、威尔士和苏格兰)的公司,也适用于在英国其他地区和北爱尔兰设立的公司。[31]

《2006 年公司法》试图使公司法更加适应现代商业的需要。在此次立法作出的大范围修订中,绝大部分内容是以政府任命的专家组在 1998 年至 2001 年间对公司法的独立评估为基础。这一名为"公司法指导小组"的专家小组完成了一系列咨询文件,并帮助达成了支持改革的广泛共识。[32] 然而,并非《2006 年公司法》的所有条款都是全新的,其中一部分只是《1985 年公司法》相关条款的重述;这些规定被认为是可取的,故被纳入《2006 年公司法》。正如一位政府发言人称,更好的做法是"将新的立法做成更像一部完备的公司法典,以满足绝大多数使用者的需求"。[33] 将《2006 年公司法》做成一部接近完备的法典的目标已经实现。《1985 年公司法》只在为了某些特

---

[30] 〈http://twww.redtapecballenge.cabinetoffice.gov.uk/2013/02127-02-1:13-businesses-to-be-cut-free-from-company-red-tape/〉(2013 年 7 月访问)。

此项举措在一定程度上反映了在欧洲层面的发展状况:欧洲议会和欧盟理事会于 2012 年 3 月 14 日制定的 2012/6/EU 号指令,修正了理事会 78/660/EEC 号指令关于某些微型公司年度报表的规定[2012]OJL81/3,简化了微型企业的地位。2012/6/EU 号指令包含于对欧盟会计制度框架更加全面的修订中,该框架于 2013 年 6 月 26 日转化适用于各国的国内法:欧洲议会和欧盟理事会于 2013 年 6 月 26 日制定的 2013/34/EU 号指令,规定了年度财务报表、合并财务报表、部分企业的相关报告等事项,修订了欧洲议会和欧洲理事会 2006/43/EC 号指令,并废除了欧洲议会 78/660/EEC 号指令、83/349/EEC 号指令,[2013]OJL182/19。

[31] 《2006 年公司法》第 45 部分,将英国大陆的法律拓展至北爱尔兰(以前情形是如此)。

[32] 关于公司法指导小组的工作以及公司法改革的进程,可参见 E Ferran, 'Company Law Reform in the UK' (2001) 5 *Singapore Journal of International and Comparative Law* 516。

[33] Lord Sainsbury, *Hansard*, HL vol 682, col 795 (23 May 2006)。

定目的的范围内具有效力,而这并不属本书的讨论范围。

《2000年金融服务与市场法》(FSMA)规定了诸多事项,这其中,该法为公开发行证券和许可在受规制市场进行证券交易等事项,提供了监管框架。作为一部框架性法律,它包含了监管体制的一些基础要素,但更多的细节规定则体现在授权立法中。《2000年金融服务与市场法》的相关授权立法,主要体现为(英国财政部(HMT)发布的)关于法定金融工具的规则和金融行为监管局(FCA)在其监管手册中发布的规章。《金融行为监管局手册》包括《招股说明书规则》(PR)、《上市规则》(LR)、《披露和透明度规则》(DTR)。当金融行为监管局以上市事务主管当局身份行事时,可以将自己称为英国上市监管局(UKLA)。

《1986年破产法》及其细则规定了公司破产行为。另外,这部分法律还包含着与有偿债能力的公司的清算相关的法条。《1986年破产法》被多次修改,其中一次修改是在《2002年企业法》所做的影响深远的改革中完成的。除其他规定外,《2002年企业法》严格限制了破产中行政接管程序的适用。

作为欧盟的成员国,英国有义务将欧盟层面通过的立法转化为国内生效的法律。在英国,大量的与公司融资相关的国内公司法,都能在欧共体法律中找到根基。在证券公开发行及交易许可方面的法律法规受欧洲的影响更为显著。近年来,对于欧共体的政策制定者而言,创建一套监管框架以促进真正一体化的"泛欧"(pan-European)资本市场的发展,一直是其优先考虑的目标。为实现这一目标,欧盟颁布了大量的集权型法律。成员国拥有一定的自由裁量权以颁行其自身的附加标准,然而,与资本市场监管政策相关的重大决定,仍然在欧盟层面、而不是在国内层面作出。

内部宪章性文件

在规范自身内部事务时,公司享有相当大的灵活性。在历史上,公司被要求置备由两套文件构成的宪章:备忘录和公司章程。《2006年公司法》保留了备忘的概念,但后者不再拥有宪章的意义,因为法律要求(以及允许)公司备忘录载明的内容是,认购者愿意成立一家公司,并承诺成为公司成员,而且在公司拥有股权资本的情况下至少每人持有一股。对于那些成立于《2006年公司法》颁布之前、并且在备忘录中有详细的宪章性规定的公司,那些规定现在被视为公司章程条款。[34] 除非公司章程有特别的例外规定,公司的目的不受限制。[35] 公司一旦注册,即可以行使法人公司的所有

---

[34]《2006年公司法》第28条。
[35] 同上,第31条。

功能。[36]

现在,公司章程构成了主要的宪章性文件,当然这一文件可以被股东会决议或协议所补充。[37] 公众公司、私人股份有限公司、私人保证有限公司的标准章程格式,则由《2006 年公司法》的授权立法予以规定。[38] 如果公司章程没有注册为公司宪章的一部分,则章程的相关标准格式将自动适用;或者公司章程虽获得注册,但只要它们没有排除或者改变相关的标准章程条款,则章程的标准条款仍将适用。[39] 然而,在遵守一般法律的某些制约的情况下,公司章程可以偏离标准格式。

公司法对于公司与股东之间以及股东自身之间的章程,赋予了合同的法律效力。[40]

判例法

司法对于英国公司法的发展作出了重大的贡献。公司法的主要功能之一就是调整董事和股东之间的利益冲突。而且,在历史上,法院要求董事承担的大量职责,与法院要求受托人履行的职责相类似,从而发挥了此种功能。过去数十年来,虽然成文法有所增加,但在有关董事的一般义务方面,判例法始终是首要的源泉。《2006 年公司法》在这方面有了重大突破,因为它以成文法表述了董事义务。[41] 这一关于董事一般义务的成文法描述,取代了普通法与司法所创造的衡平规则[42],然而,这些关于一般义务的规定,仍然需要像适用普通法规则或者衡平原则那样去解释和适用,而且在解释和适用这些一般义务时,要对相应的普通法规则和衡平原则予以关注。[43] 在议会审查后来成为《2006 年公司法》的法案时,一位政府发言人称,很明显,对于适用于其他种类的信义关系的普通法规则和衡平原则的发展,法院应继续保持关注,以使该成文法义务的发展与适用与别的地方的法律的发展保持一致。[44] 普通法与衡平原则在多大范围内继续有效,以及司法在有关董事义务方面拥有多大的"发展"空间,仍不明确。

政府为这一转变的正当性提供的理由是,成文法的表述将使董事的义

---

[36] 《2006 年公司法》第 16 条第 3 款。
[37] 同上,第 17 条。
[38] 2008 年《公司(标准章程)》规章,SI 2008/3229,经《2013 年精神健康(歧视)法》第 3 条修改。
[39] 《2006 年公司法》第 20 条。
[40] 同上,第 33 条。
[41] 同上,第 10 部分,第 2 章。
[42] 同上,第 170 条第 3 款。
[43] 同上,第 170 条第 4 款。
[44] Lord Goldsmith, *Hansard*, vol 678, GC col 243(2006 年 2 月 6 日)。

务更为连贯、确定,更便于运用,也更容易理解。[45] 2000 年关于《2006 年公司法》影响力的调查显示,大多数在案例研究中受访的股东和公司,对于将董事义务法典化,以及促使董事关注其责任和义务,均持肯定态度。[46] 但令人遗憾的是,该调查还指出,将公司行为法典化的影响力甚微。

守则与指令

要全面审视英国境内股权分散的公司所处的监管环境,就必须超越传统的法律渊源,这一点,可以从一些著名的事例中很快得到证明。《公司治理守则》设定了良好治理的标准,这些标准与董事会的组成和结构、董事薪酬、会计和审计、董事与股东的关系等事项息息相关。《公司治理守则》最早源于私人部门的一则动议,现在英国一家负责监督财务报告和公司治理事宜的机构——财务报告理事会(FRC)——负责该守则的运作。该守则虽然不具有直接的法律约束力,但它却获得了金融行为监督局上市规则的一项要求的支撑,根据这项要求,在英国成立的上市公司,包括海外公司和在英国成立的标准上市发行人,必须报告它们在年度报告和账目中是如何执行《公司治理守则》的。[47] 因而,虽然《公司治理守则》不具有直接的强制性,但它已经成为英国监管框架的一个重要组成部分。据称,"对于上市公司的董事而言,《公司治理守则》的种种劝诫可能完全主导了他们的思维,以至于他们实际上对于法律别无他想"。[48]

对于那些陷入兼并和收购的公司的董事而言,自律性质的《收购守则》在历史上也具有类似的重要性。如果公司在英国、海峡群岛或英属曼岛注册的,且公司证券获准在英国受管制的市场中交易,或在海峡群岛、曼岛的证券交易所内交易的,《收购守则》将监管向此类公司发出的要约;《收购守则》也仅是私人部门的动议,而不具有直接的法律制裁效力。但随着时间的推移,《收购守则》已经获得了越来越重要的法律支撑。作为适用《欧盟并购指令》的结果[49],《收购守则》、收购和并购小组的运作,均有了法律依据。收购和并购小组是成立于 1986 年的独立机构,其主要职责是制定并执行《收购守则》,监督、规制收购人行为,并负责其他《收购守则》规定的事项。[50]

机构指导手册虽无法律拘束力但却非常重要,并在规范英国公司行为

---

[45] DTI, *Company Law Reform* (Cm 6456, 2005) para 3.3.
[46] ORC International, Evaluation of the Companies Act, 2006.
[47] 《上市规则》第 9.8.6 条。
[48] LS Sealy, 'Directors' Duties Revisited' (2001) 22 *Company Lawyer* 79, 83.
[49] 《欧洲议会和欧洲理事会 2004 年 4 月 21 日关于收购活动的 2004 年第 25 号(欧共体)指令》,[2004] OJL142/12。
[50] 《2006 年公司法》第 28 部分。

方面发挥了重要作用,尤其是在公司形成融资决议方面。根据英国公司立法,公司作出发行普通股或与股权相关金融工具的融资决议时,股东具有发言权。主要机构投资者在指导手册中表明了他们对这些问题的倾向意见。公司经理在提出融资提议时,无须严格遵守这些倾向意见,因此种融资提议须经股东同意,故如果他们不遵守规定的理由不够充分,他们应当知道其行为将受到批评,且也不会得到股东同意。[51]

---

[51] 详见第五章。

第二章 作为资金筹集和财务风险管理工具的公司形态的运用和滥用

本章探讨的问题

在英国,依法创设一家公司并不困难。设立公司须经过一定的行政程序,包括填写表格和披露信息等,但相关要求并不繁琐。使公司形态简便易用,是审慎的政策选择的结果,其目的在于鼓励创业精神和推动企业设立。[1] 因而,设立公司是政府授予的优惠和特权这种老套的观点,在现代法律世界中被远远地抛在后面。[2] 那些商人不仅可以只费很少的力气来成立一家公司,他们还可以将其营业分散给一家集团内诸多不同的公司,以多次利用公司形态的优势。

本章将考察公司的标准特征,后者有助于解释为什么公司无论是作为单一实体形态,还是作为公司集团内互相联结的多重实体,绝大多数试图筹集大量资本的商人,都会选择这一组织形态。作为一种隔离公司经营者或所有者个人财务风险的机制,公司的优势将在本书中被勾勒出来。公司形态的隔离效应支撑着商业创新,因为它提供了空间来承担孕育新的风险投资通常必须承担的风险。然而,与此同时,采用公司形态的商人无须承担所有财务风险这一事实,也可能会带来种种问题,因为它意味着商人们可能会在诱惑之下过度冒险。这样,如果冒险失败公司倒闭,则公司债权人的请求权得不到有价值的清偿。公司的形式能使经营者在经营成功时获取全部利

---

[1] E Ferran, 'Company Law Reform in the UK' (2001) 5 *Singapore Journal of International and Comparative Law* 516.
[2] 关于英国法律的历史沿革,参见 PL Davies, *Gower's Principles of Modern Company Law*,第六版(London: Sweet & Maxwell, 1997)第 2 章至第 3 章(最新的版本未包括历史资料)。关于应当将公司设立视为国家赋予的特权的观点,参见 WW Bratton, 'The New Economic Theory of the Firm: Critical Perspectives from History' (1989) 1 *Stanford Law Review* 1471; M Stokes, 'Company Law and Legal Theory' in S Wheeler (ed), *The Law of the Business Enterprise* (CUP, 1994) 80, 89 (reprinted from W Twining (ed), *Legal Theory and Common Law* (Oxford: Blackwell, 1986) 155)。Wheeler 自身关于特权理论的评论,参见第 6 至第 8 页。还可参见 JE Parkinson, *Corporate Power and Responsibility* (Oxford: OUP, 1993) 25—32. J Taylor, *Creating Capitalism: Joint-Stock Enterprise in British Politics and Culture 1800—1870* (London: Royal Historical Society and Boydell Press, 2006)。

润，但无法消化公司经营失败的成本，因此公司形态包含了一个根深蒂固的道德风险问题。于是，政策选择所面临的挑战便是，在鼓励商业冒险和防止鲁莽行为、滥用权利行为之间寻求合理的平衡。为回应这一挑战，英国立法者已经做了什么？他们所做的选择与其他一些发达经济体的政策选择相比，效果究竟如何？这也是本章考虑的问题。而它们也是"公司法究竟是什么"这一追问的核心问题，正如欧洲的近期论争所认识到的[3]：如果公司法的首要目的是促进和帮助那些创建并运作企业的人们，那么，在互相冲突的目标中寻求平衡的政策选择，可能与认为公司法的主要作用是保护公司（其经营者受到公司形态之隔离效应的护佑）的交易对手为起点的政策选择迥然不同。

股份有限公司的显著特征

股份有限公司拥有与公司融资特别相关的两大重要特征：独立法律人格和有限责任。

独立法律人格

法人公司是一个法人，独立并区别于其股东和管理者。自从英国上议院就 Salomon v Salomon & Co Ltd[4] 一案作出裁决以来，法人的独立人格就一直是英国公司法的基石。Salomon 先生是一位靴子和鞋子的制造商，他作为个体经营者从业已逾三十载。尔后，他根据当时的公司法，将该公司转变为新型而时髦的股份公司。Salomon 先生部分通过投资入股、部分通过向公司提供借款并由公司担保的方式，向公司提供了融资。[然而，不幸的是]*该公司经营失败并最终资不抵债。公司的清算人提起诉讼，这也使上议院有机会来全面审查成立公司的各种后果。上议院认为，组建后的公司拥有不同于创建人的法律地位。相应地，虽然 Salomon 先生控制了公司所有股份，该公司在法律上仍然与其迥然有别，Salomon 先生不应当对公司资产的不足承担个人责任。

在确立公司拥有独立法律人格这一事实后，诸多后果接踵而至。即使公司经理和股东走马灯似地轮换，公司都将持续存在。[5] 在公司经营过程

---

[3] European Commission, *Report of the High Level Group of Company Law Experts on a Regulatory Framework for Company Law in Europe* (Brussels, 2002 年 9 月) 29—31。
[4] [1897] AC 22, HL.
　 *正文中"[ ]"表示为中文表述流畅译者所加的内容。后同。——译者注
[5] *Standard Chartered Bank v Pakistan National Shipping Corp and Ors* (*Nos 2 and 4*) [2003] 1 AC959, HL, para 36 *per* Lord Rodger.

中,拥有合同权利并且承担合同责任的是公司自身,而不是其经理和股东。公司与其主要股东之间签订的合同,即使这位股东控制了公司所有股份,也是一个有效的双边合同。[6] 公司可以由一个雇员控制其所有股份。[7] 作为一个法人,公司能够承担侵权责任,也可以因为犯罪而被起诉。公司的财产由公司自己所有,股东在公司中并不拥有可以投保的利益。[8] 如果股东盗用公司财产,可能会被认定犯有盗窃罪。[9]

通过设立公司的形式,将资产池指定为公司所有而不是其经营者个人所有,被描述为"确定性资产分割"。[10] 确定性资产分割将公司资产与公司背后的人们隔离开来,重要的是,它还将公司资产与那些人的个人债权人隔离开来。确定性资产分割的特征,使得作为一种筹资工具的公司形态富于吸引力:资金供给方可以专注于资金接受方的特定风险的评估、调查和监督,借此可以避免本来会通过寻求外部融资的企业传递过来的风险。

刺穿公司面纱

刺穿(或揭开)公司面纱是指,透过公司的组织形式查找公司股东。[11] 这涉及否认公司的独立人格。[12] 法律尊重公司独立人格这一在商业上具有重要意义的属性,因而在英国法中刺穿面纱的情形实属例外。[13] 在 Barclay Pharmaceuticals Ltd v Waypharm Lp 案中,Gloster 法官表达了一种传统的观点,她认为公司组织有助于为商业活动筹措必要的资金,基于这一原因,仅仅在例外情形中,法律才允许公司债权人刺穿公司面纱。[14] 在 VTB Capital plc v Nutritek International Corp 案中,英国最高法院甚至认为,除非法律有规定,否则法院无权揭开公司面纱;但最高法院认为,本案无需且不适宜处理上述法律问题,因为在该案中,刺穿公司面纱案件的事实依据不足。[15] 在之后的 Prest v Petrodel Resources Ltd 案

---

[6] Salomon v Salomon & Co Ltd [1897] AC 22, HL.
[7] Lee v Lee Air Farming Ltd [1961] AC 12, HL. 但控股股东能否被视为雇员,还要视具体情境而定。Buchan v Secretary of State for Employment [1997] BCC 145; Secretary of State for Trade and Industry v Bottrill [1999] BCC 177; Secretary of State for Business, Enterprise and Regulatory Reform v Neufeld [2009] BCC 687, CA.
[8] Macaura v Northern Assurance Co [1925] AC 619, HL.
[9] Re AG's Reference (No 2 of 1982) [1984] QB 624, CA.
[10] H Hansmann and RR Kraakman, 'The Essential Role of Organizational Law' (2000) 110 Yale Law Journal 387.
[11] VTB Capital plc v Nutritek International Corp [2013] UKSC 5, [118] per Lord Neuberger.
[12] Prest v Petrodel Resources Ltd [2013] UKSC 34, [16] per Lord Sumption.
[13] Standard Chartered Bank v Pakistan National Shipping Corp and Ors (Nos 2 and 4) [2003] 1 AC 959, HL, para 37 per Lord Rodger.
[14] [2012] EWHC 306 (Comm).
[15] [2015] UKSC 5.

中[16],英国最高法院法官们的立场有所转变,不再坚持完全放弃刺穿公司面纱的权力,他们认为,根据在判例法中形成的一致意见,可在有限的情形中(如公司有不当行为)刺穿公司面纱,以避免法律在不当行为面前无所作为。

在VTB案的判决中,Neuberger法官承认,刺穿公司面纱原则的准确本质、基础和含义是模糊的,该原则可适用情形的准确本质也是模糊的。[17] 评论家们也表达了类似观点。[18] 英国的做法与其他国家的做法并没有不同。[19] 一位美国评论家将刺穿公司面纱描述为"罕见的、不形成原则的、武断的",他建议完全取消这一规定。[20] 另一位评论家将刺穿公司面纱描述为"一种残缺而模糊的学说",应当予以有原则地简化。[21]

在英国,有一点是明确的,法院不能仅为了追求公正的利益,便行使自由裁量权来揭开公司面纱。[22] 司法刺穿公司面纱是一项"后退式"原则,其适用情形有限,该原则因实际目的而产生,即在一些特定的事实情形中,当更加传统的救济措施无能为力时,该原则提供了务实的救济途径。[23] 近来的司法判例认为,法院仅能在非常狭小的范围内刺穿公司面纱,即当控制人

---

[16] Prest v Petrodel Resources Ltd [2013] UKSC 34, [28] per Lord Sumption. Neuberger P 法官[80]认为,经慎重考虑,放弃该项原则是错误的。Hale 女士承认该项原则是存在的[92]。Mance 法官[100]谈到了在非常罕见的情形中适用该原则的可能性,Clark 法官[103]表达了类似观点。但 Walker 法官认为,刺穿公司面纱并非一项法律原则,而仅是描述放弃公司独立人格的法律后果的标签。他的意见认为,"如果说这一比喻还有独立运行的狭小范畴的话,也无法确认相关的明确的例证"。

[17] [2013] UKSC 5,[123]。

[18] 抗辩意见认为,"无法判断公司何时是骗子,何时应当刺穿其面纱"(Lord Wedderburn,'Multinational and The Antiquities of Company Law'(1984) 47 MLR 87),该意见从未得到全面的回答。S Ottolenghi,'From Peeping Behind the Corporate Veil to Ignoring it Completely'(1990) 53 MLR 338 一文,考察了判决以及早期文献,提出了一个基于四项分类的研究结构。该文承认,无法将判决总结出一份封闭的清单,以说明法院可以刺穿公司面纱的情形。

[19] Nerberger 法官在 Prest v Petrodel Resources Ltd [2013] UKSC 34 判决的第 75—78 页,表达了其观点。

[20] SM Bainbridge 'Abolishing LLC Veil Piercing (2.005) University of Illinois Law Review 77; SM Bainbridge, 'Abolishing Veil Piercing (2001) 26 Journal of Corporation Law 479。

[21] PB Oh,'Veil-Piercing'(2010) 89 Texas Law Review 81,145。

[22] Woolfson v Strathclyde Regional Council 1978 SLT 159, HL; Adams v Cape Industries plc [1990] Ch 433, CA; Yukong Lines Ltd of Korea v Rendsburg Investments Corp of Liberia [1998] 1 WLR 294; (noted J Payne, 'Reaching the Man Behind the Company' [1998] Company, Financial and Insolvency Law Review 147); HR v JAPT [1997] Pensions Law Review 99 (noted C Mitchell, '"Beneficiaries" Rights Against Trustee Company Directors' [1998] Company, Financial and Insolvency Law Review 133); Ord v Belhaven Pubs Ltd [1998] BCC 607, CA; Trustor AB v Smallbone and Ors (No 2) [2001] 3 All ER 987; Ben Hashem v Abdulhadi Ali Shayif [2009] 1 FLR 115,[160]。

[23] Prest v Petrodel Resources Ltd [2013] UKSC 34. Woolfson v Strathclyde Regional Council 1978 SLT 159, HL, 161 per Lord Keith; Adams v Cape Industries plc [1990] Ch 433, CA, 544 per Slade LJ; Re Polly Peck plc [1996] 2 All ER 433, 447; Trustor AB v Smallbone (No 2) [2001] 2 BCLC 436; Kensington International Ltd v Republic of the Congo [2006] 2 BCLC 296。

滥用公司的形式,使自身免于承担在公司外的错误行为而导致的法律责任时,该制度才能适用。[24] 司法判决概述了以下几项原则:

1. 对公司具有所有权和控制本身,并不能为刺穿公司面纱提供充分的依据。

2. 法院不能仅以为了公正的利益为由而刺穿公司面纱,即便不涉及其他不相关的第三人。

3. 仅在有某种不正当行为时,才能够刺穿公司面纱。

4. 公司具有不正当行为本身,并不能为刺穿其面纱提供正当性:公司的不正当行为必须涉及借助公司形式规避或隐瞒其法律责任。

5. 如法院要刺穿公司面纱,需证明不当行为人控制着公司,以及不当行为利用了公司架构,以逃避或隐瞒法律责任。

6. 即便公司并非以欺诈的目的而设立,公司仍可成为不法目的的幌子。[25]

刺穿公司面纱制度使法院能够行使自由裁量权,为当事人提供衡平法的救济。但提起合同之诉的原告不能根据该制度,起诉原合同相对人以外的其他人。[26]

Prest v Petrodel Resources Ltd 案[27],是英国最高法院就此问题所做的最新的指导性判决。在本案中,Sumption 法官简洁地归纳了其立场:"如当事人负有法律义务和责任,或受到现有法律限制,该当事人故意逃避上述责任和限制,或利用受其控制的公司故意加以阻挠时,这项在英国法上受到限制的原则才得以适用。"[28] 根据 Sumption 法官的观点,当事人利用公司形式来隐瞒或逃避责任,是适用该制度的必要条件。

当股东利用公司来逃避其个人的现有法律义务时,法院可以刺穿公司面纱,作为最后的救济措施,但如公司被用来限制股东直接承受商业债务时,法院将不得刺穿公司面纱。运用公司来降低未来法律责任的自由,是公司法内在的不可分割的一部分。[29] 司法刺穿公司面纱的范围限制非常狭窄,这将在本章讨论同一公司集团内公司刺穿面纱的情形时,继续探讨。

---

[24] *Ben Hashem v Abdulhadi Ali Shayif* [2009] 1 FLR 115,(162); *Lindsay v O'Loughnane* [2010] EWHC 529(QB),(137); *Linsen International Ltd v Humpuss Sea Transport PTE Ltd* [2012] 1 BCLC 651.
[25] *Ben Hashem v Abdulhadi Ali Shayif* [2009] 1 FLR 115,[159]—[164].
[26] *VTB Capital plc v Nutritek International Corp* [2013] UKSC 5.
[27] [2013] UKSC 34.
[28] (2013) UKSC 34,[35]. Neuberger 法官赞同上述观点[第 81 页]。Mance 法官[第 100 页]、Clarke 法官[第 103 页]希望持开放的立场,以免遗漏在未来可能出现的情形。
[29] *Prest v Petrodel Resources Ltd* [2013] UKSC 34,[34] *per* Lord Sumption; *Adams v Cape Industries plc* [1990] Ch 433,CA,544 *per* Slade LJ. 还可参见 *Multinational Gas and Petrochemical Co v Multinational Gas and Petrochemical Services Ltd* [1983] Ch 258,CA,noted Lord Wedderburn,'Multinationals and The Antiquities of Company Law.'

有限责任

股份有限公司的股东负有向公司资产缴纳一定数量的出资的义务。每股的出资最低限额是其面值——也就是股份的固定名义价值[30]——因为此构成了最低的发行价格。[31]当股份以高于其面值的价格分配时(被称为溢价发行),则股东的出资等于票面价格加上股份的溢价。[32]公司法并未对股份的票面价格施加强制性要求,也未要求公司按照特定的溢价价格发行股份,这些都属于公司根据具体情况自行决定的事项。[33]许多私人公司创业之始,其100英镑的名义股本划分为100股,每股1镑。而公众公司的股份名义价值经常少于1镑,因为这会增强流动性。根据这种见解,例如,卖出面值为10便士的股份10股,比卖出面值为1镑的股份1股容易一些。股份不得以低于票面价值的价格发行,这一强制性规定为股份票面价格之低提供了另一种解释。当一家公司试图通过发行股份来筹集资金时,会有一个预期价格,但也必须考虑到公司的发行价格可能会调低以适应股份发行时的市场条件。为实现这种精细的调整,股份的票面价格必须设计成在事实上是毫不相关的,这意味着股份发行的票面价值与其预期溢价之间,存在很大的差距。

有限责任并非独立的法律人格的自发结果。[34]公司人格意味着是公司而不是其股东对其债务承担责任。而公司可以在多大程度上要求其股东提供资金以承担公司债务,在逻辑上这是完全不同的事情。1844年的法律首次规定了设立公司要经过行政注册程序[35],但并未规定股东的有限责任。而且,有限责任一直未能成为与经注册而成立的公司[36]相关的法律的一部分,直至十年之后,《1855年有限责任法》通过,这种状况才得以改变。[37]最

---

[30]《2006年公司法》第542条。
[31] 同上,第580条。
[32] 同上,第582条。
[33] 如果董事未能按照可以获得的最佳价格发行新股,则可能构成董事违背义务的情形。(*Shearer v Bercain* [1980] 3 All ER 295)但在这种情形下,公司并不违反公司法的任何一般要求。
[34] PI Blumberg, *The Multinational Challenge to Corporation Law: The Search for a New Corporate Personality* (OUP, 1993) 7.
[35]《1844年股份公司法》。
[36] 有限责任原则已经适用于经皇室特许或者经国会特别法案而设立的公司。
[37] 关于在英国争取有限责任的奋斗历程的阐述,参见 PL Davies, *Gower's Principles of Modern Company Law* (London: Sweet & Maxwell, 6th edn, 1997) 40—46; A Muscat, *The Liability of the Holding Company for the Debts of its Insolvent Subsidiaries* (Aldershort: Dartmouth, 1996) 103—106。《1855年有限责任法》包含了诸多保护性规定,包括规定股份最低面值(10英镑),但在该法被取消并代之以《1856年股份公司法》之后,这些规定的绝大多数均消失了。关于美国的有限责任的历史背景,参见 SB Presser, 'Thwarting the Killing of the Corporation: Limited Liability, Democracy and Economics' (1992) 87 *Northwestern University Law Review* 148, 155—156, 以及 Blumberg, *The Multinational Challenge to Corporation Law*, 10—14。

初,并非所有的产业都热烈支持承担有限责任的机会。[38] 银行业的抵触尤其引人注目:在一些情况下,银行业的股东承担无限责任,被视为工作勤勉的标志;但当1878年格拉斯哥城市银行倒闭,并给该行的大多数股东带来重大打击时,人们不再坚持上述观点。[39]

公司的债权人同样面临着有限的风险:他们也仅仅有义务缴纳他们承诺借给公司的本金数额。而股东和债权人的根本区别在于,虽然两者都缴纳固定数额的金钱,但只有股东有希望在投资方面获得开放性的资本收益。但这种边界也容易模糊——只给予投资者有限资本回报的优先股,与债权融资相似;贷款人也可以在将会收回全部本金的基础上,只缴付少于约定本金的金钱,从而获取贷款收益。但这与当前探讨的问题有所偏离。[40] 假如公司有偿债能力,则债权人可取回他们的借款,但得不到更多的金钱;在有偿债能力的公司中,股东有权在公司清偿了所有债务和请求权之后,获取公司剩余财产(因此股东被称为"剩余索取权人")。比较债权人与股东的另一个维度是股东在资不抵债的公司中的地位:简而言之,在那种情形下[41],公司清偿次序如下:第一,担保债权人;第二,无担保债权人,最后才是股东。位于最后顺位的股东收回投资的机会最少。然而,由于受益于有限责任,他们也无须弥补公司资产的任何不足。因而,公司的债权人也承担了公司破产的部分风险。故有观点认为,有限责任是一项将风险从股东转移给公司债权人的机制。[42]

对于股东而言,有限责任起到了一种隔离作用,据此,股东无须在其认购的固定数额的股份之外缴纳出资。有限责任的隔离效应,带来了一系列积极的后果,这些后果可以按照以下标题罗列如下(当然它们事实上互相关联):促进创业活动、消极投资、分散投资组合、降低资本成本、股份可转让、隔离侵权责任。

---

[38] *Barclay Pharmaceuticals Ltd v Waypharm LP* [2012] EWHC 306 (Comm),[37].
[39] A Haldane, 'The Doom Loop' (2012) 34 *London Review of Books* 21; BR Cheffins, *Corporate Ownership and Control* (Oxford: OUP, 2008) 164—166 and 232—233. 正如Cheffins所认为的,银行业最初被排除在1855年至1856年的立法范围外,但被纳入1857年至1858年的修正案范围。
[40] 有人认为,资本市场会创设出拥有股份的所有优点但不采取该法律形式的复合型证券,从而使取消股东有限责任的广泛尝试起不到实际效果。JA Grundfest, 'The Limited Future of Unlimited Liability: A Capital Markets Perspective' (1992) 102 *Yale Law Journal* 387。
[41] 这一排序忽略了破产程序的成本,其排序位于有担保债权人(参见后文第十二章)和次级债权人(后文第十一章)之间;这一排序还忽略了股东的不同类别(后文第六章)。
[42] DW Leebron, 'Limited Liability, Tort Victims, and Creditors' (1991) 91 *Columbia Law Review* 1565,1584;但以下见解与此不同:BR Cheffins, *Company Law Theory, Structure and Operation* (Oxford: OUP,1997) 497。

促进创业活动

有限责任使人们可以控制经营活动的风险,从而鼓励了创业活动。这是有限责任在准合伙类型的公司中的主要功用。在这些公司中,向公司控制人或其家族成员之外的人筹集资本,通常并不是现实的选择。[43] 然而,有限责任这方面的重要性也不宜夸大,因为在现实社会中,公司债权人可能会要求公司控制人承担无限个人保证责任,从而减损了有限责任的功效,公司控制人可能同时为股东和董事。在提供个人保证的情况下,合同规定优先于公司法确立的有限责任规定。[44] 然而,并非公司的所有债权人都有能力寻求个人保证:有些债权人缺乏必要的谈判能力,而另有一些债权人可能因为是公司侵权行为的受害人而没有机会进行谈判。因而,公司的控制人仍然会从有限责任中获取一些收益。[45]

消极投资

有限责任促进了消极投资,也就是投资者不参与管理的投资。投资风险设有上限,这鼓励着投资者允许别人运用他们的金钱来运营公司。如果没有这一限额,则谨慎的[46]投资者可能根本不愿投资入股,或者至少必定会期待得到很高的投资回报以弥补其中的高风险。投资者可能还会更为紧密地监督经理们经营公司的行为,而那会增加额外的成本。[47]

另外还有一个风险。由于股东承担有限责任,他们可能会允许公司经理人员去冒比他们必须对公司经营失败承担个人无限责任时所能允许的更大的风险。在出现这种失败时,对于超出公司股本的损失,承担责任的是债权人。在这里,我们看出了有限责任的问题(有时被称为"道德风险"):股东获得了公司经营成功的收益,因为他们得到了资本收益却无须承担经营失败的所有风险。[48] 我们在本章的集团公司部分将进一步探讨有限责任的道德风险,因为那种情境下的道德风险特别大。这里要讨论的重点是前面的内容。消极投资可能带来的成功的风险分配,是有限责任的一个积极后果。

---

[43] Presser,'Thwarting the Killing of the Corporation',163。作者认为,有限责任在19世纪发展起来以促进对小型公司的投资,而且它"反映了在传统上美国政策偏爱小规模创业者"。

[44] FH Easterbrook and DR Fischel, *The Economic Structure of Corporate Law* (Cambridge, Mass: Harvard University Press, 1991) 55—56.

[45] Cheffins, *Company Law Theory*, *Structure and Operation*, 500—501.

[46] 莽撞的投资者,特别是在其实际上资不抵债的情况下,可能不会在意承担此种程度的风险,因为他们总是面临破产的选择。

[47] Easterbrook and Fischel (*The Economic Structure of Corporate Law* 41—42). 但股东监督经营者的强度,取决于可能的回报。如果监督成本太高,他们仍会选择做一名消极的股东。Presser,'Thwarting the Killing of the Corporation',159。

[48] Cheffins,*Company Law Theory*, *Structure and Operation*,497—498; P Halpern, M Trebilcock, and S Turnbull, 'An Economic Analysis of Limited Liability in Corporation Law' (1980) 30 *University of Toronto Law Journal* 117,144—145.

它既使股东受益,又确保债权人的到期债权获得清偿,同时可以为雇员创造新的工作机会,并在整体上有助于经济繁荣。因而,通过有限责任机制促进消极投资,符合公共利益。[49]

消极投资意味着公司可以扩大其资本基础,同时保持着有凝聚力的、只有少数人参与管理的结构,这些人只持有一小部分的公司已发行股本;换言之,所有权(通过持股)和控制权(通过运营公司)可以实现分离。正是因为大型公司(例如铁路公司)需要运用这种方式扩张其资本基础,19世纪中期就面临着规定注册公司的股东承担有限责任的压力。[50] 当它成为现实时,迅速催生了大量的新公司的设立。[51] 有限责任公司迅速成为从大量投资者中筹集大量资金的工具。[52]

分散投资组合

有限责任还可以促进投资组合的分散。在这个过程中,投资者可以通过构造一个投资组合,将价格波动性强的证券与低风险且低收益的证券配在一起,以求取平衡。投资组合的分散并不会消除系统性风险——也就是资本市场总体上因宏观经济的变化(如税收体制、或汇率及利益调整)而使投资回报变幻莫测的风险。投资组合的分散所做的只是降低因具体公司的特殊因素而带来的特定风险,而且要求将这些公司的股票纳入投资组合之中。[53]

如果没有有限责任,投资组合的分散无法消除或者降低投资于具体公司的风险。[54] 相反,它会增加风险,因为投资者每次将一只新的股票加入投资组合,就增加了个人对该公司的债务承担无限责任的风险。[55] 如果没有投资组合的分散,也没有诸如购买保险等应对风险的其他机制[56],则试图向投资者募集股权资本的公司,将被迫向投资者提供足以补偿投资者承担具体风险和系统性风险的回报,其结果是股权资本将成为一种更为昂贵的融资形式。这将驱使一些投资者放弃持股,而这会导致以发行股份而筹集资

---

[49] PL Davies, *Introduction to Company Law* (Oxford: Clarendon Press, 2002) 63—65.

[50] JB Baskin and PJ Miranti, *A History of Corporate Finance* (CUP, 1997) 138—145。该文回顾了19世纪有限责任在英国和美国的发展演变。

[51] PL Davies, *Gower's Principles of Modern Company Law* (London: Sweet & Maxwell, 6th edn, 1997) 46, n 64; Blumberg, *The Multinational Challenge to Corporation Law*, 17—19.

[52] Halpern, Trebilcock, and Turnbull, 'An Economic Analysis of Limited Liability in Corporation Law', 118—119; M Radin, 'The Endless Problem of Corporate Personality' (1983) 32 *Columbia Law Review* 643, 654; HG Manne, 'Our Two Corporation Systems: Law and Economics' (1967) 53 *Virginia Law Review* 259, 260.

[53] Manne, 'Our Two Corporation Systems: Law and Economics', 262.

[54] Easterbrook and Fischel, *The Economic Structure of Corporate Law*, 43.

[55] 它发挥着连带及个别责任规则的作用。关于按比例个人责任规则之下的资产组合分散的分析,参见 Leebron, 'Limited Liability, Tort Victims, and Creditors', 1597—1600。

[56] 关于保险作为有限责任的替代的分析,参见 Easterbrook and Fischel, *The Economic Structure of Corporate Law*, 47—49。

本的成本,因该种形式的融资池的规模缩减而进一步提高。[57] 其他投资者可能会将其投资集中于一家或两家公司,并且更为密切地监督那些公司的经营,而这将降低公司经营效率。

资本成本

公司股权及债权资本的投资者要求公司给予的回报构成了资本成本。公司经营的一项重要内容就是最小化资本成本。例如,公司资产负债表中股权资本和债权资本各占多少,或者通过股息的形式分配多少利润,都在根本上与资本成本息息相关。[58] 可能有人会认为,有限责任对资本成本不会构成影响,因为它只会导致破产的部分风险由债权人而不是股东承担。因而,在股东能够限制其风险的范围内,债权人的风险增加了,而这必将反映为债权融资人要求增加利息。[59] 这种观点表面上有吸引力,但细细推敲之下,却会发现其漏洞百出。

第一,如果股东不承担有限责任,而是对公司的所有债务承担个人责任,那也不会消除债权人的风险,因为他们的债权能否得以清偿,要取决于股东的资信。要审查大量的个人资信,不仅耗费时日,而且在违约时向大量的股东主张权利,无疑成本高昂。有限责任降低了债权人与公司发生交易时的成本,因为它们只需审查公司本身的资信,而且在公司违约时,只需对公司提起诉讼。因而,在理论上,因有限责任而降低的成本,对于公司对外借款所担负的利率会起到积极的作用。[60]

第二,[如果股东不承担有限责任]可以预见的是,正在考虑向公司提供大笔信贷的银行或者其他专业贷款机构,将会对这家公司严加审查。专门的调查以及贷款机构多年来累积起来的向公司提供贷款的知识和经验,使其拥有强大的优势来评估贷款的风险,其结果是,专业贷款机构可以更为准确地为风险定价,为此,它将在公司寻求该种形式的新的融资时,索要比潜在股权投资者要求的更高的回报。[61]

为什么有限责任所节约的资本成本,可能并不必然会被债权人因承担借款人破产的部分风险而要求的更高利率所抵消?对此,另一种可能的原因是,对于债权人来说,利率并非唯一的风险管理工具。根据各自谈判地位

---

[57] 虽然即便投资者可以只是转而利用公司设计的合成证券来获得股本的特征,仍然存在资本的总体成本是否会大幅提高的疑问。关于有限责任被取消之后,资本市场将会作出怎样的回应,参见 Grundfest, 'The Limited Future of Unlimited Liability'.
[58] 参见接下来的第三章。
[59] Halpern, Trebilcock, and Turnbull, 'An Economic Analysis of Limited Liability in Corporation Law', 126—129.
[60] RC Clark, *Corporate Law* (Boston: Little, Brown, 1986) 8—9; Halpern, Trebilcock, and Turnbull, 'An Economic Analysis of Limited Liability in Corporation Law', 134—135.
[61] Clark, *Corporate Law*, 8.

之不同，债权人可以通过获得担保或对公司运作施加合同限制来降低风险。然而，在这里谨慎一些是合适的，因为如果有些债权人接受了更低的利率以换取担保权，另一些无担保债权人可能会要求更高的利率以补偿其面临的风险，也就是说，在公司资不抵债时，无担保债权人将排在担保债权人之后，并且必须承担股东资金（股本缓冲）耗尽之后仍然存在的损失。因而，债权人可以利用的替代性风险管理机制是否降低了加之于借款公司的利率，是一个有争议的话题，本书第三章将对此进一步分析。第三章还将探讨利息费用的扣除问题，此项扣除将进一步促使公司选择债权融资，以最低程度地降低资金成本。

股份的转让

除非特定公司在章程中对交易作出限制，有限公司的股份可以自由转让。进入英国证券电子交易系统（CREST）的股份，买进与卖出均实行无纸化交易。其他股份如股东全额支付了股款，则遵循《1963年股份转让法》规定的形式，利用转让工具实现转让；如果股东未全额支付股款，则遵循公司章程规定的转让工具来实现转让。[62]

如果股东对公司债务承担连带责任[63]，则对于股份投资者而言，一个相关的考虑因素是股东清偿公司债务的能力。谨慎的股东将耗费高额的成本，互相监督各自的财富[64]，并且他们将限制股份的转让，以确保任何新的股东至少与出售股份给他们的股东一样富有。另外，股份价格并非一致：股份购买者的财富会影响到股份的价格，因为对于同样的股份，富有的投资者比穷困潦倒的人愿意支付的价格更低，因为他们承担的公司违约的风险更高。[65] 而有了有限责任，股份成为可替代证券，交易也就能够以匿名的方式进行。

侵权责任

有限责任的另一个功能是将股东与公司可能发生的侵权责任隔离开来。例如，如果一家公司污染了一家河流，或者它的一家工厂爆炸，则身体受到伤害或者财产遭受损害的人们，可以要求公司赔偿。根据事故的严重

---

[62] 《2006年公司法》第21部分。
[63] 这只是无限责任制度的运作方式之一。另一种方式是股东按其投资比例承担无限责任。参见 DW Leebron, 'Limited Liability, Tort Victims, and Creditors,' *1578—1584*；H Hansmann and RR Kraakman, 'Towards Unlimited Shareholder Liability for Corporate Torts' (1991) 100 *Yale Law Journal* 1879, 1892—1894。按比例责任会消除监督其他股东财富的激励；DW Leebron, 同上 1607—1608；Hansmann and Kraakman, 同上 1903—1906；Presser, 'Thwarting the Killing of the Corporation,' 160—161。
[64] Easterbrook and Fischel, *The Economic Structure of Corporate Law*, 42.
[65] Halpern, Trebilcock, and Turnbull, 'An Economic Analysis of Limited Liability in Corporation Law,' 130—131. 此外，如果按比例承担个人责任，则情况将有所不同：Leebron, 'Limited Liability, Tort Victims, and Creditors,' 1608—1610。

程度以及受害人的数量,赔偿的数额可能非常巨大。而有限责任意味着股东无须以个人财富来清偿这些请求权。在公司破产时,侵权行为的受害者将成为得不到担保的债权人。他们可能对公司董事或者高级管理人员以共同侵权人的名义提起诉讼。为使诉讼获得成功,侵权行为的受害人还必须证明那些个人对于侵权行为负有不同于公司的个人责任。[66]

21　　刺穿在当前的实践中,英国法院并没有赋予侵权求偿人优于刺穿公司面纱案件中合同债权人的待遇。[67] 然而,在研究文献中,法院是否应当给侵权债权人更优的待遇,是一个论争非常激烈的话题。[68] 一些评论人士认为,公司面纱不应成为公司经营者免于承担危险活动后果的隔离带。在这种情况下仍然保留公司面纱,会鼓励公司过度冒险,并且对侵权行为的受害人不公平,因为他们不像公司的合同债权人,没有机会通过谈判程序来保护其利益。在侵权人是公司集团的子公司的情形下,这一问题特别受人关注。公司集团是一种最大限度利用公司形式的优势(独立人格和有限责任)的组织结构。对于那些接触到公司集团的人来说,这种结构往往也是公司形式弊端的最明显体现。因而,在讨论上述缺陷前,需要对于作为开展商事活动的一种组织形态的公司集团,进行更为细致的研究。

公司集团

　　复杂的公司集团有时由数千个子公司组成,已成为世界经济的重要力量。[69] 国际金融行业的组织结构是当前现实的很好例证:一项近期的研究

---

[66] *Williams v Natural Life Health Foods Ltd* [1998] 1 WLR 830, HL. 还可进一步参见 R Grantham and C Rickett, 'Directors, Tortious Liability: Contract, Tort or Company Law?' (1999) 62 MLR 133. 关于公司高管的欺诈责任,参见 *Standard Chartered Bank v Pakistan National Shipping Corp and ors* [2003] 1 AC 959, HL。

[67] *Adams v Cape Industries* [1990] Ch 433, CA.

[68] 相关文献包括 Leebron, 'Limited Liability, Tort Victims, and Creditors'; Hansmann, and Kraakman, 'Towards Unlimited Shareholder Liability for Corporate Torts'; Presser, 'Thwarting the Killing of the Corporation' 166—172; D Goddard, 'Corporate Personality—Limited Recourse and its Limits' in R Grantham and C Rickett (eds) *Corporate Personality in the 20th Century* (Oxford: Hart, 1998) 11, 39—40。

[69] UNCITRAL, *Legislative Guide on Insolvency Law Part Three: Treatment of Enterprise Groups in Insolvency* (United Nations, 2012); PI Blumberg, KA Strasser, NL Georgakopoulos and EJ Gouvin, *Blumberg on Corporate Groups: Jurisdiction Practice and Procedure* 2nd edn (New York: Aspen Publishers, 2012); PI Blumberg, 'The Transformation of Modern Corporation Law: The Law of Corporate Groups' (2005) 37 *Connecticut Law Review* 605; T Hadden, *The Control of Corporate Groups* (London: Institute of Advanced Legal Studies, 1983); PI Blumberg, 'The American Law of Corporate Groups' in J McCahery, S Piccoitto, and C Scott (eds) *Corporate Control and Accountability* (Oxford: Clarendon Press, 1993) 305; JE Antunes, *Liability of Corporate Groups* (Deventer: Kluwer, 1994) ch 1; T Hadden, 'Regulating Corporate Groups: International Perspective' in McCahery, Piccoitto, and Scott, *Corporate Control and Accountability*, 343.

发现,那些被监管部门称为"庞大、复杂金融机构"的国际金融集团,均拥有数百家控股子公司,其中8家集团拥有逾1000家子公司。[70]

采用公司集团组织结构的主要动机包括:资产保护、税务安排、风险管理(集团的组织形式能够提供保护措施,以抵御在政治形势不稳定国家经营时的风险;也能将某些国家法院的管辖权限制于集团中的某些实体上)、行政效率和监管要求。[71] 应对监管措施也是采用集团组织形式的动机之一,为说明这一点,可以对银行业进行考察:英国新近对零售银行资金用途的限制,建立在一项要求的基础上,即零售银行业务应当由一个更大集团内的独立实体来经营。[72] 一些情况中,集团结构的复杂性更应归因于过去的并购政策的遗留效应,而非当事人自由选择组织形式的积极结果,例如,有的公司因被并购而加入某公司集团,该公司新的所有人允许其保留原有公司形式,并成为集团的一个子公司。[73] 关于商业结构的分析表明,有的企业被分为多个独立的部分,各部分作为独立营利主体开展经营,并自行负责管理,这样的形式常受到具有一个中央管理体制的企业欢迎,分割为多部分的组织形式减少了管理环节,有助于设定目标,并作相应监督。[74] 关于公司集团的法律规定虽然很好地顺应了多部分的管理结构,但证据显示,实践中,大型集团中的部门化管理与其正式的公司结构无关。[75]

---

[70] R Herring and J Carmassi, 'The Corporate Structure of International Financial Conglomerate: Complexity and its Implications for Safety and Soundness' in AN Berger, P Molyneux, and JOS Wilson (eds), *The Oxford Handbook of Banking* (Oxford: OUP, 2012) ch 8. See also J Fiechter, İ Ötker-Robe, A Ilyina, M Hsu, A Santos, and J Surti, *Subsidiaries or Branches. Does One Size Fit All?* (IMF Staff Discussion Note, SDN/11/04).

[71] UNCITRAL, *Legislative Guide on Insolvency Law Part Three*, 11—14; Company Law Review Steering Group, *Modern Company Law for a Competitive Economy: Completing Structure* (DTI, 2000, URN00/1335) 177; J Harris and A Hargovan, 'Corporate Groups: The Intersection Between Corporate and Tax Law' (2010) 32 *Sydney Law Review* 723, 725—726.

[72] 独立银行委员会,最终报告,建议(2011年9月);2013年金融服务(银行改革)法案,拟于2013年12月前制定。

[73] RP Austin, 'Corporate Groups' in CEF Rickett and RB Grantham (eds), *Corporate Personality in the Twentieth Century* (Oxford: Hart, 1998) 741; A Wyatt and R Mason, 'Legal and Accounting Regulatory Framework for Corporate Groups: Implications for Insolvency in Group Operations' (1998) 16 *Corporate and Securities Law Journal* 424; Muscat, *The Liability of the Holding Company for the Debts of its Insolvent Subsidia-ries*, 14.

[74] OE Williamson, 'The Modern Corporation: Origin, Evolution, Attributes' (1981) 19 *Journal of Economic Literature* 1537; N Kay, 'Corporate Governance and Transaction Costs' in J McCahery, S Piccoitto, and C Scott (eds) *Corporate Control and Accountability* (Oxford: Clarendon Press, 1993) 133.

[75] Herring and Carmassi, 'The Corporate Structure of International Financial Conglomerates'; Hadden, *The Control of Corporate Groups*, 10, 12—13; Muscat, *The Liability of the Holding Company for the Debts of its Insolvent Subsidiaries*, 8—10.

公司法对公司集团的认定

英国公司法并未设专门部分来从整体上对公司集团进行规定[76],但为了实现特定的目的,《2006年公司法》确实认可并从法律角度对两种主要类型的公司集团予以关注:也就是控股公司或母公司及其子公司,以及母公司的事业及其子公司的事业。[77] 后一种类型的公司集团与合并集团账目的目的息息相关,而前者则运用于其他特殊的成文法情况下。

就会计目的而对公司集团的定义

设立集团账目的目的,是使控股公司的股东及其债权人对其投资被运用的情况,获得比从单个公司的账目中所能获得的更为清晰的认识。[78] 合并集团账目的过程包括将集团内所有公司的资产和负债看作集团内领头公司的资产与负债的一部分。这将使集团财务报表就像单一经济实体的财务报表一样。[79] 如果公司集团的母公司在英国注册,除了那些遵循更低披露要求的小公司以及其他有限的例外情形外,必须置备公司集团的年度合并账目。[80]

合并账目的信息价值,主要取决于确定什么样的实体应被纳入合并后的集团的规则(范围规则)。范围越窄,申报实体建立其拥有经济利益的表外特殊目的工具(SPVs)的空间越大,而且特殊目的工具的活动将对它们产生重大的不利影响。安然公司在20世纪90年代的增长令人瞩目,而其于2001年宣布进行10亿美元的公开账目调整后倒闭,同样令人瞩目。这起臭名昭著的事件阐释了在范围规则较窄时将会发生什么。安然集团大量事件运用了特殊目的实体(SPEs)去从事"表外"活动。[81] 在会计意义上,这些特殊目的实体不是安然集团的一部分,这使得安然公司能够隐瞒债务并操纵

---

[76] Hadden, *The Control of Corporate Groups*, 2—3; A Tunc, 'The Fiduciary Duties of a Dominant Shareholder' in CM Schmitthoff and F Wooldridge (eds), *Groups of Companies* (Sweet & Maxwell, 1991) 1—3. DD Prentice, 'Some Comments on the Law Relating to Corporate Groups' in McCahery, Piccoitto, and Scott (eds) *Corporate Control and Accountability* (Oxford: Clarendon Press, 1993) 371, 372.

[77] 虽然没有体现在法律文本中,但可以看到,其他的集团形式在某些情形下也得到承认(例如,联营公司中,一家公司有权控制着另一家公司至少三分之一的投票权;《2006年公司法》第823条(为披露义务的目的而属于公司的利益))。

[78] C Napier and C Noke, 'Premiums and Pre-Acquisition Profits: the Legal and Accountancy Professions and Business Combinations' (1991) 54 MLR 810, 811; KJ Hopt, 'Legal Issues and Questions of Policy in the Comparative Regulation of Groups' [1996] *I Gruppi di Società* 45, 54—55.

[79] International Accounting Standard 27, *Consolidated and Separate Financial Statements* (IFRS 10).

[80] 《2006年公司法》第399—402条。

[81] *Arthur Andersen LLP v US* 125 SCt 2129, US, 2005, 2132.

财务结果。[82] 为吸取安然事件的教训，关于合并账目的要求被修改了[83]，但管理机构和标准制定者总是面临着一项艰巨的任务，即努力跟上市场的脚步；市场中有大量的交易者，他们有极大的动力去寻找制度漏洞，以减少监管负担。尽管安然事件带来了一定的改进，但表外行为仍然非常兴盛，直到 2007 年至 2009 年金融危机时；在金融危机中，市场受到了重大打击。在金融危机前的几年中，高杠杆表外工具的结构、临时表外交易快速发展，这些行为严重低估了许多企业真实承担的经济风险。[84] 在谈及使用表外特别投资工具（SIVs）时，一份对金融危机研究较有影响力的报告认为，"对个别银行而言，关于资产负债表的分类，不能准确地反映真实的经济风险。随着金融危机的爆发，基于提供流动性的承诺以及对商誉的考虑，许多银行将资产重新计入资产负债表，这导致衡量后的杠杆交易出现了显著的一次性增长。即便事实不是这样，但特别投资工具和渠道对整个系统杠杆的影响……仍会加剧整个金融的脆弱性"。[85] 因此，作为监管制度对金融危机所作回应的一部分，对合并账目问题进行新一轮改革就不足为奇了。[86] 这其中包括，从原有的"明确界限"监管规则转变为更加开放性的监管标准，但只有时间才能证明新的要求是否比原有要求更好，包括确保财务报表适当地说明了所有重要的经济风险，以及确保有机会设立创造性的结构。

《2006 年公司法》体现了英国合并要求所适用的范围的国内立场，该法赋予了欧盟规定[87]和会计标准[88]以国内法效力。《2006 年公司法》第 404

---

[82] *In re Enron Corp Securities, Derivative & ERISA Litigation* 235 F Supp 2d 549 (SD Tex 2002), 618. SL Schwarcz, 'Enron and the Use and Abuse of Special Purpose Entities in Corporate Structures' (2002) 70 *University of Cincinnati Law Review* 1309.

[83] 欧盟关于合并报表的 83/349/EEC 号指令中（[1983]OJ L193/1，经修订的第七版公司法指令），增加了第 34 条 7 项(a)款，为了回应人们对表外活动的关注。欧盟还大幅修改了关于个别和合并报表的指令：2013 年 6 月 26 日关于年度财务报表、合并财务报表、特定类型企业相关报告的 2013/34/EU 号指令，修订了 2006/43/EC 号指令，废除了 78/660/EEC 号指令和 83/349/EEC 号指令（[2013]OJ L182/19）。欧盟成员国应于 2015 年 7 月起执行新的规定。

[84] 最臭名昭著的个案是，雷曼兄弟进行的"Repo 105/108"号交易，将库存证券从资产负债表上移除。AR Valukas, *In Re Lehman Brothers Holdings Inc* (United States Bankruptcy Court Southern District of New York Chapter 11 Case No 08 13555, Examiner's Report), vol 3.

[85] A Turner, *The Turner Review: A Regulatory Response to the Global Banking Crisis* (FSA, March 2009) 20.

[86] 例如：《国际财务报告准则第 10 号》以及《国际财务报告准则第 12 号》，《其他实体的权益披露》（《国际财务报告准则第 12 号》）于 2011 年 5 月发布。

[87] 《2006 年公司法》适用了欧盟第 78/660/EC 号指令、83/349/EEC 号指令（关于年度报表和合并报表的第四个、第七个公司法指令）。欧盟的规定后被 2013/34/EU 号指令取代，该指令应于 2015 年 7 月生效。

[88] 参见《财务报告准则第 2 号》，"子事业的会计要求"（《财务报告准则 2》）（自 2015 年 1 月 1 日或之后开始的会计年度，不再适用该准则）。新的国内监管框架包括：《财务报告准则第 100 号》《财务报告要求的适用》《财务报告准则第 101 号》《减少披露框架规定》《财务报告准则第 102 号》《适用于联合王国和爱尔兰共和国的财务报告准则》；以及《小企业财务报告准则》（FRSSE）（2013 年 7 月更新，更新部分规定于 2015 年 1 月生效）。

条、第 405 条规定,母公司在置备《公司法》意义上的集团账目时,除了有限的例外情形之外,集团所有子公司的事业必须纳入合并处理。在这一语境之下,"事业"是指法人、合伙或者以或不以营利为目的开展交易或业务的非法人组织。[89] 在符合以下条件时,一个实体是另一实体(母事业,或称为"P")的子事业(称为"SU"):(1) P 持有 SU 的多数表决权;(2) P 是 SU 的成员,并有权任命或罢免其董事会的多数成员;或者(3) P 是 SU 的成员,并且通过其与其他股东的协议控制着 SU 多数表决权。[90] P 在以下情形中被视为是事业的成员,一是 P 的任一家 SU 是该事业的成员,二是该事业的股权由代表 P 或其 SU 的人持有。[91] 公司法中的表决权是指公司赋予股东根据其股份所享有的、或者在公司没有股权资本的情况下公司赋予其成员所享有的、在股东大会上对公司所有事项或者基本上是所有事项进行表决的权利。[92] 任命或罢免董事会多数成员的权利,是指任命或罢免董事的权利,而这些董事对董事会所议定的所有或者基本上是所有事项拥有多数投票权。[93]

另外,母事业与子事业的以下关系,还会引发账目合并义务:(1) P 通过 SU 章程载明的条款或者通过控制性合同(法律控制),对 SU 拥有决定性影响;[94] 或者(2) P 有权对 SU 实施或者实际上实施决定性影响,或者 P 及 SU 受到了统一的管理(事实控制)。[95] 这两种检测方法都认可,公司即使不拥有多数表决的控制权,也可以有效地控制其他实体;例如,如果多数股东是分散的消极股东,每人只持有一小部分股份,则其他一位持有相当份额股份的股东,虽然在形式上并没有控制多数投票权,可能事实上(由于其他股东在投票时保持冷漠)能够控制股东会的结果。

在实践中,基于事实控制的检测更有意义,因为法律控制的标准更为正式,也更为严格。[96] 当公司经营者试图规避合并义务时,他们不会把成文法范围规则中的法律控制规定,当成实现规避目标的障碍。对事实控制的检测更不容易规避。支配性影响力的实际运用是指其运用影响力达到了以下效果:受其影响的事业的经营和财务政策,系根据拥有该影响力的人的意愿及为其利益来设定,无论此人是否明确表达了意愿。[97] 行使拥有支配性影响力的权力是指,该权力一旦行使,将带来支配性影响力的实际效果。支配

---

[89] 《2006 年公司法》第 1161 条。
[90] 同上,第 1162 (a)、(b) 和 (d) 条以及附表 7。
[91] 同上,第 1161(3) 条。
[92] 同上,附表 7,第 2 段。
[93] 同上,附表 7,第 2 段。
[94] 同上,第 1162(2)(c) 条和附表 7,第 4 段。
[95] 同上,第 1162(4) 条。
[96] 这些要求规定于《2006 年公司法》,附表 7,第 4 段。
[97] 本段剩余部分系基于《财务报告准则第 2 号》中《指引》的内容。

性影响力的实际行使,还须通过分析其实际效果来确定。在适当的场合,否决权可以等同于实施支配性影响力。支配性影响力的实际行使,可能出自干预主义者,也可能出自非干预主义者——后者意味着母公司只有在极为罕见的关键事项上才会出手干预。当整个事业实行一体化运营而且被当成单一的单位来管理时,各个经营实体将以"统一的基础进行经营管理"。

当一家欧盟公司的证券获许在欧盟受规制市场上交易时,该公司必须按照《国际财务报告准则》(IFRS)/《国际会计准则》(IAS)而不是其本国会计制度,来置备其合并账目。[98] 合并账目中包含的实体的定义,规定于《国际财务报告准则》(IFRS)第10号文件《合并财务报表》,该文件经《效果分析》补充;《效果分析》规定了适用要求的典型情形,并提供了适用指导。在《国际财务报告准则》第10号文件中,母实体(parent entity)是指控制一个或多个其他实体的实体。"控制"发生在以下情形,即投资者参与了被投资实体,而享有或有权享有浮动回报,且投资者能够以其对被投资实体的权利,对这些回报产生影响。《效果评估》在考虑"控制"的判定方法时,考察了一系列案例,在这些案例中,单个投资者在投资实体的投票权均不超过50%。

为其他目的而对公司集团的定义

除了关于会计事项的规定外,公司法的其他部分为了特定目的,也运用了公司集团的概念:例如,子公司禁止持有其母公司(或者控股公司)的股份[99],而且当子公司或母公司是公众公司时,子公司也不得为母公司对外购买股权提供资金支持。[100] 适用于非会计事项的公司集团的定义,与公司集团的会计定义部分重叠,但其范围窄于后者。在符合以下条件的情况下,一家公司是母公司(或者控股公司),另一家公司是子公司:(1) P 持有 S 的大多数表决权;(2) P 是 S 的成员并且有权任命其董事会中的多数成员;或者(3) P 是 S 的成员,并且通过其与其他股东的协议,单独控制着 S 的大多数投票权。[101] 如果 S 反过来拥有另一家子公司(SS),则 SS 也是 P 的子公司。[102] 全资子公司是指除了 P,或者除了 P 以及 P 的其他全资子公司之外,S 再无其他成员的公司。[103] 这些标准与用于公司集团会计定义的第一套标准大致相同(后文将探讨两者间一个重要的技术性区别),因此,重要的是控

---

[98] 2002年7月19日,欧洲议会和理事会条例(EC)1606/2002,关于实施国际会计准则[2002] OJ L243/1(下文称"国际会计准则条例")。《2006年公司法》第403条。
[99] 《2006年公司法》第136条。
[100] 同上,第677—680条。
[101] 同上,第1159条和附表6。
[102] 同上。
[103] 同上,第1159(2)条。

制大多数投票权,而不是控制大多数股份或董事的数量。[104]《2006年公司法》以法律和事实控制为基础的公司集团标准,并不适用于账目之外的事项。

在细节方面,公司集团在会计目的中的定义,与非会计目的中的定义是不同的,这一区别被证明是非常重要的。在会计目的定义中,有一项推定规则,即如果甲事业的股份由某股东持有,而该股东系代表乙事业行事,则乙事业将被视为是甲事业的成员。[105] 但在非会计目的定义中,并无这样的推定规则。在 Enviroco Ltd v Farstad Supply A/S 案中[106],该集团中一家公司的股份设定了抵押担保,享有抵押权的银行也登记在该公司的成员名册中。[107] 最高法院认为,根据定义,如果母公司是子公司的成员,并基于其与其他股东的协议,而独自控制子公司的多数表决权时,则法律关系成立;而成员发生变化,意味着涉案公司不再是抵押人的子公司。在抵押物被执行后,上述认定才是有依据的;因为在抵押物被执行前,抵押权人尚未满足成为"股东"的条件,抵押人仍享有基于股票的全部投票权以及其他权利。最终,公司无权从判给抵押人公司集团的赔偿款中收益。本案的结果可以说是"非常奇怪甚至是荒谬的"[108],但果最高法院不这么认为,那就等于不允许司法立法。当公司签订一份合同,而且该合同包含的条款与公司自身以及与集团其他成员有关,或者在其章程中有此类条款时,有必要根据上下文来对集团进行界定。这是合同起草的问题,同时并不存在以下这项假定,即以公司作为一方主体的合同或者其他安排,会导入关于公司集团的成文法定义。在 Enviroco 案中,合同文件明确地从公司法中引用了关于子公司的定义。

实质性的公司法和公司集团:概览

公司集团的基本方面是清楚的:公司集团内的每家公司都是独立法人实体;其资产和负债归属于公司自身,而不是公司集团整体;子公司的董事对其任职的特定公司的董事会负责,而不是对母公司或者公司集团负责。然而,公司彼此关联这一事实,会影响公司法一般原则(例如那些与董事义务相关的原则)的实际运作功效。例如,虽然在技术上可以认为,子公司的董事向子公司而不是向母公司履行职责[109],而其核心的义务却是,在破产的

---

[104]《2006年公司法》附表6。
[105] 同上,第1162(3)条。
[106] [2011] 1 WLR 921, SC.
[107]《2006年公司法》第112条。(基于注册而作的"成员"的定义。)
[108] Enviroco, [47] per Lord Collins of Mapesbury.
[109] Lindgren v L & P Estates Ltd [1968] Ch 572, CA.

第二章　作为资金筹集和财务风险管理工具的公司形态的运用和滥用　　**31**

场合之外,董事必须为其成员利益而努力促进其公司经营成功。[110] 事实上,这意味着有偿债能力的子公司的董事们,可通过为母公司利益行事的方式来向子公司履行职责,至少只要子公司是全资子公司或者母公司与其他小股东在子公司的利益方面保持一致。[111] 然而,当子公司资不抵债或者处于资不抵债边缘时,情形又有所不同,因为子公司的董事们必须考虑的是债权人利益,而不是公司成员的利益,而且这还意味着,他们要考虑的是自己特定公司的债权人而不是公司集团整体的债权人利益。[112] 债权人享有利益是因为,债权人通过清算制度获得了处分公司资产的预期权利。[113] 资不抵债的问题,也会从另一重要的方面影响子公司的董事地位:通常而言,董事可以通过股东会批准自己的行动而免受问责,但当公司的清偿能力存疑时,股东会的批准将失去效力。[114] 在上述情形中,使股东的批准失去效力是合理的,因为公司财政处境艰难,会使对公司的控制变得更有利于债权人。如果任由股东控制公司,他们将会基于投机而继续开展经营,因为他们没有什么可失去的(基于有限责任制度);如果无人承担此种赌博行为的责任,则最终将由债权人承担额外的损失。[115]

法院根据《2006 年公司法》第 994 条,为不公平的有害行为的受害者提供救济时,有时愿意抛开法律形式主义的僵化的方法,转而探寻公司集团内

---

[110]《2006 年公司法》第 172 条。
[111] *Commissioner of Taxpayer Audit and Assessment v Cigarette Company of Jamaica Ltd* [2012] STC 1045, PC, [14] per Lord Walker quoting S Mortimore (ed), *Company Directors* (Oxford: OUP, 2009) para 12.18.
[112]《2006 年公司法》第 172(3)条;*West Mercia Safetywear Ltd v Dodd* [1988] BCLC 250, 252; *Facia Footwear v Hinchliffe* [1998] 1 BCLC 218, 228; *MDA Investment Management Ltd* [2004] 1 BCLC 217.
[113] *Re Idessa (UK) Ltd* [2012] 1 BCLC 80, [54].
[114] *Moore Stephens v Stone Rolls Ltd* [2009] AC 1391, HL, (236) per Lord Mance; *Re New World Alliance Pty Ltd*; *Sycotex Pty Ltd v Baseler* (1994) 122 ALR 531, 550; 另参见 A Keay, 'Directors Taking Into Account Creditors' Interests' (2003) 24 *Company Lawyer* 300; A Keay, 'Directors Duties to Creditors: Contractarian Concerns Relating to Efficiency and Over-Protection of Creditors' (2003) 66 MLR 665; A Keay, *Company Directors Responsibilities to Creditors* (Routledge-Cavendish, 2007). P. Davies, 'Directors' Creditor-Regarding Duties in Respect of Trading Decisions Taken in the Vicinity of Insolvency (2006) 7 *European Business Organization Law Review* 301.
[115] 但是,如果设定一项普遍的面向债权人的义务,其效果值得探讨:O Couwenberg and SJ Lubben, 'Solving Creditor Problems in the Twilight Zone: Superfluous Law and Inadequate Private Solutions' (24 June 2011), Seton Hall Public Law Research Paper No 1871745, available at ⟨http://ssrn.com/abstract=1871745⟩ accessed July 2013; F Tung, 'Gap Filling in the Zone of Insolvency' (2006—2007) 1 *Journal of Business and Technology Law* 607; SM Bainbridge, 'Much Ado About Little? Directors' Fiduciary Duties in the Vicinity of Insolvency' (2006—2007) 1 *Journal of Business and Technology Law* 335; RB Campbell and CW Frost, 'Managers Fiduciary Duties in Financially Distressed Corporations: Chaos in Delaware (and Elsewhere)' (2007) 32 *Journal of Corporation Law* 491.

各实体之间的关系。根据这条规定,为成功获得救济,申请人必须证明,自己身为成员之一的公司已经以一种不公平的有害方式,实施了公司行为。在一个与此相关的案件中,法院已经认定,母公司针对子公司的行为——或者其董事恰巧是相关子公司的董事——可能会构成子公司的行为[116],并且子公司的行为——或者其全部或部分董事恰巧是母公司的董事——可能被认定为是母公司的部分行为。[117]

正如这些事例所显示的,公司法并未完全忽视集团内部公司之间的关系,而且也存在一些"法律对现实的适应性"[118],但是,所有公司都是互相独立的法律实体,而且即使它们是公司集团的一部分,在法律上它们也并非单一的企业。这一压倒性的一般法律原则将继续发挥重要的作用。当公司集团受到子公司层面破产事件的影响时,对独立的实体原则的强调,就显得格外引人关注:经营失败的企业的董事们可能要对违反义务的行为承担个人责任,然而,一般而言,母公司及集团内的其他公司可以远离经营失败的公司,除了注销其股权投资及再也无法获得集团内部债权的清偿之外,无须承担其他任何财务后果。如果个人或公司持有破产公司的股份,或为破产公司的债权人,情况也是一样的;但在公司集团的情境中,有限责任的不利后果常会表现得更加严重。这一问题值得进一步研究。

公司集团内部的破产清偿[119]

在这一部分,我们讨论的起点是,在其他公司中拥有股份的公司就其投资承担有限责任。就责任而言,母公司对其子公司的债务与购买了股份的个人投资者在法律地位上并无区别:他们都只需在其持有的股份名义价值的范围内承担责任,后者包括投资的票面价值加上股份首次发行时的溢价。这意味着,人们可以构建公司网络来限制集团对外部人的合同责任,并创建集团内部成员之间的合同责任。它还意味着,公司集团可以通过子公司从事高风险活动来限制集团对潜在侵权行为受害人的责任。如果这种高风险的经营活动导致了灾难性后果,母公司将丧失其在子公司的投资价值,而子公司的债权人不能指望母公司来弥补子公司资产的不足。

---

[116] *Scottish Co-operative Wholesale Society Ltd v Meyer* [1959] AC 324,HL; *Nicholas v Soundcraft Electronics Ltd* [1993] BCLC 3, CA.
[117] *Re Citybranch Group Ltd*, *Gross v Rackind* [2004] 4 All ER 735, CA. R Goddard and HC Hirt, 'Section 459 and Corporate Groups' [2005] JBL 247.
[118] J Dine, *The Governance of Corporate Groups* (Cambridge: CUP, 2000) 43.
[119] 通常可参见 V Finch, *Corporate Insolvency Law Perspectives and Principles* (Cambridge: CUP, 2009)581—596。

第二章 作为资金筹集和财务风险管理工具的公司形态的运用和滥用 33

*Re Polly Peck plc.*一案[120]为运用公司形态来创建集团内部的合同责任提供了一个示例。在这个案件中,一家注册于开曼群岛的子公司公开发行债权证券,并将其收益借给其母公司。母公司对其证券发行提供担保。有一种观点认为,子公司在其母公司破产时,有权就其向母公司提供的借款进行举证。另一种观点则认为,子公司在发行债权证券时仅仅是其母公司的代理人,这意味着借款并不具有法律意义,但法院驳回了此种主张,认定此种安排并非骗局。

母公司是否应当弥补其破产子公司资产的不足,这是一个学界经常讨论的问题。[121] 有人认为应当保留集团内的公司面纱,因为这会促使经理层敢于冒险经营,这在公司为利益相关者乃至经济的整体繁荣而扩张时特别重要。[122] 根据这种见解,投资者将被鼓励投资于控股公司的股权,而控股公司通过投资于子公司的股权资本而从事风险特别高的活动的潜在损失,也仅限于这些股权资本。[123] 保留公司面纱的另一项理由是,合同债权人已经假定各家公司只对其自身债务(而不是更多的债务)承担责任,并据此进行谈判。如果刺穿公司集团内部面纱的行为变得司空见惯,将会损害一个法律原则,即公司资产仅能用于清偿其自身债权人,则势必增大公司借贷成本,因为债权人必须将资信调查的范围扩展至整个集团。[124]

主张刺穿公司集团内部面纱的主要观点与控制权息息相关:在根本上,公司集团是一家一体化的经济企业,母公司为了集团的整体利益,控制着或者有权力去控制其子公司的活动;故母公司应为子公司的行为承担责任。[125] 虽然小型私人公司的股东个人可能也是控制人,但他们与母公司的法律地位不同,因为在刺穿公司面纱以使其对公司债务承担责任的情况下,他们个

---

[120] [1996] 2 All ER 433.
[121] 特别地,参见 JM Landers, 'A Unified Approach to Parent, Subsidiary, and Affiliate Questions in Bankruptcy' (1975) 42 *University of Chicago Law Review* 589; RA Posner, 'The Rights of Creditors of Affiliated Corporations' (1976) 43 *University of Chicago Law Review* 499; JM Landers, 'Another Word on Parents, Subsidiaries and Affiliates in Bankruptcy' (1976) 43 *University of Chicago Law Review* 527. 就英国法的视角来看,参见 CM Schmitthoff, 'The Wholly Owned and the Controlled Subsidiary' [1978] JBL 218; Lord Wedderburn, 'Multinationals and the Antiquities of Company Law'; DD Prentice, 'Some Comments on the Law Relating to Corporate Groups'; H Collins, 'Ascription of Legal Responsibility to Groups in Complex Patterns of Economic Integration' (1990) 53 MLR 731; R Rhee, 'Bonding Limited Liability' (2010) 51 *William and Mary Law Review* 1417.
[122] Leebron, 'Limited Liability, Tort Victims and Creditors' 1617—1618.
[123] Presser, 'Thwarting the Killing of the Corporation: Limited Liability, Democracy and Economics', 174—175; Pl Blumberg, *The Multinational Challenge to Corporation Law*, 130—133.
[124] 换句话说,本章前面阐述的资产分割的利益,将不复存在。
[125] Blumberg, *The Multinational Challenge to Corporation Law*, 123—124; Antunes, *Liability of Corporate Groups*, 131—132.

人会受到损害;然而,刺穿母公司与子公司之间的面纱,虽然可能会导致母公司破产,但母公司的股东仍就其投资受到有限责任的庇护,并免予承担个人责任。[126] 此外,在实践中,现代公司集团中常有对集团财产的集中安排,以及其他在企业范围内的组织性安排,这些安排意味着,关联企业间的关系通常不同于企业与自然人股东间的关系。[127] 而另有一种经济观点认为,有必要推行有限责任制度,以使公司能够吸引消极投资,投资者可以分散投资组合,并使得在有关母公司对子公司的投资关系中不适用资本市场的运作机理。[128] 然而,严苛地信守公司面纱,可能会鼓励经理人员过度冒险[129]:如果某一不属于任何公司集团的独立的公司(或者这家公司是公司集团的控股公司)经营失败,经理人员会失去工作,但这种制约冒险的力量用在子公司身上时要弱一些,因为在公司经营失败时,经理人员总有可能在集团的其他地方重新就业。[130] 另外,虽然董事们有法律义务为其自身公司而不是它所属的公司集团的利益而行事[131],但在实践中,集团利益和那些个别公司的利益很容易混同;而且,除非面临破产,在任何情况下,集团公司的董事们不守规章或违背义务的行为,都可以经集团内其他持有集团股份的公司批准决议而修补该瑕疵。凡此种种,最后的结果是,集团内的公司可以不以公平交易为基础,彼此进行交易,这将损害债权人利益,因为除非债权人对于此类活动施加了合同的限制并且能够对守约情形进行监督,否则其无法对此提出异议[132];与此同时,它还损害了子公司的小股东利益,后者唯一有效的救济途径是主张此类交易是不公平的有害行为,而且小股东据此可以获得《2006 年公司法》第 994 条的救济。[133] 主张应当刺穿集团内部公司面纱的一种特别的观点认为,有限责任对子公司的侵权受害人不公平,因为他们无

---

[126] Posner, 'The Rights of Creditors of Affiliated Corporations', 511—512.
[127] UNCITRAL, *Legislative Guide on Insolvency Law Part Three*, 16—17, 48—51.
[128] Blumberg, *The Multinational Challenge to Corporation Law*, 133—140.
[129] 同上,第 134 页。
[130] Easterbrook and Fischel, *The Economic Structure of Corporate Law*, 56—57.
[131] *Lindgren v L & P Estates Ltd* [1968] Ch 572, CA.
[132] 集团活动的复杂性使得事实上债权人很难跟得上公司集团的资产运转:V Finch, *Corporate Insolvency Law Perspectives and Principles* 584。关于对破产公司集团相关资产的所有权主体所处位置的调查,有一个非常复杂的案例,即 *Re Lehman Brothers International*(*Europe*)(*in administration*)*Pearson v Lehman Brothers Finance SA* [2012] 2 BCLC 151, CA,下文对该案例作了分析:M Bridge and J Braithwaite, 'Private Law and Financial Crises' [2013] *Journal of Corporate Law Studies* 361.
[133] *Stein v Blake* [1998] 1 All ER 724, CA,阐明了公司集团内部(控股股东转让资产)会产生哪类问题。上诉法院认为,其他股东无法根据这些事实获得普通法上的个人请求权。

法就此进行谈判。[134]

毫无疑问,控制公司的主体可以利用公司集团形式从两方面受益:从正式的法律结构中获益,同时,还能从完整的、以企业为基础的运行模式的协同效应中获益,这令人不安。但是,要平衡公司组织结构的社会效益以及成本,是一个很宏大的政策命题,司法部门并不适合对此发表意见。鉴于此,英国法院不愿意适用与公司责任相关的方法,即使案件涉及集团内的公司侵权责任,法院这样的做法是有依据的。[135] 法院正确地强调了以下意见:一家公司的资产只应当用于清偿其自身的债权人而不是更多的其他人,维持这一原则是重要的。[136] 公司集团内部的联系紧密,且存在集中管理控制,均不足以使法院无视公司组织结构。[137]

关于公司集团和刺穿公司面纱的典型判例,是英国上诉法院在 *Adams v Cape Industries plc* [138] 一案时作出的判决。在该案中,侵权行为的受害人(也就是由于暴露于石棉粉尘之中而受到伤害的个人)试图请求英国法院执行在美国获得的判决。本案的公司法问题在于,美国的法院能否因为英国的一家公司在美国设有子公司而对英国的这家公司拥有司法管辖权。英国法院驳回了这些公司应被视为一家集团公司的观点,它重申了以下基本法律原则:公司集团内的每一家公司都是拥有权利并承担责任的独立法律主体。[139] 这一判决迥异于早期的一些案件[140],在那些案件中,法官看起来支

---

[134] Hansmann and Kraakman, 'Towards Unlimited Shareholder Liability for Corporate Torts'; Leebron, 'Limited Liability, Tort Victims, and Creditors', 1612—1626; Blumberg, *The Multinational Challenge to Corporation Law*, 135—136. Rhee, 'Bonding Limited Liability'. 然而,以同样的方法来看待所有合同债权人,可能失之过于简单。许多合同债权人并没有真正的谈判机会,很容易浮现于脑海中的是低层级的雇员。DD Prentice, 'Groups of Companies: The English Experience' in KJ Hopt (ed), *Groups of Companies in European Laws* (Berlin: W de Gruyter, 1982) 99, 105. 该文将雇员(以及税收征管机构)称为"准非自愿性债权人",他们通常并没有围绕"有限责任"的议题进行协商。Prentice 还把无担保交易债权人归入通常未能从事此类协商的债权人类别。

[135] 英国法院对"单一独经济组织"方法的回应,可见下文中的讨论:*Linsen International Ltd v Humpuss Sea Transport PTE Ltd* [2012] 1 BCLC 651. Compare AA Berle, 'The Theory of Enterprise Entity' (1947) 47 *Columbia Law Review* 343 and Blumberg, '*The Multinational Challenge to Corporation Law*', ch 5. 该文献讨论了美国法院和立法对企业原则的接受情况。

[136] 参见 *Charterbridge Corp v Lloyd's Bank Ltd* [1970] Ch 62; *Ford d Carter Ltd v Midland Bank Ltd* (1979) 129 NLJ 543, HL, 544 per Lord Wilberforce.

[137] *Linsen International Ltd v Humpuss Sea Transport PTE Ltd* [2012] 1 BCLC 651, [39].

[138] [1990] Ch 433, CA.

[139] *The Albazero* [1977] AC 774, CA and HL, 807 *per* Roskill LJ.

[140] 包括上诉法院作出的著名裁决 *DHN Food Distributors Ltd v Tower Hamlets LBC* [1976] 1 WLR 852, CA. 丹宁勋爵在这一案件中所作出的裁判,可能是英国法中最为坚定地支持企业集团方法的。现在,这一案件裁决的权威性式微;除了 *Adams* 一案没有采纳这种做法外,苏格兰上议院在 *Woolfson v Strathclyde Regional Council* 1978 SLT 159, HL 一案中,也对其正确性提出了质疑。

持根据特定的法律或合同,将母公司与子公司视为同一主体具有正当性。
非常奇怪的是,鉴于在 *Adams* 一案中,法官对集团企业的观点予以彻底否决,这一观点在 *Re Polly Peck plc.* 一案中又卷土重来。[141] 在该案中,法院认为以下观点具有"说服力":事实上,债权证券的发行者是集团,而不是在开曼群岛的子公司,子公司只是起到通道的作用。然而,即便如此,法院仍然认定,高等法院在 *Adams* 一案中的裁决已经排除了接受集团企业的视角。[142]

上诉法院对 *Adams* 一案的裁决确认,法院并不拥有以正义为理由而揭开公司面纱的普遍的裁量权。有观点认为,在该案中,公司结构只是个外壳,因为公司在从事石棉贸易的同时,公司的结构还被用来将集团资产转出美国,以避免承担石棉灰尘所造成损害的赔偿。对于此种观点,法院认为:

> ……在法律上,我们并不认为法院有权仅仅因为公司结构被用于确保集团未来特定活动的法律责任(以及相应地承担该责任的风险,如果存在这些责任的话)落在集团其他成员而不是被告公司的身上,而以不利于作为公司集团成员的被告公司的方式来揭开公司面纱。无论人们喜欢与否,以这种方式来运用公司结构的权利,是我们的公司法与生俱来的。[律师们]敦促我们,这种运作的目的,基本上是使 Cape 获得了集团在美国的石棉贸易的收益,却无须承担侵权责任。情况或许是这样。然而,根据我们的判断,Cape 在法律上有权以那种方式运作集团的事务。[143]

如本章前文所述,近年来的司法判决将刺穿公司面纱的范围限制得非常狭小。从公司集团的角度检视这一问题,对上述立场的评价也是相同的[144]:即便在公司集团内部,刺穿公司面纱的范围也被极大地限制了,并取决于以下事实,即公司控制人不当地利用公司形式,以逃避其自身不当行为

---

[141] [1996] 2 All ER 433.
[142] [1996] 2 All ER 433,447。律师的观点以接受以下案件的裁决为基础:*Adams v Cape Industries plc* [1990] Ch 433, CA。在特殊的情况下,合同或者成文法允许或要求采取集团公司的视角,但法院拒绝将反对双重证据的破产法规则适用于这一特殊的类型。
[143] [1990] Ch 433, CA, 544。
[144] DD Prentice, 'Group Indebtedness' in CM Schmitthoff and F Wooldriclge (eds), Groups of Companies (London: Sweet & Maxwell, 1991) 77;"刺穿公司面纱是法律规定的例外,在大多数案件中,法院可能都会拒绝如此判决。"最高法院在 VTB [2013] UKSC 5 和 Prest [2013] UKSC 34 等案件中,确认了 Prentice 观察所得结论的准确性。

导致的法律后果。[145] 此外,如果当事人有不当行为并导致法院刺穿了公司面纱,将不会使集团的其他公司直接承担破产公司所签合同项下的法律责任;刺穿公司面纱的法律效果将在于,使企业采取其他救济措施,例如解除集团内部交易,将资产在破产企业倒闭前剥离出来等。

刺穿面纱的替代机制:代理[146]

如果能够证明子公司是其母公司的代理人,那么,根据一般的代理原则,作为被代理人的母公司应当承担责任。[147] 然而,子公司是母公司的代理人这一理论预设并不存在。在实践中是否存在这种情形,取决于有关母子公司关系的一些事实。[148] 子公司资本金不足以开展营业,这本身即彰显着了公司是代理人,[149] 但资本金必须与子公司存续的目的合并考虑:例如,如果子公司纯粹是筹集债权资本的工具,则它可能只拥有少量的股本(在其发行条款中增设一些其他形式的信用增强方式),但子公司仍然是一个独立的主体,而不是一个代理人。[150] 子公司董事会中所有或者绝大多数成员同时是控股公司的董事或者高级管理人员,这一事实并不必然表明母子公司之间存在代理关系。[151]

刺穿面纱的替代机制:合同的保证

一则老调重弹认为,经营失败的公司的债权人,如果幸运地获得了集团内其他公司的保证,则可以通过行使其合同请求权而在集团内转移债务。[152] 然而,那些考虑在获得集团内其他公司个别保证的基础上将钱借给集团内某一公司的人,必须注意一些潜在的陷阱。陷阱之一为集团内其他公司可能拒绝提供保证,而代之以安慰函(comfort letters),在安慰函中,其他公司

---

[145] Linsen International Ltd v Humpuss Sea Transport PTE Ltd [2012] 1 BCLC 651. 关于揭开公司面纱的司法保守主义并不仅限于英国法院。关于澳大利亚和新西兰做法的讨论,请见 R Baxt and T Lane, 'Developments in Relation to Corporate Groups and the Responsibilities of Directors—Some Insights and New Directions' (1998) 16 *Corporate and Securities Law Journal* 628; JH Farrar, 'Legal Issues Involving Corporate Groups' (1998) 16 *Corporate and Securities Law Journal* 184; 澳大利亚高等法院通常持以实体为基础的方法: Harris and Hargovan, 'Corporate Groups: The Intersection between Corporate and Tax Law,' 726. 有观点认为, Slade 法官在 Adams 案中提出的刺穿公司面纱的标准,在理论上是站不住脚的: M Moore, 'A Temple Built on Faulty Foundations: Piercing the Corporate Veil and the Legacy of Salomon v Salomon' [2006] JBL 180。

[146] 集团公司中某些形式的"信托—受益人"关系或者"提名人—被提名人"关系,也足以转移责任。

[147] Canada Rice Mills Ltd v R [1939] 3 All ER 991, PC; Firestone Tyre and Rubber Co Ltd v Lewellin (Inspector of Taxes) [1957] 1 All ER 561, HL; Rainham Chemical Works v Belvedere Fish Guano Co [1921] 2 All ER 465, HL.

[148] Adams v Cape Industries plc [1990] Ch 433, CA.

[149] Re FG Films [1953] 1 All ER 615. Landers, 'A Unified Approach to Parent, Subsidiary, and Affiliate Questions in Bankruptcy', 621.

[150] Re Polly Peck plc [1996] 2 All ER 433, 445—446.

[151] 同上。

[152] Cattles plc v Welcome Financial Services Ltd (2010) BCLC 712, CA.

声称其政策是确保集团内其他公司能够履行他们的债务。在 *Kleinwort Benson Ltd v Malaysia Mining Corporation Bhd*[153] 中,上诉法院认为,安慰函的这些表述只是表达了当前状态下的意愿,而不是对于未来行为的一种合同承诺。[154] 另一个潜在的困难源自以下事实,即董事被要求服务于其自身的公司而不是服务于公司集团的整体利益。如果担保公司的董事关注集团利益,而这些利益与其服务的公司自身利益并不吻合,则担保会因违背义务而受到影响。而且,另一潜在的陷阱是,如果担保公司的清偿能力存有疑义,则根据《1986年破产法》有关优先权以及被低估的交易的规定,这项担保可能并不牢靠。[155]

刺穿面纱的替代机制:向其他公司主张侵权损害赔偿

如能确定集团的其他公司对原告直接负有侵权责任的,原告可以从其他还在经营的公司获得赔偿。是否能够以这种方式在公司集团之间传播责任,这取决于侵权法关于责任确定的一般原则。[156] *Chandler v Cape plc* 案为这一问题提供了例证,该案中,一家破产子公司的前雇员在工作中接触石棉粉尘而患有"石棉肺"疾病,因母公司对此有疏忽,故母公司也应承担责任。[157] 在 *Caparo Industries Plc v Dickman* 案中,[158] 上议院作出了一项重要的判决,适用了考察注意义务的三重测试法,法院在一审中认为,公司在落实适当的安全制度方面存在系统性问题;接触石棉粉尘,从而导致患有石棉相关疾病的风险是显而易见的;母公司真实地了解工作环境;健康和安全制度是公司集团制定的,故母公司对员工负有责任;故使母公司承担注意义务是公平、合理的。上诉法院维持了该判决,Arden 法官断然地驳回了该案涉及刺穿公司面纱的意见;她指出,子公司和母公司是独立的实体,不能仅以甲公司系乙公司的母公司为由,而强加或假定甲公司负有责任。[159]

母公司指派雇员担任其子公司的董事,母公司对于这些董事的失职行为,并不要承担间接责任。[160]

---

[153] [1989] 1 WLR 379 CA. See also *Re Atlantic Computers plc* [1995] BCC 696.
[154] In *Wake v Renault (UK) Ltd* 15 Tr L 514, The Times, 1996年8月1日, Robert Walker J 说,虽然安慰函并不具有法律约束力,但可能并非毫无价值,因为它有着重要的实际后果:例如,它可以使子公司能够以更有利的条件获得借款,或者使得审计师能够以公司的持续经营价值为基础而注销账户。
[155] 《1986年破产法》第238—241条。R Parry, *Transaction Avoidance in Insolvencies* (Oxford: OUP, 2001)第四章考察了集团内部保证背景下第238条(价值低估的交易)的运用。
[156] *Chandler v Cape plc* [2012] 3 All ER 640 (CA); *Lubbe v Cape plc* [2000] 4 All ER 268, HL; *Stocznia Gdanska Sa v Latvian Shipping Co Latreefer Inc*. [2001] 1 Lloyd's Rep 537, affirmed [2002] 2 L. loyd's Rep 436, CA.
[157] [2012] 3 All ER 640, CA.
[158] [1990] 2 AC 605, HL.
[159] [2012] 3 All ER 640, [69].
[160] *Kuwait Asia Bank EC v National Mutual Life Nominees Ltd* [1991] 1 AC 187, PC.

刺穿公司面纱的替代机制:《1986年破产法》

根据《1986年破产法》第213条,如果一家公司在清算过程继续经营的目的是为了欺诈债权人或为了任何欺诈目的,则基于清算人的申请,法院可以宣告,任何在知情的情况下以该种方式参与经营活动的人,应当向公司偿付法院认定为适当的财产。根据具体情况,母公司可以成为破产的子公司进行之中的经营活动的一方主体。然而,要根据本条来认定责任,还必须进一步证明存在欺诈行为。在这里,欺诈意味着存在"事实上的不忠诚,有着真正的道德责难"[161],而这难以证实。[162]

《1986年破产法》第214条允许法院命令那些知道或者应当知道公司破产清算不可避免的人们,向清算中的公司给付资产,除非他们能够证明自己采取了一切应当采取的措施来使公司债权人的损失降至最低。依据本条所进行的判断,是以客观事实而不是以个人的道德和诚实为标准;评判个人时,以其自身的知识、技能和经验为基础,而且,这些知识、技能和经验是指某人在履行与公司相关职责时被合理期待着拥有的。[163] 要认定第214条之下的责任就必须证明,公司在实际清算之日的状况,比在该项交易被主张应当停止时如果确实停止了更为糟糕。适当的比较对象是,该项交易被主张应当停止时的公司资产以及该项交易实际上停止时的公司资产之净差额。[164] 被认定从事了错误交易的董事应当偿付多少数额的资产,属于法院的自由裁量范围;一向有说法认为,法律的这条规定主要是补偿性而非惩罚性,因而从表面上看,董事偿付的适当金额是公司资产据称被董事行为所掏空的部分。[165]

《1986年破产法》第214条只适用于经营失败的公司的董事。该目的指向的董事包括事实董事,该词的含义取决于其适用的情形,但一般来说,是指成为公司治理结构一部分的自然人,他们虽未获正式任命但却具有董事的权力和职责。[166] 直接介入公司运作事务的大股东面临着被认定为事实董事的风险,而且,它意味着母公司也面临这一法律风险。[167] 另外,非法交易

---

[161] *Re Patrick and Lyon Ltd* [1933] 1 Ch 786.
[162] *Re Augustus Barnett & Son Ltd* (1986) 2 BCC 98,904。在该案中,试图根据当时的《破产法》第213条来认定母公司承担责任的努力,归于失败。
[163] 《1986年破产法》第214(4)条。
[164] *Re Continental Assurance Co of London plc* [2001] BPIR 733; *Re Marini Ltd* [2004] BCC 172; *Re Idessa (UK) Ltd* [2012] 1 BCLC 80.
[165] *Re Produce Marketing Consortium Ltd* (1989) 5 BCC 569.
[166] *Re Hydrodam (Corby) Ltd* [1994] BCC 161; *Secretary of State for Trade and Industry v Tjolle* [1998] 1 BCLC 333; *Re Richborough Furniture Ltd* [1996] 1 BCLC 507; *Secretary of State for Trade and Industry v Holier* [2007] BCC 11; *Ultraframe (UK) Ltd v Fielding* [2006] FSR 17, para 1254; *HMRC v Holland* [2011] 1 All ER 430, SC.
[167] *Secretary of State for Trade and Industry v Jones* [1999] BCC 336, 349—350.

的责任也可能归咎于影子董事,也就是真正的董事[168]习惯听从其指示的人们。[169]母公司也可能被认定为影子董事。在指认影子董事时,必须确立四项事实:(1)真实董事的身份;(2)被指认的影子董事指示着至少是居于支配性多数地位[170]的真实董事处理与公司的关系,或者影子董事是指示者之一;(3)那些董事们听从于这些指示;并且(4)他们习惯于这样做。[171]人们可以构造一种关系,以使一方被认定为另一方影子董事的风险最小化:例如,向境况不佳的公司融资时,资金供给方提出的条件公司可自由选择是否接受,而不是在放款时附有如何运用资金的指令,因为前面的结构更契合于以下原则:贷方有权设定有关公司经营的条款。而如果没有此类约定,公司就无法在准备放款的同时避免自身成为影子董事。[172]母公司是不是子公司的影子董事,这取决于两者之间事实上的关系。[173](如果要证明这一点)就必须证明子公司的董事会遵循母公司指令是习以为常之事。[174]

《1986 年破产法》第 238 条和第 239 条为公司原状之恢复留下了空间,即恢复到如果经营失败的公司不以低价或以可撤销的优先权从事交易之前的状态。根据这些法条作出的指令包括要求将被转让的财产或者其收益返还给公司。[175]这些法条规定了适用该指令的一般适用条件。然而,公司集团比在其他情况下更容易满足发出该指令的要件,因为彼此联系的各方主体吻合了某些假设及更长的时间要求。[176]此外,破产公司的利益与其债权人的利益是一致的,而非与其股东利益或公司集团债权人的整体利益一致,

---

[168] Including *de facto* directors:*Re Hydrodam（Corby）Ltd* [1994] BCC 161.

[169] 《1986 年破产法》第 251 条。上诉法院在以下案件中,考察了影子董事的定义的含义:*Secretary of State for Trade and Industry v Deverell* [2001] Ch 340,CA。在该案中,Morritt 法官对一系列提议进行了归纳总结。根据《2006 年公司法》的某些条款(参见《2006 年公司法》第 251 条),母公司被明确排除在影子董事的范围之外。但根据《1986 年破产法》,则无此例外。关于影子股东分类,以及其与事实股东间的内部关系,将在第 11 章作进一步讨论。

[170] *Re Unisoft Group Ltd（No 2）* [1994] BCC 766,775;*Ultraframe（UK）Ltd v Fielding* [2005] FSR 17,para 1272.

[171] *Re Hydrodam（Corby）Ltd* [1994] BCC 161.

[172] *Ultraframe（UK）Ltd v Fielding* [2005] FSR 17,para 1269.

[173] 在一起澳大利亚的案件中,事实证据表明,持股 42% 的股东控制着公司的事务,以至于董事习惯于遵循该股东的指令或指示而行事,这样,有关责任的法律规范将拓展适用于该股东。*Standard Chartered Bank v Antico* (1995) 18 ACSR 1,NSW SC。

[174] *Re Unisoft Group Ltd（No 2）* [1994] BCC 766;*Secretary of State for Trade and Industry v Becker* [2003] 1 BCLC 555. DD Prentice,'Corporate Personality,Limited Liability and the Protection of Creditors' in R Grantham and C Rickett (eds), *Corporate Personality in the 20th Century* (Oxford:Hart,1998)99,115—118.

[175] 《1986 年破产法》第 241 条。

[176] 《1986 年破产法》,第 239(6)条(推定优先权意图的影响):*Re Oxford Pharmaceuticals Ltd* [2009] 2 BCLC 485);第 240(1)(a)条(审查期限通常两年(在可撤销的优先权情形中,通常为六个月));第 240(2)条(在交易价值被低估的情况下推定无力偿还债务)。关于"关联(connected)"的法律定义,请见《1986 年破产法》第 249 条和第 435 条。

故根据上述条款规定，为集团利益而采取的行动更易产生问题。[177] 因而，有关规范低价交易和优先交易的规则，就对公司集团内部以非商业条件为基础的、违背特定公司债权人利益的资产转移，构成了制约。[178]

规范公司集团的法律缺陷？

在世界主要的经济体中，包括英国在内，公司法最初规范的对象是股东为自然人的公司，后来才把调整的对象拓展至股权资本由其他公司持有的公司。[179] 针对这种允许公司集团运用多层级有限责任来扩张的做法，是否要求公司法与破产法作出专门的回应？特别是，是否要求明确规定公司集团以企业为基础而不是以实体为基础来对债权人承担责任？这是一个备受争议的问题[180]，世界各国的立法者对此观点各异。[181]

在英国内部，关于此种政策的论争近年来发生了显著的变化。20世纪80年代的观点倾向于认为，公司集团对债权人带来了严重的问题，立法必须采取干预型的解决方案。司法系统也认为，法律由于没有特别规定公司集团的责任而有所不足。[182] Cork委员会的报告针对英国20世纪80年代早期的破产法律与实践发表了评论，对这一论争作出了重要贡献。[183] 该委员会注意到，"公司法与破产法的一些基本原则与企业集团的现代商业活动不相吻合"。集团内部低价转让资产、集团公司之间基于非商业条件进行借贷、集团内一家公司为另一家公司的债务免费提供担保、集团内部的股息支

---

[177] 例如，*Re Genosyis Technology Management Ltd* [2007] 1 BCLC 208, Ch。

[178] Parry, *Transaction Avoidance in Insolvencies*, 83—84（集团内部的保证被视为价值被低估的交易）。在该书的第238—239页，作者研究了《1986年破产法》第423条（欺诈债权人的交易）的潜在好处。该条对故意架空债权人的公司集团内部的资产转让，进行了规范。还可参见 *Re Mea Corporation Ltd* [2007] 1 BCLC 618; I Mevorach, 'Transaction Avoidance in Bankruptcy of Corporate Groups' (2011) 8 *European Company and Financial Law Review* 235; UNCITRAL, *Legislative Guide on Insolvency Law Part Three*, 49—51。

[179] JE Antunes, *Liability of Corporate Groups* (Kluwer, 1994) 30—34; A Muscat, *The Liability of The Holding Company for the Debts of its Insolvent Subsidiaries* (Dartmouth, 1996) ch 4

[180] Blumberg, *The Multinational Challenge to Corporation Law*, ch 11. 作者提议创建一部统一的企业法，其内容包括但不限于企业责任。还可参见 Blumberg, 'The American Law of Corporate Groups' in J McCahery, S Piccoitto, and C Scott (eds), *Corporate Control and Accountability* (Hart, 1993) 305, 但这不同于 DD Prentice, 'Some Comments on the Law Relating to Corporate Groups'; Muscat, *The Liability of the Holding Company for the Debts of its Insolvent Subsidiaries*, 47, ch 7。

[181] RR Kraakman, J Armour, P Davies, L Enriques, H Hansmann, G Hertig, KJ Hopt, H Kanda, and EB Rock, *The Anatomy of Corporate Law* 2nd edn (Oxford: OUP, 2009) 135—141。

[182] *Re Southard & Co Ltd* [1979] 1 WLR 1198, CA; *Re Augustus Barnett & Son Ltd* (1986) 2 BCC 98904, 98908. 还可参见澳大利亚 *Qintex Australia Finance Ltd v Schroeders Australia Ltd* (1990) 3 ACSR 267, NSW SC ComD; *Re Spargos Mining NL* (1990) 3 ACSR 1, WA SC。

[183] *Insolvency Law and Practice* (Cmnd 8558, 1982) ch 51.

付不考虑支付公司的现金需求,凡此种种类型的交易,均令人担忧。[184] 尽管存在这些问题,也认识到了法律存在缺陷[185],委员会仍然基本上不愿意专门就集团公司的问题提出详尽的建议。它只是对于它的试探性立场,罗列出了许多正当性理由。[186]

第一,修改法律以使母公司对其破产子公司的债务承担责任,将导致在有限责任这一基本原则方面,因股东不同(公司或者个人)而产生了差异。这会影响创业活动,因为它可能会阻遏繁荣昌盛的公司进行新的风险投资。第二,委员会担心责任的确定和分配问题。这种担忧包括以下诸多方面:准确地确定公司间的何种关系会引发经济责任;仅仅是部分股权被持有的子公司,其经济责任的范围有多大;而且,如果有经济责任的话,那么母公司对其小股东是否有请求权;破产子公司的经济责任是与其母公司、还是与集团内的所有公司一体承担;对于破产子公司还不属集团成员时发生的债务,母公司或公司集团应在多大程度上承担责任。第三,委员会还担心涉外因素,也就是,如果有的话,母公司或公司集团应在多大程度上对破产的境外公司的债务承担责任。第四,法律的任何变更,都会影响到公司现有长期债权人的处境;比如说,如果法律规定母公司要对子公司的债务承担责任,则母公司的债权人将受到不利影响,除非能够设计出一套复杂的过渡性安排,来避免法律溯及既往地损害那些现有债权人的利益。考虑到所有的这些因素,委员会认为,对于集团企业责任形态的任何变更,都将对公司法产生牵一发而动全身的影响,而且,并不能通过提议修订破产法而妥当地引入公司法的重大变革。委员会要求对集团企业的责任进行整体而广泛的评估,以在可预见的将来引入法律变革。

然而,到了20世纪90年代,对上述重要问题的看法发生了变化。在一定程度上归因于Cork委员会的工作的引领,特别是《1986年破产法》第214条关于不当交易责任的规定,以及《1986年公司董事资格取消法》设定了范围更为宽泛的董事资格取消机制,对某些形式的有限责任滥用的制约已经发生了松动。这些变革填补了被察觉到的监管框架的漏洞,而且对于有关政策辩论的重点的重要转向,帮助设定了场景。在那个年代的后五年直至《2006年公司法》出台前的新世纪,促进创业和投资成为有关公司法律变革论辩的压倒性主题。促成法律救济而不是弄清楚公司经营失败的经济后果,在有关破产法的基础哲学的讨论中,越来越有影响。[187] 虽然人们并没有

---

[184] *Insolvency Law and Practice* (Cmnd 8558, 1982) ch 51, 第 1922 段。
[185] 同上,第 1926 段。
[186] 同上,第 1934 段。
[187] V Finch, 'The Recasting of Insolvency Law' (2005) 68 MLR 713.

忽略与公司交易时所面临的公司形态所带来的风险,但对于创建大量彼此互有关联的有限责任公司的自由予以限制,或者极大地弱化以那种方式来开办公司的优势,并未成为越发重要的问题。公司法评估指导小组强烈认为,对于公司集团施加一套一体化程度更高的体制并没有好处,因为这种体制会扼杀公司自主的灵活性,并对有限责任这一公司法的基础构成冲击。[188] 此外,对于公司法评估指导小组拒绝在母公司之于子公司的侵权责任这一富于争议的领域提出法律变革的建议,同样也没有明显的反对意见。[189] 事实上,公司法评估指导小组看起来更为关注的是通过以下方式促进公司集团的运作:允许全资子公司的母公司作出选择,正式对子公司的债务提供保证,而只要这一选择仍然有效,子公司就能豁免适用公司法的特定要求。然而,这一建议并没有得到支持,从而未被收入法律变革的一揽子计划之中。[190]

可以用感性的语言,将破产子公司的问题勾勒如下:

> 母公司可以创造大量的子公司,它们直接或者间接受控于母公司的股东。换一种比喻方式,如果其中一家子公司是废物,经营下滑直至破产,其债权人无疑大为沮丧。相反,母公司和其他子公司却因为无须对破产公司的债务承担责任而可蓬勃发展,其股东仍可弹冠相庆。[191]

然而,如果忽视了商业考量及一般的法律中一系列债权人保护机制,将产生夸大问题的风险。在许多情况下,即便在法律上可以这样做,出于对损害集团商业信誉或其信用评级的担忧,欣欣向荣的母公司也不会抛弃经营失败的子公司及其债权人。[192] 公司法有详尽的规则要求公司维持其资本以保护债权人利益,这既适用于公司集团,也适用于单个的公司。然而,这些规则问题丛生,并且正如本书第二部分所主张的,有很好的理由认为它们弊大于利,因而应当抛弃它们。然而,只要这些规则仍然存在,在分析法律是否应做得更多以回应公司集团的"问题"时,就不应当忽略它们。另一个重

---

[188] Company Law Review Steering Group, *Modern Company Law for a Competitive Economy: Completing the Structure*,第10.19—10.20。
[189] 同上,第10.58—10.59。然而,有观点认为对于这一问题,几乎没有受到关注:PT Muchlinski, 'Holding Multinationals to Account: Recent Developments in English Litigation and the Company Law Review' (2002) 23 *Company Lawyer* 168。
[190] Company Law Review Steering Group, *Modern Company Law for a Competitive Economy: Final Report*,(URN 01/942),第8.23—8.28。
[191] *Re Southard* [1979] 1WLR 1198 CA.
[192] Hadden, *The Control of Corporate Groups*, 23—24;KJ Hopt, 'Legal Issues and Questions of Policy in the Comparative Regulation of Groups'.

要的考量因素是,许多债权人可以通过合同实现自我保护,因而,至少对于他们法律无须采取父爱主义立场。在子公司的失败可归咎于子公司董事的范围内,董事有责任向公司资产中缴入资金。这可能极大地增加了可供清算参与人分配的财产,当然,增加的具体数额,还应根据董事责任保险政策的范围及免责安排的不同而有差异。在"影子董事"控制了子公司运营的情况下,"影子董事"的概念至少有可能使母公司的责任仅限于向该子公司缴纳资产的个人责任。董事的一般义务及在破产情形下引发的特殊义务,对于董事滥权有着明显的阻遏效果。而关于优先权和价值被低估的交易的破产法规则,以及帮助追回非法发放的股息等被盗用资产的衡平法原则,都可以被用来遏制公司集团内部未妥当顾及各公司独立法人资格的潮流。法律允许政府对于从事不当或欺诈交易、或者表明自身无法胜任公司管理职责的人,取消其董事资格,凡此种种,虽然与资产增加并不直接相关,但它强化了董事义务,并且激励着人们适当注意那些将公司集团利益置于公司个体利益之上的、被认定为违反义务的情形。[193]

所有的规定累积起来,已有诸多制衡公司集团内部滥权的规范。但事实依然是,在缺乏合同担保义务、影子董事关系、侵权损害请求权、代理或者类似于代理关系的情形下,根据英国法律,母公司可以对子公司的破产状况完全置之不顾:子公司的债务是如此之多以至于威胁到母公司的偿债能力,此时放弃子公司所带来的好处可能超过了其对集团声誉构成的损害。英国法律并没有规定把法律上属于不同实体的公司资产集结在一起的实体合并。[194]也没有规定集团内部债权劣后于破产公司其他债权的衡平居次原则。[195] 根据评论人士所持政策立场的不同,这种结果或许可以归咎于法律的缺陷,或许是信守有限责任原则的结果。而在总体上,自由适用有限责任原则利大于弊,因而不宜设置过于严苛的监管体制,以免遏制了创造财富的企业活动。

关于公司集团规制的政策论辩,越来越多地受到欧盟层面的政策发展

---

[193] 《1986 年公司董事资格取消法》。
[194] Finch, *Corporate Insolvency Law Perspectives and Principles*,587—588。例如,《1993 年新西兰公司法》第 271 条规定,法院可以发出将相关公司资产合并成资产池的命令,如果它认为这样做是公平且公正的(运用于 *Mountfort v Tasman PacqIc Airlines of NZ Ltd* [2006] 1 NZLR 104, H Ct Auckland)以及《爱尔兰共和国 1990 年公司法》第 140—141 条,后者与新西兰的法律规定大体相同 (参见 G McCormack, 'Ireland: Pooling of Assets and Insolvency in Ireland' (1992) 13 *Company Lawyer* 191)。
[195] Finch, *Corporate Insolvency Law Perspectives and Principles*,586—587。

演变的影响,因为公司集团的创建与运作属于欧共体层面的公司法范畴。[196]
由于英国无论在其立法还是在判例法中均未对公司集团设以特定的规则,
英国的法律迥异于欧盟的其他一些主要成员国。[197] 这一点极为重要,其他
成员国关于公司集团的许多规定,可以在未来被欧盟立法所吸收,最终将促
使英国在一些关键问题方面改变其规定。这里值得提及的是一个重要的结
构性差异。在欧洲大陆,股权被部分持有的上市公司司空见惯,但英国情形
有所不同。拥有小股东的子公司特别是那些上市公司,所引发的政策关注
比全资控制的子公司更为深远,因为小股东、公司治理及投资者保护必须与
债权人利益保护问题一起考虑,而且与有关于债权人的事项相比,前者引发
的关注更为迫切。[198]

对于公司集团予以特殊法律规范的最突出例子,是德国关于股份公司
的相关法律。[199] 根据德国康采恩法(*Konzernrecht*),母公司及其子公司可
以签订公司合同。这使得母公司可以企业为基础来指导集团的运营,其对
价是母公司为了集团利益而对经营损失承担补偿责任,这种责任的承担并
不以实体为基础。这种关于公司集团的特殊安排是正式的做法,而且只有
在公司集团经营者选用它时才生效。经验表明,这种做法并不受欢迎而且
极少使用。德国法律对于事实上的公司集团也规定了特殊标准,根据这些标
准,如果母公司致使子公司作出了损害其自身利益的行为,则母公司要对子公

---

[196] KJ Hopt,'Legal Issues and Questions of Policy in the Comparative Regulation of Groups'; C Windbichler,'Corporate Group Law for Europe: Comments on the Forum European's Principles and Proposals for a European Corporate Group Law'(2000)1 *European Business Organization Law Review* 165; European commission, *Report of the High Level Group of Company Law Experts*, ch V; European Commission, *Action Plan*: *European Company Law and Corporate Governance—A Modern Legal Framework for More Engaged Shareholders and Sustainable Companies* (COM(2012) 740) para 4.6.
[197] 尤其是德国。关于德国的相关规定: A Dorresteijn, T Monteiro, C Teichmann, and E Werlauff, *European Corporate Law* 2nd edn (Alphen Aan Den Rijn: Wolters Kluwer, 2009) 284—289。
[198] E Wymeersch,'Do We Need a Law on Groups of Companies?' in KJ Hopt and E Wymeersch (eds), *Capital Markets and Company Law* (Oxford: OUP, 2003) 573; C Windbichler,'Corporate Group Law for Europe: Comments on the Forum Europaeum's Principles and Proposals for a European Corporate Group Law'(2000) 1 *European Business Organization Law Review* 165; KJ Hopt,'Legal Issues and Questions of Policy in the Comparative Regulation of Groups'; Reflection Group on the Future of EU Company Law, *Report* (European Commission, April 2011); European Company Law Experts,'Response to the European Commission's Consultation on the Future of European Company Law'(1 May 2012)〈http://tssrn.com/abstract=2075034〉(2013年7月访问)。
[199] Dorresteijn, Monteiro, Teichmann, and Werlauff, *European Corporate Law*, 284—289; R Reich-Graefe,'Changing Paradigms: The Liability of Corporate Groups in Germany'(2005) 37 *Connecticut Law Review* 785.

司承担补偿责任。[200] 然而,事实证明,要满足这一责任的构成要件并不容易。[201]。在 2001 年的 *Bremer Vulkan* 案中,检视了司法能动主义,这一做法将企业的责任延伸到股份公司之外;并在股东的不当行为威胁到公司生存时,适用了相关代替原则,使母公司可以为子公司承担赔偿责任。[202] 有人认为,关于公司集团内部赔偿的传统德国法规定构建于有效的理论概念之上,但在实践中却不可行。[203]

在欧盟关于欧共体范围内的公司法讨论中,德国康采恩模式历来受到了诸多关注。《公司法第九指令(草案)》[204]建议在成员国中引入一种机制,笼统说来,公司集团可借此选择将带来集团责任的整体运营模式,或者选择一种充分尊重集团内部各公司财务与经营独立性、因而不存在集团责任的模式。[205]这份草案基本上是以德国法为基础[206],在推出时即受到冷遇,因而该提议最终因缺少支持而被放弃。然而,德国的制度对欧盟成员国产生了一定的影响:受德国启发,意大利修订了法律框架,以调整公司集团的关系[207];葡萄牙法律中也有专门的规定。[208]

2003 年,欧洲委员会认为,针对公司集团制定一部独立的法律并无必要。[209] 它倾向于要求公司集团更好地披露各种财务与非财务信息。同时它还建议,应当要求成员国为公司集团准备一套框架性规则,这套规则允许那些关注集团所辖公司的运作的人,在公司债权人利益得到有效保护、以及长

---

[200] Dorresteijn, Monteiro, Teichmann, and Werlauff, *European Corporate Law*, 287—288.
[201] R Reich-Graefe, 'Changing Paradigms: The Liability of Corporate Groups in Germany' (2005) 37 *Connecticut Law Review* 785, 792 (介绍了一个四十年以来的成功案例)。
[202] Dorresteijn, Monteiro, Teichmann, and Werlauff, *European Corporate Law*, 288—289; A Daehnert, 'Lifting the Corporate Veil: English and German Perspectives on Group Liability' [2007] *International Company and Commercial Law Review* 393; M Shill18, 'The Development of a New Concept of Creditor Protection for German GmbHs' (2006) 27 *Company Lawyer* 348.
[203] Wymeersch, 'Do We Need a Law on Groups of Companies?' 588.
[204] Commission Document III/1639/84-EN.
[205] T Hadden, 'Insolvency and the Group-Future Developments' in RM Goode (ed), *Group Trading and the Lending Banker* (London: Chartered Institute of Bankers,1988) 101, 103—108.
[206] 关于这方面,参见 KJ Hopt, 'Legal Elements and Policy Decisions in Regulating Groups of Companies' in CM Schmitthoff and F Wooldridge (eds), *Groups of Companies* (London: Sweet & Maxwell,1991) 第五章以及 F Wooldridge, *Groups of Companies The Law and Practice in Britain, France and Germany* (London: Institute of Advanced Legal Studies, 1981)。
[207] P Fasciani, 'Groups of Companies: The Italian Approach' (2007) 4 *European Company and Financial Law Review* 195.
[208] M Andenas and F Wooldridge, *European Comparative Company Law* (Cambridge: CUP; 2009) 451—470.
[209] European Commission, *Modernising Company Law and Enhancing Corporate Governance in the European Union—A Plan to Move Forward* (COM (2003) 284) 18—20.

期以来公司股东的负担及其利益得到合理平衡的情况下,制定并实施一套协调型的集团政策。在宽泛的意义上,这一建议等同于委员会采用了"罗森布拉姆"(Rozenblum)原理。"罗森布拉姆"原理源自法国刑事法院的一例判决,根据该原理,在一定条件下,子公司的董事本着集团公司的整体利益来行事被认为是合法的。[210] 法国法律中的这一安全港规则所要满足的条件是:(1)集团确立了稳定的组织结构;(2)拥有连贯一致的集团政策;(3)在集团成员之间公平分配经营成本和收益。据称,根据法国的立场,只要存在一些"补偿",而且即便这种补偿未必一定会抵消损失,就不会禁止集团公司之间的交易。[211] 然而,集团公司提供的支持不能超过合理期待的范围,因而当支持超越了提供者的资金能力时,它将被认为是违法行为。欧盟委员会把引入此项规则视为改善商业效率和提高竞争力的重要一步,但它强调指出,仍必须谨慎设计保护措施。2003年,欧盟委员会的一项明确目标是中期提出一套指令的框架性建议。这一建议至今尚未被采纳。[212] 然而,此类提议并没有完全被摒弃。[213] 有意见认为,欧洲委员会至少应向成员国提出一项建议,使各国修订公司法,确认此类公司集团的利益。[214] 还有建议认为,如果能够形成一套关于公司集团的欧洲框架制度,使涉及公司集团管理的规定均采取、适用协调一致的集团政策,有效地保护公司债权人利益,且在公司股东的义务和优势间形成公平的平衡,这将促进跨境交易。欧洲委员会于2012年12月接受了上述意见,委员会宣布,作为《公司法行动计划》(Company Law Action Plan)的一部分,将于2014年提出一项法案,在关于集团的现有信息,以及确认"集团利益"的概念等方面作出改进。[215] 至于该

---

[210] 上诉法院判决,1985 *Revue des Sociétés* 648。
[211] Wymeersch, 'Do We Need a Law on Groups of Companies?' 591.
[212] T Baums, 'European Company Law Beyond the 2003 Action Plan' (2007) 8 *European Business Organization Law Review* 144.
[213] 关于协调破产法的相关讨论,可见 European Parliament, Harmonization of Insolvency Law (2010)。上述报告认为,破产法的协调可以加速不同地区公司法的协调,包括董事责任规定、揭开公司面纱规定,以及清晰界定单个公司利益、公司集团利益的规定。还可见欧洲议会同欧洲委员会提出的,关于欧盟公司法中破产程序的建议。European Commission, *A New European Approach to Business Failure and Insolvency* (COM(2012) 742); European Commission, *Proposal for a Regulation of the European Parliament and of the Council amending Council Regulation (EC) No 1346/2000 on insolvency proceedings* (COM(2012) 744); European Commission, *Report on the Application of Council Regulation (EC) No 1346/2000 on insolvency proceedings* (COM(2012) 743)。
[214] European Company Law Experts, 'Response to the European Commission's Consultation on the Future of European Company Law' (1 May 2012). Available at SSRN: ⟨http://ssrn.com/abstract=2075034⟩ or ⟨http://dx.doi.org/10.2139/ssrn.2075034⟩.
[215] Commission, *Action Plan: European Company Law and Corporate Governance—a Modern Legal Framework for More Engaged Shareholders and Sustainable Companies* (COM(2012) 740) para 4.6.

法案的实施力度有多大,还有待观察。

在银行复苏与处置的领域,欧洲立法实践在集团内部金融扶持的背景下,来确认"集团利益"的概念。[216] 拟议中的《银行复苏与处置指令》设想,根据集团金融资助协议,只要符合以下条件即可提供金融资助:(a)有合理的预期,即提供的资助将使受助企业度过财务困难;(2)金融资助条款的目标是,维持或恢复集团整体的金融稳定性,且符合提供资助的集团实体的最大利益;(c)金融资助的条件包括对价;(d)基于提供金融资助的集团的经营信息,在批准金融资助时,存在合理的预期,即受助企业将会支付金融资助的对价,或当金融资助以贷款方式提供的,将由受助企业偿还贷款;(e)提供金融资助不会损害提供资助的企业的流动性或偿债能力;(f)提供金融资助不会危及提供资助的集团实体在成员国内的财政稳定性;(g)提供金融资助的企业在提供扶持时,以及在提供扶持后,均需遵守专门的监管要求;(h)金融资助条款不会损害提供资助集团实体的可分解性(resolvability)。[217] 从广义上说,这即是适用"罗森布拉姆"原理(Rozenblum doctrine)中建立的"补偿原则"(quid pro quo principle),虽然也是附有一定条件的。欧洲委员会在该指令中未进一步明确"集团利益"的概念,其理由在于,虽然采用"集团"的概念,将在集团内资产转移方面,有效地实现法律确定性的目标,但这并不符合"比例标准",因为这将会损害公司法和破产法中传统的独立实体制度,还可能使人们重新检视合同法。[218] 比例标准也适用于未来涉及这一问题的公司法法案。

---

[216] European Commission, *Proposal for a Directive of the Europe Parliament and of the Council establishing a framework for the recovery and resolution of credit institutions and investment firms and amending Council Directives* 77/91/EEC and 82/891/EC, Directives 2001/24fEC, 2002/47/EC, 2004/25/EC, 2005/56/EC, 2007/36/EC, and 2011/35/EC, and Regulation (EU) No 1093/2010.

[217] 《关于制定欧洲议会和欧洲理事会指令的建议》,以建立关于复苏与处置信贷机构和投资公司的法律框架,并修订欧洲理事会 77/91/EE、82/91/EC、2001/24/EC、2002/47/EC、2004/25/EC、2007/36/EC、2011/35/EC 等指令,以及(EU) No. 1093/2010 规定第 19 条 (Council General Approach),2013 年 6 月。

[218] European Commission, Impact Assessment Accompanying Proposal for a Directive Establishing a Framework for the Recovery and Resolution of Credit Institutions and Investment Firms (SWD(2012) 167) 22.

第三章 资本结构——法律、会计和融资的基本考量

本章的范围

对公司融资活动进行调整的法律规则,是本书讨论的重点。作为后面数章对此展开细致分析的前奏,本章的目的是勾勒出公司资本结构的基本构成要素,并初步探讨公司管理人员在作出融资选择时可能会考虑的一些因素。本书提供了一些简单的示例,以分析公司账目必须以何种方式记载公司融资的选择。在确定公司是否遵循了关于公司资本的法律规定时,公司账目(单独的或合并的)发挥着关键的作用。另外,公司账目还传递着公司历次融资选择及运营绩效的历史信息,从而提供了重要的投资信息。

公司融资的方式基本上分为三种:发行股份、借款以及利润留存。在进行引导性阐释时,毫无疑问,最为方便的是,将最为简单的股权作为例子,将其标准特征与那些最为简单的债权工具相比较。但这不会掩盖实践中公司发行的融资工具灵活多变这一事实。在现实中,有可能发行一些发行条件明显偏离标准条款的股份,也可能构造出一些与股权资本的特点相类似的债券,另外也可能设计出一些兼具股权资本与债权资本的融资工具。在变动不居的市场条件下,根据投资者的具体偏好设计金融创新产品,这是公司融资顾问业务的重要组成部分。

股权资本术语

股权类型多样,包括普通股、优先股以及可赎回优先(或者普通)股。其中,普通股是最为常见的股份类型。

公司的已分派股本(allotted share capital)是指公司已经分派的股权资本的数量。这一数量还可被称为公司的已发行股本。已分派股本/已分派股份与已发行股本/已发行股份(issued share capital)在语义上并非完全同一,但除了在特定的情况下这些差异要紧(例如在涉及"已发行股本"时对税收减让的解释方面)之外,这些术语可以而且经常被交互使用。另外,"股

东"和"成员"之间尽管存在一些技术上的差异,它们也经常被交互使用。[1]同样的情形发生于权益股份资本(equity share capital)上;这一术语在特定情境下(例如《2006年公司法》)[2]有着特定的含义,但经常在更宽泛的意义上与股份资本同义,缩写为权益(equity),其意思是包括股份资本、其他未分配储备和留存利润。

股份公司,无论是公众公司还是私人公司,是由一个或者一个以上的人遵循《2006年公司法》关于公司设立的要求,将其名字签署于章程大纲而设立的公司。[3] 按照这些要求,股份公司的最低已分派股份(或者已发行股份)的数量为一股。对于私人公司已发行股本的总额,并没有最低要求,但对于公众公司而言,这一最低要求是50,000英镑。[4]

在公司成立以及此后股本发生变动而必须向公司注册官提交的股本列表中,必须载明股份的面值(或者名义价值)。[5] 股份的面值设定了股份的最低发行价格。[6] 股份可以高于面值的价格发行。股份面值与发行价格之间的差价(如果有的话),被称为股份溢价。

股份可以全部缴付、部分缴付或者零缴付的方式发行。[7] 根据股份面值而缴付的资金数量(也就是说,不包括股份溢价),构成了公司的已缴股本。当股份不以足额缴付为基础而发行时,发行条款或者公司的宪章(也就是公司章程)可以载明缴款期;换言之,公司董事可以选择在适当的时机要求股东按照章程的规定缴付股款。公司的已催缴股本(called up share capital),由股东已经缴付的数量(实收资本,paid up share capital)加上已经催缴或者在未来特定的时期内到期的股本数量(也即排除溢价)组成。未催缴的已发行股本是未催缴股本。

就私有公司而言,英国公司法并不要求股东在公司开展交易之前,将某一最低限额的股权资本实际投入于公司。自2000年以来,英国公司法的这一特色已经使该国的公司赢得了相对于欧洲其他国家的竞争优势。欧洲其他国家的法律要求私人公司具备最低限额的资本,因而,这意味着公司可以

---

[1]《2006年公司法》第112条对公司成员进行了界定。
[2] 同上,第548条。这一定义通常排除了优先股,除非此类股东也参与股息或者/资本的分配。"股本"带有技术含义的另一种情境发生于会计领域;参见《国际会计准则第32号——金融工具:列报》以及《国际会计准则第39号——金融工具:确认与计量》(被2015年1月的《国际财务报告准则第9号——金融工具》所取代)。根据其具体表达之不同,优先股可以被归入股权工具或者会计目的上的财务负债。
[3]《2006年公司法》第7条。
[4] 同上,第761条、第763条。
[5] 同上,第10条,提到了公司成立时必须提交备案的资本信息。
[6] 同上,第580条。
[7] 这些术语以及本段提及的其他术语,在接下来的第四章中会做详细的阐述。

较低的成本在英国设立,然后根据欧共体条约所赋予的跨境活动的自由,在欧共体的其他国家自由经营。[8] 当其他国家逐步放松了法律要求,同时,在某成员国设立公司而在几乎各地开展经营的模式的缺陷开始显现,英国的上述优势开始消失。[9] 如果说,英国私人公司以最低限额股权资本从事交易存在事先制约的话,这种制约源自实践而非法律:如果私人公司所有者未能通过承担向公司注入大量股本的风险的方式,以表明其对公司前景充满信心,则银行可能不愿将款项贷给这家公司。英国的法律更多地依赖事后的制约:如果一家股本不足的公司经营失败了,法院在审理以董事为被告的案件时,该公司的融资结构充足与否往往会成为考量因素。[10]

公众公司的情形则不相同,它们在开展经营之前,就必须至少拥有已缴股本12,500英镑。[11] 虽然这一数额并非完全无关紧要,但数额之低使其几乎不可能是一个有着相当分量的数字。确定公众公司股权资本规模的更重要因素,在于将资产负债表中的债权与股权比例("联杠"或者"杠杆")维持在债权人与投资者都能接受的市场压力水平。

普通股份发行的会计处理

当一家公司按面值出售普通股份并换得现金时,公司的当前资产计为增加,股份资本也计为增加。[12] 以数学术语称之,看起来正如下表3.1所示。

公司账目中显示的股权资本的数量,要遵循资本维持的法律规则。[13] 资本维持原则是有限责任的交换:不能要求股东在其认缴的股本之外对公司承担出资义务。然而,作为一种交换,必须维持股东认缴的股本数量。在这种语境下,"维持"在本质上是指"不得退还给股东"。[14] 由于不谨慎的交易或者糟糕的投资决定而亏蚀了公司股本,虽然此类事件会导致与公司相

---

[8] 本书第四章会做进一步阐述。
[9] M Becht, L Enriques, and V Korom 'Centros and the Cost of Branching' [2009] *Journal of Corporate Law Studies* 171.
[10] *Re Purpoint Ltd* [1991] BCC 121, 127 *per* Vinelott J.
[11] 这一要求源于以下两类规则的结合:其一,50,000英镑的最低资本要求(《2006年公司法》第761条);其二,公众公司的股份只有至少缴足了其名义价值的四分之一时才能发行(《2006年公司法》第586条,也就是说,50,000/4＝12,500英镑)。
[12] 这一讨论与普通股以及根据会计目的被归类为股权工具的其他股份有关。在涉及根据会计目的被归类为财务负债的股份时,情形更为复杂:P Holgate, *Accounting Principles for Lawyers* (CUP, 2006) 151—154。
[13] 本书第七章将作探讨。
[14] *Trevor v Whitworth* (1887) 12 App Cas 409, HL, 414 *per* Lord Herschell;Watson法官回应了这一分析,423—424。

关的破产诉讼,但这并不违反公司资本维持原则。

表 3.1　按面值发行股份的会计处理

	新股发行之前	
	英镑(百万)	英镑(百万)
资产	5,000	5,000
现金股本	1,000	
准备金	4,000	5,000
按面值并采取现金发行的方式向投资者发行每股 1 英镑的新股 1000 万股之后		
	英镑(百万)	英镑(百万)
资产	5,010	5,010
现金股本	1,010	
准备金	4,000	5,010

当股份以高于其面值的方式溢价发行时,正如下表 3.2 所示,溢价部分必须另行开立账户记载。

表 3.2　按溢价发行股份的会计处理

	新股发行之前	
	英镑(百万)	英镑(百万)
资产	8,000	8,000
现金股本	2,000	
其他准备金	6,000	8,000
按每股 2 英镑发行每股面值为 1 英镑的新股 1000 万股之后		
	英镑(百万)	英镑(百万)
资产	8,020	8,020
现金股本	2,010	
股份溢价	10	
其他准备金	6,000	8,020

除了少数例外情形,记载于股份溢价账户的数额,也必须像实缴股本一样遵守资本维持原则。[15]

---

[15]《2006 年公司法》第 17 部分第 7 章。该部分的含义将在接下来的第四章中进一步探讨。

普通股的特征

普通股的标准特征与股息、资本增长、通过表决而参与公司内部治理等权利息息相关。[16]

股息

股息是从公司可分配利润中发放给股东的那部分资产。没有利润可供分配的公司,无法支付股息。另外,即使有可供分配的利润,普通股股东也没有绝对的权利要求分配股息。股息的支付由公司章程规定,后者通常授权董事们根据公司利润状况自行决定中期股息的发放,并且规定公司股东大会以董事们的提议为基础,决定末期股息的发放。[17] 在法律理论上,公司有可能向普通股股东支付股息,而且股息的数额每年变动不居。公司也可能根本不向股东支付股息,而是留存所有利润以为公司的未来发展提供资金。在实践中,所有的这些可能性都要服从商业因素的考虑。根据公司的性质及其所属行业之不同,公司可能必须从其可分配利润中支出稳定的股息,以满足投资者的预期。[18] 股息从公司的税后利润中支付。

资本收益及风险

公司在清算时,其普通股持有人有权在公司清偿所有债务之后获得剩余财产。这意味着公司的普通股东可以被称为"剩余索取权人",或者,以法律术语称之为公司所有者。对于最终资本收益的权利,反映为股东在公司存续期间可以售出其股份的价格。然而,另一方面,作为剩余索取权人或者所有者,普通股投资者承担了重大的风险,因为在公司清算时他们最后受偿,因而首当其冲地承担着公司资产不足的风险。普通股投资者期待着获得一种补偿,以足以弥补他们在公司清算时无法获得清偿的风险。

投票权

普通股(ordinary shares)通常每股拥有一个投票权。公司也可能会存在不拥有表决权的普通股或者拥有多重投票权的普通股,但它们对于公司控制权市场运作的扭曲效应(也就是说,购买了公司的大多数股份,并不必然拥有公司的控制性投票权),以及对公司治理机制(该机制以股东通过投

---

[16] 普通股财务方面的权利,将在本书第六章进行更为详细的探讨。本章只是进行概要性介绍。
[17] Model Articles (plc), art 70; Model Articles (ltd), art 30.
[18] 本书第九章将予以进一步探讨。

票而行使的控制权为基础)的扭曲效应意味着,在英国,这种加权表决权股份并未受到机构投资者的追捧。[19] 准合伙类型的公司或合资公司的参与方,可能会喜欢运用多重投票权来强化其最初的谈判地位。出于防御目的而运用的一种耳熟能详的多重投票权规定,是设定了一种条款,该条款触发于免除股东董事资格的提议提出之时。该条款规定,在前述提议发生时,该股东所持有股份的表决权将数倍增长,以至于足以挫败该提议。[20]

普通股权益(common equity)和金融监管

公司法一般不规定某企业必须持有的股本权益数额,但在对银行进行谨慎监管的背景下,上述规定存在例外。针对一般规定的此种例外是合理的,因为有必要保护金融系统的安全性和稳定性。正如2007年至2009年金融危机所显示的那样,银行破产将会产生重大的不稳定后果。

关于银行资本的国际标准(一般被称为《巴塞尔协议III》)为了资本监管的目的,对金融工具成为普通股时所应具备的特点,作了详细的清单式的规定。[21] 虽然这一清单是为特定目的而制定,但也涉及更多的普遍利益,因为该清单规定的特点是大多数人认为普通股应当具备的。《巴塞尔协议III》规定的普通股的分类认定标准如下[22]:

1. 在银行清算中,代表着最为劣后的求偿权;
2. 在清算中,当所有优先的求偿权获得偿付后,有权就剩余资产按所发行的股本比例求偿(该求偿权是不确定的和可变的,而不是固定的或有上限的);
3. 支付的本金是永久性的,除非处于清算中,否则永远不会被偿付(但根据相关法律,允许行使自主回购的权利,或以其他自主的方式有效地减少资本);
4. 在证券发行时,银行不得制造一种预期,即该票据可能被买回、赎回或消灭。法律和合同条款不应含有某些可能会产生上述预期的特征。
5. 收益的分配来自可分配项目(包括留存收益)。分配水平与发行时支付的金额没有任何联系,也不受合同约定的上限限制(除非银行无法支付超

---

[19] 一般可参见 Institutional Shareholder Services, Shearman & Sterling and European Corporate Governance Institute, 'Report on The Proportionality Principle in the European Union' (2007 年5月) (欧洲委员会完成的研究报告), http://www.ecgi.org/osov/documents/final_report_en.pdf) (2013年7月)。本书第十三章将进一步探讨"一股一票""比例"原则事宜。
[20] 在上议院作出批准它的裁决([1970] AC 1099, HL)之后,它通常被称为 *Bushell v Faith* 条款。
[21] Basel Committee on Banking Supervision, *Basel III: A Global Regulatory Framework for More Resilient Banks and Banking Systems* (December 2010, revised June 2011).
[22] *Basel III*, para 53.

过可分配项目水平的分配金额)。

6. 在任何情况下,收益分配都不是强制性的。因此,不分配收益并不构成违约。

7. 所有其他法律和合同的义务履行完毕后,并且支付了其他具有优先级的资本票据后,才能进行收益分配。这意味着不存在优惠性的分配,还包括其他属于最高级别发行资本的要素。

8. 当发生损失时,已发行的资本应当首先按比例承担绝大多数的损失。在最高质量的资本中,每一种票据都要在持续经营的基础上,按比例承担损失,并与其他票据具有相同的权益。

9. 在判断资产负债表是否资不抵债时,实缴金额应被视为股本(不被视为负债)。

10. 按照相关会计准则,实缴金额应被列为股权。

11. 其系直接发行,并缴付金额,银行不能直接或间接地为购买该票据提供资金。

12. 缴付的金额上并无发行人或关联实体的抵押或保证,也不受其他安排的约束,前述安排是指在法律上或经济上提升了求偿权优先性的安排。

13. 其发行必须得到发行银行的所有人批准,或直接由所有者给予,或经可适用的法律允许,由董事会或经所有者正当授权的其他人员给予。

14. 其在银行资产负债表上得到了清楚、单独地披露。

债权融资的术语

公司可以从银行或者其他贷款方获得借款,也可以通过向投资者发行债权证券的方式试水资本市场。通过发行债权证券而筹集资本,有时被称为直接融资,因为公司直接面对投资者;而银行贷款则被称为间接融资,因为银行介于公司及资金供给方(银行存款人及公司通过资本市场向其筹集资本的人)之间。

公司可以运用诸多不同类型的债权工具从资本市场筹集资金。用于描述债权工具的术语,往往更多地受到市场实践而不是法律定义的推动。因而为适应实践的发展需要,这些术语容易随着市场之不同、时间之差异而变动不居。市场创造的术语根据债权证券的某些关键特征来对其作出区分,这些特征包括债权的期限(例如,短期的债权证券通常被称为"商业票据",而长期的债权证券通常被称为"债券"),以及获得担保(有时被描述为"信用债券")或者未获担保(通常被称为"借款债券")。在通常只由少数专业投资者买卖的专家债权证券市场中,术语的多样性是一大显著特征。

"信用债券"这一术语，还出现于银行向公司融资的情境之中。在这里，它往往描述的是一种以公司财产作为担保的贷款。在实践中，将信用债券的使用范围限定于有担保贷款，从而使其比法律的用法更为狭窄。事实上，对于"信用债券"这一术语，不存在详尽无遗的法律界定[23]，通常被援引的描述是，它包括任何创造或者认可担保或者无担保债权的文本。[24]

向银行和其他贷款方借款，以及向投资者发行债权证券，并不是公司对外筹集非股权资本，并为其经营提供融资的唯一途径。公司也可以通过信用条款来购买商品，从而获得短期的商业信用。卖方也可通过记账交易的方式提供商品，或者要求买方出具银行信用证并且/或者通过约定商品所有权保留至款项付清的方式来获得付款担保。[25] 其他资产融资方式包括融资租赁、分期付款、公司出售资产但拥有回购选择权的交易安排，它们的功能或经济属性与贷款相同，但在法律上属于不同的类别。[26] 此外，还有许多类型的应收账款融资方式，公司运用这些方式所获得的资金，可以快于等待以赊账方式购入商品的客户的付款，从而改善其现金流。其中一种类型的应收账款融资是债务保理，即应收账款（商业债权）卖给保理人，保理人以可追偿（保理人在客户未能付款的情况下有权向公司追偿）或不可追偿（保理人事实上提供了坏账保护）为基础，进行债务追讨；另一种应收账款融资是大宗贴现，即公司把债权卖给贴现者以获得后者的即期现金支付，但通常而言，公司作为贴现者的代理人继续负责追讨债务。[27] 应收账款融资不适合某些类型的公司：对于那些会产生销货客户的公司而言，这种方式是有益的，例如，制造或批发行业的公司即属此种；而对于那些将商品卖给大众或者需要即时清结货款的公司而言，这种方式的效用更低。[28] 本书出于篇幅

---

[23] 《2006年公司法》第738条列出了诸多债权工具，但这份清单并不全面。"缺乏精准的定义，已经在实践中带来了一些问题"：*Re SH & Co (Realisations) 1990 Ltd* [1993] BCC 60, 67。

[24] *Levy v Abercorris Slate and Slab Co* (1887) 37 Ch D 260. 还可参见 *Edmonds v Blaina Furnaces Co* (1887) 36 Ch D 215; *Lemon v Austin Friars Investment Trust Ltd* [1926] 1 Ch 1, CA; *Knightsbridge Estates Trust v Byrne* [1940] AC 613, HL; *R v Findlater* [1939] 1 KB 594, CCA; *NV Slavenburg's Bank v Intercontinental Natural Resources Ltd* [1980] 1 All ER 955。

[25] 关于所有权保留（ROT）的条款，参见 G McCormack, *Secured Credit under English and American Law* (CUP, 2004) 第6章。

[26] 资产出售与担保贷款的经济效果相同，但规避了《2006年公司法》关于抵押登记的要求。如果一项安排的法律实质实际上是担保贷款，则试图通过将其贴上出售的标签从而规避抵押登记要求的做法，将会归于无效：*Welsh Development Agency v Export Finance Co Ltd* [1992] BCC 270, CA. 更多关于形式与实质的讨论，可参见本书第12章。

[27] Law Commission, *Registration of Security Interests: Company Charges and Property Other Than Land* (Law Com CP No 164, 2002) paras 6.24—6.29。

[28] Competition Commission, *The Supply of Banking Services by Clearing Banks to Small and Medium-sized Enterprises* (2002) paras 3.111—3.117。

的考虑,不再对资产与贸易融资分别进行考察。[29]

简单债务的特征

利息

贷款利率取决于公司与贷款人之间的合同约定。利率可以是固定的或者是浮动的,并且在特定情况下利率还会作出调整。与股息不同,无论公司盈利与否,利息通常都要支付。利息可以从公司的税前利润中扣除,因而可以降低公司的应税利润。这种更为有利的税收待遇,是债务融资有可能成为比股权融资成本更低的融资方式的一大因素。如果判断准确的话,公司可以利用债务带来的税收保护,以减少税收,并增加向资本提供者支付的整体回报。表 3.3 解释了这一观点。

表 3.3 债务带来的税收减少

	A 公司	B 公司
收入	100,000	100,000
利息	0	30,000
应税收入	100,000	70,000
30% 的税收	30,000	21,000
净收入	70,000	49,000

上述数据表明,B 公司可向投资者支付 79,000 英镑(30,000 英镑 + 49,000 英镑),而 A 公司只能支付 70,000 英镑。从另一方面看,B 公司可从税收减免中获益 9,000 英镑。

资本收益及风险

债权人有权在贷款到期时要求偿还本金,但通常这就是债权人对公司主张请求权的限额。债权人并不能分享公司的资本增长。债权证券的投资者获得资本收益的机会,取决于证券收益的差别,而这种收益参照以利息支付和债券到期时本金偿付为形式的现金流及市场主流的利息率来测算。当债权证券的收益高于市场利率时,投资者可以超过其面值的溢价卖出证券,因而获得资本收益。

在公司清算时,债权融资的投资者优先于股东获得清偿。根据债权是否获得担保以及担保类型的不同,债权之间也存在清偿位序。破产法规定

---

[29] 参见 RM Goode, *Commercial Law* 4th edn, (London: Penguin, 2009) Pt 5; LS Sealy and RJA Hooley, *Commercial Law Text, Cases and Materials* (Oxford: OUP, 2008), Pt VII。

某些类型的债权拥有优先清偿位序[30],而其他债权则劣后受偿。[31] 在公司清算时优先于股权资本获得清偿,是降低债权融资相对于股权融资成本的另一个因素:债权融资的提供者承担了更少的风险,而且这反映在公司为获取此种形式的融资所必须支付的回报方面。然而,在高杠杆率的公司中,低清偿位序的债权人与股东拥有类似的剩余索取权人地位,因为在股本被消耗殆尽时,他们首先承担了损失。

控制

约定条款为投资者提供债权资本设定了种种合同限制,在广义上,这些约定条款与股东通过行使其投票权而实现控制的效果相当。通过合同而设定的合同限制,其准确的范围有多宽,则因具体情形之不同而有差异,并且取决于许多变量,包括资金使用期限、是通过私下协商还是直接从资本市场融资、资金是否获得担保等。另外,宏观经济状况对此也有影响,例如,2006—2007 年间的信贷市场在总体上蒸蒸日上,由此大量的低门槛贷款(covenant-lite)合同得以签订。[32] 约定条款可以包括限制公司借款水平、限制公司股息支付、约定消极担保(公司承诺不再对其财产设定任何新的担保)、以及限制公司处分其财产或者作出就其营业性质而言属于重大的变更。[33]

混合证券概述

混合证券结合了股权资本和债权资本的某些一般特征。[34] 它也可以被描述为介于债权融资与股权融资之间的夹层融资。优先股即为混合证券的一种形态。优先股与普通股的区别在于,优先股股东有权主张固定的年度股息和/或固定的本金数额。在通常情况下,优先股股东的投票权受到限制。优先股的固定股息和/或固定本金优先于普通股股东获得支付(除非优先股发行条款另有约定),但他们无权主张高于固定数额的金额(因此,它们通常被认为是不付红利的)。回报固定及相对于普通股的优先权,是优先股

---

[30] 《1986 年破产法》附表六列出了优先债权的类型。
[31] 同上,第 74(2)(f)条(欠公司成员的数额)。以下案件进一步分析了该条:*Soden v British & Commonwealth Holdings plc* [1998] AC 298, CA and HL.
[32] G Moore, 'Europe's Second Cov-lite Loan' (2007) 26(5) *International Financial Law Review* 8.
[33] 进一步参见接下来的第十一章和第十五章。
[34] R McCormick and H Creamer, *Hybrid Corporate Securities: International Legal Aspects* (London: Sweet & Maxwell, 1987).

与借贷资本相类似的特征。然而，在法律上，优先股仍然是股份，在会计上它们究竟属于股权工具或者债权工具，则取决于它们的具体条款约定。资本维持原则下的对普通股的法律限制，对优先股同样有效；因而，只有从公司的可分配利润中才能向优先股支付股息，并且相应地，与利息不同的是，如果公司没有这些利润，则优先股股东得不到支付（但只要优先股的这种权利是可累积的，它就可以向后累积，直至公司拥有可分配利润为止）；另外，优先股股东的清偿位序劣后于债权人。

澳大利亚法院认为，一家没有发行普通股的公司，也可以有效地发行优先股。[35] 在实践中，优先权应当具有一些优先的权利内容，故在股东发行普通股前，前述优先的权利只是潜在性的，而没有实际有效的内容。一种更为复杂的优先股是可转换优先股，股东除了拥有正常的优先股的权利外，还有权在未来的某一时刻将其转换为另外一种证券，例如，转换为公司或其控股公司的普通股。可转换优先股同时拥有优先股的利益（特别是在股息支付和本金偿付方面优先于普通股）和通过转换成普通股而分享资本增长的机会，而后者是普通股的最大利益。

债权资本的筹资条款也可包括赋予投资者在日后某一天将债权转换为（借贷公司或其他公司的）股份的权利的条款。这种融资票据被称为可转换债券。可转换债券可以被设计为，由发行人而非投资者持有转换的期权，或者债券可在特定的触发事件发生时自动转换。与可转换债券相类似的是一种拥有认股权的债权工具。认股权赋予债券持有人认购股份选择权。这种"债券＋认股权证"的结构与可转换债券不同之处在于，认股权的行使并不会导致债权工具灭失，而转换权的行使则会消灭债权工具。可转换债券与认股权证的共同特征，也就是使它们都成为混合证券的特征在于，与单纯的债券不同，它们为其持有者提供了分享资本增长的机会，或者（如果发行人而非持有人享有转换选择权）使投资者面临一种风险，即承担与股权融资相关的损失。

另一种被认为是混合证券的债务形态是次级债。广义而言，当合同条款规定贷款本金（有时也包括利息）要到负债公司的某些或者其他全部债务清偿完毕才能得到偿付时，这一债务就是次级债。为了补偿次级债，公司可能要向次级债持有人支付高于非次级债持有人的利率。为了进一步强化投资机会的吸引力，它还可以提供股份认购权或转换权。次级债与股权资本的相似之处在于，它们的受偿次序均劣后于其他债权人，并且如果附加了认股权或者转换权，则它们获得了分享资本增长的机会。然而，它们仍然是债

---

[35] *Weinstock v Beck* [2013]HCA 15.

权,即便公司没有可分配利润,它们仍可以获得利息,并且在转换之前它们的受偿位序高于股权资本。[36]

证券估值[37]

股份

股份的价值归根结底取决于人们愿意以什么价格来购买股份,而这完全决定于购买者想要购买的是什么。因而,试图收购公司的收购方可能必须支付高于仅仅购买一小部分股份的投资者所愿意支付的价格,其中的价差就是收购方为获取控制权而支付的溢价。估价并不是一门精确的科学,但如果属于上市股份,则任一估价程序的首要步骤都是考虑股份目前在市场上的交易价格。对于非上市公司而言,可以通过对相类似的上市公司的股份市场价值的实证分析,来估算出其股份的价值。然后,可以基于其他估价方法,将股份的市场价格与其价值相比较。这种比较可以在不同的情境下帮助专业投资分析师作出买卖证券的建议,并使收购方可以确定他们愿意为取得控制权而支付的溢价。在缺乏适当的上市股份可供参考的情况下,还必须运用其他估价技术来评估未上市公司的股份价值。

接下来,本书将对除股份市场交易价格之外的其他价值评估法,择其要者进行介绍。所有的这些方法均有其局限性,而且,出于特定的目的,某些方法比其他方法更为合适。只要存在假定或者预测,就会存在不同评估者得出不同结论的可能。这意味着,举例而言,对于潜在的收购方而言,他要做好的理性的工作是综合运用不同的估价方法,以产生目标公司的合理估价范围。[38]

---

[36] *Collins v G Collins & Sons* (1984) 9 ACLR 58, NSW Sc EqD 阐明了这一点。一项涉及某些债权劣后受偿的公司拯救方案未获法院批准,但由于股权资本与贷款资本之间存在技术差异,法院准备批准一项替代性安排,根据该安排,相关债权将被转换成优先股。然而,不无疑问的是,是否有可能构造清偿次序劣后于优先股的次级债权。在原则上,的确有可能构造次级债权劣后于优先股受偿的安排,但根据被运用的该结构,此类安排会引发关于财务资助的担忧,或者因其是间接的非法资本回报而易受攻击。

[37] HS Houthakker and PJ Williamson, *The Economics of Financial Markets* (Oxford: OUP, 1996) ch6; RA Brealey, SC Myers, and F Allen, *Principles of Corporate Finance* 10th edn (New York: McGraw-Hill, 2011) ch 19; WL Megginson, SB Smart, and BM Lucey, *Introduction to Corporate Finance* (London: South-Western Cengate Learning, 2008) ch 5.

[38] 在另一种情况下,在有关 *Macro (Ipswich) Ltd* [1994] BCC 781 的案件中,法院运用了净资产估值法和股息估值法,以根据(现在的)《2006年公司法》第994条来计算少数股份的买断价格的方法。关于非上市公司股份的估值,参见 N Eastaway, H Booth, and K Eames, *Practical Share Valuation* 5th edn (Haywards Heath: Tottel, 2009)。

第三章 资本结构——法律、会计和融资的基本考量

净资产价值

以净资产价值为基础的估值,是指将公司的总市值或净资产总账面价值除以已发行股份的数量。如果公司资产的账面价值已经过时,必须进行价值重估以使其符合公司的市场价值。这种估价方法是对房产公司进行估值的首要工具。但当公司的大量价值由并不反映在资产负债表上的因素(例如广告或设计公司的员工技能)构成时,这种估值方法就并不适当。

股息估值

股息估值法的基本原理是,股份的价值在于投资者能够期待在股份存续期间可以从中获得的收入流,包括公司清算时可以获得的所有股息。虽然股东获得的回报有时体现为股息加上处分股份时的资本利得,但购买者为获得股份而愿意支付的价格是以未来的股息预期为基础的,其结果是,股份存续期间的股息流价值反映了股份本身的价值。股息估值法通过以下方法得出股份的现值:研究公司存续期间的预期股息流,以及将未来回报予以折现,从而反映出金钱的时间价值,并研究预期现金流可能事实上无法产生的风险。

自由现金流估值

与仅仅考察股东一方面的回报(也就是股息)不同的是,自由现金流估值法的计算基础是,公司整体自由现金流(也就是其收入减去所有的运营成本和投资费用)属股东所有。折现现金流估值法是指以一个适当的折扣率将未来现金流予以折现,它还依赖对未来现金流的预测。

债权证券

债权证券的价值在于该证券可产出的收入流之现值。在利率和到期日固定的单一债权证券中,债权证券的价值即为贷款存续期间可支付利息及贷款到期时本金数额之折现值。

资本成本

前述关于股份及债权证券估值的讨论,掩盖了一个重要的基础性问题,也就是说,在确定未来预期现金流之现值时,必须确定适当的折现率。所运用的这一比率必须反映金钱的时间价值,并且反映未来的支付预期的固有风险。因而,风险评估就成为一项关键要素。投资于公司证券的风险有两种形态:与证券被纳入投资组合中的特定公司相关的风险(特定性风险)以

及由于诸如财务政策或利率的潜在变化等事项所带来的风险(系统性风险)。投资组合理论认为,投资者可以创建一个分散的投资组合,这样,某些特定证券的风险会被其他证券的特征所抵消,借此可以消除特定性风险。[39] 以此为基础,投资者持有多家公司的证券,能够合理期待的只是降低系统性风险所带来的补偿。相应地,我们关注的焦点也是系统性风险的评估。

资本资产定价模型(CAPM)是计算股本投资的系统性风险、并继而估算必要的投资者回报率时,运用最为广泛的技术。大体说来,资本资产定价模型通过参考以下因素来估算必要的股本投资回报:没有风险时的投资者回报、投资者为补偿股本市场的一般系统性投资风险而要求的溢价、以及特定投资相对于股本市场的不可分散的系统性风险。虽然没有一项投资是完全没有风险的,政府证券(金边证券)的回报率是最接近的可比较项。投资者要求通过持有完全分散的股权证券投资组合而获得的溢价,取决于股本市场的历史总收益与金边证券的历史总收益之间的差别。持有某一特定股份所固有的不可分散的风险,称为 β 值。股本 β 值通过参考其历史回报及相应的市场回报来确定。

在理论上,资本资产定价模型也可用于评估债权证券的必要回报率,但债权的 β 值并不是现成的。相反,投资者所要求的债权证券投资回报率往往参考公司及类似发行者的现有债权证券的回报率来确定。类似的程序,包括审查公司的借贷历史及与类似的公司相比较,也可运用于确定银行或其他贷款方所提供的债权融资的回报率。

公司股权资本和债权资本提供者所要求的回报,构成了公司的资本成本。公司的资本成本是公司作出是否投资于新项目的一项最主要因素,因为只有这些项目的预期回报至少等于公司的资本成本时,它们才是值得进行的投资。换言之,公司的资本成本反映了新项目的回报舍弃率(cut-off rate)。公司的平均资本成本,取决于按公司各种来源的资金所占比重加权后的资本成本(加权后的平均资本成本,或"WACC")。

54 资本结构

在现代经济学文献中,对公司资本结构的分析,通常以 Modigliani-Mill-

---

[39] H Markowitz, 'Portfolio Selection' (1958) *7 Journal of Finance 77*.

er(MM)理论作为基准和起点。[40] 最初的 MM 理论的主要内容是：(a) 公司的总价值独立于其资本结构；以及(b) 公司的股本成本是反映负债与权益比率的线性函数，它使得公司的总体资本成本保持为一个常数。换言之，增加负债的数额会导致股本成本也增加，两者会起到抵消作用，反之亦然。[41] 这套财务杠杆无论以某些限制性假定为基础，这些假定包括不存在税收、破产和交易的成本，存在着投资者可以平等获取信息的完备的资本市场等。后来的诸多研究文献以更为现实的假定，重新评估了 MM 理论。[42] 一旦最初的 MM 理论赖以构建的假设被放宽，特别考虑到利息可以进行税收抵扣（这就产生了本章前文所述的税收保护）而股息则不可以这一事实，则看起来在公司的资本结构中加入一些债务并不会影响股东的预期回报。与此相反的是，如果放宽不存在破产成本这一假设条件，则会指引着人们偏离对债务的依赖，因为负债的比率越高，公司越可能违约并进而在破产法框架内进入破产清算程序。这些程序的履行成本高昂，并且随着公司资本结构中的负债越来越多，公司破产的风险也与日俱增，它给公司带来的弊端，将最终超过负债的税收优势。这些互相冲突的因素导致的结果是，在公司资本结构中增加负债所能给公司带来的好处，终止于负债资本所节省的税负被公司财务困境所带来的成本抵消之时。以此为基础，问题的焦点便转化为，在确定最优长期资本结构目标时，必须在负债的优势与财务困境的预期成本之间进行折中考虑。另外，证券的具体设计及其外部融资可获得的公众资源（资本市场）和私人资源（银行），也是重要的考量因素。

关于最优资本结构的折中理论表明，对于任何特定公司而言，其负债与股本的正确配比，取决于一系列变量，包括公司年龄、公司规模、公司业务及资产的规模等等。另一相关变量是公司的注册地点，因为人们会预期，不同

---

[40] F Modigliani and MH Miller, 'The Cost of Capital, Corporation Finance and the Theory of Investment' (1958) 48 *American Economic Review* 433. 关于这一理论及其衍生的一些研究文献的评论，参见 MH Miller, 'The Modigliani-Miller Propositions After Thirty Years' (1988) 2 *Journal of Economic Perspectives* 99 以及发表于该期杂志的一些研讨会文章。另一概述文章，对于数十年来有关资本结构的研究进行了介绍，参见 SC Myers, 'Capital Structure' (2001) 15 *Journal of Economic Perspectives* 81. 对于此类研究文献的主要评论，还可见于 M Harris and A Raviv, 'The Theory of Capital Structure' (1991) 46 *Journal of Finance* 297; S Frydenberg, 'Theory of Capital Structure—a Review' in G Arntzen, L Fallan, and O Gustafssson (eds), *Frihet ogrnang fold: festskrift til Odd G. Arntzen* (Tapir Academic Press)（该文的英文版于 2011 年 1 月修订，参见〈http:l/ssrn.com/abstract=556631〉(2013 年 7 月访问)）.

[41] RJ Gilson and RR Kraakman, 'The Mechanisms of Market Efficiency Twenty Years Later: The Hindsight Bias' (2003) 28 *Journal of Corporation Law* 715, 719.

[42] 原来的这些作者自身在后来的一些论文中放宽了一些最初的假定：例如，F Modigliani and MH Miller, 'Corporate Income Taxes and the Cost of Capital: a Correction' (1963) 53 *American Economic Review* 261.

地方所适用的法律、税收以及制度体制等方面的差异也会产生一些影响。[43]事实上,杠杆率确实因行业不同而有差异,而这又大体上吻合于以下理论:拥有稳定的现金流或稳定的可变现资产的公司,例如公用事业公司,往往拥有更高的杠杆率;[44]而拥有相对较少的当期有形资产但拥有可观的未来增长预期的公司,例如勘探公司,往往拥有更低的杠杆率,例如科技创新公司的可实现利润的增长就不确定。[45] 另外,还可以看到其中的国别差异。[46]在特定情况下——例如当公司开展一项大型投资项目时——可能会暂时、非正常地高度依赖债权融资,但一些经验证据显示,高企的杠杆水平并不能持久,而且随着公司采取步骤来降低其负债,杠杆率将会大幅度反转。[47] 然而,证据并没有显示,公司向其目标杠杆水平推进的速度总是一致的。[48]

更为笼统地说,折中理论并没能全面解释真实世界中的资本结构,因为事实上许多盈利的公司的可予税收抵扣的债务水平,比这套理论预测的低得多。[49]

"位序"理论对公司资本结构提供了不同的解说。[50] 位序理论的基础是公司管理者与投资者之间的信息不对称所带来的定价偏差风险,这种风险因所讨论的金融工具的信息敏感程度之不同而有差异。股权证券的信息敏感程度高于债权证券,因而其面临的定价偏差风险也高于后者。"好的"公司管理者会努力最小化证券定价偏差,以最大化公司价值,因而会选择受信息不对称影响最小的融资形式。这意味着在资本结构的"位序"中,公司内部的资金供给优位于外部融资,而在外部融资中,负债优位于新的股本。[51]大型项目主要运用债权融资这种外部融资方式,这一例证符合位序理论关

---

[43] F Bancel and UR Mittoo, 'Cross-Country Determinants of Capital Structure Choice: A Survey of European Firms' (2004) 33(4) *Financial Management* 103.
[44] Myers, 'Capital Structure', 82—84.
[45] 同上。
[46] F Degeorge and EG Maug, 'Corporate Finance in Europe: A Survey', in X Freixas, P Hartmann and C Mayer (eds), *Handbook of European Financial Markets and Institutions* (Oxford: OUP, 2008) ch7; Bancel and Mittoo 'Cross-Country Determinants of Captial Structure Choice', 103. 会计规则方面的差异,使得对于资本结构的国别比较更为复杂。
[47] C Mayer and O Sussman, 'A New Test of Capital Structure', CEPR Discussion Paper No 4239 (2004年2月), SSRN 〈http://ssrn.com/abstract=509022〉(2013年7月访问); P Bunn and C Young, 'Corporate Capital Structure in the United Kingdom: Determinants and Adjustment' (2004年8月). Bank of England Working Paper No 226(2004年8月), SSRN 〈http://ssrn.com/abstract=641281〉(2013年7月访问).
[48] R Huang and JR Ritter, 'Testing Theories of Capital Structure and Estimating the Speed of Adjustment' (2009) 44 *Journal of Financial and Quantitative Analysis* 237.
[49] Myers, 'Capital Structure', 88—91.
[50] SC Myers, 'The Capital Structure Puzzle' (1984) *Journal of Finance* 575; SC Myers and NS Majluf, 'Corporate Financing and Investment Decisions When Firms Have Information Investors Do Not Have' (1984) 13 *Journal of Financial Economics* 187.
[51] Myers, 'Capital Structure', 92—93.

于债权融资优位于股权融资的结论;但与此同时,公司为此类项目融通资金,在运用外部资源之前并未用尽内部资源,这一例证却与前面的理论不符。[52] 位序理论也未能解释在更长的时期公司向原来的资本结构逆转的现象。[53]

关于资本结构的折中理论和位序理论虽然都具有一定的解释力,但它们无法回答所有的问题。与这两种主要理论共同发展的关于公司资本结构的其他理论,或者这两种理论的改进版本,情况同样如此。其中,与折中理论相关的是一种以"代理成本"为基础的理论。债权投资者和股权投资者之间潜在的利益冲突,以及管理者和投资者利益并非完全一致,带来了公司融资的代理成本。[54] 以代理成本为视角来分析债权融资方式的利弊时,必须把与以下风险相关的成本,加到方程式中的财务困境一端:公司管理者通过在不同群体之间输送利益或从事过度冒险的活动,将股东利益置于债权人利益之上。对于债权投资者与股权投资者之间利益冲突的含义所进行的代理成本分析,可能有助于解释以下现象:为什么很多企业在比较了"利息税保护"(interest tax shields)的收益和破产程序的成本之后,仍然把负债率保持在较为保守的水平。[55] 然而,在方程式的另一边,在管理者与投资者利益不一致的情境下来分析这一问题时,公司负债却是有益的,因为它迫使公司拨付现金以支付债务利息,从而起到约束管理层的作用;就此而言,它减少了管理者运用自由现金流来为其自身声望利益而"构建王国"、或者从事有利于自己而不是其他股东的活动的机会。[56] 从这一角度来看,管理人员对负债的税收优势的运用,之所以没有像折中理论所称的那样充分,原因可能在于他们不愿接受在资本结构中加入更多的负债所带来的约束。[57]

然而,另一种分析表明,关于资本结构的"市场调节"理论的意思是指,可以将公司的资本结构理解为是股本市场不断调节的结果——也就是说,当市场价格走高时发行股份,而当市场价值走低时回购股份,这就形成了公司的资本结构。[58] 市场调节理论假定,公司的融资决定取决于股权融资与债权融资的相对成本,后者随时间变化而变化。公司的融资决定对于资本

---

[52] Mayer and Sussman, 'A New Test of Capital Structure'.
[53] 同上。
[54] M Jensen and W Meckling, 'Theory of the Firm: Managerial Behavior, Agency Costs and Ownership Structure' (1976) 3 *Journal of Financial Economics* 305.
[55] Myers (前注[44]), 'Capital Structure', 98.
[56] MC Jensen, 'Agency Costs of Free Cash Flow, Corporate Finance and Takeovers (1986) 76 (2) *American Economic Review* 323.
[57] Myers, 'Capital Structure', 99.
[58] M Baker and J Wurgler, 'Market Timing and Capital Structure' (2002) 57 *Journal of Finance* 1.

结构有着长期的影响,因为在任何特定时点可以观察到的融资结构,都是以往各次证券发行决定所造成的结果。[59]

尽管卷帙浩繁的文献表明在公司资本结构的研究方面已取得重大进步,人们仍然普遍认为,有关公司资本结构的决定中,仍然有着多维度的复杂问题没有获得解释或者解决。因而,曾经有人说,"无论如何,理解资本结构演化的决定性因素,或许是公司融资中未解决的最为重要的问题,并且只有经过更长的时间和经历更多的经验研究才能找到答案"。[60] 根据一份基于英国上市公司融资决定的广泛调查而完成的实证研究(这份研究报告发表于 2006 年),公司资本结构的政策呈现了大量的异质性:大约半数的公司努力维持目标债务水平,此点与折中理论一致;而 60% 的公司则遵循着融资位序,这与位序理论一脉相承。[61] 受访对象并没有认为这两种理论互相排斥,也并不认为其穷尽了一切可能。

英国公司的融资来源

银行贷款及其对中小企业的重要性

规模较小的公司(被归类为小型、中型公司〈SMEs〉[62]的大部分商业体)严重依赖内部融资,即其所有人提供的股权、留存利润、董事和股东提供的贷款等。除了短期的贸易信贷(包括融资租赁、分期付款租购协议)及信用卡以外,银行融资是中小型企业外部融资的主要渠道。[63] 中小型企业高度依赖于银行融资的问题,是许多官方报告多年来关注的焦点。[64] 2007 年至

---

[59] R Huang and JR Ritter,'Testing Theories of Capital Structure and Estimating the Speed of Adjustment'.
[60] 同上。
[61] V Beattie, A Goodacre, and SJ Thomson,'Corporate Financing Decisions: UK Survey Evidence'(2006) 33(9) & (10) *Journal of Business Finance & Accounting* 1402. 还可参见 F Degeorge and EG Maug,'Corporate Finance in Europe: A Survey'; Bancel and Mittoo,'Cross-Country Determinants of Capital Structure Choice'.
[62] 中小型企业是为特定监管目的所作的概念分类,但宽松地说,可指总营业额小于 2500 万元的商业体(不一定经过注册设立)。
[63] M Lund and J Wright,'The Financing of Small Firms in the United Kingdom'(May 1999) *Bank of England Quarterly Bulletin* 195; T Breedon, *Boosting Options for Business* (Report for BIS, March 2012). 总体上可参见 BDRC, SME Finance Monitor 〈http://www.sme.fmance-monitor.co.uk〉(2013 年 7 月访问),但其信息会定期更新。
[64] 以下官方报告注意到了小型企业所面临的融资困境:《金融和工业委员会的报告》(Cmnd 3897,1931)(麦克米伦报告);《货币制度运行委员会报告》(Cmnd 827,1959)(拉德克利夫报告);《小企业调查委员会报告》(Cmnd 4811,1971)(博尔顿报告)。对于中小型企业财务结构的综述可见 A Hughes,'Finance for SMEs: A UK Perspective'(1997) 9 *Small Business Economics* 151.

2009年金融危机导致银行减少了杠杆,满足中小企业的融资需求已成为近年来一项政治上的高度优先事项,但涉及的根本问题并非新问题。[65] 对这一问题的有效解决方案仍不明确,该问题的部分根源在于,银行业高度集中且缺乏竞争:银行独立委员会在2011年的最终报告载明,英国最大的四家银行占有了中小企业现有账户的85%;报告还指出,在之前关于英国银行的报告中所强调的,在2000年代出现的大多数竞争问题,现在仍然存在。[66] 政府采取了一系列干预措施,目的是使企业在2007年至2009年经济危机后困难的经济形势中,能更容易地获得信贷[67];这些措施给银行业施加了压力,增加了它们向企业的借贷金额,还采取对银行的贷款提供公共担保、建立替代性融资渠道等措施,对企业进行支持。[68] 但上述措施收效优先。[69] 2012年发表的一份重要报告警告称:"从目前情况看,存在一项风险,即投资、资本运营提供的融资,无法满足企业扩大生产的需求。银行仍是为经济提供信用贷款的重要主体,但银行的贷款储备在过去三年中有所减少。同时,国内和国际层面的监管措施可能会进一步限制信贷,这也给银行筹资带来了重大挑战。"[70]

中小企业的外部股本来源和风险投资的功能

在中小型企业的融资中,外部股本仅起到很小的作用。[71] 英国银行家

---

[65] A Davis, *Beyond the Banks*:*Innovative Ways to Finance Britain's Small Business* (NESTA, 2011). 还可见 Breedon, *Boosting Finance Options for Business*,以及政府对该报告的回应:BIS, *Boosting Finance Options for Business*:*Government Response to the Industry Taskforce* (March 2012).

[66] Independent Commission on Banking, *Final Report* (September 2011). 银行业成立了自己的工作组来解决这些问题:British Bankers Association, *Supporting UK Business* (BBA, October 2010)。

[67] 英国政府、主要的英国银行对一项名为"梅林计划"的法案作了一段时间的讨论,银行于2011年2月9日作了一项声明,称有能力也有意愿在2011年为企业提供1900亿英镑的贷款,其中760亿英镑的贷款将提供给中小型企业。但"梅林计划"并不成功。2012年7月,英国央行和英国财政部共同启动了"贷款融资计划"(Funding for Lending Scheme, FLS)。该计划的目的在于,刺激银行和建筑协会增加对个体经营人、非金融公司的贷款。该计划将在较长时期内,以低于市场的利率,向银行和建筑协会提供资金,资金的价格、金额将与他们向英国非金融部门提供的贷款挂钩。

[68] HM Treasury, *Autumn Statement* (Cm 8231, November 2011)(宣布了一项新的国家贷款担保计划,总额高达200亿英镑,并通过商业融资合伙组织(Business Finance Partnership),以非银行渠道向小企业投资最初的10亿英镑)。

[69] Bank of England, *Trends in Lending* (October 2012)(报告指出,向中小企业以及大企业贷款存量均出现收缩。自2011年第二季度以来,所有货币金融机构向中小企业提供的净贷款为负值。自2011年第四季度以来,向大企业提供的净贷款也为负值。

[70] Breedon, *Boosting Options for Business*, 2.

[71] M Lund and J Wright,'The Financing of Small Firms in the United Kingdom', *Bank of England Quarterly Bulletin* (May 1999) 195, 199.

协会汇总的数据证实了这一点,见表3.4。

表3.4 不同规模企业所使用的商业融资[72]

	营业额	总体的特点	对常规融资的使用	对专业融资的使用	典型的融资提供人
最小的微型企业	5万元以下	以使用现金为基础的企业,经常从事兼职业务;有形资产较少;在本地运营。	主要限制为以下范围:银行透支、贷款和信用卡或个人融资产品。	有限。一些资产担保贷款(ABL)——主要是卖家融资	银行、信用卡提供者,以及销售者(卖家)融资点
微型企业	5万至100万	越来越多的拥有员工、经营场所和资产的全日制经营企业;其本地活动常局限于一个特定区域;偶尔有出口业务	银行透支、贷款和信用卡	不断增长的对结构性资产抵押贷款的使用。偶尔使用贸易融资产品。	银行、信用卡提供者、结构性资产抵押贷款和贸易产品的专业提供者。
中小企业	100万至2500万	全日制、较大规模的跨地区和全国性的企业;越来越多的进出口贸易	银行透支、贷款	仍使用结构性资产抵押贷款,保理和发票贴现,出口融资,部分股权融资	银行、信用卡提供者、专业供应商、天使投资人、私募
中型企业	2500万至5亿	更大规模的全国性和国际性公司,常开展国际业务	银行透支(或循环贷款)、部分贷款	出口融资、发票融资、资产融资和股权融资	银行、风险投资基金、股票基金和上市融资

2012年的政府分析报告指出,在寻求外部融资中小企业中,只有约1%—2%的企业获得了股权融资;对于一些有高增长潜力的公司来说,在"启动"或"早期"阶段,风险资本、商业天使投资人仍是重要的资金来源。风险资本是由专业基金投资的、长期的股权资本;商业天使投资人,是指愿意投资公司创业时的股票,或公司扩展业务的富有人群。[73]

---

[72] British Bankers Association, *Supporting UK Business*, 14.
[73] BIS, *SME Access to External Finance* (BIS Economics Paper No 16, January 2012).

在2008年金融危机发生之前的几年,英国的风险投资和私募股权(一般为"后期"融资)活动显著增长,但在金融危机后的经济困境中出现收缩。[74] 总体而言,向小型企业提供的长期增长资本,仍存在巨大缺口。[75] 另外,上述情形不仅限于英国:经济危机在整个欧洲形成了惨淡的短期环境,整体上影响了使用于中小企业早期阶段的天使投资、风险投资基金等资金来源。[76]

资本市场:大公司的资金来源

毫无意外地,大型的盈利公司拥有最广泛的融资选择。最大的公司能够直接进入股票和债券资本市场,从而减少他们对于银行融资的依赖性。关于繁荣的大型公司如何保持债务和股权平衡的问题,折中理论可能会认为,盈利能力与资本充足率之间存在正向关系,因为此类公司陷入财务困境的风险低,而且其负债的税收优势会随着利润增加而增加。[77] 代理理论看起来也会指向同样的方向,因为负债的约束效应发挥着保证及制约合同条款的作用。[78] 另一方面,位序理论则表明了一种反向的关系,因为盈利能力强的公司对任何形式的外部融资的需求,均低于其他公司。[79] 调查数据显示,1999年至2002年,英国公司的资本充足率迅速提升,而且主要集中于盈利能力最强的大型公司中。[80] 在2007年至2008年,英国私人非金融公司的资产—负债比达到峰值46.7%,不过债务的增加主要集中于某些特定领域,尤其是商业房地产公司以及杠杆收购的目标公司。[81] 金融危机导致银行贷款收缩,并导致公司债务总额减少。大公司有能力用债券和股票收益来取代银行贷款,故在这段时期中,大公司是偿还银行贷款净额的重要主体。[82]

最大的公司能够进入国内和国际的资本市场。对于一家尝试从国内或

---

[74] BIS, *SME Access to External Finance*.
[75] 同上,C Rowlands, *The Provision of Growth Capital to UK Small and Medium Sized Enterprises* (Report for BIS, 2009)。
[76] European Commission, *Report of the Chairman of the Expert Group on the Cross-border Matching of innovative Firms with Suitable Investors* (November 2012, 小组主席为 Anthony Clarke)。
[77] P Brierley and P Bunn, 'The Determinants of UK Corporate Capital Gearing' (2005年秋季) *Bank of England Quarterly Bulletin* 356, 362。
[78] P Brierley and P Bunn, 'The Determinants of UK Corporate Capital Gearing'。
[79] 同上。还可参见 RG Rajan and L Zingales, 'What Do We Know About Capital Structure: Some Evidence From International Data' (1995) 50(5) *Journal of Finance* 1421。
[80] P Brierley and P Bunn, 'The Determinants of UK Corporate Capital Gearing'。
[81] Financial Services Authority, *Prudential Risk Outlook 2011*, 21—23。
[82] 同上。

国际证券市场寻求资金的公司来说,并非一定要在正式组建的证券交易所或其他交易机构中寻求资金。但公司证券获准进入证券交易所或其他交易系统交易,将会给公司带来巨大的好处,包括能进入更大的资本时尚,增强流动性,提升公司形象等。

  伦敦证券交易所提供的主板市场,是英国最负盛名的有组织的证券市场。[83] 它向英国及其他国家的所有公司开放。公司可以将种种不同的股权和债权证券在主板市场上市。其他金融工具、包括证券化衍生工具和证券化商品,也可以上市。另类投资市场(AIM)是伦敦证券交易所的二级市场。它把自己描述为是"成长中的小型公司的全球主要市场"。[84] 自其于1995年创建以来,另类投资市场已经吸引了超过3100家公司前来上市,筹集资金超过670亿英镑。另类投资市场受到极大的国际关注,而且,与主板市场相比,其准入门槛低,持续性义务比较少。伦敦证券交易所还开设了专业证券市场(PSM),该市场使得国内外公司可以通过向专业投资者或机构投资者发行专业证券(例如债权证券、可转换证券和存托凭证)来筹集资本。[85] 对于专业证券市场的监管要求,不同于主板市场和另类投资市场,因为它们是为市场中的专业人士量身定做的。

  伦敦证券交易所(LSE)参与国际竞争,以能从证券发行人处获得业务。"本土偏好"(Home Bias)是指发行人只在其本国发行或上市证券,但这种偏好已经不那么流行了。这使伦敦证券交易所能够极大地扩展国际业务范围。在伦敦证券交易所的一本出版物中,该机构认为:"与其他主要国际交易所相比,有更多的国际业务进入伦敦市场。在过去十年中,在伦敦证券交易所超过三分之一的首次公开发行(IPO)业务,是由国际公司发行的。在伦敦证券交易所上市的超过2500家企业中,将近600家是国际公司,此类公司或者总部不在英国,或者海外业务占了很大比例。这些公司都被吸引到伦敦来,因为这里汇聚了世界上最多的愿意投资国际资产的投资者,设立在伦敦的机构共掌管着超过11,000亿美元(折合6,970亿英镑)。"[86] 本书后文还将进一步论述,伦敦证券交易所作为一个资本市场对世界的影响。

---

〔83〕 本部分关于主板市场的阐述,以伦敦证券交易所网站提供的信息为基础〈http://lwww.londonstockexchange.com〉,特别是其出版物 *Listing on the London Stock Exchange*（2010）.
〔84〕 本部分关于另类投资市场的阐述,以伦敦证券交易所网站提供的信息为基础,特别是其出版物, *A Guide to AIM*（2010）.
〔85〕 本部分关于专业证券市场的阐述,以伦敦证券交易所网站提供的信息为基础。
〔86〕 A Jameson,'The World Comes to Market' in LSE, *Perspectives on the Global Markets*（London: Yearbook 2012）41.

在英国,其他的市场平台提供者也尝试在为发行人所提供的资本市场服务方面,挑战伦敦证券交易所的地位,但收效甚微。英国毅联汇业(ICAP)证券与衍生品交易所(ISDX)为进入其市场的公司提供了两项选择:主板市场(类似于伦敦证券交易所的主板市场,是受欧盟监管的上市证券交易市场)[87],以及成长型市场(更多服务于创业公司在早期的需求)。[88] 这些市场之前被称为"附加交易市场",在经历了多年亏损后,于2012年面临关闭,最终以低价被英国毅联汇业公司收购,该公司是一家交易商间的经纪公司。上述市场的新东家的长期计划还有待观察。

有效资本市场

有效资本市场理论支撑着金融市场关于证券定价的传统见解。[89] 一般而言,该理论关注是否任何时候的股价都及时"全面地反映了"可获得的信息。[90] 自1970年一篇经典文献发表以来,人们通常会区分以下三种程度不同的效率:弱式效率、半强式效率、强式效率。[91] 在一个弱式效率市场中,证券的当前价格反映了所有的相关历史信息。半强式效率市场是指信息一旦公开股票价格将迅速作出反应的市场。强式效率资本市场是指股票价格反映了包括未公开信息在内的所有相关信息的市场。经验研究认为,弱式效率和半强式效率市场有助于解释主要国家的证券市场的实际运作,而其中,半强式效率市场最受青睐。[92] 市场通常并不吻合于强式效率市场假说,内幕交易所能获得的(非法)利润证明了这一点:这种获利机会之所以存在,是因为市场价格还没有吸收未公开的信息,或者换句话说,是因为市场并不吻合于强式效率模型。

应当把信息效率与基本效率区分开来,前者指价格吸收信息的速度,后者指证券价格反映了与证券相关的未来现金流之现值的当前最佳判断。只有当市场价格等于基本价格时,市场才具有根本效率。如果在一个信息有效的市场中,价格在根本上是不准确的,这表明分配效率方面存在潜在的问

---

[87] 除"高增长板块"以外,该板块是受监管的非上市证券市场。
[88] 〈http://www.isdx.com/regulation/default.aspx〉(2013年7月访问)。
[89] 关于这一主题的研究文献的综述,请参见 HS Houthakker and PJ Williamson, *The Economics of Financial Markets* (OUP, 1996) 130—140。
[90] EF Fama, 'Efficient Capital Markets: A Review of Theory and Empirical Work' (1970) 25 *Journal of Finance* 383.
[91] 同上。
[92] EF Fama, 'Efficient Capital Markers: II' (1991) 46(5) *Journal of Finance* 1575.

题,即稀缺的资源未能得到最有效的利用。[93] 尽管信息效率、基本效率在理论上有重要区别,但长期以来,金融监管政策一直基于以下假设,即市场价格是"经合理评估的经济价值的良好指标",而高效率和流动性强的金融市场"极大地提高了配置效率"。[94] 基本价格不仅仅是对证券相关已知信息进行市场评估,并将评估汇集起来,其更加抽象,也更加难以确定。

多年以来,有效资本市场假说为以披露为导向的证券监管提供了学术背景。[95] 有人认为,"几乎所有事项的讨论,都以市场效率为背景而展开:是否应当要求发行人进行双重披露;公司内部人是否有权与机构投资者和分析师私下交流;损害是否可以从股价波动中推断出来。有关市场效率以及前述内含着市场效率机理的政策论辩,都相当妥当"。[96] 如 Adair Turners(英国金融监管局被撤销前的最后一任主席)所说:"在美国、英国和越来越多的其他国家,金融市场监管制度的主要假设是,金融市场既是高效的也是理性的;金融市场监管的一个重要目标,是消除可能会导致市场地下,以及流动性不足的障碍。"[97] 旨在纠正市场信息不对称的强制披露要求,是资本市场监管机制的核心要素。[98]

然而,有效资本市场假说的支配地位并非完全不受挑战,在金融危机后,对该假说的质疑不断增加,在金融危机中,市场和市场主体并未如理论预测的那样行事,因为理论是基于市场有效性、投资者理性的基础而建立的。人们早就知道金融市场容易出现"泡沫",而在 2007 年以来的市场动荡中,人们再次关注这一重要事实。理性假设是有效资本市场假说的支撑,当理性假设暴露出其局限性时,会促使正在寻求新策略的政策制定者逐渐转向行为经济学家的研究成果。行为经济学家强调应更多地考察社会心理学

---

[93] 虽然有观点认为,股票公开交易市场上的价格与实际资源配置之间的关系是很微弱的,而且股票市场资源配置的重要性,比人们所认为的要弱得多。L Stout, "The Unimportance of Being Efficient: An Economic Analysis of Stock Market Pricing and Securities Regulation" (1988) 87 *Michigan Law Review* 613。
[94] 上述引文请见 A Turner, *The Turner Review: A Regulatory Response to the Global Banking Crisis*(FSA, 2009)39—40。
[95] RJ Gilson and RR Kraakman, 'The Mechanisms of Market Efficiency' (1984) 70 *Virginia Law Review* 549, 550.
[96] HE Jackson, 'To What Extent Should Individual Investors Rely on the Mechanisms of Market Efficiency: A Preliminary Investigation of Dispersion in Investor Returns' (2003) 28 *Journal of Corporation Law* 671.
[97] Turner, *The Turner Review*, 39.
[98] JC Coffee, 'Market Failure and the Economic Case for a Mandatory Disclosure System' (1984) 70 *Virginia Law Review* 717; R La Porta, F Lopez-de_Silanes, and A Shleifer, 'What Works in Securities Laws?' (2006) 61 *Journal of Finance* 1.

因素,这些因素可能导致投资者采取不理性的交易行为,从而影响股票的价格。[99] 虽然有效资本市场理论的支持者们认为,套利行为会迅速消除投资者不理性行为导致的定价不准确[100],另有意见指出,套利行为具有风险,存在诸多局限,即便是对专业的投资者而言,人们也无法完全依赖其会本着理性而行事。[101]

关于这些命题的深层论争,使得现在很难像1978年那样宣称"在经济学领域,没有其他命题能够比有效市场假说获得更多的、更牢靠的经验证据的支持"。[102] 然而,信息披露对金融市场失灵的反映并不充分,因为人们不能依赖有缺陷的市场机制来有效地处理信息,同时设计不佳的披露要求还可能会起到反作用,但这并不意味着以信息披露为基础的监管制度应被废除。[103] 压倒性的经验证据表明,信息发布后,股份的价格迅速朝着预期的方向作出反应,因而,整体而言,有效资本市场理论对于我们的分析框架仍然不无裨益,即便该理论的地位有所下降。

财务业绩的测量和评估——公司账目

把半强式效率资本市场界定为价格对最新公布的信息迅速作出反应的市场,这一定义重点关注信息传递给市场后转化为价格的过程。据称:"由于资本市场的效率取决于信息的分配,因而最终起作用的是交易者获取信息的成本。特定信息的成本越低,其传播的范围越广,资本市场通过价格来反映信息的机理就越发有效,这方面的市场就越有效率。"[104] 强制性信息披

---

[99] FB Cross and RA Prentice, *Law and Corporate Finance* (Cheltenham: Edward Elgar, 2007),第三章概述了对法律和公司财务行为的分析。行为经济学是从认知心理学家卡尼曼(Kahneman)和特沃斯基(Tversky)开创性的研究成果中发展出来的一门学科,卡尼曼还因其研究成果获得了2012年诺贝尔奖。他们的经典论文包括:A Tversky and D Kahneman, 'Judgment under Uncertainty: Heuristics and Biases' (1974) 185 *Science* 1124; D Kahneman and A Tversky, 'Prospect Theory: An Analysis of Decisions under Risk' (1979) 47 *Econometrica* 263; A Tversky and D Kahneman, 'The Framing of Decisions and the Psychology of Choice' (1981) 211 *Science* 453。目前关于行为经济学的文献很多。金融危机后的一篇重要批评文献是 GA Akelof and RJ Shiller, *Animal Spirits, How Human Psychology Drives the Economy,以及 Why it Matters for Global Capitalism* (Princeton University Press, 2010)。
[100] RJ Gilson and R Kraakman, 'The Mechanisms of Market Efficiency Twenty Years Later: The Hindsight Bias' (2003) 28 *Journal of Corporation Law* 715.
[101] A Shleifer and L Summers, 'The Noise Trader Approach to Finance' (1990) 4 *Journal of Economic Perspectives* 19; A Shleifer and R Vishny, 'The Limits of Arbitrage' (1997) 52 *Journal of Finance* 35.
[102] MC Jensen, 'Some Anomalous Evidence Regarding Market Efficiency' (1978) 6 *Journal of Financial Economics* 95.
[103] 尽管,对于过度依赖信息披露保持谨慎,是很有道理的:SM Davidoff and CA Hill, 'Limits of Disclosure' (2013) 36 *Seattle University Law Review* 599。
[104] RJ Gilson and RR Kraakman, 'The Mechanisms of Market Efficiency' (1984) 70 *Virginia Law Review* 549, 593.

露义务消除了每一市场参与方个别获取信息所造成的重复成本,正因为如此,它们被认为是一套增强效率的机理。[105] 公司承担的强制性信息披露义务的关键是定期披露其财务报告。因而,本节对英国公司的强制性财务披露义务及其运作制度框架予以概述。

英国公司财务披露的法律框架:概览

所有公司的董事都必须置备公司年度财务账簿。[106] 公司必须根据《公司法》或者国际会计准则/国际财务报告准则(IAS/IFRS)来置备账簿。[107] 根据《公司法》设立的账簿包含了相关财务年度期间末期的资产负债表(财务状况表),以及涵盖了该期间的损益表(收益表)。[108] 英国《公认会计准则》(UK GAAP)规定了对现金流量表、股本变化表的要求,从而进一步强化了法律的上述基础要求。英国《公认会计准则》由英国财务报告委员会(FRC)负责。国际会计准则/国际财务报告准则之下的一套完整的财务报表,包括财务状况声明(资产负债表)、期间的全面收益表(或者损益表、全面收益表)、期间的所有权权益变动表、期间的现金流量表,以及相关说明注解,包括会计政策以及其他说明性材料。[109]《国际会计准则》/《国际财务报告准则》由国际会计准则委员会(IASB)负责。[110] 董事在核准账簿前,必须对公司的资产、负债、财务状况及盈亏作出真实而公允的评价。[111] 这项要求同时适用于根据《公司法》编制的账目,以及根据《国际财务报告准则》编制的账簿。英国财务报告委员会认为,根据《国际财务报告准则》规定所作的公平陈述,其效力等同于真实而公允的评价。[112] 2013 年,George Bompas 皇家大律师的一份法律意见书广泛流传,该意见书对上述观点提出异议。意见书认为,根据《国际财务报告准则》编制的法定账簿,是否总意味着真实和公允

---

[105] RJ Gilson and RR Kraakman,'The Mechanisms of Market Efficiency',597—601.
[106]《2006 年公司法》第 394 条。对歇业子公司存在豁免规定:《2006 年公司法》第 394A—394C 条。
[107]《2006 年公司法》第 395 条。
[108]《2006 年公司法》第 396 条。根据《2006 年公司法》第 396 条(个别账簿)、第 404 条(集团账簿)制定的规定,载明了详细的要求:《2008 年小型公司及集团(账簿及规董事报告)规定》,SI 2008/409;《2008 年中大型公司及集团(账目及报告)规定》,SI 2008/41(经修订)。上述规定将被修订,以实施以下欧盟指令(至 2015 年 7 月):2013 年 6 月 26 日欧洲议会与欧洲理事会 2013/34/EU 号关于年度财务报表、合并财务报表和特定类型事业的相关报告的指令,修改了欧洲议会和欧洲理事会 2006/43/EC 号指令,废除了欧洲理事会 78/660/EEC 号指令、83/349/EEC 号指令,[2013]OJ L182/19。
[109]《国际会计准则第 1 号——财务报表的列报》。
[110] 国际会计准则委员会发布的标准被命名为《国际财务报告准则》,但该委员会的前身发布的更早期的文件中现在仍然生效的,则命名为《国际会计准则》。
[111]《2006 年公司法》第 393 条。
[112] 财务报告委员会:《真实和公允》(2011 年 7 月)。

的评价,是值得怀疑的。

如果这种不确定性是正确的,则它将对股息和其他分配的合法性产生影响,这些分配取决于是否存在支持性的账目,这些账目应当对付款公司的财务状况作出真实而公允的评价。[113] 但是,Michael Moore 皇家大律师向英国财务报告委员会提出了另一项观点,该观点发表于 2013 年 10 月;该观点更有说服力地分析了《国际财务报告准则》(被欧盟所适用)与英国法、欧洲法中真实而公允评价的相互作用,并得出结论认为,如果否认存在真实而公允的评价,是没有合理依据的。

除了某些例外情形,母公司的董事还必须每年置备合并集团账簿。[114] 按照欧盟法律的相关规定,证券获准在"受管制的市场"交易的发行人,其合并集团账簿必须根据国际会计准则/国际财务报告准则来置备,该准则已被欧盟适用。[115] 这一要求也适用于在伦敦证券交易所主板市场上市的发行人,但它并不直接适用于在另类投资市场上市的发行人,因其属于"交易所管制市场"而非欧盟"受管制的市场"。(然而,根据另类投资市场上市规则,在欧洲经济区国家成立并在另类投资市场上市的公司,必须根据国际会计准则/国际财务报告准则来置备并提交其年度合并账簿。[116])其他公司的集团账簿可以被置备为公司法意义上的集团账簿、或者置备为国际会计准则/国际财务报告准则意义上的集团账簿。[117] 被要求纳入公司法意义上的账簿或国际会计准则/国际财务报告准则意义上的账簿中的财务报表,与个别账簿一样,但它不是以个别账簿而是以合并账簿为基础。除非有正当理由,母公司及其每一家子公司的事业都应当运用同样的报告框架来置备个别账簿。[118]

除了账簿外,公司董事还必须置备公司每一财务年度的董事报告。[119] 对于置备集团账簿的母公司而言,董事报告应当是合并报告。[120] 除了那些遵守法律特别规定的小型公司之外,公司还必须提交一份名为"战略报告"(strategic report)的深入报告(取代了原先要求在董事报告中包含经营评论

---

[113] 详见第九章。
[114] 《2006 年公司法》第 399 条。
[115] 2002 年 7 月 19 日欧洲议会和欧盟委员会(EC) 1606/2002 号关于适用国际会计准则的规定,[2002] OJ L/243。上述要求在英国直接适用。《2006 年公司法》第 403(1)条受到了上述要求的影响。
[116] 《另类投资市场规则》第 19 条。
[117] 《2006 年公司法》第 403(2)条。
[118] 同上,第 407 条。
[119] 同上,第 415 条。
[120] 同上。

的要求)。[121] 战略报告必须包括对公司业务的公允评论,以及对公司面临的主要风险和不确定性的描述。[122] 对于上市公司战略报告规定内容的要求,比对非上市公司的要求更高,规定内容还应具有前瞻性。[123] 这些要求包括,描述公司的战略和商业模式,提供董事会多样性的信息并考虑有关的人权问题。[124]《2006 年公司法》账簿要求目的上的"上市公司",包括股权资本已经获准在伦敦证券交易所主板市场或者在欧洲经济区其他市场正式上市的公司,或者股票在纽约股票交易所或纳斯达克市场交易的公司。[125] 上市公司的董事也被要求置备公司每一财务年度的董事薪酬报告。[126] 如董事报告、薪酬报告或战略报告中有虚假或误导性陈述,或存在遗漏内容的,董事对公司负有特定的法定赔偿责任。董事责任的标准是,其对此明知或存在过失。[127]

除了某些例外(包括小型公司和休眠公司的例外情形),年度账簿必须经过独立的审计。[128] 审计报告必须明确声明,根据审计师的意见,公司年度账簿的表述真实而公允,而且已经根据相关财务报告的框架予以妥当置备。另外,如果还须适用《2006 年公司法》和《国际会计准则》,则该账簿还据此进行了置备。[129] 审计师还必须声明,根据其见解,董事报告中包含的信息(包括关于公司经营的评论)与账簿相符。[130] 对于上市公司而言,审计报告必须包括董事薪酬报告中可审计部分的报告,同时声明该薪酬报告已经妥为置备。[131]

根据《2006 年公司法》,公司公开年度账簿及报告的途径是,要求公司将

---

[121]《2013 年〈2006 年公司法〉(战略报告和董事报告)规定》,SI 2013/1970,撤销《2006 年公司法》第 417 条,并插入《2006 年公司法》第 414A—D 条。
[122]《2006 年公司法》第 414C 条。
[123]《2006 年公司法》第 414C(7)—(8)条。对中型企业也有修改:第 414C(6)条(使用关键绩效指标)。
[124] 欧洲委员会对欧盟会计指令提出了修改意见,也涉及这些问题:欧盟委员会,对欧盟理事会关于某些大公司和集团披露非财务信息和多样性信息的 78/660/EEC 号指令和 83/349/EEC 号指令的修改建议(COM(2013) 207)。在适当的时候,英国的要求可能需要作一些调整,以符合新的欧盟规则。
[125]《2006 年公司法》第 385 条。薪酬报告的详细修改以下规定修改:《2013 年企业和监管改革法案》和《2013 年〈2006 年公司法〉(中大型企业和集团)(修正案)规定》,SI 2013/1981。基于欧盟层面的倡议,未来可能还会有进一步的改革:European Commission, *Action Plan: European Company Law and Corporate Governance—A Modern Legal Framework for More Engaged Shareholders and Sustainable Companies*(COM(2012) 740)。
[126]《2006 年公司法》第 420 条。
[127] 同上,第 463 条。
[128] 同上,第 475 条。经《公司及有限责任合伙企业(账目及审计豁免,以及会计框架变更)规定》(2012/2301)修订。
[129] 同上,第 495 条。
[130] 同上,第 496 条(经修订)。
[131] 同上,第 497 条。

第三章　资本结构——法律、会计和融资的基本考量　　**77**

其送交各位股东、债券持有人、以及其他有权收到股东大会通知的人。[132]《2006年公司法》规定，公司文件和其他信息可以通过打印件、电子形式或者通过在网上公布等方式有效送达。[133] 此外，上市公司还必须将其年度账簿及报告上传网络，以使普通公众（而不限于公司成员及债券持有人）可以获得。[134] 另外，法律还规定财务报表的摘要（而不是全文）必须送达股东、债券持有人以及其他有权获取这些资料的人们，但如果这些人要求获得财务报表的全文，则全文也必须送达。[135] 因而，公众公司（而不是私人公司）必须在股东大会召开前的规定期间内准备好账簿及报告。[136] 最后，所有有限公司必须将其年度账簿及报告向公司注册官备案。[137] 备案的具体事项则取决于公司的类型。[138]

完成这些要求的时限是重要的，因为重大的时间延误可能会严重减损账簿所提供的信息的价值。根据《2006年公司法》，公众公司在股东大会之前置备账簿并随后将其备案于注册官的时限，是相关账簿查询期结束之后六个月。[139] 对于私人公司而言，提交账簿给注册官的时间期限是九个月。[140] 虽然《2006年公司法》缩短了公布的时间界限，但它们仍然非常富余。

金融服务局的披露和透明规则之下的财务披露框架

欧盟《透明度义务指令》要求成员国对于年度账簿、半年度财务报告施加披露要求。最初的《透明义务指令》还要求发布临时财务报告（大致相当于季度报告）。[141] 但2013年修订的指令取消了发布季度财务报告的义务。[142] 欧盟委员会提议取消强制性季度报告制度，其依据是调查显示，这对投资者保护没有必要。在英国，取消该项制度也被积极评价为减少企业短期主义的一项举措。

---

[132]　《2006年公司法》第495条，第423条。
[133]　同上，第1144—1148条和附表第4—5条。
[134]　同上，第430条。可以在遵循（英国和其他地方的）法律的修改和监管要求的前提下，限制年度账簿及报告的公开途径；同上，第430(3)(b)条。
[135]　同上，第426—426A条（经修订）。
[136]　同上，第437条。
[137]　同上，第441条。
[138]　同上，第444—448条。
[139]　同上，第442条。
[140]　同上。
[141]　欧洲议会和理事会于2004年12月15日关于证券获准在受管制市场上市的发行人的信息透明度要求之融合以及修订2001年第34号（欧共体）指令的2004年第109号（欧共体）指令，[2004] OJ L390/38，第4—6条。
[142]　2013年10月22日欧洲议会和欧盟理事会2013/50/EU号指令，修改了2004/109/EC号指令，[2013] OJ L294/13。

英国通过实施金融行为监管局的《披露和透明度规则》(DTR)来履行《透明度义务指令》。除了一些例外情形,《披露和透明度规则》规定的发行人披露要求,适用于以下发行人,即可转让证券获准在"受管制市场"交易的公司,以及"母国"是英国的公司。在欧盟的证券法律中,"受管制市场"以及"母国"是具有重要意义的监管概念。就本章目的而论,注意到以下一点即已足够:注册于英国且其股权资本获准在伦敦证券交易所(它是"受管制市场")的主板市场上市的公司,必须遵守《披露和透明度规则》;但在另类投资市场上市的公司,即使注册于英国,也无须遵守《披露和透明度规则》;这是因为另类投资市场是"交易所管理的"、而不是"英国受管制的"市场。[143] 欧盟的公司会计框架要求,应在公司董事的报告中包含公司治理声明,《披露和透明度规则》也是英国实施上述要求的载体。[144] 根据《披露和透明度规则》,经审计的年度报告必须在年末之后四个月内发布(而不是《2006年公司法》所允许的更为宽松的六个月)。[145] 年度报告必须包含一份由发行人内部的一位责任人发布的声明,即在其最大了解范围之内,财务报告的描述真实而公允,而且经营报告包含了对公司业绩及公司面临的主要风险及不确定性的公允评价。[146] 半年度财务报告(不需要经审计)必须尽早公布,但不得晚于与该报告相关的期间结束之后的两个月。[147] 披露和透明度规则的大纲规定了半年度报告的内容,包括简要版财务报表、临时性经营报告以及责任声明。[148]

《披露和透明度规则》也规定了向公众传播信息的途径。[149] 所有受规制信息的传播方式,必须确保信息的受众面尽可能宽泛,并尽可能同时送达欧洲经济区各地。它同时还应以未剪辑(假定年度财务报告通常可以进行剪辑)的全文的形式与媒体沟通。受规制的信息在披露的同时,还应当向金融行为监管局备案。[150] 然而,《披露和透明度规则》并不要求将财务报告直接送达股东(或其他人)。《透明义务指令》还要求成员国至少指定一种官方机制来储存受监管的信息。在英国,由一家金融研究的独立提供商晨星

---

[143] 这些的分类意义将在第13章中作进一步详细讨论。
[144] 《披露和透明度规则》第7.2条,该规定将在适当的时候实施欧洲议会和欧盟理事会2013年6月26日关于年度财务报表、合并财务报表和特定类型事业的相关报告的2013/34/EU号指令第20条,该指令修改了欧洲议会和欧盟理事会2006/43/EC号指令,废除了欧洲理事会78/660/EEC号指令和83/349/EEC号指令,[2013]OJ L182/19。
[145] 《披露和透明度规则》第4.1.3条。
[146] 同上,第4.1.12条。
[147] 同上,第4.2.2条。在《透明义务指令》的修订版本实施后,期限将延长至三个月。
[148] 同上,第4.2.3条。
[149] 同上,第6.3条。
[150] 同上,第6.2.2条。

(Morningstar)来履行这一职能。

市场效率(和投资者保护)为《透明度义务指令》提供了支撑。关于该指令的第一次详述声称:

> 高效、透明和统一的证券市场有助于在共同体内形成一个真正的单一市场,并且可以通过更好地配置资本和降低成本来促进增长和创造就业机会。证券发行人准确、全面并及时地披露信息,有助于投资者树立可持续的信心,并使其有可能对公司经营绩效和资产进行有根据的评估。这有利于保护投资者和增强市场效率。

这些见解在很大程度上归功于有效资本市场理论所提供的智识框架。

其他上市公司的附加财务披露框架

除了那些一般的法律规则,调整上市公司的市场规则还可以附加一些财务披露义务。例如,另类投资市场的相关规则规定,在另类投资市场上市的公司必须置备半年度报告,其公布不得延误,而且在任何情况下均不得迟于相关期限终了之后三个月。[15] 该半年度报告所发布的信息至少包括资产负债表、收益表和现金流量表。半年度报告置备的形式,必须与公司年度账簿相一致。在另类投资市场上市的公司并不要求公开发布季度报告或其他临时财务报表。

---

[15] 《另类投资市场规则》第18条。

第二部分

法 定 资 本

第四章 股本的构成

研究范围

本书这部分关注法定资本。法定资本是一个宽泛的概念,其范围包括有关发行股份筹集资本的规则、股本的维持、在不违反资本维持要求的情况下将资产返还给股东等内容。本章讨论"缴入"规则,也就是说,调整支付给公司的股本金数量以及公司可以接受为股份对价的形态的规则。支撑"缴入"规则的基本理念是,投资者应当按其出资承诺实际支付给公司现金和非现金对价,以换取其股份。然而,赋予这一简单的原则以法律效力的《2006年公司法》规则却非常复杂,因为《2006年公司法》还需满足欧盟指令的衍生要求,该指令虽经过2012年的合并、现代化修改,但名称仍为《公司法第二指令》。[1]

单个股份的最低价格:面值

每一拥有股本的有限公司的股份必须有着确定的名义或票面价值。[2] 发行无确定名义价值的股份是无效的,并且在公司声称发行股份时,失责的每一位公司管理人员都面临着刑事处罚。[3] 股份面值必须载明某一货币金额,但它不必是一个可以用法定货币来支付的数额。[4] 这意味着它可以是某一货币金额的一部分或一定的百分比。股份的面值不能以两种货币来标明——也就是说,比如,股份的面值不能是1美元或1英镑——但同一公司中不同的股份可以用不同的货币来标明面值。[5] 当一家新的公司成立

---

[1] 2012年10月25日的欧洲议会和委员会2012/30/EU号指令,系为了协调保护公司成员及他人利益的措施,该指令经公司所在成员国根据《欧盟运行条约》第54条第2款要求,其内容是关于公众有限责任公司成立、资本维持及变更,其目的在于使此类保护措施与[2012]L315/74《公司法第二指令》)保持一致(做重要修改)。
[2] 《2006年公司法》第542条。
[3] 同上,第542(2)条和第542(4)—542(5)条。
[4] *Re Scandinavian Bank Group plc* [1987] 2 All ER 70, [1987] BCC 93.
[5] 《2006年公司法》第542(3)条,这与更早期的判例一脉相承:*Re Scandinavian Bank Group plc* [1987] 2 All ER 70, [1987] BCC 93。它要遵守有关最低资本的面值的规则:《2006年公司法》第765条,接下来将作探讨。

时，股份形成时的面值属于必须纳入资本状况表的信息，并在注册官处备案。[6] 资本状况表使人们能够及时获得关于公司股权资本的大体认识。《2006年公司法》的其他条款规定，当股权资本发生变动时，例如新股发行时，公司必须将更新后的资本状况表予以备案。[7]

法律并没有规定公众公司或私人公司的股份的最低面值，因而，人们可以选用任一货币数额。为增强流动性，公众公司的普通股倾向于采取低面值，例如25便士或者更低。对于私人公司的股份和面值较大（常见是1英镑）的股份而言，流动性通常是一个不太重要的问题。由公司自身来设定其股份面值，使得"股份必须标明面值"这一看似强制性的规则，在相当程度上弱化了其影响。

股份必须标明面值的法律后果是，该类股份不得以低于面值的价格发行。[8] 然而，股份可以并且经常会以高于其面值的价格发行，此种情形被称为股份溢价发行。当英国的法律首次设定股份的面值要求时，人们认为这是重要的，因为它使债权人明确了股本的某一确定数额可以作为其债权的担保。[9] 然而，自20世纪40年代以来，当法律规则要求公司把股份发行筹集的所有资金都视为资本之后，股份面值作为测算债权人担保的重要意义荡然无存，因为从那一刻起，股份的溢价及名义金额都被计算为该项担保的一部分。

股本的面值这一概念如果能够发挥标识公司资产的市场价值的作用，则其可能拥有重要的意义。然而，它不但通常做不到这一点，相反却可能引发误解。当股份溢价发行时，它一开始即会制造不平衡的局面：发行面值为1英镑的股份100,000股，每股溢价1英镑，则公司获得现金资产200,000英镑，但其股本的名义价值（假定没有其他的发行）是100,000英镑。随着时日的推移，公司的整体净资产及个别股份在公司中的价值越来越取决于公司的经营状况和经济总体形势。[10] 在实践中，股份面值与其市场交易价格通常没有什么关系。

关于股份面值的规定屡屡受到各种评估机构的批评。1945年，作为对公司法整体评估的一部分，科恩委员会（Cohen Committee）在其报告中称，有观点认为应当推行无面值股份，这一见解虽然有着诸多逻辑，但由于不但不存在对无面值股份的公众需求，反而存在大量的反对意见，同时有人担心

---

[6] 《2006年公司法》第9—10条。
[7] 同上，第555条（分配的返还）。
[8] 同上，第580条。该条成文法规则适用于所有的股份有限公司。它还赋予了《公司法第二指令》第8条适用于公众公司的法律效力。
[9] *Ooregum Gold Mining Co of India v Roper* [1892] AC 125, 133—134, HL.
[10] 关于股权价值评估方法的概述，请见第三章。

其可能被滥用,该委员会并不建议作出任何变更。[11] 十年之后,1954 年,由 Montagu Gedge QC 担任主席的贸易委员会(简称 Gedge 委员会)特别就应否允许存在无面值股份这一问题发布报告。[12] 这一次,委员会认为,这一提议获得了普遍支持[13],因而其建议应当允许存在无面值股份。该委员会认为,无面值股份具有以下优势的观点是有道理的:

(1) 无面值股份正反映着股份的本意——面值仅仅是股本的一部分或其整除数的一部分——它们并不具有价值的象征意义。

(2) 由于不存在名义资本,而且股份不存在名义价值,因而不可能将股息与名义资本相联系,从而避免产生可能的误解和误述。[14]

(3) 公司的真实价值是公司运营的所有资本而不是股东缴纳的股本;没有面值的普通股除了表明它们是股本的一部分之外别无他意。

(4) 如果股份没有面值,公司的资本结构将得以简化。

(5) 在某些情况下,无面值股有利于公司筹集新的股权资本。对于那些陷于财务困境亟须筹集新的股本的公司而言,如果公司股份的面值高于投资者愿意支付的价格,则公司股份的面值要求反而不利于其筹资。

Gedge 委员会认为,虽然确实有必要防止无面值股的滥用,但得出结论称,由于发行无面值股所获得的所有收入均被视为公司资本金而不是可分配储备,其可能被滥用的情形与面值股完全一样。1962 年,詹金斯委员会(Jenkins Committee)也建议法律允许发行无面值股。[15] 该委员会比 Gedge 委员会更进一步,建议不但应允许发行无面值普通股,也应允许发行无面值优先股。尽管总体而言,这些建议均支持变革,但将无面值股条款写入《1967 年公司法》的努力,最终流于失败。

公司法评估指导小组主导着对公司法的评估,该小组回到了这一议题。时至 1999 年,当指导小组首次就这一议题发表咨询意见时,英国已经落后于普通法世界的其他地区,在这些地区中,允许发行无面值股、并且在某些情

[11] *Report of the Committee on Company Law Amendment* (Cmd 6659, 1945). 以往的公司法修订委员会也考虑过这一问题:Wrenbury Committee (Cd 9138, 1918) 和 Greene Committee (Cmd 2657, 1926). 关于英国对于无面值股份的争辩的历史回顾,参见 C Noke, 'No Value in Par: a History of the No Par Value Debate in the United Kingdom' (2000) 10 *Accounting, Business & Financial History* 13.

[12] *Report of the Committee on Shares of No Par Value* (Cmd 9112, 1954).

[13] 然而,贸易工会联合会总理事会(General Council of the Trades Union Congress)却反对这一方案:*Report of the Committee on Shares of No Par Value* (Cmd 9112, 1954) paras 29—31. 另外,在附加于该主报告的一份少数人的报告中,记载了该委员会一名成员对该案的反对意见。

[14] 公司章程通常规定,按照股份实缴金额来分配股息;例如《示范章程(公众有限公司)》,第 71 条。而在股份全额缴付(情形通常如此)的情况下(《示范章程(有限责任公司)》第 21 条设想的情况),股息通常计算为每股多少数额的金钱(也就是,可供分配的数额除以发行的股份数量)。

[15] *Report of the Company Law Committee* (Cmnd 1749, 1962) paras 32—34.

况下彻底放弃面值概念的趋势,已经牢固地树立起来。例如,《新西兰 1993 年公司法》第 38 条以直白而强硬的条款规定"股份不得拥有名义价值或面值"。1998 年澳大利亚引入了具有类似效果的改革;《2001 年公司法》第 254C 条简要规定,公司股份没有面值。指导小组建议,英国应当采取这一立场,但应仅限于私人公司。[16] 公众公司受到限制的原因在于,《公司法第二指令》第 8 条要求公众公司对其股份赋予面值,故指导小组认为英国被束缚住了。虽然第 8 条设定了无面值的替代条款,但这一基于比利时模式的替代规定,起码在英国被普遍认为缺乏吸引力,因为它在本质上保留了面值与溢价的诸多差别。第 8 条引入了"可计算面值"(accountable par)的概念以代替票面价值,这意味着个股的定值,应根据其所代表的认缴(票面价值)资本的比例或部分来确定。人们注意到,"可计算面值"的方法与面值体系的功能实际上相同,"除了面值的基础是所认购股本的部分"以及"这些股份仍根据资本金的一定比例计价,资本金的数额可在任何时间点确定"。[17] 因此,虽然一些欧洲国家引入了"无面值"股份,这一发展应在运用可计算面值替代方法的特殊意义中加以理解。[18] 根据欧洲以外对这一术语的普遍理解,这些股份并非"真正的"无面值股份。

放弃私人公司的股份面值的建议,并没有体现在《2006 年公司法》中。有关咨询报告发现,人们担心私人公司和公众公司这方面的不同做法,成为公司成长的障碍,因为它使私人公司向公众公司转化的过程更趋复杂。[19] 因而,迟迟未能到位的全方位的变革,必须等到欧洲层面发生变革时才能进行。在 2000 年,一个由欧洲委员会根据"简化国内市场立法"(SLIM)项目建立的工作小组,在审查了《公司法第二指令》后得出结论称,引入无面值股份的建议值得进一步研究。[20] 这一观点得到了欧洲委员会于 2001 年 9 月设立的公司法高级专家小组的赞同,这一小组还对欧盟层面的现代公司法律

---

[16] Company Law Review Steering Group, *Modern Company Law for a Competitive Economy—Company Formation and Capital Maintenance*, URN 99/1 145, para 3.8.

[17] J Rickford et al, 'Reforming Capital: Report of the Interdisciplinary Group on Capital Maintenance' (2004) 15 *European Business Law Review* 919, 929.

[18] P de Tarso Domingus, 'No Par Value Shares in the Portuguese Legal System' (2012) 13 *European Business Organization Law Review* 125(文章讨论了葡萄牙公司法的发展,德国、法国和意大利规定了"无面值"股份,葡萄牙公司法学习了上述国家的立法例)。

[19] Company Law Review Steering Group, *Modern Company Law for a Competitive Economy—Capital Maintenance: Other Issues* (2000 年 6 月), para 9,描述了咨询过程中人们提出的担忧和其他更多的技术事项。而放弃这一议案的决定,则在以下报告中提及:Company Law Review Steering Group, *Modern Company Law for a Competitive Economy—Completing the Structure*, (URN 00/1335), para 7.3。

[20] European Commission, *Results of the Fourth Phase of SLIM* (COM(2000)056).

框架提出了建议。[21] 在其最终报告中,高级专家小组建议,还应进一步评估《公司法第二指令》中的无面值股在现实中的适应性。[22] 在 2006 年《公司法第二指令》的改革中,并未涉及无面值股份的要求。[23]《公司法第二指令》的整体价值仍然存疑,大量认为其已过时的观点已转变为对其进行实质性的改变。[24]

抛弃股份的面值,可能会对基于面值而确定的合同权利、行为及其他属性产生影响,但可以制定适当的过渡期规定来将影响降至最低。[25]

最低资本

公司成立的规定意味着必须至少一人同意成为公司的成员,而且在公司拥有股权资本的情况下,这个人还必须至少持有 股。[26] 正如我们已经看到的,公司成立时的股份发行价格不得低于其面值,但公司发起人可以自行确定股份的面值。如果是私人公司,则股份可能采用零实缴、部分实缴或者全额实缴的方式发行。[27] 这些规则的结合意味着,在英国,法律并不禁止没有或者只拥有极少实际投入的股本的有限公司开展交易。根据公司注册处的统计信息显示,在 2011 年 3 月 31 日,超过 10 万家注册公司没有已发行股本,超过 190 万家公司(比全部注册公司数少 270 万家)最多有 100 英镑股本。[28]

历史上,在欧洲的其他地方,情形却显著不同,许多国家在其本国法律

---

[21] 公司法高级专家小组:A Modern Regulatory Framework for Company Law in Europe(最终报告,布鲁塞尔,2002 年 11 月)1,(以下简称:"高级专家小组:报告")。
[22] 高级专家小组:报告,第 82—83 页。
[23] 2006/68/EC 号指令([2006]OJ L 264/32)对《公司法第二指令》所做的改革,已被 2012 年《公司法第二指令》修订版所吸收。
[24] 关于《公司法第二指令》的讨论仍在继续,可参见:European Commission, *Communication on a Simplified Business Environment for Companies in the Areas of Company Law, Accounting and Auditing* (COM(2007) 394);KPMG, *Feasibility Study on an Alternative to the Capital Maintenance Regime Established by the Second Company Law Directive* (European Commission, 2008);European Commission, *Consultation on the Future of European Company Law* (2011)。但最近的迹象表明,欧洲委员会并未将《公司法第二指令》的改革作为优先事项,在普迪公司法领域,欧洲委员会将其工作重点限制为,通过法典化使法律更易于理解与使用,可参见 European Commission, *Action Plan : European Company Law and Corporate Governance—A Modern Legal Framework for More Engaged Shareholders and Sustainable Companies* (COM(2012) 740)。以是否有必要改革面值要求为标准,可对学术文献进行划分,如可比较 Santella and R Turrini, 'Capital Maintenance in the EU: Is the Second Company Law Directive Really That Restrictive' (2008) 9 *European Business Organization Law Review* 427, 444—446 一文以及 Rickford, 'Reforming Capital,' 929—930 一文。
[25] Company Law Review Steering Group, *Capital Maintenance : Other Issues*, paras 13—21.
[26]《2006 年公司法》第 8 条。
[27]《公司法示范法》第 21 条规定,股份应当全额实缴。想保持灵活性的公司,可在此问题上与示范法的要求不同。
[28] Companies House, *Statistical Tables on Companies Registration Activities* 2010/11.

中对与英国私人有限公司相类似的公司,施加了最低资本要求。[29] 2005年,要求私人有限公司成立时必须拥有大量(10,000英镑以上)最低实收股本的欧盟成员国中,股本要求范围从瑞典的 10,000 欧元,到德国的 25,000 欧元,再到奥地利的 35,000 欧元。[30]

但起码在这个问题上,欧洲国家的情况并不是静态的,情况变化的主要推动者是欧洲法院,而非欧洲的立法者。换句话说,在当前环境中,消极的协调(去除国内法一体化的障碍)比积极的协调(制定全欧洲的标准规定)更为重要。[31]

欧洲法院在 20 世纪 90 年代后期及 21 世纪初一系列重要的裁决中确认,公司的创立者在没有规定最低资本要求的成员国中设立公司,以规避公司控制人所在的成员国以及公司的全部或者主要营业地所在的成员国国内法的此类要求,这并不构成欺诈或违反《欧共体条约》所赋予的自由。[32] 在 *Centros Ltd v Erhvervs-og Selskabsstyrelsen* 这一具有突破意义的裁决中[33],有一家名为 Centros 的英国公司,该公司的控制人为丹麦人,这家公司从未在英国开展交易。之所以选择在英国成立公司,是因为英国和丹麦在公司最低注册资本方面的规定存在差异。欧洲法院认为,*Erhvervs-og Selskabsstyrelsen*(丹麦的主管机关)拒绝 Centros 在丹麦注册成立分公司,

---

[29] M Becht, C Mayer, and HF Wagner, 'Where Do Firms Incorporate? Deregulation and the Cost of Entry.' (2008) 14 *Journal of Corporate Finance* 241.

[30] M Becht, C Mayer, and HF Wagner, 'Where Do Firms Incorporate? Deregulation and the Cost of Entry.'

[31] J Armour, 'Who Should Make Corporate Law? EC Legislation *versus* Regulatory Competition' (2005) 58 *Current Legal Problems* 369; W-G Ringe, 'Company Law and Free Movement of Capital' [2010] *Cambridge Law Journal* 378.

[32] 标志性案件有:C-212/97 *Centros Ltd v Erhvervs-og Selskabsstyrelsen* [1999] ECR I-1459; C-208160 *Uberseering BV v Nordic Construction Co Baumanagement GmbH (NCC)* [2002] ECR I-9919; C-167/01; *Kamer van Koophandel en Fabrieken voor Amsterdam v Inspire Art Ltd* [2003] ECR I-10155; C-411/03 *Sevic Systems AG v Amtsgericht Neuwied* [2005] ECR I-10805; C196/04 *Cadbury Schweppes Plc v Inland Revenue Commissioners* [2006] ECR I-7995; C-210/06 *Cartesio Oktato es Szolgaltato bt* [2008] E. C. R. I-9641; C-378/10 *Vale Epitesi kft* [2013] 1 WLR 294; C-371/10 *National Grid Indus BV v Inspecteur van de Belastingdienst Rijnmond/Kantoor Rotterdam* [2012] 1 CMLR 49; C-38/10 *European Commission v Portuguese Republic (Kingdom of Denmark and others, intervening)* [2013] I CMLR 8. 还可参见:WH Roth, 'From *Centros* to *Uberseering*: Free Movement of Companies, Private International Law, and Community Law' (2003) 52 *International and Comparative Legal Quarterly* 177; A Johnston and P Phil Syrpis, 'Regulatory Competition in European Company Law after Cartesio' [2009] *European law Review* 378; L Ceroni, 'The Cross-border Mobility of Companies within the European Community after the Cartesio Ruling of the ECJ' [2010] *Journal of Business Law* 311; J Borg-Barthet, 'Free at Last? Choice of Corporate Law in the EU Following the Judgment in *Vale*' [2013] *International and Comparative Legal Quarterly* 503; J lau Hansen, 'The *Vale* Decision and the Court's Case Law on the Nationality of Companies' (2013) *European Company and Financial Law Review* 1。

[33] Case C-212/97, [1999] ECR I-1459.

这违反了欧共体的法律。

在 *Kamer van Koophandel en Fabrieken voor Amsterdam v Inspire Art Ltd* 一案中[34]，也有一家英国的有限公司被用于另一成员国开展营业，该国（荷兰）国内法规定，私人公司必须符合大额最低资本要求。欧洲法院裁定，就公司设立自由规则的运用而言，成立于某一成员国的公司，仅仅为了在其主要营业地、或者甚至是全部营业所在地的第二个成员国获得法律地位，这是无关紧要的。公司选择在某一特定的成员国成立，除非涉嫌欺诈，与公司设立自由规则的运用并不相干。公司在特定成员国设立的唯一目的是享受更为有利的立法利益，这一事实本身并不构成规则的滥用，即便公司主要或者完全在另一个国家开展业务。在这种情况下，欧洲法院决定，荷兰试图要求英国的公司遵守其关于最低注册资本和董事责任的规范，从而限制英国公司的第二次创设自由，这违反了欧共体的法律。

Centros 案之后，随即出现了一种引人注目的趋势，即小型公司选择注册成为英国的私人有限公司，即便按照董事及公司所有者的住所地及公司主要营业所在地标准，该公司的国籍属于欧盟另一成员国。对英国 1997 年至 2005 年间公司注册的经验研究发现，在 2002 年至 2005 年期间，超过 55,000 家新的英国私人有限公司来自欧盟其他成员国。[35] 运用这一统计分析，该项研究发现，私人有限公司从欧盟的其他诸多成员国流入英国，和那些国家的最低资本要求及公司设立的其他成本之间存在关联度。以绝对数字观之，2002 年之后运用 *Centros* 风格设立的公司，主要来自德国、荷兰和法国。在本项研究开展之时，德国和荷兰都对私人有限公司施加大额最低资本要求。直至 2003 年法国也是如此，该年法国修改法律，取消了对私人公司施加强制性最低资本的要求。[36] 该项研究注意到，法律变革之后，法国公司流出的情形大为减少。因而，德国和荷兰也在重新考虑它们的立法。

借鉴法国的立法例，荷兰选择了大胆的改革措施。2012 年，荷兰完成了立法程序，对私人公司法进行简化和"弹性化"（flexibilization）。一揽子措施（简称为 Flex-BV 法案）于 2012 年 10 月生效。Flex-BV 法案取消了最低资本的要求（之前的要求为 18,000 欧元），故荷兰的公司可以 1 欧元或更少的资本进行注册。相关的要求如注册资本应在发行时即缴付，也同时被取消了。

---

[34] Case C-167/01, [2003] ECR I-10155.
[35] Becht, Mayer and Wagner, 'Where Do Firms Incorporate? Deregulation and the Cost of Entry' (2008) 14 *Journal of Corporate Finance* 241.
[36] I Urbain-Parléane, 'Working Group on the Share Capital in Europe—French Answers to the Questionnaire', in M Lutter (ed) *Legal Capital in Europe* (Berlin: De Gruyter Recht, 2006) 480, a special volume of the *European Company and Financial Law Review*.

德国的做法试验性更强。该国改革后的法律于 2008 年 11 月生效,规定了一种新型的"创业公司"(entrepreneur company)(Unternehmergesellschaft (haftungsbeschränkt)(UG)),这种企业最低注册资本为 1 欧元。[37]"创业公司"必须保留其年利润的 25%,不得将此部分利润分配给其股东。当资本公积金达到 25,000 欧元时,即普通德国私人有限责任公司(Gesellschaf mit beschränkter Haftung (GmbH))的最低资本限额,"创业公司"将具有普通私人有限责任公司的地位,强制性保留利润的规定也将失效。

鉴于丹麦的国内法规定,欧洲法院第一次对最低资本要求和条约自由的兼容性问题作出了裁决。即便是丹麦也改变了其规定,但如德国一样,丹麦的做法很谨慎:强制的最低资本要求仍被保留,但所要求的金额则有所降低。[38]

我们可以将欧洲在 Centros 案件之后的发展态势,描述为监管竞争起作用的一个事例。[39] 监管竞争是一个理论模型,在这一模型中,国家被视为竞争性产品市场的提供者,其产品是法律,在不同的国内法律中进行选择的市场参与方则被认为是市场消费者。监管竞争发挥作用的一个前提条件是,消费者必须拥有选择的自由:欧洲法院在 Centros 案件的裁决中提供了这种制度供给,这项裁决毫无疑义地认定,公司在设立方面的流动性安排具有法律效力。理论人士认为,在促使政策制定者发现人们的实际需求方面,监管竞争是一项可靠的机制。[40] 基于上述理由,可以认为在 Centros 案件后,创业者清晰地表明强制性的最低资本要求不符合他们的偏好。同时,在面临失去注册公司与改变其国内法律的选择时,欧盟成员国作出了放松监管的选择,这在实际上反映了竞争的压力。这些成员国不得继续将其国内法强加于跨国经营的公司,因为欧洲法院清楚地表明,成员国要求在欧共体其他国家设立、但在其领土内营业的公司遵守最低资本要求,这与可以获得公众利益方面的正当性的最低资本要求毫不相关;公司设立所在地的公司法会为那些与此类公司发生交易的人们提供适当的保护。[41]

---

[37] Gesetz zur Modernisierung des GmbH-Rechts und zur Bekämpfung von Missbräuchen (MoMiG-Law for the Modernization of the GmbH and to Stop its Misuse).

[38] From DKK 125,000 (16,780) to DKK 80,000 (10,740): J lau Hansen, "The New Danish Companies Act of 2009' (2010) *European Business Organization Law Review* 87, 91—92. Lau Hansen 认为,瑞典也采取了谨慎的做法,并建议两国的立法发展可被看作是完全废弃最低资本要求的步骤。

[39] L Enriques and M Gelter, 'Regulatory Competition in European Company Law and Creditor Protection' (2006) 7 *European Business Organization Law Review* 417.

[40] JM Sun and J Pelkmans, 'Regulatory Competition in the Single Market' (1995) 33 *Journal of Common Market Studies* 67,82—88.

[41] 上述分析与 Gebhard 案中的测试法有关,即当满足四个条件时,成员国才得对条约自由加以限制措施:(1)限制措施需保持一致且不具有歧视性;(2)需为了维护公共利益的必要而施加限制措施;(3)限制措施需确保能达到其目标;(4)限制措施与其效果应符合比例。C-55/94 Gebhard v Colsiglio dell'Ordine degli Avvocati e Procuratori di Milano [1995] ECR I-4165.

在 *Centros* 案件后，人们认识到最低资本制度作为债权人保护制度的弱点，这也对欧洲层面的立法产生了影响，虽然这种影响对形成立法构架的实际作用是比较微弱的。在 2008 年，欧洲委员会提议设立欧洲私人公司（Societas Privata Europaea 或 SPE）作为欧洲公众公司的补充。[42] 此项提议的根本目的在于，创设一项新的欧洲法律制度，促进中小型公司在单一市场的设立和运营，增强此类公司的竞争力。有人提议设定 1 欧元的最低注册资本。欧盟委员会对上述提议的解释如下：

> 为了促进企业设立，法案设定的最低注册资本为 1 欧元。该提议与传统做法不同，传统做法设立高额的最低法定注册资本，作为保护债权人的手段。研究表明，比起公司的注册资本，现在的债权人更看重公司的其他因素如现金流，现金流与公司的偿债能力更具关联性。小型公司的董事——股东经常为公司的债权人（如银行等）提供个人担保，供应商也常使用其他方法来保障其利益（如仅在公司付款后才转移所有权）。此外，公司因其不同的商业活动而有不同的资本需求，这也导致无法为所有的公司确定一项合适的注册资本标准。公司股东能够最准确地确定公司业务的资本需求。[43]

设立欧洲私人公司提议的命运，表明人们从历史所学经验还有限制，也表明虽然被动统一的做法在一定程度上促进了各国措施的统一，但各国措施仍有差异。至 2011 年，在欧洲议会的提议中，已不见了有意义的最低资本要求，这一现象虽然受到部分人欢迎，但其他人则认为，这会阻碍就该提议形成政治上的共识。[44] 人们尚未找到解决最低注册资本僵局和其他特定问题（如注册办公地地址、雇员参与等）僵局的方法，关于欧洲私人公司的提议事实上也被搁置了。[45]

---

[42] European Commission, *Proposal for a Council Regulation on the Statute for a European Private Company* (COM(2008) 396).

[43] European Commission, *Proposal for a Council Regulation on the Statute for a European Private Company*, p. 7.

[44] Council, *Proposal for a Council Regulation on a European Private Company—Political Agreement* (10611/11, 23—May 2011). 这一文本并未被接受：2011 年 5 月 30 日至 31 日的关于竞争力（内部市场，行业研究和空间）的委员会会议（10547/11）。下列文章讨论了各种不同的提议，以及为达成共识所做的不成功的尝试：K Fuchs-Mtwebana, 'The Regulation of Companies' Capital in the EU' [2011] *European Business Law Review* 237, 247—249; PL Davies, 'The European Private Company (SPE): Uniformity, Flexibility, Competition and the Persistence of National Laws' (1 May 2010). Oxford Legal Studies Research Paper No. 11/2011; ECGI-Law Working Paper No. 154/2010 〈http://ssrn.com/abstract=1622293〉 accessed July 2013; MM Siems, L Herzog and E Rosenhäger, 'The Protection of Creditors of a European Private Company (SPE)' (2011) 12 *European Business Organization Law Review* 147.

[45] 欧洲委员会的《行动计划》建议，委员会不要继续尝试坚持关于欧洲私人公司的动议。

虽然私人公司最低注册资本要求系国内法规范的事项，但所有在欧盟注册的公众公司应当遵守《公司法第二指令》第 6 条规定的最低资本要求。指令规定的最低资本金额为不少于 25,000 欧元。英国"过度执行"了指令要求，规定公司发行资本的最低名义价值为 50,000 英镑或等额欧元。[46] 根据《2006 年公司法》新设立的公众公司，发行资本最少为 50,000 欧元以获取营业执照，有了营业执照后，他们可以从事商业交易并获得借款能力。[47] 具有 50,000 欧元的发行资本，也是一家私人公司重新注册为公众公司时应当满足的条件。[48] 但并非所有 50,000 英镑名义价值，都需在获得营业执照时，或视情况需要重新注册时全额支付。公众公司股本的缴纳规则包括，最少四分之一的名义价值应在发行时实缴[49]，故最低实缴金额为 12,500 英镑（50,000×1/4）。有观点指出，根据至少应实缴四分之一购股款的要求，以及"现金支付"的法律定义，似乎可以得出这样的结论，即公司无须在发行股份时便收取现金，因为现金支付包括一家企业在较晚的日期支付现金。[50] 虽然乍一看令人吃惊，但《2006 年公司法》和《公司法第二指令》的基本规定似乎并未排除上述理解。

最低资本的计价单位

公司拥有发行多币种股本的一般自由[51]，为满足这一要件，公司可以用英国货币或者以欧元为计价单位发行股本（但不能部分是英国货币，部分是其他货币），这样才能满足最低股本在这方面的要求。[52] 在确定公司是否满足了最低资本要求时，那些以英国货币或者（视情况）以欧元之外的计价单位的股本发行，不能计入公司的账簿。[53] 一旦公司获得了营业执照或者被重新注册，它可以随即将其股本（包括构成最低资本的那部分）换成其他货币计价单位。[54] 与最低资本要求相关的若干规定，与《2006 年公司法》之前的情形相比，都显得更为灵活。《2006 年公司法》明确允许用英国货币或等

---

[46] 目前规定为 57,100 欧元：《2009 年公司法（最低注册资本）条例》SI 2009/2425，reg2.
[47] 《2006 年公司法》第 761 条。
[48] 同上，第 90、91 条。
[49] 同上，第 586 条。该条规定赋予《公司法第二指令》第 9 条、第 30 条以效力。对于根据雇员持股计划而发行的股份，法律有例外规定（第 586(2)条），但此类股份不构成最低资本要求目的意义上的股份，除非股份的名义价值及溢价至少已被缴付四分之一（第 761(3)条）。同样的要求适用于寻求重新注册为公众公司的私人公司。同上，第 91(1)(b)条和第 91(2)(b)条。
[50] 《2006 年公司法》第 583(3)(d)条。作者感谢 Daniel Illhardt（剑桥大学 2011 年法学硕士）提出这一问题，并引起作者关注。
[51] 同注[50]，第 542(3)条。
[52] 同上，第 765 条。
[53] 同上，第 765(3)条。
[54] 同上，第 622—628 条规定了更换货币单位的程序。还可参见《2006 年公司法》第 766 条。

额的欧元计价,并且允许换成其他计价单位,从而偏离了对《公司法第二指令》第6条的极为谨慎的解释。该条可能会迫使英国要求其公众公司必须把一部分资本以英国货币计价,从而满足最低资本要求。然而,虽然《2006年公司法》将最低资本要求降至相对不那么繁重的程度,但其状况仍然并不令人满意,因为它迫使那些并不想以英国货币或者欧元为股份计价单位的公众公司,历经一系列程序性步骤以最终达成这一目标,而这些过程对于任何人均无明显的实质性利益。

为什么公司愿意以英国货币之外的币种为股本计价单位?或者为什么公司愿意拥有以混合货币(英国货币只是其中之一)为计价单位的股本?其中一个原因是有关资本充足性的考量,*Re Scandinavian Bank Group plc*[55]即与该因素有关,它考虑了2006年之前的《公司法》状况。[56] 银行及其他金融公司都必须遵守资本充足率的规定,该规定用于衡量资本相对于资产的状况。如果资本和资产用不同的货币计价,则资本相对于资产的比例可能会仅仅因为汇率的波动而受到侵蚀。而将资本与资产的计价单位相匹配,则可以解决这一问题。所有的公司,包括那些不受资本充足要求约束的公司,如果签订了贷款协议或者其他合同文件以维持特定的负债与股本之比例,并且负债与股本以不同的货币为计价单位,都会面临类似的问题。处于这一状况的公司可能需要将其股本与负债的计价单位相匹配。公司可能也需要拥有多币种的股本以吸引国外投资者,或者鼓励国外销售商以接受公司的股份作为交易之对价。[57] 更为宽泛地说,拥有广泛的国际业务的公司可能希望拥有多币种股本以有利于从国际股权市场中筹集资金,或者体现公司国际业务的地位。[58]

最低资本要求能够实现有价值之目标吗?

强制性最低资本要求背后的理念是,通过确保公司拥有股东不得随意撤回的永久性股权资本,从而实现对债权人的保护。然而,诸如《公司法第二指令》中的这 简单规则,在现实中无法对债权人提供有意义的保护,因

---

[55] [1987] 2 All ER 70, [1987] BCC 93.
[56] N Daubney and N Cannon 'Converting to Multi-currency Share Capital in the UK' (1987) 6 (5) *International Financial Law Review* 7.
[57] 就此目的使用外币为股本计价的讨论见 D Lewis, 'Foreign Currency Share Capital' (1993) 4 (10) *Practical Law for Companies* 23。
[58] 为回应欧元的引入,在考虑更换股份的货币计价单位时必须考虑若干因素,而这些属于其中的一些因素:DTI, *The Euro: Redenomination of Share Capital* (1998), para 1.6; G Yeowart, 'The Equity Markets and Company Share Capital: Planning for the Euro' [1998] 8 *Journal of International Banking Law* 269; C Proctor, 'Share Capital and the Euro' (1998) 9(3) *Practical Law for Companies* 17。

为它不适应特定公司的融资需求,而且在防止公司经营过程中的资本流失方面无所作为。[59] 2002 年,公司法高级专家小组就欧洲公司法改革向欧洲委员会提供建议,明确指出《公司法第二指令》在以下方面存在缺陷:专家小组得出结论称,最低资本要求实际上发挥的唯一的功能是,妨碍了个人"开办公众有限公司自由"。[60]

构想种种方法提高最低资本要求,以增强其作为债权人保护机制的有效性,这并不难,但同时应谨记的是,施加更为严苛的资本要求可能会带来种种消极后果。例如,一个显而易见的直接强化措施是提高强制性最低资本的要求。然而,如果这一比例设定过高,将构成经济增长与创业的障碍,进而妨碍了竞争。为了最小化风险,试图在总体上提高最低资本要求的政策制定者,必须开展更为复杂的工作,精心设计一套标准,以使单个公司面临的特定风险与其必须拥有的最低资本要求相匹配。虽然政策制定者完全有可能制定出此种精细的制度框架,正如银行和其他金融机构必须在复杂而精细的资本充足率框架中运作一样,但为普通商事公司设计此种制度须在监管的制度设计及建立相应的监管体制方面投入大量财力,而且公司还会因此而承担大量守法成本。虽然在金融体制的健康与稳定面临危险时,这种巨额投入在银行业中或许能够获得正当性,但几乎没有人会认为,为了抵消债权人与普通商事公司交易的风险,如此大费周章是可以支付的代价。债权人可以依靠市场机制来影响投入于公司的永久股权资本的数量,此点不容忽视,同样不能忽视的是以下事实:在适应性方面,市场机制比可以创设出来的任何监管体制,都灵活得多(当然这并非否认市场机制本身也有缺陷)。[61] 处于不同行业和不同发展阶段的公司,有着不同的融资需求,而且在其资本结构中负债与股本的比例,反映着该公司经年累月融资安排的累积效应,而每一次融资安排都是参照公司当时所处的发展阶段和市场状况来完成的。[62] 例如,处于早期发展阶段的公司几乎没有实物资产来向银行提供担保,也没有赖以进入债券市场的信用评级记录,它们就很可能高度依赖股本融资。

强化最低资本要求的另一种选择是,当公司资产中已经反映不出部分

---

[59] 关于作为一种债权人保护机制的最低资本要求,已经有了很多探讨。近期的讨论包括:W Schön, 'The Future of Legal Capital' (2004) 5 *European Business Organization Law Review* 429; M Miola, 'Legal Capital and Limited Liability Companies: the European Perspective' (2004) 4 *European Company and Financial Law Review* 413; J Armour, 'Legal Capital: An Outdated Concept?' (2006) 7 *European Business Organization Law Review* 5。
[60] High Level Group, Final Report, 82。
[61] 第七章将进一步讨论市场和保护债权人的法律之间的互动关系。
[62] 关于解释公司资本结构的理论,请参见第三章。

股本时,要求注入新的股本以补充该部分的资本。《公司法第二指令》并没有此类规定,《2006 年公司法》也没有。《指令》所做的只是要求在认缴资本严重亏空时,必须召开股东大会以决定是否应当关闭公司或采取其他措施。[63] 英国在实施这一要求时,只有当公众公司的净资产跌至其资本名义价值的一半或者更低时,才会触发召开股东大会的义务。[64] 就此而论,只有出现了显见的公司财务困境这一极端情形因而必须进行额外的信息披露时,召开股东大会的义务才可能发生,而且此时关于公司未来的决策权可能已经从股东移转到了债权人。有些欧洲国家走得更远,为此施加了"增加资本或者清算"的义务。[65] 然而,从政策角度看,必须审慎看待此类规则,因为它们可能会扭曲救助公司的效果,而且在股东不和的情况下可能会遭到机会主义者的利用,因为一部分股东可以利用这套规则来稀释无力注资的另外一些股东的控制权。[66]

与细致构想提高最低资本要求绩效的种种方法相比,更符合英国以及欧洲大陆当前政策的路径是(虽然在前文讨论欧洲私人公司时也提到,一些根深蒂固的国家习惯仍持续发挥着作用)[67],认为最低资本已经失去了保护债权人的可靠性,而且对于公众公司而言,要么直接抛弃最低资本要求,要么通过以下方式来使其日渐式微:无论通胀水平多高,都不调整最低资本要求的数额,从而在岁月流转中这一数额日益显得微乎其微。[68] 欧洲法院在 Centros 案等一系列案件中,驳斥了以保护公众利益为由而使国内最低资本

---

[63] 《公司法第二指令》第 17 条和《2006 年公司法》第 656 条。
[64] 《2006 年公司法》第 656 条关于"实缴"股本和关于实缴股本的定义(第 547 条)指向这一结论:它并不包括股份溢价。这一解释与《公司法第二指令》第 19 条相一致,指令第 19 条仅规定了"认缴资本"(subscribed capital)。
[65] M Miola, 'Legal Capital Rules in Italian Company Law and the EU Perspective' in M Lutter, *Legal Capital in Europe* 515, 527—528 (讨论了意大利的法律规则,并将其描述为比法国等其他地方的规则更宽松)。西班牙亦有严厉的增加资本或清算规则:JME Irujo, 'Capital Protection in Spanish Company Law' in Lutter, *Legal Capital in Europe*, 582, 593—594。
[66] L Enriques and J Macey, 'Creditors Versus Capital Formation: The Case Against the European Legal Capital Rules' (2001) 86 *Cornell Law Review* 1165。
[67] 然而,我们注意到,近期的德国一项研究建议,从法律政策的视角来看,在对《公司法第二指令》进行可能的修订时,必须考虑到最低资本要求的合理提升,是针对通胀的一项考虑因素:H Eidenmüller, B Grunewald, and U Niack, 'Minimum Capital in the System of Legal Capital' in Lutter, *Legal Capital in Europe*, 17, 40。然而,这些作者看起来对于强制性最低资本的实际好处,并不强烈确信:"应当强调的是,(被提议的)公司法现代化这一命题的象征意义,大大超过了其经济意义。"(第 30 页)该杂志同一期的其他一些作者也表达了温和地支持保护强制性最低资本要求的想法:例如,参见 A Kidyba, S Soltysinski, and A Szumanski, 'A Report on Selected Aspects of Legal Capital under Polish Code of Commercial Companies' Lutter, *Legal Capital in Europe*, 597, 618。
[68] High Level Group, *Final Report*, 82 倾向于采取"不作为"的选择。试比较 Rickford, 'Reforming Capital', 931,注 33:"在我们看来,没有用的法条就应当废除"(Jonathan Rickford 是高级专家小组的成员)。

要求正当化的观点，认为最低资本要求不可能成为债权人保护所不可或缺的基石，并且称公司法的部分功能是保护债权人，但可以通过其他途径来达到此种必需的保护水平。

已配售、已发行的权益股本

本部分对"已配售"和"已发行"等术语进行考察，并概要描述与股份配售及股份发行进程相关的关键程序。

已配售股本

参照《2006年公司法》可知，"已配售股本"是已经配售的公司股份。[69] 通常而言，配售这一术语在与股份连用时，并不是个专业词汇。[70] 在 Spitzel v The Chinese Corporation Ltd [71] 一案中，Stirling 法官在回答"什么是股份的配售"这个笼统的问题时说，"广义而言，配售是指公司董事或者管理层将股份拨付给某一特定对象"。然而，在 Nicol 一案[72]中，Chitty 法官却将配售等同于缔结有拘束力的获取股份的合同。这两种解释的关键区别在于，在有限的情形中，股份的配售可以在合同缔结之前完成：它可以发生于认购股份的要约被接受之后、生成合同的承诺发出之前，或者在发行权证时，董事们决定将某些股份配售给特定的对象并就那些股份作出了报价之时，它甚至可以发生于作出承诺之前。[73] 配售可以发生于获取股份的有拘束力的合同成立之前，与这一观点相一致的案例是 Re The Saloon Stream Packet Co Ltd，Fletcher 一案[74]，该案确认了获取股份的合同存在三个阶段：也就是股份申请、股份配售以及最后的通知及配售默认。关于配售的时点问题，就《公司法》目的而论，如果有人取得了因某一股份而被记载于公司成员名册中的无条件权利，则该股份视为已被配售。[75] 公司成员名册中载明的权利通常源自获取股份的合同。在本质上，获取股份的合同与其他合

---

[69]《2006年公司法》第546(1)(b)条。
[70] Re Florence Land and Public Works Co，Nicol's case（1885）29 Ch D 421，Ch D and CA，427 per Chitty J；Re Ambrose Lake Tin and Copper Co（Clarke's Case）（1878）8 Ch D 635，CA；Re Compania de Electricidad [1980] 1 Ch 146，182；Whitehouse v Carlton Hotel Pty Ltd （1987）70 ALR 251，H Ct of Aust，271 per Brennan J.
[71]（1899）80 LT 347.
[72] Re Florence Land and Public Works Co，Nicol's case（1885）29 Ch D 421，Ch D and CA.
[73] Spitzel v Chinese Corp Ltd（1899）80 LT 347；Re Compania de Electricidad [1980] 1 Ch 146，182.
[74]（1867）17 LT 136. 另见 Re Scottish Petroleum Co（1883）23 Ch D 413，CA.
[75]《2006年公司法》第558条。

同并无区别,而且包括要约与承诺在内的一般合约规则也同样适用。相应地,在通过承诺而签订合同之前,可以撤回出售股份的要约,在此情况下,公司成员名册中载明的权利也将不会产生。

不是通过合同,而是通过公司成员名册来载明权利的一种情形是发行红利股。[76] 红利股的发行是指向现有股东发行新股,存在资金需求的公司为弥补资金短缺可以申请设定认购价格。在 *Re Cleveland Trust plc* 案[77]中,Scott 法官认为,相对于红利股授权发行而言,公司与股东之间的关系可以不是严格的合同类型。除非股份发行由于某些原因在根本上存在瑕疵,[78] 接受股份配售的人或者放弃股份配售的人,就该红利股获得了载于公司成员名册上的权利。

配售股份的职权

本书接下来的第五章将探讨董事在配售股份方面的权力,以及发行新股时现有股东的优先购买权。

配售的登记与申报

公司必须切合实际地尽快完成股份配售的登记,而且在任何情况下均应在配售之日起两个月内完成登记。[79] 若不遵守这一义务,则公司和各位失责的高管将构成犯罪行为。[80]

根据《2006 年公司法》第 555 条,在配售之日起一个月内,有限公司必须向公司登记官提交配售申报表以获取登记,该申报表必须载明配售的详情,同样地,根据刑事处罚规定,若不遵守这一义务,则公司和各位失责的高管将构成犯罪行为。[81] 另外,该申报表必须附有资本声明,载明申报表制作之日时公司股本的以下信息:

(1) 公司股份的总数量;
(2) 那些股份的名义价值总额;
(3) 对于每一类别的股份:
(a) 依附于该股份的权利的详情;

---

[76] 在这里运用"发行"这一术语,是因为"红股发行"是一种常见的提法。它并不意味着具有特殊的技术意义。
[77] [1991] BCLC 424, 434—435.
[78] 由于在 Cleveland 一案中,拟议中的发行因为错误而被认定无效,Cleveland 的原则被用于以下案件: *EIC Services Ltd v Phipps* [2005] 1 All ER 338, CA,在该案中,红利股发行因为错误而被认定无效。
[79] 《2006 年公司法》第 554 条。
[80] 同上,第 554(3) 条。
[81] 同上,第 557 条。

(b) 该类别股份的总数量，以及

(c) 该类别股份名义价值的总额，以及

(4) 每一股份的已缴付数额和（如果有的话）未缴付数额（无论是以股份的名义价值还是以溢价方式来计算）。[82]

有限公司股份配售申报的内容包括，配售股份数量、每一配售股份的已缴付和未缴付金额，是以股份的名义价值还是溢价方式计算，以及股份配售的对价（如对价为非现金形式）。[83] 与投票权相关的股份种类的详情、分红和资本参与权利，以及股份是否可赎回。[84]

已发行股本和已发行股份

《2006年公司法》所称的"已发行股本"是指公司已经发行的股份。[85] 什么情况构成股份的发行？在 Levy v Abercorris Slate and Slab Co.[86] 这一涉及债券发行的案件中，Chitty 法官说道[87]："'已发行'并不是个技术用语，而是一个为人所熟知的商业术语。"这一评论可以同样适用于股份的发行。在实践中，将"已发行"与"已配售"这两个术语交互使用的现象极为普遍，就好像它们指向同一事物并且完全同时发生一样。然而，由于"已发行"这一单词的意思取决于其出现的语境，在特定的场合，它可能指代的意思不同于"已配售"。特别是，在特定情境下，不能认为已配售股份即属已发行股份。反之，则通常不是这样——股份通常是在被配售的某个时点上被发行；然而，例外的情形是，在 Mosely v Koffyfontein Mines Ltd[88] 这一涉及增加股本的章程条款的案件中，上诉法院法官 Farwell 将新股发行的三个独立步骤排序如下：创设、发行、配售。[89]

Ambrose Lake Tin 和 Copper Co（Clarke's Case）[90] 案件援引了《1867年公司法》关于股份发行的参照资料，根据该资料，股份发行不同于并且迟于股份配售。而且，在对有关运用了术语的税收法律进行解释的诸多案件

---

[82] 《2006年公司法》，第557(4)条。
[83] The Companies (Shares and Share Capital) Order 2009, SI 2009/388, art 3.
[84] 同上, art 2.
[85] 《2006年公司法》第546(1)(a)条。
[86] (1887) 37 Ch D 260.
[87] At 264. 还可参见 Spirzel v Chinese Corp Ltd (1899) 80 LT 347; National Westminster Bank plc v IRC [1995]1 AC 119, HL。
[88] [1911]1 Ch73,CA.
[89] At 84. 还可参见 Whitehouse v Carlton Hotel Pty Ltd (1987) 70 ALR 251, H Ct of Aust, 271 per Brennan J。
[90] (1878) 8 Ch D 635.

中,"发行"这一术语被解释为指向不同于,并且迟于配售的事项。[91] 然而,当它用于"已配售"之外的其他意思时,以及它被理解为迟于配售时,"发行"究竟是指什么意思？再一次地,对于这一问题的回答最终取决于这一术语运用的语境。[92] 然而,得到众多支持的一种观点认为,股份配售与股份发行之间的差异,折射出成为股东与成为公司成员之间的差别。股份配售的对象可以成为股东[93],但他们直到登记在公司成员名册上时才会成为公司成员。[94] 股东有权就其股份获取股息,但诸如参加会议以及对事项进行表决等,则是属于成员而不是纯粹的股东所享有的成员权。[95] 因而在 *Oswald Tillotson Ltd v IRC* [96] 一案中,上诉法院将运用于某些税收法律中的"发行"这一词语,等同于创建了记名股东。在 *Agricultural Mortgage Corp v IRC* [97] 案件中,一审法官 Walton 以及上诉法院法官 Goff 都支持以下观点：为了实现某些税法目的,在股东登记为公司成员时,才发生"发行"。[98] 英国上议院(现为最高法院)在 *National Westminster Bank plc v IRC* [99] 一案中,也考虑了特定税法目的上的"发行"。在更早期的税法案件中,人们认为发行发生于配售之后,而且在股份持有者的姓名记载于公司成员名册后发行才告结束。Lloyd 法官(在大多数)同意以下见解,即对术语的解释取决于其具体语境,并认为将大多数人认可的解释运用于公司法语境中是妥当的。

除了本部分(或者特别标明的部分)之外,本章及本书的其他部分也采取了实践中将"已发行"与"已配售"交互使用的做法。

权益股份资本

就公司立法的目的而言,权益股份资本(权益股本)是指已发行股本,并且排除了既不关乎股息又不关乎资本的、拥有参与规定数额之外的分配权

---

[91] 例如,*Oswald Tillotson Ltd v IRC* [1933] 1 KB 134, CA; *Brotex Cellulose Fibres Ltd v IRC* [1933] 1 KB 158; *Murex Ltd v Commissioners of Inland Revenue* [1933] 1 KB 173。
[92] In *Central Piggery Co Ltd v McNicoll* (1949) 78 CLR 594, H Ct of Aust, 599 Dixon法官将"发行"解释为配售之后的步骤,通过这个步骤,股东控制了已配售的股份。
[93] *Central Piggery Co Ltd v McNicoll* (1949) 78 CLR 594, H Ct of Aust, 599 per Dixon J.
[94] 关于登记为公司的成员,参见《2006年公司法》第112条。
[95] *Spitzel v Chinese Corp Ltd* (1899) 80 LT 347。
[96] [1933] 1KB 134, CA。
[97] [1978] Ch 72, CA。
[98] "或者可能是某些其他行为" 85 per Walton J, 或者"签发证书"时 101 per Goff LJ. 然而,在股东登记为公司成员以及签发股权证书时才发行股份的观点,也遭到了反对；*Re Heaton's Steel and Slab Co（Blyth's Case）*(1876) 4 Ch D 140, CA explaining *Re Imperial River Co（Bush's Case）*(1874) 9 Ch App 554, CA; *Re Ambrose Lake Tin and Copper Co（Clarke's Case）*(1878) 8 Ch D 635, CA。
[99] [1995] 1 AC 119, HL。

利的资本。[100]

股份的支付

导论

本章的下一部分将讨论与股份支付相关的规则。这是公司法领域中非常详尽而繁杂的部分,特别是对于上市公司而言,由于其可以被接受为股份对价的形式受到了严格规制,其情形更是如此。这些规则试图保护债权人和股东免于因公司接受了实际上低于其股份发行价格的对价而遭到伤害。[101] 目前公司法中关于公众公司股本的细密规定究竟是否必须,或者是否有利,仍然不无争议,但其中诸多阻碍变革的规定均源自《公司法第二指令》,这妨碍了在国内法中进行富有意义的变革。2006年,《公司法第二指令》朝着简化和现代化的方向,进行了一定程度的温和变革,但修订中的指令在很大程度上任由各成员国来决定是否适用修订后的规则。[102] 英国对上述变更的价值还存有疑虑,仅适用了部分变更规定,且不包括股份支付规则的相关规定。[103]

实收股本

公司的实收股本是指公司就其已发行股份而已收取的资本金之数额。除非在具体语境中另有所指,它不包括股份的溢价。[104] 正如前文所述,私人公司的股份配售(或发行)不存在实收股本的最低数额。除了根据员工持股计划所进行的股份配售之外,公众公司所配售股份的实收股本不得低于其名义价值及其溢价总和的四分之一。[105] 如果股份配售违反了这一规定,则受配售人有义务支付公司应当获得的最低数额(减去已经支付的数额)及其

---

[100] 《2006年公司法》第548条。
[101] 《公司法第二指令》详3规定:"为了确保对公众有限公司的股东和债权人实行同等的最低保护,各国对有关公司的成立、资本的维持和增减的规则进行协调,这是特别重要的。"
[102] 2006/68/EC号指令,现已被《公司法第二指令》所吸收。
[103] 公司条例(减少资本)(债权人保护),SI2008/719;公司条例(股本以及公司购买自身股份),SI2009/2022。
[104] 源于《2006年公司法》第610(4)条,该条要求在处理股份溢价账目时,按照其似乎是实缴股本的方式来进行(着重号为后来所加)。
[105] 该条规则源于《公司法第二指令》第9条和(关于溢价)第30条。第30条仅与已认购资本的增长有关,故可以说,在欧盟法中,支付溢价的要求不适用于一个新设立的公众有限公司的股份初次配售。《2006年公司法》未对这一问题进行区分。因为大多数公众有限公司最初都为私人公司,后来才转变了公司形式,故在实践中,大多数公司早已经过了股份初次配售阶段,上述规则也不再适用于它们。

利息。[106] 违反这一规则配售股份的后手持有人,可能也应承担责任。[107] 后手持有人(但不是原始受配售人)可以向法院申请减免责任。[108]

已催缴股本

已催缴股本是指等同于就其股份进行催缴(无论是否已经缴付)之总数额的股本,同时还包括:

(1) 未经催缴但已经缴付的股本;以及

(2) 根据章程、相关股份的配售条款或缴付那些股份的任何其他安排,在规定的未来日期缴付的任何股本。[109]

以全额缴付的方式发行股份,颇为常见。这意味着,在通常情况下,公司已催缴股本等同于其实收股本。然而,在股份只是部分缴付的情况下,已催缴股本的数额更高。例如,当股份以部分缴付为基础而发行、而且发行条款允许以分期支付的方式缴清余额时,前述定义的第二款意味着尚待缴付的已发行股份也包含于公司已催缴股本之中。请注意该项定义仅仅指向"股本"。股份溢价并不是股本的一部分,因而股份溢价并不构成已催缴股本。

股份的现金对价

如果股份发行的对价属于以下情形之一,则股份被认为是以现金发行或以现金缴付:

(1) 公司收到的现金;

(2) 公司善意收到的、董事没有理由怀疑不获兑付的支票;

(3) 免除公司归还约定数额的责任;

(4) 在将来的某一日期向公司缴付现金的保证;或者

(5) 通过其他一些方式缴付,这些方式使得(公司或代表公司的个人)有权在未来获得现金或相当于现金的信用支付。[110]

法律明确规定,这里所称的"现金"包括国外货币。[111] 法律同样明确规定的是,向公司之外的任何人支付现金或者承诺支付现金,都视为现金之外的对价。[112]

---

[106]《2006年公司法》第586(3)条。在配售红利股的情况下,这一责任并不适用,除非受配售人知道或者应当知道违法的情形(第586(4)条)。
[107] 同上,第588条。
[108] 同上,第589条。
[109] 同上,第547条。
[110] 同上,第583(3)条。
[111] 同上,第583(6)条。
[112] 同上,第583(5)条。

通过电子结算系统进行支付,也被视为上述第(5)项规定的支付。[113]

判例法对于这一语境中的"现金"含义,作了进一步解释。前述第(4)项所称的在将来某一日期支付现金的保证,是指向公司作出保证以获取发行的股份;它并不包括将既有债权转让给公司以获得发行的股份。[114] 公司以赊欠方式购买资产,并通过将股份发行给承销商从而支付购买资产之款项的情形,也受到了司法的关注。因为"现金"也包括免除公司归还约定数额款项的责任,从表面上看,股份也可用此种方式进行现金发行。在 Re Bradford Investments plc（No 2）[115]中,Hoffmann 法官在提及此种情况时,评论道:"我不希望留下这种印象:可以通过人为的两份文件取代一份文件,从而规避法律的规定(法律要求对股份的非现金对价进行独立评估)。"[116]虽然法院可能被期待着保持警惕,以确保这些法定要求不会遭到规避,然而,如果交易的两个阶段即使是人为的或是虚假的,但只要没有问题,看起来股份仍然被视为是现金发行。[117]

股份不得以折价发行

股份发行不得低于其面值。这一规则最初由判例法确立[118],现在则明文规定于《2006 年公司法》第 580 条中。[119] 如果违反了这一规则,则受配售人有义务向公司支付折价的数额及其利息。[120] 低于面值发行股份的后手持有人可能也有义务全额付清股款。[121]《2006 年公司法》第 589 条允许法院豁免因未能遵守公司法关于股份发行的某些规定而引发的责任,但这一规定并不适用于受配售人承担支付折价数额之义务的情形,然而,后手持有人可以申请豁免此一义务。授权折价发行证券的董事可能会因违背了信义义务而承担责任。[122] 在未来某一时期以折价发行股份的合同是无效的,而且任何一方均不得履行。[123]

---

[113] 《2006 年公司法》第 383(4)条,以及《2009 年公司(股份和股本)指令》,SI2009/38,第 4 条。
[114] *System Controls plc v Munro Corporate plc* [1990] BCC 386。
[115] [1991] BCC 379.
[116] 下文将进一步探讨独立评估的要求。
[117] *Re Harmony and Montague Tin and Copper Mining Co, Spargo's Case* (1873) 8 Ch App 407, CA.
[118] *Ooregum Gold Mining Co of India v Roper* [1892] AC 125, HL; *Re Eddystone Marine Insurance Co* [1893] 3 Ch 9 CA; *Welton v Saffery* [1897] AC 299, HL.
[119] 关于公众公司执行这一规则的规定,参见《公司法第二指令》第 8 条。
[120] 《2006 年公司法》第 580(2)条。
[121] 同上,第 588 条。
[122] *Hirsche v Sims* [1894] AC 654, PC.
[123] *Re Almada and Tirito Co* (1888) 38 Ch D 415, CA.

不折价规则和可转换证券

在 *Mosely v Koffyfontein Mines Ltd*[124] 一案中，上诉法院分析了以低于面值的折价方式发行可转换债券的发行条款，这种债券可以即刻转换为面值相等的全额缴付的股份。上诉法院认为，由于人们可以借此规避不折价规则，因而按这些条款发行债券会面临责难，然后法院以此为基础发出禁令，阻止了这一发行。但对于以低于面值的折价方式发行债券、而且该债券持有人有权在未来某一时日按债券面值将其转换为全额缴付的股份，Cozens-Hardy 法官公开提出了疑问。[125] 这一情形与折价发行的债券可立即转换为面值相等的全额缴付的股份不同：在前面的例子中，折价可以获得解释，因为折价代表着给予投资者的回报，而如果没有此种回报，他们（或许）会要求更高的利率；而在后面一种情形中，折价除了被理解为间接允许股份以折价方式发行之外，难以获得其他的解释。在此种理解之下，*Mosely* 一案中法官的裁决并没有影响以折价方式发行转换权不得即刻行使的可转换债券的发行。从债券发行到允许行使转换权究竟必须历时多久，并没有明确的规则。它或许取决于是否有折价的真正原因：如果有的话，历时很短或许并没有关系。

当通过行使可转换债券的转换权来发行股份时，它们是现金发行吗？对这一问题的回答，在根本上取决于债券转换机制之设计。在 *Morsely* 一案中，Vaughan-Williams 法官认为，通过可转换债券的转换权而发行的股份，属于与金钱等值的发行[126]，但 Cozens-Hardy 法官将此种转换解释为取消已清偿债务。[127] 当可转换证券的发行人与该可转换证券转换成的股份所在的公司相同时，则根据《2006 年公司法》第 583(3)(c) 条，发行股份以免除公司归还表现为可转换债券的约定数额的责任，就是现金发行。

公司有时发行优先股，或者发行其他拥有特别权利的股份，股份持有人有权在未来某一时点将股份转换成同一公司或者集团内另一公司的普通股。股份认购人并非就其认购的数额成为债权人，而且其股份的转换也不构成免除公司归还约定数额的责任。转换条款可以规定向其股东返还资金（或许通过股份的回赎），而且随后股东可用回购股份所获得的收益来认购新的普通股，在此种情形下，转换权才涉及以现金为对价而发行新股的问题。

---

[124] [1904] 2 Ch 108, CA.
[125] 同上，120。
[126] 同上，116。
[127] 同上，119。

89   **不折价规则和承销费**

公司可以在一定范围内[128]运用资本金来支付承销费用。例如，如果符合公司章程的规定，公司可以从发行面值为1英镑的新股所获得的每100英镑中动用2英镑，从而向发行承销商支付2%的承销佣金。如果没有此类股份的认购人，以至于承销商必须自行解决这一问题，则事实上，对于总体面值为100英镑的股份的发行，承销商只需支付98英镑。这种情形有时被称为股份不可折价发行规则的例外。这是一种便利的速记方法，但就技术而言，严格的立场却是公司及承销商互负义务——承销商支付全额的认购金，公司则向其支付承销佣金——而且在承销佣金水平的范围内，这些义务互相抵消。[129]

股份的非现金对价规则

《2006年公司法》第582(1)条规定，公众公司及私人公司的股份可以用货币或者与货币等值的项目（包括商誉和非专利技术）来缴付。但有一个例外：根据公司章程中的承诺，公众公司章程中载明的股份，认购人必须以现金支付。[130]

在普通法中，尽管强调资本维持原理在保护债权人和股东利益方面的重要性，但法院却不愿意对股份的非现金对价是否充分进行审查。在 Re Wragg Ltd[131] 一案中，上诉法院认可，非折价规则适用于公司以发行股份作为获取财产的对价的场合。然而：

> ……如果公司已经同意将与金钱等值的财产作为股份发行的对价，而且股份名义价值的对价并非明显虚假或者是虚构的，那么，根据我的判断，对价的充足性就不容置疑……除非合同也可以被质疑；而且，我认为应当这样理解法律的规定：除非原告能够对合同本身提出责难，否则其无权通过质疑对价的充足性来表明公司已经承诺过高的价格来购买资产。[132]

上诉法院在 Re Wragg Ltd 一案中的裁判理路遵循了上议院在 Oo-

---

[128] 《2006年公司法》第552—553条。该项支付必须获得章程的授权，而且不得超过股份发行价格的10%，或者章程授权的数量或比率，这两者中更低者优先适用。以这种方式使用资本金，获得了《公司法第二指令》第8(2)条的批准。《示范章程（有限责任公司）》第44条规定了股票承销费，但没有规定金额或费率。
[129] *Metropolitan Coal Consumers Association v Scrimgeour* [1895] 2 QB 604, CA. 上诉法院对于以下观点并无疑义：运用资本金来支付佣金并不违反禁止折价发行股份的规则。
[130] 《2006年公司法》第584条。
[131] [1897] 1 Ch 796, CA.
[132] At 836 *per* ALS Smith LJ；还可参见 830 *per* Lindley LJ。

regum Gold Mining Co of India v Roper[133] 中的意见以及早期案件[134]的裁决,这些裁决认定法院不能仅仅因为公司在发行股份时支付的对价过高而出手干预,而且只有在交易不诚实或者虚假时,法院才能干预。

对价是否虚假或者虚构,需要根据每一案件的具体事实而加以认定。[135] 诸如以往的对价(past consideration)[136],或者通过显而易见的金钱衡量方式表明允许折价的对价[137],都属不允许成立的糟糕的对价。如果事实表明,交易的虚假性可以足够浅显地显露出来,以至于质疑有关股份发行的交易的独立诉讼仅仅具有技术意义,则法院并不一定坚持支持此一诉讼。[138] 然而,尽管存在这些案例,一个总体的判断是,试图把以实物支付(PAD)而不是以现金为对价发行股份的协议认定为虚假或者虚构的种种努力,经常流于失败。[139]

如果公众公司以非现金为对价而发行股份,则渊源于《公司法第二指令》的严苛法律规则将取代传统上不愿干预的司法政策。适用于公众公司的一些要求,与希望转化为公众公司的私人公司也有关系,因为如果在准备转化之前的股份发行期间,公司没有遵守那些要求,则可能无法完成转化。[140] 在结构上,《公司法第二指令》禁止公众公司接受被认为无法用货币来评估的非现金财产作为发行对价[141](也就是说,提供劳务或者服务的承诺以及长期的保证),允许以符合独立评估要求的其他形式的非现金财产为对价的发行。《2006 年公司法》直接的禁止性规定包含于第 17 部分第 5 章中,而独立评估的要求则规定于第 17 部分第 6 章中。《公司法第二指令》规定的本质在于,认缴资本应当是能够进行经济估值的资产。"认缴资本"等同于已发行股份的名义价值,在某些方面,《2006 年公司法》超越了欧盟规定的最低要求。公众公司不得接受提供劳务或者服务作为股份发行的对价。

根据《2006 年公司法》第 585 条,公众公司在任何时候都不能接受任何人承诺以其或另外的人对公司或者他人提供劳务或者服务,以支付股本或股本之溢价。如果公司接受了股东以此种承诺来支付其股本或溢价,则在

---

[133] [1892] AC 125, HL.
[134] 在以下裁决中被援引:*Re Wragg* [1897] 1 Ch 796, CA. 还可参见 *Re Theatrical Trust Ltd* [1895] 1 Ch771。
[135] *Re Innes Co Ltd* [1903] 2 Ch 254, CA, 262 *per* Vaughan Williams LJ.
[136] *Re Eddystone Marine Insurance Co* [1893] 3 Ch 9, CA (然而,苏格兰已经接受了股份的以往对价: *Park Business Interiors Ltd v Park* [1990] BCC 914, Court of Session, Outer House)。
[137] *Re Theatrical Trust Ltd* [1895] 1 Ch 771.
[138] *Re White Star Line Ltd* [1938] 1 Ch 458.
[139] 在 *Pilmer v Duke Group Ltd* (*in liquidation*) 案中已有说明,[2001] 2 BCLC 773, H Ct Aust, para 35。
[140] 《2006 年公司法》第 93 条。
[141] 《公司法第二指令》第 7 条。

股份或其溢价被视为根据承诺已经缴付（全部或者部分缴付）的情况下，股份持有人有义务支付给公司在数量上等同于被视为根据承诺已经缴付的款项（包括利息）。[142] 该项承诺的强制性不受影响。[143] 股份的后手持有人可能也将面临责任。[144] 因违背公众公司股份可接受对价的相关规则而要承担责任的任何人，都可以向法院申请救济。[145]

本规则目的之下的股份持有人，包括就其股份拥有记载于公司成员名册的无条件权利的人、以及持有有利于其而签署的股份转让文件的无条件权利的人。[146] 如果股份全额缴付的发行对价是受配售人或其他人所提供的劳务或者服务，则该规则之下的责任也及于受配售人。然而，如果股份以部分缴付的方式发行（在实践中极为鲜见），并且后来公司接受了当时股份持有人提供劳务或者服务的承诺以支付其股份，则根据法律规则该持有人负有责任，但股份的前手持有人，包括最初的受配售人，则无须承担责任。

多数在英国上市的公司，为其员工提供某种形式的股权激励制度，乍一看，上述情况造成了法律与现实的摩擦冲突。但事实上，有许多种方法来制定职工持股制度，以规避法律关于不得以未来从事的劳务作为股权对价的禁止性规定（普遍的做法包括，设定股份认购权，意即职工有权以优惠价格用现金购买股份，或者安排员工持股制度的信托基金在市场上购买已发行的股份，以满足职工获得"免费"股份的权利）。相应地，禁止性规定更像是对于不谨慎或不恰当行为的陷阱，而不是一项有价值的债权人保护机制。[147]

公众公司不得接受未来履行的承诺作为股份发行之对价

除了绝对禁止接受提供劳务或者服务的承诺作为其股份发行的对价外，公众公司在接受其他类型的承诺以作为股份发行的对价方面，还面临一些限制。根据《2006年公司法》第587条，如果发行的对价是（或者包括）将在（或者可以在）发行日期结束后超过5年履行的承诺，则公众公司除非获得了现金对价，否则不得（在其名义价值或任何溢价方面）发行全额缴付或者部分缴付的股份。[148] 违反此一规定的后果是，被配售人有责任向公司缴付

---

[142]《2006年公司法》第585(2)条。
[143] 同上，第591条。
[144] 同上，第588条。
[145] 同上，第589条。
[146] 同上，第585(3)条和第588(3)条。
[147] 此外，只有职业的财务顾问才能从这一规则中获利。但公司为规避《2006年公司法》第585条的陷阱，对简单事项进行咨询所获得的收益，与整体的咨询费相比，就像大海里的一滴水；咨询所涉事项非常广泛，包括法律、税务或会计等事项，上述事项在建立和维持员工持股制度时，都需加以考虑。
[148] 该规则源于《公司法第二指令》第9条和第31(1)条。

与该承诺视为履行时所支付的数额相等的金额,并加上以适当利率计算的利息。[149] 对该项承诺的执行,不受影响。[150] 股份的后手持有人可能也要承担责任。[151] 根据《2006年公司法》第589条的规定,任何因违反了法律关于公众公司不得以长期承诺作为股份发行的适当对价的规定而负有责任的人,无论他是受配人还是后手持有人,都可以向法院寻求救济。

《2006年公司法》第587条的禁止性规定的效力也及于合同的变种。如果合同变更后的条款本属原来的条款,则如果原来的合同违法,则该合同也违反第587条的规定。[152] 同样受到拘束的是这样一种情形:股份发行的对价是5年内履行的承诺,但事实上该项承诺并未在合同允许的期限内履行:在合同允许的期限结束后,受配售人有义务支付与该承诺视为履行时所支付的数额相等的金额,并加上利息。[153] 后手持有人的责任及其向法院寻求救济的规定,按他们直接违反法律规定的方式来适用。

公众公司发行股份的非现金对价的估值

《2006年公司法》第593条对公众公司发行股份的非现金对价,在总体上设定了独立评估的要求。除了现金发行之外,公众公司不得以全额或者部分缴付(就其股份面值或其溢价而言)的方式发行股份,除非发行的对价已经独立评估并且评估报告已在发行前六个月提交给公司。[154] 评估报告的复印件应当在发行之前递交给拟议配售的被配售人。[155] 在公司根据《2006年公司法》第555条的规定,向公司注册官备案股份发行的情况时,还应当同时提交评估报告的复印件。[156] 对非现金对价的独立评估要求,源自《公司法第二指令》。[157] 根据指令规定,专家报告起码应当包括对构成的资产的说明,以及对评估方法的说明,专家报告还应说明采用上述评估方法计算得到的价格是否至少与名义价值一致,以及在正确的情况下,是否与股份溢价相一致。

《2006年公司法》第593条规定的评估和报告的要求的细节,规定于该

---

[149] 《2006年公司法》第587(2)条。
[150] 同上,第591条。
[151] 同上,第588条。
[152] 同上,第587(3)条。
[153] 同上,第587(4)条。
[154] 同上,第593(1)(a)—(b)条。
[155] 同上,第593(1)(c)条。
[156] 同上,第597条。
[157] 系执行《公司法第二指令》第10条和第31(2)条。

法第 596 条及第 1149—1153 条之中。[158] 公司必须指定胜任该公司审计员岗位的人担任其独立评估人;公司也可以指定其当前的审计员担任此一职位。[159] 被指定的独立评估人可以委任他人开展评估工作[160],但须承担置备报告这一非委任职责,报告应载明对价的描述、评估方法及评估日期等内容。[161] 独立的评估人和受任人(如果有的话)有权要求公司管理人员提供他们认为履行职责所必需的此类信息和相关解释。[162] 在针对适当的问询作出回应时,故意或过失地作出误导、错误或欺骗性陈述的,将面临监禁或罚款(或两者兼有)的处罚。[163]

如果未遵守评估的要求,则受配售人及股份的后手持有人均将面临刑事责任。即便受配售人或许已经将具有相当价值的资产转移给了公司,但如果该资产未经适当评估,则其仍会被要求支付与非现金对价视为缴付后的股份名义价值和溢价总和的数额,并加上利息。当评估要求未得到遵循并且(a)受配售人未收到评估人出具的报告;或(b)他知道或者应当已经知道所发生的事情等同于违背了有关评估程序的法定要求。[164] 违背《2006 年公司法》第 593 条关于独立评估的要求而发行的股份,其后手持有人可能也会面临法定责任。[165] 然而,他们仍有可能向法院申请豁免责任。[166]

如果公众公司接受了未经评估的非现金对价,则其股份受配售人及其后手持股人面临着刑事责任,其宽泛的立法政策基础是防止公众公司折价发行股份。[167] 这一责任是严苛的,因为从表面上看,受配售人会被要求两倍支付,一次是支付现金,另一次则是支付与金钱等值的财产。股份后手持有人的处境看起来也并不愉快,因为即便公司可能已经从其他人中获得了有价值的非现金对价,他们也有义务以现金支付股份的价格。《2006 年公司法》第 606 条使该规定的严苛程度得以缓解,后者允许法院在某些情况下豁免相关主体的责任。无论是受配售人还是其后手持股人,只要其向法院申请救济,都有义务满足法院关于救济的立案条件。[168] 本章后续部分将考察法院可能作出救济决定的情形。

---

[158] 在 *Re Ossory Estates plc*(1988)BCC 461,463 中,Harman 法官称这些要求"奇怪而且令人费解"。
[159] 《2006 年公司法》第 1150—1151 条。
[160] 同上,第 1150 条。
[161] 同上,第 596 条。
[162] 同上,第 1153 条。
[163] 同上,第 1153(2)条和 1153(4)条。
[164] 同上,第 593(3)条。
[165] 同上,第 605 条。
[166] 同上,第 606 条。
[167] *Re Bradford Investments plc*(No 2)[1991] BCC 379.
[168] 同上,383。

公众公司股份发行股份的非现金对价必须经过独立的评估,这条一般的规则有着两项重要的法定例外,即下文将要论及的收购例外和合并例外。[169] 上述例外源于《公司法第二指令》第 31(3)条,该条款允许成员国不适用估值的要求,以增加使并购、分立或公开募集生效的资本。或许是为了消除疑惑,《2006 年公司法》第 593(2)条也明确规定了红股发行无须遵守评估的要求。除了这些法定的例外情形,公司也可以构造一些交易以规避评估规则,例如,买方公司可以承诺以现金购买资产,然后卖方公司承诺豁免买方公司为购买资产而支付现金的义务,并以此换取买方发行的股份。[170] 有人提议,此类交易构造的运用表明,在实践中评估要求相对容易被规避。[171] 然而,此类构造可能经受不起严格的司法审查,但这种可能性不能被完全解读为法院在此种情况下完全有可能看穿此种人为的安排。[172] 法院可以偏离交易的法律形态而进行裁判的一个基础是存在欺诈或虚假交易的情形,但很难说服英国法院以此为基础而加以介入。另一个基础是,就法律的解释而言,讨论中的特定条款要求(或者允许)法院超越交易的直接法律形态,而发现其经济实质,从而确保实现根本的法律目的。[173] 以此观之,用以规避法定评估要求的两阶段合成式交易是有害的。[174] 由于这一要求源自欧共体指令,来自欧洲其他国家和地区的观点也值得提及。例如,一些英国的评论人士对于评估要求可以被轻易规避的态度,与德国的法律立场迥然相异,后者针对实质上的实物出资设计了精密的法律原理,该原理试图防止通过合成式交易来规避规则的适用。二者之殊异,令人关注。[175]

收购的豁免

要获得收购的豁免,必须存在以下安排:公众公司(A 公司)股份发行的全部或者部分对价是,另一家公司(B 公司)将全部或者部分股份转让给了 A 公司,或者 B 公司取消了对 A 公司所持有的某类股份。[176] 这一安排必须允许 B 公司的所有股东(或者如果该安排涉及了某类股份,则应允许所有该类

---

[169] 《2006 年公司法》第 594—595 条。
[170] 这种情况属于股份的现金发行,因为"现金"包括豁免履行一定金额的金钱债务(《2006 年公司法》第 583(3)(c)条)。
[171] Rickford, 'Reforming Capital', 935.
[172] Re Bradford Investments plc (No 2) [1991] BCC 379.
[173] J Vella, 'Departing From the Legal Substance of Transactions in the Corporate Field: the Ramsay Approach Beyond the Tax Sphere' [2007] Journal of Corporate Law Studies 243.
[174] 同上。
[175] A Pentz, H-J Priester, and A Schwanna, 'Raising Cash and Contributions in Kind When Forming a Company and for Capital Increases', in Lutter, Legal Capital in Europe, 42, 52—53. S Grundmann, European Company Law 2nd edn (Cambridge: Intersentia, 2012) 224—225.
[176] 《2006 年公司法》第 594 条。

股东)参与,除此之外,要约公司或其代理公司所持有的股份,或者集团内其他公司或其代理公司所持有股份,均不在其列。[177] 如果股份的发行与符合这些标准的安排"有所关联"[178],就可以豁免常规的评估要求。这种豁免也往往包括目标公司的股东所获得的对价是(或者包括)要约人的股份的收购行为。然而,它的范围或许会超出这种直接的以股换股的发行。由于此种豁免适用于与适格的安排"有所关联"的发行,有可能认为,只要为交换股份而购买的资产包含了另一家公司的全部股本,就不需要进行评估。据此逻辑,看起来公众公司可以将其股份作为购买价值不菲的非现金资产的对价(通过确保买入的资产包含了公司的全部股本这一简单易行的手段来实现,即便相对于交易的整体规模而言,该公司的价值无足轻重),从而规避评估要求。[179]

合并的豁免

就此项豁免的目的而论,合并是指一家公司向另一家公司发出提议,前者购买后者的所有资产和负债,从而取代了前者向后者的股东发行股份或其他证券。[180] 与这种合并相关联的公司发行股份,不必遵循评估的要求。[181]

2006 年修订的指令降低了独立评估的要求

有批评意见认为,对股份的非金钱对价进行独立评估的强制性要求,既浪费时间且经济成本高昂。尽管其基本理念是有道理的,即应当有一些检查手段,以确保股票的对价价值确实与其发行价格相匹配,但有观点认为,为落实这一理念,法律采取了不成比例的严厉措施。[182] 2006 年指令对上述批评作了回应,规定成员国可在特定情况下解除有关公众有限公司发行股份的非现金对价的独立评估要求。[183] 这些情形包括,存疑的对价是可转让证券,后者的价值可参酌其在受管制的市场上公开交易的价格来确定,或者资产由经过近期独立的专家报告或者为此目的而进行的账目审计后评估确定。然而,指令在解除管制方面的效果是有限的,因为并不存在独立评估的义务,取而代之的是必须公开诸多事项(包括对价的描述、价值、而且如果可

---

[177] 《2006 年公司法》第 594(5)条。
[178] 同上,第 594(1)条。
[179] 《公司法第二指令》第 31(3)条规定,在增加认缴资本以使公共募集行为生效时,成员国可不适用独立评估要求。
[180] 《2006 年公司法》第 595(2)条。
[181] 同上,第 595 条。
[182] High Level Group《最终报告》在第 83 页中归纳了上述争议,并将评估要求描述为"《公司法第二指令》创设的资本形成体系的真实问题之一"。
[183] 2006/68/EC 号指令,现规定于 2012 年修订的《公司法第二指令》第 10—12 条、第 31 条。

行的话还应包括评估信息的来源,以及自评估完成之后没有发生影响股份价值的新的"适格的情形"的声明)。另外,持有已发行股份不低于5%的股东仍然可以要求获得独立专家的报告。英国政府认为,修订中的指令在这方面所提供的选择,并不值得利用。[184]

后手持有人的责任

一般而言,如果违反了有关股份支付的法定规则[例如,不折价规则(第580条);公众公司发行股份的工作/劳务对价规则(第585条);公众公司四分之一实缴股本规则(第586条);公众公司股份的长期承诺规则(第587条);公众公司股份的评估要求(第593条)],则法定责任及于股份后手持有人或最初的受配售人或者在责任首次产生之时持有股份的人。[185] 后手持有人与负有责任的任何其他人分别承担责任,或者承担连带责任。就后手持有人的责任这一目的而言,股份的"持有人"包括就其股份拥有记载于公司成员名册的无条件权利的人、以及持有有利于其而签署的股份转让文件的人。[186] 在 System Controls plc v Munro Corporate plc [187] 一案中,一家公司签署了股份发行的合同,并通过发出可撤销的配股通知书来履行此一义务。Hoffmann 法官认为,本着有利于其而撤销配股说明书的人,正是这些条款目的项下的股份持有人。

如果后手持有人在其购买股份时事实上并没有意识到存在违反规定的情形,或者后手持有人是从此类人中(直接或者间接)获得股份的人,则后手持有人可以避免承担责任。[188] 在 System Controls 一案中,后手持有人知道该发行没有经过评估即开始进行,因而后手持有人不能获得豁免,即便其可能并没有意识到有必要获得此类评估;Hoffmann 法官认为,在这一语境下,"实际上意识到"是指他们注意到了事实,而无须扩展到他们意识到这些事实违反了规定。

责任的豁免

除两种情况外,因违反有关股份支付的法定规则而产生责任的,可以向法院申请豁免责任。这些例外与公众公司的不折价规则和四分之一实缴股本规则相关,根据这些规则,受配售人不能免于向公司支付折价的数额或者

---

[184] DTI, 'Implementation of CompaniesAct2006 Consultative Document'(2007年2月)paras 6.8—6.26.
[185] 《2006年公司法》第588条和第605条。
[186] 《2006年公司法》第588(3)条和第605(4)条。
[187] [1990] BCC 386.
[188] 《2006年公司法》第588(2)条和第605(3)条。

最低数额外加利息的责任。然而,看起来股份的后手持有人违反这其中的任一规则的,可以豁免责任。[189] 具体做法是,寻求责任豁免的人自行向法院申请,而不是由公司向法院申请违反规定者承担责任。申请人可以申请豁免的责任包括由于违反成文法规则、违反对公司的承诺或者与股份支付有关的规则而根据公司法应当承担的责任。[190] 合同承诺尽管违反了有关股份支付的成文法规则,仍然具有强制力。[191]

法院必须在其认为是公正和公平的范围内,授予责任的豁免。[192] 在作出裁决时,法院必须考虑下列两项最重要的原则[193]:

(1) 已经发行股份的公司应当收到在价值上至少等同于那些股份的名义价值和所有溢价总额的金钱或者与金钱等同的价值,或者根据具体情形视为已经缴付的总额;以及

(2) 在遵守前项规定的情况下,如果法院不授予豁免,针对特定的人公司拥有一种以上的救济方式时,应当由公司决定主张哪一种救济。

在 Re Bradford Investment plc (No 2)[194] 中, Hoffmann 法官谈到,将上述第一项规则设定为一条最重要的原则并不意味着,如果法院无法完全相信公司收到的资产的价值至少等于其发行股份的面值和所有溢价时,法院就无权授予豁免。然而,它的确意味着在公司未就其股份获得充分的价值时,要让法院认为责任的豁免是公平且公正的,必须要有非常好的理由。

申请人申请豁免《2006年公司法》项下的责任,法院在决定是否公平且公正地授予豁免时,必须考虑以下因素:

(a) 申请人是否已经缴付或者有责任缴付任何条款产生的、与那些股份相关的任何其他责任数额,或者由于为缴付那些股份或履行与此相关而作出的承诺所产生的责任数额。

(b) 申请人之外的任何人是否缴付或者有可能缴付(无论是否依据法院的任何指令)任何此类数额;以及

(c) 申请人或者任何其他人是否已经全部或者部分履行、或可能履行此项承诺,或者为缴付或部分缴付股份,已经做了或者可能做任何其他事情。[195]

如果申请人申请豁免向公司作出的或者与股份的缴付相关的承诺所产

---

[189] 《2006年公司法》第589(1)条。
[190] 同上,第589(2)条和第606(1)条。
[191] 同上,第591条和第608条。
[192] 同上,第589(3)—(4)条和第606(2)—(3)条。
[193] 同上,第589(5)条和第606(4)条。
[194] [1991] BCC 379,384。
[195] 《2006年公司法》第589(3)条和第606(2)条。

生的责任,法院可以在考虑以下因素后认为是公正和公平的范围内,作出豁免的裁决:

(a) 申请人是否已经缴付或者有责任缴付《2006 年公司法》相关条款产生的与那些股份相关的责任金额;以及

(b) 申请人之外的任何人是否缴付或者有可能缴付(无论是否依据法院的任何指令)任何此类金额。[196]

申请人有义务使法院认可存在责任豁免的事由。[197] 在 Re Ossory Estates plc [198] 案中,公司已经把其通过股份发行而获得的财产对价以较高的利润转售出去,而且有明显的证据表明,出售方迄今为止遵守了与财产转让相关的所有承诺,并且有可能继续遵守,Harman J 认可在这种情形下可以豁免责任。然而,在 Re Bradford Investments plc (No 2) [199] 一案中,申请人不能证明发行股份所获得的对价财产拥有任何净值,相应地,法院认为这里不存在责任豁免的情形。

违反有关股份缴付的规则而产生的刑事责任

公司违反有关股份缴付的法定规则,构成了刑事犯罪行为。公司以及任何失责的管理人员将被处以罚金。[200]

股份溢价

本章下一部分将考察与股份溢价相关的规则。在无面值股份制度安排之下,这些规则将不复存在,因为在那种情形下,注入于公司以换取股份发行的所有价值,都只是适用于同一套规则。

发行价格的确定

股份可以按照高于其名义或票面价值的价格发行,高于股份名义价值的部分被称为股份溢价。作为经营权力的一部分,公司董事必须确定股份的发行价格。董事的责任可以防范董事在确定发行价格时作出不切合实际的行为。法院向来认为,董事在表面上有义务尽力为公司的新股发行赢取

---

[196] 《2006 年公司法》第 589 (4) 条和第 606 (3) 条。
[197] *Re Bradford Investments plc (No 2)* [1991] BCC 379.
[198] (1988) 4 BCC 461.
[199] [1991] BCC 379.
[200] 《2006 年公司法》第 590 条和第 607 条。

最佳价格。[201] 权证发行的价格通常低于公司股份的市场时价,而且这一折价的幅度,通常也会高于权利发行将增加向市场投放的股份数量时必然会导致的折价幅度。折价的目的是为了确保发行受到市场追捧,并且避免出现不受市场青睐的股份由承销商接盘的后果。有时,公司可以省却承销环节,而按主流市场价格相当高的折价率发行股份。在 Shearer v Bercain Ltd[202] 一案中,为了确保权证发行的成功,董事可以合法地折价发行,这一点得到了认可。[203]

股份溢价的处理

股份溢价所构成的金额必须计入股份溢价账户,并且除了某些特殊的目的,它们必须被视为已经缴付的公司股本的一部分。[204] 1945年科恩委员会(Cohen Committee)的报告中提出了相关建议之后,起到此种效果的规则被引入到了国内立法之中。[205] 在法律的这一变革发生之前,股份溢价被视为可分配利润,因而可用于支付股息或者核销亏损。[206]

《公司法第二指令》并不要求按照与处理股本同样的方式来处理股份溢价,因而英国政府可以在其国内法中对私人公司与公众公司的股份溢价自行规定。[207]《2006年公司法》有机会但却没有这样做。在《公司法第二指令》约束之外放松关于股份溢价的监管,其可能性只是出现于有关《2006年公司法》的政策制定进程的晚期,彼时或多或少地设定了这一议程,而政府最后决定,在欧洲层面全面考虑改革《公司法第二指令》之前,除了在某些特定的领域外,英国不打算对公司的法律资本事宜进行激进的变革。这体现了欧盟各成员国在其国内法中对股份溢价处理方式的分歧与差异,故有观点认为,在欧洲,关于股份溢价的法律在运用时"缺乏一贯或理性的哲学"。[208]

---

[201] *Lowry v Consolidated African Selection Trust Ltd* [1940] AC 648, HL, 479 *per* Lord Wright; *Shearer v Bercain Ltd* [1980] 3 All ER 295, 307—308.
[202] [1980] 3 All ER295.
[203] 第五章考虑了上市要求和机构投资者的期待,这促使法律对上市公司折价发行股票施加了额外限制。
[204] 《2006年公司法》第 610 条。
[205] *Report of the Committee on Company Law Amendment* (Cmd 6659, 1945) para 108.
[206] *Re Duff's Settlement Trusts* [1951] Ch 721, and 923 (CA); *First Nationwide v Revenue and Customs Commissioners* [2011] STC 1540 (Upper Tribunal). MV Pitts, 'The Rise and Rise of the Share Premium Account' (2000) 10 *Accounting, Business & Financial History* 317.
[207] Rickford, 'Reforming Capital', 939—941.
[208] Rickford, 'Reforming Capital', 941.

股份溢价的许可使用

股份溢价所构成的金额代表着一种富有价值的公司融资源泉,公司可以像运用其获得的其他融资一样运用股份溢价,从而对其商业运作提供资金。另外,《2006 年公司法》授权公司在其他一些情况下运用股份溢价,而且在这一有限的范围内,股份溢价的处理也与股本不同。《2006 年公司法》缩小了特别溢价可用于特殊用途的范围。[209]

红股发行

公司可将股份溢价账户用于缴付拟向公司成员配售的未发行股份,从而使该股份成为全额缴付的股份。[210] 因而,如果公司按每股溢价 1 英镑发行面值为 1 英镑的股份 100 股,则该公司的股本为 100 英镑,股份溢价账户为 100 英镑,然后它可以进一步向其现有股东发行 100 股,并且由公司动用股份溢价账户来缴付该股份;其最终结果是,公司的股份溢价账户减少至 0 英镑,而公司的实收股本则增加至 200 英镑。就股东个人而言,其出资的总价值保持不变,但其投资的潜在的流动性增强了,因为其投资分为两股,每一股拥有的价值低于红股发行前的每一股价值。红股发行,也称为资本化发行(capitalization issue),并未造就不可分配的、任由公司损害债权人利益的储备。

从股份溢价中缴付红股的法定授权,其范围限定于全额缴付的红股股份,而并未拓展至部分缴付的红股股份或债券的发行。

按这种方式来运用股份溢价账户的授权,可被打算把现金盈余返还给股东的公司所运用。公司运用这一授权的一种确定的方式是,制定一种被称为"B 股份机制"的制度安排,依次安排,公司采取类别股份的方式发行红股股份(B 股份),并动用股份溢价账户来缴付,然后根据《2006 年公司法》的相关规定来回赎(如果 B 股份是以可赎回股份发行的)或者回购 B 股份。[211] 本书的第八章将考虑可赎回股份和股份回购问题。

股份发行的费用及佣金

当公司溢价发行股份时,它可以把发行费用和佣金从该特定发行中转让到股份溢价账户的金额中抵扣。[212] 可以纳入"发行费用"门类的费用有哪

---

[209] 对于股本溢价的许可使用的范围进行限缩,大致遵循了以下建议:Company Law Review Steering Group, 'Company Formation and Capital Maintenance', URN 99/1145, para 3.21。
[210] 《2006 年公司法》第 610 (3) 条。
[211] T Scott, 'Returning Value to Shareholders. Options for Companies' (1997) 8(3) *Practical Law for Companies* 19。
[212] 《2006 年公司法》第 610 (2) 条。

些,对此并没有司法审查,但在会计准则方面存在一些指导性规定。[213] 公司为实现证券的发行而产生的费用——例如,公司重组成本——则不可以纳入。[214]

股份溢价及非现金对价

公司以非现金对价发行股份且股份的价值高于其名义价值时,公司是否必须创设股份溢价账户,直至 1980 年这一问题都不明确。在 *Henry Head & Co Ltd v Roper Holding Ltd* [215] 一案中,一家控股公司通过股份互换的方式收购了两家公司。购入的股份的实际价值大大高于作为对价的已发行股份的名义价值,人们提议控股公司的董事们设立股份溢价账户,并以此来解释这一富余的金额。法院支持了这一提议。尽管存在这一裁决,一些实践部门的人士仍然相信,此种情形下创建股份溢价账户的义务可以避免。[216] 这一实践的立论基础最终由法院在 *Shearer v Bercain Ltd* [217] 一案中予以阐发。大体而言,这些论点包括:(a) 公司自行确定发行条件,它没有义务仅仅因为投资者可能愿意缴付溢价而有义务溢价发行证券;(b) 如果买卖协议规定,拟出售的资产的出售价格等同于作为对价的股份的发行价格,则公司没有义务来创建股份溢价账户。

Walton 法官反驳了这些观点。在他看来,为公司赢得可能的最佳发行价格,这是董事们表面上的义务。[218] 进而言之,股份溢价账户的创建并非是自愿性的,而且不能通过声称股份按其名义价值来发行而加以避免;如果作为公司股份发行对价的购入资产,其实际价值高于股份的名义价值,则无论股份发行的条款如何规定,公司都必须强制性地创建股份溢价账户。

法官在 *Shearer v Bercain Ltd* 一案中所作出的裁决,给国会带来了压力,促使其规定了一些豁免创建股份溢价账户的义务。这些规定肇始于《1981 年公司法》,现在相关的规定可见于第 611 条(集团重组之豁免)和第 612 条(合并之豁免)。

在深入考察这些豁免之前,应当注意到其与并购行为的会计要求之间,存在着非常复杂的相互作用关系。当从使用国内会计准则转变为使用国际

---

[213] P Holgate, *Accounting Principles for Lawyers* (Cambridge: CUP, 2006)149—150.
[214] P Holgate, *Accounting Principles for Lawyers*, 149—150.
[215] [1952]Ch 124.
[216] 关于股份溢价的市场实践及相应法规发展演变的阐述,参见 C Napier and C Noke, 'Premiums and Pre-Acquisition Profits: The Legal and Accounting Professions and Business Combinations' (1991) 54 MLR 810。
[217] [1980] 3 All ER 295.
[218] Following Lord Wright in *Lowry (Inspector of Taxes) v Consolidated African Selection Trust Ltd* [1940] AC 648, HL.

准则(《国际财务报告准则》,即 IFRS)时,上述相互作用关系变得更为复杂。[219] 造成复杂局面的根本,在于国际财务报告准则旨在服务于投资者的需求,而非要实现法定资本原则和资本维持原则所设立的保护债权人的目标。在英国,会计专业机构出具了篇幅很长且很详细的《指南》,这虽有助于弥合分歧,但也未能令人满意。现代会计要求和公司法间的不协调,促进了法定资本制度的根本改革及部分改革。[220]

集团重组的豁免

根据《2006 年公司法》,当发行公司具有以下情形时,可以免除其建立股份溢价账户的义务:

(a) 发行公司是另一家公司(控股公司)的全资子公司;并且

(b) 发行公司向控股公司或其另一家全资子公司发行股份,对价是非现金资产转让给发行公司——这些资产可能是由控股公司及其所有全资子公司构成的公司集团内的任何公司的资产。[221]

当发行公司以溢价发行股份时,并没有义务将超过被称为最低溢价价值的程度的溢价,归为股份溢价。[222]

最低溢价价值意味着,股份发行的对价的基础价值在数额上超过股份的名义价值。[223] 对价的基础价值按以下方式来确定:收购方受让的资产价值,减去收购方所承担的债务价值。《2006 年公司法》允许在确定纳入公司资产负债表中的作为股份发行对价的任何股份或其他对价的数额时,摒弃高于最低溢价价值的任何数额。[224]

合并之豁免

当一家公司通过向目标公司的股东发行股份而购买目标公司的股本时,合并的免除就可以适用。在那些情况下,假定某些条件得到满足,被购入的股份的价值高于以对价发行的股份的名义价值,则没有法定义务将这一差额归入股份溢价账户之中。[225] 《2006 年公司法》进一步规定,在确定显现于发行者资产负债表中的购入股份(或其他对价)的数额时,也可以放弃

---

[219] ICAEW, *Guidance on the Determination of Realised Profits and Losses in the Context of Distributions under the Companies Act 2006*(亦称《技术性解释 02/10》(TECH 02/10))第 9.43 条。

[220] E Ferran, 'The Place for Creditor Protection on the Agenda for Modernization of Company Law in the European Union' (2006) 3 *European Company and Financial Law Review* 178.

[221] 《2006 年公司法》第 611(1)条。

[222] 同上,第 611(2)条。

[223] 同上,第 611(3)条。

[224] 同上,第 615 条。

[225] 同上,第 612 条。

未纳入发行公司股份溢价账户的任何数额。[226]

为适用合并的免除,必须满足的精确的条件是,发行公司必须确保持有另一家公司至少90％的权益股份,而且这一持股必须通过以下安排来实现[227]:这一安排规定发行公司股本配售的对价是另一家公司向发行公司发行或者转让权益股份;或者撤销不被发行公司持有的任何该股份。[228] 因而,如果一家公司试图通过以其权益股份来换取目标公司股东权益股份的方式来购买目标公司的所有权益股份,并且当发行人根据安排购买了目标公司90％的权益股份时,可以适用合并之豁免。就此目的而言,权益股份是指已发行的股份,排除了既不针对股息又不针对资本的、拥有在特定数额之外参与分配的任何权利的该股本的任何部分。[229] 如果目标公司的权益股本分为不同类别的股份(例如,在股息和资本方面拥有全面参与权的普通股,以及在股息方面拥有全面参与权但在资本分配方面却只拥有固定数额参与权的优先股),要适用合并之豁免,就必须满足每一类别股份的相应条件。[230] 如果目标公司的非权益股份也包含于安排之中,则购买那些股份并不能用于条件的满足,但如果条件通过其他方式成就了,则合并之豁免扩大到为换取目标公司的非权益股份而发行的股份。[231]

确保"根据……安排至少持有另一家公司90％的权益股份",这是什么意思?《2006年公司法》第613条对此作了示例。发行公司[232]持有的目标公司的权益股份的名义价值总额,必须达到目标公司权益股份名义价值总额的90％。然而,虽然这种持股是依据安排并通过购买或者注销目标公司的股份来实现,但并非必须所有或者事实上任何构成发行公司所持目标公司的股份都必须根据安排来获得。[233] 因而,如果发行公司在以注销目标公司的股份为对价发行其自身股份、因而发行公司最初的持股规模等于或大于目标公司(缩小后的)权益股本名义价值的90％之前,持有目标公司的大量股份,合并之豁免的条件就已经达成了。类似地,如果这一安排是通过股份互换来实现,则发行公司根据互换而买入的股份可以加入其此前持有的目标公司股份之中,以确定90％的持股条件是否达成。

合并之豁免的条件之达成,并不排除收购方向目标公司的股东提供复

---

[226] 《2006年公司法》第615条。
[227] 同上,第616(1)条对此作出了界定。
[228] 同上,第612(1)条。
[229] 同上,第616(1)和第548条。
[230] 同上,第613(4)条。
[231] 同上,第612(3)条。
[232] 发行公司的控股公司或子公司,或者控股公司的其他子公司,或者其受任人持有的股份,也被认为是发行公司持有的股份(《2006年公司法》第613(5)条)。
[233] 《2006年公司法》第613(3)条。

合型的对价,该对价的一部分是股份,另一部分则是现金或其他资产。在购买方通过对价方式发行股份的范围内,合并之豁免可及于那些股份。

以下例子可说明合并之免除的运用。

公司 A 成功地作出于收购 B 公司 100% 的权益的要约。对价是向 B 公司的股东发行 A 公司的 3 亿权益股份,每一股份的名义价值为 5 便士,公允价值则为 3 英镑。这项交易满足了合并之豁免的法定条件。公司 A 按公允价值记载了对 B 公司收购。

交易完成后,A 公司的资产负债表如下:

资产	英镑(百万)
在 B 公司的投资	900
其他资产	440
负债	
债权人	(100)
准备金	(40)
净资产	1,200
资本和公积	
每股 5 便士的普通股(现有的 120＋新的 15)	135
合并准备金(2.95 英镑×3 亿)	885
损益准备金	180
	1,200

上述例证说明了"合并储备金"(merger reserve)的概念,其起到"平衡分录"(balancing entry)的作用,这是非常有必要的,因为公司并未如《2006 年公司法》规定的那样,以 A 公司对价的名义价值而非公允价值来记录对 B 公司投资的价值。要进一步解释这一例证,就有必要从会计的角度,作简要的考察。

法定豁免和会计要求

会计专业机构的《指南》表明,上文的例证中适用的会计方法并非公司法规定的事项,但上述方法是被允许的,而且在实际上,也是满足会计要求时所需要的。[234] 作为一项普遍性规定,公司在根据《国际财务报告准则》编制其账户时,应以公允价值来记录其收购所得。[235] 鉴于资产负债表中的股东资金项目的分录,应当与资产项目的分录相符合,因此需要有准备金来记

---

[234] ICAEW, *Guidance on the Determination of Realised Profits and Losses*, para 2.11.
[235] 同上, paras 9.43—9.44D (discussing some qualifications)。

录对价的名义价值和收购资产的公允价值间的差别。当可以适用合并豁免时,豁免功能即由合并准备金来实现。合并准备金不是法定的准备金,无须遵守资本维持原则。尽管其并非可供立即分配的实现利润,但其可能在未来某一天实现。[236]

集团重组和合并之豁免的重要性

为什么集团重组和合并之豁免是重要的?前述部分的最后一句话引出了这个问题的答案:其目的在于尽可能保持可分配利润的灵活性。本书第九章将会进一步探讨可分配理论,但简要地说,基本规则是,只有实现的净利润才能以分红的方式向股东分配。合并准备金与股票溢价账户不同,当收购人处置了相关资产并获得合适的对价(如现金)后,合并准备金将会变为实现利润。[237] 如与合并准备金相关的投资受到减损,且已实现的亏损得到确认,合并准备金也可转变为实现利润。[238]

其他豁免

国务大臣有权通过法律法规发布规定,进一步豁免为现金溢价之外的相关溢价创建股份溢价账户的要求,或者限制、变更《2006 年公司法》本身规定的任何免除。[239]

其他形式的出资

英国枢密院认为,英国公司法并未规定,不通过正式分配股份而通过出资方式为公司提供资金的协议无效。[240] 当公司股东同意以此方式增加公司资本时,所投资的金额与股份溢价一样成为所有者权益的一部分。[241] 《2006 年公司法》并未明确想到此种类型的融资安排,并且也没有具体的法定义务来要求以这种方式投资时必须提交资本报表。

股本

本部分的内容比本章的一个脚注多不了多少,因为近年来,英国的公司

---

[236] ICAEW, *Guidance on the Determination of Realised Profits and Losses*, para 2.11. 还可参见第九章中关于分配的论述。

[237] 同上, para 3.9(f)(ii)。"合适对价"(qualifying consideration)在指南中已作规定, paras 3.11—3.12。包括现金,可转变为现金的资产以及债务免除等。

[238] 同上, para 3.9(f)(iv) and 9.44。

[239] 《2006 年公司法》第 614 条。

[240] *Kellar v Williams* [2000] 2 BCLC 390, PC; *Blackburn v Revenue and Customs Commissioners* [2008] EWCA Civ 1454.

[241] *Kellar v Williams* [2000] 2 BCLC 390, PC.

绝少将其股份转换成股本,《2006年公司法》排除了将来这样做的可能性。[242] 在历史上,人们认为股本与股份相比,具有两大优势:第一,有可能以股本的某些部分进行交易,但却不可能以股份的某些部分进行交易。然而,这一优势更多地存在于理论上而不是现实中。因为股份整体的价格很高,市场可能存在交易部分股份的需求。然而,公司可以无须将其股份转换为股本,而可以通过将既有股份拆分为面值更低的新的股份这一方式,来满足这一要求。在表面上需要对股份编号的情况下,人们认为股本拥有的第二个优势是其无须编号,这使得股本管理起来比股份更为高效。[243] 然而,在某一类别的所有已发行股份均已全额缴付,并且无论出于何种目的它们都位于同一序列的情况下,只要任一股份保持全额缴付并且与发行之时全额缴付的其他同一类型的股份在所有目的之下均位于同一序列,那么这些股份此后并不需要编号。[244] 股份以部分缴付的方式发行,这种情形并不普遍,这意味着例外情形的优势或许正式消减。1962年,Jenkins委员会表达了这一观点,即自从《1948年公司法》引入允许全额缴付的股份无须编号这一例外之后,将股份转化为股本的优势可以忽略不计。委员会建议,公司立法中应当消除关于股本的提法。[245]《2006年公司法》没有走得这么远,但立法中关于股本的表述,仅仅是迎合了一些公司在其资本结构中可能仍有股本的可能性。《2006年公司法》保留了以往公司立法中公司可以将其股本转换为股份的权力。[246]

---

[242]《2006年公司法》第540(2)条。
[243] 同上,第543(1)条。
[244] 同上,第543(2)条。
[245] *Report of theCompany Law Committee* (Cmnd 1749, 1962) para 472.
[246]《2006年公司法》第540(3)条。

第五章　股份发行

本章的范围

　　本章探讨与股份发行活动相关的公司内部治理规则。公司法赋予股东作出股权融资决定的权利,并以这样的方式来规范有关股份发行的公司内部治理事项。对于上市公司来说,公司法的规定赋予了股东与股份发行相关的权利,这些规定还受到金融市场行为监管局所制定的上市要求的补充。金融市场行为监管局于 2013 年 4 月取代了金融服务管理局,成为英国上市事务的主管机构。[1] 相关的上市要求也在本章探讨的范围内。同时,本章还将考察机构投资者制定的完善的指导意见,这些指导意见就股东如何行使法定和监管权力的问题,提供了一定程度的可预测性。对新股发行引发的强制披露义务,本章仅做简要介绍,因为披露义务的制度架构将在本书的最后一章讨论。

规范股份发行活动:实现平衡

　　通常而言,公司的管理事务由董事会通盘考虑,股东对于公司经营决定没有直接的话语权。但股份发行是这一普遍性规则的例外,因为在这一领域中,控制者(公司经营者或者大股东)和非控制者之间的潜在的代理问题特别突出。如果不加以规制,则控制者有可能利用股份发行权力,通过以下四种主要途径损害现有非控制性股东的利益:(1)通过财富向新的投资者转移;(2)稀释表决力;(3)扭曲公司控制权市场的运作,或者削弱旨在促进管理者向股东负责的机制;(4)滥用大股东权力,对小股东实施机会主义的剥削。虽然权力滥用的可能性会受到董事责任——特别是正当目的法

---

[1] 本章中,"上市"(listed)一词是指,一家公司属于金融市场行为监管局的高级上市(premium listing)分类,获准在伦敦证券交易所主板市场上交易。关于高级上市和标准上市(standard listing)的分类,以及上市与获准在受监管市场交易的区别,将在本书第 13 章详细探讨。

则[2]——以及保护小股东免受不公正侵害的法律规定的制约[3],但人们还是看到,国家(英国)层面和地区(欧盟)层面的立法者对此介入颇深,特别地,它们颁布规则,赋予股东在公司发行股份以筹集新资金时的话语权,并通过推行有利于所有股东的强制性优先购买权来保护小股东免受控制人侵害。

这一领域的政策考量颇为复杂。一方面,很明确的,现在存在复杂的代理问题有待处理,而另一方面,施加过于严苛的要求可能损害资本募集的效率,进而会削弱公司融资的合法目的。在欧盟,优先购买权是强制性的,而美国则认为,优先购买权作为一项股东保护机制,其生命力已逐渐消失。欧盟和美国间的对比表明,关于股份发行活动中固有的代理冲突问题,没有一项举世皆准的应对措施。[4]但将优先购买权作为一项股东保护机制,已深深根植于欧洲的思想中:优先购买权被视为公司治理问责机制的重要组成部分,该机制迫使公司管理层与股东进行仔细的交流,以说服股东要么行使权利,要么授权股份出让。[5]因此,优先购买权被视为一种对表现不佳的经理的有效惩戒措施。[6]在金融服务管理局的一项评估中,优先购买权被称为"投资者保护的重要支柱",这项评估的结果是,要求在海外公司高级上市的情况中提供优先购买权。[7]

股东利益特殊保护的情形

本部分将更为深入地探讨代理问题,这一问题据说是为了在股权融资背景下,对股东利益给予特殊保护。

财富转移

当公司发行新股时,它通常会参照公司现有股票在二级市场上交易的价格,确定一个折价,而这折价幅度会超过反映了增发股份数量的市场折价。高出的折价,意在鼓励投资者购买新股。虽然董事有义务为新股赢得

---

[2] 规定于《2006 年公司法》第 171 条中。
[3] 《2006 年公司法》第 994 条。在股票发行中的不公平损害救济制度的运行,参见 Re Sunrise Radio Ltd [2010] 1 BCLC 367。
[4] P Myners 在《优先购买权:最终报告》(URN 05/679,February2005)中认为,虽然英国和美国的制度存在不同,但都是有效的。
[5] Rights Issue Review Group, *A Report to the Chancellor of the Exchequer* (2008) 3.
[6] J Franks, C Mayer, and L Renneboog, 'Who Disciplines Management in Poorly Performing Companies' (2001) 10 *Journal of Financial Intermediation* 209.
[7] FSA, *Consultation on Amendments to the Listing Rules and Feedback on DP08/111* (CP 08/21).

最佳价格[8]，但他们为确保新股发行成功而允许折价仍然可以获得正当性。[9] 价格属于董事的商业判断事项，价格是否在可接受的范围内，需要在具体的情形中加以判断。[10] 基于上述权力行使职责时，董事应当为了所有股东的利益而公平地考察相关事项，并注意可预见的情况反馈。[11] 英国市场在过去的多年间发生了变化，折价幅度已从1980年代的15%—20%，变化为近年来的30%—40%。[12]

如果新股发行中的折价因素未能及于原有股东，这将在短期内侵蚀其投资价值，以下简单的示例可以说明这一点。[13]

某一股东持有XYZ公众有限公司的股份100股，该股份当前每股的交易价格是1.85英镑，则该股东持股总价值是185英镑。XYZ公司通过发行新股来筹集股本，将其股本增加了10%。向市场发行的新股认购价格为每股1.5英镑。

发行结束之后，公司股份每股价值为：

(10×1.50＋100×1.85)/110＝1.818英镑

持股价值＝100×1.818英镑＝181.80英镑

股东持股价值减损逾3英镑。

假定股东有权按比例认购新股（每持有10股有权认购一股新股），并且假定其支付了15英镑以行使那些权利，则情况将变成：

持股价值为110×1.818英镑＝200英镑

股东状况为(200－15)＝185英镑

股东可能不愿意、或者缺乏足够的资金来购买全部或者部分其可以优先买入的股份。因此，优先购买权本身只能针对转移财产而提供有限的保护。公司控制人应当认真审查优先购买权的动议，其应当始终知晓有部分股东将不会行使权利，故控制人的行为可能会因为违反董事义务，或因为对

---

[8] *Shearer v Bercain* [1980] 3 All ER 295.
[9] 同上。还可参见 Case C-338/06 *Commission v Spain* [2008] ECR I-10139。
[10] *Re Sunrise Radio Ltd* [2010] 1 BCLC 367, [95].
[11] 同上。
[12] ABI, *Encouraging Equity Investment: Facilitation of Efficient Equity Capital Raising in the UK Market* (July2013) 32.
[13] 美国早期的创造了优先权概念的案件中，发现了这一问题：HS Drinker, 'The Pre-emptive Right of Shareholders to Subscribe New Shares' (1930) 43 *Harvard Law Review* 586。关于这种观点的更多的近期表述，可见于：'ABI/NAPF *Joint Position Paper on Pre-emption, Cost of Capital and Underwriting*' (1996年7月); R Hinkley, D Hunter, M Whittell, and M Ziff, *Current Issues in Equity Finance* (ACT Publications, 1998) ch 4。

股东利益产生了不公平的偏见而遭受挑战。[14] 因此,公司控制人有一项特别的责任,即在上述情况中,应在定价方面表现得公平、公正,尽量减少对未行权股东所持股份价值的副作用。[15] 可以强化优先购买权的发行结构,因为与董事义务的纪律、股东救济措施相比,针对财产转移的问题,优先购买权能给予股东更有力的事前保护。上述目标可以以这样的方式实现,即规定折价购买新股的权利是一项可交易的权利。这包括通过可放弃的临时发行函(PAL)来发出要约。运用同样的例子,购买股份的权利的预期价值,大体可以通过比较新股发行价格及其发行后的预期价格之间的差额来计算,也就是32便士。如果股东可以按照至少与那些权利的预期价格相同的价格卖出权利(只要市场对发行的反应是积极的,而且在消息发布后股份的交易价格高于或者等于行权前的价格),股东的处境应当不会受到不利影响。以下示例说明了这一点。

股东卖出其中8个认购权,得到2.56英镑,支付了3英镑行使了其中2个优先购买权,则再一次地,股东的最终结果没有变化,因为:

持股价值为 102×1.818 英镑 $= 185.44$ 英镑

股东状况为 $185.44 - 3 + 2.56 = 185.00$ 英镑

实际上,在本例子中,股东卖出了部分权利以为其购买剩余部分股份提供了资金,这种做法在实践中有时被称为"燕尾"(tail swallowing)法。这一例子显然忽视了在卖出零实缴的权利和处理权利账户时的税收和交易成本,也忽视了股价的市场波动。但无论如何,它显示了从投资者角度出发的优先购买权的重要性。从公司的角度出发,通过尊重优先购买权,有利于确保公司以较高的折价发行新股,因而有可能省去承销及相关成本。[16] 然而,提供较高折价和取消承销的做法,很少被使用。这可能是因为,较高的折价无法像承销那样,为公司提供绝对的确定性。另一个相关的考虑是,高折价的发行常与公司财务困难、缺乏股东支持等情况有关;如果公司并未处于困境中,则公司经理人可能会因为上述措施可能产生的负面含义,而不再实施这些措施。[17] 但机构投资者常支持以较高折价发行股份,以降低承销费用。[18]

法律是否应当把优先购买权设定为强制性规则,从而施加干预以保护

---

[14] *Re a Company* [1985] BCLC 80 (upheld (1986) BCLC 430,CA);*West Coast Capital(Lios)Ltd*,*Petitioner* [2008] CSOH 72.
[15] *Re Sunrise Radio Ltd* [2010] 1BCLC 367.
[16] Myners,*Pre-emption Rights*:*Final Report*,19.
[17] OFT,*Equity Underwriting and Associated Services* (OFT1303) 25.
[18] ABI,*Encouraging Equity Investment*,39—41.

投资者免遭价值转移之风险？监管要求是否应当进一步规定一项制度，促进优先购买权股份的交易？对于这一问题，英国和欧盟的做法普遍持肯定态度，其支持干预的立场是如何付诸实施的，将在本章后文详细讨论。但反对意见也值得关注，因为这些观点起码有助于解释为何会避免一些更极端的政策选择，这些政策虽能给予股东很强的保护，但可能会极大地损害整体效率。

一种反对的观点认为，集中关注新股发行的折价因素导致的价值转移，其目光过于短浅，公司及其股东更为长远的金钱利益，可以通过资本筹集渠道方面更为灵活的安排来实现。这一论争拥有多个维度。向不限于原有股东的投资者群体发行股份，有利于扩大公司股份的投资者基础，这从长远上为公司拓展了新的资金来源。这一分析的一个特殊方面，是吸引现有股东所属国家和地区之外的投资者的能力。[19] 以优先购买权为基础而发出的要约，与向外部投资者出售股份相比，在成本和时间安排方面亦不占优势。对于在瞬息万变的市场中的成长型公司而言，时点的考量具有特别重要的意义。

保护免受稀释

支持对于股份发行予以监管干预的观点，构建于股东的所有权观念基础之上：未经股东同意，不得稀释他们在公司中的所有权份额。对此，也存在一种相反的观点：就关心投资者持有一定比例的股份资本这一点而言，他们总是可以通过在市场中购入股份来维持其持股比例。[20] 然而，这一反对的观点并不具有完全的说服力。对于那些股份未能公开交易的公司而言，这种观点显然没有适用的余地。

公司控制权市场扭曲或董事其他违反公司宪章的行为

支持新股发行需获得股东授权及股东享有优先购买权的另一个理由是，它们有助于制约要约收购的目标公司的董事违反公司宪章的行为，因为它们遏制了管理层通过向其青睐的收购人或者反对这项要约的股东发行股份从而促进或者阻遏要约收购的进行。就此而言，反对的观点认为，承担着促成公司成功的整体责任的董事，只能本着正当目的法则来行使权力。[21]

---

[19] 'Pre-emption Rights' (1987) 27(4) *Bank of England Quarterly Bulletin* 545, 547; E Haggar, 'Issuing Abroad is a Risky Venture' (1993) 108 *Corporate Finance* 22; E Haggar, Who Needs US Investors? (1997) 148 *Corporate Finance* 42.

[20] 'Pre-emption Rights' (1987) 27(4) *Bank of England Quarterly Bulletin* 545, 547.

[21] 《2006年公司法》第171—172条。

正如大量的案件清楚地表明，为了影响收购的结果而运用权力来发行股份有失妥当，而且不合乎公司宪章的要求。[22] 因而，论争的话题就转变为，董事的整体责任并辅之以《并购守则》的要求，是否足以遏制察觉到的滥权行为？或者，除了这些措施之外，还必须引入要求获得股东授权和股东优先购买权这些具体的控制措施，才能遏制这些滥权行为？

大股东滥用权力

当公司控制权掌握在大股东而不是其董事手中时，小股东处于一种特别容易遭受伤害的地位，因为大股东可能会对董事施加压力，要求后者以一种对小股东利益不公平的方式，行使发行股份或者调整资本结构的权力。在此种情况下，反对稀释股权比例的观点可能特别容易获得共鸣，例如，在一家公司中，大股东持有足以通过普通决议但却不足以通过特别决议的投票权，因为在这种情况下发行没有优先购买权的股份，会将小股东的持股份额稀释到低于足以阻止特别决议通过的水平。[23] 然而，在回应大股东/小股东的代理问题时，法律须审慎，谨防由于给予小股东事实上可以敲诈大股东的权力而对其保护过度。多数决规则是一条贯穿公司法的重要的基本原则，对它的任何限制均须小心设计。任一股东均无绝对权利来期待其利益保持不变，这一条也在英国的法律中得以牢固确立[24]。欧洲法院的总法律顾问（Advocate-General）称，股东在公司中的出资比例保持不变，这是一项股东固有的权利。[25] 但在确定股票发行情况中股东保护的准确范围时，法院已对此种情况中可能产生的各类经济因素，表现出了应有的敏感。[26]

制定一项平衡的政策回应

无论在股权融资决策中给予股东话语权这种观点多么有说服力，所适用的监管框架制度仍需要集中于重要问题并富有效率，正如 Paul Myners（系一份关于该问题的由英国政府委托形成报告的作者）所解释的那样，在这一领域形成平衡是非常重要的[27]：

---

[22] *Hogg v Cramphorn Ltd* [1967] Ch 254；*Bamford v Bamford* [1970] Ch 212，CA；*Howard Smit Ltd v Ampol Petroleum Ltd* [1974] AC 821，PC.
[23] In *Re a company（No 005134 of 1986），ex p Harries* [1989] BCLC 383. 少数股东持股份额从40％稀释到4％。
[24] *Mutual Life Insurance Co of New York v Rank Organisation Ltd* [1985] BCLC 11.
[25] Case *C-42/95 Siemens AG v Henry Nold* [1996] ECR I-6017，Opinion of Advocate General Tesauro，para 15.
[26] *C-338/06 European Commission v Spain* [2008]ECR I-10139.
[27] Myners，*Pre-emption Rights*；*Final Report*，3.

股东希望知道，他们会得到保护，且其投资不会遭受不当的稀释。公众公司希望能在资本市场上以尽可能便宜和高效的方式，筹集新的资金，以实现成长与发展。上述说法均无特别的争议，均是不言自明的。但是，股东优先购买权是否会在公司发行新股时，对公司融资产生不利影响，却是一个复杂而棘手的问题。

第一，绝无可能给予小股东对于新股发行事项的绝对否决权，因为那将带来商业灾难。因而，如果要赋予股东特别权力来批准股份的发行，则应当通过要求股东简单多数或者超级多数同意来进行。与法律的一般规定相一致，这意味着股东会要以多数通过的普通决议或者至少75％通过的特别决议来完成。第二，基于同样的原因，有利于原有股东的优先购买权必须拥有内生的弃权机制，这一机制可以由股东通过简单多数或者超级多数的议决来启动，而且还应构造种种权利，以允许公司在原有股东拒绝行使优先购买权的情况下，或者在原有股东拒绝行使优先购买权的范围内，向外部投资者发行股份。第三，接受前述两个考量因素，必然意味着小股东容易受到大股东权力行使的侵害，因而政策制定者必须认可以下状况：关于董事义务及股东权利救济的法律一般规定能够提供充分的保护以防范权力的滥用。第四，必须严格审查关于股东权力及优先购买权的程序设计，以确保它们既尽可能富有效率，又能够实现其预定政策目标。

英国于1980年首次适用了《公司法第二指令》中关于股东配售和优先购买权的要求，英国经验表明，要想形成合理的平衡，还存在着很大的挑战。[28]《1980年公司法》中适用了欧盟的新规定，新规定被增加至已有的关于股东配售权利的国内法体系中，但并未仔细考察是否会使已有规定在事实上变得多余。此外，新规定既适用于私人公司，也是适用于公众公司（这超过了履行欧盟义务所需的最低标准）。直到后来人们才认识到，前述规定的部分内容是重复的，而且适用于公众公司的官僚形式的程序，常常不适用于规模较小的私人公司。在私人公司中，董事和股东常是相同的人，或者起码是联系更加紧密的一群人。在吸取了上述经验后，《2006年公司法》制定了一个更加精简的法律框架。

但2006年的改革并未将英国法简化至履行欧盟义务所需的最低标准。2008年出现了更多问题，当时有几家英国银行尝试通过筹集新的股本，来改善资产负债表。在当时市场情况不好恶化、股价大幅回落的环境中，银行需

---

〔28〕欧洲议会和理事会2012年10月25日制定的2012/30/EU号指令，系协调公司成员国所需的关于公众有限公司形成、公司资本维持和变更的保护措施，公司指《欧盟运行条约》第54条第2款所规定的实体，指令目的是使这些保护措施具有同等效力（重述）［2012］L315/74（《公司法第二指令》）。

要采取迅速的行动,但当时的法律规定和监管制度给银行制造了阻碍。[29] 很明显,一些制度设计的初衷很好,系为了建立股东保护机制,但却没有跟上现代证券市场的动态,也落后于即时可用的通讯方式。要遵守这些繁琐的监管框架规定,将会损害而非保护股东的利益。在金融危机中产生的系统压力,最终促成了新一轮的改革,包括对《2006年公司法》的改革,以及对相关的英国监管要求和机构投资者指南的改革。[30]

如果要更进一步,就要对《公司法第二指令》作实质的改革,但这不是欧盟当前的优先工作。然而,在欧盟资本市场的信息披露要求、融资监管制度方面,已产生了一些相关变化。[31] 英国保险人协会(Association of British Insurers,ABI)是主要机构投资者团体的代表机构。2013年,该协会将英国关于筹集新股本制度的内容(该制度也属于本章讨论范围)描述为基本上"符合目的"。[32] 现在,我们将对这一制度作更深入的考察。

《2006年公司法》规定的股东权力

《2006年公司法》第549条第1款规定,除了根据第550条(只拥有单一股份类别的私人公司)或者第551条(获得公司的授权)的规定,公司的董事不得行使公司的以下权力:(a) 以公司名义发行股份;或者(b) 授权认购股份,或者授权将证券转换成公司股份。董事故意违反本条规定或者允许或授权他人违反本条规定,将构成犯罪。但本条的任何规定均不影响发行的有效性。[33] 如果除了未能遵守本条规定外,在股份发行过程中董事违背了其一般义务,则股份发行的有效性将因此而遭受质疑。[34]

本条规定的特别授权要求,适用于所有类别的股份发行,包括普通股、

---

[29] E Ferran, 'What's Wrong with Rights Issues' (2008) 2 *Law and Financial Markets Review* 523.

[30] Rights Issue Review Group, *A Report to the Chancellor of the Exchequer*; FSA, *Rights Issue Subscription Periods* (CP09/4); FSA, *Report to HM Treasury on the Implementation of the Recommendations of the Rights Issue Review Group* (April 2010).

[31] 2010年11月的2010/73/EU号指令修订了2003/71/EC 201 OJ L327/1号指令,加入了第7(2)(g)条(基于优先购买权的股票发行的适当信息披露机制);(EU)No 486/2012号委员会授权规定修订了(EC)No 809/2004号规定,内容关于招股说明书的格式和内容、基本招股说明书,摘要和最终条款,以及[2012]OJ L 150/1的信息披露要求;欧盟委员会,建立关于信贷机构和投资公司恢复和决议框架机制的指令的建议(COM(2012)280)(规定缩短股东大会在紧急情况下决议增资的通知期限,并规定成员国可免于遵守一些特别规定的义务(包括增资和优先购买权),这些规定要求有股东同意,否则公司将无法形成有效、快速的决议。)关于招股说明书的要求可见第十三章。

[32] ABI, *Encouraging Equity Investment*, 6.

[33] 《2006年公司法》第549(4)—(6)条。

[34] *Hogg v Cramphorn* [1967] Ch 254; *Bamford v Bamford* [1970] Ch 212, CA; *Howard Smith Ltd v Ampol Ltd* [1974] AC 821, PC.

优先股、可赎回股份,但不适用于根据员工持股计划而发行的股份。[35] 它们还适用于诸如认股权证、可转换债券等混合证券(hybrid instruments)的发行,但不适用于与员工持股计划相关的发行。[36] 然而,在混合证券的发行获得妥当授权的情况下,特别授权要求并不适用于随后因行使认购权或转换权而导致的股份发行。[37]

拥有单一股份类别的私人公司

根据《2006年公司法》,拥有单一股份类别的私人公司的法律环境相当宽松:在公司章程禁止的范围之外,董事可以行使股份发行权力。[38] 要求资本结构简单的私人公司通过其章程引入一些限制性规定,这反映了政策的反转,因为按照《2006年公司法》颁布之前仍具有效力的《1985年公司法》,适用于除私人公司(并不仅仅是那些拥有单一股份类别的公司)之外的所有公司的特别授权要求,可以在满足特定条件和遵守特定替代性要求的情况下,选择不予适用。上述做法已在《1980年公司法》中作了规定。在此之前,公司法对于股份发行的公司章程性权力一直保持沉默,而是听任公司在章程中自行决定。标准的做法是,将股份发行的权力视为董事整体经营权力的一部分。而董事信义义务则成为制约权力滥用的一个原则。《1980年公司法》引入了股份发行必须获得股东大会授权的要求。[39]《公司法第二指令》仅仅适用于公众公司,但英国政府选择一开始就把这些新的要求同样适用于私人公司。《1980年公司法》被整合进了《1985年公司法》,而且没有大的变化。[40] 然而,有关私人公司的政策选择随后重新被提上议事日程,《1989年公司法》将私人公司的"选出"机制塞进了《1985年公司法》之中。[41] 在《2006年公司法》颁布之前,在对公司法进行整体评估的过程中,这一问题被再次提及。公司法评估指导小组得出结论称,在法律中加入受制于"选

---

[35]《2006年公司法》第549(1)—(2)条。
[36] 同上。
[37] 同上,第549(3)条。
[38]《2006年公司法》第550条。根据《1985年公司法》注册成立的公司,须通过一次性的事先同意的普通决议;《2006年公司法〈2008年(第8号过渡性规定及保留)命令〉》,SI 2008/2860,附件2,第43段。
[39] 第29条的目的在于,为所有成员国的股东提供最低标准的保护,相关案例有:C-19/90 and C-20/90 Karella v Karellas [1991] ECR I-269l. 也可参见 Case C-381/89 Syndesmos Melon tis Eleftheras Evangelikis Fkklisias [1992] ECR I-2111; Case C-441/93 Panagis Pajitis v Trapeza Kentril-is Ellados AE [1996] ECR I-1347; C-338/06 European Commission v Spain [2008] ECRI-10139, para 23 and para 26.
[40]《1985年公司法》第80条。
[41]《2006年公司法》第80A条;《1989年公司法》将其插入为第115(1)条,自1990年4月1日生效。

出"机制的特别要求,并没有反映绝大多数私人公司的需求。[42] 公司法评估指导小组建议,股份发行须经股东授权的这一法定要求不应适用于私人公司(拥有单一股份类别的私人公司除外)。[43]《2006年公司法》赋予了这一建议以法律效力。

公司的授权

《2006年公司法》第551条调整公众公司和拥有超过一种股份类别的私人公司的股份发行。它的调整范围也及于拥有单一股份类别的私人公司,但作为《2006年公司法》的一种程序更为简便的替代性规定,第550条在通常情况下会被私人公司所运用。

《2006年公司法》第551条规定,公司董事可以在获得公司章程授权或者经公司决议的情况下,以公司名义发行股份,或者授权认购股份或授权将证券转换成公司股份。常见的做法是,公众公司可以在年度股东大会上通过一项普通决议,以便进行授权。有的公司则适用了一种复合性的做法,即章程规定了部分授权,其规定每年不太可能作出变化,而每年股东大会决议仅更新与授权相关的股份或其他证券的数量。《2006年公司法》551条之下的授权可以是笼统的,或者是针对特定权力的行使而作出;另外,它可以是无条件的,或者是附加条件的。[44] 决议必须载明根据授权可以发行的股份的最高数额及授权到期日。[45] 与授权认购公司股份或者授权将证券转化为公司股份有关的是,根据授权可以配售的股份最高数额是指根据权利可以配售的股份的最高数额。[46] 标明数额的要求,可以排除公式的运用。

长期以来,英国主要的机构投资者(英国保险人协会、国家养老金基金协会(NAPF))一直认为,《2006年公司法》第551条授权配售的新股不应超过已发行股本的三分之一,是一项常规性要求。[47] 在2008年的困难市场行情中,上述惯例的限制性过强。当时,银行急需新的股本,但发现其采取快速行动的能力被上述法律义务限制了,因为要配售超过《2006年公司法》第

---

〔42〕 Company Law Review Steering Group, *Modern Company Law for a Competitive Economy: Final Report*, URN 01/942 para 4.5.
〔43〕 同上。新股配售可能会影响权利,例如,通过稀释现有的投票控制权,发行新股将对权利构成影响。但在确定是否存在权利的变种、而且这种变种要求获得特定类别的股东同意这一目的而论,权利本身的变化和行使权利的变化这两者之间存在区别。关于类别权利的探讨,请参见接下来的第6章。
〔44〕《2006年公司法》第551(2)条。
〔45〕 同上,第551(3)条。
〔46〕 同上,第551(6)条。
〔47〕 ABI, *Directors' Powers to Allot Share Capital and Dis-apply Shareholders Pre-emption Rights* (November 2009); NAPF, *Corporate Governance Policy and Voting Guidelines* (November 2011) 35.

551条授权的股份，须征得股东同意。实践已适应了上述经验：根据现有英国保险人协会的指南，如请求授权配售进一步的三分之一股份，也将被视为常规性要求，但条件是：增加的股份只能全部用于优先购买权的发行；如果此项权利已实际使用，累计实际使用的总额已超过名义价值的三分之一，且货币收益超过发行前股票市值的三分之一。愿意继续留任的董事会成员，将在下一届股东年会(AGM)上重新选举。[48]

授权的最高年限是5年。[49] 授权期限可以进一步续展，但续展以不超过5年为限，公司可以通过普通决议在任何时候将其撤销。[50] 在实践中，授权通常每年都会更新以适应经年累月中公司资本的发展变化以及变动不居的公司需求。在授权到期后，在以下情况下，董事可以继续行使权力：(a)根据授权到期之前公司的承诺或协议发行了股份或者授予了权利，并且(b)授权允许公司作出承诺或协议，这些承诺或协议要求或者可能要求授权到期之后发行股份或授予权利。[51] 在实践中，上市公司的授权常每年修订一次，以适应公司资本在一年中的变化以及公司需求的变化，同时也能满足机构投资者的期望。[52]

《2006年公司法》的法定优先购买权

《2006年公司法》第17部分第3章明确规定了强制性的优先购买权。第17部分第3章的基本结构是，除了三个主要的例外[53]，优先购买权适用于公众公司和私人公司所有普通股的发行，或适用于公司股份的认购权，或者适用于将证券转换为公司的普通股。然而，人们可以不运用优先购买权，而且在涉及私人公司的场合，优先购买权可以被彻底排除。值得提及的是，除非采取了积极的措施来"选出"，优先购买权适用于私人公司的发行，甚至是适用于那些只拥有单一股份类别的公司。因为优先购买权是一项防范权利稀释的措施，而在小型封闭式公司中，一旦那些公司经营人员的个人关系

---

[48] ABI, *Directors' Powers to Allot Share Capital*.
[49] 《2006年公司法》第551(3)条。
[50] 同上，第551(4)—(5)条。可以通过普通决议来撤销，即便在修订公司章程时也是如此(第551(8)条)。
[51] 同上，第551(7)条。
[52] NAPF, *Corporate Governance Policy and Voting Guidelines*, 36. 根据英国保险协会的指导意见，文件第551条把对完全优先购买权的额外空间的授权视为例行事项，且授权有效期仅为1年；ABI, *Directors' Powers to Allot Share Capital*.
[53] 《2006年公司法》第564条(红股发行)、第565条(非现金发行)和第566条(员工持股计划)(请注意，本章并未进一步探讨《2006年公司法》第576条，该条为某些早期的优先购买权程序，提供了空间)。

开始崩溃,小股东面临的权利稀释风险就特别高,因而,人们或许会认为,法律按以下基础运作是适当的:优先购买权一体适用,除非股东作出了相反的积极的决定。《2006 年公司法》修订了《1985 年公司法》[54]及更早的《1980年公司法》[55]中有关法定优先购买权的内容,变更的内容涉及相当多条款。对于公众公司而言,公司立法中的优先购买权规定系英国履行《公司法第二指令》第 29 条的义务,后者要求以优先购买权为基础向股东发行股份。在英国加入欧盟之前,公司立法并没有优先购买权条款,但对于在伦敦证券交易所上市的公司而言,它们要遵循的上市规则中包含了此类要求。

与"股权证券"的"发行"相关的优先购买权:定义

《2006 年公司法》第 17 部分第 3 章中的法定优先购买权,适用于与"股权证券"有关的发行。股权证券被界定为(a)公司的普通股;(b)认购公司普通股的权利,或者将证券转换为公司普通股的权利。[56]"普通股"是指只享有分配规定数额的股息和资本之权利的股份之外的股份。[57] 优先股通常不在这一定义范围之内,但在股息或资本(或两者兼有)的分配方面,如果股份除了享有封顶的优先购买权,还享有全面参与分配的权利,则就此目的而言,股份也是普通股。关于普通股的界定,既关乎何时作出享有优先购买权的要约,又关乎有权接受这一要约的原有股东的认定。

"发行"包括(a)授权认购公司的普通股,或者授权将证券转换成公司普通股,以及(b)出售此前被公司作为库藏股而持有的公司普通股。[58] 在优先购买权这一法定权利适用于授予认购权或转换权时,它们并不适用于根据该权利而发行股份。[59] 换言之,这些程序不必被遵循两次。

法定优先购买权的运作程序

《2006 年公司法》第 561 条要求拟增发股权证券的公司首先向其原有普通股股东(如公司自身持有库藏股,则不考虑作为股东的公司)[60]以与其他人相同或更有利的条款发行证券。向每位普通股股东发出的优先购买权要约,其所占的增发股权证券的比例,要与该股东持有的公司普通股股本(不

---

[54] 《1985 年公司法》第 89 条。
[55] 《1980 年公司法》第 17 条。
[56] 《2006 年公司法》第 560(1)条。
[57] 同上。
[58] 同上,第 560(2)—(3)条。
[59] 同上,第 561(2)(b)条。
[60] 同上,第 561(4)(a)条。

包括库藏股）之名义价值所占的比例几乎相等。[61] 确定有权接受要约的股东及其比例权益的记录日期，可以由公司选定，但该日期必须在要约发出之前 28 日的期间内。[62] 认股权证、可转换债权证券以及非参与性优先股的持有人不是普通股股东，因而不属于要约指向的群体。[63] 非参与优先股股东同样如此。在公司可以采取优先购买权要约之外的方式发行证券之前[64]，优先购买权要约设定的承诺期限必须已经届满，或者公司已经收到了针对此类要约的承诺通知或者拒绝通知。[65] 优先购买权要约的法定最低期间是 14 天，这是欧盟法规定的最低要求。[66] 要约期间较 2009 年规定的 21 天有所缩短，这一改变在几年前就已有人建议[67]，但直到在 2008 年至 2009 年才获得决定性的支持，当时银行在紧急募集股本时发现，延长要约时间会产生严重的定价风险。[68]《2006 年公司法》第 562(5) 条特别规定，如果要约是以纸质副本的形式发出，则这一期间始于要约发送或被提供之日；如果要约是以电子格式发出，则这一期间始于要约发送之日；如果要约是在公报上公布，则这一期间始于公布之日；因此，没有必要直到收到要约后，才开始计算这一期间。

116　　拥有法定优先权的要约的发出过程是，要约必须向普通股股东以纸质副本或电子形式发出。[69] 如果持股人(a) 在一个欧洲经济区国家没有登记地址，并且没有为该通知的送达向公司提供在欧洲经济区国家的地址，或者(b) 是认股权证的持有人，则通过在伦敦公报上公布该要约，或者登载通知以指明何地获得或查询该项要约，可以发出要约。[70] 将英国的要约文件送至其他国家，可能会带来许多问题，因为此类文件的发布可能会触犯所在国的证券法律，除非这些文件遵循了当地法律的形式要求，而且完成了所有的必要法定审批程序。要约中的外国法因素可能会延长发行时间并增大发行成本。公报提供了解决这一问题的方法。最近表现在欧洲经济区和其他国家之间的差别，反映了以下事实：相对于欧洲经济区外部而言，国外有关证

---

[61]《2006 年公司法》第 561(1)(a) 和第 (4)(b) 条。
[62] 同上，第 574 条。
[63] 将法定优先权的益处扩展至公司债持有人等，将不符合《公司法第二指令》规定。可见 *European Commission v Spain* [2008] ECR I-10139.
[64]《2006 年公司法》第 561(2) 条允许公司在时间限额内将已经发行给普通股股东的证券予以配售、或者配售给那些股东本着有利于其而放弃配售权利的任何人。第 561(2) 条所提及的"发行"看起来是指 561(1) 条所要求的优先权发行。
[65]《2006 年公司法》第 561(1)(b) 条。
[66] 同上，第 562(5) 条适用了《公司法第二指令》第 33(3) 条规定。
[67] Myners, *Pre-emption Rights Final Report*, 33; Company Law Review Steering Group, *Final Report*, para 7.31.
[68] Ferran, 'What's Wrong with Rights Issues'.
[69]《2006 年公司法》第 562(2) 条。
[70] 同上，第 562(3) 条。

券监管的法律在欧洲经济区内部更不会成为问题,因为欧盟关于招股说明书、定期披露义务的要求,具有一致的效力。欧盟[71]正如本章后面所要探讨的,全面上市的公司除了把认股权发行文件向欧洲经济区的所有股东发送之外,别无其他选择,因为这些公司要遵守金融行为监管局(FCA)(实施欧盟有关透明度的法律)的规定,后者要求平等对待所有股东,并且在欧盟范围内有效发布信息。对于那些不适用欧盟招股说明书和透明度法律的公司而言(例如融资需求不那么强烈的非上市公司,它们在融资时可以豁免适用招股说明书的相关要求),与把发行文件发送至欧洲经济区其他国家相关的直接或间接成本,可能会导致《2006年公司法》的优先权设计缺乏吸引力,也会成为人们不适用或者排除适用该机制的理由。

《2006年公司法》并不要求要约以可放弃发行函的方式来进行。在这一方面,法律保护还不够全面。但对于上市公司而言,上述不足可由金融行为监管局的《上市规则》来填补。当上市公司发行认股权时,这是投资者最喜欢的优先购买权的发行形式,发行人应当以可放弃发行函的形式(或其他可转让单据),向现有持股人发送要约,使其根据持股比例认购或购买新的股票,可放弃发行函在要约期间可以交易(作为"未缴股款"权利)。[72]

不遵守规定的后果

如果未能遵守法定的优先权程序,将使公司及每个故意授权或许可违反行为的管理人员,对于因违反行为而遭受或产生的任何损失、损害、成本或支出,根据相应的条款,向要约应当发送到的任何人,承担个别或连带赔偿责任。[73] 根据本条,提起损害赔偿的时效为2年。[74] 未能遵守法定的优先权程序,其本身并不能导致股份发行无效,但在适当情形下,法院可以行使《2006年公司法》第125条赋予的权力,把错误地得到发行股份的人名除去,从而修正公司成员名册。在 *Re Thundercrest Ltd*[75] 一案中,法院正是这样做的。在该案中,一家小型私人公司违反了法定优先权,向董事发行了股份,这些董事对违法行为负有责任。法院修正了这家公司的成员名册,把这些董事的名字从成员名册中去除。法院认为,董事对违法行为负有责任,如果在这种情况下不修正成员名册,则会导致董事因违法情事而获利。

---

[71] 参见下文第十四章。
[72] FCA, *Handbook*, Glossary Defintions.
[73] 《2006年公司法》第563条。
[74] 同上,第563(3)条。
[75] [1995] BCLC 117.

股东不愿行使(或出售)认股权

即便完全按照法律要求作出要约，现有股东也有可能要出局。因为有些消极的股东不回应优先购买新股票的要约，就要承受财产贬值或稀释的风险。《2006年公司法》关于优先购买权的强制规定并未特别提示这一风险。但也存在这样一种可能，即新股要约完全符合《2006年公司法》的要求，而事实上却是不公平的歧视行为，且旨在损害小股东利益。[76]对于上市公司的股东而言，《上市规则》提供了更为有力的事前保护。就认股权发行的问题，《上市规则》规定，如果现有股东不行使认购权利的，在要约期满后股份应当投放到市场中，超出认购价或购买价(净费用)的溢价应由持有者承受，除非当前持有者的收益不超过5英镑的，该收益可保留为公司利润。[77]这种对所谓"懒惰"股东的保护机制，是对《上市规则》要求的补充，《上市规则》要求认股权发行需采用可放弃发行函的形式，使积极主动的股东能够实施自助行为。有人指出，"认股权发行为不接受的股东提供了两种获得补偿的机会"，"认股权发行为股东提供了法定优先购买权规定以外的权利和利益，因此受到了股东的青睐"。[78]

法定优先权何时不适用

优先权程序并不适用于红股发行[79]、以或者将以货币以外的方式全额或部分缴付的股权证券的发行[80]、根据员工持股计划[81]的证券发行。以非现金为对价的发行的例外情形，另予置评。

卖方配售(vendor placing)

优先权并不适用于非现金对价的发行，这一现实促进了换股收购及公司将股份当成现金来使用的收购交易。[82]然而，人们会使用更有创造力的方法来运用这些例外，大体说来，这些方法是一些为规避法律而人为设计的结构性安排，因而其合法性不无疑问。此类结构的第一种是"卖方配售"。

---

[76] Companies Act 2006, s 994; *Re Sunrise Radio Ltd* [2010] 1 BCLC 367; *MckKillen v Misland (Cyprus) Investments Ltd* [2012] EWHC 2343 (Ch), [555].
[77] LR. 9.5.4.
[78] FSA, *Report to HM Treasure*, 6. 货币化是机构投资者偏爱认股权发行的重要原因，还可参见 ABI, *Encouraging Equity Investment*, 32—33.
[79] 《2006年公司法》第564条。
[80] 同上，第565条。
[81] 同上，第566条。
[82] HS Drinker, 'The Pre-emptive Right of Shareholders to Subscribe to New Shares' (1930) 43 *Harvard Law Review* 586, 607.

在卖方配售中,在技术层面买方向卖方发行新股,以作为买方购入的资产的对价,因而符合非现金对价发行可豁免适用优先权的范围,然而,卖方即刻以自己名义在市场上出售新股,其结果是卖方获得了新股发行的现金收益。因而,这样操作的最终后果是,卖方得到了其出售资产的现金对价,而作为资产买方的公司却不需要向其股东寻求现金,也不需要寻求其股东的许可从而以非优先权为基础来筹集现金。

虽然这种两阶段的程序设计,存在着某种程度上的人为因素,但人们仍然可以认为,卖方配售足以满足构成了豁免的基础目的:收购的便捷,并使其得以接受。公司通过购买有价值的资产扩张了其资产负债表,并借此保持了每一位投资者在企业中的资产份额。另外,购买特定的经营性资产的决定,在满足一定约束条件的前提下,是一种经营事项并且属于董事会的判断范围。当然,在实践中,只要将机构投资者关于这种结构的观点考虑进去,也不会认为卖方配售充满争议。机构投资者认为,在大规模发行股份或者股份发行的市场折价幅度高于适度水平时,现有股东可以期待拥有要回利益(clawback)的权利(也就是说,原有的股东有权按议定前的价格购买发行的股份)。

但是,带有"要回利益"约定的卖方筹集行为并不多见。[83] 相反地,卖方筹集通常要遵守英国保险协会的指导意见,该意见规定,只有配售规模超过已发行股本 10% 以上[84],或折价超过 5% 时,才有可能约定"要回利益"。[85] 在上市公司中,就定价而言,投资者的预期来自《上市规定》的一项特别要求,即将最高折价率限制为市场价格的 10%,除非发行公司的股东特别同意更高的折价。[86] 如果要求约定"要回利益"的,通常会采取"公开发行"的方式,这是优先购买权发行结构的一种变化。关于认股权发行与公开发行间的区别,以及它们的重要性,将在本章后文探讨。

钱箱结构(cashbox structures)

卖方配售暗含着必须存在卖方。比卖方配售再进一步的是"钱箱"结构,在这一结构中,作为第三方的卖方并不直接介入合同结构之中。在"钱箱"结构中,需要资金的公司(发行人)创建一家新公司,这家新公司向一家

---

[83] ABI, *Encouraging Equity Investment*, 33.
[84] 设定 10% 限制的另一项动机是,已获准交易的发行人在此限制内的二次发行,无须提交招股说明书(《招股说明书规定》第 1、2、3(1)条)。如果发行符合豁免规定,也无须提供公开招股说明书(如合格投资者:《金融服务与市场法》第 86(1)(a)条)。关于招股说明书的一般规定,可参见本书第十三章。
[85] ABI, *Shareholders' Pre-emption Rights and Vendor Placings* (1999); ABI, *Encouraging Equity Investment*, 33.
[86] 《上市规定》第 9.5.10 条。

中介银行发行普通股和优先股。该银行承诺支付认购价格(X),然后同意将新公司(基于税收原因,通常为新泽西公司)的普通股和优先股转让给发行人,以换取发行人向该银行找到的受配售人发行的股份。因而,发行人的这种配售模式是一种非现金对价的发行。然后,银行可以向新公司支付 X,发行人可以将其提取。例如,发行人可以通过回赎优先股或者集团内贷款的方式来获得 X。"钱箱"结构最初出现的目的,是为便于公司筹集未来的收购融资,而无须承担与优先购买权发行有关的成本、迟延和风险,也无须考虑在特定收购中的卖方配售的潜在复杂问题。随着时间的推移,这一机制的使用范围越来越广,包括在认股权发行中使用,乍一看,这可能与人们的认知略有不同。[87] 在认股权发行中,"钱箱"的优势在于,如发行人要发行股份并接受非现金对价(如新公司股份)的,应当符合《2006 年公司法》第 612 条关于合并免除的规定;当新公司的价值之后被提取时,这将会使发行人持有可分配的储备金。[88]

"钱箱"的广泛使用,使人们开始关注这样一个问题,即这种结构是否可以被取消,因为这是一种人为地、不适当地规避法定要求的行为;这些法定要求是实施欧盟法的规定,应当根据特定目的进行解释。欧盟法实践并未直接解释这一问题,而英国法院也没有考察过此问题。如果由股东发起诉讼来质疑"钱箱"结构的有效性,其前景也不被看好。一是因为此类诉讼在英国公司治理中所起的作用非常有限;二是因为股东偶尔在准合伙公司以外的情形中,提起诉讼质疑股权发行结构,诉讼结果往往并不好。[89] 在此背景下,机构投资者没有进一步探讨诉讼的潜在用途的另一个原因是,他们拥有一种不同的、可能更为强大的武器:治理权。在 2009 年,英国保险协会致函上市公司的董事长,强调了投资者对优先购买权的重视,并指出董事会应对其行为负责;虽然在信函中没有明确说明,但这份信函暗示着,如果"钱箱"结构被使用的话,英国保险协会建议其成员投票反对董事重选连任。[90] 对于越来越多地使用"钱箱"结构的行为,其目的是规避与优先购买权相关

---

[87] ICAEW & ICAS, *Guidance on the Determination of Realised Profits and Losses in the Context of Distributions under the Companies Act 2006*(TECH 02/10)。该规定第 12 节对钱箱的结构,以及该结构不断扩大的用途,作了有益的概述。还可参见 ABI, *Encouraging Equity Investment*, 34。

[88] 关于合并豁免的使用,请参见第四章。在这些情形下产生的储备金是否属于已实现利润,参见《技术性说明》02/10,第 12 条,尤其是 12.7 段(从表面上看,储备金将被视为已实现利润)。

[89] *Mutual Life Insurance Co of New York v Rank Organisation Ltd* [1985] BCLC 11; *Re BSB Holdings Ltd (No 2)* [1996] 1 BCLC 155.

[90] N Holmes and C Chambers, 'Recent Trends in Secondary Equity Offerings' in PLC, *Crossborder Capital Markets Handbook 2011*(PLC, 2011),〈http://www.ashurst.com/doc.aspx?id_Content-.5891〉(2012 年 7 月访问)。

的规则要求和当事人期望,国家养老金基金协会也表达了关切。[91] 当"钱箱"不直接用于收购相关融资时,机构投资者是否能接受"钱箱"结构,其意见还有待进一步明确。[92]

优先权的不适用:所有的公司

所有的公司,无论是公众公司还是私人公司,只要在其章程中有此规定或通过特别决议,均可以不适用优先权。[93] 在运用这一不适用优先权的程序时,还须回过头来参考《2006年公司法》第551条的授权机制。第一,当公司董事为第551条之目的而获得一般授权时,优先权可以因章程规定而不适用,或者根据授权而作出的针对所有发行的特别决议而不适用,或者董事可被授权将不适用的情形适用于董事决定的调整后的发行。[94] 第二,当公司董事为第551条的目的而获得一般或特别授权时,公司也可以通过特别决议,决定优先权不适用于特定的发行,或者适用于决议所规定的调整后的发行。[95] 要通过第二种情形的特别决议,必须满足特别的程序要求。[96] 当与第551条有关的授权被撤销或者到期时,不适用的情形停止生效[97];这意味着根据这一程序,不适用优先权的最高期限是5年。如果第551条的授权被更新,则不适用优先权的期限也可以更新,但更新后的期限不得超过更新后的授权期限。[98]

认股权发行或公开发行不适用优先权

就表面而言,英国上市公司融资实践的一个令人吃惊的特色是,在有关认股权发行和公开发行这些优先权发行的变种中,不适用法定优先权已是司空见惯。[99] 标准的不适用优先权的决议中,一般有如下规定:

> 董事会应遵守在先通过决议,并按照《2006年公司法》第570条规定,董事会可根据在先决议的授权来配售权益证券(在《2006年公司法》

---

[91] NAPF, *Corporate Governance Policy and Voting Guidelines*.
[92] ABI, *Encouraging Equity Investment*, 36—37.
[93] 《2006年公司法》第570—571条。
[94] 同上,第570条。
[95] 同上,第571条。
[96] 同上,第571(5)—(7)条和第572条。
[97] 同上,第570(3)条和第571(3)条。
[98] 同上。
[99] 关于二级资本募集的发行结构的考察,包括认股权的发行、公开发行、配售以及钱箱结构,可参见 W Pearce, C Haynes and A Kirkby, 'Equity Financing of Acquisitions: Impact on Offering Structures' (2011) 22 PLC 23.

第560条规定范围内)以筹集资金,如同《2006年公司法》第561条第(1)款不适用于该配售;但该项权力将被限制于:

　　(i)一种权益证券的配售,该配售与有利于普通股东的发行相关(无论是以认股权发行、公开发行或其他方式),即所有普通股东所享有利益对应的权益证券,与各股东持有的普通股数量成适当比例(或尽可能成比例)。

　　(ii)……

　　还应遵守以下排除措施或其他安排的约束;这些安排在各国法律中或监管机构、股票交易所的监管要求中,关于库存股、零碎股、登记日期,法律或实际问题等事项,且董事会认为这些安排是必要的或有帮助的。

这一做法产生了一个显而易见的问题:在认股权发行(或其他相似结构)且法定优先权之目的正是该认股权发行的一部分,也就是说,以比例为基础向原有股东发行新股时,为何不适用法定的优先权? 解决这一显见困境的方法,存在于法定要求的细节里,与上述规则相比,这些法定要求在某些方面不容变更。[100]

期间

在《上市规则》中,认股权发行的最短要约期间为10个工作日,起算的第1个工作日为该要约首次接受承诺之日。[101]《2006年公司法》规定的期间为14日。[102] 金融危机发生后,因为金融机构需要紧急筹集资本,因此在审查了认股权发行程序的效率后,上述两个期间都被缩短了。[103] 在确定工作日时,《上市规则》的规定与伦敦证券交易所《准入和披露规则》的规定一致。[104] 金融服务管理局在评估其做法时发现,市场参与者认为规定10个工作日的期间更加合理。[105] 虽然规定14个自然日有助于缩短融资的周期,因为该期间内可能有银行休息日或公众假期;但人们认为,较长的期限更有利于保护投资者利益,因为在假期中,文件在邮政系统的转递时间、银行系统的交易时间均有所延长,而在股市中的交易日则减少了,通过CREST系统(英国证券结算系统)进行电子承兑的日期也减少了。无论是法定优先购买权的发行,或是《上市规则》的认股权发行中,如需要召开股东大会的,发行时间表

---

[100]《上市规则》第9.3.11—9.3.12条。
[101] 同上,第9.5.6条。
[102]《2006年公司法》第562(5)条。
[103] Rights Issue Review Group, *A Report to the Chancellor of the Exchequer*; FSA, *Rights Issue Subscription Periods* (CP 09/4).
[104] CP 09/4,7.
[105] FSA, *Rights Issue Subscription Periods* (PS 09/2) 7.

均将被延长至(大约)2周以上。在一些情形中这是很有必要的,例如,更新《2006年公司法》第551条的授权,或作出一项新的不适用决议,或认股权发行是为了一项大型收购而融资(该行为本身就需要股东的同意)。延长时间表将会增加承销佣金,并会影响发行成本,因为佣金是根据承销商负担风险的时间来确定的。英国金融行为监管局不允许发行期间与会议通知期间重叠,因为如果所需决议未通过的话,将会导致复杂的情况。如果上述期间同时计算的话,未缴款股权的交易在事实上取决于所需股东的同意,如果未满足条件的,要么该交易被解除,要么买受人将不得不买下毫无价值的证券。[106] 可以通过取消未缴款供股权的交易(如公开募集那样,后文将作讨论),来避免上述问题,但未缴款供股权交易是一项重要机制,可以防止价值从现有股东转移至新股东,这也是投资者更倾向于认股权发行而非其他类似发行的重要原因之一。因此,从公司的角度看,这实现了简化流程与保护投资者利益之间的平衡。

股份的分割

在技术层面,股东有权拥有1股分割后的部分(例如,当认股权发行的基础是每持有5股的股东有权优先购买1股,则持有7股的股东在技术层面有权主张1股分割后的部分)。在引入法定优先权之前,会采取以下做法:合并这些分割后的股份,并在新股发行开始后,以有利于公司的方式,尽快卖出针对这些分割股份的权利。根据《2006年公司法》第561条,这种做法不再可行,因为法律要求公司针对原股东发出的要约,在比例上要尽可能与股东原有持股比例相近似。将分割后的股份打包或者在计数上降至最为接近的整数,这是可行的,因而,看起来公司必须这样做以遵守法定要求。这意味着在实践中公司或许不可能筹集到完整的数额,而且公司会丧失本来可以从出售分割后的股份所获得的利益。不适用法定优先权使得可以为公司利益而出售分割后的股份。《上市规则》明确规定了为处理分割后的股份之目的而不适用优先权[107],从前文引用的决议例证看,不适用优先权的决议常明确提到上述规定。

海外股东

将认股权发行文件向其他国家的股东发送,会带来许多问题,因为那些文件的发放可能会触犯其国家的证券法,除非那些文件符合当地法律的形式要求,而且完成了法律规定的必需的审批程序。虽然《2006年公司法》为此种情况设置了规定,允许公司通过伦敦公报向欧洲经济区之外的海外股

---

[106] Rights Issue Review Group, *A Report to the Chancellor of the Exchequer* 25—27; FSA, *Report to HM Treasury*, 11—13.
[107] 《上市规则》第9.3.12(2)(a)条。

东发出通知,但不适用优先权的决议通常允许董事对海外股东作出此类他们认为适当的安排。除了此类安排之外,海外股东还有权参与认股权发行(参见前文引用的决议例证)。在实践中,这意味着新股发行所触犯的相关证券法律所属国家的海外股东,可能会被排除在要约范围之外,相反,代表他们权利的新股可能会在新股开始交易时被售卖到市场中,而此种售卖的净收益会移送给他们。对于上市公司而言,上述做法将得到《上市规则》的认可。[108]

以上述做法排除海外股东,将引发关于股东公平和平等待遇的问题。英国公司的董事负有一般的法定义务,即应对公司成员公平行事。[109] 除此以外,英国金融行为监管局的上市公司《披露和透明度规则》实施了欧盟《透明度义务指令》,《规定》明确要在信息要求方面,平等对待处于同一地位的股东。[110]《公司法第二指令》第 46 条也规定,为实施该指令,上市公司也应享有平等待遇。[111] 但在欧盟法律中,并没有规定少数股东平等待遇的一般原则。

平等和公平的待遇并不意味着所有股东必须得到完全相同的方式对待,因此,法律并没有绝对禁止以下行为,即排除某些股东购买新证券,并给予其金钱补偿。从单纯的国内法角度看,这种观点获得了 *Mutual Life Insurance Co of New York v The Bank Organization Ltd*[112] 一案的支持。在该案中,定居于美国和加拿大的持有某公司 53% 的股权的股东,被排除于认股权发行之外。有人提起诉讼,认为其违反了规定于公司章程中的公司及其成员之间的合同。有人特别指出,将这些股东排除在外,有悖章程要求公司平等对待同一类别的股东的要求。Goulding 法官根据以下理由,驳回了这一挑战:董事本着有利于公司利益的善意来作出发行决定;美国和加拿大的股东并没有受到不公平对待,因为他们没有获得购买新股的权利,并没有影响其股份或附着于股份之上的权利;并没有迹象表明要约的条款是缺乏远见的;没有一名股东有权期待其在公司中的利益份额永远保持不变;而且,北美股东被排除在外的原因在于其个人境况发生了困难。

公司章程所形成的法定合同,其性质有些模糊不清,而且法院会在什么

---

[108]《上市规则》第 9.3.12(2)(b)条。
[109]《2006 年公司法》第 172(1)(f)条。
[110]《披露和透明度规则》第 6.1.3 条,适用了 2004 年 12 月 15 日欧洲议会和委员会 2004/109/EC 号指令,内容是协调关于发行人信息的透明度要求,此种发行人的证券被允许在规范的市场中交易[2004]L390/38,第 17 条(《透明度义务指令》)。2004/109/EC 号指令被 2013/50/EU 号,[2013]OJ L294/13 号指令修订。
[111] Case-101/08 *Audiolux SA v Groupe Bruxelles Lambert SA*(GBL)[2009] ECR I-09823.
[112] [1985] BCLC 11.

范围内执行那些文件所包含的条款,也不确定。[113] 部分是出于这些原因,合同诉讼近年来日渐式微,取而代之的是《2006 年公司法》第 994 条之下的诉讼,该条允许公司成员寻求不公平损害行为的救济。[114] 然而,并不确定的是,法院在 Mutual Life 一案的裁决中,以那些其认为说服力很强的原因将海外投资者排除在认股权发行之外,如果这些海外投资者根据本条提出诉请,其结果是否会更好,至少他们居住在欧洲经济区之外。虽然该案不是《2006 年公司法》第 994 条之下的诉讼,但在 Mutual Life 一案的裁决中,Goulding 法官认为,该项排除并非不公。Re BSB Holdings Ltd (No 2)[115] 沿袭了这一分析理路。在该案中,Arden 法官认为,公司复杂的资本重组并没有构成对原告不公平的伤害,他明确地把 Goulding 法官在 Mutual Life 案裁决中所运用的三个理由运用到手头上的这件案子中,以证明不存在不公平的情事:(1) 重组并没有影响原告的股份或附着于股份之上的权利之存在;(2) 构成重组一部分的认股权发行条款并没有罔顾未来;并且(3) 原告并没有获得股份的压倒性权利。

至于欧盟法规定的平等对待股东的要求,欧洲法院驳回了对具体规定的宽泛解释。[116] 总法律顾问(advocate-general)直接引用了《公司法第二指令》第 46 条,解释称:"平等对待股东原则在欧盟若干成员国的法律体系中已有规定,但根据主流观点,该原则并不意味着公司有义务以同样的方式对待所有股东,该原则意味着,不平等的对待需要充分、客观的理由。"与 Goulding 法官在 Mutual Life 案判决中相似的理由,可以为排除海外股东的制度安排提供客观的依据。

在此处,明确"海外股东"在上述文义中的含义,非常重要。从历史角度看,"海外股东"是指并非位于英国的股东,但现在有必要认为,非位于英国但位于其他欧洲经济区国家的股东也是"海外股东"。就法定优先购买权制度而言,英国和其他欧洲经济区国家的股东地位相同:《2006 年公司法》伦敦

---

[113] 它引发了大量的学术讨论,其中包括以下论文:KW Wedderburn, 'Shareholders' Rights and the Rule in *Foss v Harbottle*' [1957] CLJ 194; GD Goldberg, 'The Enforcement of Outsider Rights under Section 20 of the Companies Act 1948' (1972) 35 MLR 362; GN Prentice, 'The Enforcement of 'Outsider' Rights' (1980) 1 *Company Law* 179; R Gregory, 'The Section 20 Contract (1981) 44 MLR 526; GD Goldberg, 'The Controversy on the Section 20 Contract Revisited' (1985) 48 MLR 158; RR Drury, 'The Relative Nature of a Shareholder's Right to Enforce the Company Contract' [1986] CLJ 219.

[114] 根据《2006 年公司法》第 994 条,法院对于一项成功的诉请可以赋予的救济范围,是一项重要的因素,它激励着股东去优先寻求本条法律规定的救济:参见 Law Commission, *Shareholder Remedies A Consultation Paper* (Law Com CP No 142, 1996) paras 20.2—20.4。

[115] [1996] 1 BCLC 155.

[116] Case C-101/08 *Audiolux SA v Groupe Bruxelles Lambert SA* (GBL) [2009] ECR I-09823; Case C-338/06 *Commission v Spain* [2008] ECR I-10139.

公报的规定只适用于非欧洲经济区国家的股东,这意味着所有欧洲经济区国家的股东,无论其是否在英国,都应当受到平等对待。[117]《上市规则》(以及标准的不适用优先购买权的决议)未明确规定,而是授权各国根据必要性和便利性,并根据发行人注册国(除英国外)以外的其他地区的法律或法规要求,实施排除行为。[118] 但考虑到欧盟资本市场法已达到高度协调的状态,在正常情形下,很难认定以下问题,即把非英国的欧洲经济体国家股东排除在认股权发行(或同类发行)之外,是否具有必要性或便利性。欧洲共同体内部证券市场的一体化,是其一个主要政策目标,并且现在英国国内法中已经实施了大量的欧盟法律,以促进并支持欧盟法律的发展。特别是,欧盟的一部分相关法律整合了各国招股说明书的披露要求,并且提供了一种护照的便利(借此,获得发行人母国证券监管机构审批的招股说明书,在欧盟全境都具有效力),这使得欧洲经济区内部的跨境发行变得更为简便。[119] 虽然各成员国关于招股说明书的规定有所区别,如列入不准确信息的法律责任,但当事人要遵守多种不同法律要求的负担已大大减轻。此外,如前所述,欧盟资本市场的法律还要求,上市公司应当在信息披露方面平等对待股东。[120] 受规制的信息必须以非歧视为基础、通过运用被合理信赖着可以向整个欧盟的公众有效传播的媒介来发布。[121] 上述要求均反映在英国金融服务局《披露和透明度规则》中。[122]

将英国之外的欧洲经济区的股东排除在优先购买权要约之外,与上述要求并不一致。在实践中,作为英国监管者的金融监管局,通常会期望欧洲经济区国家的所有股东,而被纳入上市公司的要约范围内。

公开发行

公开发行是金融监管局《上市规则》所批准的优先权发行的一种变种形态。[123] 公开发行被界定为向原有持有人发出的按其持股比例认购或购买证券的邀请。它不是以可放弃函(或其他可转让单据)的形式作出。该项要约不是以可放弃函的形式作出这一事实,使公开发行不同于认股权发行。从时间安排的角度看,没有未缴款股权是有利的(从成本角度看也是有利的,因为缩短了承销时间),因为要约期间可以与需要召开的股东会的公告期间

---

[117]《2006年公司法》第562条。
[118]《上市规则》第9.3.12(b)条。
[119] 还可进一步参见下文第十三章。
[120]《透明度义务指令》第17条。
[121] 同上,第21条。
[122]《披露和透明度规则》6.1.3条和6.3.4条。
[123] FCA, *Handbook*, Glossary Definitions. 关于公开发行,参见《上市规则》第9.5.7—9.5.8条。

同时计算。[124]《上市规则》规定的公开发行的最低要约期限为10个工作日，其时间表还应当由发行人发行证券的被认可的投资交易所(RIE)批准。[125] 传统的公开发行与认股权发行的区别还表现在，对于不行使自身权利的"懒惰"股东，公开发行不提供保护措施。但在经济危机后，市场中产生了一种变种形式，即"补偿性"公开发行，旨在补偿未在发行中认购新股的股东。[126]《上市规则》也更新了规定以应对上述发展变化，《上市规则》现规定，在包括补偿约定的公开发行中，股票在要约期满后应投入市场，超过认购或购买价格（净支出）的溢价，应由持有者承担；除非现有股东的收益不足5英镑，该收益也可保留为公司收益。[127] 公开发行（无论是否有补偿）应当遵守价格限制，该限制不适用于完全的认股权发行。产生差异的关键在于，公开发行不是未缴款股权，与完全的认股权发行相比，现有股东将承担更大的价值折损风险。这一风险尤其与散户股东息息相关，因为他们不能像机构投资者一样承担行使权利的成本。《上市规则》限制了公开发行的折价，即不得超过宣布发行条款时市场价格的10%，除非发行人的股东特别批准了更高的折价。[128] 另外，如果增加的股本多于15%至18%，或者折价高于7.5%时，英国保险协会更倾向于认股权发行，而非公开发行。[129]

配售的不适用

配售是指，并非基于优先购买权而作出的购买证券的要约。英国上市公司在联系其股东以获得不适用优先权的许可时，被期待着将优先购买团体（Pre-emption Group）发表的《不适用优先购买权：优先权原则的声明》考虑在内。[130] 这一声明尝试着在公司与机构投资者之间寻求妥协：公司希望拥有灵活的筹资渠道，而机构投资者则希望保有优先权所带来的利益。优先购买团体的组成人员包括投资管理行业代表和公司代表，其工作得到了代表主要机构投资者的团体的支持。声明本身没有法律效力。它通过向公司提供确信的方式发挥作用，即只要在声明规定的范围内，原则上，公司的大股东将放弃优先权的适用。但声明并非是一成不变的：公司仍然可以在规定的范围之外寻求不适用优先权，但在这种情况下与股东的提前沟通显

---

[124] FSA, *Report to HM Treasury*, 15.
[125]《上市规则》第9.5.7条。
[126] FSA, *Report to HM Treasury*, 14—18.
[127]《上市规则》第9.5.8A条。
[128] 同上，第9.5.10条。
[129] ABI, *Encouraging Equity Investment*, 33.
[130] Pre-emption Group, *Statement of Principles* (2008). 还鼓励在另类投资市场上市的公司适用该原则。但另类投资市场上市公司通常在至少10%的范围内不适用该原则，投资者也普遍接受这种更大的灵活性需求：ABI, *Encouraging Equity Investment*, 37。

得特别重要。根据声明,非常规情形下的重要考量因素可能包括:商事交易的优点;公司的规模和发展阶段,以及公司所处的行业;公司的管理与治理;其他融资选择;价值被稀释的水平以及原有股东的控制力;拟议的审批程序;请求未获准时的备选方案。

根据声明,寻求在任一年份中以非优先权的方式发行不超过5%的普通股本,在这种情况下请求不适用优先权通常会被认为是常规请求。公司也被期待着要考虑累加的限制。公司不应当在缺乏(a)适当的事先磋商与解释,或者(b)在不适用优先权的请求作出之时没有特别强调该事项的情况下,在连续三年的期间里,向原有股东之外的投资者以现金发行超过公司普通股本的7.5%。该声明还提到了定价事宜:

> 公司应当致力于确保其以可能的最佳条款筹集资本,特别是在拟议中的发行处于可能提升股份价格的交易的情况下。向原有股东之外的人以现金折价发行股份,是一个务须仔细考虑的重大问题。在任何情况下,公司都应当努力将折价幅度限制在最佳价格的一半的5%,并且在宣布发行或者拟议发行之前即刻宣布公司股份的报价。[131]

这一规定是对《上市规则》规定的补充,《上市规则》普遍性地将配售(以及公开发行)的折价限制为10%。[132] 在10%的折价限制内配售还有如下好处,即还可以免除制作招股说明书的要求,一般来说,当新的证券被允许在受规制的市场中交易时,便产生了制作招股说明书的要求;如果配售形式适当,例如仅向合格的投资者发售,则配售还可免除公开发行中招股说明书的相关义务。[133]

以非优先权为基础而发行股份的权力,在运用时所面临的问责,同样设有规定:"一旦不适用优先权的请求获得批准,股东就可以期待公司妥为履行职责,并就此承担责任。有人建议,随后的年报应包括诸如股份的实际折价水平、已经筹集的资本数额、资本是如何使用的、以及过去一年和三年中以非优先权为基础而发行的股份所占的比例等相关信息。[134]"

不适用或者排除优先权:私人公司

私人公司可以在章程中整体排除、或者通过有关发行的特定描述来排

---

[131] Pre-emption Group, *Statement of Principles on Pre-emption*, para 20.
[132] 《上市规则》第9.5.10条。
[133] 参见第十三章。
[134] Pre-emption Group, *Statement of Principles on Pre-emption*, para 22.

除法定优先权机制。[135] 排除优先权的权力并不限于仅仅拥有一类股份的公司。

就不适用优先权这一事宜而言,前文中讨论的关于程序的法律规定适用于私人公司。另外,《2006年公司法》还有一条规定,仅仅拥有一种股份类别的公司的董事,有权根据章程或公司特别决议的授权,以优先权并不适用或者优先权已按董事的决定修改的方式发行股权证券。[136] 与不适用优先权的一般路径不同的是,本条之下的不适用与《2006年公司法》第551条之下的发行授权并无关联(因为没有任何要求),因而无须将期限限定为最长5年。

与股份发行相关的其他形式要求

公司应当尽可能迅速地在其账簿中完成股份发行的登记,而且在任何情况下,都必须在股份发行之后的2个月内完成股份发行的登记。[137] 如未能遵守该条规定,则公司及每一个失责的公司管理人员将构成犯罪。[138]《2006年公司法》引入了该条规定。自作出股份发行之日起1个月内,有限公司必须向公司注册官提交附有资本声明的发行申报表。[139] 在申报要求方面失责的管理人员(并非公司自身)将面临刑事制裁。[140] 对失责负有责任的任何人,可以向法院申请救济,并且如果法院认为,未能提交文件属于意外或者出于疏忽,或者授予救济是公平和公正的,则法院可以颁布法令,将提交文件的时间延长至法院认为适当的期间。[141] 负有责任的管理人员(但不是公司自身)如果能够履行却未能履行在股份发行之后2个月内签发股权证书的义务,也构成刑事犯罪行为。[142]

---

[135] 《2006年公司法》第567条。
[136] 同上,第569条。
[137] 同上,第554(1)条。
[138] 同上,第554(3)—(4)条。
[139] 同上,第555条。
[140] 同上,第557条。
[141] 同上,第557(3)条。
[142] 同上,第769条。

第六章 股份类别

本章概述

英国公司通常有复杂的资本结构,包含有多重不同类型的股份。这种灵活性是英国公司法的标志,并可创造性地运用于广泛的情形中,例如,赋予股份特殊权利,使少数个人利用公司的形式形成事实上的合伙,或替代一般公司法的多数决原则;改变股份上附有的一系列资本利益,使上市公司满足一些少数投资人的偏好。2008年9月雷曼兄弟银行破产后对银行的紧急援助,就是这种创造性发挥作用的鲜明例证:对劳埃德银行和苏格兰皇家银行的紧急援助,最初由政府获得了优先股和普通股的组合;优先股附带的权利包括对普通股支付股息的限制。有一种复杂的资本安排在英国比较少见,而在其他国家更多见,即公开上市公司具有双重类型的普通股,其中一类股票具有不成比例的投票权。[1] 在一项政府发起的审查中,是这样解释英国的立场的:

> 在法律上,英国公司已经可以自由创建具有不同投票权的股份类型。最近两起著名的美国上市案例,即谷歌和脸书的上市,就包含了这样的结构。这些公司的创始人希望保持自己对公司独特性质的影响力,如果不能实现上述安排的话,创始人者就不太可能同意进行首次公开发行(IPO)。

然而,英国的机构投资者对多种股份类别抱有相当大的敌意。英国保险协会在历史上曾带头反对这种结构,这种立场导致在英国上市公司中实际上取消了双重股份结构,该协会告诉我们,它们仍强烈反对这种结构。[2]

但上述审查建议,应继续审查和讨论这一问题。在美国,双重类别资本

---

[1] Institutional Shareholder Services, *Report on the Proportionality Principle in the European Union* (Brussels: European Commission, 2007); PA Gompers, J Ishii, and A Metrick, 'Extreme Governance: An Analysis of Dual-Class Firms in the United States' (2010) 23 *Review of Financial Studies* 1051.

[2] BIS, *The Kay Review of UK Equity Markets and Long-term Decision Making: Find Report* (July 2012) 64. 关于高级上市的投票权原则的讨论,可参见第十三章。

的问题,是学术界十分关注的问题。[3] 最近的一篇文章指出,美国一些最成功的公司(包括伯克希尔公司、福特和谷歌)均有双重类别的结构;文章还认为,上述公司的成功可能表明,双重类别结构带来的好处有时可能高于公司付出的成本。[4]

英国公司融资实践中采取了多种途径,利用了调整资本结构的自由,以满足特定的需求和偏好,以及进一步创新的潜力;故检视在公司资本结构中设立不同股份类别的法律含义,非常重要。

股份的法律性质

对于股份,目前尚无全面的法律定义[5],但在 *Borland's Trustee v Steel*[6] 一案中,Farwell 法官对股份进行了如下描述:

> 股份是运用金钱数量来衡量公司中股东责任、利益以及彼此之间签订的一系列共同契约的工具。章程中载明的合约是股份最初始的要件之一。股份并非等同于金钱数额……而是以金钱数额来衡量的利益,后者由合同中载明的各种权利所构成。

这一描述清晰地指出,股东是投资者:他付出了金钱,同时希望获取回报。股东的金钱利益存在于公司自身,而且它并不等同于对于公司资产拥有直接利益。这些资产属于公司这一独立的法人。因而在 *Macaura v Northern Assurance Co Ltd*[7] 一案中,法官认为,股东对公司产权并不拥有保险利益。[8] 就公司治理而言,股东通常被认为是公司的"所有者",这一特征源自股东是承担损失的主要资本的提供者。作为"所有者",股东在公司经营中有发言权,包括关于募集新资本的决定,以及关于公司存续、终止或

---

[3] 经典文章包括 R Gilson, 'Evaluating Dual Class Common Stock: The Relevance of Substitutes' (1987) 73 *Virginia Law Review* 807; J Gordon, 'Ties that Bond: Dual Class Common Stock and the Problem of Shareholder Choice' (1988) 76 *California Law Review* 1。
[4] EB Rock, 'Shareholder Eugenics in the Public Corporation' (2012) 97 *Cornell Law Review* 849, 900。但从事后看来,新闻集团(News Corporation)也在成功公司的列表中,似乎会损害上述观点。因为该公司于 2012 年暴露的在英国运营中的丑闻,与其控股股东的优势地位有关,而双重资本结构增强了这一优势地位。
[5] RR Pennington, 'Can Shares in Companies be Defined?' (1989) 10 *Company Lawyer* 140。
[6] [1901] 1 Ch 279, 288。该描述在以下案件被援引并受到认可:*IRC v Crossman* [1937] AC 26, HL, 66 *per* Lord Russell of Killowen。
[7] [1925] AC 619, HL。
[8] 还可参见 *Bank voor Handel en Scheepuaart NV v Slatford* [1953] 1 QB 248, CA(拥有匈牙利股东的荷兰有限公司银行所持有的财产,并不符合"属于匈牙利人、或者由匈牙利人持有、或者代表匈牙利人管理"的财产的范围);*John Foster & Sons Ltd v IRC* [1894] 1 QB 516, CA(个人向全部股份为其持有的公司转让财产,必须缴纳印花税)。

重要重组等重大事项。[9] 但股东对公司的"所有权",与公司拥有业务资产的所有权,存在重要区别。与公司形式相关的资产区分的好处,就源于这一区别。[10] 所有形式的股本均有一个共同特点,即维持资本这一强制性的公司法规则始终适用,该规则限制了对股东的分配。[11] 这一强制适用的规则赋予各种形式的股本永久的性质,即股东不能坚持要求返还可能会违反资本维持原则的资本。尽管如此,为了会计目的,与股份相关的某些款项(例如非参与性可赎回优先股的股息)可能被列为支出。[12]

股份的金融要素:资本和股息

股份投资者购买了哪些财务权利? 普通股股东的地位

普通股是指,对资本和股息具有充分参与权的股票。出于法定优先购买权的目的,"普通股"被更加宽泛地定义为"有权参与分配指定数额的资本或红利的股份以外的股份",其中包括在商业用语中被视为优先股的股份,这些股份可以充分参与分配红利或资本,但不能同时参与。[13] 在本节讨论中,可以将把部分参与的优先股的特殊情况,暂放一边。以商业术语称之,普通股是"权益"资本或"风险"资本,其资本获得增长的机会最大,但与此同时,如果公司经营失败,其风险敞口也最大。

同时,对于普通商业公司来说,市场力量形成了对经营中所持股份数量的重要限制,股本提高稳定性的特点,包括股份的永久性质、在清偿时最后受偿的法律地位,导致法律对股份最低限度的强制性要求,成为金融机构审慎监管的核心内容。[14]

附属于股份的各项权利,是由合同(公司章程以及发行条款)约定的,而不是基于公司法的详尽规定。[15] 但是,如果公司章程及发行条款中没有相反规定的,则判例法确立的关于资本和股息权利的默认规则,也可作为普通股发行条款的内容并发生法律效力。《示范章程》在某些方面改变了默认

---

[9] 第五章考察了股东在公司新股本融资决策中的作用。
[10] 在二章中已作讨论。
[11] 还可参见第七章和第九章。
[12] 根据《国际会计标准第 32 号》,此类股份可以被归类为负债(债务)。
[13] 《2006 年公司法》第 506(1) 条。
[14] 巴塞尔银行监理委员会:《巴塞尔协议 III:更具稳健性的银行和银行体系的全球监管框架》(2010 年 12 月,2011 年 6 月修订)。《巴塞尔协议 III》要求银行的普通股一级资本的最低要求为 4.5%,还要建立 2.5% 的普通股资本留存缓冲。此外,还对具有全球系统重要性的银行施加了附加费,即银行必须持有额外数目的普通股(1% 至 2.5% 之间,还有可能增加 1%)作为损失的缓冲。标准性质的普通股符合《巴塞尔协议 III》框架中的"普通股"标准。
[15] 虽然现在毫无疑问,股份是一项无形的财产,而不仅仅是一系列的个人权利。

规则。

普通股的默认资本权利

普通股的投资者希望资本增值,在通常情况下,他们会在二级市场或私人交易中,出售股份来实现资本增值。但从法律上讲,他们对公司在清算程序后剩余的财产,也享有最后的权利。在已经返还实缴资本仍有盈余该如何分配,关于在这方面可以适用的默认规则,*Birch v Cropper* 一案有着重大影响。[16] 在该案中,上议院认为,此类盈余应按普通股股东所持股份的名义价值的比例进行公平分配。Macnaghten 法官解释道[17],"资产由同等数额[18]的股份所构成的公司,其每一位成员有权按比例拥有公司资本,而且(除非公司法律另有规定)作为一种必然的结果,每一位成员有权按同样比例享有公司所有财产,包括其未催缴的资本"。

关于对资本盈余的权利,私人公司和上市公司的《示范章程》并未改变其立场,即以股份的名义价值作为计算个人索偿金额的分母。在理论上,股票的名义价值可能高于为股份实际支付的金额,即支付部分购股款的股票发行。但私人公司的《示范章程》规定,所有的购股款应当全部付清[19];而在上市公司中,部分支付购股款的情形较为少见。如购股款全部付清后,能很容易地计算出每位股东的权利,即用盈余资本除以发行的股票数量,可得出结论。

普通股的默认股息权利

判例法确立的默认规则是,每一股东以其所持有股份的名义价值为基础,来行使股息分配权利。[20] 这一规则也可以改变:如果章程有授权,公司可以按每一股份实缴数额而不是按其名义价值的比例向每一股东支付股息。[21] 上市公司的《示范章程》即有此规定。[22]

在通常情况下,如果公司中的普通股均为实缴股份,则可以把股息简单地称为,可供分配给普通股股东的总量除以已发行普通股的数量。

---

[16] (1889) 14 App Cas 525, HL. 关于亏损分担的默认规则是以名义价值为基础的(*Re Hodges' Distillery, exp Maude* (1870) 6 Ch App 51, CA),但公司章程可以另定规则(*ReKinatan (Borneo) Rubber Ltd* [1923] 1 Ch 124)。
[17] (1889) 14 App Cas 525, HL 543.
[18] 这种情况下的"数额"显然是指名义数额。*Re Drffield Gas Light Co* [1898] 1 Ch 451.
[19] 第 21 条。在《示范章程》中,"全额支付"是指支付了股份的名义价值和所有溢价:第 1 条。如第 4 章所讨论的那样,通常所指的"已付",只涉及股份的名义价值,而与股份溢价无关。
[20] *Oakbank Oil Co v Crum* (1882) 8 App Cas 65, HL.
[21] 《2006 年公司法》第 581(c)条。
[22] 第 71 条。在这种情况下,"已付"是指其通常含义(换句话说,不包括支付溢价)。要根据股份首次认购时支付的金额(包括已支付的股份溢价),来衡量普通股股东对于公司收入和资本的权利,是不可行的。随着时间的推移,很可能会以不同的价格发行不同的股份,而且通常不可能追溯查明股份发行的初始价格,因为全额支付的股份并无编号,也无其他独特的标志。

除非章程另有规定,股息必须以现金支付。[23] 章程通常会规定股息可以用实物支付。[24]

普通股股东并不像债权融资提供者根据合同所享有的利息权利那样,享有对于股息的绝对权利。在任何情况下,股息的宣布发放、实际支付或其他分配都不是强制性的,这是股本的本质特点。[25] 在哪些情况下(如有的话),股东对股息的期待可以转变成一项可以执行的权利?要说明这个问题,有必要首先考察公司的章程,以及有关股份的发行条款。公司章程通常对以下股息作了区分,由即股东大会宣布的"末期"股息和董事会有权支付的"临时"股息。[26] 在 *Potel v IRC* 一案中,Brightman 法官的观点总结如下:[27]

i. 当宣布末期股息时,也可以同时明确支付此类股息的日期。[28]

ii. 如果公司宣布末期股息时没有规定任何支付日期,则宣布股息本身即创造了一项即期债务。[29]

iii. 当宣布末期股息的同时宣称其将在未来的日期支付,则只有在该日期到来之时股东才有权要求支付股息。[30]

iv. 在董事会已经决定支付临时股息的情况下,董事会有权在支付股息之前重新审视该决定并作出不予支付股息的决定。[31] 支付临时股息的决议并不创造即期债务。

v. 如果董事决定支付临时股息,他们可以在作出决议之时或者之后决定股息应当在规定的未来某一日期支付。如果据此规定了某一支付日期,则在该规定的日期之前,股东无权主张支付股息。

就已经宣布但在支付日期届至仍未支付的股息而言,股东是债权人。[32] 然而,当公司处于清算阶段时,已经到期的应向公司成员支付的股息,在应获得该笔金额的未支付股息的 6 年期限的限制,从股息宣布之日或者从更晚

---

[23] *Wood v Odessa Waterworks Co* (1889) 42 Ch D 636.
[24] 《示范章程》(上市公司)第 76 条;《示范章程》(有限责任公司)第 34 条。
[25] 在《巴塞尔协议Ⅲ》的框架中,这是普通股的判断标准之一。
[26] 《示范章程》(上市公司)第 70 条;《示范章程》(有限责任公司)第 30 条。
[27] [1971] 2 All ER 504. 还可参见 ICAEW, *Guidance on the Determination of Realised Profits and Losses in the Context of Distributions under the Companies Act 2006* (TECH 02/10) paras 2.10—2.11.
[28] *Thairwall v Great Northern Rly Co* [1910] 2 KB 509.
[29] *Re Severn and Wye and Severn Bridge Rly Co* [1896] 1 Ch 559.
[30] *Re Kidner* [1929] 2 Ch 121.
[31] *Lagunas Nitrate Co Ltd v Schroeder & Co and Schmidt* (1901) 85 LT 22.
[32] *Re Compania de Electricidad de La Provincia de Buenos Aires* [1980] 1 Ch 146,并未遵守 *Re Artisans Land and Mortgage Corp* [1904] 1 Ch 796. 公司成员对公司的欠款,现在被认为是普通合同债务而不是特别债务(《2006 年公司法》第 33(2)条),其后是,普通合同债务的时效规定得以适用。

的支付日期开始计算。[33] 公司成员与不属于公司成员的其他债权人之间存在竞争关系的情况下，该笔股息金额被认为不属于公司的债务。为着最终调整公司出资者*内部的权利这一目的，要把这些金额考虑进去。[34]

股份投资者购买了哪些财务权利？

优先股股东的地位通常假设股份具有平等性。[35] 为改变这一假设，公司章程常对发行不同类型的股份作出规定。[36] 如果公司制定了适当的章程，则公司有权发行许多不同类型的股份，包括多种类型普通股（如有投票权或无投票权的股份）、优先股和可回赎股份等。本节讨论优先股。从商业角度看，优先股是一种混合证券，其类似于债务，因其回报常是固定的或有上限的。优先股的回报（收入和资本）通常优先于普通股股东，从发行人资金成本看，这是有利的。如果加入允许将优先股转换为普通股的条款，将进一步增强对投资者的吸引力。

董事配售股份的一般规则，也适用于优先股的发行。[37] 然而，除了部分参与优先股外，优先股不属于法定优先购买权的范围，这意味着在新发行优先股时，无须首先向现有普通股（或优先股）股东提出要约；同时，在配售新的普通股时，优先股股东也不享有优先购买权。

优先股在广义上可被定义为，至少在股息或资本方面（通常是两项兼有），在某一限额内享有优先于公司普通股的股份，但在其他方面不具有参与性。优先权的范围是一个附着于股息之上的权利构建问题。仅仅指定某些股份是优先股是不够的，因为那种表述缺乏确定的含义。股份所享有的优先权必须明确地表达出来，因为它们无法经推断而知。一旦明确了优先权的权利内容，就会存在某些权利次级的假定，除非存在相反的规定，这些假定必须适用。优先权的权利安排是一个国内法问题，对此，无论是债权人（除非他们为此特别商议过）还是外部公众，都不拥有利益。[38]

按照公司法的规定，优先股与普通股一样遵循着资本维持规则。这意味着股息只能从可分配利润中支付，而且除了遵循公司立法所许可的减资

---

[33] Re Compania de Electricidadde Ia Provincia de Buenos Aires [1980] 1 Ch 146.
  * 这里的"出资者"采广义概念，既包括股权出资者，也包括债权出资者。——译者注
[34] 《1986年破产法》第74(2)(f)条。Soden v British & Commonwealth Holdings plc [1998] AC 298, HL.
[35] Re London India Rubber Company (1868) 5 Eq 519; Campbell v Rofe [1933] AC 98, PC; British and American Trustee and Finance Corporation v Couper [1894] AC 399, HL.4t7 per Lord Macnaghten.
[36] 《示范章程》(上市公司)第43条；《示范章程》(有限责任公司)第22条。
[37] 《2006年公司法》第549—555条，第五章已作讨论。
[38] Birch v Cropper (1889) 14 App Cas 525, HL.

程序之外,不得返还资本。然而,出于会计的目的,许多类型的优先股可能符合金钱债务的定义,并按照这一栏目而计入账簿,而不计为权益。[39] 出于公司章程或者贷款协议规定的借款限额的目的,优先股的发行是否计为借款,这是一个权利构造的问题。出于银行资本监管的目的,普通股的分类标准包括,在银行清算时求偿的顺位最低,以及对股本和股息享有不受限制的和多可变的权利主张,这将不包括优先股。

优先股的默认资本权利

存在的一个假定是,所有股份拥有平等的分配资产的权利。[40] 相应地,拟赋予优先股的任何优先权必须予以明确规定。[41] 特别地,不能从股份拥有分配股息优先权这一事实,推断出该股份也拥有资本方面的优先权。[42] 在资本方面享有优先权,意味着优先权的范围及于股份的名义价值,除非特别规定了其他金额(可能包括被设定为"清算优先权"的固定或有上限的金额)。[43] 明确规定了股份在资本方面的优先权之后,一个问题是,这一优先权是无所不包的呢,或者它仅仅是一种按同一比例参与公司盈余分配的权利? 就此问题的处理方法,可在发行条款中明确规定,如未作规定的,则默认条款将如下文所述。在 *Scottish Insurance Corp v Wilsons & Clyde Coal Co Ltd*[44] 一案中,章程规定,公司解散时,在股份已催缴并已据此缴付的金额范围内,优先股享有优先于普通股获得偿付的权利。上议院认为,这等于是优先股在公司解散阶段的权利的完整表述,但这些权利并不包括分享公司返还普通股实缴资本后的剩余财产。Macnaghten 法官在 *Birch v Cropper*[45] 一案中持有以下见解:优先股有权分享剩余资产,除非优先股的发行条款中包含了明确而具体的放弃该权利的约定,但这种见解并没有被遵循。[46] 一旦有人主张优先股有权参与剩余资产的分配,主张该权利的人就有义务指出公司宪章或者发行条款中有哪一条赋予了优先股股东参与剩

---

[39] 可进一步参见:《国际会计准则第 32 号——金融工具:揭示和呈报》《国际会计准则第 39 号——金融工具:确认和计量》(2015 年 1 月起被《国际财务报告准则第 9 号——金融工具》取代)以及《国际财务报告准则第 7 号——金融工具:披露》。
[40] HSBC Bank Middle East v Clarke [2006] UKPC 31, para 26; *Welton v Saffery* [1897] AC 299, HL, 309 per Lord Watson; *Birch v Cropper* (1889) 14 App Cas 525, HL.
[41] *Re London India Rubber Co* (1869) LR 5 Eq 519.
[42] *Birch v Cropper* (1889) 14 App Cas 525, HL.
[43] *Re Driffield Gas Light Co* [1898] 1 Ch 451.
[44] [1949] AC 462, HL.
[45] *Birch v Cropper* (1889) 14 App Cas 525, HL, 546 per Lord Macnaghten.
[46] *Scottish Insurance Corp v Wilsons & Clyde Coal Co Ltd* [1949] AC 462, HL, 490 per Lord Normand.

余资产分配的权利。[47]

在 *Re Saltdean Estate Co Ltd*[48] 一案中,公司章程规定,在公司解散阶段,优先股享有资本方面的优先权,但这些股份不得分享公司返还所有资本后的剩余资产。在公司减少资本方面优先股处于何种地位,公司章程保持沉默。Buckley 法官认为,优先股在公司减资时所处的地位,反映着它们在公司解散阶段可以享有的权利,因而相应地,应予返还的第一类资本是由优先股组成的这类资本。*Re Saltdean Estate Co Ltd* 一案的裁决,为上议院在 *House of Fraser plc v ACGE Investments Ltd*[49] 一案中所认可,然而,后面这桩案件的不确定性更弱,因为章程明确规定优先股在公司解散之外对资本回报所享有的权利,等同于他们在公司解散时享有的权利。Keith of Kinkel 法官认为,引用 Buckley 法官在 *Saltdean* 案中的判决是合适的,这一判决包括以下内容[50]:

> 人们长期认为,至少在通常情形下,当公司试图通过返还实缴股本而降低资本时,如果类别股东会没有作出相反的决定,则应首先返还的股份类别,在公司解散时也应首先返还……在减资时提前返还资本的责任,以及相应地,在公司解散时提前获得资本回报的权利……是股东之间谈判的一部分,并且构成了界定或者框定优先股权利束的不可分割之整体。

Keith 法官认为,以上是"关于法律的完全正确的表述"。[51]

优先股的默认股息权利

优先股的优先权是否同时及于股息及资本,这是一个股份权利构造的问题。以下假定并不存在:股份在某一财务权利(无论它是股息还是资本)方面享有优先权,就意味着它在另一方面也享有优先权。[52] 在通常情况下,优先股在股息和资本方面均享有优先权。

优先股股息通常是指按股份名义价值的某一确定比例而计付的股息;然而,有时它会指实缴股份的某一确定比例而计付的股息,或按照其他金额

---

[47] *Re National Telephone Co* [1914] 1 Ch 755, Cli D; *Re Isle of Thanet Electricity Supply Co Ltd* [1950] Ch 161, CA. In *Dimbula Valley (Ceylon) Tea Co Ltd v Laurie* [1961] Ch 353, 在该案中,优先股被认定为是参加优先股,因而在公司解散时,有权在所有优先股与普通股的资本获得返还之后,参与剩余财产的分配。
[48] [1968] 1 WLR 1844.
[49] [1987] AC 387, HL.
[50] *Re Saltdean Estate Co Ltd* [1968] 1 WLR 1844, 1849—50.
[51] *House of Fraser plc v ACGE Investments Ltd* [1987] AC 387, HL, 393. 同时可参见 *Re Hunting plc* [2005] 2 BCLC 211. Note *Re Northern Engineering Industries plc* [1994] BCC 618, CA. 在该案中,公司章程对于优先股的权利进行了特别约定。
[52] *Birch v Cropper* (1889) 14 App Cas 525, HL.

支付。通常认为，优先股股息只有在宣布支付股息之时才会支付[53]，但如果一年内没有支付股息（或者宣布支付的股息无法全面满足优先股的权利），则未支付的金额会结转至以后年份。[54] 优先股股息是可累积的，这一约定俗成的假定，可以通过公司宪章或者股份发行条款的约定而改变。[55]

以下案例改编自劳埃德银行 2009 年发行几种类型优先股时真实的发行条款，该案例说明了规定优先股的非累积性股息权利的条款：

> 非累积优先股息将从（包括）股份发行之日起，根据每 1 英镑优先股的清算优先权 9.25% 的年利率来计算；股息将每半年分期支付，即每年的 5 月 31 日、11 月 30 日。

股息的支付仅在以下情况下进行，即股息支付可以从公司可供分配利润中提取，且法律允许在每个股息支付日分配股息。一旦确定的优先股股息已获支付，优先股股东能否在此类分配不受到优先股条款限制或其他规制的范围内，援用平等原则以与普通股股东平等地参与利润的进一步分配？[56] 在 *Will v United Lankat Plantations Co.*[57] 一案中，这一问题得到的是否定的回答。争议中的股份有权获得 10% 的优先股息，上议院认为，作为一种权利的构造，这是那些股份可以获得的股息的总额。公司章程或者股份发行条款可以规定，优先股股东除了获得固定的优先股息，还可以与普通股股东一起参加一般股息的分配，虽然达成此类条款相对而言并不普遍。

拖欠优先股股息时优先股股东的权利

根据法律的一般规定，公司如果没有足够的可分配利润来分配优先股股息，则不能作此支付。在此类情形下，优先股股东不能像债权人在公司未能支付到期利息那样，以违约为由起诉公司。如遇此种情况，保护优先股股东利益的方式是由公司章程作出规定，优先股股东有权参与公司的内部治理事务。

优先股的发行条款通常规定，在通常情况下，优先股股东没有、或者只拥有非常有限的投票权，并且在公司拖欠优先股股息才拥有全面的权利（enfranchised）。假定章程的拟定遵循了通常的范式（正如 *Re Bradford Investments plc*[58] 所例示的，该公司的章程明确规定了优先股股息应予支付

---

[53] *Bond v Barrow Haematite Steal Co* [1902] 1 Ch 362.
[54] *Henry v Great Northern Rly* (1857) 1 De G&J 606, 44 ER 858；*Webb v Earle* (1875) LR 20 Eq 556.
[55] *Staples v Eastman Photographic Materials Co* [1896] 2 Ch 303, CA.
[56] 例如，在 2008 年苏格兰皇家银行资本重组期间，在政府认购优先股的发行条款中，禁止未经政府同意而支付普通股股息。
[57] [1914] AC 11, HL.
[58] [1990] BCC 740.

的日期,并且规定在支付日期届至之后的 6 个月或者更长的时期内股息未获全面支付时,优先股将获得授权[59]),股息可能会因为以下情况而被拖欠:其一,即使公司拥有充足的可分配利润来支付股息,但它选择不派发股息;其二,公司没有分配股息所必需的可分配利润。这种通常范式的措辞确保优先股在任何情况下都可以获得授权,并且不会留有以公司缺乏可分配利润为由而主张不能分配股息这一争辩的余地;Hoffmann 法官在 Bradford 一案中提及,由于这一措辞,在这些情形下,优先股股东"不容置疑"地拥有投票权。

未支付累积优先股股息的支付

在累积优先股股息被拖欠了一段时间但后来有了可分配利润或者公司面临清算的情况下,有一些特殊的规则调整着股东在那些股息方面的权利(如公司章程或发行条款中有不同约定的,从约定)。当最终宣布累积优先股股息时,累积的所有金额应分配给当时持有优先股的股东,而无须在他们及(如果有的话)那些在股息未宣布期间曾经持有股份的其他人之间进行分配。[60] 当同一类别的优先股已经发行了一段时间,而累积的优先股股息在该期间一直没有宣布,分配确实存在的利润的正确方法是,按照每一股份所累积的股息数额所占的比例,分配给股东。[61] 当公司处于清算阶段或者正在减资以返还资本时,是否应当支付未宣布的优先股股息?这是一个公司章程有无规定的问题。[62] 公司章程或者股份发行条款经常载明,在公司解散或者减资时,要优先于普通股股东向优先股股东支付计算至公司解散或者返还资本之日的股息(无论股息支付是否宣布)。[63]

股份投资者购买了哪些财务权利?可赎回股份的股东地位

可赎回股份是指发行时约定公司可在未来某一时点将其回赎的股份。只要《2006 年公司法》第 18 部分第 13 章关于发行的条件得到满足,普通股和优先股都能在可赎回的基础上发行。1929 年公司法首次允许公司发行可赎回优先股,1981 年,该项许可进一步拓展,可赎回普通股得以发行。1981 年的法律在这方面作出的变更有着以下背景:Harold Wilson 爵士担任主席

---

[59] 通常会做此规定,自 Re Roberts & Cooper Ltd [1929] 2 Ch 383 之后,在章程中塞入这一条款的做法,在实践中多有演变,现在,如果没有此一约定,则没有被宣布的优先股股息不能被认为是拖欠的股息。
[60] Re Wakley [1920] 2 Ch 205.
[61] First Garden City Ltd v Bonham-Carter [1928] 1 Ch 53.
[62] Re EW Savory Ltd [1951] 2 All ER 1036.
[63] 例如,参见 Re WharfrdaleBrewey Co Ltd [1952] Ch 913.

137　的委员会作出的一项报告，强调小型公司在筹集股权资本方面困难重重[64]；以及政府作出了关于公司购买其自身股份的一份报告。[65]

可赎回股份的发行使得公司可以筹集短期资本。以这种方式寻求短期资本的动因，因公司而异。小型公司青睐可赎回股份，可能是由于因向外部人发行股份而丧失控制权只是暂时现象。能够以可赎回为基础发行普通股或者优先股，使得公司拥有足够的灵活性来吸引尽可能广泛的潜在投资者；另外，对于投资者而言，相对于购买股份交易不活跃且不存在现成交易市场的公司的不可赎回的普通股或者优先股而言，他们更愿意投资可赎回股份。而对于股份交易频繁的公司而言，给予潜在的投资者变现投资的机会，却只是发行可赎回股份的一个更不重要的原因。当更大型的公司发行可赎回股份时，它们倾向于发行在股息与资本方面享有优先权的非参加可赎回优先股。从经济学的术语来看，按此类条款发行的可赎回优先股，非常类似于固定利率和固定期限的债权融资。

《2006年公司法》第684条规定，除非公司章程有相反规定，公司可以发行可赎回股份；或者公司章程对此进行了限制，则公司可以在限制范围内发行可赎回股份。《示范章程》并无排除或限制条款。为避免公司陷入没有永久股本的境地，当公司所有已发行股份均为可赎回股份时，不得再发行可赎回股份。[66]

《2006年公司法》第685条规定，在得到公司章程或者股东会决议授权的情况下，董事可以决定可赎回股份的回赎期限、条件和方式。《示范章程》将这种权利赋予董事。[67] 这种做法改变了《1985年公司法》的立场，后者规定股份回赎的条件和方式由公司章程规定。然而，对于这一条款的解读存在争议，公司章程能否给予董事一定的裁量权来处理股份回赎的一些细节问题，例如回赎价格和回赎日期，或者是法律要求哪些细节问题仍由公司章程一体规定，尚不清楚。《2006年公司法》本着灵活的理路澄清了这一立场。

可赎回股份的财务条款可以包括回赎溢价的支付条款，也就是高于股份面值的数额的支付条款。

法律详细规定了可赎回股份的融资。公司可以用可分配利润回赎股份，或者用为回赎股份而新发行股份的收益来回赎股份。[68] 回赎溢价必须从可分配利润中支付，除非可赎回股份当时系溢价发行，才能用新股发行的

---

[64] Committee to Review the Functioning of Financial Institutions, *Interim Report on the Financing of Small Firms* (Cmnd 7503, 1979) para 17.
[65] Department of Trade, *The Purchase by a Company of its Own Shares* (Cmnd 7944, 1980).
[66] 《2006年公司法》第684(4)条。
[67] 《示范章程》(上市公司)第43(2)条；《示范章程》(有限责任公司)第22(2)条。
[68] 《2006年公司法》第687(2)条。

收益来支付回赎溢价,而且支付总额不得高于公司溢价发行可赎回股份时获得的溢价总额,或者不得高于公司当前股份溢价账户中的数额,两者之中取其低者。[69] 私人公司还可以在满足一定的条件下运用资本来回赎股份。[70] 本书第八章对这些要求予以进一步探讨。

股份的权利:可转性

股份是活动的财产。[71] 它的可转让性取决于公司章程的规定。[72] 私人公司通常会在其章程中对股份的转让作出限制,例如,规定有利于其他股东的优先购买权,或者赋予董事拒绝办理受让方不为其认可的股份转让登记手续。此类限制的目的并不难察觉:它试图防止公司控制权落到有限的圈子之外。[73] 如果是上市公司,则股份的转计权不受任何限制(除非是因未能遵守《2006 年公司法》关于公司调查的通知的规定而施加的限制)。[74] 但如果英国上市公司的监管机构认为限制转让的权力不会影响那些股份的市场状况,则可以在例外情形下修改或者放弃这一规则;上市公司监管机构2013 年前由金融服务局担任,现由英国上市监管局(UKLA)担任。[75]

股份的权利:投票权

除非公司章程另有规定,法律默认的规定是一股一票。[76] 普通股通常会遵循默认规定,当然,也有可能存在无表决权普通股和在特定情形下拥有多重表决权的普通股。[77] 如本章开始所讨论的,一股一票是英国上市公司中的普遍性准则。优先股通常只拥有有限的表决权,但如前所述,如果优先股股息被拖欠超过规定的期间,则优先股将获得全面的权利。

公司与其注册股东之间关系的法律性质

根据《2006 年公司法》第 33 条,公司与其成员之间以及公司成员内部存

---

[69] 《2006 年公司法》第 687(3)—(4)条。
[70] 同上,第 687(1)条。
[71] *Colonial Bank v Whinney* (1886) 11 App Cas 426, HL。
[72] 《2006 年公司法》第 544 条。
[73] 直至 1980 年,私人公司有义务在其章程中写入限制股份转让的条款。
[74] 《上市规则》第 2.2.4 条。
[75] 同上,第 2.2.6 条。
[76] 《2006 年公司法》第 284 条。
[77] Institutional Shareholder Services, *Report on The Proportionality Principle*。

在着合同关系。[78] 公司成员是指认可了公司章程并且其名称据此被记载于公司成员名册中的人,以及那些同意成为公司成员并且其名称被记载于公司成员名册中的人。[79]《2006 年公司法》第 33 条所称的法定合同条款包含于公司宪章之中,而且主要包含于公司章程之中。公司章程是一份商业文件,在其运用的语言所限定的范围内,在对章程条款进行解释时,应当本着合理商业效率优先于导致将要行不通或者证明行不通的结果的方式来进行。[80] 口头证据法则通常不允许参考股份发行的招股说明书或者上市公告来确定其条款[81];然而,口头证据法则也可能被取代,例如,如果能够表明招股说明书包含了担保合同,则可以放弃该法则。[82]

法定合同是一种特殊的契约,Steyn 法官在 *Bratton Seymour Service Co Ltd v Oxborough*[83] 一案中将其特征勾勒如下:

(i) 其约束力并非源于主体之间的议定,而是源于法律的规定;

(ii) 其约束力只及于公司与以公司成员出现的公司成员之间的权利与义务关系;

(iii) 它可以经无须全体合约方同意的特别决议而改变;

(iv) 它不可以因不实陈述、普通法上的错误、衡平法上的错误、不当的影响或压迫而丧失效力;并且

(v) 它不能以错误为理由而对其加以纠正。

在以上清单中,可以加入 *Bratton Seymour* 一案的裁决:不能以商业效率为理由,从外部情事中推导出条款并将其加入公司章程之中,但它并不妨碍单纯从文件自身的语言中推演出条款的意义。[84]

---

[78] 关于公司与其成员之间合同的判例包括:*Oakbank Oil Co v Crum*(1882)8 App Cas 65,HL;*Welton v Saffery*[1897] AC 299,HL;*Hickman v Kent or Romney Marsh Sheepbreeders Association*[1915] 1 Ch 881;*Bratton Seymour Service Co Ltd v Oxborough*[1992] BCC 471,CA. 关于成员之间合同的判例包括:*Wood v Odessa Waterworks Co*(1889)42 Ch D 636,642;*Rayfield v Hands*[1960] Ch 1. 关于法定合同的历史,参见 Law Commission,*Shareholder Remedies A Consultation Paper*(Law Com CP No 142,1996)paras 2.6—2.8.

[79]《2006 年公司法》第 112 条。成为成员的协议并不必然是合约性的:*Re Nuneaton Borough Association Football Club*(1989)5 BCC 377。

[80] *Holmes v Keyes*[1959] 1 Ch 199,CA,215 per Jenkins U;*BWE International Ltd v Jones*[2004] 1 BCLC 406,CA;*Hunter v Senate Support Services Ltd*[2005] 1 BCLC 175;*Attorney General of Belize v Belize Telecom Ltd*[20U9] UKPC 10,[2009] 2 All ER 1127;*Thompson v Goblin Hill Hotels Ltd*[2011] UKPC 8.

[81] *Baily v British Equitable Assurance Co Ltd*[1906] AC 35,HL。

[82] *Jacobs v Batavia and General Plantations Trust Ltd*[1924] 2 Ch 329,CA。

[83] [1992] BCC 471,CA,475 per Steyn LJ。

[84] 还可参见 *Stanham v NTA*(1989)15 ACLR 87,NSW SC EqD,90—1 per Young J;*Equitable Life Assurance Society v Hyman*[2002] 1 AC 408,HL;*Towcester Racecourse Co Ltd v The Racecourse Association Ltd*[2003] 1 BCLC 260;*HSBC Bank Middle East v Clarke*[2006] UKPC 31;*Attorney General of Belize v Belize Telecom Ltd*[2009] UKPC 10,[2009] 2 All ER 1127。

关于法定合同的其他特征是,并非宪章中的所有条款都可以被执行。对此有两大限制:第一,只有那些影响到公司成员以成员出现时的权利和义务的条款,才能作为第33条所称合同的一部分而得以执行。[85] 因而,如果有合同条款试图使某人有权担任高管或担任公司中的某一职务,例如公司事务律师[86]或者董事[87],那些条款通常不被视为法定合同的一部分而得以履行。第二,即使违反宪章规定确实影响了公司成员作为成员的权利,这并不必然使受害一方有权寻求合同救济。法院不会做无用功,而且如果违反宪章规定的行为只是构成了程序瑕疵,法院会后退一步,让公司采取措施自行修补该瑕疵。而什么情形构成程序瑕疵则须个案考量,因为被公布的裁决的连贯性很弱。[88]

对于公司违反法定合同的行为,公司成员可以寻求禁令或宣布其违反合同。[89] 在 *Hunter v Senate Support Services Ltd*[90] 一案中,公司董事在行使公司章程赋予其没收经催缴而未缴付股款的股份时,作出了有瑕疵的决定,该决定被法院认为侵犯了原告作为股东的个人权利。因而,经原告起诉,法院裁定,董事没收原告股份的决定无效,就此作出的决议也被撤销。

在公司违反法定合同时,公司成员有权主张损害赔偿但就此问题的观点并非完全没有争议。《2006年公司法》第655条规定,一个人不能仅仅由

---

[85] *Hickman v Kent or Romney Marsh Sheepbreeders Association* [1915] 1 Ch 881; *Beattie v E & F Beattie Ltd* [1938] 1 Ch 708, CA. 一项假定的观点认为,公司成员应能执行所有公司章程规定;对此主张,有大量的学术文献开展了辩论(尤其可参见 KW Wedderburn, 'Shareholders Rights and the Rule in *Foss v Harbottle*' [1957] CLJ 193; GD Goldberg, 'The Enforcement of Outsider Rights under Section 20 of the Companies Act 1948' (1972) 33 MLR 362; GN Prentice, 'The Enforcement of Outsider Rights' (1980) 1 *Company Lawyer* 179; R Gregory, 'The Section 20 Contract' (1981) 44MLR 526; GD Goldberg, 'The Controversy on the Section 20 Contract Revisited' (1985) 48 MLR 121; and RR Drury, 'The Relative Nature of a Shareholder's Right to Enforce the Company Contract' [1986] CLJ 219)。尽管上议院的一项判决实际上支持了公司成员应当能够执行所有公司章程的假定(*Quin & Axtens Ltd v Salmon* [1909] AC 442, HL),当法院需要特别考虑该问题时,法院倾向于采取更为严格的立场,而且 Steyn 法官在 *Bratton Seymour* 判决中阐述了这一已被接受的看法。

[86] *Eley v Positive Government Security Life Assurance Co Ltd* (1875—6) 1 Ex D 88, CA.

[87] *Browne v La Trinidad* (1887) 37 Ch D 1, CA.

[88] 例如,*MacDougall v Gardiner* (1876) 1 Ch D 13, CA,其中法院拒绝宣称,投票遭到不适当的拒绝;以及 *Pender v Lushingeon* (1877) 6 Ch D 70,其中法院认为,可以通过禁令的方式,对未允许行使某些投票权的行为提供救济;与 *MacDougall* 一案的裁决站在同一边的案件包括 *Normandy v lad Coope & Co Ltd* [1908] 1 Ch 84 (股东大会的通知不充分) 以及 *Devlin v Slough Estates Ltd* [1983] BCLC 497 (声称账目有缺陷)。与 *Pender* 一案的裁决站在同一边的案件包括 *Kaye v Croydon Tramways Co* [1898] 1 Ch 358, CA (会议的通知) 和 *Henderson v Bank of Australasia* (1890) 45 Ch D 330 (从修正转向决议)。不仅是英国法院就此问题作出的判决难以协调:R Cheung, 'Shareholders' Personal Rights Under the Articles—Clarity and Confusion' [2011] *Journal of Business Law* 290 (讨论了近期中国香港地区的判决)。

[89] *Pender v Lushington* (1877) 6 Ch D 70; *Johnson v Lyttle's Iron Agency* (1877) 5 Ch D 687, CA; *Wood v Odessa Waterworks Co* (1889) 42 Ch D 636.

[90] [2005] 1 BCLC 175.

于他持有或已经持有公司股份而被禁止从公司获得损害赔偿。这一规定改变了上议院在 Houldsworth v City of Glasgow Bank [91] 一案中的裁决。在该案中,上议院认为,一个人因受到欺诈性陈述的诱导而购买股份成为股东,在他还是股东时不能主张该欺诈带来的损害赔偿。虽然对 Houldsworth 裁决的改变开启了损害赔偿的可能性,但仍无明确的官方规定称违反法定合同可以主张赔偿,考虑到这种合同的独特法律性质,应当认为,在这种情况下未必一定可以获得赔偿。无论在什么情况下,违反法定合同而获得的赔偿超过名义价值的情形,可能极为鲜见。

由于法定合同是双边合同,对于违反或者打算违反公司宪章中合同约定的公司成员,公司有权寻求合同救济。[92]

直到 Rayfield v Hands [93] 一案的裁决作出之前,对于公司成员之间能否就对方违反法定合同的行为直接提起诉讼,一直存有疑虑。Wood v Odessa Waterworks Co [94] 一案支持了应许可此种诉讼的观点,但 Welton v Saffery [95] 一案中的评论(在一个持不同意见的判决中)则表明,一切有关法定合同的诉讼都必须在公司内部调解解决。而在 Rayfield 裁决中,这一评论被描述为"稍稍有些语义模糊"[96],而且法官认为,即便公司并不是诉讼的一方当事人,提出诉请的公司成员有权要求作为其同事的公司成员提供合同救济。公司成员愿意以违反法定合同为由起诉同伴成员的情形,可能相当有限。目前,有关指称违反法定合同的公司成员之间的争端,更可能通过主张《2006 年公司法》第 994 条之下的不公正损害之救济来协商解决。

141 《2006 年公司法》颁布之前的诸多评论,已经考虑到了法定合同的异常属性,以及关于哪些权利可以实施而哪些权利不能实施的不确定性。《公司法评估指导小组》反对仅仅对《1985 年公司法》的相关之处进行简单的修订[97],但《2006 年公司法》除了对限制期限进行实质的修订并改良了行文之外,别无其他变动。政府认为,它并不确信有更好、更清楚的方法可以取代现有的做法;对于并不确定现实中究竟存在多少问题的领域,政府在考虑是否引入激进的方案时非常审慎,也正因为如此,公司宪章的效力这方面,就

---

[91] (1880) 5 App Cas 317, HL.
[92] Hickman v Kent or Romney Marsh Sheepbreeders Association [1915] 1 Ch 881, 897.
[93] [1960] Ch 1.
[94] (1889) 42 Ch D 636.
[95] [1897] AC 299, HL, 315 per Lord Herschell.
[96] [1960] Ch 1, 5.
[97] 《1985 年公司法》第 14 条。参见 Company Law Review Steering Group, *Modern Company Law for a Competitive Economy*: *Completing the Structure* (URN 00/1335), para 5.64 以及 *Modern Company Law for a Competitive Economy*: *Final Report* (URN 01/942), paras 7.33—7.40.

无法成为政府愿意引入重大变革的领域。[98]

股份权利的变动

调整章程中规定的股份权利,其一般规则是,这些权利可以通过公司的特别决议而改变。[99] 该一般规则必须遵守两个限制性条件:第一,通过特别决议来改变股份权利的权力,可以由公司章程为防御之需而予以限制或剥夺;第二,当公司资本结构中包含的股份类别超过一种时,除了公司的特别决议之外,还需要进一步的认可才可以改变股份的权利,因为该类股份的权利受到特别保护,并且通常而言,只有该类股份的持有者认可,才能够对此加以改变。

刚性条款(Provision for Entrenchment)

刚性条款是指公司章程中这样一种条款,即只有满足或遵守比特殊决议所适用的更加严格的条件或程序,章程的制定条款才可以修改或撤销。[100] 刚性条款只能通过以下方式作出,即在组建时的公司章程中作出,或在公司全体成员一致同意的公司章程的修改中作出。[101] 刚性条款可以因公司全体成员同意,法院或者具有修改公司章程权力之其他部门的命令而进行修订。[102] 绝对的刚性——在任何情况下均不得改变——是不可能的。

当有提议要改变章程中规定了特定类别股份的权利的条款时,既要获得股东的同意,又要获得公司股东大会特别决议。公司章程自身可能包含有改变类别股份权利的机制的规定。这是一则防御性规定吗?一种解释认为,将公司章程中规定的有关类别股份权利变动的、比特别决议更为严格的条款视为"条件"或者"程序",这取决于该条款的具体内容。[103] 然而,如果这种观点是正确的,则由此产生的后果是,公司不可以在成立后的章程中加入某些种类的改变权利的程序,除非获得公司成员的一致同意。但这种观点看起来与官方意图并不相符:关于《2006年公司法》的官方解释性说明称,类别股份的权利变更程序与刚性条款是两码事。[104] 基于此点,类别股份的权

---

[98] Lord Sainsbury, *Hansard*, HL vol 678, colGC37 (2006年1月30日).
[99] 《2006年公司法》第21条.
[100] 同上,第22(1)条.
[101] 同上,第22(2)条.
[102] 同上,第22(3)—(4)条.
[103] 然而,如果公司章程的条款只是规定,要根据特别决议的通常程序(参见《2006年公司法》第283(1)条,其界定了包括类别股成员特别决议在内的特别决议)来获得特别决议,问题并不会产生,因为该程序并不比特别决议的程序严格.
[104] Para 937.

利改变机制可以加入公司成立后的章程之中,而并非一定要获得公司全体成员一致通过。

确定股份的类别

《2006年公司法》第629(1)条规定,为公司法规之目的,如果依附于它们的权利在所有方面都是相同的,则股份属于同一类别。[105] 对于股份类别的一般法律界定是《2006年公司法》的创新。[106] 公司成立及其资本结构发生变动之后,应当提交备案的资本申报表,应当包括每一股份类别:(a) 附着于股份的权利的详细规定;(b) 该类别股份的总数量,以及(c) 该类别股份名义价值的总额,以及(d) 每一股份(按照股份的名义价值或者按照溢价计算)的已缴付数额和未缴付数额(如果有的话)。[107] 关于股份类别的规定事项,涉及投票权、股息和股本分红权利,以及股份是否可回赎。[108] 这意味着,拥有不同权利的股份属于不同的股份类别。在《2006年公司法》第629条中,这一点看得很清楚,这也是更早期的判例法所确立的立场。[109] 股份所附着的权利之殊异,其区分方法可谓不可尽数,但不同股份类别的明显例子是优先股与普通股[110],可赎回股份与不可赎回股份[111],可转换股份与不可转换股份。在股息和/或资本方面拥有不同权利的优先股,将被视为彼此各不相同的股份类别;虽然有一起案件在解释有关投资争端条款时,提到了股份的"次级种类"[112],但就权利变动的程序而言,"次级种类"这一概念毫无意义。

这些例子集中关注的是股份的财务方面,但为权利改变的程序之目的,股份权利的差异所导致的股份类别之不同,却未必一定体现在财务方面。因而,例如,拥有有限表决权或者拥有更多表决权的普通股所构成的股份类别,就不同于一股一票的普通股。没有表决权或者表决权受到限制的普通股在上市公司中并不常见,但它却经常运用于准合伙公司或者合资公司中,

---

[105] 但并不能仅仅因为一部分股份在发行之后的12个月内与其他股份所拥有的股息权利不同,而认为它们分属不同类别的股份(第629(2)条)。

[106] 《2006年公司法》与这一定义相关的涉及股份类别的其他条款包括第334条、第352条和第359条(与类别股东会议相关的条款的适用);第550条(董事发行股份的权力等;只拥有一类股份的私人公司);第569条(不适用优先权;只拥有一种股份类别的私人公司);以及第947—985条(收购的"挤出"和"售尽"条款)。

[107] 例如,参见《2006年公司法》第10条,该条详细规定了公司成立时提交的资本申报表所应记载的内容。

[108] 《公司(股份和股本)命令》2009,SI 2009/388,第2款。

[109] Cumbrian Newspapers Group Ltd v Cumberland & Westmorland Herald Newspaper & Printing Co Ltd [1987] Ch 1, 15.

[110] Scottish Insurance Corp Ltd v Wilsons & Clyde Co Ltd [1949] AC 462, HL; White v Bristol Aeroplane Co [1953] Ch 65, CA.

[111] TNT Australia v Normandy Resources NL [1990] 1 ACSR 1, SA SC.

[112] Re Powell-Cotton's Resettlement [1957] 1 Ch 159.

以达成各方的特殊安排。合资公司的章程中一个类似条款是,每一合资方所持的股份被定名为"A 股""B 股""C 股"等;每一股份组别拥有同样的权利,但是,A 股股东可以推举一名代表 A 股的董事,其他名称类别的股份也是如此。这些安排的目的是确保每一合资方有权指派一名成员进入董事会;其效果是创建了独立的股份类别。

在确定一家公司的资本结构中是否有一种以上类别的股份,以及因此是否需要该类别股份和公司同意变更资本结构,是需要考虑的;如前文所述,这一过程通常应当是直接的。但在某些情况下,观点立场不一定非常明确。

金股

特别的股份可以被赋予特殊的权利,只要这些股份由具名的个人持有。20 世纪 80 年代的英国,一些公司在由国家所有转变为私人所有时,私有化了的公司在其章程中引入了该种类型的权利。[113] 政府通过持有(被称为"金股"的)股份而在一定期间内保持着对公司经营的控制。这些股份被赋予某些权利,例如在任何人通过要约而买入超过 50% 的普通股时,金股持有人可以在公司股东大会上行使大多数表决权;但公司章程规定,政府卖出金股时这些权利消灭。[114] 在 *Cumbrian Newspaper Group Ltd v Cumberland & Westmorland Herald Newspaper & Printing Co*[115] 一案中,Scott 法官认为,股份转让后附属于该股份的特殊权利消灭这一事实,并不妨碍金股成为一种特殊的股份类别。对于这一问题的推理,看起来并没有因为《2006 年公司法》第 629 条对股份类别的法律界定而削弱。

基于持有规定比例的股份的权利

在 *Cumbrian Newspapers* 案件中,公司章程授予具名个人股东指派董事的权利,但其前提是个人股东持有不低于公司已发行股份名义价值总额的 10%。这种类型的规定不同于金股结构,因为虽然权利取决于持有一定比例的公司股份,但其并不附着于特定的股份。有人认为,被告公司的章程

---

[113] C Graham,'All that Glitters—Golden Shares and Privatised Enterprises'(1988)*Company Lawyer* 23.
[114] 引入金股的做法,现在被认为违背了欧共体关于资本自由流动的原则:Case C-463100 *European Commission v Spain*(获得英国干预支持)and Case C-98/01 *European Commission v United Kingdom* [2003] All ER (EC) 878. Case C-112/05 *European Commission v Germany* [2007] ECR I-08995; C-326/07 *European Commission v Italy* [2009] ECR I-02291; C-274/06 *European Commission v Spain* [2008] ECR I-00026; C-207/07 *European Commission v Spain* [2008] ECR I-00111; C-171/08 *European Commission v Portugal* [2010] ECR I-06817。总体上可参见, W-G Ringe, 'Company Law and Free Movement of Capital' [2010] *Cambridge Law Journal* 378。
[115] [1987] Ch 1.

所授予的特别权利,虽然不依附于任何特别的股份,但须基于诉请人在公司中的股东身份而赋予,而且诉请人只有在持股期间才能主张该权利;因而相应地,诉请人拥有"附着于一类股份的权利"。这一富有争议的裁决,在很大程度上取决于对当时生效的公司法(《1985 年公司法》)特定法条的解读。[116] 在这个方面,《2006 年公司法》的规定与 1985 年的法律存在着重大的区别,仍然有讨论余地的是,*Cumbrian Newspapers* 类型的权利是否仍然被视为产生了一种股份类别,目的是为了变更权利程序。然而,在颁布《2006 年公司法》之前的国会讨论程序中,并没有任何明确的见解认为,减少权利种类的范围,并将 *Cumbrian Newspapers* 类型的权利排除在外,是立法者所期待的。

面值不同的股份

在 *Greenhalgh v Arderne Cinemas Ltd*[117] 一案中,公司的股本包括面值为 50 便士(将相关数额转换为小数)的普通股和面值为 10 便士的普通股。虽然上诉法院并未就此作出裁断,但 Greene MR 法官表态,他愿意接受一审法官 Vaisey J[118] 的看法,也就是说,就不同类别的股份权利不同这一规定而言,面值为 10 便士的股份与面值为 50 便士的股份属于不同的类别。根据《2006 年公司法》,一类股份的名义价值是必须记载于资本申报表中的事项之一。[119]

实缴数额不同的股份

面值相同的股份,其实缴股本的数额可能有所不同。例如,如果有些股份已经全额缴纳而另有些股份只部分缴纳,这样会产生两种不同类别的股份吗?的确,根据公司章程规定,股份全额缴付的股东可以享有股份部分缴付的股东所不享有的权利——例如,如果公司章程采取了标准范式,则全额缴付的股份可以自由转让,而部分缴付的股份的转让权则受到限制。然而,这种差异的基础是在事实方面,而不体现为正式的权利缺乏一致性。与其将它们视为不同的股份(如果两者的差异只是体现为实缴资本数额的不

---

[116] 《1985 年公司法》(与《2006 年公司法》不同)对公司章程备忘录中的类别权利作了规定,并将(第 17 条)称为公司备忘录"任何类别成员的特殊权利"。类别权利程序的变更(《1985 年公司法》第 125 条,尤其是第 125(5)条)参照了《1985 年公司法》第 17 条。Scott 法官建议,在涉及股份有限公司时,"任何类别成员的权利"与"附属于某一类股份的……权利",应具有同样的意思。

[117] [1946] 1 All ER 512, CA.

[118] [1945] 2 All ER 719. 必须提及的是,"强化"Vaisey 法官结论的是一些有关债务偿还安排的案例:*Sovereign Life Assurance Co v Dodd* [1892] 2 QB 573, CA 以及 *Re United Provident Assurance Co Ltd* [1910] 2 Ch 477. 这些案例可以基于不同的基础进行解读,因为根据《2006 年公司法》第 26 部分这一规范债务偿还安排的规定,以经济权益或者技术权利作为对价都是许可的。

[119] 《2006 年公司法》第 555(4)(c)(iii)条。

同),更好的看法是认为,附着于它们之上的权利在各方面都是一致的,但股东实际上可以行使的权利范围则依事实而定。在依据公司法而完成的安排的语境下,部分缴纳股份的股东被认为构成了不同于全额缴纳股份的股东的成员类别[120]。然而,由于法院可以同时考虑经济利益和该语境之下的权利,在其他关注更为正式的程序和权利的法条方面,这一裁决并不是决定性的。

在什么时候股份类别的区分是重要的

在 *Greenhalgh v Arderne Cinemas Ltd*[121] 一案中,接受了以下观点:出于一些目的,股份属于不同类别;而出于其他目的,股份则属于同一类别。它表明,这种观点可以被理解为,只有在特定的事项方面,才应当考虑股份的区分。例如,一家公司的资本结构包括两类普通投票权股份(称为 A 股和 B 股),A 股股东和 B 股股东有权对普通的公司治理事务(例如续聘董事)进行投票,就像他们属于同一类别的股份那样;但如果事涉附着于 A 股或者 B 股的不同权利,则可能会要求分别取得这些类别的股东的同意。然而,这一事件提出了以下问题:什么时候一项提议会关乎附着于类别股份的不同权利?是否公司宪章的所有变更,都构成了附着于类别股份的权利的变动?或者只是公司宪章的部分变更属于其中?当权利的经济价值遭到侵蚀或受到影响但股份的正式权利保持不变时,其情形又当如何?下文将研究这些问题。

类别权利的变动

《2006 年公司法》提供了关于类别权利变动的特别程序规定。附着于某一类别股份的权利,只有在遵循公司章程关于那些权利变动的规定的情况下,才能加以变更;或者,如果公司章程未设此类程序规定,则须遵循《2006 年公司法》本身所设定的程序要求。[122]

为此目的,附着于类别股份的是什么权利?

为着类别权利变动的程序要求的目的,对于附着于某类股份之上的权利概念,有三种可能的解释方法。最为宽泛的解释是,一旦公司的股本被划分为不止一种类型,则因持有公司股份而拥有的权利——也就是法定合同之下的所有权利——都属于"附着于该类股份之上的所有权利"。然而,这种解释意味着,必须把公司章程改变了法定合同的所有变更,视为需要适用

---

[120] *Re United ProvidentAssurance Co Ltd* [1910] 2 Ch 477.
[121] [1945] 2 All ER 719,[1946] 1 All ER 512,CA.
[122] 《2006 年公司法》第 630 条。在没有股本的公司中,也存在相当的类别权利的变动程序规定(第 631 条)。

特殊保护程序的类别权利的变动；这样也就意味着，可以经特别决议而改变类别权利的与公司章程有关的多数决规则，被大大缩减了。类别权利保护程序赋予小股东在宪章变更方面所享有的如此广泛的控制权，从未被认真实施过。在 Hodge v James Howell & Co Ltd 一案中，上诉法院法官 Jenkins 说道，"总体上，人们会期待着看到，普通股有权在附着于其他类别股份之上的优先权获得满足之后，参与分配所有剩余利润和盈余资产，而这种剩余权利通常并不被认为是特殊权利、或者是优先权、或者是出于权利变更条款之目的而附着于普通股之上的类别权利"。[123] 出于权利变更条款之目的，以及被提议的出于类别权利变更的法定程序考虑，除了公司资本被划分为超过一类的股份之外，还必须满足其他一些条件，才能认定为附着于那些股份之上的权利是类别权利。

其他一些条件是什么？提及"特殊"权利，人们可能会想到"专属性"[124]，但从监管部门的角度看，很显然，即使某种权利通行于一种类别以上的股份，它也可以是权利变更程序目的意义上的、附着于某类股份的权利：在 Greenhalgh v Arderne Cinemas Ltd [125] 一案中，通行于两类股份的表决权，被认为是出于变更程序的目的而附着于类别股份的权利（尽管本案的裁决认定，事实上并不存在权利的变动）。虽然对于这一点并不存在精确的权威解释，但看起来诸多案件还是基于以下假定而作出了裁决：专属于某一特定类别的权利是附着于该类股份的权利，另外，股息和资本权利、表决权以及与类别权利保护相关的权利[126]是附着于股份类别的权利，即便当时它们并不具有专属性，而且同样的权利也可以附着于其他类型的股份之上。

在根本上，这场关于"附着于一类股份的权利"的表述该作何解的论争，本质上是小股东应当在多大程度上受到保护的问题。股份资本的投资者承担着以下风险：他们通过成为公司成员而根据公司宪章获得的权利，将被股东通过股东大会决议而改变；通常而言，此类权利载于公司章程之中，而且根据《2006年公司法》第21条的规定，可以通过股东大会以特别决议的方式（75%的表决权）通过这些权利。然而，当涉及附着于某一类股份的权利时，

---

[123] [1958] CLY 446，CA.
[124] Cumbrian Newspapers Group Ltd v Cumberland & Westmorland Herald Newspaper & Printing Co Ltd [1987] Ch 1, 15. 还可参见 Re John Smith's Tadcaster Brewery Co Ltd [1953] Ch 308, CA, 319—320 per Jenkins LJ.
[125] [1945] 2 All ER 719，[1946] 1 All ER 512，CA. 还应关注 Re Old Silkstone Collieries Ltd [1954] 1 Ch 169，CA. 两类优先股有权参与根据国有化法律而推行的薪酬计划。这一权利虽然对于这两类股份而言司空见惯，却被认为是一种特别权利，根据有关类别权利变动的公司章程的规定，这种特别权利会触发保护性程序的适用。
[126] 《2006年公司法》第630(5)条明确规定，公司章程修改权利变动条款的，或者在公司章程中加入这样的条款，本身被视为附属于某类股份的权利的变更。

在行使这一权力时,还需要获得规定的该类股份的大多数比例通过。对于"附着于一类股份的权利"的表述解释得越宽泛,少数股股东获得的保护越多,反之亦然。法律因此必须达成符合理性预期的平衡。理性的投资者认为对于其投资决策具有基础意义的投资权利——例如,获取金钱回报的权利和表决权——应受到特别保护,即便在这些权利并不专属于某一类股东的情形下,也应强调此点。但源自公司章程的一般性权利,应当能够根据变更章程的一般权力而更为轻易地修改,而无须遵循类别股份权利的变更程序。然而,由于存在种种不确定性,在实践中,公司有复杂的资本结构以及多于一类的股份时,在作出以下行动时必须保持审慎:变更附着于某类股份的股息、资本或者表决权的提议,将改变类别权利程序,即便同样的权利附着于一类以上的股份时,也应如此。

什么是附着于一类股份的权利的"变动"?

包含着类别股份权利变动程序的公司章程可以规定,为着那些条款的目的,"变动"一词是什么含义;在那种情形下,特定的提议是否属于变动,有赖于相关条款如何规定。《2006年公司法》第630条也对"附着于一类股份的权利"变动予以规定,从而涵盖了公司章程未对变动作出规定的情形(并且规定了某些小股东保护和在通常情形下适用的程序性要求)。出于法定的变动程序之目的,以及(除非另有要求)公司章程中载明的权利变动规定,所称的权利变动应当被解读为包括权利的"放弃"。[127]

类别权利变动的简单事例包括降低优先股息的比例,或者降低附着于股份的投票权数量。由于变动包括弃权,将优先股息的权利祛除,也等同于类别权利的变动。但在 Re Schweppes Ltd [128] 一案中,有观点认为,普通股的发行并不会改变现有普通股的类别权利,也不会改变优先股的类别权利。在 Underwood v London Music Hall Ltd [129] 一案中,发行与现有优先股位序平等的优先股,也被认为不会改变现有优先股的类别权利。在 Dimbula Valley(Ceylon) Tea Co Ltd v Laurie [130] 一案中,附着于优先股的权利包括在公司解散时与普通股一起按比例分享公司清偿完毕以下权利或者费用之后的财产余额:债权、支付解散费用、拖欠的优先股息以及退还实缴资本。有观点认为,红股发行虽然可能会降低个别股东享有的公司清算之后的剩余财产之份额,但它并不改变股东的参与权利。

隐含于 Dimbula 裁决中的改变权利与影响权利的行使这两者之间的差

---

[127] 《2006年公司法》第630(6)条。
[128] [1914] 1Ch 322 CA.
[129] [1901] 2 Ch 309.
[130] [1961] 1 Ch 353.

别,在20世纪40年代与50年代上诉法院对于一系列案件的审理中,得到了进一步的阐发。在 Greenhalgh v Arderne Cinemas Ltd [131] 一案中,上诉法院认为,就被划分为每股面值为50便士和10便士(为简单起见,采取了等值的小数)的股本而言,将面值为50便士的股份再划分为每股面值为10便士的股份的提议,并不等同于改变原先的面值为10便士的股份的类别权利,尽管由于这一划分,根据公司章程一股(无论其面值高低)一票的规定,原来面值为10便士的股权的表决力大大弱化了。在形式上,附着于面值为10便士的股份的权利没有改变,只是由于股份的再次分割,那些持有原先面值为50便士的股份的股东,本来只可以投一票的,现在则可以投5票了,这样就稀释了持有原来面值为10便士的股份的股东的表决力。如果提议赋予面值为50便士的股份5个投票权而不是将其再次分割,后果又当如何? Greene MR 法官也对此发表了见解。这位法官阁下认为,在那种情形下,附着于面值为10便士的股份的权利也同样会被改变,因为附着于那些股份的权利之一是,它们应当拥有与其他普通股同等的表决权力。[132]

Greenhalgh 一案的裁决认为,公司章程对于权利的"变动"规定了一套特殊的程序。在 White v Bristol Aeroplane Co Ltd [133] 一案中,公司章程的相关条款更为详细地规定了附着于类别股份的权利"以任何方式被影响、修改、变更、处分或者放弃"时所要遵循的程序。公司的股本包括优先股和普通股,公司提议通过增发与现有优先股拥有同等权利的优先股和与现有普通股拥有同等权利的普通股来增加股本。上诉法院所考虑的问题是,增发拥有同等权利的股份是否会"影响"现有优先股的权利从而可以适用前述条款。法院认为,权利不会受到影响,相应地不应当适用这一程序。其推理过程是,在形式上,增发之后附着于原来的优先股的权利完全等同于增发之前,唯一的变化是附着于这些股份的表决权利的行使方式及其效力。

在 Re John Smith's Tadcaster Brewery Co Ltd [134] 一案中,上诉法院再次限制了权利变动的特别程序之适用。在这个案件中,法院认为,普通股的增发并没有"影响"优先股的投票权,因而未能触发公司章程规定的特别程序的适用。Evershed 先生走得如此之远,以至于甚至对于 White v Bristol Aeroplane Co Ltd 一案及其所审理的特定案件中的公司章程有关权利变动程序的繁冗文句,表示了一定程度的不满,他评论道:"或许不幸的是,那些负责起草这些规定的人看起来善于……将一些字眼纠集在一起,而不作停

---

[131] [1946] 1 All ER 512, CA.
[132] [1946] 1 All ER 512, CA., 515.
[133] [1953] 1 Ch 65, CA.
[134] [1953] Ch 308, CA.

顿来表达它们各自的意思是什么,合并起来的意思又是什么。"[135]Evershed先生试图为法院采取的限制性解释的立场寻求正当性,他指出,如果从宽解释诸如"影响"这些用语,则公司董事行使其权力的任何行动,都可以被称为影响或者涉及优先股的价值,从而要求遵循特殊程序,否则无效——在法官阁下看来,其结果将是非常荒唐的。[136]

改变权利与影响权利的行使这两者之间存在差别,这一点已被牢固确立,尽管特定的事件属于哪一边,仍然不无争议。[137]通过类别权利的保护程序对小股东提供特别保护,应当有着严格的限制,以避免出现类别股份的持有者可以有效否决事实上公司所有活动的情形。[138]然而,看起来,其中的一些案件集中在对于试图将变动程序的适用扩展至类别权利受影响的情形的条款,作出过度的限制性解释,而且这种限制或许被认为挫伤了合理的预期。[139]就行文而言,显然,如果试图把White一案所涉及的提议认为应遵守变动程序,则那些程序性条款应仔细设计。例如可以规定,增发与现有股份位于同一序列的股份,属于类别权利的变动。以笼统语言表述的条款最有利于类别股东,例如规定,只要权利"的确受到了影响"[140],就应适用保护性程序。然而,从公司的角度看,诸如此类这种笼统的表述,会因为过于含糊不清且不可预期而不被接受。

在理解有关类别权利受"影响"时予以保护的公司章程条款时,也有可能存在不遵循字面解释的场合。这源自 Evershed 先生在 *White v Bristol Aeroplane Co Ltd* 一案的裁决中的声明。在该案中,Evershed 先生称:

> ……旨在通过加倍普通股股东的表决力、进而赋予其两倍于目前的表决权但没有改变其他任何种类的股份的特权或权利的决议,可能被认为直接关涉优先股股东的地位、因而亦关乎其权利……虽然对其自身的个体权利并没有任何改变。[141]

这番言论的背景是,Evershed 先生运用这一例子来表明,"受影响"可被赋予不同于"变动"的含义。然而,他强调指出,他并未对此下结论,因而尚

---

[135] [1953] Ch 308,CA.,312。
[136] 同上,316—317。
[137] 例如,*Re Smiths of Smithfield Ltd* [2003] BCC 769,especially para 57。
[138] RR Pennington, *Company Law* 7th edn (London: Butterworths, 1995) 283。
[139] 早在英国上议院在对以下案件作出裁决之前,就有批评的声音:*House of Fraser plc v ACGE Investments Ltd* [1987] AC 387,HL。但上议院与早期的案件一致,采取了一种更为狭义的解释方法。
[140] 这一点在以下案件中有所讨论:*White v Bristol Aeroplane Co* [1953] Ch 65,CA,80 per Evershed MR。
[141] *White v Bristol Aeroplane Co* [1953] Ch 65,CA,76—77。

不确定这番评论该拥有多大的分量。分析这一特定的案件时偏离字面规则，看起来乏善可陈，而且只会使这个本来已经复杂的领域更为复杂并不可捉摸。[142] 然而，根据正常的原则，如果公司章程规定两类股份拥有平等的投票权，而且随后提议增加其中一类股份的表决权，那么，这将会改变另一类股份在同等情况下的表决权。[143]

强化权利导致的权利变动

如果附着于该类股份的权利在某些方面得到了加强，例如，优先股股息率提高了或者股份投票权在数量上增加了，那么，类别权利是否发生了变动？*Dimbula Valley (Ceylon) Teas Co Ltd v Laurie*[144] 一案中的意见表明，增加权利是那些权利的强化而不是变动。然而，在原则上，很难理解为什么不能将有利而非有害的变化这一纯粹的事实，视为等同于类别权利的变化。值得关注的是，虽然这一问题并没有被特别提及，但 *Rights and Issues Investment Trust Ltd v Stylo Shoes Ltd*[145] 一案的裁决继续建立在以下假定之上：如果某种变化增加了附着于某类股份的投票权，则该变化需要征得该类股份持有人的同意。在 *Unilever (UK) Holding Ltd v Smith (Inspector of Taxes)*[146] 一案中，上诉法院在考虑与股份权利的变化息息相关的税收事宜时认为，无论拟议中的变化是限制了权利还是强化了权利，都应当适用同样的检验标准。

类别权利变动的程序

附着于类别股份的权利的变动，除了要获得变更公司宪章所通常需要获得的公司的同意外，还要根据公司章程的权利变动规定、或者在章程无此规定的情况下根据公司法的法定程序，获得类别股东的同意。《2006 年公司法》规定的权利变动程序比《1985 年公司法》的相关程序简单得多。这是《2006 年公司法》简化了有关公司宪章的法律的结果之一，特别是，把股份权

---

[142] 另一种可能存在的复杂性，但尚未经过测试确认，是 2012 年 10 月 25 日欧洲议会和理事会协调保护措施的 2012/30/EU 号决议。该决议为了保护成员国和其他当事方的利益，协调成员国公司所需的保护措施，成员国公司系指《欧洲联盟运作条约》第 54 条第 2 段所指的公司。协调保护措施的内容系关于建立公众有限公司，以及维持和改变其资本，目的在于使此类保护措施相等。《公司法第二指令》(重述)(2012) L315/74 第 29 (3) 条规定，如果有限责任公司中有几种类别股份，资本的增加应由每类别股东单独表决，股东的权利会受到交易的影响 (作了强调)。有观点建议，在这种情况下，受"影响"的含义可以扩大至决策权的改变；S Grundmann, European Company Law 2nd edn (Cambridge: Intersentia, 2012) 236。

[143] *Greenhalgh v Arderne Cinemas Ltd* [1946] 1 All ER 512, CA。
[144] [1961] 1 Ch 353, 374。
[145] [1965] 1 Ch 250。
[146] [2003] STC 15, 76 TC 300, para 56。

利记载于备忘录而不是公司章程中的选择,不再可能发生。[147]

附着于某一类别股份之上的权利的变动,应遵循如下法定程序:

(1) 已发行股份(不包括库藏股)的不低于四分之三的名义价值的持有者以书面形式同意变动;或者

(2) 该类股份的持有者大会通过特别决议,批准该项变动。[148]

对类别权利变动予以审议的类别股东会议,遵循的是公司会议的一般程序(作了适当的修改),除了:(a) 任何会议(除了延期的会议)的最低法定人数是,两人出席会议,而且出席人持有或者通过受托而持有所讨论的已发行类别股份(不包括库藏股)至少三分之一的名义价值;对于延期会议,则要求一人出席,持有所讨论的已发行所有类别股份或者其委托书;并且(b) 所讨论的已发行类别股份的持有者,出席会议的可以要求投票表决。[149] 类别股份会议的主席拥有规范会议的权力,但在表面上,会议只应由该类别的成员参加,以使他们有机会私下讨论事宜,而不会使其他类别的成员偷听其讨论内容。[150] 当附着于类别股份的权利发生变动时,公司必须在变动发生之日起一个月内,向公司登记官提交载有变动详情的通知。[151]

表决以改变类别股份——一项受拘束的权力?

一种根深蒂固的见解是,附着于股份的表决权是一项财产权利,其所有人可以按照自己认为合适的任何方式行使。[152] 一般而言,不能强迫股东去投票,也不能让股东对其选择行使投票权的方式承担责任。然而,一些公权机构却对股东投票设置了一些限制条件:在某些情况下,如果支持公司决议的股东在某种程度上行使权力不当,法院将否决该项决议的效力。虽然相关判决的一些措辞可能会有不同的表述[153],但否认决议的效力并不等同于股东有义务按照某种特定方式去投票——股东可以按其喜好去投票,即便法院可能会否认其决议的效力,但他们不会被认定违背义务,或者被认定要对因其行为而受损害的任何人承担赔偿责任。[154] 然而,股东投票之后,如果被法院认定投票无效,则会带来麻烦与成本,理性的投资者会希望避免这种

---

[147] 参见《2006 年公司法》第 8 条。
[148] 同上,第 630(4)条。
[149] 同上,第 334 条,特别是第 134(4)—(6)条。
[150] *Carruth v Imperial Chemical Industries Ltd* [1937] AC 707, HL。
[151] 《2006 年公司法》第 637 条。
[152] 典型的案例包括 *Pender v Lushington* (1877) 6 Ch D 70; *Northern Counties Securities Ltd v Jackson & Steeple Ltd* [1974] 1 WLR 1133; *North-West Transportation Co Ltd v Beatty* (1887) 12 App Cas 589, PC。
[153] 例如,*British American Nickel Corp v O'Brien* [1927] AC 369, PC, 378 *per* Viscount Haldane。
[154] LS Sealy, 'Equitable and Other Fetters on a Shareholder's Freedom to Vote' in NE Eastham and B Krivy (eds), *The Cambridge Lectures 1981* (Butterworths, 1982) 80.

情形出现。因而,如果他们最终去投票了,他们可能会认为自己事实上(如果不是法律上的话)有义务以经受得起司法审查的方式去投票。

类别股份的权利的变动仅仅获得了该类别的绝大多数股东同意,这是法院准备否决该类别的大多数股东通过的股东会决议的场合之一。在 *British American Nickel Corp Ltd v MJ O'Brien* [155] 一案中,公司提出的重整计划包括以抵押债券换取收益债券。抵押债券持有人大会通过了这项计划,但如果没有大量的债券持有人的支持,这项计划无法获得批准,而这大量的债券持有人拥有激励来支持这项没有向其他债券持有人开放、亦没有披露的计划。枢密院认为,该决议无效,原因之一是拥有激励的债券持有人没有把债券持有人的整体利益作为主要的考虑因素。Viscount Haldane 在作出判决时,解释了法院遵循的原则[156]:

> 当类别权利的大多数拥有者被赋予一种权力,他们据此可以拘束该股息的少数持有者时,要对此种权力进行限制。行使这一权力时要遵守一个一般原则,这一原则适用于所有以类别之多数拘束类别之少数的权力的行使;也就是说,被赋予的权力必须为该类别的整体利益、而不仅仅是个别成员的利益而行使。

Magarry 法官在 *Re Holders Investment Trust Ltd* [157] 一案中运用了这一原则。在该案中,受托人持有一家公司绝大多数的优先股,他们支持把优先股转变为债券的提议。受托人同时持有公司的大多数普通股,而且证据显示,他们彻底基于受托人的利益(当然,作为受托人,他们有义务这样做)而行事,并且从未考虑过作为一种类别的优先股股东的利益这一问题。在这些情形下,Megarry 法官认为,作为一种类别的优先股股东所作出的批准是无效的。

在 *Assénagon Asset Management SA v Irish Bank Resolution Corporation Limited* 案中,对大多数拥有者行权的司法控制问题,再次引起争议。[158] 案件事实涉及爱尔兰银行在 2007 年至 2009 年金融危机期间的经营失败。如 British American Nickel 案一样,此案涉及债券持有人而非股东,但该案所阐明的原则并非仅适用于某种特定的金融工具。[159] 本案涉及公司债券发行人使用的一项被称为"退出同意书"(exit consent)的技术。当发行人试图

---

[155] [1927] AC 369,PC.
[156] [1927] AC 369,371.
[157] [1971] 1 WLR 583.
[158] [2012] EWHC 2090 (Ch). 可比较以下案例:*Azevedo v lmcopa Importação* [2013] EWCA Civ 364.
[159] Briggs 法官指出,该原则可能被追溯到《查士丁尼法学总论》:[41]。原则适用的基础,来源于法律和公平的一般原则:[45]。

说服某一特定债券的所有持有者,将他们的债券以不同的条件交易为替代债券时,就会使用该技术。债券持有人受到要约,以他们现有的债券进行交易,条件是他们必须承诺,在债券持有人的会议上对现有债券条款的修正决议作出不可撤销的投票。事实上,该交易要求债券持有者接受20欧分,并保证投票支持一项决议,以使拒绝要约的持有者能以每1000欧元对1欧分的利率回赎。该决议授权以名义价值回赎在交易要约结束时仍未清偿的债券,该决议有效地消灭了现有债券所产生的权利的价值。交易要约和"退出同意"机制已向所有债券持有人充分披露,故不存在私下谈判的问题,也不存在引诱选定当事人的问题。但法院裁定,多数持有人投票赞成一项决议,以名义上的对价剥夺了少数持有人债券项下的权利,以此方式对少数持有人实施强迫,其做法是不合法的。这种形式的胁迫,与多数持有人被授权约束少数持有人相比,两者的目的是完全不同的。

对类别股中的少数人的法定保护

根据《2006年公司法》第633条,股东有权向法院申请撤销类别权利的变动。但根据本条提出诉请必须满足一定条件,因而该条的效果是有限的。为获得本条之下的诉权,原告必须总共持有不低于15%的讨论中的已发行股份。原告必须没有认可、也没有投票对该项权利变动的决议表示支持;仅仅是改变主意的股东不能援引第633条。该项申请必须在决议通过或者认可之后的21日内作出。在妥当提出诉请之后、法院确认权利变动之前,该项变动不发生效力。法院如果认为,考虑到案件的所有情形,该项权利的变动会不公平地侵害诉请人所代表的该类股东的利益,则法院可以禁止该项变动;否则,法院必须确认该项变动。法院的裁决为终局裁决。法院的法令副本必须提交给登记官。[160]

《2006年公司法》第633条所提供的救济与该法第994条对不公平侵害行为的救济,发生了重叠。对于不公平侵害行为的一般救济,在最低持股要求方面并没有设置门槛,也没有规定提出诉请的严格的时间限制。根据《2006年公司法》第994条,法院在提供救济方面拥有相当大的灵活性,这与该法第633条的立场迥然相异,后者只授权法院禁止权利的变动。

类别权利和减少资本

有关资本减少的案件,进一步提供了关于什么情况构成某一类股份的权利变动的司法考量。根据《2006年公司法》第645条进行的减资,必须获得法院的许可。原则上,法院拥有审批公司减资的权力,尽管减资并不完全

---

[160] 《2006年公司法》第635条。

吻合于类别权利。[161] 上述自由裁量权来源于《2006年公司法》第641(6)条的规定,该条规定,公司的法定减资程序要遵守公司章程限制或者禁止减资的规定。如果公司章程规定了权利类别变动的情形,法律已经把类别股份的单独同意,视为涉及类别权利变动的减资的"前提条件",同时,如果没有此种类别股份的同意,法院没有权力确认减资。[162]《2006年公司法》第642条规定,私人公司要在法院之外降低其资本,必须以股东大会的特别决议通过,该决议还要获得公司董事发布的有清偿能力的声明的支持,但却没有特别提及类别股份的权利。[163] 然而,由于《2006年公司法》第630条清楚地规定,附着于类别股份之上的权利在变动时须遵循特定程序,很难认为,在法院之外的涉及类别权利变动的减资,可以在缺乏妥当的类别股东同意的情况下予以有效推进。

在确定减资是否会导致附着于类别股份的权利发生变动时,必须从查阅公司章程或者股份发行条款入手,因为它们可能会针对这些情况作出特别的规定。[164] 例如,在 Re Northern Engineering Industries plc[165] 中,公司章程规定,资本的任何减少均构成优先股份的类别权利变动。有人试图限制该条款的适用,主张本着章程的目的,"减少"应不包括取消优先股。但法院驳回了这一主张。如果公司章程或者股份发行条款未做明确规定,则意味着不同类别的股份应当享有等同于其在公司解散时应享有的待遇。据此意思,如果公司的股本包含了普通股和拥有资本返还的非参与性优先权(但不享有公司偿付债权、支付费用及累积的未分配优先股股息(如果有的话),和返还实缴资本之后的余额的清算和回购溢价)的优先股,则关涉到资本返还的股本的减少,将在类别权利的同意之下达成,在类别权利中,优先股首先得到返还[166]——这将与其权利保持一致,因为在公司解散时,它们排在普通股之前。相反,在涉及公司亏损而注销股本名义价值的股本减少中,普通股(在公司解散时普通股最先承担亏损)的名义价值最先被

---

[161] British and American Trustee and Finance Corp v Couper [1894] AC 399, HL.
[162] Re Northern Engineering Industries plc [1993] BCC 267. 还可参考类别权利在减资情形中的重要性:Bannatyne v Direct Spanish Telegraph Co (1887) 34 Ch D 287, CA, 300 per Cotton LJ; Re Chatterley-Whitfield Collieries Ltd [1948] 2 All ER 593, CA (affirmed sub nom Prudential Assurance Co Ltd v Chatterley-Whitfield Collieries Ltd [1949] AC 512, HL).
[163] 《2006年公司法》第642—644条。
[164] 有关"清算时获其他情形"返还资本的条款,可参考《2006年公司法》第645条规定而作的资本返还: House of Fraser plc ACGE Investments Ltd [1987] AC 387, HL.
[165] [1993] BCC 267.
[166] Re Chatterley-Whitfield Collieries Ltd [1948] 2 All ER 593, CA (affirmed sub nom Prudential Assurance Co Ltd v Chatterley-Whitfield Collieries Ltd [1949] AC 512, HL); Scottish Insurance Corp v Wilsons & Clyde Coal Co Ltd [1949] AC 462, HL; Re Saltdean Estate Co Ltd [1968] 1 WLR 1844; House of Fraser plc v ACGE Investments Ltd [1987] AC 387, HL.

注销。[167]

从判例法中可以清楚地看出，前面一段勾勒的返还非参加优先股的股本及注销其名义价值，并没有废止、影响、变更或者处分了附着于那些股份的权利。在 *Re Saltdean Estate Co Ltd* [168] 一案中，Buckley 法官解释道，那些权利并没有被废止；相反，通过首先向优先股返还股本，公司行使了附着于那些股份的优先权。在 *House of Fraser plc v AGGE Investments Ltd* [169] 一案中，Keith of Kinkel 法官扩张了这一解释。在公司解散及其他一些场合，优先向优先股股东返还股本，是行使、而不是废止这一权利；而且根据公司章程的语义，股本的减少并未"改变、减少、影响或者处分"了附着于股份的权利，因为那些字句都预期到了，在交易之后讨论中的股东将继续持有某些权利，虽然这些权利在性质上不同于此前他们持有的权利。非参加优先股的股本之返还及注销，消灭了此前附着于那些股份的所有固定股息权利。[170] 这一权利的消灭并非类别权利的变动；相反，它被认为是股份持有者行使已被认可的资本返还优先权的必然后果。[171]

当公司的股本由普通股和拥有股息优先权（根据实缴数额来计算）、但与普通股拥有同一序列资本返还权利的优先股构成时，根据类别权利的规定，任何减少资本的行为，都必须平等地在两类股份中进行。因而，涉及资本返还或注销的减资会降低两类股份的实缴数额，但特别重要的是其对持续行使优先股息权利的影响：虽然股息率没有改变，但因为作为股息基础的本金数额降低了，股份持有人实际上获得的股息有可能大为减少。在解释"变动"这一术语时，判例法采取了限制性立场，遵循这一立场，其原因并不在于股息率的直接调整。而是由于作为股息计算基础的本金的减少而间接降低的实际获得的股息数额，其本身并不能视为类别权利的变动。[172]

---

[167] *Re Floating Dock of St Thomas Ltd* [1895] 1 Ch 691.
[168] [1968] 1 WLR 1844.
[169] [1987] AC 387，HL. 还可参见 *Re Hunting plc* [2005] 2 BCLC 211；*Re Peninsula and Oriental Steam Navigation Co* [2006] EWHC 389 (Ch)。
[170] *Re Chatterley-Whitfield Collieries Ltd* [1948] 2 All ER 593，CA (affirmed *sub nom Prudential Assurance Co Ltd v Chatterley Whitfield Collieries Ltd* [1949] AC 512，HL).
[171] *House of Fraser plc v ACGE Investments Ltd* [1987] AC 387，HL.
[172] *Bannatyne v Direct Spanish Telegraph Co* (1887) 34 Ch D 287，CA；*Re Mackenzie & Co Ltd* [1916] 2 Ch 450。还可参见 *Adelaide Electric Co Ltd v Prudential Assurance Co* [1934] AC 122，HL。股息率保持不变，然而，由于支付地点和支付币种发生了变化（从英镑转为澳元），股东实际上获得的数额要少得多。上议院认为，这里不存在类别权利的变动。该案再次显示了法院的限制性方法，但该裁决确实对公司章程所运用的"英镑"一词进行了解释。该案显示，不在公司章程语言范围内的币种的变更，构成了类别权利的变化。

类别权利与股份回赎/股份回购

减少资本而产生的类别权利问题,可以同样发生于股份回购和可赎回股份之中。即便股份回赎的资金来自公司的可分配储备金,从投资者的角度看,其在公司中的资本能得以返还。因此,回购或赎回某类股份的,可能会影响公司其他类别股份持有人的优先权利。

在确定股份回购或者发行可赎回股份是否构成附着于一类股份的权利的变动时,出发点仍然是公司章程或者是现有股份的发行条款。例如,优先股的发行条款可能会明确预见到进一步发行可赎回股份,进而规定那些发行是否构成优先股的权利变动。如果公司章程中无此规定,而且公司已经发行了在公司解散或者任何资本返还情况下享有优先权的优先股,则随后发行可赎回股份将构成原有优先股的类别权利的变动,因为在股份回赎时,资本将首先被返还给可赎回股份的持有者。即使优先股的发行条款仅仅规定股东在公司解散时享有优先权,而在资本返还方面保持沉默,把有关减资的裁决予以扩张解释,其分析结果也是一样的。法院在针对减资的案件中认为,可以推断得出,除非另有规定。股东在这种情形中享有相当于公司解散时的权利。除非(情况经常如此)优先股的发行条款明确批准了普通股的股份回购行为,在公司解散或者其他情形下享有资本返还优先权的优先股,在优先股得到返还之前公司购买普通股,将构成类别权利的变动。

第七章　资本维持与资本减少

债权人利益保护：引言

在现代公司管理制度中，股东和公司控制人从有限责任中获得的利益，被旨在保护债权人利益的规定所抵消。债权人利益保护的主要公司规制策略包括：强制性披露规则，特别是有关财务业绩的信息；调整公司整个存续期间的股本及其他准资本储备的详细法定资本规则；以董事和公司控制人的个人责任为支撑、以偿债能力为基础的宽泛标准。这些策略可以彼此独自运作，或互为补充。例如，强制性财务报表被用作评价公司遵循法定资本规则的基础。

与其他欧盟成员国的公司法相似，英国的公司法都包含有许多关于资本维持方面的详细规则。根据欧共体《公司法第二指令》，其中的一些规则是强制性的[1]；然而，经济发达世界中的许多其他国家已经抛弃了这些规则，转而采取一套结构更为开放的、以偿债能力为基础的标准。[2] 对于改革的种种抉择，欧洲层面有着激烈而细致的论争，而自从欧盟法院（CJEU）作出了数起标杆性裁决之后，这一改革的进程已经加速。这些裁决认为，欧洲国家一些详尽的法定资本规则，并不能因为标榜公共利益而获得正当性。[3] 而且，更近一段时期以来，改革也走向了深化，因为会计方面的变革已经把财务披露的重点从通知债权人转向了通知股东，其结果

---

[1] 2012年10月25日欧洲议会和理事会形成的2012/30/EU号决议，内容是为成员和其他当事方的利益，而协调成员国公司所需的保护措施，成员国公司系指《欧洲联盟运作条约》第54条第2段所指的公司。协调保护措施内容包括成立公众有限公司，以及维持和改变其资本，目的在于使此类保障措施相同。《公司法第二指令》（重述）(2012) L315/74。

[2] J Armour, G Hertig and H Kanda, 'Transactions with Creditors' in RR Kraakman, J Armour, P Davies, L Enriques, H Hansmann, G Hertig, KJ Hopt, H Kanda, and EB Rock, *The Anatomy of Corporate Law: A Comparative and Functional Approach* 2nd edn (Oxford: OUP, 2009) ch 5.

[3] Case C-212/97 *Centros Ltd v Erhvervs-og Selskabsstyrelsen* [1999] ECR I-1459; Case C-208/00 *überseering BV v Nordic Construction Co Baumanagement GmbH* (NCC) [2000] ECR I-09919; Case C-167/01 *Kamer van Koophandel en Fabrieken voor Amsterdam v Inspire Art Ltd* [2003] ECR I-10155. 还可参见第四章。

是，将公布账目作为确定是否遵循了法定资本规则的标准的效用面临疑问。[4]

看起来，政策制定者正朝着废除详尽的法定资本规则的方向努力，尽管在欧洲层面，这一变革的步履显得相当保守，反映了在欧洲关于公司法相对于破产法在保护债权人利益的作用这些根本性问题、以及这是否属于在任何情况下采取泛欧监管一体化做法均为妥当的领域，还存在相当大的分歧。对于这些复杂的问题，政策制定者明白，他们需要的是细致而审慎的反应。虽然 2006 年修订了《公司法第二指令》[5]，但其变革的力度是如此之弱，以至于一位主流评论人士说出了以下一番言语："对《公司法第二指令》的修订甚至还没有开始。"[6]因而，欧盟委员会委托毕马威会计师事务所起草一份关于替代《公司法第二指令》的可行性研究报告。[7]令改革倡导者失望的是，根据这一研究结果，欧盟委员会的结论是，该指令并不是公司重大业务问题的根源；欧盟委员会还宣布，在短期内将不采取后续措施或改革措施。[8]但改革的压力持续出现。欧洲公司法专家（ECLE）小组认为，对法定资本形成和维持制度进行根本性的、便于理解的改革，仍是很吸引人的。[9]

英国属于欧盟成员国中赞成大幅度改革的国家之一。为落实改革议程，《2006 年公司法》取消了法定资本制度的部分规定，转而更加依赖清偿能力标准。但即便在英国国内，关于在何种适当范围内废除法定资本制，也有不同的看法；显然，《2006 年公司法》对这一问题并未作很大的突破，因为其

---

[4] EV Ferran, 'The Place for Creditor Protection on the Agenda for Modernisation of Company Law in the European Union' [2006] *European Company and Financial Law Review* 178; G Strampelli, 'The IAS/IFRS After the Crisis: Limiting the Impact of Fair Value Accounting on Companies' Capital' (2011) 8 *European Company and Financial Law Review* 1.

[5] 欧洲议会和理事会于 2006 年 9 月 6 日制定的 2006/68/EC 号指令，修订了（EEC）77/91 号欧洲理事会指令，修订的内容系关于公众有限责任公司的成立以及其资本的维持和变更，[2006] OJ L264/32。2006 年的修订内容现已被 2012 年《公司法第二指令》（重述）所采纳。

[6] E Wymeersch, 'Reforming the Second Company Law Directive'（2006 年 11 月），〈http://ssrn.com/abstract=957981〉（2013 年 7 月访问）。

[7] KPMG, *Feasibility Study on an Alternative to the Capital Maintenance Regime Established by the Second Company Law Directive 77/91/EEC of 13 December 1976 and an Examination of the Impact on Profit Distribution of "the New EU Accounting Regime* (2008).

[8] European Commission, *Results of the External Study on the Feasibility of an Alternative to the Capital Maintenance Regime of the Second Company Law Directive and the Impact of the Adoption of IFRS on Profit Distribution* (2008).

[9] ECLE, 'The Future of European Company Law' (1 May 2012), Columbia Law and Economics Research Paper No. 420〈http://ssrn.com/abstrut=2075034〉。但是改革《公司法第二指令》并非欧盟的首要任务，European Commission, *Action Plan: European Company Law and Corporate Governance—A Modern Legal Framework for More Engaged Shareholders and Sustainable Companies* (COM(2012) 740)。

规定不得违反欧盟法。[10] 英国在一定范围内"过度"执行了《公司法第二指令》,依据在于该指令是一项最低限度的协调措施,这一观点得到了英国法院判例的支持。[11]

质疑法定资本原理的价值

法定资本原理的本质在于,除了在遵循严格限定条件的情况下,不得向股东支付股本和特定的其他准备金。《公司法第二指令》第17(1)条规定了如下的支付限制:"除了在降低实缴资本的情况下,如果上一会计年度终止日时公司年度账户中的净资产将低于、或者如果向股东分配之后将低于认缴资本与根据法律或章程不得分配的准备金之和,则不得向股东进行分配。"

这一规定的后果是,只有超过资本与不可分配准备金之和的净资产可以分配给股东,尽管从偿债能力的视角来看,公司完全可能在债权人获得偿付的预期不受威胁的情况下,拥有更大的支付能力。偿债能力的视角将债务看作已经到期和/或参考公司净资产的整体情况(总资产减去总负债,不将股本视为负债)来检验公司的偿债能力。《公司法第二指令》第17条规定了认缴资本的减少,但根据该指令的其他条款,它们要受到其他有关股东决议的形式要求及有关债权人保护的法院监督要求的规制。[12]《公司法第二指令》进一步举例指出,在法定资本原理中居于核心地位的支付限制,还可能为有关资本筹集的规则(这些规则包括最低资本要求和可以接受为股本的对价的类型)、有关股份回购的要求、以及其他对于可以构成向股东直接支付的公司行为的要求所强化。

近年来产生了大量的研究文献,罗列了作为债权人保护机制的法定资本制度的种种缺陷。[13] 对它的批评(这些观点未必完全一致)包括以下

---

[10] 本章后文以及第九章将讨论这一问题:拒绝采用以偿付能力为基础的制度来确定私人公司支付股息的能力。
[11] C-338/06 *European Commission v Spain* [2008] ECRI-10139, para 23 and para 26; Case C-101/08 *Audiolux SA v Groupe Bruxelles Imnbert SA (GBL)* [2009] ECR I-09823, para 39.
[12] 第34—38条。
[13] 文献包括 JA Armour, 'Share Capital and Creditor Protection: Efficient Rules for a Modern Company Law' (2000) 63 *MLR* 355; J Armour, 'Legal Capital: An Outdated Concept?' (2006) 7 *European Business Organization Law Review* 5; L Enriques and JR Macey, 'Creditors Versus Capital Formation: The Case Against the European Legal Capital Rules' (2001) 86 *Cornell Law Review* 1165; F Kübler, 'The Rules of Capital Under Pressure of the Securities Markets' in KJ Hopt and E Wymeersch (eds), *Capital Markets and Company Law* (OUP, 2003) 95; J Rickford (ed) 'Reforming Capital. Report of the Interdisciplinary Group on Capital Maintenance' (2004) 15 *European Business Law Review* 919; EV Ferran, 'Creditors' Interests and "Core" Company Law' (1999) 20 *Company Lawyer* 314; Ferran, 'The Place for Creditor Protection'.

方面:

(1) 法定资本规则设计粗糙,因而机理简陋,无法保护债权人;

(2) 法定资本规则的不精细,精明的法律和金融专业人士稍动脑子就可以想出办法来规避这套规则,从而使其预期保护功效消解于无形之中;

(3) 法定资本规则的收益小于其成本;

(4) 法定资本规则因遏制了一些在经济上更为合算的交易或其他措施而扭曲了公司的融资决定;

(5) 债权人可以自我保护,没有必要以法律的强制性规则来承担该项功能;

(6) 债权人保护应当主要通过破产法而不是公司法来完成;而且

(7) 事后的灵活标准在本质上优于事先的僵化规则。

另一方面,法定资本的维护者提出了如下相反的观点[14]:

(1) 法定资本提供了预防性保护;

(2) 法定资本作为一项合约安排,对于所有债权人一体适用,因而对于那些无法为自己议定合约条款的弱势债权人而言,这项制度具有价值——进而言之,它为所有债权人避免了协商确定合约保护所带来的交易成本;

(3) 法定资本能够防止对公司的掠夺,特别是在收购行为发生之后;

(4) 对分配的限制,能够保护公司管理层抵抗来自股东的压力;

(5) 法定资本对分配的限制,其长期功效优于短期的偿债能力标准;

(6) 如果要可靠地向更加依赖偿债能力标准转变,则需要大幅度扩张管理层的责任规则,并且在实施法律时要严格得多;并且

(7) 法定资本牢牢根植于欧洲大陆的法律文化之中,对它的任何变更都会带来有关适应成本的剧变,但其利益却不确定。

在考虑作出何种变革时,保护债权人的长期利益是特别的症结。如果运用以偿债能力为基础的标准,则要求董事对公司偿债能力发表看法,并对该看法承担个人责任。公司的偿债能力标准存在多种表达方式,但最典型的是要求董事确认,公司支付当时且在其后一段时期内具有偿债能力。由于不可能期望董事对公司长远未来(彼时他们可能不再承担董事职责)的运作绩效承担个人责任,例如12个月这种有限的时间跨度,对于设定偿债能力标准的预期时间节点是合适的。无论如何,正如沃克法官在 *BNY Corporate Trustee Services Ltd v Eurosail-UK 2067-3BL plc* 案中指出的那样,一

---

[14] 以上列举的观点源于 Marcus Lutter 完成的关于"欧洲法定资本"的专家小组报告的摘要。该报告作为专辑发表于 European Company and Financial Law Review; M Lutter (ed), *Legal Capital in Europe* (De Gruyter Recht, 2006)。

旦超过了合理的预期时间节点,再使用"现金流标准"(债务到期)的话,就将成为完全的投机行为。[15] 如何在这项评估中最适当地纳入长期债务,是一个复杂而充满争议的问题。[16] 一种方法是,要求董事们在确定公司偿付能力时,只要考虑到长期负债,并使董事享有相当大的裁量权,来决定长期负债的权重。[17] 另一种方法是,要求董事们确定偿付能力时,应当根据基于账户的资产负债表标准,考察资产超过负债的部分;但这种方法将会导致以下问题,即根据会计规则编制的财务报表,将不是以债权人利益为主要目的而编制,因此这可能不是一项可靠的标准。[18]

在《2006年公司法》前的改革工作中,英国曾考虑在私人公司中采取以偿债能力标准为基础的股利支付机制,但人们对长期偿付能力的担忧,是一项阻碍性的因素。有一种担心认为,拟议中的有关偿债能力标准的表述,只提供了短期偿付的保证,这并不足以对公司清偿其长期债务提供充分的保证,因而无法充分保护债权人。在关于公司法议案的国会论辩中,这种担忧被提及。当时一位政府发言人称:

> 公司法修订案中提议的偿债能力标准,只要求董事考虑第二年到期的债务,因而允许公司即便在负有的长期债务(例如养老金)超过其资产的情况下支付股息。当然,董事还必须要考虑他们根据[……法]第10章第2部分所应承担的一般责任,然而,仍然切实存在的问题是,这一点是否能够对长期债权人提供充分的保护。[19]

另一方面,《2006年公司法》规定了私人公司减资时以偿债能力为基础的制度,该法律还继续保留着原有立法中的一项制度,即只要满足偿付要求,私人公司就可以运用资本为回购股份提供资金。[20] 在经济学术语中,分配股息、减资以及股份回购具有很多共同之处,甚至可以被简单地被视为向股东返还价值的替代方法,它们仅在附带特点方面有所区别,如税后待遇

---

[15] [2013] UKSC 28,[2013] 1 WLR1408,[37].
[16] J Rickford,'Legal Approaches to Restricting Distributions to Shareholders: Balance Sheet Tests and Solvency Tests'(2006) 7 *European Business Organization Law Review* 135;W Schön,'Balance Sheet Tests or Solvency Tests—or Both'(2006) 7 *European Business Organization Law Review* 181;W Schön,'The Future of Legal Capital'(2004) 5 *European Business Organization Law Review* 429.
[17] 英国接受了上述判决事项,英国《1986年破产法》第123条规定了"无力偿还债务标准",并在 BNY Corporate Trustee Services Ltd v Eurosail-UK 2007-3BL plc [2013] UKSC 28,[2013] 1 WLR 1408 案中适用。《1986年破产法》第123(2)条规定了所谓的"资产负债表"破产标准(负债超过资产),但这不是字面上所理解的意思,也没有法律规定将《1986年破产法》第123(2)条,与《2006年公司法》关于公司财务报表形式、内容的详细规定联系起来。
[18] Rickford,'Legal Approaches'.
[19] Lord Sainsbury, *Hansard*,vol 680,col GC48(2006年3月20日).
[20] 《2006年公司法》第714条.

等；对股息、减资以及股票回购的法律控制方面存在不连续性，这是很奇怪的。《2006年公司法》的异常结果[21]，可能与以下事实有关，即支付股息是英国公司向股东返还价值的主要方式，因此规范股息支付的程序受到人们的密切关注。在《2006年公司法》颁布前的改革进程中，有提议认为，应以清偿能力作为判断私人公司股息支付能力标准，但这一提议出现的时间较晚，政府并不确定一些重要的原则性问题是否已经得到充分解决。[22] 鉴于改革的压力与会计的发展演变息息相关，故还有必要等待新的会计准则的实际影响。[23] 另外，尽管欧盟法律并没有排除与私人公司相关的法律变革，但在制定《2006年公司法》时，有观点认为，在欧盟提出关于改革《公司法第二指令》的动议前，不要急于进行改革，这是有一定好处的，因为欧盟可能会在适当的时候，超越国内层面的法律发展，对适用于公众公司和私人公司的股息分配规则做全面的、连贯的改革。[24] 从事后情况来看，上述观点中的最后一项并没有说服力；既然欧盟委员会已决定不对《公司法第二指令》进行变革，那么，如果不在《2006年公司法》中作出进一步规定，将被认为是英国错失了改革良机。

英国资本维持制度的发展演变

在 Trevor v Whitworth[25] 一案中，Watson 法官解释道，法律禁止：

>……公司与股东之间的、将股东就其股份已经支付给公司的金钱返还给股东的任何交易，除非法院已经授权了该项交易。在公司交易中，实缴资本可能会减少或者丧失，没有任何一部法律能够避免该结果的发生；但与公司发生交易并且对有限公司产生信任的任何人，会很自然地依赖以下事实：公司是以一定数量的已缴付资本为基础进行交易；同时依赖公司成员不随时支取资本；而且他们有权假定，除非是为了经营的合法目的，已经缴付进公司钱柜中的资本，没有一分钱随后被取出。

---

[21] 事实上，在许多国家的法律中都能发现在调整这些不同机制的程序中存在异常情况。参见 Rickford, 'Legal Approaches,' 144—145。
[22] Lord Sainsbury, Hansard, vol 680, col GC 48（2006年3月20日）。
[23] Lord Sainsbury, Hansard, vol 680, col GC 48（2006年3月20日）。
[24] "获授权和监管改革委员会第二十六份报告"（2006年11月）附录，载明了有关政府部门的备忘录（当时为贸易和工业部（DTI），现为商业、创新和技术部（BIS）），该备忘录解释了其政策，即在欧盟立场更加明确之前，英国将不会修改对私人公司的法律规定。
[25] (1887) 12 App Cas 409, HL, 423—424。

类似地，在 *Guinness v Land Corporation of Ireland*[26] 一案中，上诉法院法官 Cotton 提及，实缴资本不得返还给股东，因为那样将是"从债权人有权获得支付的资金中攫取"财富。

现在，禁止返还资本的普通法规则被有关分配和减资的成文法规则所强化。根据《2006 年公司法》第 23 部分，将公司资产向公司成员分配，必须从这一目之下的可分配利润中支付。"可分配利润"是第 23 部分的一个精确法定概念。然而，一般而言，它不包括股本和其他准资本储备。本书接下来的第九章将分别探讨第 23 部分及其效果。减资并不是第 23 部分的目的所指向的分配行为。[27] 相反，减资由《2006 年公司法》第 17 部分的第 10 章调整，而且只有在得到法院确认（如果是私人公司，则在董事出具的偿债能力声明予以支持）时才可以。本章在后面将详细探讨减资的两种法定程序。

禁止向股东返还资本的普通法规则的运用

尽管成文法有所规定，法院有时继续运用禁止返还资本的普通法规则，并以此为基础来审查公司行为（无论其贴上什么标签）的本质，并宣布那些等同于欺诈公司债权人的不适当的公司行为归于无效。Pennycuick 法官在 *Ridge Securities Ltd v IRC*[28] 一案中的见解经常被引用于此种情形之中，在他看来，至关重要的原则是：

> 公司成员可以通过股息分配、或法院之外的减资程序、或者在公司解散时从公司取出资产。他们当然可以通过支付全额的对价来买入资产。他们不能以无偿的方式（无论该方式如何描述）取出公司的资产，而且如果公司成员试图这么做，则这种行为超越了公司的权限。

以下数起案例表明了法院的立场。

在 *Re Halt Garage(1964)Ltd*[29] 一案中，夫妇俩持有并管理着一家家族公司。这位妻子是公司的董事，即便后来非常明显的是，严重患病的妻子不再能够对公司管理发挥积极的作用，公司仍然给她发放董事薪酬。后来

---

[26] (1882) 22 Ch D 349，CA，375. 还可参见 *Verner v General and Commercial Investment Trust* [1894] 2 Ch 239，CA，264 *per* Lindley LJ；*Ammonia Soda Co Ltd v Chamberlain* [1918] 1 Ch 266，CA，292 *per* Warrington LJ；*Hill v Permanent Trustee Co of New South Wales Ltd* [1930] 720，PC，731 *per* Lord Russell of Killowen.

[27] 《2006 年公司法》第 829(2)(b)(ii) 条。

[28] [1964] 1 WLR 479，495.

[29] [1982] 3 All ER 1016. 还可参见 *Ridge Securities Ltd v IRC* [1964] 1 All ER 275；*Jenkins v Harbour View Courts Ltd* [1966] NZLR 1，NZ CA；*Redweaver Investments Ltd v Lawrence Field Ltd* (1990—1991) 5 ACSR 438，NSW EqD.

这家公司进入清算程序，根据清算人的申请，Oliver 法官认为，公司支付的薪酬数额超过了能够被认为是真正行使薪酬偿付权时的数额。在支付的薪酬超过董事职务所应获得的真实薪酬时，超过部分的薪酬应当返还给清算人，因为它们构成了变相的资本退还。

在 Aveling Barford Ltd v Perion Ltd[30] 一案中，原告公司在没有可分配利润的情况下，将一些公司财产按显著低于独立评估人评估的价格对外售出。购买方是一家名为 Perion Ltd 的公司，该公司为 Dr Lee 所控制，他同时是卖方公司的控制人。一年之内，Perion Ltd 公司转售了这笔财产获得了一笔大额利润。Aveling Barford 公司的清算人成功地以 Perion Ltd 公司构成了推定信托为由，取回了该笔交易的收益。法院认为，Dr Lee 将公司财产以如此低的价格卖出，违背了其对 Aveling Barford 公司的信义义务，另外，由于 Perion Ltd 公司已经明知这项交易违背了义务，它就负有推定受托人的责任。Hoffmann 法官认为，因为这项出售公司资产的交易并非根据公司备忘录来真正行使权力，虽然 Aveling Barford 公司的股东认可了该项交易，但 Dr Lee 被认定违背了信义义务，已经不容置疑。在这一案件中，买方公司本身并非卖方公司的股东，但两家公司为同一人所控制。Hoffmann 法官认为，该项交易有利于受控于、而不是直接归属于 Dr Lee 的公司，这一点无关紧要，因为交易的真正目的是使 Dr Lee 受惠。因而，这些事实属于禁止将股本返还给股东的规则调整范围，因为在那种情况下，实际上是以间接方式达到了同样的效果。[31]

Barclays Bank plc v British & Commonwealth Holdings plc[32] 一案，也存在间接返还股本的问题。在该案中，一家银行集团是某公司的股东，被要求在该公司无法按照股份回赎条款回购股份时购买这家公司的可赎回优先股。该公司向银行作出了金钱约定，根据该约定，如果公司发现自身无法赎回其优先股，它将违背其对银行的约定。这种安排的经济后果是，银行必须付钱以购买股份，然后可以在公司清算时证明自己是债权人，主张公司因违约而应返还银行购买股份所支付的金钱。这一安排被认为等同于间接返还股本，而且与 Trevor v Whitworth[33] 一案相反的是，在那种情况

---

[30] [1989] BCLC 626. 还要参见 Hickson Timber Protection Ltd (in receivership) v Hickson International plc [1995] 2 NZLR 8, NZ CA, noted RI Barrett, 'Diversion to Shareholders of Proceeds of Sale of Corporate Asset' (1996) 70 ALJ 43; R Grantham, 'Corporate Groups and Informality' [1995] NZLJ 176.

[31] 澳大利亚最高法院认为，股东可以间接获益的安排可以等同于非法返还资本：Australasian Oil Exploration Ltd v Lachbery (1958) 101 CLR 119, H Ct of Aust.

[32] [1995] BCC 19 (affirmed [1995] BCC 1059, CA) following Re Walters Deed of Guarantee [1933] Ch 321.

[33] (1887) 12 App Cas 409, HL.

下，法官裁决的效力宽泛到只有在公司破产时才能够达成的合同。根据该合同，在那种情况下股东可以从第三方获得与其从公司中获得的数额相当的支付，此后，第三方有权作为债权人从公司获得偿付。如果法官作出相反的裁决，其后果是允许把股东群体的诉请转换为债权人的诉请，从而优先于普通股股东的诉请，但与其他债权人保持平等。

非法返还资本是越权行为

Pennycuick 法官在援引前述 *Ridge Securities* 一案的表述时，将处分行为描述为公司的越权行为。在这一语境下运用"越权行为"这一术语是妥当的，因为处分行为有悖于公司根据普通法律所拥有的权限。因而，在 *MacPherson v European Strategic Bureau Ltd*[34] 一案中，事实表明，公司在破产时与股东签订了合同，据此公司应向股东支付顾问费。这一安排被认定属于越权行为，因为，根据上诉审法院法官 Chadwick[35]：

> 在我看来，在公司解散时分配资产但未对债权人予以适当考虑的安排，其本身即违背了董事对公司承担的义务；换言之，这是公司越权行为。它企图规避《1985 年公司法》对信赖公司的人所提供的保护。根据该法成立的公司在运作时享有有限责任的优势。

上诉审法院法官 Buxton 同意：

> 需要相当程度的玩世不恭才会认为，公司成员带着公司的未来收益全身而退却将债务留给债权人的安排，是有利于公司利益的，即便受益人拥有公司中的全部利益；出于 Chadwick 法官所提出的原因，这种安排毫无疑问属于公司越权行为。[36]

这一意义上的越权行为，与超越公司经营目标意义上的越权行为有所区别。在历史上，除了禁止向股东返还资本外，法院还运用后一种意义上的越权行为规则来保护债权人。因而，在 *Trevor v Whitworth* 一案中，Herschell 法官说[37]：

> 毫无疑问，公司资本会因公司经营目标范围内的成本和费用的支出而减少。其中一部分还可能因为从事授权之下的商业运作而丧失。所有信任公司的人都意识到了这一点，并且都承担了这一风险。但我

---

[34] [2000] 2 BCLC 683，CA.
[35] At para 48.
[36] At para 60.
[37] (1887) 12 App Cas 409，HL，415. Also 424 *per* Lord Watson and 433 *per* Lord Macnaghten.

认为,他们有权依赖、并且立法者本意也是让他们有权依赖公司资本不会由于这些范围之外的花费而减少,或者由于将任何部分的资本返还给股东而减少。

在 *Trevor v Whitworth* 一案作出裁决之时,将经营目标界定为公司能力的范围,是公司法的一个基本法则:经营目标之外的任何行为都是越权行为,并且都是无效的。然而,现代的立场迥然不同。在实践中,公司倾向于拥有非常宽泛的经营目标,最后,《2006 年公司法》认可了这种做法,首次允许公司设定不受限制的目标。[38] 当公司目标称它们"并不必须是为着商业目的;它们可以是为了慈善目的;的确,它们可以是最初的公司发起人所愿意的一切目的,只要它们是合法的。只要符合其宣称的目标,公司免费地或者出于非商业原因而动用资金,也不需要任何理由"。[39] 另外,即便公司宪章之下的目标有所限定,公司行为也不能因为缺乏那些限定的目标所赋予的能力而面临效力方面的质疑。[40] 虽然公司宪章的限制可以从内部制约董事代表公司的能力,但对外而言,《2006 年公司法》要保护外部人(正如以前的公司立法那样),该法规定,为了有利于本着善意与公司发生交易的人,对公司具有拘束力的董事的权力或者授权他人这样做的权力,视为不受公司宪章之下的任何限制。[41] 如果公司属于交易或其他行为的一方主体,而一人属于另一方主体,则其属于为着该目的与公司交易的人[42];将其他行为纳入其中表明,受到保护的并不局限于商业交易行为。所有这些导致的最终结果是,与公司宪章相关意义上的越权规则,不再发挥着有意义的债权人保护功能。

区分真实交易和变相分配(disguised distribution)的学理标准

在 *Progress Property Co Ltd v Moorgarth Group Ltd* 案中[43],一家公司将其全资子公司出售给另一家公司。三家公司均由同一自然人间接控制,故本案的事实与 Aveling Barford 案的事实在表面上相似。原告认为,交易低估了价格,故是一种变相的分配。在计算交易价格时,考虑了据信是由卖方支付的赔偿,故在交易价格中扣除了该赔偿。但事实上,卖方并无赔偿的义务,故不应减免价格。

---

[38]《2006 年公司法》第 31 条。
[39] *Re Horsley & Weight Ltd* [1982] Ch 442, CA. 还可参见 *Rolled Steel Products (Holdings) Ltd v British Steel Corp* [1986] Ch 246, CA。
[40]《2006 年公司法》第 39 条。
[41] 同上,第 40 条。
[42] 同上,第 40(2)(a) 条。
[43] [2011] 1 WLR 1, SC。

最高法院判决认为,关键问题在于其性质,并应注意到该问题是一个实质问题而非形式问题,当事人使用的标记不是决定性的因素。法院拒绝适用一项客观判断标准,因为该标准是苛刻的和不可行的。[44] Walker 法官解释道,法院的真正任务是探究被指责的交易的真正目的和实质内容。这要求法院调查所有相关事实,其中包括开展商业行为的人的主观心理状态。以公平独立的商业交易开展的公司行为,是一个与主观意图相关的例子。如果结论是存在经过诚信协商的公平交易,则该交易将是合法成立的,即便该交易在事后看来不划算。但如果交易虽有公平的形式,但有榨取价值的不正当企图的话,该交易将是非法的。无论哪项结论都应取决于对所有相关事实的现实评估,而不应取决于与其他调查相独立的、简单地回顾性客观评估工作。应当允许有"自由裁量"(margin of appreciation)的余地。[45] 根据案件事实,即使假设交易的价值被低估了,但这仍是一个真实的交易,而不是非法的变相分配。

对第三方的无偿处分及董事的义务

向股东之外的人或者为股东利益而作无偿处分行为,就其定义本身而言,不在禁止向股东返还资本的范围之内,然而,它们当然应受到有关可撤销的优先给付行为和低价交易行为的公司法和破产法的一般框架的调整。[46] 在 *Barclays Bank plc v British & Commonwealth Holding plc*[47] 一案中,一审法院宣判称,判例所确立的一条公司法基本原则是,任何一家公司都不能真正地无偿处分其资产。在纠正一份来自律师的陈词时,法官接受了一个基本原则,即除非为了经营利益之需要或者在股东批准的情况下处分可分配利润,公司不能无偿处分其资产,这一原则的运作范围非常广泛。然而,虽然宣称这条基本原则看起来似乎关系到公司处分其资产的能力,但它却与支持以下看法的其他判例格格不入:只要公司宪章许可,公司可以放弃其资产[48]:这条原则,其价值不过如此,可以经公司选择而撤消。另外,在公司宪章限制无偿处分的情况下,当无偿处分的接受方有权主张《2006 年公司法》第 40 条规定的对外部人的法定保护所指向的利益,则此类处分行为仍然站得住脚。《2006 年公司法》第 40 条规定,为了有利于善于与

---

[44] 就此观点,可参见 E Micheler, 'Disguised Returns of Capital—An Arm's Length Approach' [2010] CLJ 151.
[45] 在第[28]和[31]—[32]部分,Walker 法官赞成 *Clydebank Football Club Ltd v Steedman 2002 SLT 109* 案。
[46] 特别是,《1986 年破产法》第 238—239 条。
[47] [1995] BCC 19 (affirmed [1995] BCC 1059, CA).
[48] 特别是,*Brady v Brady* [1988] BCLC 20, 38 Nourse 法官的判决。

公司交易的人,董事约束公司或授权他人约束公司的权力,视为不受公司宪章的任何约束。现在,更为准确地说,与无偿处分公司资产相关的原则是对董事行使权力的制约。[49] 根据《2006年公司法》,董事必须本着为公司成员利益而推进公司成功的方式行事[50],同时还要承担判例法对破产公司(或者接近破产的公司)的董事所施加的义务:考虑债权人利益。[51] 根据《2006年公司法》,董事必须根据公司宪章行事,而且在行使权力时必须符合被授予权力的目的。[52] 如果董事不是为了公司利益而无偿处分公司资产的话,其将违背成文法义务和(关于债权人利益的事项而言)普通法义务。[53] 通常而言,股东可以批准董事违背义务的行为[54],但这一规则有许多例外。[55] 例外之一是,对于构成欺诈债权人的相关交易,股东的批准没有法律效力。[56] 另外,这些例外还包括在公司破产时违背义务的无偿处分行为。[57] 虽然什么能够得到批准和什么不能够得到批准的界限并非完全清晰,在原则上,例外情形还应当包括违背义务从不可分配的公司储备中取得资金进行无偿处分,尽管公司的整体清偿能力可能没有问题,因为除非遵守法定的减资程序,股东无权批准以资本作为礼物的行为。[58]

---

[49] *ANZ Executors & Trustee Co Ltd v Qintex Australia Ltd* (1990—1991) 2 ACSR 676。在该案中,McPherson 认为,滥用权力不属公司能力范围,这一越权行为与对以下问题的回答息息相关:处分公司财产是否为了公司利益并促进公司的繁荣发展。一个类似的区分体现在 *Rolled Steel Products (Holdings) Ltd v British Steel Corp* [1986] Ch 246, CA。还可参见 *MacPherson v European Strategic Bureau Ltd* [2000] 2 BCLC 683, CA。

[50] 《2006年公司法》第172条。

[51] 《2006年公司法》第172(3)条和 *West Mercia Safetywear Ltd v Dodd* [1988] BCLC 250。该义务在英联邦的诸多判例中得到了认可,这些判例包括:*Kinsela v Russell Kinsela Pry Ltd (in liq)* (1986) 4 NSWLR 722; *Spies v R* (2000) 201 CLR 603, 636, H Ct Aust; *Nicholson u Permakraft (NZ) Ltd* [1985] 1 NZLR 242, NZ CA. 加拿大最高法院认为,破产公司的董事并不对债权人直接负有信义义务:*Peoples Department Store v Wise* [2004] 3 SCR 461; R Flannigan, 'Reshaping the Duties of Directors' (2005) 84 *Canadian Bar Review* 365. 而关于美国法律中的变化多端的种种情势,参见 HTC Hu and JL Westbrook, 'Abolition of the Corporate Duty to Creditors' (2007) 107 *Columbia Law Review* 1321; SM Bainbridge, 'Much Ado about Little? Directors' Fiduciary Duties in the Vicinity of Insolvency' (2007) 1 *Journal of Business and Technology Law* 335; RB Campbell and CW Frost, 'Managers' Fiduciary Duties in Financially Distressed Corporations: Chaos in Delaware (and Elsewhere)' (2007) 32 *Journal of Corporation Law* 491.

[52] 《2006年公司法》第171条。

[53] 但请注意《2006年公司法》第247条,该条推翻了第172条,授权董事在公司歇业或者转让营业时为员工作出规定。

[54] 《2006年公司法》第239条。

[55] *Aveling Barford Ltd v Perion* [1989] BCLC 626, 631。《2006年公司法》第239(7)条规定,本条并不影响任何有关公司不能批准的行为的法律规则的效力。

[56] *Rolled Steel Products Ltd v British Steel Corp* [1986] Ch 246, CA, 296 *per* Slade LJ.

[57] *West Mercia Safetywear Ltd v Dodd* [1988] BCLC 250.

[58] *Re George Newman and Co* [1895] 1 Ch 674.

法定程序之下的减资

拥有股本的有限公司，只有在遵守规定的法律程序的情况下才能降低其资本。《2006年公司法》第641(1)(b)条规定了须获得法院批准的减资程序，它可以适用于所有拥有股本的有限公司。另外，该法第641(1)(a)条引入了只适用于私人公司的新程序，据此，私人公司可以基于董事的偿债能力声明而减少资本，无须取得法院的批准。由于英国履行实施欧共体法律的义务造就了种种复杂局面，偿债能力声明程序并不适用于公众公司。《公司法第二指令》第34—38条调整公众公司的减资行为，而第36条要求成员国规定，在特定情形中，债权人有权在法院起诉减资行为。虽然在制定《2006年公司法》时，曾考虑将偿付能力声明程序扩大到公众公司，但最终排除了这一考虑，因为人们担心，如为了满足《公司法第二指令》而在公众公司所适用的程序中加入额外保护措施的话，可能意味着较少公众公司会在实践中使用这一程序。

当可以选择程序时，对于私人公司来说，偿付能力声明程序的好处是更简单、更快捷、更便宜。[59]但该程序设置了对偿付能力声明的要求，这为公司董事施加了特殊的责任，即声明的事项没有合理理由支持的话，将可能招致刑事制裁。实践中的证据表明，交易活跃的公司，尤其是开展大型和/或复杂业务的公司，此类公司的董事都不愿在偿付能力报告上签署自己的名字；证据还表明，许多公司仍选择法院的批准程序，尽管该项程序缓慢且昂贵。[60]

为什么要减少资本？

公司可能会发现其资产超过其经营所需。例如，通过一套合理化程序，公司可能会决定抛售部分营业以集中关注其核心业务。由此变现所得，公司也无须用来对规模变小的业务提供融资。而减资是公司可以将这一剩余资产返还给股东的方法之一。[61]将价值返还给股东的其他方法是股份回购（在接下来的第八章中探讨）和分配特别股息（在接下来的第九章中探讨）。在返还价值的不同方法之间作出选择，会受到诸多因素的影响，包括不同选

---

[59] Pearson and N Chisholm, 'Reductions of Capital: The New Order' (2010) 21 PLC 37.
[60] 同上。
[61] 例如，*Wilsons & Clyde Coal Co Ltd* [1949] AC 462, HL; *Prudential Assurance Co Ltd v Chatterley-Whitfield Collieries Co Ltd* [1949] AC 512, HL.

166 择的税收待遇和它们提供的管理股东基数的不同机会。[62] 减资和回购(但不包括股息分配)可被用于减少股份发行的数量。但与其他向股东归还价值的程序相比,减资程序更加正式和复杂,对公众公司来说尤其如此,因为该程序需要法院批准。

减资和回购之间的一大差别(这一差别在某些情况下可能是至关重要的)在于,减资程序还拥有没收的特点——也就是说,它可能被用于违背股东意愿而付款将其清退——而回购则只有在存在自愿卖方的情况下才可能适用。因此,如果公司需要放弃相对昂贵的融资方式,而代之以来自不同渠道的更为便宜的融资,从而实现再融资,则减资可能是有用的。[63]

公司可能需要减资的另一种情形是,由于开展交易或者公司遭受损失,公司账簿中记载的股本不再能够反映公司的资产状况。[64] 在这种情形之下,公司为了恢复其资产负债表的真实性,可能需要在不对股东作任何支付的情况下取消部分名义资本。如果公司在这种情况下不降低其资本,它必须在向股东支付股息之前弥补亏损。

另一种适用减资的情形是,公司希望把一种不可分配的准备金(例如股份溢价账户中的资金)转变成被认定为可以分配的准备金。[65]

《2006年公司法》许可的减资形式

《2006年公司法》第641(3)条允许拥有股本的有限公司,在遵守规定的法律程序的情况下以任何方式降低其股本。特别是在不损害权力的一般性质的情况下,公司可以[66]:

1. 免除或者减少任何股份的未缴付股本的责任,或者
2. 在免除或者不免除股份上的责任的情况下,撤销已经耗费的或者不反映为现有资产的已缴付股本;或者
3. 在免除或者不免除股份上的责任的情况下,退还超过公司所需的已缴付股本。

偿债能力声明减资程序的运用的限制

一般而言,私人公司可以在法院批准程序和偿债能力声明程序中选择

---

[62] R Moore, B Ward, B Phillips, and S Stewart: 'Returning Value to Shareholders: Giving Something Back' (2012) 23 PLC 23.
[63] 如 Re Hunting plc [2005] 2 BCLC 211 案中那样。
[64] 例如,*Re Jupiter House Investments (Cambridge) Ltd* [1985] BCLC 222,[1985] 1 WLR 975.
[65] 正如在以下案例中:*Re Ransomes plc* [1999] 1 BCLC 775 (affirmed [1999] 2 BCLC 591, CA)。
[66] 《2006年公司法》第641(4)条。

其一。然而,还存在一个限制:如果公司减资的后果是,除了持有可赎回股份的成员之外公司再无其他成员,则不能运用偿债能力声明减资程序。[67] 这一限制确保私人公司不能通过相对不正式的途径把资本降低为零,同时确保法院监督这一过程。在资本重组过程中,许多减资行为确实会发生瞬间将资本降低至零然后又立即增加资本的情况。[68]

法院批准程序

股东会特别决议

法院批准程序的减资,第一步是按照股东会特别决议的程序通过一项特别决议。[69] 这项决议可以通过会议表决的方式形成,或者如果是私人公司,则可以通过书面决议的方式来形成。该决议规定的减少资本的生效日,不得迟于根据《2006年公司法》该减资行为发生效力的日子。[70]

法院在保护债权人利益方面的监督

在决议通过之后,公司必须随后向法院申请发布确认该减资行为的法令。[71] 法院在是否确认该减资行为、以及在保护债权人利益的法定要求得到满足之后以何种措辞确认减资行为方面,拥有自由裁量权。[72] 除非法院另有指令,当减资降低了未缴付股本的义务或者导致向股东偿付任何已缴付股本时,保护债权人利益的法定要求均需适用。[73] 如果法院指令,则这些要求还适用于其他类型的减资行为[74],但这种情况并不常见。[75]

债权人保护的法定要求的关键是,在公司清算时每一位有权证明自己是债权人的,只要他(或她)能证明,在该债权人的债务或索赔到期时,减资行为可能导致公司无力清偿。[76] 法院应当列明有权反对的债权人名单。[77] "真正可能性"的评估标准要求,反对的债权人要在一定程度上提高可能性

---

[67] 《2006年公司法》第641(1)(2)条。
[68] 例如,*Re MB Group plc* [1989] BCC 684.
[69] 《2006年公司法》第283条。
[70] 同上,第641(5)条。
[71] 同上,第645(1)条。
[72] *British and American Corp v Couper* [1894] AC 399,HL,403—6 *per* Lord Herschell LC; *Poole v National Bank of China* [1907] AC 229,HL,239 见 Macnaghten 法官的裁判。
[73] 《2006年公司法》第645(2)—(3)条。
[74] 同上,第645(4)条。
[75] *Re Meux's Brewery Ltd* [1919] 1 Ch 28 提供了一个极为鲜见的例子。
[76] 《2006年公司法》第646条。
[77] 同上,第646(2)条。

的概率,要超出仅仅的可能性(possible),并同时欠缺适当性(probable);债权人无须证明未来会发生什么事。[78] 评估必须以已知的事实为基础,而不以推测的事实为依据(事实因素)。[79] 评估还应包括一段期待期间(looking forward for a period),在此期间内可以作出合理的预测(时间因素)。[80] 在 Re Liberty International plc 案中,Norris 法官指出,私人公司的董事应当期待 12 个月;但并不建议,在需要法院作出制裁时适用相同的期间。Norris 法官还认为,在任何特定情况下,应有自然的时间边界,超越这一边界,就无法对可能性作出合理评估。[81] 开列债权人名单的法定程序是以刑事制裁为支撑的:如果公司高级人员故意或者过失地隐瞒有权对资本减少提出异议的债权人名称,或者对债权人之债权或者请求权的性质或数额作出虚假陈述,或者故意涉入任何该类隐瞒或虚假陈述之情事,则将构成犯罪行为。[82] 如果位于名单之列的债权人并不同意,法院将不会确认减资行为,除非债权人的债权或请求权已被清偿,或已经终止或已经获得了担保。[83] 如果公司通过拨付与债权等额的金额来保证偿付该债权人的债权或者请求权,或该债权或请求权没有获得认可而且公司不愿提供全面的保证(或者该债权或者请求权是或然的或者没有确定),则由法院确定数额并由公司提供此一数额的保证之后,法院可以决定,在这种情形下无须获得债权人的同意。[84]

在实践中,减资通常伴随着内生的债权人保护的结构安排,其目的在于说服法院发布不适用(否则要适用)成文法保护的条款。这种附随的内生性债权人保护的形式之一是,公司说明,公司拥有、并且在减资之后将继续拥有充足的现金和随时可以变现的资产,足以偿付一切现有债权人,包括或然债权人。另一种方式是,公司安排一家银行来保证偿付债权。另外,在债权人已经同意公司减资的情况下,而且在其同意的范围内,法院也会同意免除适用法定的债权人保护要求。这表明了"自助安排"(self-help arrangement)非常流行,在 Royal Scottish Assurance plc, Petitioner 案中[85],Glennie 法官认为,自 1949 年以来,苏格兰和英国法院始终要求列举一份债权人名单,以确保他们的利益得到保护。

---

[78] *Re Liberty International plc* [2010] 2 BCLC 665.
[79] 同上。
[80] 同上。
[81] 同上。还可参见 *BNY Corporate Trustee Services Ltd v Eurosail-UK 2007-3BL plc* [2013] UKSC 28, [2013] 1 WLR 1408, [37] Walke 法官的判决意见(一旦法院不得不超越合理的未来期间,那么任何运用现金流(到期债务)标准的做法都将完全是推测)。
[82] 《2006 年公司法》第 647 条。
[83] 同上,第 648(2)条。
[84] 同上,第 646(4)—(5)条。
[85] 2011 SLT 264, at [8].

法院在保护股东利益方面的监督

虽然《2006年公司法》没有专门提及，从判例法中可以明显看出，人们在要求法院确认减资行为时也关注法院确保股东得到妥当的对待。法院也致力于运用公平、合理和公正的宽泛标准。[86] 人们也希望，公司以适当的方式向股东解释事情原委，以使股东在股东大会通过特别决议时，能够完全明白他们正在做些什么。[87] 人们还关注，法院要确保减资行为具有可辨别的目的，并且在确定这一点时，申请公司有义务向法院作出全面而真实的披露。[88]

当公司股本划分为一种以上的股份类别时，减资行为可能会侵犯到类别权利。在一些涉及法院批准减资程序的案件中，法官认为，因为法院确认减资的权力完全是普遍意义上的，法院的确有权确认任何类型的减资，尽管它涉及类别股份法律权利的背离。[89] 但这种普遍性权利符合《2006年公司法》第641(6)条规定，根据该条款，法定程序应当受限于公司章程中限制或禁止减资的规定。在 Re Northern Engineering Industries plc[90] 一案中，公司章程规定，因为实际支付股本的减少，股份上附带的权利有所不同。Millett 法官认为，将优先股股东这一类别的单独同意，描述为涉及类别权利变动的减资议案获得通过的"前提条件"，并且认为，相应地，在缺乏此类同意之前，法院无权确认减资行为。上诉法院的其他法官也赞同他的意见。

在一些情况中，并没有如 Re Northern 案那样明确的推定规则，此时应当考察关于类别权利的判例法，以判断拟减少资本的结构是否涉及对某类股票权利的变更或履行。当公司的股本包括普通股和优先股（该股份拥有以规定比率优先分配股息和优先取得返还资本的权利，但没有进一步参与权，章程也没有条款载明减资构成类别权利的变动）时，它吻合于优先股在公司减资时优先获得返还的类别权利。[91] 因而，优先股股东无法避免公司偿付其股本并注销其股份，然后公司从其他渠道获得更便宜的融资。在不涉及资本返还而仅仅涉及股份注销的减资场合，适用相反的权利规则：根据普通股（而不是优先股）各自的类别权利来承担亏损。[92]

---

[86] *Scottish Insurance Corp v Wilsons & Clyde Coal Co Ltd* [1949] AC 462, HL.
[87] *Re Ratners Group plc* [1988] BCLC 685, 688.
[88] *Re Ransomes plc* [1999] 2 BCLC 591, CA.
[89] 例如, *British and American Corp v Couper* [1894] AC 399。
[90] [1994] BCC 618, CA.
[91] *Scottish Insurance Corp v Wilsons & Clyde Coal Ltd* [1949] AC 462, HL; *Re Saltdean Estate Co Ltd* [1968] 1 WLR 1844; *House of Fraser plc v ACGE Investments Ltd* [1987] AC 387, HL.
[92] *Re Floating Dock of St Thomas Ltd* [1895] 1 Ch 691.

在涉及类别权利变动的减资中，如果那些投赞成票的股东并没有基于该类别股份的整体利益而行事，则类别股东会的认可也可能归于无效。在 Re Holders Investment Trust Ltd[93]一案中，优先股股东的类别股东会批准了一项变动其类别权利的减资行为，但这一批准被认定无效，因为大多数优先股股东被认为在行事时只考虑了他们自己的最佳利益，而没有扪心自问，什么是该类别股东的整体利益。然而，显而易见的是，由法院十分细致地审查选票以特定方式投出的动机，显然是困难的，而且，不无疑问的是，法院的这种干预是否在任何情况下都与以下原则保持协调：附着于股份的投票权是一项财产权利，股东可按其认为合适的方式行使。

法院的一般权力

法院能够根据它认为合适的条款和条件来确认减资。法院可以颁布法令，要求公司在其名称的最后加上"已减资"字样并在规定的期限内持续保留，来公示其减资的事实。[94] 法院也可以要求公司公布减资的原因或者公布法院认为方便与其相关的其他原因，其用意是向公众提供恰当的信息和（如果法院认为合适的话）导致减资的原因。[95]

登记

公司必须将法院法令的副本，连同载明公司股本变更详情的资本声明（经法院批准），向公司登记官进行登记。[96] 公司登记官必须证实，法令以及关于资本声明的登记业已存在，并且该项证明是以下事项的结论性证据：《2006年公司法》关于股本减少的要求已经被遵守，以及资本声明所记载的公司股本的变动情况属实。[97] 关于登记的通知必须以法院可能会指定的方式予以公布。[98] 通常情况下，减资在法令和资本声明完成登记之时生效，但如果减资构成了《2006年公司法》第26部分之下的安排，则它在提交法令和资本声明之时生效，或者如果法院要求，则减资在法令和资本声明完成登记之时生效。[99]

当已发行资本减少至低于授权最低数额时

当减资导致公众公司已发行股本低于授权最低数额（当前为50,000英

---

[93] [1971] 1 WLR 583.
[94] 《2006年公司法》第648(4)条。
[95] 同上，第648(3)条。
[96] 同上，第649(1)—(2)条。
[97] 同上，第649(5)—(6)条。
[98] 同上，第649(4)条。
[99] 同上，第649(3)条。

镑)时,关于减资登记的正常程序发生了变更。但如果公司仍然是公众公司,则除非法院要求,登记官不得完成减资登记。[100] 公司应当重新登记为私人公司。对于公众公司在这些情况下的重新登记,有着特殊的快捷程序,法院监督与重新登记相关的公司宪章的变更,但不要求股东会作出特别决议。[101]

法官批准的减资的效果

减资的效果是,(过去或者现在的)公司成员对于任何催缴或认缴的股份,超过根据记载着股本变动情况的资本声明而计算出的未支付数额的部分,免予支付义务。[102] 而就保护债权人而言,该条在一定情况下才具有正当性。如果债权人由于不知道减资的诉讼或其性质及后果,因而未进入债权人名册,而且减资之后公司无法偿付此类债权人的债权或请求权,则减资生效之时的公司成员有义务偿付该债权或请求权,但偿付的数额不超过该日期之前公司如果开始清算时有义务支付的数额。[103]

尽管公司选择减少资本的一个主要原因,是可以产生可分配的准备金,但《2006年公司法》的默认立场是,减资产生的准备金不得分配。[104] 但是,如果根据主要法律作出的法律文件中有不同规定的,应遵守不同规定。相关命令规定,如果具有股本的有限责任公司进行减资的,且减资行为得到法院裁判的允许,因则减资程序所产生的准备金将被视为已实现利润处理,除非法院的法令另有规定。[105]

偿债能力声明程序的减资:只适用于私人公司

股东的特别决议及类别股东的同意

在偿债能力声明程序的减资中,必须作出特别决议。[106] 根据这一程序,法院无法批准与股权所附法定权利分离的减资,故当减资构成了类别权利的变动时,还要获得类别股东的同意。

---

[100] 《2006年公司法》第650条。上市公司以一种以上货币发行股本的,相关计算方式参见《2009年公司(授权最低数额)规定》,SI2009/2425,第3条。
[101] 同上,第651条。根据《2006年公司法》第97—101条规定的通常程序要求,重新注册必须作出特别决议。
[102] 同上,第652条。
[103] 同上,第653条。
[104] 同上,第654(1)条。
[105] 《公司(股本减少)命令》2008,SI 2008/1915,第3条。
[106] 《2006年公司法》第641(a)条。

171　**偿债能力声明**

在特别决议通过之前的十五天内，特别决议必须获得董事作出的偿债能力声明的支持。[107] 当公司成员在作出表决时，他们都必须可以看到偿债能力声明。当决议以书面形式作出时，必须在其向公司成员发送或提交之时或之前，将偿债能力声明的副本送达每一位有资格的公司成员。[108] 当决议以会议形式作出时，必须在会议期间提供偿债能力声明的副本供公司成员备查。[109] 未遵守把偿债能力声明提供给公司成员的程序性要求，并不会影响特别决议的效力。[110] 对此的制裁措施是，如果失责的公司高级管理人员向登记官提交未提供给公司成员的偿债能力声明，则它们构成犯罪。[111] 另外，如果董事选择以不向公司成员提供偿债能力声明的方式作出减资提议，他们要承担决议被公司成员否决的风险。

偿债能力声明的内容

减资程序目的之下的偿债能力声明是指，每一位董事(a) 已经形成意见，对于声明之日的公司状况，没有理由可以发现公司当时不能缴付(或清偿)其债务；并且 (b) 已经形成了公司能够缴付(或清偿)自该日起当年度到期债务。[112] 如果自发布偿债声明之日起 12 个月内打算开始公司清算，则(b)项之下的潜在的意见要加以修订，必须表述为自清算开始后 12 个月内公司将能全额缴付(或清偿)债务。[113] 在形成那些意见时，董事必须将公司的所有债务(包括或然债务或预期债务)都考虑在内。[114] 要求"考虑"或然债务和预期债务，并不意味着董事们要简单地接受他们的全部面值，因为未来的负债应当就或然债务、延期付款而作折价。[115] 尤其是，一项长时间不到期

---

[107]《2006 年公司法》第 642(1)条。
[108] 同上，第 642(2)条。
[109] 同上，第 642(3)条。
[110] 同上，第 642(4)条。
[111] 同上，第 644(7)条。
[112] 同上，第 643 条，以及《公司（股本减少）命令》2008，SI 2008/1915，第 3 条。
[113] 同上，第 643(1)(b)(i)条。
[114] 同上，第 643(2)条。
[115] BNY Corporate Trustee Services Ltd v Eurosail-UK 2007-3BL plc [2013] UKSC 28, [2013] 1 WLR 1408. 该案件涉及"资产负债表"标准，该标准用于《1986 年破产法》第 123 (2)条规定的清算情况。观点认为，第 123 (1)(e)条规定的"现金流标准"是判断未来时间期限的一个要素，即使法律在表面上没有规定应当考虑或然债务和预期债务：第[34]部分，Walker 法官的裁判意见。还可参见 P Walton, '"Inability to Pay Debts"：Beyond the Point of No Return' [2013] JBL 212. 虽然相关法律规定的措辞有差异，但 Eurosail 案件分析了适当处理或然债务、预期债务的做法，这一分析对实现《2006 年公司法》第 643 条的目标有启发意义，上述规定明确了一项义务，即应在"现金流测试"的范围内考虑这些债务，时间限制为 1 年。

的预期债务不会损害公司偿还到期或一年内到期的债务的能力（如公司在一年内没有清算的话）。偿债能力声明必须由公司的所有董事完成。因此，在启用该程序之前，不能或者不愿作出偿债能力声明的董事必须辞职或者被解除职务。

对虚假偿债能力声明的制裁

在作出法定声明时，如果对其在声明中表述的意见没有合理依据，则构成犯罪行为，处以不超过 2 年的监禁。[116]《2006 年公司法》并没有对作出虚假或者不准确偿债能力声明规定民事制裁措施。按照规定，有缺陷的偿债能力声明是指合法的法定减资程序未得到遵循。因而，减资无效规则[117]、负有责任的董事违反了其对公司义务的规则[118]、接收的股东可能会被要求返还已经分配给他们的资本[119]等普通法规则，就被假定可以适用。

与偿债能力声明程序相关的登记要求

减资的特别决议必须在其通过之日或者在其根据特别决议的一般程序而作出之日起 15 日内，提交给公司注册官。[120] 另外，偿债能力声明及资本声明也应当在决议通过之日起 15 日内提交给公司注册官。[121] 注册官收到文件后必须完成登记，在那些文件被登记之前，决议不发生效力。[122] 在同一期限里，还必须向注册官提供一份董事声明，该声明确认偿债能力声明在决议通过之日前 15 日内作出，并已妥当地提供给了公司成员。[123] 这些登记义务都有着刑事制裁手段的支撑[124]，但法律明确规定，未能遵守这些要求，并不影响减资决议的效力。[125]

偿债能力声明程序的减资的效果

减资之后，公司成员在已经被减少的股份的名义价值范围内，不再负有催缴或其他出资义务。[126]

---

[116]《2006 年公司法》第 643(4)—(5)条。
[117] *MacPherson v European Strategic Bureau Ltd* [2000] 2 BCLC 683, CA.
[118] *Aveling Barford Ltd v Perion Ltd* [1989] BCLC 626.
[119] Re Halt Garage (1964) Ltd [1982] 3 All ER 1016.
[120]《2006 年公司法》第 29—30 条。
[121] 同上，第 644 条。
[122] 同上，第 644(3)—(4)条。
[123] 同上，第 644(5)条。
[124] 同上，第 644(8)—(9)条。
[125] 同上，第 644(6)条。
[126] 同上，第 652 条。

表面上的法律规定是，因减资产生的公积金是不可分配的，这一规定也适用于因偿付能力声明程序的减资；但是，与法院批准的减资一样，这一规定也受限于根据《2006年公司法》第654条所作的命令。根据相关命令，因偿付能力声明程序减资而产生的公积金，应被视为已实现的利润。[127]

减少资本与协议安排：对两个案例的研究

协议安排是《2006年公司法》第26部分规定的法定程序，根据协议安排，公司可与其成员或债权人（或他们中的任何类别）作出和解或安排。根据第26部分作出的安排涉及若干步骤，包括法院的批准或认可。法院具有不受约束的自由裁量权，故法院所作的许可不是一种形式或橡皮图章。协议安排的标的物必须得到法院批准。应有一项真实的和解或安排[128]，同时，也应有一位理性而诚实的人，他应为相关类别人员的一员且以其自身利益行事，他会合理地同意协议安排的内容。[129] 同时，也应满足召开成员/债权人会议的程序性要求，不得强迫少数人。[130] 在考虑到上述因素后，一项协议安排可以用以实现广泛的目标，包括收购和拆分[131]、集团重组（如在现有的集团之上设置一个新的控股公司），以及公司的其他调整行为；这些调整行为可能是向股东返还资本，以作为一项更大的协议安排的一部分。在减资时使用协议安排，值得在本章中考察。

概括来说，协议安排涉及如下步骤：在公司与其债权人或成员间（或某类别的债权人、成员）[132]，提出一项和解或安排后（出于结合减资程序的目的，我们考察与公司成员相关的安排），应由法院根据《2006年公司法》第896—898节规定，召集由公司成员会议，此时程序正式开始。法院有权根据其指示召集会议。召集会议的通知应送达公司成员，还应随之送达一项声明(i) 解释该安排的法律效力；(ii) 列出公司董事的重大利益；(iii, 如有) 在有别于其他人之类似利益的效力范围内，该安排的利益效力。解释性声明必须是公平的，并应尽可能提供所有合理必要的信息，使接收者能够决定如何投票。在召集会议之前，法庭必须确认该安排得到了足够的广泛支持，具有取得成功的前景；并确认拟定的将公司成员划分为一个或多个投

---

[127] 《公司（股本减少）命令》208，SI 2008/1915，第3(2)条。
[128] *Re NFU Development Trust Ltd* [1973] 1 All ER, 135.
[129] 这项完善的原则被引用，包括 *re TDG plc* [2009] 1 BCLC 445 案；*re Halcrow Holdings Ltd* [2011] EWHC 3662 (Ch) 案。
[130] *re TDG plc* [2009] 1 BCLC 445 案；*re Halcrow Holdings Ltd* [2011] EWHC 3662 (Ch) 案。
[131] 例如，Re Liberty International plc [2010] 2 BCLC 665 案。
[132] 《2006年公司法》第895(1)条。

票类别的做法是正确的。会议的召集程序应当适当,在会议上,代表成员或成员类别(根据具体情况)价值之 75% 以上的多数,应当同意和解或安排。

在第二阶段中,法院应当详细分析拟议的安排以及批准的程序。在这一阶段,法院必须确认以下事项:批准该安排是合理的(如一个理性和诚实的人,他属于某类别成员并以其利益行事,将会合理地批准该安排);有足够的某类别成员的代表;以及出席会议及法定多数的人是否根据善意行事;该安排是否符合《2006 年公司法》第 26 部分的规定,并完全遵守法律。法院有广泛的自由裁量权,即便法定多数的公司成员批准了该项安排,法院也没有义务必须认可该安排。协议安排的主要好处在于,这将是一个协调各方意志的程序,对各类能够投票的成员都具有法律效力,只要每类成员的多数人投了赞成票,且该安排得到了法院的批准。此外,协议安排可以解决广泛的问题,而且非常灵活。协议安排的不利因素包括:这一法定程序费用高昂,可能导致当事人负担过重。

我们现在可以继续讨论一些案例,考察协议安排与减少资本一起使用的情况。

Re Uniq 案

本章的讨论可以首先考察 *Re Uniq plc* 案的裁决。[133] *Re Uniq* 案涉及一家上市公司,该公司发现其退休基金有巨额赤字,进而陷入困境。面对资不抵债的境地,公司董事提出了一项协议安排,目的在于剥离退休基金的债务。该安排的主要步骤包括,公司的股东放弃 90.2% 的股权以便设立一家新的公司,由新公司承担退休金计划的债务。该安排的目的在于使新公司最终破产,并在公司基金短缺的情况下,使领取退休金的人员获得退休金保护基金(Pension Protection Fund)的保护。股东将放弃他们的大部分股权,以换取该公司不再承担退休金计划下的义务,这使得他们只拥有原来股份的 1/10,但公司将不再承担退休基金的义务。该安排得到了退休金监管机构(退休金保护基金)的批准,以及退休金计划受托人的批准。

上述安排是公司重组安排的一部分,而 Uniq 公司的股本也需要重组,首先是对现有股份进行细分,从股票溢价账户中支付已认缴的新股的股息;其次是减少公司资本,在股份细分和支付股息后,在每 101 股普通股票中取消 100 股,不再支付对价。为使新公司获得原公司 90.2% 的股权,这一减资是必要的。该公司作出了正常形式的承诺,以保护不同意减资的债权人;如果在减资日仍有债务未履行的,因减资而获得的公积金将被视为不可分配的。

---

[133] [2012] 1 BCLC 783.

在程序上，要实施 Uniq 公司的安排，应由法院根据《2006 年公司法》第 896 条规定召集公司成员会议。为使法院批准该安排，在上述会议上，根据《2006 年公司法》第 899(1) 条要求，代表所有成员或成员类别价值之 75% 的多数人应投票同意上述安排。在会议上投票表决的 1,695 位成员中（共持有 58,333,463 股股票），有 1,646 名成员（共持有 58,290,359 股股票）赞成该安排。投票率为 14.8%。在批准这项计划时，Richards 法官指出，法院关注的问题是，参会成员公平地代表了该安排所约束的成员类别。根据本案情况，投票成员所持有股票的价值和投票人数较少，是值得注意的问题。但在历史上，Uniq 公司的成员数目很多，而每人持股数很少，因此，投票成员人数少的事实既不令人惊讶，也不令人担心。对于作出和解或安排的要求，Richards 法官认为，如果成员或债权人放弃了他们的所有权利，而没有得到任何利益，将不会满足这一要素。但他也认为，要想确定是否存在公平的和解或安排，必须考虑到更广泛的重组背景。虽然孤立地考察该项安排的条款，现有的成员所其持有的 100% 股权被稀释至 9.8%，而对 Uniq 公司或成员自己没有任何好处。但在完成重组后，将给 Uniq 公司带来非常可观的好处；此外，虽然现有成员的股权将被极大地稀释，但这家仍能生存下来，成员也将从该公司中获取利益。Richards 法官的结论是，当一项安排是公司重组的不可分割的部分，且重组对受该安排约束的成员具有重大利益时，如将分析限制于这项安排本身，将是矫揉造作的。[134]

法院召集会议以审核 Uniq 公司的安排，是对《2006 年公司法》第 641 条规定的会议的补充，该规定要求公司召开会议，通过一项特别决议以批准减资。法院对减资决议的确认，也是一个独立阶段，独立于法院为批准这项安排的听证程序。

在这项安排之前，Uniq 公司的股票已在伦敦证券交易所正式上市。为配合公司的重组，该公司的股票取消了上市，公司股票随后获准在另类投资市场中交易。此后，该公司被其竞争对手 Greencore 集团收购。

Cape 集团案

本文将选择另一个案例，以说明在 2011 年 Cape 公司集团的重组中，结合使用了计划安排与减资。[135] 虽然 Uniq 案具有某些鲜明的特点，但 Cape

---

[134] 同意 *Re Bluebrook Ltd* [2010] 1 BCLC 338 案的观点。
[135] 文中所称的账户，源自《2011 年 5 月计划通知和招股说明书》以及相关的监管公告。Cape 集团提供了一个使用协议安排的卓有成效的例子，因为该集团此前使用了债权人协议安排的方法，以应对可能发生的与石棉相关案件以及案件带来的不确定性。（与上述安排相关的诉讼，参见 Re Cape plc [2007] 2 BCLC 546 案）。

案更加主流;Cape 案表明,在将一家新的控股公司引入一个公司集团时,同时使用计划安排与减资,是一种常见的方法。

根据 Cape 公司的计划,原 Cape 公司的股东成为新 Cape 公司股份的所有人,而原 Cape 公司将成为新 Cape 公司的子公司。本案的交易机制包括,通过减资来取消原 Cape 公司的股票,这将产生一项储备金,储备金将用以支付原 Cape 公司向新 Cape 公司发行的普通股。新 Cape 公司股票上附属的权利,与原 Cape 公司股票上附属的权利实质相同,新 Cape 公司股东在所有的实质性方面,均与其作为原 Cape 公司股东时一样,股东将享有与原来相同的投票权,并在公司利润、净资产和股息方面享有与原来相同比例的利益。公司改组的商业动机在于,董事们决定从另类投资市场进军伦敦证交所的主板市场,作为交易市场转换过程的一部分,董事们严格审查了 Cape 集团的结构。他们认为,Cape 集团的业务在地域上已日益国际化;集团未来的业务增长将主要来自国际市场,特别是环太平洋地区和远东地区;同时,集团在新加坡可以获得某些税收优惠;而国际控股公司的结构将最有利于支持集团的业务和财务管理,并更好地服务 Cape 集团及股东。董事会认为,最适合的公司结构是,将新的控股公司(新 Cape 公司)注册在新泽西州,并在英国上市,而将纳税地设在新加坡。

在作出该项安排后,新 Cape 公司根据新泽西州的法律,进一步减少了公司资本。在新 Cape 公司的减资日,公司账目中产生了可分配的储备金。这是在取消新 Cape 公司股票溢价账户贷方全部金额后的所得。

特殊的减资程序

股份重新计价之后的减资

《2006 年公司法》允许公司对其股本重新计价。[136] 重新计价程序可能会导致股份以新的货币计价时,出现令人尴尬的零碎计价结果,在那种情况下,公司为了使其股份的名义价值为新货币的整数,可能会对其股本进行调整。公司可以通过增加股份的名义价值(将准备金转为资本,增加的数额等同于资本的增加额)来达到这一效果。

《2006 年公司法》还引入了一套新的程序,公司可据此降低其股本(但不是其整体的不可分配储备),以把重新计价后的股份的名义价值调整为更为

---

[136] 《2006 年公司法》第 622 条。

合适的水平。[137] 这一特殊程序要求公司作出特别决议,但不要求董事发表偿债能力声明,也不要求法院批准。公司股本被减少的数额,必须转入"重新计价准备金",后者可以用于支付全额缴付的红利股,应被视为公司股本的一部分。[138] 公司根据本程序可减少的股本金额,不得超过减资后公司已配售股本的名义价值的10%。[139] 与重新计价相关的资本的减少,必须通知公司注册官,并且以通常方式附有资本声明。[140]

根据法院法令的减资

《2006年公司法》的诸多条款赋予法院发布救济法令,对公司购买其成员的股份及随后公司资本之减少提供救济。[141]

减少被公司收回或取得股份的股本

公众公司把没有按照章程规定缴纳催缴股款或分期股款予以收回,或者接受该股份以代替收回,则公司要么处分这些股票,要么在三年内注销股份并按面值减少股本。[142] 董事可以采取措施,撤销被收回或被退回公司的股份并减少股本数额,而无须遵守减资的一般程序。[143] 此种处理方式也适用于以下情形:公众公司取得其已缴足股款的股份而未支付有价值的对价,或者在公司被要求处分或撤销股份时,公司对代名人或其他人取得的股份享有受益利益。[144] 然而,在股份按照有关可赎回股份和股份回购的主要法定程序回购或赎回后,由此产生的股份和其他不可分配准备金的调整,应在其自身专门的法律框架内来完成。[145]

---

[137] 《2006年公司法》第626条。
[138] 同上,第628条。
[139] 同上,第624(4)条。参见《公司法第二指令》第37条,该条允许成员国在普通减资程序中,排除已认购股本的减少;其目的是,将这部分金额纳入准备金中;但条件是,经过这一操作后,此种准备金的金额不得超过已认购资本的减少部分的10%。
[140] 同上,第627条。
[141] 同上,第996(2)(e)条(不公平侵害行为的救济),第98(5)条(关于公众公司重新注册为私人公司的救济),第721(6)条(关于私人公司动用资本回购或者购买股份的救济),以及第759(5)条(关于私人公司违背公开发行证券的禁令的救济)。
[142] 同上,第662条。
[143] 同上,第662(4)条。
[144] 同上,第662条。
[145] 同上,第18部分第3—7章。还可进一步参见于本书第八章。

第八章　股份回购和可赎回股份

导论

《2006年公司法》包含了一般的规定,禁止有限公司购买自身股份[1],但这条禁令的效果却被该法中的其他条款所稀释,后者允许有限公司购买自身股份,也允许其发行可赎回股份。[2] 多年来,为了丰富公司的融资选择和增强其灵活性,该法的规定已经大为松动。与此同时,允许公司回购股份和发行可赎回股份的法定权力仍然面临诸多制约,以遏制侵害债权人利益和歧视股东群体的权力滥用行为。

关于赞成或反对公司拥有回购股份/发行可赎回股份的权力的论争[3]

为了吸引外部投资者

股份交易不活跃的公司,其投资前景并不为外部投资者所看好,因为投资者会面临被永久锁定于公司的风险。即使现有的其他投资者很有兴趣购买想要离开公司的投资者的股份,并且根据公司章程他们确实拥有股份优先购买权,但他们的个人情况或许是,他们不愿意或者无法动用自身的资金投资于公司。在这种情况下,如果公司可以作为替代性购买方,或者能够提供这种可能性,则会降低投资者被锁定于股份交易不活跃的公司中的风险,这样,更小型的公司可能会发现更易于从外部筹集股本。

可赎回股份对于那些担心被锁定于投资中的外部投资者,提供了最好的宽慰;虽然投资者并未获得绝对的资本回报的担保,因为这取决于回购时

---

[1] 《2006年公司法》第658条。
[2] 资本维持规则并不适用于无限公司,但无限公司必须遵守《2006年公司法》第23部分的分配规则。这意味着无限公司可以购买其自身股份,但其所用资金必须来自于符合第23部分的可分配利润。
[3] A Dhanani and R Roberts, *Corporate Share Repurchases: The Perceptions and Practices of UK Financial Managers and Corporate Investors* (Edinburgh: Institute of Chartered Accountants of Scotland, 2009).

公司拥有可资利用的资金,但大体而言,持有可赎回股份的投资者可以确保如果公司保持繁盛它们可以退出公司。[4]

179 **为了促进退出**

能够将股份卖回给公司,为小型公司的所有者在其后来希望退休时,提供了一条退出投资的途径。类似地,已故股东的产业,也会受益于公司能够购买自身股份的安排。当小型公司的管理因为所有人之间的争执而陷于瘫痪时,公司购买一部分股份或许是一种无须诉诸法院(可能是根据《2006年公司法》第994条对不公正侵害行为所提出的诉请)的僵局解决途径。

为了构造临时性的控制权丧失

通过发行可赎回股份,公司的控制人可以在不永久稀释其控制份额的情况下筹集股本。

为了将价值返还给股东

对于公司自身无法有效投资于营利性投资项目的剩余现金(有时被称为"自由现金流"),回购股份是一种将其返还给股东的方式。[5] 这种关于股份回购观点的前提是,企业管理者能够很好地区分增值投资机会和非增值投资机会。错误估计可能会增加对债务的依赖,降低企业的流动性,甚至会导致对长期研发的投资不足。

当公司所有的准备金确实高于相关要求时,回购股份可以被证明为一种特别有效的运用剩余现金的方式,因为它对于常被分析师和投资者用来评估公司经营绩效的某些绩效比率,有着积极的影响。人们通常会运用上市公司的每股收益来衡量其经营绩效,每股收益等于可向权益股东分配的利润除以所发行的权益股份的数量。回购股份会改善这一数字,只要公司用于购回股份的现金所损失的利息对公司利润产生的消极影响,没有抵消股份数量的减少所带来的好处。某些公司特别是房地产公司和投资公司,

---

[4] 公司可赖以向其投资者保证其持有的可赎回股份在回赎期限届至时可获得资本偿付(即便公司本身可能没有清偿能力)的安排,必须细为审视,以回应关于资本维持和财务资助的潜在的担忧。例如,这种安排包括安排第三方在该种情形下买入股份。参见 Barclays Bank plc v British & Commonwealth Holdings plc [1995] BCC 19 (affirmed [1995] BCC 1059, CA)。

[5] 其他方法包括:支付股息(参见第九章),正式减资和协议安排(参见第七章)。总体上,可参见 R Moore, B Ward, B Phillips, and S Stewart, 'Returning Value to Shareholders: Giving Something Back (2012) 23(8) PLC 23; T Scott, 'Returning Cash to Shareholders. Options for Companies' (1997) 8(3) PLC 19。

也通常用每股净资产(也就是净资产除以权益股份数量)来衡量其经营绩效。再一次地，股份回购可以改善这一数据。

虽然1981年的公司法首次允许英国公司回购其自身股份，但直到20世纪90年代，将价值返还给股东的这一做法，才大量运用于英国的市场实践之中。彼时，经济萧条期结束以及基本处于停滞状态的并购市场等多种因素，共同导致公司积累了大量剩余现金。在税收考量因素的极大影响之下，返还股份的价值在技术层面又出现了新的趋势[6]，股份回购因而风行一时。据估计，2006年，英国公司共花费460亿英镑回购股份，而在20世纪90年代末，英国公司每年约花费200亿英镑回购股份。[7] 1998年至2007年间，参与股份回购计划的公司比例增加了3倍。[8] 2007年至2009年的金融危机后的市场情况非常艰难，转变了上述趋势，但股份回购仍然是一个重要的财务管理工具。[9]

在使用这一工具时，对公司本身及其股东的税务考虑，也往往是一个重要因素。对于出售股份的股东来说，税务后果的确切性质取决于该公司是直接购买股份还是通过中介购买。[10] 当公司直接回购公司股份时，购买价格通常被划分为资本要素和分配要素，资本要素要支付应税所得的税收，分配要素要支付收入税。如果公司通过中介回购股票，通常被视作为了税收目的而偿还资本。对公司而言，回购股票应缴纳印花税。

在英国公司的财务实践中，股份回购通常不能与股息互换。[11] 股份回购与股息支付的税收和其他特征存在不同，这表明它们起着不同的作用。

解决委托代理的问题

根据定义，以股份回购的方式向股东返还价值的，公司经营人将不能再向事实上无法获得增值的交易机会投资；但这样的机会常很吸引人，因为至少在短期内开展更大规模的、更具轰动效应的经营活动，更加符合管理人员的自身利益。但股份回购也可能加剧委托代理的问题，因为这可能会影响业绩比率。由于这些比率常用于薪酬方案中，并作为评估管理业绩的基础，

---

[6] J Tiley, 'The Purchase by a Company of Its Own Shares' [1992] *British Tax Review* 21; S Edge, 'Do We Have an Imputation System on Not?' (1996) 375 *Tax Journal* 2; S Edge, 'The Background to the Introduction of Schedule 7' [1997] *British Tax Review* 221; PR Rau and T Vermaelen, 'Regulation, Taxes and Share Repurchases in the United Kingdom' (2002) 75 *Journal of Business* 245.
[7] Dhanani and Roberts, *Corporate Share Repurchases*, 1—2 (回顾了实证研究的文献)。
[8] 同上。
[9] 同上。
[10] Moore, Ward, Phillips, and Stewart, 'Returning Value to Shareholders'.
[11] Dhanani and Roberts, *Corporate Share Repurchases*, 52—53.

因此可能会刺激追求自身利益的管理人员滥用股份回购权,以便最大限度地提高短期的股价。

为了发出信息的信号

公司回购股份,可以作为一种向市场传递可靠信息的信号机制,公司可借此表明,其管理层认为,基于未来现金流和收益的改善预期,公司的股份被低估了。这种机制的信誉是有保证的,因为只有成功的公司才有能力使用这种机制。但这种信号的可靠性取决于管理层决策的质量,并可能会因为管理层对公司未来前景过度自信或自身利益考虑,而受到影响。

信号的效果与股息支付策略也有关系。[12] 但这些向股东返还价值的替代方式所传递的信号也是有差别的。如果长期维持稳定的派息政策,投资者就会对发放股息抱有强烈的期待;因此,股息的增加很可能会被市场解释为,管理层对公司未来前景有信心的信号。股份回购并不会产生同样的期待;因此,股份回购项目不太可能被解读为,管理层对公司的前景发出了信号。

为了实现目标资本结构

公司选择回购股份,其目的可能是为了实现目标资本结构。例如,公司可能需要消除某一特定类别的股份,并以拥有特殊权利的另一股份类别或者是普通股取而代之。或者公司可能需要通过运用成本更低的债务替换昂贵的股本,从而提高财务杠杆率。提高财务杠杆不一定会带来纯粹的利益。

公司必须考虑回购股份对于剩余股东持股比例的影响。应当特别指出的是,如果公司是正式上市的公司,它必须确保其仍然符合上市规则的相关要求,也就是要有足够多的股份向公众发行,25%的比例即被认为满足了这一目的。[13]

为了扩大融资选择

可赎回股份属于混合证券:它们是股份,但可以在某一特定日期或者之

---

[12] 见第 9 章。
[13] 《上市规则》第 6.1.19 条。该规则为股权证券的上市许可设定了要求,它是上市公司在所有时期都必须遵守《上市规则》第 6.1.19 条规定的持续义务;《上市规则》第 9.2.15 条。在有限的情况下,金融行为监管局可能会接受少于 25%的比例。关于高级上市和标准上市发行人的自由流通股的要求,可参见第十三章。

前退还股款这一事实,使其具有类似于临时债权融资的特点。就此而言,发行可赎回股份的权力扩大了公司的融资选择,因而增强了其灵活性。

为了以折价购回可赎回股份

早期购回交易价格低于其回赎价格的可赎回股份,可以使公司以低于其在回赎股份时所要支付的价格来清退这些证券,从而提高了效率。

为了促进员工持股计划

允许公司购买自身股份的另一个优点在于,它可以使购买方的员工在离职时获得些许慰藉,从而推进员工持股计划的运作。更大型的公司以信托方式来运作员工持股计划,而且,受托人购买离职员工股份的情形比比皆是,但由公司来回购员工所持股份,则是另一种更为直接的做法,而且它还可以减轻小型公司设立员工持股计划的负担。

2013年,立法者修改了股份回购的立法架构作,以改善内部股票市场的运作,支持直接持股的公司。[14] 这些变化属于更广泛的、促进员工持股政策的部分内容,政策的基础在于,评估员工拥有公司而取得的经济和社会效益。[15]

为了实现非正式减资

如果不受到监管,公司可以通过回赎或者回购股份来减少其股本,而无须取得法院的批准(当可适用时),也无须遵守《2006年公司法》传统的法院批准减资的形式要求。在历史上,反对允许公司回购其自身股份的一个关键理由是,非正式减资可能会损害债权人利益。在 *Trevor v Whitworth*[16] 一案中,上议院主要是根据股份回购违背了资本维持原则,而得出其违法的结论。然而,随着越来越多的人怀疑法定资本作为债权人保护机制的价值,基于债权人保护的担忧而反对股份回购的声音已经消退,这也导致了监管股票回购进行的法律框架有所放松。

为了抵御收购或对付异议股东

回购股份可以被视为公司收购中的一种有用的防御机制,例如,它可以

---

[14] 《2013年关于〈2006年公司法(第18部分的修正)〉的规定》,SI 2013/999。
[15] BIS, *Employee Ownership & Share Buy Backs: Implementation of Nuttall Review-Recommendation V; Government Response to Consultation* (February 2013).
[16] (1887) 12 App Cas 409, HL.

通过降低敌意收购方可能获得的股份数量来达到目的。公司控制人可能也青睐回购股份的权力所带来的灵活性,它使控制人可以用优惠价格来买断制造麻烦的股东的股份,从而与其商量退出的办法。然而,另一方面,如果受到收购威胁的公司管理层可以不受约束地回购股份,并将其作为一种防御策略,则会使管理层借此稳固位子,因而会阻碍公司控制权市场功能的有效发挥。同样地,为了对付异议股东而运用回购权力,也可能会被滥用。有观点认为,公司为了买断那些继续存在于公司的不受欢迎的股东,应当有权购买自身股份,这一观点在19世纪的一些案件中被接受了[17],但在 *Trevor v Whitworth* 一案中,上议院对此极少认同。Macnaghten法官说道[18]:

> 但是,我要问的是,对于公司福利及其债权人保护而言,还能想出比这一理论更为危险的事情吗?公司及其高管不欢迎继续存在于公司的股东,那些股东是谁?为什么是那些对董事会政策持不同意见并且希望将董事驱赶出局的股东?为什么是那些提出了可能不太方便回答的问题的股东?为什么是那些想知道信息而董事出于谨慎而不愿披露的股东?而当董事的政策面临攻击时,他们可能会动用公司资本以保住职位,或者花钱消除那些质询和制造麻烦的批评,这两者存在关联吗?

在传统的公司结构中,公司宪章意义上的董事的职能是管理公司。试图谋求对公司股份所有权的控制,超越了董事的权限范围。允许公司购买自身股份,将面临被滥用的危险,因为董事们会通过提供格外优惠的价格,运用权力来剔除制造麻烦或者心怀不满的股东(他们本来可能会提出收购要约或者接受他人的收购要约),从而确保其自身的控制权。另外,公司董事也可能会被诱导着以过高价格购买公司股份,以施惠于与公司有特殊关系的卖方股东,例如,工作多年之后正在退休的一位创始股东。如果公司为此股份支付了不合理的高价,则这一财富转移将侵害公司的剩余股东的利益,并进而可能侵害公司债权人利益。

为了稳定股价

公司可能需要有权购买自身股份,以支撑或者稳定其股票的市场价格。然而,在以此作为赞成股份回购理由的同时,允许公司购买自身股份以支撑

---

[17] 例如,*Re Dronfield Silkstone Coal Co* (1881) 17 Ch D 76, CA。
[18] (1887) 12 App Cas 409, HL, 435。

或稳定其股票市场交易价格,也会引发关于市场滥用的担忧。公司动用其自身金钱以支撑或者稳定其股价,也会招致明显的反对:这种做法会误导投资大众关于公司股份价值的认识,并且会为那些股份创造一个虚假的市场。[19] 然而,如果存在操纵市场的风险是反对允许公司购回其自身股份的唯一理由,则令人疑惑的是,这一理由能否使公司法对这种做法施加特定的禁令获得正当性,因为在任何情况下的市场滥用行为,属于英国和欧盟法律的管辖。英国金融市场监管机构、也就是金融服务局(FSA)的监管范围,后者可以对市场滥用行为施加行政处罚,也可以寻求刑事制裁。[20]

评估机构的考量

在1926年格林委员会(Greene Committee)报告发布之后[21],《1928年公司法》第18条首次允许公司发行可赎回优先股,但要遵循旨在维持公司股本数额的保护性规定。Jenkins委员会对1962年的状况进行了评估,在比较了英国公司的有限权力和美国公司拥有的回购股份的自由之后,该委员会认为,美国这方面的制度安排对于员工持股计划和小型公司的投资的退出,的确有所裨益。[22] 该委员会认为,如果英国公司被赋予更大的权力来购买自身股份,则有必要引入更为严格的保护债权人和股东的措施,但有可能设计出有效、同时又不会过度复杂的保护机制。然而,该委员会并不建议整体放弃公司不得购买自身股份的规则,因为它并没有获得证据表明英国公司需要此种权力,而且它认识到,与把股份卖给第三方相比,将股份回售给公司会带来严重的税收问题。

到了20世纪70年代末期,由哈罗德·威尔逊(Harold Wilson)担任主席的委员会开始研究小型公司筹集资本中遇到的问题。在其关于《小型公司融资》的报告中,该委员会建议应当考虑允许此类公司发行可赎回股份,以使其成为一种不会导致永久丧失家族控制权的资本筹集方式。[23] 国会关于这一后来成为《1980年公司法》的议案的辩论表明,政府对于放松公司购买自身股份的一般禁令,予以了极大的优先考虑。随后,政府相关部门发表了由高尔(Gower)教授起草的《公司购买自身股份》的咨询文件。[24]

---

[19] *General Property Co Ltd v Matheson's Trustees* (1888) 16 R 82 Ct of Sess.
[20] 《2000年金融服务与市场法》第8部分(市场滥用的行政处罚),以及《2012年金融服务法》,第89—90条(对误导性陈述及影响的刑事处罚)。
[21] *The Report of the Committee on Company Law* (Cmd 2657,1926) para 28.
[22] *Report of the Company Law Committee* (Cmnd 1749,1962) paras 167—169.
[23] Cmnd 7503 (1979).
[24] Cmnd 7944 (1980).

在这份咨询文件中,高尔教授建议,应当允许公司发行可赎回股份,并且应当考虑允许公众和私人公司回购其自身股份的可能性。[25] 他列出了一些保障措施,试图确保在股份回购或者回赎的情况下资本仍得以维持,而对于私人公司,他进一步建议,应当考虑允许它们通过回购或回赎股份而减少资本。

总体而言,根据高尔教授建议考虑的内容,《1981年公司法》创造了这些权力,后者随后被整合进《1985年公司法》之中。

逐步放松股份回购规则的下一个国内法举措与库藏股(treasury shares)有关。20世纪80年代,高尔教授在进行法律评估时人们的看法是,反对允许公司回购其自身股份并将其持有为"库藏股"然后将其卖掉。然而,1998年政府重新审视这一问题,发布新的咨询文件,对于是否应当改变法律以允许发行库藏股,广泛地征求意见和建议。[26] 这一次,民意逆转,人们对此表示赞成,于是2003年修订了《1985年公司法》,赋予公司有限的权力来拥有库藏股。[27] 大体而言,库藏股增加了公司管理其资本结构方面的灵活性,因为无须遵循新股发行的全面形式要求即可转售股份。然而,事实上,修订后的法条在引入库藏股的同时还设定了一项要求,即库藏股的转售必须遵循有利于现有股东的优先权的规定,这在事实上降低了公司管理资本方面的灵活性。但是,引入库藏股所带来的一项重要的实际利益是,可以运用股份来满足员工持股计划之下的权利。[28]

或许是由于相对比较近的一段时期以来,在若干场合都对股份回购和可赎回股份有过正式的评估,《2006年公司法》颁布之前的关于英国公司法律的总体评估中,有关这方面的法律倒并未引起特别的争议。该法第18部分的第3章至第7章,包含了授权有限公司发行可赎回股份和购买自身股份的赋权型条款,这些条款的大多数也是过去法律的重述,只有少数实质性修订的内容。2013年,立法者修改了法律制度的某些细节,主要是为了促进员工持股。[29] 此次修改涉及批准股份回购的程序、回购股票的付款时间、可用于回购的准备金以及持有的库藏股。

欧洲的维度

在详细介绍《2006年公司法》相关规定之前,还有必要提及欧洲的做法。

---

[25] Cmnd 7944 (1980),para 67(结论)。
[26] DTI, Share Buybacks: A Consultative Document (1998)。
[27] 这些变革由《2003年公司(获得自身股权)(库藏股)规定》,SI 2003/1116引入。
[28] V Knapp, 'Treasury Shares: The Practicalities' (2004) 15(2) PLC 15.
[29] 《2013年关于〈2006年公司法(第18部分的修正)〉的规定》,SI 2013/999。

第八章 股份回购和可赎回股份 **213**

《公司法第二指令》[30]并不要求成员国颁布法律，允许公司发行可赎回股份或者回购其股份，但那些公司法中确实存在赋权性规定的成员国，却必须遵守《指令》所施加的条件。其核心条款是21(1)条。修订于2006年[31]的这一条款规定，购买自身的股份必须满足以下条件：

（a）股东大会必须作出授权，载明此类收购的术语及条件，特别是能够购买的股份最大数额、授权的存续期间，该授权的最长存续期由国内法律确定，但最长不得超过5年，而且在以价值来购买的情况下，载明对价的最高及最低数额。

（b）购买的股份，包括公司以前购买并持有的股份，以及代表公司但以个人名义购买的股份，不得造成将公司净资产降低至小于可分配准备金的后果；并且

（c）只有全额缴付的股份才能用于交易。

公司管理机构或者经营机构的成员必须自己确信，在每一被授权的购买生效时，前述(b)及(c)所列的条件得到了尊重。

此外，第19.1条(修订后)赋予成员国选择适用以下条款的权利：

（i）买入股份(包括公司以前购买并持有的股份，以及代表公司但以个人名义购买的股份)的名义价值或者在没有名义价值的情况下其票面价值，不得超过成员国所规定的限额。对于买入且持有为库藏股的数量的限制，不得低于认缴股份的10%；

（ii）公司购买自身股份的权力、可以买入的股份的最大数额、该权力的存续期限以及最高及最低的对价等，都必须规定于法律或者公司的设立文件之中；

（iii）公司必须遵循适当的报告和通知的要求；

（iv）成员国可能会要求，只要与被撤销的股份的名义价值相等的数额必须计入不得分配给股东的准备金，则该公司可能会被要求撤销买入的股份，而公司减少其认缴资本的情形则不在此列。只有在把准备金转化为资本而增加认缴资本时，才可以动用准备金；

（v）买入股份不能损害债权人的请求权。

在2006年修订之前，《公司法第二指令》规定，股东大会授权购买自身股份的期限不得超过18个月，而且购回且持有为库藏股的数量不得超过认

---

[30] 现修订为欧洲议会和理事会2012年10月25日制定的第2012/30/EU号指令，系协调公司成员国所需的关于公众有限公司形成、公司资本维持和变更的保障措施，公司指《欧洲联盟运作条约》第54条第2款所规定的实体，指令目的是使这些保障措施具有同等效力(重述)[2012]第L315/74号(《公司法第二指令》)。

[31] 2006/68/EC号指令，[2006] OJL 264。

缴资本的10%。后来放松了这些要求,因为人们认为它们过于严苛,而且会遏制有益的股份回购项目。[32] 2006年的修订所带来的进一步的变化是,现在公司购买自身股份的强制性条件和附加的选择性条件,已经详尽无遗。

第21条现在明确规定,授予的权力不得损害平等对待处于同一地位的股东这一原则。该条款还规定,欧盟成员国必须以实施为目的,考虑欧洲议会和欧盟委员会于2003年1月28日制定的2003/6/EC号指令,指令关于内幕交易和市场操纵(市场滥用),以及关于回购方案豁免、金融工具稳定的授权措施和相关措施。[33]

2006年对《公司法第二指令》的修改来得太晚,无法被《2006公司法》的最初规定纳入,但该法案规定了一项修正权,制定了一项机制将这些引入英国法。[34] 自那时起,该机制已开始使用。[35]

过度放松管制?

有观点呼吁,应当重新对股份回购实施更严格的限制。如有观点认为,股份回购将资金从公司转移到投资者手中,往往会牺牲对研发的投资,甚至可能损害就业市场。有人认为,股份回购符合"无耐心资本"(impatient capital)模式的要求;因此,与发放股息以回报稳定持股的做法相比,股份回购的方式并不占优势。对于管理层认为股票被市场低估的决策质量,也有观点表示怀疑。此外,还有观点断言,股份回购可被视为一种操纵市场的方式,甚至是对金融稳定的潜在威胁。[36]

彻底禁止股份回购是一项极端的政策选择,这将减少公司通过节税方式向投资者返还剩余价值的方式,并可能导致公司管理层重新投资于那些不受欢迎的、建立帝国式的、没有提升价值作用的投资机会。此外,鉴于市场倾向于找到绕开禁令的巧妙方法,故在任何情况下,发展地下业务可能也无法成功解决与股份回购有关的许多问题。这里并不是要否认存在滥用回购权的可能性,故有必要严格审查投资者、市场和监管机构使用回购权的情

---

[32] 关于简化《公司法第一指令》和《公司法第二指令》的"简化国内市场立法之公司法工作小组"建议推行这些变化,代表欧洲委员会而审查欧共体公司法这些方面规定的高级专家小组对此予以认可:European Commission, 'Report of the High Level Group of Company Law Experts on a Regulatory Framework for Company Law in Europe' (Brussels, November, 2002) 84—85。
[33] 《2006年公司法指令》第13、21(1)条。
[34] 《2006年公司法》第737条。
[35] 《2009年公司(股权资本以及公司购买自身股份)的规定》,SI 2009/2022。
[36] 本文所述观点请见FINNOV, *Financing Innovation and Growth*: *Reforming a Dysfunctional System* (February 2012)。

况。事实上，有迹象表明，一些重要的投资者团体对股份回购计划的支持度越来越低。[37] 但还没有明确证据表明股份回购已经失控，也还没有暴露出法律和管理框架中的明显弱点，故还没有理由采取严厉的监管做法。

《2006年公司法》反对公司取得自身股份的一般法律规则

Trevor v Whitworth 一案[38]的要旨，现在已经体现在《2006年公司法》第658条之中，该条规定，禁止有限责任公司通过购买、认购或其他方式取得自身股份。如果公司故意违背这条规则而行事，将遭到罚款，而其失责的每一位高管将被监禁或罚金，或者两者俱罚；而且拟议中的该项购买行为没有法律效力。然而，这种一般意义上的禁令，却受到了《2006年公司法》第659条的制约，该条规定了一般规则的以下若干例外。

根据第659条，有限公司除为有金钱价值的对价外，可以取得任何其自己的已全额缴付股份。这并不违反《公司法第二指令》，因为该指令第22(1)(c)条规定，成员国没有义务将第21条适用于免费取得的全额缴付的股份。第659条规定的一般规则的其他例外，获得了《公司法第二指令》的许可，它们是[39]：

（1）在适时作出的减资中取得股份；

（2）根据法院按照《2006年公司法》的相关规定作出的法令而购买股份；

（3）因未能缴付对于股份的任何应缴付金额，依照公司章程注销股份或接受替代注销而被放弃的股份。

在 *Acatos and Hutcheson plc v Watson*[40] 一案中，高等法院被要求对以下事项作出裁决：一家公司购买另一家全部资产均为其持有的买方公司的大量股份，是否违背了《2006年公司法》第658条的规定。Lightman法官认为，这项拟议中的收购并不等同于规避禁令的行为，法院会通过揭开买方公司与目标公司之间的面纱来加以防范。Lightman法官在作出结论时，借

---

[37] Pensions Investments and Research Consultants(PIRC)，*Shareholder Voting Guidelines 2012*.（由于担心公司管理层作出回购决策所依据的信息的质量，以及尤其是薪酬计划方面的复杂性，该机构的观点朝着消极看待回购、偏好股息分红的方向转变着）。养老金投资和研究咨询机构是一家为养老基金投资者提供建议的独立机构。

[38] (1887) l2 App Cas409，HL.

[39] 《2006年公司法》第659(2)条。

[40] [1994] BCC 446.

鉴了遵循相同路径的澳大利亚的三个案件。[41] 他提及，如果得出相反的结论，则公司可以仅仅通过取得掠夺者（predator）的一些股份而避免成为收购要约的对象，他认为，这一结果是"荒谬的"。Lightman 法官还从现在成为《2006 年公司法》第 136 条（禁止子公司成为其控股公司的成员）的规定中寻求支持，该规定认可了以下可能性：公司可以取得一家后来成为其控股公司的股份；在那种情形下，子公司可以继续持有股份，但却不得行使附着于股份的任何投票权。

在这一语境中，同样值得一提的是《2006 年公司法》第 660 条。该条特别规定了有限公司通过指定人来认购或取得股份的情形。在遵循有限的限制外，股份向有限公司指定的人发行、或者部分缴付的股份由公司指定的人从第三人中取得，则在所有情况下，该股份都被视为被指定人为了自己而持有，并且认为公司对股份不享有受益人权益。

公司获许取得自身股份之后，必须遵循法律关于公司对以这种方式取得的股份的限制性规定。相关的限制，根据股份取得途径的不同而有差异。[42]

股份回购——《2006 年公司法》所要求的授权

拥有股本的有限公司在遵循法律及章程的限制或禁止规定的情况下，可以购买其自身股份。[43]《2006 年公司法》规定，除非公司章程另有规定，公司可以回购自身股份。这是对以往公司立法的反转。根据以往法律规定，只有通过公司章程作出具体的宪章性授权，公司才能回购自身股份。

《2006 年公司法》赋予了《公司法第二指令》第 21 条以法律效力，该条规定，公司回购股份必须获得股东大会的授权。而法定的股东授权要求的详情，则根据股份回购属于"场内"（市场之内）或"场外"（市场之外）交易不同而有差异。

场内购买

公司场内购买其自身股份是指，公司通过认可的投资交易所（RIE）买入

---

[41] *August Investments Pty Ltd v Poseidon Ltd* (1971) 2 SASR 71, SA SC-FC, 援引了 H Leigh French, 'Exceptions to Self-Purchase of Shares' (1987) 8 *Company Lawyer* 88; *Dyason v JC Hutton Pty Ltd* (1935) 41 ALR 419, V SC; *Trade Practices Commission v Australian Iron & Steel Pty Ltd* (1990) 22 FCR 305。
[42] 《2006 年公司法》第 662—669 条，规定了公司持有的或者为公司而持有的公众公司的股份的注销。
[43] 同上，第 690 条。

遵守该交易场所销售安排的股份。[44] 根据《2000年金融服务与市场法》,金融监管局负责核准并监管被认可的投资交易所(RIE)。[45] 金融监管局监管的所有被认可的投资交易所,除了那些海外投资交易所之外,都属于符合《2006年公司法》回购要求的被认可的投资交易所。[46] 正式上市的股份(例如获准在伦敦证券交易所上市部交易的股份)都被自动视为受到销售安排的规制。[47] 此外,获准在被认可的投资交易所交易的股份,如果公司已被提供股份交易的场内设施,而无须交易所事先许可而且使用时间不受限制,则该股份也要遵守销售安排之规制。[48] 例如,这将包括在另类投资市场交易的股份。

普通决议或者特别决议?

《2006年公司法》第701条规定,场外购买股份要求股东以决议方式作出授权,该决议是一项普通决议。在实践中,上市公司行使购买自身股份的权力时通常采取特别决议的方式,以遵循英国发行人协会(ABI)这一主要的机构投资者代表的建议。[49] 场内授权的一个重要特点是,无论其采取普通决议还是特别决议,它都可以是概括授权,而并不局限于任何特定的股份购买。[50] 然而,授权必须(这也是《公司法第二指令》的要求)指定授权购买的股份的最大数额,以及为购买股份可以支付的最高和最低价格。[51] 这些价格可以是固定的,也可以通过参照公式(但不参照任何人的自由裁量或意见)而确定。[52] 《2006年公司法》并没有将收购价格与股票在市场上交易的价格挂钩(就此问题,请参阅本章后文关于监管要求的讨论)。法律规定,授权决议必须载明到期日期,该日期不得晚于决议通过之日起五年。[53] 当前,英国发行人协会赞成对授权进行年度审查。而就数额而言,英国发行人协会称,如果公司的股份交易一切正常,则授权购买不超过5%的普通股本,不会引发担忧;但如果涉及更多的股本,则必须考虑到它对公司杠杆率等的影响。机构投资者有些不愿接受公司有权购买超过10%的自身的普通股;有

---

[44]《2006年公司法》第693(4)条。
[45]《2000年金融服务与市场法》第18部分。
[46]《2006年公司法》第693(5)条。
[47] 同上,第693(3)(a)条。
[48] 同上,第693(3)(b)条。
[49] 英国发行人协会已经就此发布了正式的指引,但其观点已经公开而且为人所知。这些观点可参阅<http://www.ivis.co.uk/PDF/3.2_Own_Share_Purchase.pdf>(2013年7月访问)。英国发行人协会就此问题的观点,得到了养老金投资和研究咨询机构的支持。
[50]《2006年公司法》第701(2)条。
[51] 同上,第701(3)条。
[52] 同上,第701(7)条。
[53] 同上,第701(5)条。

人提议将购买比例提高到 15% 或以上,该提议引起了人们的重大关注。[54] 在实践中,由于这些不同的要求和投资者的期望,上市公司通常会在每年的股东大会上寻求一项一般授权,以能购买至多 10% 的股份。其结果是,在实践中,公司通常会通过股东大会寻求一般授权,以购买超过 10% 的股本。英国发行人协会还进一步期望,公司应当只在行使权力会增加每股收益(或者地产公司或投资信托公司的每股资产价值)而且符合股东整体利益的情况下行使权力。

《2006 年公司法》规定,授权场内购买股份的决议可以被普通决议所变更、撤销或更新。[55] 如果决议许可,公司可以在授权日期届满之后,执行授权到期之前签订的股份购买合同。[56]

场外购买

场内购买之外的购买,均为场外购买。《2006 年公司法》(经 2013 年修订)要求场外购买股份要获得普通决议的批准。[57] 但除了与员工持股计划相关的私人公司回购以外[58],在购买股份的合同签订之前,该合同条款必须经股东特别决议授权,或者合同必须规定,在公司作出特别决议授权该条款之前不得购买任何股份。[59] 该合同可以是一份直接购买股份的合同,也可以是一份据此公司有权(在任何情况下)或有义务购买股份的合同。[60] 此类合同的一个例子是期权合同,据此公司有权在特定情形下购买股份。

除了员工持股计划的特殊安排外,授权场外购买自身股份的决议,在以下情况下不发生效力:持有与该决议相关的股份的股东,行使了那些股份所拥有的表决权,以对决议进行表决,而且如果他没有这样做的话,该决议本来不会获得通过。[61] 当提议以书面形式作出决议时,持有与该决议相关之股份的成员不是适格成员。[62] 在股东大会通过决议的情况下,必须在通过决议的股东大会结束之后 15 日内,将合同(或者合同未形成书面形式的话,则是合同条款的书面备忘录)置备于公司的登记住所地,供公司成员查阅,

---

[54] 养老金投资和研究咨询机构认为,普遍授权购买 15% 股份的做法,被广泛地接受了。
[55] 《2006 年公司法》第 701(4) 条。
[56] 同上,第 701(6) 条。
[57] 同上,第 694 条,该条经《2013 年〈2006 年公司法(第 18 部分修正案)〉规定》修订,SI 2013/999。
[58] 同上,第 693A 条,该条经《2013 年〈2006 年公司法(第 18 部分修正案)〉规定》修订,SI 2013/999。
[59] 同上,第 694(2) 条。
[60] 同上,第 694(3) 条。
[61] 同上,第 695(3) 条。
[62] 同上,第 695(2) 条。

同时也应当在会议上提供合同以供查阅。[63] 私人公司运用法定的书面决议来授权场外购买自身股份时,关于把合同(或其条款)提供给公司成员查阅的要求必定会发生调整,规定公司必须把合同的详情在公司成员在决议上签字之前提供给他们。[64] 所有卖方股东的姓名也必须披露。[65]

不遵守关于合同的披露要求,会导致通过的决议无效。[66] 这些披露要求的目的在于防止董事达成安排,以特别优惠的条款买回与自己关系良好的公司成员的股份,或者以其他方式滥用其权力。平等对待所有股东这一要求,获得了《公司法第二指令》第 42 条的明确支持。然而,另有观点认为,遵守将合同或包含合同条款的备忘录提供给公司成员的要求,只是出于股东利益考虑的形式问题,如果股东都同意的话,可以不必遵守。[67]

公众公司通过的决议必须载明决议赋予的授权何时到期,而且该到期日不得迟于决议通过之日起 5 年。[68] 除了员工持股计划的特殊安排,在公司为私人公司的情况下,授权场外购买股份的特别决议,可以不设定授权的存续期限,然而,考虑到合同条款签订之前必须获得授权,或者合同必须以授权的决议获得通过为条件,可以期待的是,两者之间的时间间隔通常不会太长。授权场外购买股份的特别决议,可以经特别决议而变更、撤销或更新。[69] 购买股份的合同条款的变更,在其签署之前必须获得公司特别决议的批准,而且,关于决议的表决资格以及向公司成员披露拟变化的内容的规则,要符合原始合同的授权。[70] 私人公司员工持股计划是一种例外情况,允许对与该计划相关的多项回购的授权。[71] 为员工持股计划目的或根据此计划制定的普通决议,可以是一般性的或受限制的,也可以是无条件的或有条件的,并且应当规定可购买股份的最高数量,以及最高和最低价格。普通决议的最长持续期间为五年。对行使投票权的限制不适用于此种情形。

程序性要求的重要性

总体而言,有关股份回购的授权及其他程序性要求,是强行法规则。[72]

---

[63] 《2006 年公司法》第 696(2)(b) 条。
[64] 同上,第 696(2)(a) 条。
[65] 同上,第 696(3)—(4) 条。
[66] 同上,第 696(5) 条。
[67] Kinlan v Crimmin [2007] BCC 106,引用了 BDG Roof-Bond Ltd v Douglas [2000] 1 BCLC 401。
[68] 《2006 年公司法》第 694(5) 条。
[69] 同上,第 694(4) 条。
[70] 同上,第 697—699 条。
[71] 同上,第 693A 条。
[72] Re RW Peak (Kings Lynn) Ltd [1998] 1 BCLC 193。

这意味着，即便所有的股东都愿意放弃接受这些规则，它们仍然必须得以遵循。不遵守规则的通常后果是，根据《2006年公司法》第658条，拟议中的收购行为将归于无效。[73] 人们一直认为，必须以这种方式来认识这些要求，因为它们的目的已经超越了保护现有的股东，而是包括保护债权人利益，而且还可能包括保护更为宽泛的公共利益。[74] 然而，其中的特定条款仅仅是为了保护股东，就那些条款而言，股东可以一致同意而放弃遵守该规则。[75]

法律对回购条款及方式的其他限制

如果公司购买自身股份将导致公司成员只持有可赎回股份，或者导致公司只存在持有为库藏股的股份，则公司不得这样做。[76]

这一要求的目的，是确保公司不会因回购股份和日后回赎股份而终止。股份不得被回购，而且在购买股份之时必须付款，除非它们已全额缴付（以使未催缴资本所代表的有价资产不会灭失），且除了私人公司员工持股计划的例外。[77] 股东立刻得到偿付的要求，是要确保公司成员不会在压力之下接受要求他们卖出股份的合同条款，这一条款使公司成员立刻丧失作为公司成员的权利，但在相当长的时期内却得不到补偿。然而，要求预先筹集购买股份的资金，而不是同意通过分期付款而延期支付，可能会给小型公司带来困难，也会遏抑回购权利的行使。为回应这类担忧，法律于2013年规定了一项权力，即私人公司有权以分期付款的方式，支付回购员工持股计划股票的费用。[78]

有一些人支持以下观点：公司可通过支付现金或者转移资产来支付股份回购的对价。[79]

股份回购的会计安排

股份回购会影响股东的资金安排。回购价格可根据可分配准备金来确

---

[73]《2006年公司法》这在以下案件中得以解释 Wright v Atlas Wright (Europe) Ltd [1999] 2 BCLC 301 CA, 310—15 per Potter LJ. 关注《2006年公司法》第696(5)条。

[74] Wright v Atlas Wright (Europe) Ltd（前注59）204—205。

[75] Kinlan v Crimmin [2007] BCC 106（批准了与现在的《2006年公司法》第696(2)有关的弃权）。

[76]《2006年公司法》第690条。

[77] 同上，第691条。参见 Pena v Dale [2004] 2 BCLC 508; Kinlan v Crimmin [2007] BCC 106。

[78] 同上，第691(3)条，该条由《2013年〈2006年公司法(第18部分修正案)〉规定》加入，SI 2013/999。

[79] BDG Roof-Bond Ltd v Douglas [2001] 1 BCLC 401，而就事实而言，股份实际上获得了金钱对价。

定,在这种情况下,以会计的术语来说,体现为购买价格的公司现金或其他资产的降低,与可分配准备金的减少是相匹配的。[80] 另外,如果公司增发股份是为股份回购提供融资,则公司还可以用增发股份的收益来回购股份。[81] 当股份当时是溢价发行时,公司购买该股份应支付的任何溢价,必须从可分配利润中支付,公司可以用增发股份的收益来支付股份回购的溢价,但所动用的数额不得超过以下数额:公司被回购的股份当时的发行溢价总和,或者公司股份溢价账户的当前数额(包括增发股份的溢价数额)。[82]

当股份被购买时,它们必须被撤销,而且公司已发行股本的数额,除了那些获许持有为库藏股的以外,必须根据被撤销股份的名义价值予以相应扣减。[83] 当运用可分配准备金回购股份而将其撤销时,与这些股份名义价值相等的数额,必须归入资本回赎准备金,这种准备金除了用于支付全额缴付的红利股之外,必须将其视为股本。[84] 在这方面,私人公司有特别的安排,本章稍后将作分析。这些要求确保了公司的不可分配准备金在整体上保存完好,而且可以防止他人利用股份回购来达成非正式减资的目的。在运用专门为回购股份而增发新股的收益来回购股份的情况下,如果该收益的总额低于回赎或者回购的股份的名义价值总额,则该差额(如果有的话)必须转入资本回赎准备金。[85] 实际上,股份发行所筹集的资本抵消了所支付的数额;债权人并未受到损害,因为新股发行是专门为了股份回购的目的,而不是注入新的权益资本。

这些规则的会计含义,可以通过以下简化的实例来分析。(见表 8.1 和表 8.2)

表 8.1 A 公司使用了 130 万英镑可分配储备金,回购了 100 万股每股面值为 1 英镑的股份

	购买之前 (单位: 1000 英镑)	发行 (单位: 1000 英镑)	购买 (单位: 1000 英镑)	维持资本 (单位: 1000 英镑)	购买之后 (单位: 1000 英镑)
现金	3,800		(1,300)		2,500
净资产	3,800		(1,300)		2,500

---

[80]《2006 年公司法》第 692(2)(a)(i)条。为此,"可分配利润"是指公司可以在《公司法》2006 年第 736 条规定的范围内,合法分配的利润。详见第九章。
[81] 同上,第 692(2)(a)(ii)条。
[82] 同上,第 692(2)(ii)条。
[83] 同上,第 706(b)条。
[84] 同上,第 733 条。
[85] 同上,第 733(3)条。

(续表)

	购买之前 （单位： 1000 英镑）	发行 （单位： 1000 英镑）	购买 （单位： 1000 英镑）	维持资本 （单位： 1000 英镑）	购买之后 （单位： 1000 英镑）
资本和储备金					
股本：面值 1 英镑的普通股	2,000			(1,000)	1,000
股份溢价账户	400				400
资本回赎储备金				1,000	1,000
股本＋未分配储备金	2,400				2,400
损益账户储备金	1,400		(1,300)		100
	3,800		(1,300)	—	2,500

表 8.2 在前述例子中，假设公司为了对购买股份提供融资，按每股面值 1 英镑发行新股 50 万股，则会发生如下变化：

	购买之前 （单位： 1000 英镑）	发行 （单位： 1000 英镑）	购买 （单位： 1000 英镑）	维持资本 （单位： 1000 英镑）	购买之后 （单位： 1000 英镑）
现金	3,800	500	(1,300)		3,000
净资产	3,800	500	(1,300)		3,000
资本和储备金					
股本：面值 1 英镑的普通股	2,000	500		(1,000)	1,500
股份溢价账户	400				400
资本回赎储备金				500	500
股本＋未分配储备金	2,400	500	(500)		2,400
损益账户储备金	1,400		(800)		600
	3,800	500	(1,300)		3,000

库藏股[86]

库藏股是公司自己的股份，出于透明度的原因，公司购买该股份之后被

---

[86] G Morse, 'The Introduction of Treasury Shares into English Law and Practice' [2004] JBL 303.

载入公司成员登记册中。[87] 自 2003 年起,英国允许公众上市公司持有库藏股。自 2013 年起,未上市的公众公司和私人公司也享有上述权利。[88] 如果要使股份成为库藏股的,则公司必须使用可分配利润来购买股份;如果是私人公司,则应在允许情况下以现金购买股份。[89] 目前,对于库藏股的数量和价值,并无法律限制。在公司自身股份被持有为库藏股期间,公司不能行使该股份上的任何权利,例如参加会议并且在会议上表决,而且不能就该股份支付任何股息。[90] 然而,红利股可以发行,而且当红利股是可赎回股份时,可以要求公司履行回赎义务。[91] 拥有库藏股的公司可以处分该股份[92]或者注销它们。[93] 在这一语境中,"处分"意味着为了现金对价而卖出股份,或者根据员工持股计划而将其转让。[94] 当库藏股卖出而且收益等于或者低于公司为此支付的价格时,它们被视为已实现利润;然而,当收益高于公司为此支付的价格时,余额部分应归入股份溢价账户。[95] 当库藏股撤销时,股本数额也应根据被撤销股份的名义数额相应降低[96],相应的数额必须转入资本回赎准备金。[97]

库藏股具有恢复回购股份的可分配利润的潜力,这是库藏股的主要优势之一。在一定时间内回购股票并将其作为库藏股持有,可以作为公司的一项机制,用以管理其股票的供给与需求,并可以影响每股收益率。出售或转让库藏股,并非《2006 年公司法》第 551 条所规定的配售股份,故不会因为董事行使配售权利而停止。但除了例外情况以外,《2006 年公司法》第 561 条规定的优先购买权仍将适用。优先购买权的一个重要例外涉及员工持股计划:在该计划中,可以使用库藏股实现权利,且优先购买权不适用。[98]

高级上市公司也必须遵守《上市规则》中与库藏股相关的要求。[99]

---

[87] 《2006 年公司法》第 724 条。
[88] 同上,该条经《2013 年〈2006 年公司法(第 18 部分修正案)〉规定》修订,SI 2013/999。
[89] 经修订后《2006 年公司法》第 724(1)条。
[90] 同上,第 726(2)—(3)条。
[91] 同上,第 726(4)条。
[92] 同上,第 727 条。与处分相关的通知(《2006 年公司法》第 728 条)。
[93] 同上,第 729 条。与注销相关的通知(《2006 年公司法》第 730 条)。
[94] 同上,第 727 条。关于现金对价(第 727(2)条)。
[95] 同上,第 731 条。
[96] 同上,第 729(4)条。
[97] 同上,第 733(4)条。
[98] 同上,第 566 条。
[99] 《上市规则》第 12.6 条。

运用资本回购自身股份:仅及于私人公司

试图回购少量股份(即低于 15,000 英镑或在任何财年相当于 5% 的股本)的私人公司,只要其公司章程中有相关规定,就有权回购股份且无须指明现金来自可分配利润。[100] 这一"最低限度"许可是在 2013 年提出的,并反映出政府的决心,即门槛应当低到对股东或债权人产生很少甚至不产生风险,但仍应尤其允许小公司享有较大的灵活性,为股份回购进行融资。[101]

此外,一项更加正式的程序允许私人公司在特定条件下,购买自身股份,从而减少资本。设定这些条件的目的在于,在允许公司以这种方式运用其资本时,保护债权人免受因此而带来的风险。这些制度设计也着眼于保护公司成员。

根据这一程序,只有在动用可利用利润以及为回购股份而发行新股的收益仍有不足之后,才可以依赖公司的资本。[102] 公司可以用于弥补差额部分的资本数额,被称为"许可支付的资本"的数额。[103] 公司为此目的可动用的利润,首先要参照公司的账目来确定,但确定这一数额之后,公司任何合法的分配和相关账目的其他支付,都会减少这一数额。[104] 如果许可支付的资本数额与所有增发股份的收益的总和,低于被购买股份的名义价值,则其差额必须结转入公司的资本回赎准备金[105];但如果更高,则资本回赎准备金、股份溢价账目、股本账目或者重估准备金的数额可以减少,但减少的金额不得超过该差额。[106] 这些规则可以通过以下简化的例子来予以说明(见表 8.3、表 8.4、表 8.5)。

动用资本进行支付,必须遵循多方面的相关形式要求。[107] 这些要求包括,公司董事必须对公司的偿债能力出具法定的声明。[108] 该声明必须规定许可支付的资本的数额,而且必须表明,董事已经对公司事务和前景进行了全面调查,形成了以下意见:

(1) 从资本中进行支付之后即刻起,没有理由认为公司将被查明无法偿

---

[100] 《2006 年公司法》第 692(1)(b)条,该条经《2013 年〈2006 年公司法(第 18 部分修正案)〉规定》修订,SI 2013/999。
[101] BIS, *Employee Ownership, Share Buy Backs*.
[102] 《2006 年公司法》第 710 条。
[103] 同上。
[104] 同上,第 711—712 条。
[105] 同上,第 734(2)条和第 734(4)条。
[106] 同上,第 734(3)条和第 734(4)条。
[107] 同上,第 713 条。关于员工股权计划的回购程序已作了修改,后文将单独考察这一程序。
[108] 同上,第 714 条。

付债务(把可能和潜在的债务一并考虑在内);并且

(2)考虑到董事经营公司的意愿,以及在他们看来,鉴于支付之日起一年中公司可动用的财务资源的数额及性质,公司能够作为持续经营的实体而开展经营(因而能够偿还到期债务)。[109]

表8.3 一家私人公司的资产负债表情形如下:

	单位:1000英镑
现金	2,400
净资产	2,400
资本和储备金	
股本:面值1英镑的普通股	2,000
损益账户	400
	2,400

假定所有条件和形式要求已经满足,则公司支付130万英镑回赎了100万股份,而且不打算增发新股。

表8.4 (a) 容许资本付款额是多少(PCP)?

	单位:1000英镑
购买价格	1,300
减去:新股发行的收益	0
减去:可分配储备金余额	(400)
容许资本付款额	900

表8.5 (b) 交易结束之后公司的资产负债表

	购买之前 (单位: 1000英镑)	购买 (单位: 1000英镑)	维持资本 (单位: 1000英镑)	购买之后 (单位: 1000英镑)
现金	2,400	(1,300)		(1,100)
净资产	2,400	(1,300)		
资本和储备金				
股本:面值1英镑的普通股	2,000		(1,000)	1,000
资本回赎储备金			100	100

---

[109]《2006年公司法》第714(2)—(3)条。

	购买之前 （单位： 1000 英镑）	购买 （单位： 1000 英镑）	维持资本 （单位： 1000 英镑）	购买之后 （单位： 1000 英镑）
股本＋未分配储备金	2,000	(900)		1,100
损益账户储备金	400	(400)		—
	2,400	(1,300)		1,100

如果声明所表达的意见缺乏合理理由，则发表此类声明将面临刑事制裁。[110] 董事的声明必须附加一份由公司审计师出具的报告，表明审计师已经调查了公司事务，许可支付的资本数额已经妥当地确定，并且审计师不知道存在任何情形可以表明董事的意见是不合理的。[111] 董事声明以及附加的公司审计师报告，必须在公司成员投票表决是否批准从资本中进行支付之前，使公司成员可以获得。[112] 董事声明及审计师报告必须在规定期间置备于公司登记住所，以供公司成员或债权人查阅。[113] 同时还要求将董事声明及附加报告的副本提交给公司登记官。[114] 在这一程序中，在董事声明作出当天或者即刻起算的一周内，股东会必须作出特别决议以批准该项支付。[115] 如果任何持有与决议相关的股份的公司成员对该决议进行了表决，而且如果这些成员不这样做决议无法通过，则该决议将不发生效力。[116] 公司已经通过一项动用资本支付的特别决议这一事实，必须在《伦敦公报》(London Gazette)上发布通知，以为公告。[117] 同时还应当在适当的全国性报纸上发布效果相同的通知，除非公司已经向每一位债权人发布了这一书面通知。[118]

通过特别决议批准从资本中支出以购买股份之日起五周内，公司的任何债权人或者任何公司成员（同意或者投票赞成该决议的除外），可以向法院提出申请。[119] 法院在审理这一申请时，可以休庭以给诉讼各方一个机会，他们可以根据情形达成购买异议成员在公司中的利益、或者达成保护异议

---

[110] 《2006 年公司法》第 715 条。
[111] 同上，第 714(6)条。
[112] 同上，第 718 条。
[113] 同上，第 720 条。
[114] 同上，第 719(4)条。
[115] 同上，第 716 条。
[116] 同上，第 717(3)条。如果以书面形式通过决议，则持有该决议所指向股份的成员并不是适格成员（第 712(2)条）。
[117] 同上，第 719(1)条。
[118] 同上，第 719(3)条。
[119] 同上，第 721 条。本段的其余部分概述了该条的要求。

债权人的安排。在遵守这一规定的条件下,法院在受理申请时,被要求以其认为合适的条款和条件,作出确认或撤销该决议的法令。法院法令可以规定公司购买任何成员的股份,并且相应地减少公司资本。为使能够向法院提出申请,从资本中的支付必须不早于特别决议通过之后的5周,并且自该日起不超过7周,除非法院法令另有规定。[120]

作为促进员工持股计划的改革的一部分,2013年引入了一项更为合理的制度,即一家私人公司可以在董事的偿付声明和股东特别决议的基础上,使用股本回购与员工持股计划相关的股份,但无须审计人员的报告。[121] 是否采用这项简化的制度,取决于公司的意思自治。

如果公司处于解散阶段且此前从资本中支付以购买其自身股份,则《1986年破产法》第76条与其相关。如果(a)公司资产总额及以向其资产缴付出资的方式支付的数额(除了本条之外)不足以支付公司债务、责任及解散费用;而且(b)在相关支付完成之日起一年内发生公司解散,则将股份卖给公司的股东及签署公司偿债能力法定声明的董事,在表面上有义务向公司资产缴付出资以弥补该差额。将股份卖给公司的以前的成员,有义务向公司支付不超过公司就该股份向其支付的金额。董事对此金额的支付承担个别或连带责任,但如果董事能够证明,其在声明中发表的关于公司偿债能力的意见有着合理的理由,则其可以免责。

有关股份回购合同事项的法定变更

《2006年公司法》第735条规定了公司未能达成购买股份的合同的后果。在那种情况下,公司没有义务承担损害赔偿责任,但它不能损害股东可以享有的其他权利;(合同订立后)股东可以寻求合同的实际履行,但如果公司证明它无法从可分配利润中支付回购或者购买系争股份的费用,则法院不会判决应履行合同。公司解散并非必然排除股份购买合同的履行,但根据此类合同应支付的金额,应排在公司的普通债务和责任、以及为满足附着于其他股份的优先权所应支付的金额之后。

公司根据合同购买自身股份的权利不得转让。[122]

---

[120] 《2006年公司法》第723条。
[121] 同上,第720A—720B条,该条经《2013年〈2006年公司法(第18部分修正案)〉规定》修订,SI 2013/999。
[122] 同上,第704条。

金融服务局关于股份回购的规定

上市公司购买自身证券,除了要遵守法律的一般规定外,还必须遵守金融服务局《上市规则》的要求。[123]《上市规则》包含着与购买自身股份的价格有关的条款。[124] 它的一般规定是,除非是向某一类别的所有股东发出收购要约,上市公司根据股东的一般授权,购买任何类别的权益股份(库仓库除外)低于 15% 的,其支付的价格必须不高于(a)购买前 5 个交易日内该权益股份平均市场价值的 5%,也不得高于(b)前一次独立交易的价格和购买发生时交易场所内的当前独立的最高价格。[125] 购买任何类别的权益股份(不包括库藏股)超过 15% 的,必须以向该类别的所有股东发出要约来进行,除非回购的全部条款已得到股东的明确批准。[126]《上市规则》将收购要约界定为:公司以最高价格或者固定价格(可以通过公式来确定)购买某一类别的全部或者部分证券的要约,也就是:(a)发布公告或者在两家全国性报纸上发布广告,联系该类股份的所有持有人;(b)以同样的要约条款向该类股份的所有持有人至少开放 7 日;(c)按该类股份所有股东现有持股比例,接受其卖出股份的承诺。在 2012 年以前,《上市规则》不允许股东批准 15% 以上的股份回购,除非是通过要约收购的方式,但金融服务管理局(当时的主管机构)认为,以这种方式减少股东可用期权是不合理的,故上述规定被取消了。[127]

而就时点而言,《上市规则》通常不允许在禁止的期间内(也就是公司发布财务报告之前或者存在着与公司相关的内幕信息期间)进行股份回购[128],虽然对此也有一些例外情形。[129] 当被购回股份的股东是利益关联方时,还必须遵守其他要求。[130]《上市规则》还要求,附有回购决议的通告必须包含一份董事声明,该声明要载明董事运用回购权力的意图,特别是要表明公司

---

[123] 《上市规则》第 12 条解释了"溢价"上市,参见第 13 章。对于另类投资市场的公司,请参阅《另类投资市场规则》,特别是规则第 13 条(相关方交易)、规则第 17 条(披露)和规则第 21 条(对交易时间的限制)等。
[124] 同上,第 12.4 条。
[125] 同上,第 12.4.1 条。
[126] 同上,第 12.4.2—12.42A 条。
[127] FSA, *Amendments to the Listing Rules*, *Prospectus Rules*, *Disclosure Rules and Transparency Rules* (CP12/2) paras 4.33—4.35.
[128] 《上市规则》第 9 条附则 1,《示范规定》第 1(e)段。
[129] 同上,第 12.2 条,还可参见《上市规则》第 12.6 条,该条禁止(要遵守例外规定)在禁止期间里出售或者转让库藏股。
[130] 同上,第 12.3 条。

是撤销该股份,还是将其持有为库藏股。[131] 如果上市公司以要约收购以外的方式,回购15%或以上股份的,其通告必须说明拟议收购的潜在影响,包括,对公司的控制权在交易后是否可能集中等。[132] 如果充分行使权利,可能导致购买公司发行股票的25%或以上,通告还必须披露其他事项。[133] 上市发行人在回购后,必须尽快通过监管信息服务平台提供回购的细节[134],还应遵守《披露和透明度规则》规定的通知和披露义务。[135] 必须注意确保股份回购项目不会引发有关市场滥用的担忧。在欧共体法律中,对于股份回购项目有着特定的安全港规则,如果遵守了该安全港规则的相关条件,那么这一项目不会导致市场滥用。[136]

股份回购中《收购守则》的含义

由收购和兼并委员会制定的《收购守则》包含了某些有关公司购买自身股份的条款。该《收购守则》主要涉及向成立于英国的公众公司发出收购要约,虽然它准确的适用范围要比这宽广。[137]《收购守则》第37.1条规定,如公司回赎股份或购买自身的证券,导致某人的持股比例达到30%,即《收购守则》第9条规定的强制收购门槛时,通常不会导致作出强制要约的义务;除非该人是董事,或该人与任何一位或多位董事存在以下关系,即该人与或被推定与某位董事一致行动。如果董事知晓公司回赎或购买自身股份的,会产生作出强制要约的义务;董事会应确保在实施赎回或购买之前,向独立董事提交一份同意豁免该义务的适当决议,作为实施该义务的先决条件。在与第9条相关的任何情况下,也必须事先咨询委员会的意见。有迹象表明,机构投资者在大多数情况下,不支持第9条关于回购的豁免条款。

第37.3条规定了在收购中目标公司将回购权力当作一种防御措施的情形。这条规定强化了《收购守则》对目标公司董事的一般禁止性规定,即没

---

[131]《上市规则》第13.7.1(a)条和第13.7.1(c)条。
[132] 同上,第13.7.1(g)条和第13.7.1A条。
[133] 同上,第13.7.1(2)条。
[134] 同上,第12.4.6条。
[135]《披露和透明度规则》第5.5—5.6条。上述规则同样适用于另类投资市场的公司。
[136]《2000年金融服务与市场法》第118A(5)(b)条;2003年12月22日(EC)2273/2003号委员会规定实施了关于回购计划豁免和稳定金融工具的《市场滥用指令》,[2003] OJ L336/33。《市场滥用规定》将取代《市场滥用指令》,将继续促进与回购相关的市场稳定。2013年9月,欧洲议会批准了欧盟委员会关于该规定的政治协议。《市场滥用规定》将与《金融工具市场指令2》(MiFID 2)的提议保持一致,并将成为一揽子方案的一部分,该计划还将包括针对市场滥用的刑事制裁的指令。一旦关于其他措施的谈判成功结束,该一揽子方案将与《金融工具市场指令2》提案一起生效。
[137] 如第一章所讨论的那样。

有通过股东大会的批准,董事不得对收购行为采取破坏性举动。[138] 在要约期间,甚至在要约作出之前,如果受要约公司的董事会有理由相信一项真实的要约可能迫在眉睫,则除非股东通过股东大会予以批准,目标公司不得回赎或回购股份。如果公司认为回赎或回购股份是遵循更早订立的合同或履行另一前期存在的义务,则必须与委员会磋商,如果得到其许可,则在没有召开股东大会的情况下也可赎回或者回购股份。

发行可赎回股份的授权要求

《2006年公司法》第684条允许有限公司发行可赎回股份。现在,如果公司为私人公司,则并未规定发行可赎回股份要获得公司章程的授权,虽然公司章程可以排除或者限制这一权力。[139] 公众公司的章程应当授权发行可赎回股份。[140]《2006年公司法》第684(1)条规定,根据公司章程规定(如有相关规定),可由公司选择回赎或者根据股东要求而有义务回赎的股份,任何类别的股份均可能被发行为可回赎股份。然而,如果公司所有的已发行股份均为可赎回股份时,则不得发行可赎回股份;换言之,公司不可以将自己回赎没了。[141] 赎回股份无须支付印花税(与回购不同)。

在《2006年公司法》之前,公司章程是否应明确规定回赎的条款和方式,或者公司章程仅仅表明这些细节在股份实际发行时由董事确定就足矣,并不确定。后来对此的解释倾向于接受灵活性的观点,即允许对股份发行的条款进行微调,以反映股份发行时的市场条件。然而,尚不清楚的是,(至少是涉及公众公司时)是否可以采纳这种做法,因为参照《公司法第二指令》第43条的规定,后者规定回赎的条款和方式"规定"于公司章程或公司成立文件之中。《2006年公司法》第685条解决了这一问题,它采取了非常灵活的立场,规定只要获得了公司章程的授权或公司决议的许可,董事可以确定股份回赎的条款、条件和方式。这一规定既适用于公众公司,也适用于私人公司。董事获得此类授权后,必须在股份发行之前确定回赎的条款、条件和方式,而且这些细节必须披露于资本声明中。[142] 同样地,董事获得此类授权后,公司章程必须载明回赎的条款、条件和方式。[143]

---

[138] 《收购守则》第21条。
[139] 《2006年公司法》第684(2)条。
[140] 同上,第684(3)条。
[141] 同上,第684(4)条。
[142] 同上,第685(3)条。
[143] 同上,第685(4)条。

《2006年公司法》关于回赎可赎回股份的其他要求

调整可赎回股份的回赎融资的法定框架，与适用于股份回购的范式相同。因而，只有可分配利润和为回赎而增发股份的收益，才可以用于回赎股份。[144] 然而，这一规定还有一些限制。在前文讨论过的与股份回购相关的情形中，私人公司可运用其资本来回赎股份。[145] 回赎溢价的支付，通常必须来自可分配利润，然而，如果被回赎的股份当时是溢价发行的，则增发股份的收益可用于这一目的，但该数额不得高于以下两个数额中更低的一个：增发股份收到的溢价总额，或者公司股份溢价账目的当前数额。[146] 只有全额缴付的可赎回股份才可以回赎，而且股份回赎时就应获得支付，除非回赎条款规定在更晚些的时候支付。[147] 被回赎的股份必须予以注销，其效果是减少公司的已发行股本；它们不能被持有为库藏股。[148] 公司必须向公司注册官报告可赎回股份的回赎及注销情况。[149]

如果公司没有按照回赎条款来赎回可赎回股份，股份持有人可以要求实际履行合同，但不能主张损害赔偿。[150] 如果公司证明它无法从可分配利润中支付回赎股份的费用，则法院不会判决应履行合同。[151]

与股份回购及可赎回股份相关的类别权利问题

当公司的股本类别超过一种时，回购股份的提议可能等同于类别权利的变动。如果确实如此，除了需要获得本章已探讨过的公司同意外，还必须获得适当的类别股东的同意。类似地，发行可赎回股份也会改变现有优先股份在资本返还方面的类别权利，因而也可能要求获得类别股东的同意。[152] 英国发行人协会建议，如果公司拥有优先股而且要回购股份，则在任何情况下都应召开类别股东会议并获得同意。这是一则一般的建议，并不局限于回购股份会导致附着于优先股的权利发生变动的场合。

---

[144] 《2006年公司法》第687(2)条。
[145] 同上，第687(1)条。《2006年公司法》第692(1)(b)条对小额股份收购"最低额"的放宽，并不适用于股份回赎。
[146] 同上，第687(3)—(4)条。
[147] 同上，第686条。
[148] 同上，第688条。
[149] 同上，第689条。
[150] 同上，第735条。
[151] 同上。
[152] 关于类别权利的一般探讨，参见前文第六章。

股份回购与可赎回股份和少数股股东的保护

对于本章探讨的资本重组的任何方面持反对意见的股东,可以该行为构成了不公平损害行为为理由,主张《2006 年公司法》第 994 条之下的救济。Rutherford 作为原告,曾针对一项股份回购的提议提出诉请[153],但未获成功,该案由苏格兰高等民事法院(Scottish Court of Session)作出裁决。在该案中,公司拟回购公司股份中 33% 的利益份额。该项购买的目的是为了满足绝大多数股东的以下见解:第一,公司的持股必须分散,不应存在有着控股权的大额股份以鼓励个人股东获得控制性利益。原告声称,公司打算为这些股份支付过高的价格,因为公司开出的价格是每股 64 便士,而这些股份的市场交易价格为 19 便士。法院认为,根据这些事实无法在表面上确定已经成案,因为成交价格大约为 19 便士的股份可能涉及的是小额股份,而有着控股权的大额股份,其价值可能高得多。在这一背景下,以下情况被认为关乎本案:据称,某投资信托人愿意以最高每股 72 便士的价格购买公司中的控制性利益份额。第二,拟议中的购买股份行为,被用于稳定公司的经营管理。法院认为,这也可以提高股价。法院进一步认为,原告在主张第二项诉请时会面临问题。该项诉请称,公司的资金不足以购买股份,公司为此进行融资所应支付的利息将超过公司的年度利润。第三,虽然原告可能会进一步主张,该项购买行为可能会产生打击投资信托人的后果,后者愿意为控制性利益支付溢价。法院则认为,如果这是公司绝大多数股东想要的,那么原告请求降低获得要约人出价的机会,是否应视为公平的行为,则是一个很好的问题。在确定这一权宜安排时,法院将所有的这些因素都考虑在内,最后拒绝了原告对法院提出的发出禁令请求。

---

[153] [1994] BCC 876.

第九章 对股东的分配

投资者的预期

关于公司融资的经典教义是：在过去一直向股东分配股息的股权分散的公司中，股东有着传统的股息预期：他们期待着就其股份定期获得股息。久而久之，那些股息将变得很平滑，任何增加都根本上反映着公司经营的长期前景。[1] 实证研究已经确认，市场实践仍然支撑着这些原则：股息保守主义非常盛行，只有那些对于可持续的收益增长满怀信心的公司，会倾向于考虑增加股息。[2] 有观点认为，近年来已经发生变化的一个情况是，公司通过股份回购的方式将价值返还给股东的情形越来越普遍。美国还出现了以回购取代增加股息的情况。[3] 很明显，20世纪80年代和90年代，支付股息的公司的总数减少[4]，这或许与有可能将回购作为替代性支付机制息息相

---

[1] J Lintner, 'Distribution of Incomes of Corporations Among Dividends Retained Earnings and Taxes' (1956) 46(2) *American Economic Review* 97. Lintner 的"平滑理论"引发了大量的文献进行研究，如 I Guttman, O Kadan, and E Kandel, 'Dividend Stickiness and Strategic Pooling' (2010) 23 *Review of Financial Studies* 4455; MT Leary and R Michaely, 'Determinants of Dividend Smoothing: Empirical Evidence' (2011) 24 *Review of Financial Studies* 3197。该理论还成为一系列新研究的起点，如 BM Lambrecht, 'A Lintner Model of Payout and Managerial Rents' (2012) 67 *Journal of Finance* 1761。

[2] A Brav, JR Graham, R Campbell, CR Harvey, and R Michaely, 'Payout Policy in the 21st Century' (2005) 77 *Journal of Financial Economics* 483. 欧洲公司的经营管理者们大致认同，他们年复一年地努力平滑股息，并且避免降低股息；F Bancel, UR Mittoo, and N Bhattacharyya, 'Cross-Country Determinants of Payout Policy: A Survey of European Firms' (2004) 33 *Financial Management* 103。

[3] G Grullon and R Michaely, 'Dividends, Share Repurchases and the Substitution Hypothesis' (2002) 57(4) *Journal of Finance* 1649. 但证据显示，其他地方得出了不同的结论：A Dhanani and R Roberts, *Corporate Share Repurchases: The Perceptions and Practices of UK Financial Managers and Corporate Investors* (Edinburgh: Institute of Chartered Accountants of Scotland, 2009)，详细讨论见第八章。

[4] Noted by E Fama and K French, 'Disappearing Dividends: Changing Firm Characteristics or Lower Propensity to Pay?' (2001) 60 *Journal of Financial Economics* 3. 但在此期间，产业公司支付的股息总额却在攀升，无论是名义金额还是真实的金额，都是如此；H DeAngelo, L DeAngelo, and DJ Skinner, 'Are Dividends Disappearing? Dividend Concentration and the Consolidation of Earnings' (2004) 72 *Journal of Financial Economics* 425。自2000年以来，传统的股息政策又开始反弹：B Julio and D Ikenberry, 'Reappearing Dividends' (2004) 16(4) *Journal of Applied Corporate Finance* 89。

关。[5] 在英国，大公司回购股份已经司空见惯（这一趋势与所适用的税收规则有关）。[6] 股份回购比股息更为灵活，因为它们不会使人们提升对未来的支付预期。[7] 就此而论，它们可以成为一种有益的机制，使股东不时获得现金盈余。但在英国，股份回购方案一般并未取代定期支付股息。[8] 即便在金融危机时期，公司也不愿意削减或取消股息；在2007年至2009年金融危机期间银行的股息政策数据中，上述观点即得到了体现。[9] 美国银行和花旗集团支付的股息直到2008年第三季度才有所放缓。之后，美国银行仍以较慢的速度支付股息，直至2009年第四季度末。花旗集团直到2008年第四季度才削减股息，并自2009年第二季度至第四季度支付股息数为零。与上一年相比，美林在2008年第四季度支付的股息几乎翻了一番。也许最令人吃惊的是，雷曼兄弟银行将股息从2008年第二季度的9,500万美元，增加到2008年第三季度的1.18亿美元，而该银行在2008年9月宣告破产。在欧盟层面，在欧盟委员会监督下，成员国对受到危机影响的金融机构提供国家援助的条件，是该机构对股息作出临时的限制。[10]

　　如果公司不支付股息，对于谨慎的、寻求稳定收益的投资者来说，该公司就会缺乏投资吸引力。此外，如果一家公司从支付股息变为不支付，就会让现有股东认为，他们实际上被锁定在一项越来越不吸引人的投资中。正如劳埃德银行集团在其2011年度报告和报表中所指出的，当国家援助计划对股息支付的禁令生效时，"我们理解，没有股息给许多股东带来了困难，但我们仍将尽快恢复渐进式的股息支付。董事会感谢股东们在2011年的支持，并非常清楚，股东们——包括我们的大部分员工，他们本身也是股东——遭受了股票价格下跌和没有股息的损失"。[11]

---

[5] Brav et al, 'Payout Policy in the 21st Century' (2005) 77 *Journal of Financial Economics* 483. F Allen and R Michaely, 'Payout Policy' in G Constantinides, M Harris, and R Stulz, (eds), *Handbook of Economics of Finance Vol 1A* (North-Holland, Amsterdam, (2002), 337, 404—420.

[6] D Oswald and S Young, 'Cashing In On Share Buybacks' (2003年9月) *Accountancy* 55.

[7] D Oswald and S Young, 'Cashing In On Share Buybacks' (与英国有关); Brav et al, 'Payout Policy in the 21st Century' (与美国相关).

[8] Dhanani and Roberts, *Corporate Share Repurchases*.

[9] 美国投资银行的数据取自：VV Acharya, I Gujral, N Kulkarni, and HS Shin, 'Dividends and Bank Capital in the Financial Crisis of 2007—2009,' NBER Working Paper Series No 16896 (2012).

[10] European Commission, *The Effects of Temporary State Aid Rules Adopted in the Context of the Financial and Economic Crisis* (Commission Staff Working Paper, October 2011).

[11] 见原书第11页和第14页。关于"股息拼图"性质的典型描述，请见：F Black, 'The Dividend Puzzle' (1976) 2 *The Journal of Portfolio Management* 5.

股息政策的决定因素[12]

股息政策——为什么公司选择启动股息的支付,是哪些因素解释着支付水平,增加或者降低支付水平的原因——已经被描述为现代金融中被研究得最为透彻的问题之一。[13] 然而,尽管它受到了密切关注,但迄今仍未产生与真实世界中的股息政策完全一致的理论。[14] 接下来的数段,勾勒出了研究文献中关于股息支付政策的决定因素的若干关键问题。人们观察到,尽管有大量的经验证据,但公司如何以及为何决定某种股息政策,仍是不太好理解的问题。[15]

股息政策和市场价值

现代公司金融理论的一大基础是,在无摩擦的市场中,股息政策不会对公司股份的整体市场价值构成影响。[16] 这一理论基于以下事实:股份赋予其持有者分享资本增长以及公司不时分配收入的权利。公司留存利润并将其投入于新的盈利事业,比公司通过发放股息分配这些利润然后通过发行新股来为新的事业融资,其股份拥有更高的资本价值。需要现金的投资者通常可以卖出股份以实现其资本收益,而不是依赖公司向其支付股息。这一理论意味着,简单说来,股息政策只不过是根据作出的投资决定来支付剩余现金流。

然而,真实的市场却并非没有摩擦,这一理论面临诸多实际困难。它忽视了买入和卖出股份的交易成本,以及针对股息分配和处分股份的资本利得的不同税收待遇。[17] 它假定存在一个股份交易的流动性市场,但这可能

---

[12] HK Baker (ed), *Dividends and Dividend Policy* (Hoboken, New Jersey: John Wiley & Sons, 2009).
[13] WL Megginson, *Corporate Finance Theory* (Reading Mass: Addison Wealey, 1997) 353. 还可参见 WL Megginson, SB Smart, and BM Lucey, *Introduction to Corporate Finance* (London: South-Western Cengate Learning, 2008) ch 13.
[14] MW Faulkender TT Milbourn, and AV Thakor, 'Does Corporate Performance Determine Capital Structure and Dividend Policy?' (2006 年 3 月 9 日), http://ssrn.com/abstract=686865; Bancel, Mittoo, and Bhattacharyya, 'Cross-Country Determinants of Payout Policy'.
[15] R Michaely and MR Roberts, 'Corporate Dividend Policies: Lessons from Private Firms' (2012) 25 *Review of Financial Studies* 711.
[16] MH Miller and F Modigliani, 'Dividend Policy, Growth and the Valuation of Shares' (1961) 34 *Journal of Business* 411.
[17] 如果收入所得比资本收益的税负重得多,则慷慨的股息政策会削减股东的财富:MJ Brennan, 'Taxes, Market Valuation and Corporate Financial Policy' (1970) *National Tax Journal* 417; MH Miller, 'Behavioral Rationality in Finance: The Case of Dividends' (1986) 59(4.2) *Journal of Business* S451.

事实上并不存在。它还假定新的投资项目会完美地反映在公司股价之中。然而,虽然在理论上,项目早期数年的低股息效应会被未来年份的预期更高的股息所抵消,因为彼时股份的估值基础是其预期未来的股息产出,然而,在实践中,投资者可能会认为,以收益留存的资金而开展的新项目所带来的未来收益,比此时此地支付股息风险更高,其结果是低估了支付低股息的公司的股份。[18] 而且,这一理论也未考虑到投资者的非理性因素:投资者可能不管价值最大化的观点,而仅仅偏好于接受稳定的股息,而不是卖出部分持股以获取现金。[19]

一旦"无关"理论首次提出时的限制性假定被放宽,显而易见的是,股息政策会影响到公司股份的总体价值。[20] 经验数据表明,公司管理者并不会像"无关"理论所预测的那样行事,他们会放弃积极的投资机会,或者在削减股息之前去借钱为其融资,因为一旦采取削减股息的措施,则会对股价产生影响。[21] 上述发现中隐含的一项认识是,维持股息水平应当优先于投资决定,而不是劣后于后者。这样产生的一个后果是,股息具有路径依赖,公司在任何给定期间里的支付水平,受到其前期支付政策的约束。维持稳定股息具有重要商业意义,这解释了为何公众公司的股息政策往往具有路径依赖,即在任何特定时期内,一家公司的股息支付水平受限于之前的股息政策。换言之,一旦一家公司制定了一项股息政策,此后该公司的选择,就可能会受到满足投资者偏好的压力的制约。[22]

股息政策、信息不对称和信号作用

股息可以发挥信息功能:在保守的环境中,支付健康而一致的股息,是一种方法,借此可向不直接介入公司管理的投资者表明,公司管理层对公司及其前景拥有长期的信心。[23] 如果管理者选择增加股息,则它会被解读为不仅仅表明了公司过去的盈利能力,而且还传递了公司将来的股息支付能

---

[18] MJ Gordon, 'Dividends, Earnings and Stock Prices' (1959) 41 *Review of Economics and Statistics* 99; S Keane, 'Dividends and the Resolution of Uncertainty' (1974) *Journal of Business Finance and Accounting* 389.

[19] Allen and R Michaely, 'Payout Policy', 399—404,其认为,投资者非理性是一个影响股息支付政策的因素。

[20] Allen and R Michaely, 'Payout Policy', 376—377.

[21] Brav et al, 'Payout Policy in the 21st Century'.

[22] "迎合"股息政策理论指出,管理者会理性地迎合投资者(不知情的或是随时变化的)的需求,在投资者偏好股息时支付股息,在投资者不偏好股息时停止支付。Baker and JA Wurgler, 'Catering Theory of Dividends' (2004) 59 *Journal of Finance* 1125。

[23] S Bhattacharya, 'Imperfect Information, Dividend Policy and the "Bird in the Hand" Fallacy' (1979) *Bell Journal of Economics* 259. 这并非当前独有的现象:JB Baskin and PJ Miranti, *A History of Corporate Finance* (CUP, 1997) 86—87,该文献讨论了在18世纪早期,股息即已成为信息的来源。

力更强的信号。相反,削减股息则可能被理解为公司内部产生了长期的问题,而不是盈利能力或流动性出现了暂时的困难。[24]

从这一角度来看,股息抵消了管理者和投资者之间的信息不对称。一些研究文献将股息看做一种信息传递机制,它们认为,公司管理者可以利用股息政策来彰显公司优势,并使其从竞争者之中脱颖而出,其根本的推理在于,由于存在一段时期内慷慨支付股息的长期预期,更弱的竞争者无法采取该项措施。[25]

然而,学界却对股息的信号作用是否为公司股息政策的重要决定因素提出了质疑。[26] 美国的一项研究发现,支付股息的主要是已经为分析人士和媒体所广为周知的大公司。[27] 如此知名的公司不可能有如此大的需求来运用融资决定与其投资者沟通。该项研究的作者称,"对于一些支付股息的著名的公司而言,传递信号的动机对于它们而言或许是重要的",但是,"很难发现有这样一些可信的场景,大部分的股息支付都反映出信号的动机"。[28] 另一项对管理者的观点及其公司股息政策背后的动机所开展的研究发现,管理者认为,股息支付政策发挥着信息传递功能,但它"绝少被认为是一项使公司从竞争者中脱颖而出的工具"。[29]

股息政策和代理成本

以经济视角来审视公司内部结构的一种标准方法,是将公司视为"合同的联结(nexus)",[30] 这一合同由提供资本的股东和作为股东的代理人[31]而代表其经营公司的管理者双方签订。当公司的管理者和股东绝大多数不属于同一群人时,就产生了代理的冲突:股东为公司提供资金,却不进行管理;管理者运营公司但缺乏激励来最大化公司的长期利润,相反却倾向于以其

---

[24] JR Woolridge and C Ghosh, 'Dividend Cuts: Do They Always Signal Bad News' (Winter 1986) *Midland Corporate Finance Journal* 20; J Tirole, *The Theory of Corporate Finance* (Princeton University Press, 2006) 257.
[25] Bhattacharya, 'Imperfect Information'; MH Miller and K Rock, 'Dividend Policy under Asymmetric Information'(1985) 40 *Journal of Finance* 40, 1031; K John and J Williams, 'Dividends, Dilution, and Taxes: A Signaling Equilibrium' (1985) 40(4) *Journal of Finance* 1053. Allen and Michaely, 'Payout Policy',对于有关信号机理的文献,进行了梳理。近期关于行为金融学的文献:M Baker and J Wurgler, 'Dividends as Reference Points: A Behavioral Signaling Approach' NBER Working Paper Series No 18242(2012)。
[26] Allen and Michaely, 'Payout Policy'.
[27] DeAngelo, DeAngelo, and Skinner, 'Are Dividends Disappearing?'
[28] 同上,453。
[29] Bray et al, 'Payout Policy in the 21st Century'.
[30] FH Easterbrook and DR Fischel, 'The Corporate Contract' (1989) 89 *Columbia Law Review* 1416.
[31] 以法律的术语来看,董事是公司而不是股东的代理人:*Automatic Self-Cleansing Filter Syndicate Co Ltd v Cuningbame* [1906] 2 Ch 34, CA.

自身利益行事。[32] 代理冲突产生了"代理成本",也就是说,由于股东利益与管理者利益存在分野,投资者更不愿花钱购买股权高度分散且公司管理集中于少数人的公司的股份。其结果是,为使投资者愿意为购买股份支付更高的价格,公司的管理者应竭尽所能降低代理成本。

代理成本的分析表明,公司应当支付高额股息,并且如果可能,应从其他来源筹集资金:这将降低代理成本,因为股权投资者确信可以知道,管理层将被迫公开其经营记录及未来营运计划,以供借款人或市场查验,并且或许还必须遵守限制性契约以保障资金安全。[33] 用伊斯特布鲁克(Easterbrook)的话来说,"预期支付的持续的股息,迫使公司筹集新的资金以展开营运。因而它们促成了有利于股东的监督和'债权—股权'比例的调整。"[34]

有一些证据支撑着以下假定:降低代理成本是股息政策的一项重要决定因素。[35] 人们已经发现,公司管理者并不把股息政策当作自我约束的手段[36],事实上,公司资本结构中已赚股本(earned equity)越多,支付股息的可能性越大,对此,可以这样解释:它是一种针对代理问题的反应,因为如果高收益的公司存留收益并因此使管理者更有可能实施有利于其自身而不是股东的活动,则代理问题会被放大。[37] 然而,也有可能找到与这一假定不相

---

[32] 关于代理冲突和代理成本问题的一般探讨,参见 M Jensen and W Meckling, 'Theory of the Firm: Managerial Behavior, Agency Costs and Ownership Structure'(1976) 3 *Journal of Financial Economics* 305; EF Fama, 'Agency Problems and the Theory of the Firm' (1980) 88 *Journal of Political Economy* 288。

[33] M Jensen, 'Agency Costs of Free Cash Flow, Corporate Finance and Takeovers' (May 1986) 76 *American Economic Review* 323; FH Easterbrook, 'Two Agency-Cost Explanations of Dividends' (1984) 74 *American Economic Review* 650; RC Clark, *Corporate Law* (Boston: Little, Brown, 1986) 598—599。根据这些推理得出的一个严苛建议是,公司有法律义务将全部收益或者规定的部分收益作为股息支付给股东:K Brewster, 'The Corporation and Economic Federalism' in ES Mason (ed) *The Corporation in Modern Society* (CUP, 1959) 72。而一个更为温和的建议则是,应更多地强制性披露管理层确定公司股息政策的方法:V Brudney, 'Dividends, Discretion and Disclosure' (1980) 66 *Virginia Law Review* 85。

[34] FH Easterbrook,'Two Agency-Cost Explanations of Dividends'。还可参见 R La Porta, F Lopez de Silanes, A Shleifer, and RW Vishny, 'Agency Problems and Dividend Policies Around the World' (2000) 55 *Journal of Finance* 1。就代理问题相关的股利分析的文献综述参见 F Allen and R Michaely, 'Payout Policy'。Cheffins 认为,股息政策对于英国 1940 年以后的公司所有权与控制权的分离,发挥了作用:BR Cheffins, 'Dividends as a Substitute for Corporate Law: The Separation of Ownership and Control in the United Kingdom' (2006) 63 *Washington and Lee Law Review* 1273。

[35] H DeAngelo, L DeAngelo, and RM Stulz, 'Dividend Policy, Agency Costs, and Earned Equity,' (2006) 81 *Journal of Financial Economics* 227。

[36] Brav et al, 'Payout Policy in the 21st Century'。

[37] DeAngelo, DeAngelo, and Stulz, 'Dividend Policy, Agency Costs, and Earned Equity'。

符的经验证据。[38]

近期关于代理成本的研究表明,关于股息政策与法律保护股东的质量之间的关系,存在着两种模型:其一,"结果"模型,也就是说,高额的股息支付对应着对股东的高质量保护,因为股东能够对管理者施加压力,使其交出现金;其二,"替代"模式,也就是高额的股息对应着对股东的低质量保护,因为管理者需要在投资者中树立良好的声誉。[39] 然而,保护股东的法律作为股息政策的决定因素,其重要性究竟如何,仍然充满争议。[40]

对股息政策决定的规制

与股东相关的代理问题的法律应对之概览

实现投资者的股息预期这一商业需要,会制约管理者滥用权力以控制股息政策的行为。[41] 未能满足股东的预期,会对股价产生消极影响,并可能使公司沦为潜在的收购目标。公司分管融资事务的董事及其他与股息政策最为相关的人士,可能因此遭受批评,并且他们的饭碗将面临风险。然而,尽管这些市场压力巨大无比,但它们并没有完全消除管理者滥用职权的风险,因为在公司运营绩效及投资机会允许支付不同层级的股息时,董事有可能通过支付合理的股息来满足投资者的需求。上述情形表明,董事有相当大的余地来决定留存利润,以拓展新的经营领域,而他们这样做,更多的是出于公司增长会提升其个人声誉的考虑,而不是考虑到公司这些新的投资最终会给股东带来利益。[42] 同样地,董事可能会基于个人的短期考虑而决定支付过高的股息,而不是因为他们真正相信这符合公司的利益。

公司法和公司治理制度采取了多种多样的策略,支撑以市场为基础的控制机制的建立,以应对公司分配中以经典形态表现出来的"董事—股东"

---

[38] 参见关于文献的回顾:Faulkender, Thakor and Milbourn, 'Does Corporate Performance Determine Capital Structure and Dividend Policy?' 还可参见关于欧洲公司经理人的观点的调查:Bancel, Mittoo, and Bhattacharyya, 'Cross-Country Determinants of Payout Policy: A Survey of European Firms' (2004) 33 *Financial Management* 103, 该文献发现,代理理论几乎得不到支持。
[39] La Porta et al, 'Agency Problems and Dividend Policies Around the World'.
[40] Bancel, Mittoo, and Bhattacharyya, 'Cross-Country Determinants of Payout Policy' 并没有发现在法律制度的质量与股息政策之间存在系统性的关联关系。
[41] DR Fischel, 'The Law and Economics of Dividend Policy' (1981) 67 *Virginia Law Review* 699, 715—716.
[42] V Brudney, 'Dividends, Discretion and Disclosure' (1980) 66 *Virginia Law Review* 85, 95; Fischel, 'The Law and Economics of Dividend Policy' (1981) 67 *Virginia Law Review* 699, 710—714; MC Jensen, 'Eclipse of the Public Corporation' (Sept—Oct 1989) *Harvard Business Review* 61.

代理问题。其中一种方法是给予股东在公司分配时拥有话语权。在英国,根据法律的一般规定,公司作出分配决定时股东的参与并非事所必须,但标准的做法是,公司在其内部宪章中引入了这些要求,以达到同样的效果。[43]公司章程规定了宣布和支付股息的程序,而且通常会规定董事提出分配股息的方案,公司股东大会通过后予以宣布,临时股息则无须获得股东批准而由董事直接支付。有司法判决指出,如果公司要支付源源不断的临时股息,而董事没有提议支付末期股息,且公司股东大会也未批准支付末期股息的,这不属于正当行使公司章程赋予的权力。[44]公司章程通常规定,股东宣布的股息不得超过董事建议的数额。而且,除了在争夺式收购(contested takeover)或者其他可能在大小股东之间就董事的股息分配建议发生争议的场合[45],人们认为,股东通常不会选择比董事提议的数额更低的股息分配。这意味着股东对股息分配的最终审批决定,看起来仅仅是橡皮图章而已,但股东至少有机会在形式上对股息分配建议进行审查,并且要求董事说明该股息分配建议的合理理由,则或许会产生一定的制约效果。机构投资者对股东批准末期股息的标准机制的重视,可以从国家养老基金协会(NAPF)发布的指南中看出;该指南认为,如果不由股东来批准末期股息,则投资者可能会考虑提交股东决议或投票反对公司的报告和账目,除非公司能证明以下事实,即改变现有做法并寻求股东的批准将会明显拖延付款,并对股东造成重大损害。[46]公司可以通过章程赋予股东更多的控制权——例如,赋予股东权力以超过董事建议的数额来分配股息——然而,这可能是不明智的,因为它会使得一些影响股价的重要经营决定,由一个非专业的、信息不周全的群体来作出。进而言之,它在解决股东与管理人间的"代理人—本人"代理冲突方面所获得的收益,会被其在"大股东—小股东"代理问题方面所带来的负面后果所抵消;赋予股东更多的权力,可能会导致大股东与小股东的代理问题进一步恶化,例如,使大股东能更容易地以过度派发股息,导致公司难以抓住有利于小股东的盈利商机。大公司的基本治理结构是,股东将公司交给董事这一集中而专注的专业团队来打理;一旦股东对他们的经营结果不满,最终股东可以将他们替换,而不是自己去经营和控制公司。在评价股东"攫取"(grab)权力的优缺点时,不该忘记的是,如将决策权交给董事(系一个集中的、专注的和专业性团队),并不意味着股东就没有任何权力,

---

[43]《示范章程(股份有限公司)》第70条;《示范章程(有限公司)》第30条。
[44] Re Paycheck Services 3 Ltd and others: Revenue and Customs Commissioners v Holland [2011] 1 BCLC 141, SC, [104] per Lord Walker.
[45] Re Astec (BSR) plc [1999] BCC 59 的事实背景是,试图买入剩余股份的大多数股东,反对董事会提出的股息分配方案。
[46] NAPF, Corporate Governance Policy and Voting Guidelines (2012) F.7.1.

因为股东不满意的,他们可将更换董事作为最后的手段。《2006年公司法》允许股东以普通决议的方式罢免董事。[47] 这一重要的规定有助于确保董事关注股东而不是其自身利益。

另一控制代理问题的策略,是在董事会中委任独立的非执行董事。对于公司的财务状况和前景,非执行董事比经由股东大会获取信息的股东,拥有更多的获取信息的渠道,并且可以更有效地对执行董事及高级管理人员施加压力,使其赋予股息政策以正当性。《英国公司治理守则》适用于所有英国的高级上市公司[48],规定了一条主要原则,即董事会应当保持执行董事和非执行董事(特别是独立的非执行董事)的平衡。[49] 该守则特别规定,除了小型公司,董事会中除了董事长之外,至少半数的董事会成员应为董事会确定的独立的非执行董事。[50]

所有的董事,无论是执行董事还是非执行董事,都受到职责的约束。如果董事操纵股息政策以谋取个人私利,而不是为了谋求公司成员的整体利益,则会违背促进公司成功和避免利益冲突的法定义务。[51] 董事的责任是对公司而非股东负有责任,但董事责任能在多大程度上起到威慑作用还存在争议,因为有各种因素会制约着公司有效部署强制执行工具。第一,有时虽然公司的经营及其前景支撑着更高的股息支付,但现在的股息支付足以满足投资者的要求,股息支付政策的这种掩蔽效应意味着,要发现并证实管理层的不当行为,确实并不容易。[52] 第二,即使确实酿成了诉讼,也有可能在缺乏利益冲突的明显证据的情况下,法院不愿事后评论关于股息政策的董事经营判断是否妥当。[53] 通常来说,考虑到相关问题的复杂性和商业敏感性,法院这种不情愿的立场是完全妥当的,但法院也可能走得太远,导致有权的当事人无法获得救济。[54] 第三,对于尝试以诉讼来检验董事履职是否符合要求的股东而言,仍存在难以克服的程序性困难。派生诉讼是一项小股东可以代表公司主张董事违反职责的机制,自2006年以来,派生诉讼明确规定于成文法[55]之中,而不是含糊不清地存在于难以理解的判例法中,但

---

[47] 《2006年公司法》,第168条。
[48] 《上市规则》,第9.8.6(5)—9.8.6(6)条,以及9.8.7条。
[49] 《英国公司治理守则》,第B1条。
[50] 同上,第B.1.2条。
[51] 《2006年公司法》,第10部分第2章。
[52] *Re a Company, ex p Glossop* [1988] 1 WLR 1068,1076.
[53] *Burland v Earle* [1902] AC 83,PC.
[54] *Miles v Sydney Meat Preserving Co Ltd* (1912) 12 SR (NSW) 98,103 *per* AH Simpson, CJ in E; Fischel,'The Law and Economics of Dividend Policy' 715—716; V Brudney,'Dividends, Discretion and Disclosure' (1980) 66 *Virginia Law Review* 85,103—105.
[55] 《2006年公司法》第11部分。

法律上的明确规定还没有使派生诉讼在英国成为一种主要的公司治理控制机制。尽管进行了改革，但活跃的股东仍可能基于一系列原因而不愿提起派生诉讼，包括存在负担较轻的选择（如在公开市场上出售股票而退出公司）、他人搭便车的顾虑（如股东果胜诉，则判决将有利于公司，而非代表其诉讼的股东）等，应当清除这些令人望而却步的诉讼障碍，以便股东获得法院的许可而提起派生诉讼，还应当简化关于诉讼费规则相关的民事程序。对于因董事违反职责而引发的派生诉讼，还有一项替代选择是，对支付低股息（或者支付过高的股息，视情况而定）的政策提出挑战，理由是其属于不公平的侵害行为。《2006年公司法》第994条允许股东在公司以不公平的侵害方式行事时，向法院寻求救济。为使根据第994条提出的诉请获得成功，股东通常必须表明，他（以合同或其他方式）认可的规定了公司行事方式的条款遭到违背，或者在衡平法看来，运用规则的某些方式违背了善意。[56] 司法界向来有一种说法，与诉请不公平的侵害行为相关的一个有益的设问是，行使争议中的权力或权利是否违背了各方达成的约定或者谅解？而且如果允许成员忽视这一约定或者谅解，都会导致不公平。[57] 仅仅是对投资回报表示失望，或者仅仅认为其参与公司的状况与其期望存在差距，并不足以提出诉讼。

股东起诉时，必须证明存在违约或者不公平运用权力的情形，这制约了股东通过主张存在不公平侵害行为而对股息政策表示不满的空间。英国公司的股东，并不拥有获取股息的绝对权利。他们的法律权利取决于股份发行条件和公司宪章。如前文所讨论的，公司宪章的标准立场是，股东只有权获得股东大会宣布的股息或者董事可能会支付的临时股息。这意味着，即便股东不喜欢公司的股息政策，通常也不能表明该政策违反了任何协议。如果仅仅是股东的希望破灭或商业预期落空，就还不能以存在不公平偏见为由，提起有效的索赔诉讼；诉讼的依据应当是董事们违反了义务，且这种违反导致了偏见和不公平。[58] 在上市公司中，任何此类特殊权利都需要明确阐明并公开披露，因为外部投资者有权在这样的基础上开展投资，即公司的公开文件提供了股东权利的完整说明。[59] 特殊股份可能会产生特别权利，就像优先股具有获得股息的优先权利（但即便如此，通常也应根据宣布的股息来行使特别权利）。如当事人是私人公司的股东，由其提出关于不公平侵害的诉讼，且该诉讼是关于公司事务处理方式的，包括股息政策管理，

---

[56] *O'Neill v Phillips* [1999] 1 WLR 1092, HL.
[57] *Grace v Biagioli* [2006] 2 BCLC 70, CA.
[58] *Re McCarthy Surfacing Ltd* [2009] 1 BCLC 622.
[59] *Re Blue Arrow plc* (1987) BCLC 585 at 590 per Vinelott J; *Re Leeds United Holdings plc* [1996] 2 BCLC 545 at 559 per Rattee J; *Re Astec (BSR) plc* (1998) 2 BCLC 556 at 588 per Jonathan Parker J.

则该诉讼更有可能获胜。[60] 在这类公司中,参与交易的各方当事人间可能出于财务考虑而订立了某种协议或谅解,协议内容是关于如何分配利润;在此类公司中,可能因为没有遵守上述协议而存在不公平侵害。关于股息政策的诉讼往往涉及私人公司的不公平侵害,只需分析少量例子,即可说明法院的做法。[61] Irvine v Irvine 案中[62],一个公司集团由两兄弟经营多年,且两兄弟是平等的股东。其中一位去世之后,其遗孀及家族信托机构(遗孀是受托人之一)作为小股东提出救济诉请,主张另一位健在的兄弟向自己支付过高的薪酬从而导致股东无法获得、或无法充分获得股息。经查明,在弟兄俩经营公司的 22 年间,公司提取了所有的年度利润,在扣除必需的税收、监管费用及其他紧迫的营业开支之外,由两人平分。公司不存在股息政策,而且只有四年支付了股息。相反,他们根据公司会计师的建议,不管是什么方法,只要是财务方面有利,都用于利润的提取。法院认为,健在的兄弟向自己支付了过高的报酬,而且考虑到历史上公司除了保留最低限度的经营所需利润外,将所有利润悉数分光的政策,这会使得小股东无法通过股息支付获得适当的利润分配。由此法院认为存在不公平的侵害行为,判令大股东买下小股东的全部股份。

另一个例证是 Croly v Good 案。[63] 本案中,原告同意了一项"薪酬计划",根据计划他将每月从公司领取 1 万英镑,领取的金额部分作为报酬,部分作为股息。原告提出了关于不公平侵害的诉讼,并提出一系列诉讼理由,包括公司拒绝宣布股息意味着他将对公司负有债务,因为他所提取的与股息对应的金额被记载于贷款账户上。法院认为,"薪酬计划"的一个重要部分,是公司在每年年底宣布股息,以尽可能明确原告提取的股息金额。而公司不宣布股息,则是对原告作为公司成员利益的"明显侵害",这是不公平的,因为公司违反了双方的协议。

但即使在私人公司的案件中,如果股息决策确实是出于商业考虑而非个人利益来制定的,则法院也不会轻率地干预有关股息政策的决定。Re Sunrise Radio Ltd 案说明了这一观点。[64] 尽管 Sunrise 公司有可观的累计利润,但该公司仍采取了不支付股息的政策。采取该政策的商业上的解释是,该公司正在通过建立、出售子公司来不断成长,以期最终能够出售或上

---

[60] Re a Company (No 00370 of 1987) ex parte Glossop [1988] 1 WLR 1068; Re Sam Weller & Sons Ltd [1990] 1 Ch 682.
[61] 除了文中提到的案例,其他涉及公司股息政策不公平侵害的案例包括 Fowler v Gruber [2010] 1 BCLC 563; Grace v Biagioli [2006] 2 BCLC 70, CA.
[62] [2007] 1 BCLC 349.
[63] [2010] 2 BCLC 569.
[64] [2010] 2 BCLC 367.

市。原告的诉讼请求是，公司董事未宣布股息是对原告的不正当或不公平行为；法院驳回了这一诉请。但另一方面，公司滥用股票发售权力以稀释原告的股份，被认为构成了不公平侵害。[65] 根据《1986年破产法》，股东可以把股息政策作为请求权基础，以公正且衡平的事由，请求解散公司。[66] 在一个案件中，据称如果能够证明董事已经决定运用权力向股东大会建议股息的发放，并以此防止公司在股东大会上宣布发放高于所建议金额的股息，试图藏富于公司以便将来把公司做大，但没有照顾到公司成员享有的获得目前商业上可行的利润分配的权利，则董事的决定将面临挑战；而且如果能够证明董事会习惯于这样行使权力，则以公正且衡平的理由发布解散公司的法令，可以获得正当性。[67] 然而，解散公司只是最后的救济手段，因为没有一家法院会轻易地对有活力的公司判处死刑。

现在，《2006年公司法》提供了一套详尽的法律框架，规范着可用于分配的资金和这方面必须满足的财务披露要求。此种规范形态主要关乎债权人保护的目标，本章稍后会在该语境下展开更为详细的探讨，但与此相关的是，它还有着股东保护的功能，因为这些规范的运作可以防止为满足控股股东的偏好而进行的过度支付。英国比世界上的其他地方（美国除外）更少在上市公司中出现控股股东，但并非完全没有，即便是在上市公司的顶级市场中，仍然可以同时在非上市公司和私人公司中找到控股股东。

与债权人相关的代理问题的法律应对之导论

无论是董事还是控股股东，这些公司控制人与债权人之间都会产生代理问题，因为过度的支出会削弱公司的财务状况，从而损害债权人利益。然而，债权人保护只是公司法功能的一部分，在多大程度上强调这一点是妥当的，却是一个争论甚多的问题。有人认为，公司法不宜过多地围绕债权人保护的需要来设计，其中的一个原因是债权人（或者至少是那些拥有商业实力的人）能够通过合同实现自我保护。精明的贷款方和公司签订的贷款协议通常包含着限制股息发放的条款。另一需要保持警惕的原因是，破产法已经保护了债权人利益，包括那些无法通过合同来自我保护的债权人的利益，而且当公司陷入严重困难且滑向资不抵债境地的时候，还将适用特定的规则，因而，如果让公司法也承担同样的职责，则难免重复而且可能会伤及有价值的经济活动。我们先更为详细地考察着眼于债权人保护的限制股息分

---

[65] 参见第五章关于股票发售的内容。
[66] Insolvency Act 1986, s 122(1)(g). *Ebrabimi v Westbourne Galleries Ltd* [1973] AC 360, HL.
[67] *Re a Company, exp Glossop* [1988] 1 WLR 1068, 1075.

配的公司法规则,然后再来讨论这些问题。

分配的制定法规则

《2006年公司法》第23部分(第829—853条)规范着公众公司和私人公司的分配活动。笼统而言,第23部分规定,公司只能从目的项下可供利用的利润中,合法地进行分配。该部分的规则界定了可分配利润,并且要求公司发布财务报表,以表明公司可以利用这些可分配利润。适用于公众公司的规则,要比适用于私人公司的规则严格得多。就公众公司而言,第23部分赋予了《公司法第二指令》以法律效力[68],后者制约着公众公司的分配行为。与欧盟其他成员国一样,英国将同样的规则广泛运用于私人公司。

在英国,最初由法院从资本维持原则中发展出分配的规则,但自从1980年以来,就一直适用着详尽的制定法规则,尽管这套规则从那时起就不时地进行修订。[69] 制定法规则并未损及资本维持原则,因而后者继续在这一领域发挥作用。公司可以在其内部宪章中植入制定法规则。正如我们已经看到的,公司章程通常会规定股息宣布和支付的程序。

什么是"分配"?

在《2006年公司法》第23部分,分配是指"向成员分配公司资产的所有表述,无论是以现金还是以其他方式,均属其列"。但要遵循四项例外。[70] 这些例外包括:

(1) 发行全额或者部分缴付的红利股;

(2) 通过免除或者降低成员就其没有缴付的股本所承担的责任、或者通过退还股本而减少股本;

(3) 根据规范股份回赎或回购的《2006年公司法》条款,运用公司资本(包括发行新股的收益)或者未实现利润回赎或者购买公司自身股份;

(4) 在公司解散时向其成员分配资产。

所有现金与非现金股息(有时称为按其本身特定形式支付的股息)都在制定法的调整范围之内。其中包括"特别股息",它在本质上是一种董事根

---

[68] 2012年10月25日欧洲议会和理事会制定的2012/30/EU号决议,内容是为成员和其他当事方的利益而协调公司所在成员国需要的保护措施,公司系指《欧洲联盟运作条约》第54条第2段所指的公司。协调保护措施包括成立公众有限公司,维持和改变其资本等目的在于使此类保障措施具有相当性的内容。《公司法第二指令》(重述)(2012) L315/74。

[69] EA French, 'The Evolution of the Dividend Law of England' in WT Baxter and S Davidson (eds), *Studies in Accounting* (ICAEW, 3rd edn, 1977); BS Yamey, 'Aspects of the Law Relating to Company Dividends' (1941) 4 MLR 273.

[70] 《2006年公司法》第829条。

据章程载明的普通程序而发放的临时股息。[71] 以商业眼光看来，将其贴上"特别"的标签是重要的，因为它传递着以下信号：无论是作为一项单独的举措，或者是与股本重组同时进行，该股息的发放是一次性的，而不应当将其视为更为长期的、股息支付水平增长的开端。然而，就第 23 部分的制定法规则的运用而言，这一标签却不具有任何特别的含义：特别股息与其他任何类型的股息一样，受到了同等程度的规制。特别股息可用于向股东一次性回报价值：与其他价值回报方式，如回购或减资等相比，特别股息在速度和简便性方面具有优势；它们的缺点则是，投资者缺乏选择余地，如在税收待遇等方面。[72]

公司在清算后向其成员的分配是一项例外，但这不适用于公司成功完成自愿安排后，向其成员支付的金额。[73] 尽管如此，这种支付不存在侵害债权人利益的风险：《2006 年公司法》第 23 部分对于分配限制的规定，无论在个案中债权人利益受损是否受到侵害，均可适用。虽然确无疑问的是，所有类型的股息都属于分配，但一些公司行为虽然没有遵循股息分配的程序，却导致了原本属于公司的现金或其他财产落到股东的手中，对此该如何界定，情形更为复杂。举例而言，公司集团内部的资产转让，向同时具有股东身份的董事支付报酬等，都会产生这些复杂的问题。把公司财产处分给恰属公司股东的人，或者向其进行支付，即使处分或支付的数额与其持股量成比例，也会仅仅因为存在这层关系这一事实，而不被认为是分配。[74] 相应地，公司与股东间的诸多交易将确切无疑地被排除在与分配相关的法律之外。但有些情况受到法律规制。在 *Ridge Securities Ltd v IRC*[75] 一案中，对于（由于受到了法律对于分配的规制）许可交易与不许可交易之间的区别，表述如下："公司可以通过股息分配、或者通过法院之外的减资、或者在公司解散时从公司取出资产。当然，公司可以通过支付全部对价而购买资产。但它们不能以无偿处置的方式从公司中取走资产，而不论如何描述该处置行为。如果他们试图这样做，则该处置行为超越了公司的权限。"

如果看起来，公司买入资产但买价过高，或者卖出资产但得到的偿付过低，将带来一些困难，因为它表明存在虚假分配的可能。如果交易是虚假的，法院将揭开交易的形式而探求事物的本质，但这种权力只会在极其有限

---

[71] 以下文献研究了特别股息：H DeAngelo, L DeAngelo, and DJ Skinner, 'Special Dividends and the Evolution of Dividend Signaling' (2000) 57 *Journal of Financial Economics* 309。
[72] R Moore, B Ward, B Phillips, and S Stewart, 'Returning Value to Shareholders: Giving Something Back' (2012)23(8) PLC 23.
[73] *Re TXU Europe Group Plc* [2012] BCC 363.
[74] *MacPherson v European Strategic Bureau* [2000] 2 BCLC 683 CA, 702 per Chadwick LJ.
[75] [1964] 1 All ER 275, 288 per Pennycuick J.

的情形下使用。[76] 然而，很重要的是，法院一直以来都倾向于把一些公司交易重新界定为分配行为，即便这些交易并非虚假的。*Aveling Barford Ltd v Perion Ltd*[77] 一案即为适例。在该案中，集团内部以低于市场价值的价格出售资产，在法律上被认为是销售行为，而不是虚假的交易，但它仍然是一项非法的分配行为，因为它违背了资本不得返还给股东的规则。类似地，在 *MacPherson v European Strategic Bureau Ltd*[78] 一案中，公司支付所谓顾问费引发了争议，上诉法院认为，不必将支付费用的行为界定为虚假交易，但它是一项非法的分配行为，因为公司将资产分配给股东而未对债权人予以适当保护，因而超越了公司的权限。

最高法院在 *Progress Property Co Ltd v Moorgarth* 案中，审议了上述立场。[79] 该案件中，卖方（V 公司）和买方（P 公司）的控股股东相同，两家公司间转移了资产，即子公司。随后，控股股东出售了其在 V 公司的股权。在 V 公司的控制权变更后，V 公司起诉称，子公司的转让价格被严重低估了，转让行为实际是未经授权的返还资本行为，这既是越权的也是违法的。但参与转让的董事确实认为出售价格符合市场价值，法院也同意了这一观点。故最高法院驳回了上诉，因为法院认为出售该子公司是真实的商业销售，不应当重新定性。法院在得出这一结论时，提出了以下几点意见：

——在一项交易中将公司资产分配给股东，是违法的且超越权限的，除非分配是按照专门的法定程序来进行。这项交易是否违反普通法规则，是一个实质问题，而非形式问题；

——关键问题是如何定性该交易，当事人在交易上添加的标签不具有决定性；

——如果公司和股东公平、诚信地谈判并促成了交易，但该交易事后看来是损害了公司利益的，法院真正的任务是，通过调查所有相关事实（可能包括决策公司行动的当事人的主观状态），来考察涉案交易的真正目的和实质；

——有时董事的主观状态是无关紧要的，他们的行为本身就足以证明交易具有非法性质，无论参与谈判的董事在主观上具有如何的善意；

——如果法院认为有一个真实客观的交易，即便该交易在事后看来对公司来说可能很糟糕，法院的观点仍能成立；但如果当事人试图以客观交易

---

[76] *Snook v London and West Riding Investments Ltd* [1967] 2 QB 786, CA, 802 per Diplock LJ.
[77] [1989] BCLC 626.
[78] [2000] 2 BCLC 683, CA.
[79] W [2010] UKSC 55, [2011] 1 WLR1.

的方式,来实现获取利益的不正当企图,该交易将被认为是违法的;

——这两种结论都取决于对所有相关事实的现实评估,但不是与其他调查工作相孤立的回溯性的评估。

如果一项交易以买卖的形式进行,但被认定为分配更为合适的话,就将产生以下问题,即根据分配相关的法律规定,对分配要素进行估价。在 *Aveling Barford Ltd v Periorz Ltd* 案中[80],上述问题被给予重视。《2006年公司法》引入了一项新规定,以解决后来被称作"Aveling Barford"的问题;本章将在概述分配制度的一般特点后,对该规定的运行情况进行考察。[81]

可供分配的利润

《2006年公司法》将可分配公司利润界定为,此前未经分配或资本化的累积实现利润,减去此前适时进行的减资或资本重组中未被注销的累积已实现亏损所余数额。[82] 在此目的之下,没有区分经营利润及亏损(交易中产生的利润和亏损)及资本利润及亏损(处分固定资产而产生的利润及亏损)。过去年份中产生的亏损,只要此前没有被注销,就必须在确定公司的可分配利润时将其考虑进去。[83] 另一方面,以前年份中留存的可分配利润可以向后结转,并在公司亏损年份中用于支付股息,只要亏损金额没有大到冲销留存的可分配准备金。

当重估固定资产时,价值的增量属于未实现利润,通常不能用于分配。[84] 相反,在公司的资产负债表(如今也被称为"财务状况表",statement of financial position)中,它们体现为不可分配储备。当公司分配非现金资产或者分配中包含了非现金资产时,此规则会产生一项重大的例外。为确定分配合法性之目的并遵守《2006年公司法》关于会计的规定,相关账目中载明的任何未实现利润的数额,都被视为实现利润。[85] 除非公司章程授权可以用实物支付,都必须以现金支付股息。[86] 公司章程通常会加入此类授权。[87]

---

[80] [1989] BCLC 626.
[81] 《2006年公司法》第845条。
[82] 同上,第830(2)条。
[83] 它改变了普通法的立场: *Lee v Neuchatel Asphalte Co* (1889) 41 Ch D 1, CA; *Ammonia Soda Co v Chamberlain* [1918] 1 Ch 266, CA.
[84] This reverses the common law position where unrealized profits on fixed assets could be distributed: *Dimbula Valley (Ceylon) Tea Co Ltd v Laurie* [1961] Ch 353.
[85] 《2006年公司法》第846条。
[86] *Wood v Odessa Waterworks Co* (1889) 42 Ch D 636.
[87] 《示范章程(公众有限公司)》第76条;《示范章程(有限责任公司)》第34条。

在确定可供分配的利润时,资产的折旧费用被计为已实现损失。[88] 对于资产重估带来了未实现利润时资产重估方面的折旧费用,有着特殊的规则。《2006年公司法》允许把重估后的资产数额的折旧费用与原先资产数额的折旧费用之间的差额,视为实现利润。[89]

公众公司的额外要求

对于公众公司而言,还必须满足进一步的要求,即只有在以下情况下才能进行分配:公司净资产的数额不低于其已催缴股本和不可分配的储备金之和,而且该项分配不会使那些资产的数额降至低于该总和。[90] 这一额外的要求赋予了《公司法第二指令》第15(1)(a)条以法律效力,该条规定,"当……净资产低于认缴资本与那些根据法律或规章不得分配的准备金之和时,或者当分配会导致前述情形发生时,不得向股东进行分配。"

这一目的之下的"净资产"是指公司的总资产减去总负债。[91] 公司"不可分配的准备金"包括:(1) 股份溢价账目中的金额;(2) 资本回赎准备金;(3) 累积未实现利润超过累积未实现亏损的数额;以及(4) 法令或公司章程禁止公司用于分配的其他准备金。[92] 这一限制的后果,可用以下例子加以说明。

> 假设有一家公司拥有净资产1000万英镑,其中股本300万英镑,股份溢价账目600万英镑,未实现亏损200万英镑,以及可分配利润300万英镑。如果公司是私人公司,则它可以全额分配可分配利润300万英镑。然而,如果公司是公众公司,则其还须满足资产负债表的标准。它的不可分配准备金是其股本(300万英镑)及其股份溢价账目(600万英镑)。因而可供分配的利润只有100万英镑。

实际上,正如第831条所规定的,净资产标准是要求公众公司在确定其可供分配的最大数额时,将未实现的亏损考虑在内。

在会计专业机构发布的详细《指南》中,对于第831条引发实际问题的这一高度专业情况,作了说明。[93] 这些情况常涉及结合了债务和股本特点的

---

[88] 《2006年公司法》第841条。根据普通法规则,对于折旧无须收取费用:*Lee v Neuchatel Asphalte Co* (1889) 41 Ch D 1,CA.
[89] 同上,第841(5)条。
[90] 同上,第831条。
[91] 同上,第831(2)条。
[92] 同上,第831(4)条。
[93] ICAEW & ICAS, *Guidance on the Determination of Realised Profits and Losses in the Context of Distributions under the Companies Act 2006* (TECH 02/10) 第6部分(根据《国际财务报告准则32》和第7部分(原告股权计划)产生的问题)。其后为TECH 02/10。

复杂金融工具,但在会计行业(而非公司法中),有的条款项目可能会被视为负债而非资本。

相关账目

公司在决定可供分配的数额时,必须参考反映在相关账目中的公司财务状况。[94] 与此目的相关的是个别公司而不是集团公司的账目。[95] 公司的最后年度账目通常构成"相关账目"。[96] 这些账目必须根据《2006 年公司法》的要求适当地编制,或者虽然为了非重大事项但已经适当地编制。[97] 因此,公司账目必须真实和公平地表述公司的财务状况。[98] 还必须遵守向公司成员传阅账目的程序规定。[99]

如果审计师已经出具了有保留的账目审计报告,则其必须同时以书面形式载明该报告中有保留的事项对于确定分配的合法性是否重要。[100] 如果最后年度账目并未表明公司拥有足够的准备金来完成拟议的分配,则公司可创建临时账目并参照那些账目来使分配获得正当性。[101] 一般而言,临时账目必须使人们可对公司的财务状况作出合理判断[102],但对于公众公司而言,为了拟议的分配而置备的临时账目,还有更为详细的要求。[103]

会计监管框架的选择

拟议的股息分配可予参照并使该分配获得正当性的公司个别账目,可以根据英国的会计规则(《英国公认会计准则》)或者《国际财务报告准则》来置备。[104] 这种可选择性与合并账目的情况有所不同,后者强制要求证券获准在欧盟受规制市场上市的欧盟公司遵循《国际财务报告准则》。[105] 虽然存

---

[94] 《2006 年公司法》第 836(1)条。
[95] 同上,第 837(1)条。
[96] 同上,第 836(2)条。
[97] 同上,第 837(2)条。
[98] 同上,第 393 条。
[99] 同上,第 423 条。
[100] 同上,第 837(4)条。
[101] 同上,第 836(2)条。
[102] 同上,第 838(1)条。
[103] 同上,第 838(2)—(6)条。
[104] 同上,第 395 条。
[105] Regulation (EC) 1606/2002 of the European Parliament and of the Council of 19 July 2002 on the application of international accounting standards [2002] OJ L243/1. 在英国,未上市的公司集团有权选择根据英国《公认会计准则》或者根据《国际财务报告准则》来合并报表。

在一种从《英国公认会计准则》向《国际财务报告准则》趋同的倾向[106],就会计利润的确定而言,《国际财务报告准则》的某些方面可能会带来比《英国公认会计准则》更为不利的后果。《国际财务报告准则》对于确定公司法所称的可供分配的利润,有着潜在的不利影响。《国际财务报告准则》对股息支付能力的可能威胁,抑制着在个别账目的处理方面转向该制度的进程,即使对于在合并账目中必须遵循《国际财务报告准则》的强制性义务的公司而言,维持两套不同的财务报告制度,也并非上佳选择。就公司集团内部不同公司而言,一条显而易见的规则是,公司集团内部的财务报告必须是连贯一致的,也就是说,个别账目都必须在同样的财务报告框架内置备[107],但如果有着"妥当的原因不这样做时"[108],这条规则并不适用。因此,如果在公司集团内采取不一致的做法,需要具备正当理由。虽然《2006年公司法》第395条规定公司有权选择使用"英国公认会计准则"(UK GAPP)或"《国际财务报告准则》"(IFRS),但有人认为,根据《国际财务报告准则》编制的账目可能不符合《2006年公司法》第393条关于"给出真实和公平观点"的要求。理由在于,《国际财务报告准则》的目标在于实现公平的表述[109],但并不"从属于真实和公平的概念"。[110] 如账目未提供真实和公平观点,则基于该账目宣布的股息将是非法的,因为它们无法参照相关账目证明其合理性。[111] 财务报告委员会(FRC)是英国负责会计事务的机构,该机构认为,《国际财务报告准则》规定的公平表述等同于真实和公平的观点;该机构于2013年与商业、创新和技术部(BIS)共同发表了一项声明,确认根据英国标准或《国际财务报告准则》编制的账目均符合英国和欧盟法律。[112]

会计利润和可供分配的利润

根据《国际财务报告准则》编制的账目能否用于确定可分配利润,这一争议与以下事实有关,即会计利润和可分配利润不一定相同。存在差异的

---

[106] 财务报告委员会(FRC)系负责《英国公认会计准则》的机构,该机构在2012年和2013年修订了英国和爱尔兰共和国的财务报告标准。此次修订从根本上改革了财务报告制度,用三项财务报告标准替换了几乎所有的现存标准,新标准包括:《财务报告委员会100号 财务报告要求的适用》《财务报告委员会101号 减少披露框架规则》以及《财务报告委员会102号适用于英国和爱尔兰共和国的财务报告标准》。新《英国公认会计准则》于2015年1月起生效。2008年通过的《小企业财务报告标准》(FRSSE)也已作更新,新版本于2015年1月起生效。
[107] 《2006年公司法》第407(1)条。
[108] 同上。
[109] 《国际会计准则第1号》,第15段。
[110] 御用大律师G Bompas的意见(2013年6月)。
[111] 《2006年公司法》,第836条。
[112] FRC, *True and Fair* (July 2011);财务报告委员会认为:"会计准则是具有法律约束力的公司报告框架的一部分。"(2013年10月3日),上述观点源于御用大律师Michael Moor的明确的法律意见。

一个可能的原因是基于以下事实：现代会计框架越来越允许报告主体对某些资产以公允价值计账（大概而言，是指当前市场价值）。当资产以公允价值记载时，它们价值的变化可以通过收益和亏损账目或者损益表反映出来，但这些变化并非总是"已经实现的"，因为人们是本着法律规则的目的而理解这一概念的。法律规则非常重视"审慎"这一会计概念，表达出了认定利润时的保守主义态度，以使资产和收入不被高估（同时不低估负债），但在会计目的上，这些概念变得更不重要。在根本的层面上，会计规范和分配规则的根本目标之间的分歧正在加深：前者是为了提供财务声明以为投资决定提供有益信息，而后者则关注资本维持及债权人保护。这一分歧意味着，遵循会计方面的要求而计算出来的数字，对于试图保护债权人的规则而言，可能越来越不适合。另外，在某些情况下，会计学方面的某些变更，可能会导致公司资产或负债的计量结果发生重大变化，将给公司的股息支付能力带来不利后果。2005年，当英国对养老金亏损的会计处理进行修订时，许多公司都认真地关注了这一问题。[113] 公司经营绩效并没有下降，而仅仅是该绩效的会计计量方法发生了变化，公司也会被限制股息的支付，这一点充满争议，并带来了越来越大的压力，反对者建议通过某种方式切断会计和股息支付能力的关联，并代之以通过参照公司的清偿能力来确定公司的股息支付能力。当然，对于在细节方面该如何处理，尚未达成普遍的共识。[114]

确定实现利润或已实现亏损的公认准则

《2006年公司法》第853(4)条规定，参照与公司账目相关的"实现利润"和"已实现亏损"，是指根据账目置备当时的公认准则，为在会计目的上确定实现利润或亏损而被视为"已实现"的数额。在英国，在确定这些"公认准则"方面扮演着关键角色的是英格兰和威尔士特许会计师公会（ICAEW）以及苏格兰特许会计师公会（ICAS）。上述公会共同制定了详细的《指南》（现称为《技术性解释02/10》），以确定《2006年公司法》分配规定中的实现利润和损失。[115]《技术性解释02/10》载明，人们普遍认为，当利润以"现金方式

---

[113] 根据英国《公认会计准则》《国际财务报告准则第17号》，退休金在2005年全面适用。在《国际财务报告准则第19号》中，员工收益与《国际财务报告准则》相当。英国航空公司产生了重大的损失，2005年尽管其经营利润有所增加，但其14亿英镑的养老金的亏空，完全侵蚀了其可分配储备。

[114] E Ferran, 'The Place for Creditor Protection on the Agenda for Modernization of Company Law in the European Union' (2006) 2 *European Company and Financial Law Review* 178. The Federation of European Accountants (FEE) 发布了一篇思虑周到的文章，提出了一个具有说服力的以清偿能力为基础的标准：FEE, *Discussion Paper on Alternatives to Capital Maintenance Regimes* (2007年9月). 本章的结尾将进一步探讨这一文章。

[115] 《技术性解释02/10》。

实现,或者以其他资产形式实现,且实现的金额能够合理确定地评估时",利润才能被视为实现利润。[116]

该委员会认为,在这种情况下,"实现利润"涵盖与可实现资产相关的利润,其中包括根据相关会计准则,承认公允的价格变化产生的利润和损失,只要这些变化可以随时转化为现金。[117] 在评估一家公司是否有实现利润时,不应孤立地考察相关交易和安排;只有在对于公司的整体商业效果符合《指南》规定的实现利润的定义时,才会产生实现利润。[118] 当满足《指南》规定的相关标准时,未实现利润将转变为实现利润(例如,当相关资产以"合格的对价"(qualifying consideration)被出售时,重新估价盈余将变为实现利润);如果不再满足《指南》中的标准时,之前的实现利润,将转变为未实现利润。[119]

关于实现利润的最明显的例子,是从交易中产生的利润,且公司在交易中收取的对价是"合格的对价"。[120] 根据《技术性解释 02/10》适格的对价包括[121]:

(a) 现金;
(b) 可以方便地转换为现金的资产;
(c) 另一主体豁免、解决或者承担了公司的全部或部分债务;
(d) 符合以下条件的、以前述任一方式为对价的应收账款数额:
   (i) 债务人在合理期限内能够清偿应收账款;
   (ii) 可以合理确定债务人有能力清偿应收账款;
   (iii) 存在应收账款将获清偿的预期;
(e) 可从股东处收取的款项,范围如下:
   (i) 公司拟向股东分配的金额等于或少于应向该股东收取的款项;以及
   (ii) 公司拟通过抵销应收款的方式(全部或部分地)进行分配;以及
   (iii) 根据《指南》规定,第(i)项和第(ii)项存在联系。

在以下情况中,资产,或资产、负债的公允价值变动,均被视为"可随时变现"[122]:

(a) 当资产或债务交易发生时,价值可以被确定;在确定之日的状态下,在未经谈判和/或市场营销的情况下,要么将资产、债务或公允价值变动转

---

[116] 《技术性解释 02/10》第 3.3 条。
[117] 同上。
[118] 同上,第 3.5 条。
[119] 同上,第 3.6 条。
[120] 同上,第 3.9(a)条。
[121] 同上,第 3.11 条。
[122] 同上,第 3.12 条和第 4 部分。

变为现金,要么出清该资产、负债及公允价值变动;以及

(b) 在确定价值时,有些信息是能看得见的,包括价格、费率及其他市场参与者在确定价格时可能会考虑的因素等;以及

(c) 公司的情况不得阻碍其立即转变为现金的行动,也不得阻止出清资产、债务或公允价值的变动;例如,公司必须能处置或出清资产、债务或公允价值变动,而不打算或不需要清算、大量削减业务规模,或在不利的条件下开展交易。虽然《技术性解释 02/10》用了很大的篇幅规定什么是利润以及在什么情况下它被视为实现利润,对于已实现亏损的界定却更为简洁:其主要的规定是,除非法律、会计准则或者《指引》另有规定,所有的亏损均应视为已实现亏损。[123]

股息支付程序

公司年度股东大会的部分常规工作是宣布最终股息。如果在发出会议的通知和召开会议期间,发现公司的最后年度账目当时并未妥当置备,则除非这种不合规则的情形是无关紧要的,公司不能合法地宣布股息,因为除非账目已经妥为置备,它们无法成为《2006 年公司法》第 23 部分目的之下的"相关账目"。[124] 当建议发放但却没有宣布发放股息时,股东不能起诉公司,因为只有最终宣布股息的发放,它才可以成为股东的债权。[125] 此外,如果宣布最终股息的决议规定,股息可在将来某一日期支付,则只有在该日期后,该股息才会到期并可支付。

董事会作出发放临时股息的决定,并没有创设债务,因而公司可以在支付股息之前改变该决定。[126] 在历史上,与某一记账期间相关的股息即便是在公司结算日之后通过,但只要在结算日之后宣布,便被认为是负债。然而,目前的情况是,股息通常只有在成为付款人的法律义务时,才会被记录在账目中。[127] 因此,基于第一年度账目来确定,并在第二年度由股东许可的股息,应记载于第二年度账目中。

上市公司的股份交易可以在股息发放之前或者之后进行。如果股份以股息发放之前的价格买入,则其意味着买方有权获得股息。相反,股息发放之后的价格则意味着卖方保留着股息。如果公司章程没有相反的规定,在

---

[123] 《技术性解释 02/10》第 3.10 条。
[124] 《2006 年公司法》第 837—839 条。
[125] *Bond v Barrow Haematite Steel Co* [1902] 1 Ch 353; *Re Accrington Corp Steam Tramways Co* [1909] 2 Ch 40.
[126] *Lagunas Nitrate Co v Schroeder & Co and Schmidt* (1901) 85 LT 22.
[127] 《国际会计准则第 10 号》。

宣布发放最终股息或者支付临时股息之时的在册股东有权获得股息。[128] 然而，公司章程通常授权董事会选择一个日子（登记日期）来支付股息。在选定的登记日期在册的股东获得了股息，它意味着当天的股价按照去除了已发放股息的情形来确定。对于在伦敦证券交易所上市的公司，包括高级上市的海外发行人，除息日通常为周三，股权登记日一般为两个工作日后，通常是周五。[129] 交易所建议，公司可以计划在登记日起的 30 个工作日内，支付直接现金股息。

除非公司章程另有规定，股息按照股份的名义价值来发放。[130] 其结果是，特定类别股份的部分缴付的股东，与全额缴付的股东有权获得同等数额的股息。公司可以通过章程改变这一状况。上市公司《示范章程》规定，股息应以支付的金额，而非名义价值，来计算和支付。[131] 然而，这一观点在很大程度上仅具有理论性，因为这些公司的股份通常应当是以全额缴付的方式交易的。私人公司《示范章程》设想所有股份都应当全额缴付[132]，这反过来为默认的规定铺平了道路，即根据持有股份的数量来支付股息。[133]

不合法的分配行为

什么时候分配是不合法的？

分配股息或者实施其他分配行为，可能会因为以下情形而不合法：其一，资金来源不属可分配准备金范围之列；其二，未能遵循以下公司法要求：分配行为应当参考对于特定分配公司的财务状况作出真实而公允评价的公司账目。公司支付股息（或者实施其他分配行为）的权力，与有关公司账目的非常细致的规定息息相关，而且要受到后者的规制。[134] 未能遵守这一法定要求，并非仅仅是法院会轻易忽略的程序不合法的问题。在 *Precision Dippings Ltd v Precision Dippings Marketing Ltd*[135] 一案中，子公司向其母公司支付股息的合法性遭到了挑战，其理由是法律规定，必须由审计师出具一份表明与股息相关的账目的实质条件已经实现的声明，但这一法定要

---

[128] *Re Wakley, Wakley v Vachell* [1920] 2 Ch 205, CA; *Godfrey Phillips Ltd v Investment Trust Corp Ltd* [1953] Ch 449.
[129] London Stock Exchange, *Dividend Procedure Timetable* (2013).
[130] *Oakbank Oil Co Ltd v Crum* (1882) 8 App Cas 65, HL.
[131] 《示范章程》（股份有限公司）第 71 条。
[132] 《示范章程》（有限责任公司）第 21 条。
[133] 同上，第 30 条。
[134] *Bairstow v Queens Moat House plc* [2001] 2 BCLC 531, CA, para 31 per Robert Walker LJ.
[135] [1986] Ch 447, CA.

求却未获满足。因而，提起该诉讼请求的理由，并非公司从可分配的准备金之外进行支付，而是公司未能遵守公司法要求公司表明该股息可以支付的规定。上诉法院驳回了公司未能遵守该规定仅仅是程序不合法的观点。Dillon 法官在作出裁决时称，公司法的相关规定构成了对债权人的一项重大保护，股东不得自行摒弃或豁免那些要求。但上诉法院并未解决以下问题，即是否可以采取一些措施来为有偿债能力的公司挽回影响，例如，在事件发生之后提供审计师的声明，因为毕竟公司的该种境况并非基于事实而发生。在 *Bairstow v Queens Moat House plc* [136] 一案中，上诉法院回到了这一无法通过参照相关账目而获得正当性的分配问题。在该案中，公司数年来支付的股息均超过了其可分配准备金，这也体现在其相关个别账目中。在讼争进行的若干年中，公司账目也存在缺陷，因为它们未能对公司财务状况进行真实而公允的评价。然而，公司集团作为一个整体，拥有大量的可分配准备金。公司董事会聘请的律师由此辩称，违反公司法的行为应被认为是技术层面的，股东可以豁免这些违法行为，而且母公司宣布发放的股息超过其自身可分配准备金，必须被认为相当于非正式地宣布在其全资子公司中拥有充足的股息。然而，这些观点均被驳回：不合法的行为并非程序违法；它不能被豁免；董事不能将准备好的个别账目予以整合，并将其提交到股东大会。

在编制账目时，公司的董事可能会被要求作出若干判断。例如，就《公司法》规定的账目而言，《会计条例》要求对债务作出规定；这些债务被定义为，为履行债务责任而保留的合理必要的数额；债务的性质是明确的，且是可能发生或一定会发生的，但其金额以及发生的日期则不确定。[137] 这就要求董事基于合理认识的事实或经合理调查确定的事实，作出合理的判决；如果董事有合理依据，不使公司为债务作出规定，则不能仅因未作如此规定，就认定根据账目支付的股息违法。[138]

对股息的其他限制

即便公司的相关账目井然有序，并且从账目中可以显然地看出，公司拥有良好的可分配准备金，董事并不必然能够安全地支付或者建议支付股息。

---

[136] [2001] 2 BCLC 531, CA.
[137] 《2006 年公司法》第 396 条；The Small Companies and Groups (Accounts and Directors' Report) Regulations 2008, SI 2008/409, sch 7, pt 1；The Large and Medium-sized Companies and Groups (Accounts and Reports) Regulations 2008, SI 2008/410, sch 9, pt 1.
[138] *Re Paycheck Services 3 Ltd and others*；*Revenue and Customs Commissioners v Holland* [2008] 2 BCLC 613. 该案件上诉至最高法院([2010] UKSC 51, [2011] 1 BCLC 141, SC)，但就这一特定问题，当事人并未对一审判决提起上诉。

《2006年公司法》清楚地规定，该法的规定并没有穷尽所有的条件，公司还必须遵守限制分配的其他法律规则。[139] 同样地，公司还必须遵守公司章程中限制分配的规定。[140] 例如，如果公司账目置备之后财务状况严重恶化，在此情形下支付股息的行为，会违背不得以资本进行分配的现有普通法原则，或者被认为是一种诈欺公司债权人的行为。因而，董事必须将相关账目公布之后公司财务状况的变化考虑在内，以检查确定拟议中的股息是否可行。他们的决定必须在遵守其对公司的一般义务的框架内作出。董事需要注意资本维持原则以及他们的一般义务，但在一个特别情况中会产生变化，即引入新的会计准则或《国际财务报告准则》。[141] 虽然改变会计政策不会溯及既往地使已经计入账目的股息无效，但当董事们考虑在某一财年支付临时股息时，且新的会计准则可能会导致部分项目在当年的账目中被认定为是债务时，此时董事确定临时股息的合法性时，董事必须考虑这些债务对财年末可分配的预期利润水平的影响。《技术性解释02/10》提供了以下示例：

对于在2010年适用《国际财务报告准则》来置备账户的公司来说，情况如下：

• 在根据《英国公认会计准则》编制的2009年账目中，并不规定2009年的最终股息，该笔股息将在2010年账目中首次核算。该笔股息应考虑到《国际财务报告准则》适用后的影响，即便"相关账目"仍是指根据《英国公认会计准则》编制的2009年账目；

• 2010年支付的临时股息都应考虑到《国际财务报告准则》适用后的影响，即便"相关账目"仍是指根据《英国公认会计准则》编制的2009年账目；

• 根据《国际财务报告准则》编制的2010年账目，将是股东于2011年批准最终股息的相关账目。在2011年确定股东批准的股息时，应考虑2011年将适用的会计政策变化的影响。股息将在2011年的账目中确认。

非法分配股息的债务后果

非法支付股息，会给董事、也可能会给接收股息的股东带来严重的后果。

董事的责任

在传统上，董事被认为是公司财产的管家，就这一角色而言，他们承担

---

[139] 《2006年公司法》第851条。
[140] 同上，第852条。
[141] 本段主要运用了《技术性解释02/10》，第3.32段。

着类似于受托人的职责。[142] 董事以资本支付股息,在普通法上被认为违背了类似于受托人的职责。[143] 董事以资本支付股息而产生的普通法责任,有时要参考 Flitcroft 案件所确立的原则来确定。Flitcroft 案件的原则,一向被认为也适用于以下情形:未能遵守分配股息必须基于对公司财务状况作出了真实公允评价的账目的公司法律规定。[144] 法院认为,该原则也一体适用于有偿付能力的公司和没有偿付能力的公司,其理论基础在于,关于分配的法律规定既着眼于保护股东,又着眼于保护债权人。[145]

在早期的一些案件中,以非常严格的语态来表述董事非法分配的责任:"一旦得出结论称,公司的钱已被董事用于公司无法批准的目的,则董事有责任偿付金钱,而无论董事在行事时是多么地诚实。"[146]但在一些案例中适用了更为宽容的标准,即如果董事诚实合理地相信事实证明股息支付是合法的,并基于上述确信而采取行动的,将不必承担责任。[147] 在 Re Paycheck Services 3 Ltd 案中,以及 Revenue and Customs Commissioners v Holland 案中[148],Hope 法官承认,关于支付非法股息的责任是严格责任还是过错责任,有两种判例观点。[149] 在他看来,当前的判例趋势支持这样的观点,即导致公司资产滥用的董事,原则上应承担严格责任,并应补偿公司资产滥用造成的损失;但没有必要就此问题在特定的案例中,表达明确的观点。[150] Walker 法官在 Progress Property Co Ltd v Moorgarth Group Ltd 案中[151],持相同观点("有时他们[董事]的主观状态完全无关紧要")。如一种分配方式被描述为股息,但实际却是从资本中支付的,则这种分配是非法的,无论这是否是技术性错误,也无论支付股息的董事主观是否善意[152])。但同样地,这并不意味着对这一问题提出了明确的观点。《2006 年公司法》将董事的义务成文法化。虽然该法定义务并不包括诸如 Flitcroft 案件推演出来

---

[142] *Bairstow v Queens Moat House plc* [2001] 2 BCLC 531,CA,para 53. 只有在一些情形下,董事的地位才相当于受托人。参见 LS Sealy,'The Director as Trustee' [1967] *CLJ* 83。
[143] *Re Exchange Banking Co. Flitcroft's Case* (1882) 21 Ch D 519,CA; *Re Sharpe* [1892] 1 Ch 154,CA.
[144] *Precision Dippings Ltd v Precision Dippings Marketing Ltd* [1986] Ch 447,CA.
[145] *Bairstow v Queens Moat House plc* [2001] 2 BCLC 531,CA,para 44 *per* Robert Walker LJ。
[146] *Re Sharpe* [1892] 1 Ch 154,CA,165—166 per Lindley LJ.
[147] 在 *Dovey v Cory* [1901] AC 477,HL 案中,一位董事没有理由怀疑他所信赖的公司官员,故该董事并没有承担非法支付股息的责任。有的案件采取了严格的标准,以及诚实理性的董事不承担责任的标准,这些案件由 Vaughan Williams 法官在 Re Kingston Cotton Mill Co(第 2 号)[1896] 1 Ch 331 案中进行了审查,确认了[1896] 2 Ch 279,CA 号案。
[148] [2011] 1 BCLC 141.
[149] [45].(指在所引用案例的具体页码。同后。——译者注)
[150] [46]—[47].
[151] [2011] BCC 196,[28].
[152] [28]. 还可参见 *Bairstow v Queens Moat Houses plc* [2001] 2 BCLC 531,CA.

的、直接等同于受托人的管理职责的规定。鉴于法定职责仅在它们所取代的领域内发生效力,因此在法律成文化之前发生的关于管理责任和违反信托的案例,仍将适用。此外,支付非法股息可能会违反《2006年公司法》第171条规定的在权利内行事的义务,以及第174条规定的合理谨慎、技能和勤勉的义务。

被认为违反了义务的董事可以向法院提出申请,以自身本着诚实和合理的态度行事为理由,请求豁免承担责任;法院在考虑该案件的所有情事(包括那些与其自身情形相关的情事)之后,很可能豁免董事的责任。[153] 上述豁免措施是一个安全阀,可以减轻严格责任标准的严厉性。假设一个谨慎的董事错误地批准了不应允许的股息,例如该董事被发现存在技术性的不规范行为,如果能认定其并未违反义务,因为认定标准的基础是错误的,则这样的处理将远远好过根据司法自由裁量权来获得救济。此外,当他(她)知道董事成功主张豁免的案例相对较少时,谨慎的董事会可能得出这样的结论,即这种豁免只存在有限的实际效果。[154] 如果董事只是技术性地违反了规定,其可能在裁决中得到一定程度的责任减免:如股息根据适当的、并提供了真实和公平观点的账目支付,但股息超过了可用的可分配储备金,则股息的超过部分是非法的,而股东的责任也因此被限于超过部分的金额。[155] 但这一裁决与其他判决很难协调,因为其他判决均强调与股息分配有关的文书必须非常有条理,且能清晰地表明股息分配是由可用储备金支付的。

股东责任

收到非法分配的股东可能有义务予以退还。《2006年公司法》第847条之下的法定责任,适用于一项分配行为或者部分分配行为违反公司法的情形。如果在分配之时,公司成员知道或者有理由相信分配是这样作出的,则其有义务将其返还(或者视情形返还部分分配财产)。过去人们认为,法定责任要求的不仅仅是基于事实的知情状态,然而,在 *It's a Wrap (UK) Ltd v Gula*[156] 一案中,上诉法院认为,必须让明作为接受方的股东已经知道或者有理由相信分配行为违背了法律,这并不是构成法定责任的前提条件。上

---

[153] 《2006年公司法》第1157条。还要注意《1986年破产法》第212条,根据该规定,法院拥有有限的自由裁量权,可将董事违反职责所需支付的金额,限制为少于错误支付的股息的全额。该自由裁量权的范围尚未确定:可比较 Holland〔49〕(Hope 法官)和〔124〕(Walker 法官)的论述。

[154] E Ferran, 'Directors' Liability for Unlawful Dividends' [2011].

[155] Re Marini Ltd [2004] BCC 172.

[156] [2006] BCC 626, noted J Payne, 'Recipient Liability for Unlawful Dividends' [2007] LMCLQ 7.

诉法院根据被其赋予效力的《公司法第二指令》第 18 条（之前为第 16 条）解释了法定责任。根据法院真实的解释，第 18 条意味着，如果股东知道或者不可能不知道分配是在违反《公司法第二指令》的情形下完成的，则无论股东是否知道那些法律限制，都有义务返还分配的财产。

法定责任不影响可能发生的其他责任的承担。接受非法股息的股东，在衡平法上可能会因为接受了明知是违背义务而处分的财产而面临个人责任。[157] 因而，接受方的责任取决于董事是否违背义务，以及接受方是否明知违背信义义务的事实情形，但接受方不必知道法律的规定。[158] 根据关于接受方责任的一则判例，在此类诉请中，对于"明知"的标准是，被告的知识是否使其接受利益的行为"不合情理"。[159] 然而，在 It's a Wrap (UK) Ltd v Gula 一案中，Arden 法官称，根据关于分配的一般法律规定，会带来责任的是股东知道或者应当知道导致分配违法的事实情形，而不是股东行事不合情理。[160]

成文法规定与衡平法律制度在很大程度上是重合的，但两者也有一些差别。[161] 例如，法定责任基于存在违背《2006 年公司法》的事实，而且它无须证明董事违背了义务；在这方面，法定责任更加严苛。另一方面，法定责任限于违反《2006 年公司法》的情形：当根据妥为置备的相关账目可以发放股息，但账目置备之后公司财务状况恶化导致股息发放因违背了普通法上的资本维持原则而成为非法时，只有衡平法上接受方的责任看起来才与此相关。另外，正如 Arden 法官在 It's a Wrap (UK) Ltd v Gula 案中指出的那样，《2006 年公司法》第 847 条并没有为那些根据建议行事的成员提供抗辩依据；而根据一般法律规定，股东可以声称其在根据建议行事时缺乏必要的知识。

在成文法和衡平法制度之下，"明知"的要求使公司难以向外部股东收回不当支付的股息，但控股股东和董事兼股东面临着更多的风险。例如，在 Precision Dippings 一案中，子公司向母公司支付的非法股息被追回；再如，在 It's a Wrap (UK) Ltd v Gula 一案中，向董事兼股东发放的非法股息也被追回。向来有观点认为，严格的赔偿责任并加上以情况变化为理由的辩护，相较于以过错为基础的个人衡平责任而言，是一种追回非法股息的更为理

---

[157] *Precision Dippings Ltd v Precision Dippings Marketing Ltd* [1986] Ch 447，CA。
[158] 同上；*It's a Wrap (UK) Ltd v Gula* [2006] 1 BCLC 143，CA，para 12 *per* Arden LJ。
[159] *Bank of Credit and Commerce International (Overseas) Ltd (in liquidation) v Akindele* [2001] Ch 437，CA。
[160] 在以下案件中被专门引用：*Moxbam v Grant* [1900] 1 QB 88，69 LJQB 97，7 Mans 65。
[161] 关于其差异的描述，参见 *It's a Wrap (UK) Ltd v Gula* [2006] 1 BCLC 143，CA，para 12 *per* Arden LJ。

想的机制。然而,将赔偿责任延伸至这一领域却充满着争议。[162] 从欧洲的视角来考察这一问题,有观点认为,正如《公司法第二指令》所显示的,欧洲的标准是以善意/过失为基础的,在英国普通法和衡平法救济措施重叠的领域,英国有充分的理由不采纳更加严格的标准(尤其在 *It's a Wrap* 案中,Arden 法官指出,《公司法第二指令》规定的救济措施已经比一般法律更加绝对和严格)。除非存在可通过成本与收益分析及求询于利益相关者而获得正当性的特殊情事,政府的当前政策并非要给指令镀金。[163] 当然,在与实施法律相关的反镀金推定,以及法院有可能通过适用赔偿法的原则而发展出更为严格的责任标准之间,并无直接关联,但它表明,的确有理由去质问这样做有何裨益。

董事对接受方的股东提出的诉请

如果董事将非法股息如数追缴回公司,然后又合法地分配给同一批人,则受益于非法股息的股东,可能会获得不值赞赏的意外之财。在 *Bairstow v Queens Moat House plc* [164] 一案中,上诉法院简要地审视了这一"双重赔偿"的观点,但认为这一问题与董事是否应首先承担责任无关。然而,更早期的判例认为,对于非法股息负有个人责任的董事,可以向那些知道事实并接受支付的股东寻求赔偿。[165]

其他问题

以股代息

公司章程可以允许股东选择接受额外的全额缴付的普通股,以全部或者部分取代现金股息。以此种形式出现的股息被称为"以股代息",它使得股东可以在不增加交易成本的情况下获得额外股份。就其概念而言,可以将"以股代息"描述为实施了再投资,其投资数额等同于股息的现金数额,或者将"以股代息"描述为红股发行。当股东在股息宣布之后选择"以股代

---

[162] 关于赞成的观点,参见 J Payne, 'Unjust Enrichment, Trusts and Recipient Liability of Unlawful Dividends' (2003) 119 LQR 583。相反的观点见 CH Tham, 'Unjust Enrichment and Unlawful Dividends: a Step Too Far?' [2005] CLI 177. In *Bank of Credit and Commerce International (Overseas) Ltd (in liquidation) v Akindele* [2001] Ch 437, 456。Nourse 法官表达了以下观点:通过改变地位或者其他方式将负担转嫁给作为被告的接受方,在商业上不可行,并且违背了以下确定的原则:与公司发生交易的人,通常不应受到不规范的公司内部运作的影响。在 *Farah Constructions Pty Ltd and ors v Say-Dee Pty Ltd* [2007] HCA 22 一案中,澳大利亚高等法院驳回了基于违背信托或者信义义务的赔偿路径。

[163] HM Government, *Reducing Regulation Made Simple: Less Regulation, Better Regulation and Regulation as a Last Resort* (December 2010).

[164] [2001] 2 BCLC 531, CA.

[165] *Moxbam v Grant* [1896] 1 Ch 685.

息",将其描述为再投资是恰当的,因为作出选择的股东豁免了公司支付现金的义务,它是为着《2006年公司法》的目的而进行了现金发行,其后果是引发了法定的优先权要求。[166] 在会计目的上,新股被认为是从可分配准备金中完成了缴付。当股东在宣布股息之前作出了选择,则将"以股代息"界定为红股发行是适当的。公司在构造"以股代息"的选择程序时可以运用一些优势,以使该选择早于股息的发放。满足了以此种方式进行选择的股份发行,不是现金发行,因而不必遵循法定优先权的要求。与此同时,为着会计的目的,股份是红股而且能够从不可分配准备金(例如股份溢价账户)中进行支付,因而可以将可分配准备金保留给其后的股息支付。

股息再投资计划

股息再投资计划与以股代息计划类似,股东借此可以获得额外股份而无须支付正常交易成本,当然通常还会发生一笔管理费用。然而,在一个构造典型的股息再投资计划中,不允许公司向希望利用这一计划的股东发行新股,相反,公司允许股东将股息投资于在市场中交易的公司现有股份。由于不存在新股发行,不会产生有关优先权的问题,而且股份的购买对于记载于账目上的公司资本也不会带来任何影响。不会稀释既有股本的事实意味着,公司的每股收益率或每股股息率将不受影响,而如果广为运用以股代息计划,则会受到影响。

集团内部的分配

有关公司集团内部分配的法律运作,还要求在诸多标题之下予以特别考量。

集团内部的股息和实现原则

从子公司中获得的股息可否被视为母公司的实现利润?会计协会发布的指引在一定程度上考虑过这一问题。[167] 《技术性解释02/10》强调内容重于形式:"在评估公司是否拥有实现利润时,不应当孤立地看待各种交易和安排。"[168] 一组或一系列交易和安排应当被视为一个整体,尤其当这些交易是人为安排的、相互关联的(无论是否合法)、循环交易的或具有上述特点的组合。[169] 循环交易(例如,子公司以有利于其母公司的方式宣布发放股息,

---

[166] 《2006年公司法》第561条。还可参见第五章。
[167] 通常的考虑,见《技术性解释02/10》第9.28条。
[168] 《技术性解释02/10》第3.5条。
[169] 同上,第3.5A条。

母公司立即将该股息再投资于子公司)或者伪造交易(例如,子公司买入母公司的资产以为母公司创造利润,但双方约定母公司在未来买回资产)将导致的后果是,股息并不会为母公司带来实现利润。[170] 如母公司对子公司进行投资,子公司以合理对价形式支付了股息,这本身并不排除母公司将股息视为实现利润。[171] 但如果子公司向母公司支付股息,而母公司直接或间接地为股息提供资金或将收益再投资于子公司的,股息可能不得被视为母公司的实现利益,因为要考察交易的各个环节而不能孤立地看某一环节。[172] 进一步的难题是,还必须进一步考虑上游股息对于在子公司的投资价值的影响。以适格对价形式出现的集团内部股息,如果其发放的后果是,母公司在子公司的投资价值缩减至低于其账面价值,则该股息也不能构成实现利润。根据《英国公认会计准则》,集团内部股息的发放给投资价值带来的损害,是一个必须个案判断的问题。根据《国际财务报告准则》,截止至2008年的情况更加严格,因为从被收购的子公司被收购之前的利润中支付集团内部股息,应当被记入投资成本。[173] 这在集团内部导致了"股息阻遏"(dividend blocks)问题。2008年,国际会计准则委员会修订相关标准,取消了这一要求,也消除了潜在困难的根源。[174]

实现利润集团内部资产的低价转让

资产以账面价值而不是以更高的市场价值在公司集团内部流转,已是司空见惯。然而,此类交易必须细为设计,以确保它们不会违背与分配有关的成文法和普通法原则。毫无疑问,子公司以低于市场价值的方式向母公司转让资产的交易,属于规范分配的法律调整范围。[175] 另外,在 *Aveling Barford Ltd v Perion Ltd*[176] 一案中,由相同的控制股东控制的公司之间以低价转让资产,从法官对该案的裁判中可以清晰看出,姐妹公司之间的低价交易也可以构成分配行为。

如果一家公司没有任何可分配利润,它通过低价向关联公司转让资产

---

[170] 《技术性解释02/10》第9.28条。
[171] 同上,第9.19条。
[172] 同上。
[173] 《国际会计准则第27号》。
[174] 同上,于2008年1月重新发布,适用于2009年7月1日及之后开始的财年。《国际会计准则第27号》被《国际会计准则第27号——单独财务报表》和《国际财务报告准则第10号——合并财务报表》所取代,自2013年1月1日及之后开始的财年生效。
[175] *Ridge Securities Ltd v IRC* [1964] 1 All ER 275, 288. 还可参见 *Progress Property Co Ltd v Moorgarth* [2010] UKSC 55,[2011] 1 WLR 1。
[176] [1989] BCLC 626. 还可参见 *Progress Property Co Ltd v Moorgarth* [2010] UKSC 55,[2011] 1 WLR 1。

的方式来进行分配,则该项交易属于违背《2006年公司法》第23部分的非法分配行为,它同时违背了普通法的资本维持原则。在 Aveling Barford 案件的裁决中,其情形即是如此,转让公司的损益表中累积了多年的亏损,因而无力向其股东作出任何分配。Aveling Barford 案件的裁决并未对以下情事作出判断:公司拥有一些正的可分配准备金,但那些准备金少于资产转让价格(通常是其账面价值)与其市场价值之间的差额。但是,该案为实践中判断该类交易的合法性,带来了相当大的不确定性。市场关注的焦点集中于确定分配的"数额",以及是否有必要参照相关账目以使该分配获得正当性,后者规定于《2006年公司法》第836条中:如果必需的数额被认为是资产的账面价值与市场价值之间的差额,则以账面价值转让资产,在未被可分配准备金覆盖的范围内违背了分配规则(虽然转让方有权选择进行正式的重新评估,来记载未实现利润,并将其加到可分配准备金中,但支付按其本身特定形式的股息除外)。[177]然而,如果认为该"数额"仅仅是转让价格与账面价值之间的差额(在通常情况下,这一差额是零),则无须进行再评估,而且该项转让行为也是合法的。《2006年公司法》第845条解决了这一问题,它规定,公司出售、转让或其他处分资产的行为所产生的分配数额为零,只要处分财产的对价或者数额不低于财产的账面价值。如果资产转让的对价低于其账面价值,则分配金额应等于该差额,因此需要用可分配利润来弥补该差额。[178]

进一步的改革?

《2006年公司法》重述了与分配相关的英国法律,而且有益地澄清了其中的某些方面(特别是解决了 Aveling Barford 案件引发的问题)。然而,该法却并没有带来激进的变革。如第七章所探讨的,欧洲现在关于摒弃以下规则会带来哪些裨益的论争汗牛充栋:这些规则倾向于通过清偿能力标准来确定是否许可分配的这一监管路径,来预留一定的不可分配准备金。这一变革将使欧洲更多地趋同于世界上其他发达经济体,并且会着手解决那些越来越尴尬的问题,这些问题源自确认分配的合法性及根据目的各异的监管框架而置备的账目之间的联系。当前,《公司法第二指令》并不要求对公众公司全面采取以清偿能力为基础的监管方法,来彻底取代当前的制度

---

[177] 《2006年公司法》第846条。
[178] 《技术性解释》02/10,App 1 规定了示例。

安排。[179] 数年前,欧洲委员会开始研究有无可能采取以清偿能力为基础的替代性监管制度,但在2012年《公司法行动计划》中并未提及该制度,它似乎已被搁置一旁。[180]

为何欧洲关于股息分配的法律在现代化方面没有取得更大的进展,有多种重要因素可以解释上述问题。部分原因体现在英国《2006年公司法》的辩论中。由于《公司法第二指令》仅适用于上市公司,原则上可以在立法中规定基于清偿能力的私人公司的股息和其他分配制度。在关于立法草案的议会辩论中,立法者讨论了这种可能,但最终没有选择该做法。一个值得关注的问题是,基于清偿能力的制度似乎赋予了董事更大的自由裁量权,并对制裁的威慑效果抱有极大的信心,这里所说的制裁措施将适用于故意或过失授权进行与公司财务状况不相当分配的董事。强有力的制裁制度是改革的前提,但无论在国内还是欧洲层面,制裁措施是否到位还不明显。例如,虽然《1986年破产法》第214条规定了英国的不当交易制度,还被视为欧洲董事责任规则的参照模板,以配合另一种基于清偿能力的分配制度[181],但事实上,第214条在英国的实际影响非常有限。[182] 如何在基于清偿能力的制度中规定长期责任,是另外一个令人关切的问题;当议会讨论在私人公司中引入基于清偿能力础的分配制度时,也讨论了上述问题;政府发言人担心,偿付能力标准将要求董事考虑其公司在第二年的偿付能力,该标准可能是不充分的,因为没有明确法律规定来防止当事人消耗用于养老金等长期义务所需的资产。[183] 人们担忧基于清偿能力的分配方式可能会加剧公司治理中的短期主义问题,但确实存在某种模式可以克服人们的担忧,这种模式在《2006年公司法》中也存在着。事实上,尽管对分配中的偿付能力表述表示关注,该立法实际上扩大了私人公司通过基于偿付能力的机制来调整资本

---

[179] 严格说来,第二指令只涉及名义股本,因而英国有可能为有限公司的股份溢价之分配引入以清偿能力为基础的制度。然而,看起来英国对于零碎的改革没有什么热情。
[180] OCM(2012)740。毕马威会计师事务所作了可行性研究后发现,改革的必要性不大;之后,委员会对这一领域的改革热情似乎有所下降;KPMG, *Feasibility Study on Alternatives to the Capital Maintenance Regime* (2008)。
[181] High Level Group of Company Law Experts, *A Modern Regulatory Framework for Company Law in Europe* (2002); European Commission, *Modernising Company Law and Enhancing Corporate Governance in the European Union—A Plan to Move Forward* (COM(2003) 284).
[182] R Williams,'Reappraising the Wrongful Trading Remedy'(即将发表)。2013年,欧盟委员会启动了一项磋商,内容是关于欧洲应对企业破产和清算的新方法。这次磋商的议题包括董事职责和责任(委员会指出,在公司进入破产程序后,就出现了履行董事职责相关的问题。清算人可能缺乏追究董事责任的动机;此外,诉讼费用和诉讼持续时间也可能会阻碍清算人提出索赔),议题还包括跨境责任漏洞,以及取消资格制度。
[183] *Hansard*, HL, vol 682, cols 188—189 (16 May 2006) *per* Lord Sainsbury.

结构的情形。[184] 在欧洲层面已提出了许多不同的模式。[185] 一个显著的例子，是欧洲会计师联合会（FEE）制定的详细蓝图。[186] 欧洲会计师联合会专门讨论了董事偿付能力声明需要包含的内容。该联合会提出了"快照"（snapshot）标准和"前瞻性"（forward looking）标准，对两项标准的描述如下：

> "快照"标准有助于确定拟议中的分配是否会导致出现负债超过资产的财务状况，并因此避免此种分配行为。这种标准能够保护债权人利益，因为债权人直接受到公司清偿长期负债的能力的影响。以清偿能力为基础的制度的最低要求应当是，根据所采用的计算基础，分配不应当造成负债超过资产的状况。我们考虑到，对于哪些价值应当从资产负债表中剥离出来或者用于净资产的测算这一问题，有着不同的选择：
>
> 资产负债表标准：应从根据全国《公认会计准则》或者《国际财务报告准则》而置备的资产负债表中，将价值直接剥离出来；以及
>
> 净资产标准：公司可以清偿其债务，也就是说，在声明的资产价值仅仅是公允价值或使用价值之日，董事必须比较公司资产价值与负债数额。
>
> "前瞻性"标准能够补充快照标准的调查结果。这种标准应当以公司的财务状况为基础，并且通过流动性计划而予以强化，后者应包括在一个选定时间窗口中足够确定的收入和支出情况。这种标准可以采取诸多不同的形式：
>
> 简单的现金流量标准，仅仅包含某一确定期间的现金收入和支出情况；
>
> 更为宽泛的流动性标准，除了包括上述情形之外，还包括某一确定期间带来收入和支出的应收账款和义务；以及
>
> 营业资本标准（包括所有短期资产及负债，例如存货）。

欧洲会计师联合会认识到，前瞻性标准中的一个关键因素是在计算中所运用的时间范围。它评论道：

> 事件发生的不确定性或者未来支付的效果的不确定性，随着时间

---

[184] 第七章讨论了私人公司减资时，基于偿付能力的法庭外程序。
[185] 包括 J Rickford (ed)，'Reforming Capital. Report of the Interdisciplinary Group on Capital Maintenance' [2004] *European Business Law Review* 979。对不同模型的一般性考察，参见 JMN Grade and M Wauters, 'Reforming Legal Capital: Harmonisation or Fragmentation of Creditor Protection' in K Goens and KJ Hopt (eds), *The European Company Law Action Plan Revisited* (Leuven: Leuven University Press, 2010) 25。
[186] FEE, *Discussion Paper*.

范围的拓展而增加。然而,一个非常短的时间范围可能无法保护债权人或者其保护的力度更弱,因为债权人的利益可能与公司将来偿债的能力直接相关。欧洲会计师联合会认为,不能用一成不变的方式来确定前瞻性测试中时间范围的适宜长度,而应根据个案来确定。然而,欧盟层面或者成员国层面可以确定一个最短的时间范围。如果欧洲委员会设定了一个最短时间范围,则它应为一年(这是欧洲会计师联合会认为保护债权人的最低水平)。单个的成员国可以设定更长(长于一年)的最低时间范围。

然而,改变的真正障碍与其说是技术设计的挑战,不如说路径依赖的强。现有关于分配"工作"的规定"深深地植根于广泛的判例法和大量的学说"中[187],经验丰富的从业者知道如何规避复杂的规定和陷阱。尤其在一些特定领域,要挑战现状并不容易;这些领域中,改革依赖于保障获得关于受国家经济特点影响的事项的跨境协议,如公司对保守的以银行为基础的融资渠道的依赖,以及对更加有活力的以资本市场为基础的融资渠道的依赖之间的历史性差异。

欧盟委员会的一项针对欧洲私人公司制定法律的提案引发了争论,争论的结果是倾向于支持这项评估。欧盟委员会的提案于 2008 年出版,针对欧洲私人公司制定了干涉程度较低的资本规则,包括最低资本为 1 英镑,基于资产负债表标准的分配制度(资产超过负债的部分);此外,如果公司章程有相应的规定,董事还应提供一年的偿付能力证明。[188] 因为欧盟理事会对一系列问题(包括关于公司资本的问题)存在分歧,该提案并未取得进展。[189] 一项失败的理事会主席妥协文本事实上模仿了《公司法第二指令》的"净利润标准"以及资产负债表要求,最终将会加强对于分配的控制。在 2012 年《公司法行动计划》中,委员会感叹,要在欧盟层面就制定公司法的动议达成协议,越来越难。委员会引用了欧洲私人公司法律缺乏进展的事实来说明这一问题;委员会还指出,公共磋商意见表明利害相关方对是否继续就该提案进行谈判还存在犹豫。[190]

---

[187] KJ Hopt, 'The European Company Law Action Plan Revisited: An Introduction' in K Goens and KJ Hopt (eds), *The European Company Law Action Plan Revisited*, 9, 13.
[188] COM(2008) 396.
[189] 理事会主席妥协文本(10611/11)未能获得所需的一致意见;2011 年 5 月 30 日至 31 日理事会关于市场竞争的会议(内部市场,行业研究和空间)(10547/11)。与资本相关的关注焦点是最低资本要求;参见第四章。
[190] OCM(2012)740。2012 年 6 月,欧洲议会通过了一项关于未来欧洲法律的决议(TA2012/0259),呼吁欧盟委员会解决一系列问题,其中包括克服欧盟理事会在私人公司法规方面的僵局等。

第十章 财务资助

禁止提供财务资助——一些基础问题

什么是"财务资助"(financial assistance)的法律？

关于财务资助的法律，关注的是公司对于购买其股份予以财务资助的行为。在 *Chaston v SWP Group plc* [1] 一案中，上诉审法院法官 Arden 运用"铺平了收购股份的道路"这样的表述，来描述被认为构成了财务资助的支付行为[2]，而且这一表述有益地概括出了法律的本质。虽然存在某些例外，但法律总体上禁止公众公司或其子公司的财务资助行为。自从《2006 年公司法》生效之后，私人公司(除非它们是公众公司的子公司)不再受禁令的拘束。

法律的历史沿革

《1928 年公司法》第 16 条首次以专门的成文法规则[3]规定，公司提供财务资助是违法行为。[4] 该条原封不动地进入了《1929 年公司法》第 45 条。[5] 在起草该法条时出现了漏洞[6]，于是在《1947 年公司法》中对该条进行了修订，并进而整合进《1948 年公司法》第 54 条之中。20 世纪 80 年代新的公司立法，提供了一次机会来重新审视禁止财务资助方面的法律，并使一些在案件审理以及《1948 年公司法》第 54 条运用于实践中所面临的问题，得

---

[1] [2003] 1 BCLC 675, CA.
[2] At [38].
[3] In *R v Lorang* (1931) 22 Cr App Rep 167, CCA. 该条被称为是宣示性的，而不是一项新的违法行为。
[4] 关于该禁令的成文法历史，通常可参见：GR Bretten, 'Financial Assistance in Share Transactions' (1968) 32 *Conv* 6; GK Morse, 'Financial Assistance by a Company for the Purchase of its Own Shares' [1983] JBL 105; BG Pettet, 'Developments in the Law of Financial Assistance for the Purchase of Shares' [1988] 3 *Journal of International Banking Law* 96。
[5] 该条规定："公司为了对任何购买或者将要购买其股份的人或者为了与此相关的目的而提供财务支持，无论这种支持是直接的还是间接的，无论是通过贷款、保证或提供担保或者其他方式来实现，都是非法的。"
[6] *Re VGM Holdings Ltd* [1942] 1 Ch 235, CA. 当时法院认为，对购买股份予以财务资助的禁令并不适用于公司为发行股份而提供财务资助的行为。就解释而言，"购买"一词并不能拓展至包括"发行"。

以浮出水面。[7]《1980年公司法》进行了一次较小的修订,《1981年公司法》紧接着进行了一次范围更大的修改。后来,《1981年公司法》被整合进《1985年公司法》之中,该法第151条规定了基本的禁令,后面数条则对其适用范围进行了详细的描述。

自从20世纪80年代以来,关于禁止财务资助的立法历史一直受到了《公司法第二指令》的影响。[8]《公司法第二指令》致力于在欧共体范围内整合公众公司的成立、资本维持及变更的要求。其中的一个方面是,《公司法第二指令》第25(1)条现在规定,公众公司可以"提前付款、提供贷款或提供担保以便第三方获得其股份",但应当遵守若干维护债权人和少数股东利益的限制条件。上述提法可以追溯到2006年对《公司法第二指令》的修订[9],修订文本以更加宽松的措辞,重新规定了之前的禁止事项,但禁止事项有部分例外情况。但提供财务资助的条件仍然是繁重而耗时的,甚至有人说,"在大多数涉及财务资助的公司交易中,这些条件是行不通的"。[10] Wymeersch指出,尽管进行了改革,但欧盟的要求"仍然在很大程度上基于错误的前提,即财务资助是不可接受的做法"。[11] 修正案影响微弱,其中一个判断标准是,英国利用了欧盟法在这个问题上的可选择性,从而未将相关规定纳入其国内法。[12]

在国内法层面,在《2006年公司法》颁布之前对公司法的评估中,有关财务资助的法律规定受到了关注。[13] 该法将私人公司排除于禁令范围之外,

---

[7] 例如,在 *Belmont Finance Corp v Williams Furniture Ltd*(*No 2*)[1980] 1 All ER 393, CA 一案中,上诉法院的成员关于如何认定交易的全部价值,以及如何认定哪些交易包含了提供财务资助在内的多元目的等。

[8] 欧洲议会和理事会于2012年10月25日指定的2012/30/EU号决议,内容是为成员和其他当事方的利益,而协调公司所在成员国所需的保护措施,公司系指《欧洲联盟运作条约》第54条第2段所指的公司。协调保护措施内容包括设立公众有限责任公司,以及维持和变更其资本,目的在于使此类保障措施具有同等效力。[2012] OJ L315/74《公司法第二指令》。

[9] 欧洲议会和理事会2006年9月6日第2006/68/EC号指令,修订了理事会77/91/EEC号指令,内容关于设立公众有限责任公司,以及维持和变更其资本等措施。[2006] OJ 2006 L264/32。

[10] Department of Trade and Industry, *Directive Proposals on Company Reporting, Capital Maintenance and Transfer of the Registered Office of a Company: A Consultative Document* (London, March 2005) para 3.4.2. 有观点主张作进一步修改,使财政援助制度更加灵活,而又不是完全消灭它:G Strampelli, 'Rendering (Once More) the Financial Assistance Regime More Flexible'(2012)4 *European Company and Financial Review* 530。

[11] E Wymeersch, 'The Directive Amending the Second Company Law Directive' in P Balzarini, G Carcano, and M Ventoruzzo (eds), *La Società per Azioni Oggi*(Milan:, Giuffrè, 2007) 333.

[12] 在《2006年公司法》颁布前发布的白皮书中,政府表示,将优先考虑推动《公司法第二指令》的根本性改革,而非技术性改变:Cm 6456(2005)43. 上述观点发表于2006/68/EC号指令前,但指令的发布粉碎了进行广泛改革的希望。

[13] 尤其是以下文献:Company Law Review Steering Group, *Modern Company Law for a Competitive Economy: Developing the Framework* (URN 00/656) paras 7.18—7.25.

从而结束了对私人公司采取更为灵活的方法这一政策。这一灵活的政策为 Jenkins 委员会于 1962 年所支持,并在一定程度上体现在《1981 年公司法》中。[14] 然而,就公众公司而言,其变革的自由受到必须履行《公司法第二指令》第 25 条这一欧盟义务的制约。

《2006 年公司法》对于与公众公司有关的财务资助方面的法律规定,几乎没有作出重大的实质性变更,因而,《1985 年公司法》中遗留下来的诸多困难和不确定因素,仍然影响着法律。虽然人们也审议了有争议部分的建议修订方案,但所建议的修订方案面临能否实际上改善状况的质疑,而未能获得政府的支持。[15]

禁令保护了谁?

禁止提供财务资助的法律,试图保护拍卖情形下的公司资金、股东利益以及债权人利益。[16] 在 Chaston 案件[17]中,上诉审法院法官 Arden 解释道:

然而,总体而言,其危害情形都是一样的,也就是说,目标公司及其子公司的资源不应当直接或者间接用于支持买方的收购行为。这可能会损害目标公司或其集团的债权人利益,也可能会损害不愿意接受要约出价或未收到要约出价的股东的利益。

为什么要禁止提供财务资助?

反对杠杆式收购/买断

在 Re VGM Holdings Ltd[18] 中,Greene MR 法官对于财务资助的禁令所禁止的行为,提供了以下解释:

他们经由记忆而回想起上次战争以后若干年来一直上演的故事时会忆起,与公司有关的非常普遍的一种交易形式是,有些人——你们可

---

[14] 《1981 年公司法》为私人公司引入了"粉刷"(whitewash)机制,据此,在满足特定条件(包括股东特别决议和董事作出关于公司的偿付能力声明)下,私人公司可以进行财务资助。Jenkins 委员会(Jenkins Committee)也建议采取与此效果大体相同的机制:*Report of the Company Law Committee* (Cmnd 1749, 1962) paras 178—179 and 187.

[15] *Hansard*, vol 680, GC col 24 (20 March 2006) and *Hansard*, HC vol 682, col 182 (2006 年 5 月 16 日)。

[16] *Wallersteiner v Moir* [1974] 3 All ER 217, CA, 255 *per* Scarman LJ and 239 *per* Lord Denning MR.

[17] [2003] 1 BCLC 675, CA, [31].

[18] [1942] Ch 235, CA, 239.

第十章　财务资助　271

以称其为金融家、投机分子或者你爱怎么称呼就怎么称呼——发现了有着大量现金结余或者诸如战时公债等容易变现资产的公司,就以现金买入了该公司全部或者大部分股份。他们行事周密,使得当时他们应当支付的用于购买股份的金钱,由其买入股份的公司的现金结余或流动资产的变现来提供。这种交易在当时司空见惯,引起了巨大的不满,并且在一些情况下还产生了巨大的丑闻。

前述意见回应着格林委员会报告中的评论,后者提议,此类行为应为违反法律的行为。[19]

1962年,Jenkins委员会在关于公司法改革所出具的报告中[20],也举了一个例子来说明禁止财务资助的法律着意于矫正滥用行为:

> 如果人们无法运用自己的资源,或者无法运用基于自身信用的借款来为购买公司的控制权融资,则他们本着运用公司资金来购买股份的这种想法,来掌握有着大额资产的公司的控制权,这看起来对于我们每一个人而言,公司将因其出让股份的对价未获充分担保或者只是得到了虚幻的对价,而被剥离掉资金。

在 *Wallersteiner v Moir*[21] 一案中,Denning MR 法官言简意赅地总结了这种被察觉到的滥用行为,并将其直接指称为一场"欺骗"。

市场操纵

在某些情况下,提供财务资助的后果,可能是推高了提供资助的公司的股价。这方面的一个明显例子发生于收购之中。在该收购中,向目标公司股东发出的要约对价是收购方公司的股份,并且为了确保那些股份的吸引力,收购方实施了股份支持计划,根据该计划,股份的购买方被豁免他们购买股份可能遭受的任何损失。从这一角度考察,禁止提供财务资助与公司不得买卖其自身股份的规则息息相关。[22] 在建议应当禁止财务资助时,Greene委员会将这种做法指称为"股份走私"行为。[23] 在 *Darvall v North Sydney Brick & Tile Co Ltd*[24] 这一发生于澳大利亚的案件中,Kirby P 明确地说,禁止财务资助的目的包括"避免公司及经手此类股份的高管操纵股份价值"。

---

[19] *Report of the Company Law Amendment Committee* (Cmd 2657, 1926) para 30.
[20] *Report of the Company Law Committee* (Cmnd 1749, 1962) para 173.
[21] [1974] 3 All ER 217, CA, 222.
[22] GR Bretten, 'Financial Assistance in Share Transactions' (1968) 32 Conv 6.
[23] *Report of the Company Law Amendment Committee* (Cmd 2657, 1926) para 30.
[24] (1989) 15ACLR23O, NSWCA, 256 *per* Kirby J.

管理层不合宪章的行为

禁止财务资助的另一个理由是防止公司管理层运用公司资源对其特定的买方提供支持,从而干扰正常的公司股份市场。就此而言,财务资助的禁令再一次补充着禁止公司购买自身股份的规则,后者的目的之一是防止公司管理层通过购买自身股份而对并购结果施加影响。[25]

资本维持与"损害"

有关财务资助的法律与有关资本维持原则的法律多有重叠[26],试想想以下例子便不难明白:发行公司运用其既有资本向投资者提供资金,以供其认购公司发行的新股;在这种情况下,从表面上看公司被注入了新的股本,但却是虚幻的。然而,虽然在传统上将财务资助视为资本/法定资本维持原则的一部分,但禁止财务资助的法令所调整的范围,大大超过那些同时违背了资本维持原则的行为。例如,它包括公司运用可分配准备金来支持股份购买的行为,并且不限于资本或其他不可分配准备金的滥用行为。它甚至可以拓展至某些并没有掏空公司资产的援助行为:并不必然要求造成实际上的金钱损害。[27] 当公司把资财送给别人,以使后者可以购买股份时,很显然会立即减损公司资源。然而,非法财务资助行为可以体现为多种形式,并不局限于公司以金钱相赠以用于股份的购买。同样在禁止之列的还包括贷款、担保、保证和豁免。凡此种种的非法财务资助行为在作出之时,并不必然降低公司资产。例如,只要借款人信用良好,而且无须为避免可能的违

---

[25] *Trevor v Whitworth* (1887) 12 App Cas 409, HL.
[26] C Proctor, 'Financial Assistance: New Proposals and New Perspectives' (2007) 28 *Company lawyer* 3.
[27] *Chaston v SWP Group plc* [2003] 1 BCLC 675, CA, para 37 *per* Arden LJ. 相应地,法官丹宁勋爵在 *Wallersteiner v Moir* [1974] 3 All ER 217, CA, 239 一案中对财务资助描述如下:你留心一下公司的钱,看看它们变成了什么。你留心一下公司的股份,看看它们进了谁的口袋。你很快就会看到,公司的钱是否被用于支持股份的购买。这一描述应仅仅被解读为财务资助的一个例子,而不是整个类别的解释性说明;参见 JH Farrar and NV Lowe, 'Fraud, Representative Actions and the Gagging Writ' (1975) 38 *MLR* 455。

在澳大利亚,关于"穷困"是否是基于英国模式(更为现代的澳大利亚法律已经放弃了该模式)的财务资助立法的必备要素,相关判例多有抵牾,但司法界向来有观点认为,更好的看法是,不将穷困视为认定构成违法的必须要素:*Re NIH Insurance Ltd* (*in prov liquidation*) *and HIH Casualty and General Insurance Ltd* (*in prov liquidation*); *Australian Securities And Investments Commission v Adle* [2002] NSWSC 171, (2002) 41 ACSR 72, NSW Sup Ct EqD, para 263。在新加坡,向来有观点认为,与基于英国模式的公司法相关的是这样一种标准:从通常商业感觉来看,公司资产被用于与收购其自身股份相关的活动,或者该活动使公司资产面临困境。*PP v Lew Syn Pau and Wong Sheung Sze* [2006] SGHC 146, para 107。

还可参见 BG Pettet, 'Developments in the Law of Financial Assistance for the Purchase of Shares' [1988] 3 *Journal of International Banking Law* 96, 100。

约而作出任何安排，贷款就不会缩减贷款人的资产。诸如保证这样的或然义务也不会减少公司资产，除非必须作出某些安排来避免义务的履行。[28] 作出抵押的决定，也没有减少或者掏空公司资产的价值，而仅仅限制了公司在担保债务实现之前对设定抵押的财产收益的运用。[29]

禁止提供财务资助是否具有正当性？[30]

技术问题

财务资助方面的法律以充满了昂贵的不确定性而著称，它使得公司每年花费大量的金钱来购买法律意见，以评估其对潜在交易的影响。虽然与财务资助特别相关的成本支出，在上市公司动辄数以十亿计的巨额交易之中，可谓沧海一粟，但对于那些更小额的交易而言，这些成本更为沉重。相应地，并不奇怪的是，在《2006年公司法》决定放弃私人公司的财务资助禁令时，成本是一个突出的考量因素。[31] 相较于试图通过完善相关规定来解决这一问题，采取更为激进的措施的基础在于以下认识：通过约束损害行为的禁令所要达到的有价值之目标，可以通过其他成本更低的方式来实现。

政策考量

财务资助方面的法律的目的在于保护债权人利益，同时保护股东在收购情形下免受控制人滥权行为的侵害。[32] 在表面上，这些目标不存任何争议，任何公司律师对此均耳熟能详。然而，公司法目标多元，保护公司的交易对手这一目标，并不一定居于主导地位。当前，关于公司法目标的见解认为，公司法已经从优先保护公司的交易对手（他们经常可以自我保护）转向

---

[28] Milburn v Pivot Ltd (1997) 15 ACLC 1520 Fed Ct of Aust, 1546 per Goldberg J; Lipschitz No v UDC Bank Ltd [1979] 1 SA 789, Sup Ct of SA, 800—801 per Miller JA.

[29] Re MC Bacon Ltd [1990] BCLC 324. 该案关系到《1986年破产法》第238条（以低于其价值而完成的交易）。还可参见 Lipschitz No v UDC Bank Ltd [1979] 1 SA 789, Sup Ct of SA, 800—801 per Miller JA.

[30] 本部分节选自以下论文：E Ferran, 'Financial Assistance: Changing Policy Perceptions but Static Law' [2004] CU 225; E Ferran, 'Simplification of European Company Law on Financial Assistance' [2005] European Business Organization Law Review 93; E Ferran, 'The Place for Creditor Protection on the Agenda for Modernisation of Company Law in the European Union' [2006] European Company and Financial Law Review 178; E Ferran, 'Regulation of Private Equity-Backed Leveraged Buyout Activity in Europe' (May 2007). ECGI—Law Working Paper No84/2007, available at SSRN ⟨http://ssrn.com/abstract=989748⟩（2013年7月访问）。

[31] White Paper (Cm 6456, 2005) 41.

[32] Chaston v SWP Group plc [2003] 1 BCLC 675, CA [31].

促进商事活动以提升经济的增长。从这个角度来看,财务资助方面的法律因为过于强调保护功能、以及对于什么情况构成该功能所需的"滥用"采取了弊病丛生的政策选择而备受批评。例如,在有关债权人方面,第七章所探讨的对于资本维持制度的批评,不但适用于这一情形,而且其批评的力度有过之而无不及,因为法律的一般规定只是对体现为资本的资产和其他不可分配准备金的分配进行控制,而财务资助方面的法律走得更远,禁止分配任何资产以支持股份的购买。的确,财务资助方面的法律超越了这一范畴,因为某些被禁止的财务资助形式根本不存在发生任何掏空公司资产的要求。

就财务资助方面的法律所反对的情形而言,二战后司法对公司收购中的杠杆融资的普遍敌意,与当前杠杆收购司空见惯的环境格格不入,而且人们此前将其看作是精明的经营者利用别人的钱来玩转市场以获得公司控制权,因而这种交易必受质疑;而如今,观念已经转变,人们以一种更为精细的眼光来看待它们,认为这些交易毫无疑问会带来一些经典的代理问题——公司管理者有可能将自己利益置于股东整体利益之上;大股东会剥削小股东;公司的控制人可能会使公司负担沉重的额外债务,以至于威胁现有债权人及雇员的利益——但这些交易也可能是在经济上有利的、创造价值的活动。这并不是说,人们对杠杆收购模式的敌意已经完全消失,尤其是在金融危机时期,这种敌意还可能重新出现。在 2007 年至 2009 年金融危机之后,这一点得到了生动的体现。投资银行和商业银行处于这场风暴的中心,但即使私募股权、对冲基金、杠杆收购市场主要参与者主要发挥了次要作用,但这些机构仍然受到了监管反弹措施的影响,这些措施源于危机前的繁荣时期人们对行业实践的担忧,例如组合投资公司为了服务于收购融资而作的"资产剥离"等。[33] 但值得注意的是,立法者并没有为了打击滥用行为而更加严格地禁止提供财务资助:他们使用了更加细致的监管工具。[34]

究竟确定怎样的监管范围和采取怎样的治理策略,可以最好地解决内生于高倍的杠杆收购中的代理问题,这方面存在诸多问题。在《2006 年公司法》通过之前的论争中,人们就意识到了这一问题。人们决定完全废除适用于私人公司的有关财务资助的法律,不是因为英国的决策者们认为没有必要采取一些保护性的监管措施来达成财务资助方面的法律所追求的目标,而是因为他们认定,关于董事义务和小股东保护、监管收购及公司破产的一

---

[33] E Ferran, 'After the Crisis: The Regulation of Hedge Funds and Private Equity in the EU' (2011) 12 *European Business Organization Law Review* 379.
[34] 欧洲议会和理事会于 2011 年 6 月 8 日制定了 2011/61/EU 号《关于另类投资基金经理的指令》,修订了 2003/41/EC 号指令、2009/65/EC 号指令,1060/2009 号法规(EC)、1095/2010 号法规(EU),[2011] OJ L174/1,第 33 条(规定另类投资基金经理在获得控制权后两年内,不得支持分配、减资、股份赎回和组合投资公司的回购等行为)。

般法律规定可以实现该功能。在这种情况下,破产法规定,陷于财务困境的公司所实施的低于市场价值的交易可以被撤销,就显得特别重要。[35] 虽然对于这种种策略的有效性还存在观点上的分歧,但它们看起来都优于财务资助的法律,后者在解决此类交易带来的种种复杂而多维度的困难时,显得过于莽撞。

就防范操纵市场而言,禁止财务资助的法律也并非事所必须。这些年来,确保构建一个健康有序的证券市场,被认为是证券法而不是公司法的领地。《2000年金融服务与市场法》对那些实施市场滥用行为的人科以重责,包括对他们动用无限制的行政罚款和刑罚。[36]

对财务资助的法律的进一步批评是,它经常未能实现其目标(然而,如果这项禁令更为有效,它可能会阻碍更多的有价值交易的发生,在这一意义上,它或许并非坏事)。在表面上,禁止公众公司对购买自身股份提供财务资助,看起来是击中了杠杆收购行为的要害,因为这些交易的经济结构正在于依靠能够运用被收购公司资产作为债权融资的担保,从而促成收购行为,而那却正是禁令表面上所禁止的。然而,尽管欧洲普遍存在财务资助的禁令,但欧洲的并购市场仍然如火如荼。[37] 这是怎么发生的?答案非常简单:它之所以会发生,是因为市场已经产生了方法来规避法律,其结果是,财务资助方面的法律褪变到了阻碍交易的水平,而不是一道不可逾越的障碍。

然而,这并不意味着,财务资助方面的法律在实践中已经无关紧要,并且没有必要来继续推进变革。现在出现了一种令人不安的趋势,即人们机会主义地利用有关财务资助的法律,以逃避义务或者改变他们所实施交易的后果,尽管大量的案件表明,英国的法院并不理会此类种种不值得嘉许的诉求。[38] 此外,人们还关注,在敌意收购情形下人们可能会利用有关财务资助方面的

---

[35] 《1986年破产法》第238条(低于价值的交易)。DG Baird,'Legal Approaches to Restricting Distributions to Shareholders: The Role of Fraudulent Transfer Law'(2006) 7 *European Business Organization Law Review* 199。Baird认为,英国禁止财务资助的禁令和美国有关杠杆收购的诈欺转让法相似(同上,201,注[6])。

[36] 《2000年金融服务与市场法》第123条;《2012年金融服务法案》第89—90条。

[37] L Enriques,'EC Company Law Directives and Regulations: How Trivial Are They?'(2006) 7 *University of Pennsylvania Journal of international Economic Law* 1。

[38] *Chaston v SWP Group pic* [2003] 1 BCLC 675, CA 是不值得嘉许的案件胜诉的例子(受益于目标公司的子公司付款的尽职调查报告的购买者,后来成功地对授权付款的子公司的前任董事提起了诉讼,告其违背了义务)。还可参见 *Re Hill and Tyler Ltd*. *Harlow v Loveday* [2005] 1 BCLC41。但是, cf *Dyment v Boyden* [2004] 2 BCLC 423, affirmed [2005] 1 BCLC 163, [2005] BCC 79, CA(公司不能声称租约是非法的财务资助而逃避其履行租约下的义务);*Anglo Petroleum Ltd v TFB (Mortgages) Ltd* [2007] BCC 407, CA(行为主体不得主张援引财务资助的法律而逃避履行保证和担保项下的义务);以及 *Corporate Development Partners LLC v E-Relationship Marketing Ltd* [2009] BCC 295(承诺支付介绍费并不是财务资助,因而不具有执行力)。

法律来启动诉讼,并作为一种策略性手段。他们未必一定想赢得诉讼,而是仅仅利用它来拖延交易,拖延的时间足够长了,也会减损该笔交易在商业上的合理性。[39] 运用财务资助方面的法律是一个好的"捣乱"选择,因为其周遭的不确定性意味着,法院将耗费大量时间来作出裁判。

如果有关公众公司的法律的变革选择,没有受到《公司法第二指令》的制约,则有关公众公司的政策主张将被认为富有说服力,其后果是,所有公司的有关财务资助方面的法律将被彻底废除,或者至少在范围及效果方面均较其前身有所降低。

法律框架概览

现在,有关财务资助的成文法规则规定于《2006年公司法》第18部分第2章。除了财务资助方面的法律不适用于私人公司(公众公司的子公司除外)的决定所带来的变化之外,《2006年公司法》与《1985年公司法》在内容方面几乎没有区别。因而,解读并运用含摄于《1985年公司法》的有关财务资助的法律的案例,仍然不无关联。回过头来参考一番与早期立法(特别是《1948年公司法》及运用《1948年公司法》作为先例的外资法律)相关的早期案例,仍然不无助益;但由于自从那些案件的裁判作出之后,相关的成文法规则发生了一些变化,在解读这些案件时要对其拘束力保持警醒。

关于财务资助的"定义"

现在,我们来对法律进行更为详细的解读。展开更为详尽分析的一个显而易见的起点是理解"财务资助"的含义。或许令人奇怪的是,立法居然没有对"财务资助"进行界定。相反,《2006年公司法》(遵循早期立法的范式)只是列出了禁令范围之内的财务资助形式。[40] 对此,司法作出的解读是,立法者认为不对财务资助进行精确的界定,这是明智的;否则,精明人士

---

[39] Ferran, 'Regulation of Private Equity—Backed Leveraged Buyout Activity in Europe',探讨了 Gas Natural 公司敌意收购 Endesa 的事件。在该事件中,在西班牙法院提起了一件诉讼,诉讼请求的基础是该收购事件涉及违背了财务资助的禁令,从而导致整个交易被法院的防范性法令冻结了相当长的一段时间。

[40] 在 *Barclays Bank plc v British Commonwealth Holdings plc* [1995] BCC 19, 37 一案中,Harman 法官称"《1985年公司法》第152条(现在是《2006年公司法》第677条)提供了早期立法所遗漏的'财务资助'的定义"。但这一观点未被广泛接受。

将想方设法,在合乎法律字面意思的情况下挫败立法意图。[41]

"财务资助"不是个技术用语

在相关案件中被反复强调的是,"财务资助"这一术语并不拥有技术上的含义,它只是一个普通的商业用语。Hoffmann 法官在 *Charterhouse Investment Trust Ltd v Tempest Diesels Ltd*[42] 一案(该案涉及《1948年公司法》第54条)中的表述,被频繁引用:

> 这些术语没有技术上的含义,根据我的判断,它只是普通的商业用语。人们必须审查交易的商事现实,进而决定能否妥当地将其描述为公司提供财务资助的行为。在作出判断时,人们必须记住,该法条是惩罚性的,但不应当严苛至适用于那些并非完全属于这一范围的交易行为。[43]

在 *Barclays Bank plc v British & Commonwealth Holdings plc*[44] 一案中,上诉法院强调,"援助"的性质必须是资金。性质不属于资金的援助的一个例子是,公司允许其股份的潜在买受人查阅公司账簿和记录。[45] 另一个例子是,目标公司向其股份的购买者立下约定,保证在立约当时未预见的任何情况下均不会就该股份产生任何债务。[46] 然而,"财务资助"这一概念却并不限于直接或间接有助于股份购买的资金支持行为,它还包括劝诱购买股份的行为,而且不以财务资助行为直接影响到目标公司的股份为必要条件。[47] 正如前述,虽然援助必须是资金,但对于绝大多数被禁止的财务资助形式而言,并不要求这些行为掏空了公司资产。就时点而言,它是指公司负有义务(而不是指公司履行义务)之时必须对当时是否存在财务资助行为进行检测。[48]

---

[41] *Anglo Petroleum Ltd v TFB (Mortgages) Ltd* [2007] BCC 407, para 26 *per* Toulson LJ.
[42] (1985) 1 BCC 99, 544, 99, 552.
[43] 还可参见 *Barclays Bank plc v British & Commonwealth Holdings plc* [1996] 1 BCLC 1, CA; *Chaston v SWP Group plc* [2003] 1 BCLC 675, CA; *MacNiven v Westmoreland Investments Ltd* [2003] 1 AC 311, HL; *MT Realisations Ltd (in liquidation) v Digital Equipment Co Ltd* [2003] 2 BCLC 117, CA; *Anglo Petroleum Ltd v TFB (Mortgages) Ltd* [2007] BCC 407。
[44] [1995] BCC 1059, CA.
[45] *Burton v Palmer* (1980) 5 ACLR 481, NSW SC, 489 *per* Mahoney J.
[46] *Chaston v SWP Group plc* [2003] 1 BCLC 675, CA, [43] *per* Arden LJ.
[47] *Chaston v SWP Group plc* [2003] 1 BCLC 675, CA, especially [45] *per* Arden LJ. 在 *MT Realisations Ltd (in liquidation) v Digital Equipment Co Ltd* [2002] 2 BCLC 688, Ch D 案件中,Laddie 法官持相反看法,但上诉审法院法官 Arden 不同意。
[48] 在 *Parlett v Guppys (Bridport) Ltd* [1996] BCC 299, CA 一案中,这一点是律师的共识。

运用商业实质及真实性标准的近期案件

SWP集团有限公司（一家上市公司）在收购Dunstable Rubber控股有限公司过程中，酿成了 *Chaston v SWP Group plc* 一案。[49] 以收购方的视角观之，这起收购并未以完美的方式收场。在收购发生当时，Robert Chaston是目标公司的子公司的一名董事。针对Chaston先生的诉由是，他积极促成或者默许对母公司股份的购买者提供财务资助，以促成收购目标的实现，从而违背了其对子公司的信义义务。被指控的财务资助行为是，子公司承担了为该笔交易的简式审计报告及详式审计报告支付费用的债务，并且（或者）支付了那些费用。购买方作为其子公司的受托人，就其本来可以享有的权利，对Chaston先生提起了诉讼。上诉法院认为，子公司为目标公司支付费用的行为，通过了"财务资助"的商业实质及真实性标准：买卖双方均被豁免了对会计师提供的服务支付任何费用的义务，而且费用的支付铺平了股份收购的道路。

另一方面，*MT Realisations Ltd*（清算中）*v Digital Equipment Co Ltd*[50] 一案，却没能通过商业实质及真实性标准。该案涉及一桩交易，在该笔交易中，购买方购入了目标公司MT Realisations（MTR）的股本，并且按该股本的名义价值支付了对价，这一价格被认为是股份的公平价格。在另外一份单独的协议中，购买方也同意向卖方支付650万英镑，以换取MTR为债务人的公司之间的即期贷款及附属担保权益。该贷款协议规定，这笔贷款的买价由买方以分期付款的方式支付。贷款协议的商业效果是，卖方避免了承担以前子公司的信用风险。允许买方以分期付款的方式买入这笔公司之间的贷款，卖方反而承担了与买方相关的新的信用风险。这一结构或许有益于买方，因为它意味着在合同签订之时它无须筹集资金来支付这笔交易的全部价格。随后，买方不能履行贷款协议之下的分期付款义务。此时，各方改组了安排，将卖方对MTR应付的金额，与买方根据贷款协议应向卖方支付而未支付的分期付款数额相抵消。后来，MTR进入了清算程序，清算人认为，购买完成之后重新安排贷款协议之下的买方义务，属于被禁止的财务资助行为。

上诉法院认为并不存在财务资助行为。以商业眼光来看，这一重新安排并未发生财务资助行为。财务资助不会发生于真空环境中，必须将某些东西给予某些人，而这些人此前并不拥有这些东西。而这一重新安排并未给予买方任何针对MTR的新权利，因而未对其提供财务资助。根据贷款协

---

[49] [2003] 1 BCLC 675，CA.
[50] [2003] 2 BCLC 117，CA.

议，买方已经获得了 MTR 为债务人的即期贷款及附属担保权益。买方本可以要求 MTR 支付买方从卖方收取的数额之外的金钱（如果需要，买方可以行使担保权以实现其法律权利），然后运用这些金钱以履行其自身的贷款协议之下的付款义务。作出一项安排，将卖方对 MTR 应付的金额，与买方向卖方应支付的金额相抵消，只是简化了程序而已。就其商业本质而言，买方是在行使既有的法律权利，而并没有从被收购的公司中获得任何形式的财务资助。

揭开事实的商业本质及真实面目的标准，也被上诉法院运用于审理 Anglo Petroleum v TFB (Mortgages) Ltd[51] 一案之中。该案是另一例涉及收购后进行财务重组的事件。在该事件中，目标公司进行了新的借贷，该借款获得了抵押和个人保证的担保。但在债权人试图获得偿付及/或行使担保权和保证权时，目标公司及担保人提起了种种理由，试图达到以下效果：融资及相关担保安排是非法而无效的，因为它们违背了财务资助的禁令。上诉法院认为，尽管这种种说辞"富有创意"，但其商业本质却是，目标公司及保证人试图逃避其对融资人承担的责任。通过严格解读法律可知，这种责任源于本质上明白不过的商业贷款。

Anglo Petroleum 一案的裁决表明，对于试图利用财务资助的法律来逃避责任的种种令人鄙弃的行为，法院将采取一种强硬的姿态。近期诸多其他案件的裁决也与此类似。[52] 它们不同于 Re Hill and Tyler Ltd, Harlow v Loveday[53] 一案的一审裁决，在该案中，收购股份的融资包括目标公司以借款形式提供的财务资助。目标公司以资产抵押做担保，签订了融资协议，从而以借款形式筹集到了资金。法院认为，就商业真实性以及运用"铺平道路"这一概念而言，在各方主体均知悉所借资金将被用于购买股份的情形下，抵押构成了财务资助行为。法院表达了以下观点：除非运用私人公司的"粉饰"（whitewash）程序（这是《1985 年公司法》规定的一道程序，它使得一定情形下私人公司的财务资助行为不受禁止。而如不遵循这一程序，该行为将被禁止）[54]，抵押将属于非法行为，因而不具有执行力。这一富有争议的裁决迥异于 Anglo Petroleum 一案，在该案中，上诉法院裁定，其正确性是毋庸置疑的。

---

[51] [2007] BCC 407，CA.
[52] Dyment v Boyden [2004] 2 BCLC 423，affirmed [2005] 1 BCLC 163 CA（公司不能声称租约是非法的财务资助而逃避其履行租约下的义务）；Corporate Development Partners LLC v E-Relationship Marketing Ltd [2009] BCC 295（承诺支付介绍费并不是财务资助，因而不具有执行力）.
[53] [2005] 1 BCLC 41.
[54] 因为其不再必要，这一程序现在被废除了。

Re Uniq plc 案中[55]，涉及公司复杂的重组程序中的一项计划，而重组程序旨在解决严重的养老金计划赤字问题。根据该计划，Newco 公司将成为 Uniq 公司的股东，并持有 90.2% 的股份；Newco 公司将承担支付养老金的义务，从而免除 Uniq 公司及子公司对养老金计划项下的义务；随后，Newco 公司将进入破产管理程序，而 Newco 公司承担的养老金计划项下义务，将得到养老金保障基金的补偿。Newco 公司取得 Uniq 公司 90.2% 股份所需的资金，将由 Uniq 集团内现有的公司以付款的方式提供给它。显而易见，这一付款行为将可能违反不得提供财务资助的禁令，尽管这显然不是一家公司在无偿或极少回报的情况下支付金钱的情况。Richards 法官在他的评论中承认了这种情况具有商业现实性，即如果一家公司付款后的全部对价由其或子公司收取，且其真实目的是为了获取自身利益而非为了提供财务资助，在通常的商业意义上可以说这不是财务资助，尽管该公司知道收款人会使用款项来收购公司或其控股公司的股份。但 Richards 法官认为，在一些先前的案例中，这种强有力的观点可能被认为是"有争议的"，因此最好考虑每笔具体付款是否属于法律所规定的任何类别的财务资助。有些属于，有些则不属于；尤其是之前的判例认为，偿还到期贷款不能构成财务资助，因为这只是履行了一项无关联的义务。

禁止的财务资助行为

《2006 年公司法》第 677 条规定了被禁止的财务资助行为。它们如下：
以赠予的方式提供财务资助[56]

任何赠予，无论其数额高低，也不论其体现为一个绝对的数额还是体现为捐赠公司总资产的一个百分比，均属其列。在这方面，不存在低额例外情形。

赠予通常被认为是指无偿转让财产所有权的行为。[57] 在针对 *R v Braithwaite*[58] 这一涉及对《1906 年反腐败法》进行解释的案件中，首席法官 Lane 说道[59]："'赠予'一词，是硬币的另一面。也就是说，当不存在对价和讨价还价时，它就进入了人们的视野。要考虑的是存在合同或讨价还价的情形，以及体现为其他方式的一些情事。"然而，就《2006 年公司法》第 677(1)(a) 条所称的"赠予"种类而言，有人认为，如果公司应支付的金额高于其

---

[55]　[2012] 1 BCLC 783.
[56]　《2006 年公司法》第 677(1)(a) 条。
[57]　*Customs and Excise Commissioners v Telemed Ltd* [1989] VATTR 238, 243 (appeal dismissed [1992] STC 89).
[58]　[1983] 1 WLR 385, CA.
[59]　At 391.

将要购买的资产的价值,则超过的部分构成"赠予"。[60] 上诉审法院法官 Aldous 在审理 *Barclays Bank plc v British & Commonwealth Holdings plc*[61] 一案时,考虑了这一情形。在该案中,Aldous 法官的判词得到了法院其他法官的认可。他说,根据案件具体情事之不同,溢价支付的部分可能构成"赠予"。看起来人们认为,在这种情形下探究交易的"实质"而不是其形式,这是妥当的。

Charterhouse Trust Ltd v Tempest Diesels Ltd[62] 一案关注的是集团内部一家子公司进行交易之前的公司集团的重组。作为重组计划的一部分,涉案的子公司同意让出税项损失(tax losses)。Hoffmann 法官认为,让出税项损失的协议必须与交易作为一个整体来考虑,从而确定其带来的金钱收益净额,而且如果它等同于价值的纯粹移转,而这种移转降低了买方必须向其子公司支付的价格,则它会构成财务资助行为。该案的判决依据是《1948 年公司法》第 54 条,而该条并没有列出被禁止的财务资助行为的清单。如果对该法条进行扩张解释,将公司的超出回报的给付安排也囊括其中,而不仅仅限于纯粹的无偿交易,则这种类型的交易也属于赠予范围之列。

遵循此种扩张的理解,甚至可以把以低于其本来可以获得的价格来发行股份,视为礼物。[63] 然而,这样似乎也在一定程度上限缩了该类别的范围。公司承诺发行权证或期权以换取董事席位,也不构成《2006 年公司法》第 677(1)(a)条之下的"赠予"行为。[64]

以保证或抵押方式作出的财务资助[65]

公司的股份收购方为了购买股份,或许会要求公司为其借款提供个别保证,或者可能要求公司以其资产为该借款提供抵押担保。这两种交易均属于这一类别之下的不折不扣的非法财务资助行为,*Re Hill and Tyler Ltd*,*Harlow v Loveday*[66] 一案显示了这一点。在该案中,收购方多方筹借资金以购买目标公司的股份。其中的一个资金来源是目标公司的一名董事。该董事提供了借款,公司为此出具了书面的还款保证合同,并以目标公司的资产设定了抵押。毫无疑问,这种保证和抵押行为构成《2006 年公司

---

[60] *Plaut v Steiner* (1989) 5 BCC 352.
[61] [1995] BCC 1059,CA.
[62] (1983—1985) 1 BCC 99,544.
[63] 关于以较低价格发行新股会构成财务资助的可能性,还可参见 *Milburn v Pivot Ltd* (1997) 15 ACLC 1,520 Fed Ct of Aust.
[64] *Oxus Gold plc* (*formerly Oxus Mining plc*) *v Templeton Insurance Ltd* [2006] EWHC 864 (Ch),[184].
[65] 《2006 年公司法》,第 677(1)(b)(i)条。
[66] [2005] 1 BCLC 41.

法》所认定的财务资助行为。而更富争议的是,目标公司提供抵押以为其获得的资金提供担保,其目的在于将其转借给购买者以支付股份的买价,在各方均知悉借来的资金将被如何使用的情况下,这一抵押行为将被认为是非法的财务资助。

然而,重要的是要知道,购买股份的安排中包括目标公司就其自身的负债提供担保,仅仅是这一事实并不必然能够得出存在《2006年公司法》之下的非法财务资助的结论。这种担保可能游离于《2006年公司法》的范围之外,因为根据商业真实性测试,这里并不存在财务资助行为,或者是因为财务资助及其赋予的目标之间的必需的因果联系(本章稍后将予探讨)并不存在。因而,在审理案件时必须细化为审查具体事实。参酌 *Anglo Petroleum v TFB (Mortgages) Ltd*[67] 一案,可以看出这一点。在该案中,目标公司对其母公司负债3000万英镑。该笔负债显然属于即期债务,并且按一定的商业利率计息。目标公司与其母公司达成一项谅解协议,根据该协议,目标公司就其未偿付的欠款的一部分设定了还款时间表,并以其资产为此设定了担保。作为回报,母公司免除了目标公司偿付其他公司间欠款的义务。在同一天,目标公司被卖给了收购人。随后,有人试图将目标公司的该项担保界定为非法的财务资助,但却归于失败,因为就其商业本质而论,该项担保是目标公司为获得其债务的减免而必须支付的对价,它不是一种财务资助行为。

以补偿方式作出的财务资助[68]

《2006年公司法》在技术意义上运用了"补偿"这一术语,它是指一方约定另一方无须因损失而受到伤害。[69] 作为股份支付计划的一部分,如果一家公司承担着弥补购买股份的投资者就该股份可能遭受的损失,则将违反这方面的财务资助禁令。

对于购买或者可能购买股份的人,公司作出的补偿通常发生于包销协议的情形之中。此种补偿与前一段落所讨论的补偿的不同之处在于,它是指对于承销商在包销过程中可能遭受的损失作出补偿,而不是指对股价下降而带来的损失予以补偿,而这正是承销商必须承担的风险。《2006年公司法》第677(1)(b)(i)条明确规定,就补偿人自身的损失或违约而作出的补偿不属财务资助行为,但包销协议中的补偿范围可能更为宽广。如果发生这种情形,则人们可能会以存在财务资助为理由而质疑该补偿。然而,再一次

---

[67] [2007] BCC 407, CA.
[68] 《2006年公司法》第677(1)(b)(i)条。
[69] *Yeoman Credit Ltd v Latter* [1961] 1 WLR 828, CA, 830 per Pearce LJ adopted in *Barclays Bank plc v British Commonwealth Holdings plc* [1995] BCC 1059, CA.

地,重要的是不要急于得出结论称,包销协议中对于不限于补偿人自身的损失或者违约作出的补偿,是非法的财务资助行为。它可能根本就不是财务资助,因为就商业真实性而言,它仅仅是合法谈判的一个组成部分,在该谈判中,公司为了向市场发行股份筹集资本而作出此项承诺。

以豁免或者弃权方式作出的财务资助行为[70]

"豁免"或者"弃权"这些术语,与公司放弃或者拒绝行使对另一方主体的权利的情形有关。尚不清楚的是,合同的变化是否属于这一范围,尽管双边合同的主体均同意变更合同有时也被描述为弃权行为。即使合同的变更可以被认为是这一目的上的弃权行为,但也有可能在诸多情况下,变更后的合同给合同主体既带来了利益,又带来了负担,在这种情况下,事实上就商业真实性而论,不可能得出结论称公司提供了资金性质的援助。

以借款方式作出的财务资助[71]

公司提供借款以为购买其自身股份提供融资,属于最为明目张胆的财务资助行为之一,如果有清晰的证据表明发生过此种行为,则它的违法性毋庸置疑。[72]

"借款"这一术语通常是指约定了以偿还为条件的资金供给行为。[73] 根据这种解释,公司向第三方偿付公司股份的购买方欠下的债务,同时约定购买方日后再偿还给公司,这种行为不构成借款。借款也不同于公司以赊欠方式购买货物的交易。如果交易形态不是虚假的,而且该交易的条款与各方为其贴上的标签相符,则以赊欠方式购买货物,或以承担远期债务的方式购买货物,都不会产生借贷关系。[74]

通过其他约定来提供财务资助,根据该约定,资助人必须在另一方主体根据协议所应承担的义务仍未履行之时履行义务[75]

这一种类适用于诸如三方协议等情形。根据三方协议,公司为其股份的购买方偿付债务,而后者有义务在日后某一时间归还。这一种类还适用于公司出售资产而延期收取对价、或者预先付款以购买资产的交易。如果公司资产的购买方发行借贷单据或者其他债权证券,而且当时存在那些证券的活跃市场以使该证券方便地变现,则可以想见的是,这种情况不在禁令

---

[70]《2006 年公司法》第 677(1)(b)(ii)条。
[71] 同上,第 677(1)(c)(i)条。
[72] Re Hill and Tyler Ltd , Harlow v Loveday [2005] 1 BCLC 41.
[73] Chow Yoong Hong v Choong Fah Rubber Manufactory [1962] AC 209, PC, 216 per Lord Devlin; Vigier v IRC [1964] 1 WLR 1073, HL, 1084 per Lord Upjohn; Champagne-Perrier SA v HH Finch Ltd [1982] 3 All ER 713; Potts v IRC [1951] AC 443, HL.
[74] Chow Yoong Hong v Choong Fah Rubber Manufactory [1962] AC 209, PC; IRC v Port of London Authority [1923] AC 507, HL.
[75]《2006 年公司法》第 677(1)(c)(i)条。

范围之内,因为公司获得的对价与现金几无差异。然而,如果发行的证券没有流通性,则情形与此不同,因为存在发行人无法履行其义务的风险。[76]

借款合同或其他此类合同让渡或者更新了权利,以此方式提供的财务资助[77]

当合同被更新时,原来的合同解除并代之以不同主体之间的新合同。合同的更新发挥着将合同的负担转嫁给另一方主体的功能。这与合同的让渡不同,后者只能用于转让权利而不是责任。

公司以导致净资产实质性减少的方式提供其他财务资助[78]

导致公司净资产实质性减少,是财务资助形式的"兜底性"种类。它往往与价值被低估的交易以及公司支付费用以换取服务的安排有关。在 Chaston v SWP Group plc[79] 一案中,公司为会计师的报告支付了费用,这正与该种形式的财务资助有关。这种类别的财务资助也可以适用于单方中止协议的费用(break fees),后者发生于收购方与目标公司之间,根据这一安排,如果发生特定的事项使得收购无法进行下去,则目标公司应支付这笔费用。[80]

"净资产"在这里是指公司的总资产减去总负债。[81] 与此相关的是公司的市场价值而不是其账面价值。[82] 现在并不存在这一语境下对于"实质性"的法律定义。[83] 对于"实质性"测试,至少存在两种不同的方法:一种方法关注资产降低的百分比,认为如果公司资产的降幅低于一定的最低比例,则被认为不是"实质性"的。另一种方法是审查有关的总额,如果减量的数额大,则虽然按照比例测算它可能只代表着公司净资产的一个微小比例,也将被认为是实质性的。从法律的语词分析,无法清楚地看到哪种方法(或者每一种方法)是正确的。甚至是某种混合手段——降低的百分比和降低的绝对

---

[76] WJL Knight, *The Acquisition of Private Companies and Business Assets* (London: FT Law & Tax, 7th edn, 1997) 61 讨论了此种情况。
[77] 《2006年公司法》第677(1)(c)(ii)条。'其他此类合同'可回溯至《2006年公司法》第677(1)(c)(i)条的第二部分。
[78] 《2006年公司法》第677(1)(d)(i)条。
[79] [2003] 1 BCLC 675, CA.
[80] *Paros Plc v Worldlink Group Plc* [2012] EWHC 394. 还可参见 LR 10.2.6A—10.2.7。
[81] 《2006年公司法》第677(2)条。
[82] 这一理解以对《2006年公司法》第677(2)条和第682(3)—(4)条的比较为基础。在 *Parlett v Guppys (Bridport) Ltd* [1996] BCC 299, CA 一案中,律师们达成的共识是,与现在的《1986年公司法》第677(2)条的目的相关的是市场价值。但上诉审法院法官 Nourse 认为(第305页),虽然抽象地说,实际资产与负债和会计账簿中的资产与负债存在种种差异,是容易的;但将实际资产或负债与会计账簿中应当有的资产与负债这两个概念区分开来,并不容易。
[83] *Paros Plc v Worldlink Group Plc* [2012] EWHC 394, [70], 本案支持相关文献将1%作为实质性标准,但也注意到该标准缺乏明确的权威。Chaston 一案中的费用支付满足了"实质性"的要求,对于此点,律师已有共识:[2003] 1 BCLC 675, CA, para 12。

数量,两者均是相关的考量因素——能够得以适用。在 *Parlett v Guppys Bridport Ltd*[84] 一案中,法院认为,如何认定"程度",这面临着问题,而且对于"实质性"又缺乏经验性判断规则。[85] 清空资产显然会满足这一条件。[86] 虽然法院不愿认可经验性规则,但实践中对于支付费用最高不超过支付者资产价值1%的协议,通常认为不具有"实质性"。[87] 这一做法在一定程度上获得了监管制度的支持,《英国收购准则》通常禁止违约费(inducement/break fee)。当要约人提出要约,而受要约公司的董事会并不愿接受该要约且始终不愿接受的,在满足以下情况时,并购委员会通常会同意受要约公司与竞争要约方约定"违约费":受要约公司将支付的违约费总额较少,通常不超过受要约公司价值的1%。[88] 高级上市公司支付的超过1%的违约费,将属于《上市规则》规定的一级交易,需要征得股东批准。[89]

以上是一种形式的财务资助行为,其中"损害"(也就是消耗了援助公司的资产)是一个必要条件。[90]

没有净资产的公司提供的其他财务资助行为[91]

这也是财务资助种类的兜底性规定,只适用于没有净资产的公司。它与前一类的区别在于,如果该公司净资产为负,禁止存在任何财务资助行为,哪怕这一数额非常低。[92] 另外,它不要求存在损害——的确,某些对于提供援助的公司有益的事情,例如公司以非常有利的条件提供借款,在这一种类中也会构成非法财务资助。[93]

财务资助被禁止的情形

现在,我们行文至禁止提供财务资助的核心部分。它们包含于《2006年公司法》第678条[94]之中,该条做了如下规定:

(1)当有人正在收购或者正打算收购公众公司的股权时,该公司或者该公司的子公司为促成收购目的,在收购之前或者在收购同时,以直接或者间

---

[84] [1996] 2 BCLC 34, CA.
[85] At 35 *per* Nourse LJ.
[86] *Mac Pherson v European Strategic Bureau Ltd* [2000] 2 BCLC 683, CA.
[87] 如在 *Paros Plc v Worldlink Group Plc* [2012] EWHC 394, [70] 案中所述。
[88] 《城市并购规则》第21.2条,注[2]。
[89] 《上市规则》第10.2.7条。
[90] *Chaston v SWP Group plc* [2003] 1 BCLC 675, CA, para 41 *per* Arden LJ.
[91] 《2006年公司法》第677(1)(d)(ii)条。
[92] *Paros Plc v Worldlink Group Plc* [2012] EWHC 394.
[93] *Chaston v SWP Group plc* [2003] 1 BCLC 675, CA [41].
[94] 还可关注《2006年公司法》第679条,该条涉及私人公司的公众子公司所提供的财务资助行为。

接方式提供财务资助,是不合法的行为。

……

(3) 当——

(a) 有人已经取得了公司的股份;并且

(b) 为取得股份的目的(那个人或者其他人)已经产生了责任,公司或其子公司直接或间接地提供财务资助以减少或者清偿该责任,如果在提供资助之时取得股份的公司是一家公众公司,则该财务资助行为是非法的。

接下来,对于这两个法律条款中的要素可以分别予以如下具体考察。

取得

"取得"这一语汇拓宽了禁令的范围,因为它确保了将非现金对价发行含摄其中。而根据《1948年公司法》第54条,情形则完全不同,后者将"取得"指称为购买或者认购股份,因为"认购"一直被认为是指以现金取得股份。[95] 现在,以非现金对价购买股份也是一种"取得"股份的行为。[96]

"取得"股份是否必须发生于某一时点,以使禁令得以适用？一方面,有可能认为,在从未发生"取得"的情况下提供的财务资助不是取得"之前"的财务资助,因此其不属于《2006年公司法》第678(1)条的调整范围(而第678(3)条关注的是"取得"之后的财务资助,显然不适用)。另一方面,678(1)条中对"拟议的"取得股份的参考意见可以被解读为,曾经取得过股份并非是必不可少的。对成文法的后一解释,也就是不必探讨"取得"的时点问题,看起来在 *Cox v Cox*[97] 一案中已经被采纳了。在该案中,公司向正处于与其丈夫离婚过程中的一名股东进行了支付,而这项支付被认为是非法的"取得之前"财务资助,同时这项资助与该股东的丈夫支持其妻子取得股份有关,尽管在诉讼过程中他还没有取得股份。这种观点也支撑着对终止协议的费用的法律分析,在出现要约流产的事件时必须支付这些费用。在 *Paros Plc v Worldlink Group Plc* 案中[98],确定了一项违约费安排。在该案中,一位自然人提议收购涉案公司的股票;法院认为,禁止提供财务资助的规定适用于本案,数额与当事人实际购买的股份数额相同。

---

[95] *Government Stock and Other Securities Investment Co Ltd v Christopher* [1956] 1 All ER 490.

[96] *Plaut v Steiner* (1989) 5 BCC 352,该项裁决根据《1985年公司法》第151条作出,涉及股份互换事宜。

[97] [2006] EWHC 1077 (Ch).

[98] [2012] EWHC 394.

禁令只与股份的取得有关

在 *NZI Bank Ltd v Euro-National Corp Ltd*[99] 一案中，新西兰上诉法院认为，提供金钱以取得股份期权，不属于以金钱方式提供财务资助以取得股份的禁令调整范围，该条禁令规定于《新西兰1955年公司法》第62条之中。该条规定以《英国1948年公司法》第54条的规定为基础，而且在措辞上与《2006年公司法》第678条的规定具有足够的相似度，从而使得这一案件成为与解释《2006年公司法》第678条相关的、具有一定说服力的判例。这一推理表明，有关于取得可转换为股份的债权证券的财务资助，也应属于成文法的禁令范围之外。当人们采用某一结构以规避成文法的适用时，或者根据成文法的解释，特定的成文法规则要求或者允许法院这样做时，法院可以透过形式来探究其实质，而前一情形也应遵循这一限制条件。[100]

禁令只适用于公众公司及其子公司

正如本章前面所提到的，《2006年公司法》第678条与其前身——《1985年公司法》第151条的一大区别在于，禁令现在只适用于公众公司及其子公司。现在，我们对这点进行更为细致的研究。

取得股份的公司的地位

根据《2006年公司法》第678条，在提供资助时，取得股份的公司必须是公众公司。有关于收购之前的财务资助以及与收购同时进行的财务资助（也就是《2006年公司法》第678(1)条所涵盖的情形），容易辨认，但要特别注意的是有关收购完成之后的财务资助（也就是《2006年公司法》第678(3)条所涵盖的情形）。第678(3)条确保财务资助的禁令不会影响已被收购的公众公司的再融资活动，只要被收购的公司在再融资之前重新注册为私人公司。这种除外规定在实践中特别重要，因为它确保标杆收购的参与方可以不受财务资助的法律约束，而对被收购的公司进行理想的财务重组。

根据《2006年公司法》第679条，如果提供资助的公司是私人公司的公众子公司，则禁止对私人公司的股份收购提供财务资助。本条大体上类似于第678条。

提供资助的公司的地位

根据《2006年公司法》第678条，提供资助的公司必须要么是取得股份

---

[99] [1992] 3 NZLR 528，NZ CA.
[100] *Barclays Bank plc v British Commonwealth Holdings plc* [1995] BCC 1059，CA 一案表明，法院在运用有关财务资助的成文法规则时，会审查实质而不是表象。还可进一步参见 J Vella, 'Departing from the Legal Substance of Transactions in the Corporate Field: the Ramsay Approach Beyond the Tax Sphere' [2007] *Journal of Corporate Law Studies* 243。

的公众公司，要么是取得股份的公众公司的子公司（该子公司可以是私人公司，也可以是公众公司）。在这一范围内，提供财务资助的禁令继续适用于私人公司（就《2006年公司法》第679条的目的而言，提供资助的公司必须是取得股份的私人公司的公众子公司）。

《2006年公司法》第678条（和第679条）规定，禁令只适用于本法意义上的公司的子公司，因而将外国子公司排除在适用范围之外。它偏离了《1985年公司法》第151条的字面意思，后者从其字面意义看确实包含外国子公司，尽管判例法认为，不应当采纳法律的字面解释。[101] 事实上在这方面，《2006年公司法》修订后的规则已经将判例法成文化。外国子公司是否可以合法地提供财务资助，取决于公司设立地的法律规定。在某些情况下，外国子公司的行为可能与集团内英国公司的行为存在牵连：英国公司向其国外子公司输送资产，以使该子公司可以对打算取得英国公司股份的行为提供融资，根据《2006年公司法》第678条（或者第679条，适用哪一条视具体情形而定），这种情形可以被认定为英国公司间接提供了财务资助。[102]

股份的取得者

禁令适用于自然人或者诸如公司这样的法人取得股份的行为。它是否包括资助公司本身取得股份以至于出现禁令适用于有关股份回购（遵守可适用的任何例外）的情形？[103] 这是个富有争议的问题，对此仁者见仁，智者见智。一种可能的情况是，就商业真实性而言，一个人利用其自身资源来履行其自身义务，并不是财务资助行为，然而，基于当前的法律规定，尚难就此点给出确切的答案。在 Chaston v SWP Group plc [104] 一案中，上诉审法院法官 Arden 看起来支持以下见解：公司取得其自身股份的行为，也可能受到法律的调整。然而，在国会对后来成为《2006年公司法》的议案所进行的辩论中，政府发言人称，政府认为，这里提到的"人"，并不包括公司本身，并且表明，它并没有从上诉审法院法官 Arden 的判词的相关断落中读出与此不同的见解。[105] 该发言人进一步声称，将公司纳入公司不能给予财务资助的"人"的范畴，将与《公司法第二指令》格格不入，后者将"人"看作第三方，而

---

[101] *Arab Bank plc v Merchantile Holdings Ltd* [1994] Ch 71.
[102] Millertt 法官在 *Arab Bank* 案件中提到这一点。
[103] 《2006年公司法》第681(2)(d)条。可以认为，这一例外表明，立法者一定是考虑到，如果不做例外规定，公司购买其自身股份的行为，会属于财务资助的禁令调整范围。然而，另一方面，也有可能仅仅是为了避免猜疑而写入这一例外规定（第681条的其他例外也可能是如此）。
[104] [2003] 1 BCLC 675，CA.
[105] Hansard, Standing Committee D, Session 2005—2006, cols 856—857（2006年7月20日）*per* Vera Baird MP.

不是公司本身。虽然对于国会的声明可予一定的重视[106]，但应当注意的是，对《公司法第二指令》的援引并不具有完全的说服力，因为《指引》第 25 条看起来并不是一个最大限度的融合举措，因而各成员国可以在其国内立法中制定各自版本的财务援助法律，在满足实施《指引》所必需的最低要求之外，作出进一步的规定。

在给予资助时提供资助的公司必须知道取得者吗？

例如，这一问题会产生于如下情境：公司管理层决定，如果公司是更大的集团的一部分并且聘用了投资银行或者其他专业顾问以寻找公司股份的买方时，其业务将会开展得更为有效，但是，支付费用的协议又属于第 677 条调整的财务资助的一种类型。[107] 能否认为，提供财务资助的禁令不能适用，原因在于在公司承诺支付费用之时[108]，公司并不知悉其股份的任何取得者或者有意愿的取得者的身份？对此问题，成文法并没有给出明确的答案，但对此有一些不同的看法。没有身份特定的买主，仅仅是这一事实本身并不能使该情事处于禁令调整范围之外，而正如《2006 年公司法》第 678(1) 条[109]所显示的，该禁令的调整范围拓宽到了拟议取得行为（它们可能事实上从未发生过）。然而，根据具体情事之不同，支付费用的协议可能离任何实际或者拟议的股份取得行为过于遥远，以至于就商业真实性而言，它不能被认为是对取得股份的财务资助。也有观点主张，该公司行为不具有《2006 年公司法》第 678 条所要求的因果联系，因为它们的目的不是取得或者打算取得股份。然而，再一次地，它的最终结果仍然取决于对具体事实的严格审查。

受资助的人——直接和间接的财务资助

非法财务资助可以通过直接方式提供，例如取得股份的公司借钱给买方，以为其取得股份提供资金支持；非法财务资助也可以通过间接方式提供，例如买方向银行贷款以购买股份，并由公司提供担保。公司向为股份取得出具了咨询意见的专业顾问（例如 Chaston v SWP Group plc[110] 一案中的会计师）支付费用，是间接财务资助的另一例子，因为公司承担了支付费用的义务，也就减轻了相关交易主体就此承担的责任。

---

[106] 在 Pepper v Hart [1993] AC 593, HL 一案之后，如果主要的法律含糊不清或者模棱两可，法院在解释该法律时，在一定情形下会考虑大臣们或者法案的支持者在国会中的发言。
[107] 也就是，实质性减少对公司净资产的财务资助，或者对没有净资产的公司提供的财务资助（《2006 年公司法》第 677(1)(d) 条）。
[108] 这个时间，而不是实际支付金钱之时，是相关时点：Parlett v Guppys (Bridport) Ltd [1996] BCC 299, CA。在该案中，这是律师们的共识。
[109] 《2006 年公司法》第 679(1) 条亦是如此。
[110] [2003] 1 BCLC 675, CA.

因而,毫不奇怪的是,公司某一行为的接受者是卖方而不是买方这一事实,并不能使法院不会作出该行为构成非法财务资助的裁决。[111] 然而,当该行为仅仅有利于卖方,而对买方无所裨益时——例如,当目标公司支付专家顾问费用,以寻求如何以最有利的价格卖出公司股份时——这种情形能否被认定为《2006年公司法》范围内的财务资助行为,就值得怀疑了。正如上诉审法院法官 Arden 在 Chaston v SWP Group plc[112] 一案中提及,构成了财务资助的法律的基础是,财务资助行为在总体上不利于实现"目标公司及其子公司的资源不能被直接或者间接用于从财务上支持购买方取得股份"这一要求(着重号为作者所加)。当卖方是公司某一行为的唯一受益者(并且或许由于它使完成股份取得成本更为高昂,而对买方更为不利)时,则不存在这一有害行为。然而,基于当前的判例,不可能自信地得出结论称,为了适用禁令,购买方必须以某种方式(直接或者间接地)获得资助。

在 Armour Hick Northern Ltd v Armour Hick Trust Ltd[113] 一案中,一家子公司代其直接控股公司偿清了对其大股东的债务,然后该股东将其在控股公司的股权卖给其他现有股东。法院认为,子公司的行为是为达成其他股东购买股权的目的或与此有关的、对卖方股东的财务资助,因为该支付是自愿的,而且舍此卖方股东无法完成股权的出售。这一案件的裁决与《1948年公司法》第54条有关,后者禁止"与股份购买有关"及"为了购买股份的目的"的财务资助行为,但它继续被当作一个好的判例而被引用,用来说明给予卖方的财务资助也属于禁令调整范围,而目前法律也做了这样的规定。[114] 由于法院裁定,如果没有子公司的支付,该股份取得行为将无法进行下去,故有可能认为,Armour Hick 一案与买方必须以某种方式从被指称为非法财务资助的行为中获益的观点一脉相承。正如 Rimer 法官在 Corporation Development Partners LLC v E-Relationship Marketing Ltd[115] 一案中称,系争中的对卖方的资助,"很明显是为了使取得行为发生"。然而,遵循更为宽泛的解释,也就是说,对于卖方的任何资助,不论其对买方有什么影响均应纳入调整范围,也站得住脚。在实践中,考虑到违背财务资助的禁令将会带来严重的后果,采取谨慎的立场被证明是正当的。

---

[111] *Armour Hick Northern Ltd v Whitehouse* [1980] 3 All ER 833, [1980] 1 WLR 1520.
[112] [2003] 1 BCLC 675, CA, [31].
[113] [1980] 3 All ER 833, [1980] 1 WLR 1520.
[114] 例如 *Chaston v SWP Group plc* [2003] 1 BCLC 675, CA; *Anglo Petroleum Ltd v TFB (Mortgages) Ltd* [2007] BCC 407, CA。
[115] [2007] EWHC 436 (Ch), [35].

财务资助的目的

因果关系

禁令只适用于为了股份取得的目的而作出的财务资助（第 678(1) 条）或者为了降低或免除为了股份取得目的而产生的责任（第 678(3) 条）。[116] 因而，"目的"成为联结财务资助与取得行为之间的因素：仅仅属于第 677 条提及的某一类型的财务资助行为本身并不足够，而且如果此类资助行为同时是为了特定目的的资助行为，则它只违反了第 678 条。与 678(3) 条的规定相关的是，有人将会在以下情况下产生责任：特别是，如果他们通过自行订立合同或者与其他任何人共同订立合同（可履行或者不可履行），或者通过其他方法改变了其财务状况，而且公司本着完全或者部分将其财务状况恢复至股份转让之前的水平的目的，对其提供了财务资助。[117]

在 *Dyment v Boyden*[118] 一案中，一家合伙组织有着公司的外壳，后来，一名股东取得了公司其他两名股东的持股份额，其对价是，离开的股东获得公司房产完全所有权，并以每年 66,000 英镑租给公司。一段时间之后，还留在公司中的这名股东声称，房产的真实的市场租金是每年 37,000 英镑，而不是每年 66,000 英镑；每年 29,000 英镑的差额，相当于公司提供的非法财务资助；因而该租约是无效的、不可履行的，其结果是，在该租约下从未适当地支付过租金。公司多支付了 29,000 英镑，导致公司净资产实质性地降低，此点并无争议。一审法院裁定，这一安排不是非法财务资助，上诉法院予以支持。虽然解散合伙的协议中有一条隐含的条款，即申请人应促使公司缔结租约，但如果因此而认为，履行敦促公司接受租约的义务是为了取得股份这一目的，或者认为公司通过后来缔结租约已经产生了违背公司法的责任，都是不适当的。运用商业实质与真实性测试，公司接受租约虽然可能与股份取得有关，但称其是"为了股份的取得"则是不公平的，因为实际情况是，公司签订租约是为了获得其继续开展营业所需的房产，并且公司之所以答应支付过高的租金，是因为房主坐拥房产而高价勒索房租的结果。

在 *Corporation Development Partners LLC v E-Relationship Marketing Ltd*[119] 一案中，法院认为该案也不存在因果关系。在该案中，被告聘用

---

[116] 类似地，《2006 年公司法》第 679 条。
[117] 《2006 年公司法》第 683(2) 条。
[118] [2005] 1 BCLC 163，CA。
[119] [2007] EWHC 436 (Ch)。在 *Re Uniq* 案中也缺乏目的上的因果关系：[40]。

原告来选定可能的目标公司以供其收购,然而,其结果却是被告本身被另一家原告曾经介绍给被告的公司所收购。在介绍收购各方互相接洽至收购完成期间,原告与被告重新议定了咨询协议,修订后的协议写入了一个条款,即在收购进行的情况下被告应支付特定的费用。随后,被告试图运用财务资助的法律来逃避其支付费用的义务,主张:(a) 原告的介绍在事实上促进了被告股份的转让、或者铺平了其股份转让的道路;(b) 修订后的协议约定的付款义务,是对该介绍的一种回报;以及(c) 因而该义务——或者如果最终支付的话,该付款——本身促进了股份的转让,因而相当于为股份转让目的而作出的非法财务资助。法院裁定,第三个命题在事实方面存在错误。Rimer 法官解释道[120]:

> 由于 Corporation Development Partners LLC 在股份转让的谈判中没有发挥任何作用,而且其没有意愿、也没有被要求去这样做,因而支付交易费用的义务不会、不打算也在事实上根本没有支持或者推进股份的转让。支付义务不是收购发生的一个条件;它不会降低 Red Eye 取得股份的义务,哪怕是一便士;而且它既不打算、也没有铺平最终转让股份的道路。毫无疑问,这项义务存在的原因,是因为 Corporation Development Partners LLC 早些时候介绍了此后可能会受让 E-Relationship Marketing Ltd 股份的一方当事人,而且是打算把该项义务当作对 Corporation Development Partners LLC 的一种金钱回报。然而,诚如我们提到的原因,这项义务的"目的"并不是为了此一股份的取得。

另外,还可以参考上诉法院在 *Barclays Bank plc v British and Commonwealth Holding plc*[121] 一案中的裁决。在该案中,股东取得可赎回股份,并拥有在期限届至而公司未能回赎股份时将股份卖给第三方的期权。作为该方案的一部分,公司与第三方订立了有义务将公司资产价值维持在一定水平上的合同。最后公司既未能赎回股份,又没有将公司资产维持该价值水平上。股东行使了出售股份的期权,第三方起诉公司,主张违约损害赔偿。上诉法院面临的问题之一是,这份合同是否等同于对股东或者第三方取得股份的财务资助。上诉法院支持了 Harman 法官的裁决,认为合同的目的是为了安抚股东,而且该合同设定了真实的义务,履行该合同并不会涉及任何的财务资助。然而,这并不是说,作为股份转让交易的一部分,目标公司提供的引诱、激励及伴随而来的利益,必非一定经常能够满足适用财

---

[120] At [35].
[121] [1996] 1 BCLC 1, CA.

务资助条款所需的因果关系要求。[122] 这种因果关系是否存在,取决于个案的具体事实的考量。[123]

混合的目的

对股份取得提供资助、或者对于为了降低或清偿因股份取得而产生的债务提供资助,其目的只需属于财务资助所被赋予的目的之一。[124] 然而,在目的混杂的情况下,如果该目的从属于另一"主要"目的[125],或者附属于另一"更大"目的[126],而且该资助本着善意地为资助公司利益而作出,则该财务资助不属于禁令的调整范围。关于"主要"或者"更大"的目的例外之探讨,充分地体现于上院在 *Brady v Brady*[127] 一案中作出的艰难的裁决中。

Brady v Brady

该案涉及了一项安排,该项安排用于解决某一家族私营公司由于家庭成员不和而陷入经营瘫痪的僵局。解决方案是分拆公司,为此必须展开一系列复杂的交易,包括转让公司一大部分资产以清偿购买该公司股份所产生的债务。毫无疑问,该转让属于必要目的之下的财务资助,法院面临的问题是,它是否属于主要目的或者更大目的的例外。在一审时,法院认为,为降低或清偿与股份取得相关的债务而提供财务资助,从属于一个更大的目的,属于例外的范围。上诉法院还认为,这里存在混合的目的,而且主要目的不是促进股份取得,而是通过消除两大股东之间的死结来使公司经营得以维续。但上诉法院同时认为,该案不能适用例外,因为该项资助并非善意地本着公司的利益来进行。[128] 上院认为,该案满足了"善意"要求,但缺乏可以赖以挽救该项交易的"主要"或者"更大的"目的。

---

[122] *Chaston v SWP Group plc* [2003] 1 BCLC 675, CA, para 43 *per* Arden LJ. 就 *MT Realisations Ltd v Digital Equipment Co Ltd* [2002] 2 BCLC 688 一案的裁决表明,作为股份转让交易一部分的激励动机,并未作为收购的目的而被加以考虑,(特别是第 30—31 段) 它必须被审慎对待。上诉法院支持了该项裁决,但所持的理由不同;[2003] 2 BCLC 117, CA。
[123] Laddie 法官认为,买方承担着为贷款让与而付款的义务(后续重新调整过的合同提及这一问题),并不是为了购买股份的目的而产生的责任,尽管毫无疑问,如果没有股份的转让,贷款的让与也无法进行,但还应妥当地将贷款让与描述为不同于收购的事物,也就是,它是与股份转让相关的动机,而不是其目的。
[124] *Chaston v SWP Group plc* [2003] 1 BCLC 675, CA。
[125] 《2006 年公司法》第 678(2) 条。还可参见第 679(2) 条。
[126] 《2006 年公司法》第 678(4) 条。还可参见第 679(4) 条。
[127] [1989] AC 755, HL. 该裁决引发了相当多的评论,其中许多非常尖刻。例如,参见 BG Pettet, 'Developments in the Law of Financial Assistance for the Purchase of Shares' [1988] 3 *Journal of International Banking Law* 96; R Greaves and B Hannigan, 'Gratuitous Transfers and Financial Assistance after *Brady*' (1989) 10 *Company Lawyer* 135; Polack, K, 'Companies Act 1985—Scope of Section 153' [1988] CU 359。
[128] [1988] BCLC 20, CA。

Oliver 法官（上院其他成员同意其观点）说[129]：

......在一些情况下，"目的"是一个语义宽泛的词汇，但在解释有关公司购买其自身股份的财务资助的精细规则时，必须时刻牢记第151条［现在是第678条］旨在规制的危害行为。特别是，如果不能有效地排除这一条的运用，重要的是要区分目的和这一目的形成的原因。对于那些作出决定的人来说，形成资助股份取得目的之最终原因可能、而且在绝大多数情况下，或许比当前的交易本身更为重要。然而......"原因"［不同于］"目的"。如果你假定以下情形：试图获得公众公司控制权的收购人，从公司自身的资金中获得了对其收购行为的资助——这是该法条旨在规制的明显的损害行为——则该资助行为最直接的目的是完成购买行为，并将公司控制权移转给收购方。至于为什么这种做法被认为是可取的，其原因多种多样，而且变化不居。在困难时期公司可能境况下降，因而人们会认为必须调整经营管理以避免灾难。人们或许仅仅会想到，而且毫无疑问，收购方和一旦其获得控制权之后将委任的董事将会想到，公司在他的管理之下将比以往创造出更多的利润。这些原因或许都很好，但在我看来，他们无法构成一个赖以认定资助是一个纯粹事件的"更大的"目的。财务资助的目的、而且是唯一的目的是、并且一直是取得股份，而且股份取得带来的财务和商业利益，虽然或许是形成提供资助的目的之原因，但它只是财务资助的副产品，而不是可以赖以将该项资助妥当地视为一起事件的独立的目的。

在公司律师中，这一论述极为有名，因为它证明了识别以下事项并不容易：相对于完成一项特定安排的"纯粹"原因而言，什么是"主要的"或者"更大的"目的。或许最为确定的是，上院传递出了一个非常强烈的信号，即"目的"在这里被做了限缩解释，因而不应当轻易地假定可以获得以目的为基础的例外的适用。

Brady 案件的反转

多年来，一直有人吁请对目的例外进行重构，以消除 *Brady* 一案对其非常狭义的理解。20世纪90年代以来，政府的确看起来试图通过在"更大的"/"主要的"目的例外中引入主要原因测试，来扭转 *Brady* 一案的裁决所带来的影响。然而，当出现改写《2006年公司法》中的例外规定的机会时，政府却拒绝这样做。对于这一明显的转变，可以从国会关于后来成为《2006年公司法》的法案的讨论中找到解释：并不是政府对于反转 *Brady* 案件会带来

---

[129] [1989] AC 755，HL，779—780。

的效果产生了怀疑,而是政府对于是否找到了可以达成预期效果的语词方式,有了新的想法。政府传递的信号是,它仍然准备考虑修订相关条款,以达到消除 Brady 案件对目的例外的非常狭义的解读这一预期效果,并且表明,可以参考当前状况来确定新的条款,或者只要它们与实施《公司法第二指令》第 23 条并无相悖之处,就可以基于完全不同的基础来制定。[130]

关于"更大的"或"主要的"目的的例子

现在,仍然有必要对于以目的为基础的例外这一目前少有确定答案的棘手问题,展开一番探讨。

Oliver 法官在 *Brady v Brady*[131] 一案中,提供了一个关于"主要目的"的例子:

> 「主要目的的例外]蕴含着一个主要的目的,以及由此推演出来的一个从属目的。这里的问题在于,资助的主要目的主要是为了缓解公司股份购买方因为取得股份而产生的债务,还是主要为了其他一些目的——例如,公司因经营需要而从公司股份购买方取得一些资产。

Re Uniq 案即是一起适用了"主要目的例外"的案例。[132] 如前所述,该案中,公司集团内的公司提供了贷款,以协助新的控股公司加入。法院相信上述公司提供贷款的目的是为了提供资金,以确保免除公司无力承担的支付养老金的义务。根据 Richards 法官的观点,情况确实如此,尽管人们知晓并打算让 Newco 公司使用上述资金来购买新股。此外,即便付款购买股票也可以被视为是上述贷款及付款的目的,但法院仍相信这一行为的主要目的是免除养老金义务。

相比之下,困难得多的是构想出一个具有操作性的关于"更大的"目的的例子。[133] 即便是 Oliver 法官,在 *Brady* 一案中他也承认,关于"更大的"公司目的这一概念,并不容易掌握。[134] 或许可以成为一个例子的一种情形是:在母公司取得子公司股份若干年后,子公司向母公司提供了资助,集团内部的资产运用得更为高效,或者改善了集团的财务状况。如果母公司运用这样的资金来偿还因收购了公司而产生的债务,则实现更高的效率有可能被视为一个具有操作性的更大的目的。通过什么能够将这些事实与 *Bra*-

---

[130] *Hansard*, vol 680, GC col 24 (2006 年 3 月 20 日) 和 *Hansard*, HC vol 682, col 182 (2006 年 5 月 16 日)。
[131] [1989] AC 755, HL, 779.
[132] [2012] 1 BCLC 783.
[133] Greaves and Hannigan, 'Gratuitous Transfers and Financial Assistance after Brady,' 139: "很难设想本条可以适用的情形"; Polack, 'Companies Act 1985—Scope of Section 153,' 361: "可能是 Oliver 法官的分析已经达成了[更大的目标]……例外实际上无法实现。"
[134] [1989] AC 755 HL, 779.

dy 一案中的事实区分开来？通过密切关注相对于股东或者董事个人的公司目的，能够发现这两种情形可以辨别的差异。在 Brady 一案中，交易的驱动因素是股东确保公司存活的意愿，而向来缺乏更大的公司目的。这与集团内部交易的例子形成鲜明对照，在后面的情形中，公司拥有着通过参与交易而试图实现的诸多合法目的。[135]

善意

要适用目的例外，必须满足以下两个条件：其一，存在主要的或者更大的具有操作性的目的；其二，资助的提供，系本着为公司利益的善意来进行。在 Brady 一案中，Oliver 法官认为，这种表述是一种单一的、综合性的表达，它提出了一个要求，即那些促成公司提供资助的人必须真诚地相信，他们在这样做的时候是为了公司的利益。[136] 在上诉法院[137]，上诉审法院法官 Nourse 特别关注这种做法将对公司债权人构成何种影响，并且认为，如果没有证据表明董事考虑过债权人的利益，则不能请求援引例外；虽然董事本着股东利益行事，但如果没有考虑到债权人利益，仍不能认为是为了公司利益。Oliver 法官不同意上诉审法院法官 Nourse 对于证据的处理，但同意在提供财务资助时必须考虑债权人利益；董事们必须自己确信，在提供财务资助时不会伤害到公司偿还到期债务的能力。在 Brady 案件之后不久的一起案件中[138]，法院认为，如果提供财务资助则公司将资不抵债，这种情况无法满足善意标准。

无条件的例外

《2006 年公司法》第 681 条列出了许多不属于财务资助禁令范围的特定事项。这份"无条件的例外"清单，主要是为了避免疑义。[139] 本条之下的诸多例外的一个共同特点是，它们涉及《2006 年公司法》和《1986 年破产法》的相关条款所规范的事项，监管重叠和监管不一致的情形也因此得以避免。

---

[135] 这一建议源于一个爱尔兰案件中的某些支持意见：CH (Ireland) Ltd v Credit Suisse Canada [1999] 4 JR 542, HC. 在该案中，法院认为，提供保证的主要目的是确保保证人所在的公司集团持续提供财务资助，而不是提供财务资助。基于此种理解，这些事实揭示了一个合法的公司目的。然而，各方主体之间的其他安排等同于提供了非法的财务资助。
[136] [1989] AC 755, HL, 777—778.
[137] [1988] BCLC 20, CA.
[138] Plaut v Steiner (1989) 5 BCC 352.
[139] Hansard, Standing Committee A, Session 1980—1981, col 301 (1981 年 6 月 30 日).

分配

在 Re Wellington Publishing Co Ltd[140]一案中，法院认为，根据与《英国1948年公司法》第54条规定相当的新西兰的相关法条，股息支付通常并不能被认定为财务资助。《2006年公司法》第681(2)(a)条规定，公司合法分配股息或在解散时分配股息从而分配公司资产，属于财务资助之例外。这一规定使得这一问题不容置疑。这一重要的例外，便利了从公司提取流动资金。

红股发行

就字面意思来解释，红股发行是股份"取得"，但它又不属于将红股发行纳入提供财务资助的禁令所着意解决的不法行为。《2006年公司法》第681(2)(b)条提供了一项例外。

其他无条件的例外

第681条列出的如下事项都属于禁令范围之外：

（1）根据《2006年公司法》第17部分第10章进行的减资行为；

（2）根据《2006年公司法》第18部分第3章进行的股份回赎行为；

（3）根据《2006年公司法》第18部分第4章进行的公司购买其自身股份的行为；

（4）根据《2006年公司法》第26部分之下的法院法令（批准了与公司成员或债权人达成妥协或者安排的法令）而作出的任何行为；

（5）根据《1986年破产法》第110条或者《1989年北爱尔兰破产法令》相当条款达成的安排而作出的任何行为；[141]以及

（6）根据公司与其债权人签订的、根据《1986年破产法》(自愿安排)第1部分或者北爱尔兰的相关规定而对债权人有拘束力的安排所作出的任何行为。[142]

有条件的例外

《2006年公司法》第682条对于通常情况下的借贷活动和特定安排提供了"有条件的例外"，以支持员工取得股份。这些例外既适用于私人公司，也

---

[140] [1973] 1 NZLR 133, NZ SC.
[141] SI 1989/2405 (NI 19), art 96.
[142] 《1989年(北爱尔兰)破产法案》, SI 1989/2405 (NI 19), 第2部分。

258　适用于公众公司。但涉及公众公司时，它们的适用条件更为严格。如果私人公司是一家公众公司的子公司，并且为取得该公众公司的股份提供了财务资助，则会适用有关财务资助的法律，此外别无其他适用该法律的情事。因而，私人公司需要依赖这些例外的情形是有限的。

公众公司寻求依赖这些例外情形必须满足的限制性条件是，财务资助不得降低资助公司的净资产，或者如果其降低了公司的净资产，则该财务资助系从可分配利润中支出。[143] 为此目的，净资产可以通过审查公司总资产超过其总负债的数额来确定，也就是说，将作出财务资助之前的公司会计记录中的资产和负债数额考虑在内来加以确定。[144] 换句话说，应予考虑的是账面价值而不是市场价值。"负债"这一术语包括为清偿债务或填补亏损而合理留存的数额，这些债务或亏损或者可能发生，或者必定会发生但其数额或发生日期尚不确定。[145]

从表面上看，如果借款人的信用良好而且无须置备违约条款，则贷款不会降低贷方公司的净资产。类似地，诸如保证和赔偿等或然负债，如果其或然性非常遥远，以至于以会计术语而言其价值为零，则不存在净资产的即期减少。

放款业务的例外

《公司法第二指令》第25(6)条规定并不适用于"银行和其他金融机构在日常经营活动中开展的交易"，前提是这些交易不会将净资产减少到不可分配准备金以下。

国内法中与此例外相当的规定是《2006年公司法》第682(2)(a)条，后者规定财务资助的禁令并不适用于公司在日常经营活动中的放款行为，只要该行为属于公司日常经营活动的一部分。《1948年公司法》第54条也有类似的豁免规定，英国枢密院在 Steen v Law [146] 中对此予以分析，并且限缩了其适用范围。Viscount Radcliffe 在阐述司法委员会的判断时称，应当将这些例外解读为：

> ……保护以放贷业务作为日常经营活动一部分的公司免于陷入违法情境，即使从公司获得的借款被用于、而且该公司可能明知被用于购买公司自身的股份。即便如此，为达成免责的条件，贷款交易必须发生于日常经营活动之中。因而，除非与其日常经营活动相一致，而且放贷

---

[143] 《2006年公司法》第682(1)(b)条。
[144] 同上，第682(4)(a)条。
[145] 同上，第682(4)(b)条。
[146] [1964] AC 287, PC.

属于公司日常经营之事项,任何情事均不受保护……另一方面,实际上不可能看到公司为购买其股份提供融资这一直接目的而特意安排的贷款,是如何被描述为在日常经营活动中作出的。

因而,公司的日常经营包括发放金钱贷款,这并不足以满足豁免的条件;特定的贷款必须在其日常经营过程之中,而且,如果贷款的发放是为了实现购买其自身股份这一特定目的,很可能它无法通过这一测试。因而,在 *Fowlie v Slater* [147] 一案中,法院认为,一家投资银行特地为其控股公司购买其股份而提供融资安排,是为了特殊目的作出的特殊贷款,而不是投资银行日常经营活动中的行为,因而相应地,它们不属于这一例外情形。

在撰写本文时,爱尔兰公司法中的一项同等条款将在该国的刑事诉讼中加以测试,此类刑事诉讼是由 2007 年至 2009 年金融危机所引发的。据称,破产的 Anglo Irish 银行的管理层,为了收购银行的大部分股权而组织了融资,以避免在正常情况下通过正常渠道大规模处置资产可能会对银行股价产生负面影响。但试验将直到 2014 年 1 月才开始,且预计会持续很长时间。[148]

员工购买股份的例外

许多互相重叠的例外规定,其意图在于允许公司支持员工持股计划和其他员工购买股份的行为。再一次地,这些例外规定与《公司法第二指令》关于特定豁免规定的背景背道而驰:该《指令》第 25(6) 条规定,上述禁令并不适用于为了促成公司员工或者关联公司的员工购买股份而进行的交易行为,但这些交易不得使净资产减少到不可分配准备金以下。

第一项例外体现在《2006 年公司法》第 682(2)(b) 中,该条规定了公司本着有利于其自身或其控股股东的善意,为员工持股计划提供财务资助的行为。[149] 该条规定被《1989 年公司法》首次插入公司立法中,以取代从语词表达看限制条件更为严格的例外规定。在 *NZI Bank Ltd v Euro-National Corporation Ltd* [150] 一案中,就出现了试图利用员工持股计划的例外来应对新西兰公司法关于财务资助的禁令的情形。员工持股计划发挥着向公司某些大股东输送财务资助的作用,其目的在于避免如果大股东卖出股份可能

---

[147] 未报道,但为以下著述所引用:K Walmsley, 'Lending in the "Ordinary Course of Business,"' (1979) 129 NLJ 801。
[148] C Lally, 'Judge Warns of Length of Anglo Trial for Jurors,' *The Irish Times*, 7 March 2013, 2.
[149] 《2006 年公司法》第 1165 条规定了员工持股计划。
[150] [1992] 3 NZLR 528, NZ CA.

给公司股价产生的不利影响。新西兰上诉法院认为,有必要审查董事是否真诚地努力达成员工持股计划,以确保这项例外不会被用于背离法律初衷的财务操纵目的。看起来英国法院会采用类似的调查方法,以防止操纵或者滥用这项例外。

《2006年公司法》第682(2)(c)条授权公司对于为了实现以下目的而做的(或者同一集团的另一家公司所做的)任何事项或与此相关的任何事项提供财务资助:使得或者促进首先提到的公司的股份在下列人员之间交易并使那些股份的受益所有权由该公司(或者同一集团的另一家公司)的善意员工持有,或者由该员工扶助的人所持有,也就是其配偶或同伴、寡妇、鳏夫或幸存同伴,或未成年子女或继子女。为此目的,一家公司与另一家公司属于同一公司集团,如果它是一家控股公司或该公司的子公司,或者该公司的控股公司的子公司。[151] 这一规定的要旨是清楚的:它意在允许公司对内部股权买卖计划提供支持。但这一双重要求——只有现在或过去的雇员(或相关人士)可以成为受益参与方,同时只有他们才能成为交易的主体,看起来将普通的方案排除在外,后者包括交易的一方主体为本着雇员和有关人士利益而设立的信托。

《2006年公司法》第682(2)(d)条关注的是,公司向董事之外的人提供贷款以善意地帮助那些人购入本公司或控股公司的全额缴纳的股份,同时他们持有该股份的受益所有权。法院认为,就新南威尔士的相关规定而言,这项例外只适用于唯一或者主要目的是允许雇员购买股份的行为。而如果主要目的是为了促进公司控制权的变更,则这项例外并不适用。[152]

提供非法财务资助的刑事制裁

如果公司提供了非法的财务资助,则会构成违法行为,而且将遭受罚金处罚。[153] 由于财务资助的禁令的保护对象包括提供资助的公司,将公司列入犯罪主体的范畴值得商榷。在《2006年公司法》出台前,人们仔细地研讨了何时对公司科以责任这一笼统的问题。公司法审查督导小组建议,如果发生以下情形,应推定公司不应承担责任:(a)如果承担责任将严重损害公

---

[151]《2006年公司法》第682(5)条。
[152] *Saltergate Insurance Co Ltd v Knight* [1982] 1 NSWLR 369.
[153]《2006年公司法》第680条。根据第680(2)条,违法者还要面临监禁,但显然这与《1985年公司法》之下的公司无关,因为该法第151条的表述与此不同,而且这一问题并未产生。

司；并且(b)使负有责任的个人承担刑事责任，有可能构成足够的威慑。[154]然而，在审议并且通过后来成为《2006年公司法》的法案期间，政府表态，它已经选择了不同的路径：

> 关于公司应否对违反公司法要求的行为承担责任，一个总体原则是，如果违法行为的唯一受害方是公司或是其成员，则公司不应对违法行为承担责任。另一方面，如果公司成员或公司本身是潜在的受害者，但却不是唯一的受害者，则公司应对违法行为承担潜在的责任。公司法规定的所有违法行为，包括本法案以及《1985年公司法》规定的行为，都要经受本原则的审查。[155]

由于提供财务资助的禁令既保护债权人，又保护股东和公司，因而，这种行为是一个例子，它表明在一般情况下不排除适用公司刑事责任。

每一位失职的公司管理人员都构成刑事违法，将被处以最高刑期为两年的监禁，或者被处以罚金，或者被处以双重刑罚。[156] 公司法审查督导小组考虑对董事的一些违法行为（包括提供财务资助）予以区别对待，并且更为强调行政处罚。[157] 在磋商过程中观点歧异，最后，小组建议保留财务资助方面的刑事制裁，因为它并不确信民事处罚以及《2000年金融服务和市场法》中的规制市场滥用条款可以解决这些问题。[158] 政府发言人在国会关于后来成为《2006年公司法》的法案的辩论中称，为财务资助保留刑事制裁条款是合适的，因为如果有了刑事处罚的支持，违法行为就更不会发生。在政府看来，刑事制裁是合适的、相称的，而且对于有效遏制违法行为是事所必需的，但被指控的固有威胁使得监管当局可以温和地执法，并可在无须提起公诉的情况下确保法律得到遵守。[159]

非法财务资助的民事后果

《2006年公司法》没有涉及非法财务资助的民事后果。这些后果源自判例法，而对其的全面探讨将超越本书的研究范围，并会陷入对包括衡平法、

---

[154] Company Law Review Steering Group, *Modern Company Law for a Competitive Economy: Final Report*（URN 01/942）para 15.36.
[155] 关于《2006年公司法》的解释性注释，paras 1433—1435。
[156] 《2006年公司法》第680条。
[157] Company Law Review Steering Group, *Modern Company Law for a Competitive Economy: Completing the Structure*（URN 00/1335）para 13.42.
[158] Company Law Review Steering Group, *Final Report*, para 15.18.
[159] *Hansard*, Standing Committee D, Session 2005—2006, cols 858—860（2006年7月20日）*per* Vera Baird MP.

合同法和赔偿法等领域在内的复杂问题的分析之中,而这些法律本身也处于发展变化过程之中。在这里,我们并不打算对这方面所有可能的救济途径、以及遭到非法财务资助伤害的交易的其他民事后果,作出详尽无遗的描述。相反,指出这一领域人们关注的主要方面以及在这方面的主要问题,就可以实现本书的目的。

获得财务资助的交易的无效

抵押、保证或构成非法财务资助的其他交易行为归于无效,而且提供财务资助的公司的任何义务,均不可强制执行。[160] 承诺可以被视为财务资助,甚至在其不具有法律效力时亦是如此,正如 Fisher 法官在 Heald v O'Connor [161] 一案中解释道:

> 通过担保条款……公司毫无疑问向股份购买者提供了财务资助,而抵押是否有效则在所不问。要使财务资助生效,所有的必须事项是贷款人应相信担保有效,并且据此发放了贷款。

如果已经发生的情形是,公司作出的一些承诺相当于提供了非法财务资助,则宣称该承诺无效是公司可能需要的唯一救济方式。然而,如果公司试图收回因履行其合同义务而放弃的金钱或其他财产,则情形更为复杂。虽然如果某人放弃金钱或其他财产是基于其有此合同义务的错误认识,则其通常有权行使返还请求权,但通常的规则是,不合法性可以对抗返还请求权。[162] 这项规则的例外允许过错更轻的主体在特定情况下主张返还请求权。当法律为了保护某一类别的主体而认定合同不合法,而原告在受保护范围之列时,这一例外将会适用。法院认为,如果公司根据已构成非法财务资助的贷款安排而借出金钱,则提供财务资助的公司不在受保护的范围之列,因而也不能行使个人请求权。[163] 在这一背景下,把资助公司纳入提供非

---

[160] *Brady v Brady* [1989] AC 755, HL; *Selangor United Rubber Estates Ltd v Cradock* [1968] 2 All ER 1073, 1154; *Heald v O'Connor* [1971] 2All ER 1105; *Dressy Frocks Pty Ltd v Bock* (1951) 51 SR (NSW) 390; *EH Dey Pty Ltd (in liquidation) v Dey* [1966] VR 464, Vic SC; *Shearer Transport Co Pty Ltd v McGrath* [1956] VLR 316, Vic SC. 还可参见关于以下案件的附带讨论:*Re Hill and Tyler Ltd*, *Harlow v Loveday* [2005] 1 BCLC 41, [65]—[70]; *Paros Plc v Worldlink Group Plc* [2012] EWHC 394.

[161] [1971] 2 AII ER 1105, 1109.

[162] G Virgo, *The Principles of the Law of Restitution* (OUP, 2nd edn, 2006) 168—169.

[163] *Selangor United Rubber Estates Ltd v Cradock* [1968] 2 All ER 1073. *Selangor* 一案的事实与裁决在以下文献中被加以详细分析:MR Chesterman and AS Grabiner, 'Sorting Out A Company Fraud' (1969) 32 MLR 328.

法财务资助的犯罪主体范畴,具有特别重要的意义。[164]

股份取得的有效性

在 *Carney v Herbert*[165] 一案中,一项无可争辩的事实是,在出售股份过程中,公司以抵押形式提供了非法的财务资助。但问题在于,这种违法性是否败坏了整个交易,或是可以剥离非法的抵押,从而使股份出售行为不受影响。枢密院认为,这种分离完全可能。Brightman 法官在阐述司法委员会的判断时称[166]:

> 由于制定覆盖这一领域所有问题的原则均不受欢迎(如果不是不可能的话),法官们斗胆认为,就一般规则而言,当各方主体签订了一项合法合同,例如买和卖,而且该合同的附属条款虽不合法但纯粹是为了原告的利益,则法院可以并且可能会——如果该案的公正性这样要求,并且不存在公共政策的相反因素——允许原告履行不存在不合法条款的合同。

在 *Neilson v Stewart*[167] 一案中,Jauncey 法官在上议院中援引了上述意见作为以下观点的证据:股份转让通常可以剥离于围绕其发生的非法财务资助行为。[168]

针对董事的请求权

在 *Wallersteiner v Moir*[169] 一案中,Denning MR 法官认为,"在违反[财务资助禁令]的行为中,作为一方主体的董事对此不法行为负有责任,违背了信托义务;并且有义务赔偿其失职行为给公司造成的损失"。在 *Steen v Law*[170] 一案中,枢密院认为,如果董事违背了其对公司的责任而提供了非法财务资助,则其不得仅仅以不知道法律规定为理由为自己辩护。在《2006年公司法》订立之前,许多关于董事义务的案件将董事参与提供非法财务资

---

[164] GR Bretten, 'Financial Assistance in Share Transactions' (1968) 32 Cony 6, 12—15; R Barrett, 'Financial Assistance and Share Acquisitions' (1974) 48 AU 6, 8—11.
[165] [1985] 1 AC 301, PC.
[166] [1985] 1 AC 301, PC, 317.
[167] [1991] BCC 713, HL.
[168] 支持剥离(至少是在一定的情况下)的可能性的早期案件如下:*Spink (Bournemouth) Ltd v Spink* [1936] Ch 544; *South Western Mineral Water Co Ltd v Ashmore* [1967] 2 All ER 953; *Lawlor v Gray* (1980) 130 NLJ 317, CA. See also the obiter discussion in *Re Hill and Tyler Ltd*, *Harlow v Loveday* [2005] 1 BCLC 41, [79].
[169] [1974] 3 All ER 217, CA, 239. 另见 at 249 per Buckley LJ and 255 per Scarman LJ; *Steen v Law* [1964] AC 287, PC.
[170] [1964] AC 287, PC.

助的行为,认定为违背了信托义务或者信义义务。[171]

董事的一般义务已编纂于《2006年公司法》中。根据法律规定,在违背财务资助禁令的交易中,作为一方主体的董事将被推定违背了《2006年公司法》第171条,后者要求董事遵守公司宪章,并且本着其被授予权力的目的而行事。此外,由于法律编纂并非详尽无遗,董事也可能被视为违反了判例法规定的对公司资产的管理义务。在技术上违背了义务,但不具有道德可责难性的董事,可以其行事诚实且理性为理由而请求免责,在综合考量案件的所有情事之后,该案或许可以作出免责的处理。[172]

其他主体的责任

诸如贷款银行在内的卷入涉及非法财务资助的交易的第三方(从犯),或者因此交易而收到金钱或财产的第三方(接收方)可能也要对公司承担个人义务。在什么情况下公司可以对第三方主张请求权,若对此进行详细的分析,势必使本书的关注焦点从相对较为狭窄的财务资助的法律,转向宽泛得多的衡平法和赔偿法领域,而在这里并不打算对其予以详细探讨。然而,有必要对此简要阐述,因为这些潜在的民事责任使贷款机构和存在财务资助问题的公司融资交易中的其他专业人士面临的法律风险大为增加。[173]

从犯责任

从犯责任也就是传统上所称的"明知的协助"责任,协助董事不正当地使用公司资金以提供非法财务资助的人,可能被判定对公司承担个人赔偿责任。[174] 需要多大程度的"明知"才能触发这一责任,这是个棘手的问题,许多年来,对此一直没有形成统一的司法意见。[175] 在 Royal Brunei Airlines Sdn Bhd v Tan[176] 一案中,枢密院作出了一次影响很大的法律重述。Ni-

---

[171] 参见 Belmont Finance Corp v Williams Furniture Ltd (No 2) [1980] All ER 393, CA; Karak Rubber Co v Burden (No 2) [1972] 1 WLR 602; Selangor United Rubber Estates Ltd v Cradock (No 3) [1968] 1 WLR 1555; Curtis's Furnishing Store Ltd v Freedman [1966] 1 WLR 1219; Steen v Law [1964] AC 287, PC.
[172] 《2006年公司法》第1157条。还需注意根据《1986年破产法》第212条规定获得救济的可能性,但法院根据盖规定行使自由裁量权的范围还不确定。
[173] D Hayton, 'Suing Third Parties Involved in Fraud: Some Key Issues' (2012) 26 Trust Law International 197.
[174] Belmont Finance Corp v Williams Furniture (No 2) [1980] All ER 393, CA.
[175] Baden Delvaux v Société Générale pour Favoriser le Developpement du Commerce et de l'Industrie en France SA (Note) [1993] 1 WLR 509; Agip (Africa) Ltd v Jackson [1991] Ch 547, CA; Eagle Trust plc v SBC Securities Ltd [1993] 1 WLR 484; Cowan de Groot Properties Ltd v Eagle Trust plc [1992] 4 All ER 488; Folly Peck International plc v Nadir (No 2) [1992] 4 All ER 700, CA.
[176] [1995] AC 378, PC.

cholls 法官在作出裁决时称：第一，违背信托或信义义务的行为本身无须是不诚实或欺诈行为。因而，在涉及董事提供非法财务资助的案件中，董事本身是否欺诈行事，这无关紧要。第二，Nicholls 法官决定，用"明知"这一术语来表达从犯责任无所助益，而倾向于检验行为人是否存在违背信托或信义义务的不诚实获取或帮助的行为。Nicholls 法官称，在这一背景下，诚实是一种客观标准，而不是指按照诚实的人在这些情况下的行事方式来行事。然而，法院会审查从犯当时所处的所有情形，而不是一个理性的人本来会知道什么或者将做何种理解，而且可能还会关注从犯的个人特征，例如其经验和才智，以及他这样做的原因。上议院在 *Twinsectra Ltd v Yardley* [177] 一案中，沿袭了这种说理路径。然而，不幸的是，上议院的多数议员再一次把水搅浑，他们说，被告不会被认为不诚实，除非按照理性且诚实的人们的通常标准可以确定他的行为不诚实，而且他本人意识到以这些标准来看他的行为不诚实，即使他自身并不这样看待其自己。这一构想的第二部分招致了批评，因为它看起来表明，主观相信其行为以通常标准来看不属不诚实的被告，将逃避责任的追究。[178] 枢密院在 *Barlow Clowes International Ltd* (清算中) *v Eurotrust International Ltd* [179] 一案中，重新回到了这一问题，此时，*Twinsectra* 一案中多数议员的观点被"解释"为没有这个意思：在考察被告的主观状态是否诚实时，询问被告关于诚实标准的看法是必要的；被告对交易的了解使得他的参与背离了关于诚实行为的通常可以接受的标准；但不要求被告考虑什么是那些通常可以接受的标准。一些评论人士认为，在 *Eurotrust* 案件中，枢密院实际上超越了对于 *Twinsectra* 案件的第二部分构想的解释，并且实际上将其排除在外。[180] 随后的案件普遍适用了 *Eurotrust* 案件判决中的解释。最近的案件广泛地证实，在涉及违反信托关系的不诚实资助的民事案件中，主观不诚实行为的情况正在减少。[181]

---

[177] [2002] 2AC 164，HL.
[178] TM Yeo and H Tijo, 'Knowing What is Dishonesty' (2002) 118 LQR 502.
[179] [2006] 1 WLR 1276，PC.
[180] M Conaglen and A Goymour, 'Dishonesty in the Context of Assistance—Again' [2006] CLI 18；TM Yeo, 'Dishonest Assistance: Restatement From The Privy Council' (2006) 122 LQR 171. 然而，参见 Sir Anthony Clarke, 'Claims Against Professionals: Negligence, Dishonesty and Fraud' [2006] 22 *Professional Negligence* 70。其他关于 *Eurotrust* 案件地位的重述的评论，包括 D Ryan, 'Royal Brunei Dishonesty: Clarity at Last' [2006] *Conveyancer and Property Lawyer* 188；N Kin, 'Recipient and Accessory Liability—Where Do We Stand Now?' [2006] 21 *Journal of International Banking Law and Regulation* 611；JE Penner, 'Dishonest Assistance Revisited: Barlow Clowes International Ltd (In Liquidation) And Others v Eurotrust International ltd' (2006) 20(2) *Trust Law International* 122。
[181] Hayton, 'Suing Third Parties Involved in Fraud.' *Starglade Properties Ltd v Nash* [2010] EWCA Civ 1314.

接收方的责任

如果明知董事不正当地使用公司资金仍予以接受，则接受方可能要对公司承担个人责任。而要在多大程度上明知才能触发这种传统上被描述为"明知的接收"责任，也在判例法和学术讨论领域引发了相当多的评论。[182] 上诉法院在 Bank of Credit and Commerce International (Overseas) Ltd v Akindele[183] 一案中，对这种状况进行了全面的评论。在该案中，上诉法院认为，应当有单一的检验方法来确定"明知的接收"责任所需要的明知程度。也就是说，应考察接收方是否在无意识的主观状态下保留了所接收的利益。法院认为，这种检验方法仍然存在运用的困难，但它能够简化问题，并且使法院可以作出符合商业常识的裁决。[184]

共同侵权

多人合力使公司作出非法的财务资助，等同于达成非法目的的共同行为。法院认为，提供财务资助的公司，不会因为它在技术上属于非法行为的一方主体而不得起诉共谋人的侵权行为以获得因这一共谋行为而遭受的损失赔偿。[185]

不当得利

在 Criterion Properties plc v. Stratford UK Properties LLC 案中[186]，Nicolls 法官的判决支持原告以不当得利为由向第三方提出的严格责之诉。在该案中，A 公司的董事基于不正当的目的，在未获授权的情况下将利益给予 B，"无论 B 是否仍然持有涉诉财产，A 有权基于不当得利起诉 B，但会遭受关于立场改变的抗辩"。Hayton 指出，尽管有很多观点支持或者反对扩

---

[182] 这些案件包括 Belmont Finance Corp v Williams Furniture (No 2) [1980] All ER 393, CA; Selangor United Rubber Estates v Cradock (No 3) [1968] 1 WLR 1555; Karak Rubber Co v Burden (No 2) [1972] 1 WLR 602; Re Montagu's ST [1987] Ch 264; Polly Peck International plc v Nadir (No 2) [1992] 4 All ER 769, CA; El Ajou v Dollar Land Holdings plc [1993] BCLC 735. 在 Akindele 一案之前，关于明知接收的责任的评论，包括以下数章：WR Cornish, R Nolan, J O'Sullivan, and G Virgo (eds), Restitution Past, Present and Future (Hart, 1998); Sir Peter Millett, 'Restitution and Constructive Trusts' 199; AJ Oakley, 'Restitution and Constructive Trusts: A Commentary' 219; Lord Nicholls, 'Knowing Receipt: The Need for a New Landmark' 231; and C Harpum, 'Knowing Receipt: The Need for a New Landmark: Some Reflections' 247。

[183] [2000] 4 All ER 221, CA.

[184] 关于 Akindele 一案的裁决的评论，包括 S Barkehall Thomas, "Goodbye" Knowing Receipt. "Hello" Unconscientious Receipt' (2001) 21 OJLS 239; J Stevens, 'No New Landmark—An Unconscionable Mess in Knowing Receipt' (2001) 9 Restitution Law Review 99。另见 PBH Birks, 'Knowing Receipt: Re Montagu's Settlement Trusts Revisited' (2001) 1 (2) Global Jurist Advances, article 2。

[185] Belmont Finance Corp v Williams Furniture Ltd [1979] Ch 250, CA.

[186] [2004] UKHL 28, [2004] 1 WLR 1846, [4] per Lord Nicholls. 还可参见 Relfo Ltd v Varsani [2012] EWHC 2168 (Ch), [86]—[90]。

大严格责任,但传统观点认为,衡平法上的责任应取决于被告存在某种程度的过错。[187]

取消资格

根据《1986年公司董事取消资格法》第2条规定,对于与公司经营有关的可诉罪行负有责任的人,将被取消资格。鉴于非法财务资助属于一种可诉罪行[188],董事对公司等同于提供非法财务资助的行为失察,也是一项基于《1986年公司董事取消资格法》第6条的"不适任"规定而提起的取消资格诉讼可予考虑的事实。[189]

---

[187] Hayton, 'Suing Third Parties Involved in Fraud'.
[188] 《2006年公司法》第680条。
[189] *Re Continental Assurance Co of London plc*, *Secretary of State for Trade and Industry v Burrows* [1997] 1 BCLC 48.

第三部分

公司债务融资

第十一章 公司债务融资——总体考虑因素

本部分的范围

公司可以向资本市场发行债权证券(债券)或者向银行或其他贷款人借款而筹集债务资本。其他融资机制,诸如商票融资、代收账款和商票贴现,提供短期营运资金以转让应收账款,从而平滑现金流。[1] 在英国,绝大多数中小企业(SMEs)的债权融资由银行部门提供。[2] 小型上市公司(SOCs)也对银行依赖颇深,因为在实践中,受制于其自身规模和资信评级,它们往往无法以合理的利率进入债券市场。[3] 大型公司则拥有更多选择。[4] 在为产业扩张提供融资和促进资金资源有效分配方面,以银行为基础的融资和以市场为基础的融资,究竟哪个更为理想?对此聚讼纷纭,但迄今并无定论。[5]

本章将探讨与无担保的公司债权融资相关的一般问题。[6] 关注的焦点集中于传统类型的银行贷款(透支和定期贷款),但所探讨的诸多问题也与公司债券有关。本书从第十二章开始探讨以担保为基础的公司债权融资。

---

[1] 商票融资体现为两种形式:其一,代收账款;其二,商票贴现。这两种服务通常以债务人的未偿付余额来提供融资。代收账款还有另外的全面销售分户账管理和托收服务的优势,托收人有责任进行销售分户账管理。在商票贴现的情况下,公司继续管理着销售分户账,而且该服务通常不向客户披露。这些定义摘自托收和贴现联合会(Factors and Discounters Association)网站⟨www.factors.org.uk⟩(2007年9月访问)。还可参见 A Hewitt, 'Asset Finance' Summer 2003) *Bank of England Quarterly Bulletin* 207。这些商票融资安排不会对应收账款设定担保权益:*Hallmark Cards v Yun Choy* [2011] HKCFI 395,香港高等法院。

[2] Competition Commission, 'The Supply of Banking Services by Clearing Banks to Small and Medium-sized Enterprises' (2002)。关于小型公司的融资来源,请参见第3章。

[3] P Brierley and M Young, 'The Financing of Smaller Quoted Companies: a Survey' (2004年夏) *Bank of England Quarterly Bulletin* 160。

[4] 通过比较,近期关于美国的研究发现,美国公司的新的外部融资中,债权融资是最主要的形式:信用最好的公司向公众借款;信用中等的公司向银行借款;信用最差的公司向非银行的私人借款:DJ Denis and VT Mihov, 'The Choice Among Bank Debt, Non-bank Private Debt, and Public Debt: Evidence From New Corporate Borrowings' (2003) 70 *Journal of Financial Economics* 3。

[5] T Beck and R Levine, 'Industry Growth and Capital Allocation: Does Having a Market-or Bank-based System Matter?' (2002) 64 *Journal of Financial Economics* 147。

[6] 本章的一部分源于 E Ferran, 'The Place for Creditor Protection on the Agenda for Modernisation of Company Law in the European Union' [2006] *European Company and Financial Law Review* 178。

另外，本书第十五章对公司债券的分析亦与此相关。

无担保的贷款——概述

贷款条款取决于借贷双方的合同。只要他们达成的合同不存在违法、概念上不可行[7]或者违背公共政策的情形，则法律对于他们谈判达成的任何条款均会赋予其合同效力。这为公司债权融资条款的设计提供了极大的创新和变动的空间。研究表明，在一些国家（包括英美国家）的银行贷款市场中，确定贷款文本内容的谈判过程充满着争辩，而且借款方的诸多具体情形（例如其规模、内部治理结构、所有权结构、管理层声望和营业风险）和合同的具体特征（例如贷款期限和规模），决定着特定合同的条款。[8] 为适应特定情形的需要，在决定条款偏离以前的标准化贷款形态方面，具体负责发放贷款的银行职员拥有相当大的裁量权。[9]

贷款合同的主要条款是那些规范本金（借款方可以获得的金额以及偿还这些金额的机理）和利息收取的规定。公司可以确定某一贷款额度，在此额度内公司可以不时进行借款，而事先议定透支额度则是此种类型的贷款安排的耳熟能详的一个例子[10]，或者公司可以一次性借入全部本金或议定分期付款。通常而言，应根据借入金额来支付利息，公司还可能被要求就其已获得的贷款额度支付佣金或谈判费。利率在整个贷款期间可以一成不变，也可以不时地进行调整。另一种利息支付方式是，公司借入的金额低于贷款合同载明的其有义务偿付的全部本金数额。在这种情形下，

---

[7] 然而，"法院在宣称商业社会的某一做法在概念上不可行时，必须非常审慎"：*Re Bank of Credit and Commerce International* SA (No 8) [1998] AC 214, HL, 228 per Lord Hoffmann. 还可参见：Re Lehman Brothers International (Europe) [2012] EWHC 2997 (Ch), [34].

[8] P Mather, 'The Determinants of Financial Covenants in Bank-Loan Contracts' [2004] *Journal of International Banking Law and Regulation* 33; JFS Day and PJ Taylor, 'Evidence on Practices of UK Bankers in Contracting for Medium-Term Debt' [1995] *Journal of International Banking Law* 394; JFS Day and PJ Taylor, 'Bankers' Perspectives on the Role of Covenants in Debt Contracts' [1996] *Journal of International Banking Law* 201—205; JFS Day and PJ Taylor, 'Loan Contracting by UK Corporate Borrowers' [1996] *Journal of International Banking Law* 318; JFS Day and PJ Taylor, 'Loan Documentation in the Market for UK Corporate Debt: Current Practice and Future Prospects' [1997] *Journal of International Banking Law* 7; RN Nash, JM Netter, and AB Poulsen, 'Determinants of Contractual Relations Between Shareholders and Bondholders: Investment Opportunities and Restrictive Covenants' (2003) 9 *Journal of Corporate Finance* 201.

[9] P Mather, 'The Determinants of Financial Covenants in Bank-Loan Contracts' [2004] *Journal of International Banking Law and Regulation* 33, 36.

[10] 更为复杂的例子是循环贷款。该贷款允许借款人借款、偿还、再借款，直到借满一个最高数额。循环贷款与透支的不同之处在于，它不是当前的账目融资（而且它不像透支通常那样一经要求即应偿还）。通常的定期贷款可以允许提前偿还，但不会提供再贷款。

借入的金额与贷款合同载明的本金之间的差额,就构成了贷款方的回报。[11]

贷款本金的金额可以用一种货币来标明,也可以分为许多部分且每一部分用不同的货币来标明其金额。本金可以经请求而予偿付,也可以根据一套合同条款而借给公司,但该条款规定在发生特定违约事件时贷款方有权要求提前清偿或者终止贷款。贷款合同可以约定一次性偿还本金,或者约定分期偿还本金。

除了这些调整本金和利息的核心条款之外,贷款合同通常还包括若干约定事项,通过这些约定,公司承诺实现一定的绩效目标,承诺不得开展某些活动,并承诺向贷款人提供有关事务的信息。约定事项使贷款人得以在贷款未获偿付时监督公司。未能遵守约定事项通常构成一种贷款人借此有权终止贷款的违约事件,同时贷款人还有其他权利。贷款协议中的其他典型条款,包括公司在获得资金(这一过程经常被称为"放款")之前必须满足的条件,以及有关公司及其事务的陈述与保证。

单个银行或其他贷款人可能不愿承受向一家公司提供大额贷款的全部风险。在那种情况下,如果该公司的信用足够良好,它仍然可以通过与诸多金融机构签订辛迪加贷款合同(有担保或者无担保)来获得所需资金,在该贷款合同中,每一参与的金融机构都承担一部分放款任务,并共享贷款相关的权利。[12] 通常只有最大的公司借款人才需要辛迪加贷款。主权国家和其他公共机构也会签署辛迪加贷款。近年来,辛迪加贷款市场(现在越来越多地被称为"杠杆贷款"市场)在为私募股权公司的杠杆收购活动提供债权融资方面,发挥着主要的作用。[13] 辛迪加债权交易的二级市场的精巧机制的出现,进一步推动了它的发展。[14]

公司也可以向董事或其他内部人借款。这种形式的贷款最可能出现于更小型的公司或者家族持有的公司中,在这些公司里,董事和股东在公司事

---

[11] WL Megginson, *Corporate Finance Theory* (Addison-Wesley, 1997) 404—405.
[12] *Saltri III v MD Mezzanine SA SICAR* [2012] EWHC 3025 (Comm), [2013] 1 All ER (Comm) 661, [23]. 关于辛迪加贷款,一般可参见 PR Wood, *International Loans, Bonds, Guarantees, Legal Opinions* (Sweet & Maxwell, 2nd edn, 2007); R Cranston, *Principles of Banking Law* (OUP, 2nd edn, 2002) ch 2, V.
[13] U Axelson, T Jenkinson, PR Strömberg, and MS Weisbach, 'Leverage and Pricing in Buyouts: An Empirical Analysis', Swedish Institute for Financial Research Conference on The Economics of the Private Equity Market (August 2007) available at SSRN ⟨http://ssrn.com/abstract=1027127⟩(2013年7月访问).
[14] S Drucker and M Puri, 'On Loan Sales, Loan Contracting, and Lending Relationships' (March 2007) available at SSRN ⟨http://ssrn.com/abstract=920877⟩; Loan Market Association website ⟨http://www.loan-market-assoc.com⟩(2013年7月访问)。贷款市场联合会(LMA)创建于1996年12月,其目标是培植促进贷款二级市场发展的环境。它已经为二级市场交易活动提供了标准合同文本。

务方面拥有特别明显的个人利益。因而内部人贷款会引发特殊的关注或担忧。一方面,内部人贷款的条款比从商业贷款人处获得的条款可能温和得多,例如,贷款可以是免息的,或者贷款人劣后于公司的某些或者所有其他债权人受偿。以合同方式约定债权清偿顺序的法律效力[15],这一问题曾经存在某些不确定性,但现在已经得到妥当解决。[16] 在另一个极端,内部人可以利用其优势地位,要求公司接受格外苛刻或者繁冗的条款,将公司非法赠予的资金描述为"利息支付",从而掩盖其可能的非法目的。[17]

透支

透支是一种通过客户当前账户提供的债权融资。当公司从其当前账户提取钱款以至于其账户余额为负值时,就产生了透支。如果银行填充了账户透支的金额,则银行成为透支该金额的公司的债权人。在不超过规定最高限额的范围内的透支安排,通常由公司与其银行事先议定,而且公司可能会被要求为透支额度支付一定的承诺费。在银行—客户关系中,不存在允许客户透支的默示条款,因而,在缺乏相反约定的情况下,银行没有义务为账户资金不足的提款承担填充责任。[18] 如果客户作出未经授权的提款行为,则在概念上可将其视为发出了一项请求透支的要求[19],而且如果银行满足了这笔提款,则构成了承诺;同时,也视作客户已接受银行的相关标准条款,除非双方另有约定,或者该标准条款不合理、内容涉嫌敲诈或违反经

---

[15] 在债务人没有破产的情况下,以合同方式约定债权清偿顺序的法律效力是没有争议的:*Nakanishi Marine v Gora Shipping* [2012] EWHC 3383 (Comm),[23]—[32];*Gemini (Eclipse 2006-3) v Danske Bank* [2012] EWHC 3103 (Comm)。

[16] *Re SSSL Realisations* (2002) Ltd [2006] Ch 610,CA. 在 66 段,Chadwick 法官评论道:"在我看来,具有重要的商业意义的是,如果集团公司在拥有偿付能力时与其债权人达成了具有此种性质的劣后受偿合同,则合同本意规定的事件(破产)发生时,应当认为集团公司与其债权人已经谈妥了偿债事项。"还可参见 *Re Kaupthing Singer & Friedlander* [2010] EWHC 316 (Ch),[10]。

[17] 例如,可参见 *Ridge Securities Ltd v IRC* [1964] 1 All ER275。R La Porta,F Lopez de Silanes,and G Zamarripa,'Related Lending' (2003) 118(1) *Quarterly Journal of Economics* 231。该文称,关于向墨西哥公司的银行提供贷款的一项研究,提供了支持以下观点的证据:关联贷款存在掠夺的现象。

[18] *Cunliffe Brooks & Co v Blackburn Benefit Society* (1884) 9 App Cas 857,HL,864 per Lord Blackburn;*Barclays Bank Ltd v WJ Simms Son & Cooke (Southern) Ltd* [1980] 1 QbD 699。银行允许客户透支行为的合意,可从当事人的一系列行为中推知;*Cumming v Shand* (1860) 5 H&n 95,157 ER 1114。

[19] *Barclays Bank Ltd v WJ Simms Son & Cooke (Southern) Ltd* [1980] 1 QBD 699;*Cuthbert v Robarts Lubbock & Co* [1909] 2 Ch 226,CA,233 *per* Cozens Hardy MR.

第十一章 公司债务融资——总体考虑因素

过批准的银行业务惯例等。[20] 对于以透支账户为付款账户的支票予以承兑,银行向其客户提供了该笔借款,而且作为其客户的代理人,向该支票的权利人支付了该笔金额。[21]

正如银行必须应公司要求将款项付入公司的往来账户一样[22],透支款项通常也应一经请求即应偿付[23],除非银行有义务在某个固定周期内提供透支服务。[24] 无论其法律权利是什么,在实践中,银行在要求偿还透支款项方面几乎肯定会保持一定程度的审慎,以保护其商业声望:

> ……显而易见的是,没有一方会认为,当银行许可透支时,它会在未发出通知的情况下接着起诉公司以收回金钱;事实是,无论是否有义务不能作出此类行为,显然,就交易过程而言,如果同意透支的银行以这种方式做事,它将会面临最为严重的经营后果。[25]

"一经请求"是什么意思?[26] 根据英国的判例,银行必须做的是给予公司时间以促成支付机制的形成,例如公司安排资金从一个账户转移至另一个账户。银行没有义务给予客户时间来筹集在银行要求支付时还不拥有的资金。在 *Cripps*(*Pharmaceutical*)*Ltd v Wickenden*[27] 一案中,法院认为,银行在要求偿付欠款时公司显然无钱支付,在这种情况下,银行提出偿付

---

[20] *Barclays Bank Ltd v WJ Simms Son & Cooke*(*Southern*)*Ltd*〔1980〕1 QBD 699;*Office of Fair Trading v Abbey National*〔2008〕EWHC 875(Comm),〔2008〕2 All ER(Comm) 625,〔55〕,〔64〕—〔65〕(这一观点未受到上诉,并在事实上得到了最高法院的确认,参见 *Office of Fair Trading v Abbey National*〔2009〕UKSC 6;〔2010〕1 AC 696,〔100〕)。

[21] *Coutts & Co v Stock*〔2000〕2 All ER 56.

[22] *Walker v Bradford Old Bank*(1884)12 QBD 511,516 per Smith J;*Joachimson v Swiss Banking Corp*〔1921〕3 KB 110,CA.

[23] *Williams and Glyn's Bank v Barnes*〔1981〕Com LR 205,(1977—1986) 10 Legal Decisions Affecting Bankers 220. 合同各方可以另作约定。然而,它们是否已经这样做了,则是一个解释的问题。银行授予一个贷款额度,该额度被认为在一段时间内持续有效,但同时合同载入一个条款,该条款允许银行经请求而获得该笔欠款的偿付。这并不矛盾:*Lloyds Bank plc v Lampert*〔1999〕BCC 507,CA;*Hall v Royal Bank of Scotland*〔2009〕EWHC 3163(QB);*Carey Group v AIB Group*(*UK*)〔2011〕EWHC 567(Ch),〔2012〕Ch 304. 关于实践中出现的一年透支额度的做法,参见 Competition Commission,*The Supply of Banking Services by Clearing Banks to Small and Medium-sized Enterprises*(2002)para 3.92。

[24] *Carey Group v AIB Group*(*UK*)〔2011〕EWHC 567(Ch),〔2012〕Ch 304,〔38〕.

[25] *Rouse v Bradford Banking Co*〔1894〕AC 586,HL,596 per Lord Herschell LC.

[26] 在普通法中,如果没有明确规定贷款的还款时间,或者约定了贷款"根据要求"还款的,此类贷款会产生一项"即期债务"(immediate debt),即债权人无须提前作出还款指示,而债务人应当立即归还贷款。在这种意义上,"根据要求"还款的贷款应区别于另一种贷款,即债权人应当首先作出还款指示的贷款。在后一种贷款中(而非前一种),作出还款指示是产生还款责任的先决条件,而只有在作出还款指示后,才能产生诉由。如双方没有明确规定还款时间,或同意以提出还款要求作为还款条件,这些问题可根据适当的情况作出推断:*Central City v Montevento Holdings*〔2011〕WASCA 5,Western Australia CA,〔36〕—〔38〕.

[27] 〔1973〕1 WLR 944.

要求之后的两小时内就指派了接管人以行使其权利,这属于银行的权利范围。银行在发出偿还要求的仅仅一个小时后派出接管人,也被认为具有正当性。[28]

就透支利息的收取而言[29],通常以每日的余额为基础来计算利息,并且定期记入公司账目的借方余额。[30] 一旦利息记入借方余额,则其化为本金,并且此后利息按照包括化为本金的利息在内的数额来收取。对于透支收取复合利息,已经成为银行业的惯例,除非银行与客户之间有相反的约定,它即成为贷款合同的默示条款。[31] 银行也通常被期待着就复合利息的收取作出明确规定,对于这种明确约定法律地位的做法,法院也予认可:"[银行]应当在其合同中明确约定复合利息。自从《高利贷法》取消之后,已经没有什么可以阻止这种做法的了。"[32]

当钱款付入透支的账户时,除非借贷双方有相反约定,它被视为履行了早期的负债。将这一规则运用于以下事实,将会获得后面的结果:
- 1月1日,公司往来账户的借方余额为200,000英镑;
- 1月15日,公司从已经透支的额度中进一步提款150,000英镑;
- 1月30日,250,000英镑付进该账户。

其结果是这样:首先,1月1日该账户中尚未清偿的200,000英镑被认为首先得到了偿付;其次,1月15日借入的款项中的50,000英镑也被认为得到了偿付;1月15日借入款项中的借款余额仍未偿付。*Devaynes v Noble, Clayton*[33] 一案确立了这一偿付分配的规则,该规则通常被称为 *Clay-*

---

[28] Bank of Baroda v Panessar [1986] 3 All ER 751, noted JD Kay, "On Demand" Liabilities [1986] *Journal of International Banking Law* 241,援引了许多英联邦的案例,后者看起来对于借款人更为慷慨,允许其在合理的时间内偿付欠款;*Sheppard di Cooper Ltd v TSB Bank plc* [1996] 2 All ER 654.

[29] 银行收取透支费用的基础是议付谈判,内容系关于利率、清算周期长度以及其他条款等。银行可以就清算周期等问题制定标准交易条款,在没有特殊约定时适用。寻求并取得透支业务的客户,可被视为已经同意上述标准条款,除非当事人有不同的约定,或者此类条款涉嫌敲诈或违反所有已被核准的银行业务惯例;*Emerald Meats (London) v AIB Group (UK)* [2002] EWCA Civ 460, [14].

[30] *Reddie v Williamson* (1863) 1 Macph 228; *Parr's Banking Co Ltdv Yates* [1898] 2 QB 460, CA; *Yourell v Hibernian Bank Ltd* [1918] AC 372, HL, 385 per Lord Atkinson; *IRC v Holder* [1931] 2 KB 81, CA, 96 per Lord Hanworth MR and 98 per Romer U; *Paton v IRC* [1938] AC 341, HL.

[31] *National Bank of Greece SA v Pinios Shipping Co (No 1)* [1990] 1 AC 637, CA and HL. 在 *Financial Institutions Services v Negril Negril Holdings* [2004] UKPC 40 案中,枢密院认为,涉案银行有权按照合理的商业利率,不时收取到期透支余额的利息,但每月未付的利息也要加入透支的账户中。这一处理方法既可以合同条款为依据,也可以法官裁定的具有赔偿性质的救济措施为依据。

[32] *National Bank of Greece SA v Pinios Shipping Co (No 1)* [1990] 1 AC 637, CA and HL 659 per Lloyd LJ. 虽然上诉法院的裁决被上议院推翻,但这一评论并不受影响。

[33] (1816) 1 Mer 572, 35 ER 781.

ton 案件规则。例如,这一规则在以下情形下是相关的:银行接受了为现有透支账户提供的担保,然后公司继续从该账户提款和将款项付入该账户。 274
因为根据破产法,如果担保为早于担保设立之前借款人已获得的金钱而设定,该担保将归于无效。除非合同主体另有协议安排,*Clayton* 案件规则的适用将决定在适用破产法时该账户中的余额究竟属于担保作出之后的新钱(在这种情况下,担保是有效的),或者属于担保创设之前即已借给公司的旧钱(在这种情况下,担保可能是无效的)。[34] 关于不同公司部门的研究表明,设置透支额度的情形司空见惯,但积极运用透支的情况并不普遍,而且有时它们只是在偶尔的情况下使用。例如,英格兰银行针对小型上市公司的一份调查发现,拥有透支额度的公司中,只有 24% 的公司运用了半数的额度,而 42% 的公司则声称从未运用透支额度。[35] 在中小型企业中,近年来出现了从透支融资向更为偏爱定期贷款的转向。[36] 替代性的资产融资方式,也有了显著的增长,例如商票融资、租赁与租购、以及以资产为基础的贷款(资金供给方拥有资产的所有权,并以赊欠为基础将其卖给公司)。[37] 英国的银行有时会因偏爱以牺牲对公司(特别是中小企业)提供更为长期而稳定的资金支持为代价的透支融资,而招致批评。然而,尚有争议的是,透支融资究竟在多大程度上反映了那些商业人士的偏好,反映了那些可能因透支融资简单、灵活而且不需要他们放弃股本的人士而喜欢此种融资方式,以及透支融资在多大程度上反映了在银行向小型公司提供的有限融资选择中银行偏好"一经要求即应偿还"的融资选择。[38]

---

[34] 参见《1986 年破产法》第 245 条以及在以下案件中对这一原则的运用:*Clayton's Case in Re Yeovil Glove Co Ltd* [1965] Ch 148, CA. 还可参见 *ASB Bank v South Canterbury Finance* [2011] NZCA 368, [2011] 3 NZLR 798 案,法院认为,*Hopkinson v Rolt* (1861) 9 HL Cas 514 和 Clayton's Case 中的规则,可能会产生这样的效果:银行出借款项,设定抵押保障后续贷款,债务人的付款记入担保账户中可以减少债务,后续贷款虽不能超过原始贷款期限,但不会优先于银行后续贷款时已通知的抵押权人。

[35] P Brierley and M Young, 'The Financing of Smaller Quoted Companies: a Survey' (2004) *Bank of England Quarterly Bulletin* 160, 163. 还可参见 A Kearns and J Young, Provision of Finance to Smaller Quoted Companies: Some Evidence from Survey Responses and Liaison Meetings' (2002) *Bank of England Quarterly Bulletin* 26。

[36] *Competition in UK Banking: A Report to the Chancellor of the Exchequer* (Cruickshank Report, 2000) para 5.26.

[37] A Hewitt, 'Asset Finance' (2003) *Bank of England Quarterly Bulletin* 207.

[38] J Charkham, *Keeping Good Company* (OUP 1995) 297—298. A Hughes, 'The "Problems" of Finance for Smaller Businesses' in N Dimsdale and M Prevezer (eds) *Capital Markets and Corporate Governance* (Clarendon Press, 1994) 209; A Hughes, 'Finance for SMEs: A UK Perspective' (1997) *9 Small Business Economics* 151.

定期贷款

正如其名字所指的,定期贷款是指期限固定的贷款,且应在期末时或期末前偿付;这种还款可能是偿还全部借款金额,或是在实践中更为普遍的,根据商定的还款时间表来还款。[39] 在实践中经常将定期贷款划分为短期贷款(期限低于一年的贷款)、中期贷款(一年以上五年以下的贷款)和长期贷款(五年以上十年以下的贷款,或者期限更长的贷款)。[40]

本金

定期贷款合同的核心条款是关于贷款本金数额、本金的币种以及向借款人放款的方式的约定。贷款本金可以一次性发放给借款人,或者贷款合同可以约定借款人有权在规定的时间或者在此之前连续提款。另外,可以限制借款人有权提款的期间("放款期"),以使在该期间结束之后,贷款人不再负有贷款的义务,而且借款人也不得对任何未提取的贷款主张权利。就本金的偿付而言,贷款合同可以规定在某一时间偿还全部本金(通常称为一次性偿还贷款)或在某一期间内分期偿还(有时称为摊还贷款)。在分期偿还义务中,如果最后分期偿还的金额高于前面数期的金额,这有时被称为"期末大额偿还"(balloon repayment)。分期偿还义务是一种机制,借此贷款人得以察觉借款人陷入财务困境的早期迹象。[41] 借款人可以选择提前偿还本金,而且在行文精细的合同中,贷款人有权在诸多特定的违约事件之一发生时,要求借款人提前偿还贷款。[42] 贷款人能否加入一个条款,以起到一经请求即应偿还本金的效果?法院认为,一经请求即应偿还本金的条款,与信贷额度的性质并无不一致之处,借贷双方都能想象得到,请求发出的一段时间之后才会发生偿还的义务。[43] 当贷方对贷款的某些条款作出了法律承诺

---

[39] *Danske Bank v Durkan New Homes* [2009] IEHC 278,[22].
[40] 例如,关于术语在实践中的差异,参见 P Brierley and M Young,'The Financing of Smaller Quoted Companies: a Survey'(2004) *Bank of England Quarterly Bulletin* 160,163,据此"短期"是指最初到期日低于 5 年;"中期"则指最初到期日为 6 年以上 10 年以下,而"长期"是指超过 10 年。
[41] WL Megginson,*Corporate Finance Theory* (Addison-Wesley,1997) 405.
[42] 在定期贷款中,并没有内容排除可在期限内收回贷款的事件:*Danske Bank v Durkan New Homes* [2009] IEHC 278,[22]。
[43] *Lloyd's Bank plc v Lampert* [1999] BCC 507;*Bank of Ireland v AMCD (Property Holdings)* [2001] 2 ALL ER (Comm) 894;*Danske Bank v Durkan New Homes* [2009] IEHC 278;*SRM Global Master Fund v Her Majesty's Treasury* [2009] EWHC 227 (Admin),[2009] BCC 251,[139]("有一条确定的规定,如果贷款确认书规定贷款应'根据要求还款',即便贷款协议中有其他条款表明银行打算在特定日期时主张还款,前述规定也应当适用……")。

(与此形成对照的是,贷款期限仅仅是主体之间的松散预期),一经请求即应偿还的规定是否在整体上违反了贷款合同的约定,这里存在解释的问题[44],虽然法院对于银行贷款中的重要条款,如按要求还款等,不会轻易认定其是违反约定的。[45] 定期贷款中保护贷款人利益的更为传统的替代性机制是,规定某些违约事件的发生将触发贷款方要求加速偿还的权利。

如果贷方违反合同约定拒不放款,借款公司有权主张损害赔偿。如果公司能够从其他贷款人获得条件大体相同的贷款,则赔偿可能仅仅是象征性的。[46] 然而,假如第一个贷款人此前承诺以超低的利率发放贷款,则借款人可以获得更多的赔偿。在 South African Territories v Wallington[47] 一案中,上议院拒绝对一项借款给公司的合约赋予实际履行的效力。这一裁决与以下一般规则相一致:如果损害赔偿可以提供充分的救济,则不得发布强制执行的命令[48],但在某些情况下,贷款协议可以是具体履行的内容。[49] 但现在 Wallington 案的决定必须同时结合《2006 年公司法》第 740 条的规定来予以解读。在 Wallington 一案[50]的裁决作出后,该条规定首次被引入公司立法。它规定,规定公司接受并偿付另一公司债券的合同,可以经强制执行的法令而予执行。"债券"这一术语没有严格的含义[51],

---

[44] *Williams & Glyn's Bank Ltd v Barnes* [1981] Com LR 205;*Titford Property Co Ltd v Cannon Street Acceptances Ltd*(未报道,1975 年 5 月 25 日)。
[45] *Carey Group v AIB Group*(UK)[2011] EWHC 567(Ch),[2012] Ch 304,[39]。
[46] 谈判以获得替代性贷款的成本,也可以收回:*Prehn v Royal Bank of Liverpool*(1870) LR 5 Exch 92。
[47] [1898] 1 AC 309,HL。另见 *Western Wagon and Property Co v West* [1892] 1 Ch 271,275 per ChittyJ;*Rogers v Challis*(1859)27 Beav 175,54 ER 68;*Sichel v Mosenthal*(1862)30 Beav 371,54 ER 932。
[48] G Jones and W Goodhart,*Specific Performance*(Butterworths,2nd edn,1996)154—61,将一般原则描述为"或许过于毛糙"(第 155 页),而且讨论了诸多被认可的例外情形;还可参见 ICF Spry,*The Principles of Equitable Remedies:Specific Performance,Injunctions,Rectification and Equitable Damages* 8th edn(Thomson Reuters Australia,2009)ch 3;*Loan Investment Corporation of Australasia v Bonner* [1970] NZLR 724,PC,741—742 per Sir Garwick Berwick(表示异议),在该案中,人们看到,有可能在特殊情况下发布履行具体贷款义务的法令。
[49] *Georges v Wieland* [2009] NSWSC 733。
[50] 《1907 年公司法》第 16 条即做此规定。
[51] 《2006 年公司法》第 738 条列出了多种债券工具,但并没有关于债券这一术语的详尽无遗的定义。该条并没有明确规定,"债券"这一术语并不限于担保贷款。法院也经常承认缺乏精确的定义:例如,参见 *British India Steam Navigation Co v Commissioners of Inland Revenue* [1881] 7 QBD 165;*Knightsbridge Estates Trust Ltd v Byrne* [1940] AC 613 HL,621 per Viscount Maugham;*NV Slavenburg's Bank v Intercontinental Natural Resources Ltd* [1980] 1 All ER 955,976。缺乏精确的定义,已经带来了一些现实问题:*Re SH & Co*(*Realisations*)*1990 Ltd* [1993] BCC 60,67,该案引用了 LBC Gower,*Principles of Modern Company Law*(Sweet & Maxwell,5th edn,1992)379。

尽管一种通常被引用的描述是，它包括任何创建或认可债权的文件。[52] 有争议的是，是否可以认为，贷款协议创设或认可了一项债权，因为在通常情况下，只有在协议签订且资金到位之后才实际上创设了债权。另一种观点是，包含支付承诺在内的文件可以构成债券。[53] 这种描述涵盖了贷款协议，因为后者包含了借款人归还本金的承诺，而且在通常情况下，它还包含借款人在规定期间偿付利息的承诺。然而，就《2006 年公司法》第 740 条的目的而言，"债券"这一术语应作更为狭义的解释，应当限定于直接向投资者发行、而且可以自行交易的债权证券。[54] 这一解释以该法条关于债券的接受与偿付的引用资料为基础。那些语词容易描述投资者作出的购买投放于市场的债权证券的决定，但它们与贷款合同的放款承诺无法轻易地契合。另外，看起来，第 740 条所在的《2006 年公司法》的那部分表明，它只关注向投资者发行的债权证券，而不关注公司与银行或其他贷款人达成的贷款协议。[55]

不可能发生的情形是，借方没有提取费尽周折而获得的贷款。如果出现这种情况，则应当解释的是，借方是否有义务提完贷款，或者解释为借方有权选择这样做。即便借方违反了合同，原则上，法院也一般不会作出法令，要求实际履行合同（放款），这样，贷方的救济可能仅仅是损害赔偿，而且可能是微乎其微的。[56]

在没有相反规定的情况下，尚不清楚的是借方是否可以提前归还借款。[57] 然而，通常双方会在协议中明确写入关于提前清偿的条款。这些条款通常会要求借方在打算提前还款时通知贷方，并在规定日期归还欠款，例如在利息期间的最后一天支付。提前还款的限制通常与贷方自身的融资承诺紧密相关。它通常会规定提前支付的金额，按照其到期日的相反次序分

---

[52] *Levy v Abercorris Slate and Slab Co* (1887) 37 Ch D 260. 还可参见 *Edmonds v Blaina Furnaces Co* (1887) 36 Ch D 215；*Lemon v Austin Friars Investment Trust Ltd* [1926] 1 Ch 1, CA；*Knightsbridge Estates Trust v Byrne* [1940] AC 613, HL；*R v Findlater* [1939] 1 KB 594, CCA.

[53] *British India Steam Navigation Co v Commissioners of Inland Revenue* [1881] 7 QBD 165, 173 per Lindley J. 法院被要求确定该工具是债券还是本着印花目的的本票。

[54] 因为存在贷款人作为一方主体的贷款合同二级市场，可交易性本身并不构成区分是否属于《2006 年公司法》第 740 条之下的债券。关于银团贷款的二级市场，见 J Barratt, 'Distressed Debt—The Sale of Loan Assets' [1998] *Journal of International Banking Law* 50；S Drucker and M Puri, 'On Loan Sales, Loan Contracting, and Lending Relationships'。

[55] Contrast A Berg, 'Syndicated Lending and the FSA' (1991) 10(1) *International Financial Law Review* 27.

[56] *Rogers v Challis* (1859) 27 Beav 175, 54 ER 68.

[57] 澳大利亚法院认为，除非贷款合同明确约定，借款人无权提前清偿欠款：*Hyde Management Services (Pty) Ltd v FAI Insurances* (1979—1980) 144 CLR 541, H Ct of Aust. 英国认为，债权证券发行人不得提前赎回，除非发行条款有此规定：*Hooper v Western Counties and South Wales Telephone Co Ltd* (1892) 68 LT 78.

期偿付。这起到了缩短贷款期限的效果。

利息

在缺乏相反的明确约定或类似交易习惯或惯例的情况下,银行贷款无须支付利息。[58] 但由于贷款协议几乎雷打不动地明确规定要收取利息,在实践中这一点意义有限。自《1954 年高利贷法废止法案》通过以来,法律不再对公司收取利率进行限制。贷款期间利率可以一成不变,也可在存续期间变动(浮动)不居。因而,在理论上有可能规定贷方可视情况调整利率,但谈判实力雄厚的借方也可能拒绝接受这种不确定性。利率浮动的贷款协议通常规定,在规定的期间里可以参照某一公式来调整利率,以保证贷方的贷款回报。

银行贷给借款客户的钱,可以是其自有资金(股本和准备金),或者是从存款人(银行和存款的客户之间的关系是债权债务关系)或其他贷方借入的资金。银行可以从银行间市场借入资金并计为短期存款。此类存款发生于特定期间,期限短,通常是 3 月或 6 月,利率固定。伦敦同业拆借利率(LIBOR)是一项基准利率,表明伦敦同业拆借利率的出资方银行在一定时期内,以特定的货币形式,在伦敦银行间市场提供无担保资金的平均利率。[59] 虽然它只是一项可能被用于贷款协议中计算浮动利率的基准利率,但它满足了说明的目的。当银行从银行间市场取得存款然后把其作为定期贷款提供给借方时,显然存在权利和义务的错配:银行有义务在 3 个月或者 6 个月内归还借款,而可能在多年之后才有权请求借方还款:银行借短贷长。银行应对此种错配后果的一种方法是,调整借方应当支付的利率,以反映当银行需要从银行间市场再融资时的伦敦银行同业拆借利率。为实现这一目的,协议规定借方应当支付的利率是当时的伦敦银行同业拆借利率加上协议当初设定的额外差额,也就是银行就该笔交易所获得的回报。这种结构安排使银行得以将其融资成本转嫁给借方。例如,如果一家银行因为有义务向货币市场支付更高的利率而陷入财务困境,则该银行就可能将这些增

---

[58] *Chatham & Dover Rly v South East Rly* [1893] AC 429, HL.
[59] 英国银行家协会(BBA)发布了每日的伦敦银行同业拆借利率(关于它如何计算的详情以及发布程序,参见〈http://www.bba.org.uk/bba/jsp/polopoly.jsp? d=225&a=1416〉(2007 年 9 月访问))。根据英国银行家协会,该协会发布的每日伦敦银行同业拆借利率是计算短期利率的运用最为广泛的"基准"或者参考利率。据英国银行家协会称,它是全球短期利率的主要基准。它被全球许多主要期货和期权交易所作为结算利率合同的基础,也被作为全球市场许多贷款协议的基础,包括抵押贷款协议。伦敦银行同业拆借利率(LIBOR)程序可能被滥用的消息传出后,利率设定程序正在进行改革,纽约泛欧交易所利率管理有限公司(NYSE Euronext Rate Administration Limited)预计将于 2014 年初接替英国银行家协会对伦敦银行同业拆借利率的管理(详见〈http://www.bbalibor.com〉(2013 年 10 月访问))。

加的成本转嫁给借款人。因此,如果银行遇到财政困难,银行会觉得有必要提高借款人应支付的利率。如果在这种情况下,银行提高了借款人收取的利息,那么就不能说,银行是出于不恰当的目的而行使了设定利率的权利,也不能说银行行为的目的是反复无常的、武断的,或者是任何理性的贷款人都不会做的。[60]

当借方公司存在无法支付到期利息的可能时,贷方有多种方式来保护其自身利益。在一个典型的贷款合同中,未能支付到期的应付金额,无论是利息还是本金,是主要的违约行为。此类贷款合同会规定,在发生违约情形时,贷方有权终止合同;要求返还本金、支付利息和根据合同应支付的其他任何金额;并且取消所有未使用的信贷额度。因而,在通常情况下,发生违约情形本身并不会自动终止协议,然而,它使贷方可以选择如此行事。[61] 法院有权裁判,试图惩罚违约方的惩罚性合同条款不具有强制执行力。[62] 根据惩罚性条款是指,在当事人有违约行为时,在没有商业理由的情况下,规定当事人应支付一笔款项或没收其一笔款项,或由违约当事人向另一方转让财产,[63] 该条款旨在保障合同履行,而非仅仅赔偿收款人因违约而遭受的损失。该规则的目标是,在当事人可通过损害赔偿可以公平弥补其损失的情况下,向当事人支付的赔偿金额高于其实际损失。[64] 然而,非常清楚的是,贷方有权在借方未能支付利息时终止合同,这一合同条款不是惩罚性条款。[65] 此外,关于惩罚性条款的原则不适用于以下合同条款,即规定标准利率的条款,以及规定借款人没有违约时,出借人将收取低于标准利率的优惠利率的条款。[66] 关于合同条款是惩罚性条款的证明责任,在于被起诉的一

---

[60] *Paragon Finance v Nash* [2001] EWCA Civ 1466, [2002] 1 WLR 685.
[61] 根据确定的合同法一般原则:*Decro-Wall International SA v Practitioners in Marketing Ltd* [1971] 1 WLR 361, CA; *Photo Production Ltd v Securicor Transport Ltd* [1980] AC 827, HL.
[62] 有一项公共政策规定,即法院不执行惩罚性条款,以便使合同当事人在诉讼中获得高于普通法损害赔偿的赔偿金。尽管法律已确立了上述公共政策,但这项政策是反常的且可能是非常独特的,因为法院无权因为合同条款对一方当事人施加的义务过重而改写条款:*Ip Ming Kin v Wong Siu Lan* [2013] HKCA 252, [35], Hong Kong CA.
[63] 除了违反付款方对收款方的合同义务以外,其他情形导致的合同项下的付款,并不是罚金:*Berg v Blackburn Rovers Football Club & Athletic* [2013] EWHC 1070(Ch), [33].
[64] *Imam-Sadeque v Bluebay Asset Management (Services)* [2012] EWHC 3511 (Qb), [190] and [202]; *Makdessi v Cavendish Square Holdings* [2013] EWCA Civ 1539, [46]. 关于罚金的法律适用于以下条款:(a) 剥夺本应属于违约方的款项;或(b) 以无对价或低估价格,要求将财产从违约方转移到非违约方。
[65] *Keene v Biscoe* (1878) 8 Ch D 201; *Wallingford v Mutual Society* (1880) 5 App Case 685, HL; *Oresundsvarvet Aktiebolag v Marcos Diamantis Lemos*, *The Angelic Star* [1988] 1 Lloyd's Rep 122, CA.
[66] *Kellas-Sharpe v PSAL* [2012] QCA 371, Queensland CA.

方。[67] 合同条款是否应当作为惩罚性条款被推翻,是一个合同解释问题,需根据合同订立当日的情况确定。[68] 在运用有关惩罚性条款的规则时,还必须审查试图在借方未按期支付时科以更高利率的条款。[69] 惩罚性条款不同于违约金条款,后者具有法律效力。[70] 某一特定的合同条款应归属哪一类别,这是合同解释的问题;合同各方对该条款贴上何种标签,并不具有决定性意义。[71] 在一个关于惩罚性条款的典型案件中,有观点认为,惩罚性条款的一个标志是,违约只表现为未能支付一定数额的金钱,而且该金额大于应予支付的金额。[72] 而由于人们担心它会创建一条违约利息条款,种种结构性安排被发展出来,它们与违约利息有着同样的经济效果,但却采取着不同的法律形式。在许多案件中,此类安排被认为具有法律效力。因而,人们认为,规定高额利率并在按期支付时降低该利率的条款是有效的,尽管它与违约利息条款在本质上并无差别。[73] *General Credit and Discount Co v Glegg*[74] 一案支持了两者在技术层面的细微区别。在该案中,贷款利息条款规定采取分期支付的方式。如果任何一期分期付款的支付存在违约行为,则每月按应支付金额的1%加收手续费,或从分期付款到期日至实际支付日这个月份加收上述手续费。人们认为,要求在违约时予以支付的安排,是独立的、具有实质内容的合同,不具有惩罚性质。法院认为这种合同具有法律效力,而没有简单地认为手续费是一种允许贷方在对方违约时提高利率的措施。

---

[67] *Ip Ming Kin v Wong Siu Lan* [2013] HKCA 252,[38],Hong Kong CA.
[68] *Cadogan Petroleum Holdings v Global Process Systems* [2013]EWHC 214 (Comm),[34].
[69] 法院必须考虑到交易中的所有条款,以及缔约方的情况。该条款本身应是合理的,但不能把该条款与其他条款分开考察。它应被视为合同双方承担的义务之一,故必须从整体上考察。各方当事人相对的老练程度和议价能力也是考虑的因素。双方具有相同议价能力的事实,本身并不能使这一原则失效。但如果老练的当事人具有同等议价能力且能获得法律建议时,法院通常不会认为当事人自由约定的条款没有商业合理性:*Imam-Sadeque v Bluebay Asset Management*(Services)[2012] EWHC 3511(QB),[199]。澳大利亚法院认为,"关键的问题是,该条款所施加的义务是否是过于沉重的或不合理的。需要考虑的因素包括,签订合同时当事人的情况、今后发生违约时他们各自的立场,以及对条款可能产生的执行的观点。"*Cedar Meats v Five Star Lamb* [2013] VSC 164,[10?](脚注略)。
[70] 值得注意的是,当前的做法规定(a) 不应过度关注条款项下应付金额与违约损失间的差异,差异的重要性取决于损失的性质和范围有多大的合理性;(b) 任何假设都不是不可争议的;(c) 在决定条款的主要功能是威慑性和惩罚性的之前,应当注意考虑进行自由谈判的意愿以及惩罚性条款的商业正当性。*Makdessi v Cavendish Square Holdings* [2013] EWCA Civ 1539,[214]。
[71] *Dunlop Pneumatic Tyre Co Ltd v New Garage and Motor Co Ltd* [1915] AC 79,HL.
[72] 同上,87 HL,*per* Lord Dunedin.
[73] *Wallingford v Mutual Society* (1880) 5 App Cas 685,HL,702 *per* Lord Hatherley; *Herbert v Salisbury and YeovilRly Co* (1866) 2 LR Eq 221,224 *per* Lord Romilly MR.
[74] (1883) 22 Ch D 549.

最后，在 Lordsvale Finance plc v Bank of Zambia[75] 一案中，法院在英国法的框架内对违约利息条款的效力进行了稳健的审查。法院认为，只要违约利息条款只在违约时发生效力，并且其增加的利息仅仅足以弥补贷方增加的资金成本和贷款给违约方的信贷风险，则这一条款并非无效的惩罚条款。显然，与这种观点不同的早期案件[76]，与该案的不同之处在于，它们既关注违约事件发生之后发挥作用的违约利息条款，也关注违约事件发生之前发挥作用的违约利息条款。Lordsvale 一案的裁决澄清了英国的法律，并使其与美国、加拿大和澳大利亚的做法保持一致。[77] 该裁决在一定程度上反映了现代社会中法官自由裁量权的发展趋势，也就是说，法院并不会轻易认定，被认为能够自我保护的老练的合同主体之间订立的商业文本中的某一条款是惩罚性条款。[78] 即便其规定的数额超过根据合同应支付的金额，只要合同的目的是补偿性而不是威慑性的，该规定就不是惩罚性规定。[79] 可能会引起争议的是，条款的主要功能是阻止违约，而不是行使补偿功能。因此，这一条款具有鼓励当事人履行合同的强制性效果，但这一事实并不会使它无法强制执行。[80]

前提条件[81]

贷款合同可以要求借方在提取资金之前满足一些前提条件。例如，公

---

[75] [1996] QB 752.
[76] Holles v Vyse (1693) 2 Vern 289，23 ER 787；Hunter v Seton (1802) 7 Ves 265，32 ER 108. 在 Herbert v Salisbury and Yeovil Rly Co (1866) 2 LR Eq 221，224 一案中，法官 Romilly MR 称："然而，如果按揭贷款的利率是 4%，而且贷款合同约定，如果利息未按期支付，则借方应当支付 5%或 6%的利息。则这一条款在性质上属于惩罚性约定，法院会认定其无效。"
[77] Lordsvale Finance plc v Bank of Zambia [1996] QB 752，765—767.
[78] Philips Hong Kong v A-G of Hong Kong (1993) 61 BLR 49；United International Pictures v Cine Bes Filmcilik VE Yapimcilik [2004] 1 CLC 491，CA；Murray v Leisureplay plc [2005] IRLR 946，CA.
[79] Lordsvale Finance plc v Bank of Zambia [1996] QB 752，762，a passage cited with approval in United International Pictures v Cine Bes Filmcilik VE Yapimcilik [2004] 1 CLC 401 CA, para 13 per Mance U and in Murray v Leisureplay plc [2005] IRLR 946，CA, para 13 per Arden U，para 106 per Clarke LJ，and para 100 per Buxton LJ. 还可参见 Euro London Appointments Ltd v Caaessem International Ltd [2006] 2 Lloyd's Rep 436，CA. 在 Fernhill Properties (Northern Ireland) v Mulgrew [2010] NLCh 20 案中，法院认为，旨在阻止买方违约的 15%违约利息具有惩罚性。但在 Slocom Trading v Tatik [2013] EWHC 1201 (Ch)案中，贷款协议约定了 15%的违约利息(每月复利)，法院允许强制执行这一协议。
[80] Imam-Sadeque v Bluebay Asset Management (Services) [2012] EWHC 3511 (Qb)，[189].
[81] 有观点认为："前提条件是指，作为履行合同义务的前提条件的行为和事件。使用某种措辞可能表明当事人打算约定前提条件……虽然在设定前提条件时，并没有特定要使用的词语，而'如果'(if)、'条件是'(provided that)、'以……为条件'(on condition that)等词语或者某些措辞，通常表明当事人制定一项条件的意图，而不是为了作出某项承诺。虽然没有规定必须使用上述措辞，但如果没有上述措辞的话，常会证明当事人意图作出承诺而不是制定某项条件，故此类条款将被解释为协议"，Global Energy Finance LLC v Peabody Energy Corp.，2010 Del. Super. LEXIS 430 (Del. Super. Ct. 14 Oct. 2010)(引文略)。

司可能会被要求向贷方提供公司宪章文件的复制本以及相关董事会决议，以使贷方可以审查该贷款是否得到了适当授权。现在，对于根据英国法注册成立的公司而言，考虑到在借方缺乏授权的情形下贷方也大体上能够得到公司法规则[62]的保护，这种做法未必一定是事所必须。这些规则与公认的代理原则及被称为内部管理规则的公司法规则紧密相关，后者保护外部人免受公司内部不当行为（例如，相关董事会未达法定人数）的侵害，除非他们得到相反的通知。[83]然而，是否应当为了更高的确定性而维持提前审查借款的授权，这一政策仍不无商榷之余地；虽然保护公司交易对手的法律已经非常宽泛，借方或其清算人（在破产这一特殊情况下，借方可能特别热衷于逃避债务）在特定情况下挑战这些规则的适用、进而拖延还款的风险仍然存在。贷款合同的另一常见的前提条件是，要求借方确认没有发生违约事件，而且陈述与保证是真实而准确的。

贷方只在借方已经满足其规定的前提条件时，才有义务提供资金。在借方有机会满足那些要求之前，贷方是否可以从合同中全身而退？这取决于对合同的解释。[84]案件表明，根据文本的不同，在合同中写入前提条件，将会产生如下效果：(a) 在条件成就之前合同并不具有完全的拘束力，并且在该条件成就之前，任何一方均可退出合同而不受责任追究[85]；(b) 主合同不具有拘束力，但只要构成前提条件的事件仍有可能发生，合同一方（或者双方）均不得退出合同[86]；(c) 主合同没有拘束力，但合同任何一方主体均不得做任何事情以阻遏该事件的发生[87]，或者合同一方主体有义务作出合理的努力以促成该事件的发生。[88]

陈述与保证

通常而言，贷款合同所包含的陈述与保证事项包括以下内容：
(1) 公司的能力，以及董事及高管签订贷款合同的权力；
(2) 遵守适用的法律和法规；
(3) 遵守公司的其他合同义务——例如，贷方可能要求公司确保该项贷款不会触发公司在另一合同之下的违约，在该合同中，公司承诺限制其贷款

---

[82]《2006年公司法》第39—40条。
[83] *Royal British Bank v Turquand* (1865) 6 E&B 327, 119 ER 327; *Mahoney v East Holyford Mining Co* (1875) LR 7 RU 869.
[84] *Total Gas Marketing Ltd v Arco British Ltd* [1998] 2 Lloyd's Rep 209, HL; R Cranston, *Principles of Banking Law* (OUP, 2nd edn, 2002) 312—313.
[85] *Pym v Campbell* (1856) 6 E&B 370, 119 ER 903.
[86] *Smith v Butler* [1900] 1 QB 694, CA.
[87] *Mackay v Dick* (1881) 6 App Cas 251, HL.
[88] *Hargreaves Transport Ltd v Lynch* [1969] 1 WLR 215, CA.

数额;

（4）在谈判期间,借方提供给贷方的信息是准确的,还应当确认,没有遗漏任何足以导致提供给贷方的信息构成误导的事实或条件;

（5）借方的财务状况——借方就此作出的陈述与保证通常表现为以下声明:其最近经审计的账目反映了对其财务状况的真实而公允的评价,而且自该账目置备之后未发生重大的不利变化(MAC)[89];

（6）针对借方的任何诉讼,也就是说,是否将要发生可能对借方产生重大不利影响或对其履行贷款合同的义务产生重大不利影响的诉讼;

（7）是否发生了违约事件;

（8）借方达成的既有担保安排,包括分期付款协议、附条件售卖、保付合同和保证等;

（9）借款人在特定司法管辖区内的主要利益中心所在地。

如果借方是控股公司,陈述与保证可能还涉及集团内的其他公司。

陈述与保证发挥着调查的功能。[90] 在签订贷款合同之前的谈判中,借方必须披露与必须纳入合同的陈述与保证不一致的信息,或者此后发生违约的风险。这有助于增加贷方对借方的认识和了解。最终达成的陈述与保证固化了贷方作出贷款决定时可以依赖的事实。就此而言,陈述与保证所涵盖事项的真实性,在整个贷款期内对于贷方而言举足轻重,因而贷方可以要求借方在规定的期间重申其陈述和保证。在贷款以分期支付的方式提供给借方的情况下,贷方可能特别重视陈述与保证的重述:贷方可以要求借方在每一笔贷款发放之前重述其陈述及保证。通常而言,该重述生效的方式是,在贷款合同中写入一则条款,以达到在规定日期必须重述的后果。要求在规定日期进行陈述和保证的做法,有时被描述为"常绿"条款。

根据有关责任表述的一般法律规定,"陈述"这一术语是指事实的陈述。如果该陈述诱使无辜主体签订了一份合同,而且如果该陈述后来被认定是不真实的,则赋予无辜主体对不实陈述提出救济的权利。"保证"是一份合

---

[89] 对"重大不利变化"条款的解释,取决于根据公认原则解释的条款术语。如果借款人表示,自从贷款协议签订之日起,其财务状况未发生重大不利变化,则对借款人财务状况的评估通常应当从相关时期内的财务信息开始;如果贷款人要证明存在重大不利变化的,应根据上述信息证明在争议期间内存在不利变化。但如果有其他令人信服的证据的,调查将不一定局限于财务信息。除非借款人的财务状况不利变化显著影响其履行义务的能力,尤其是偿还贷款的能力,否则将不是重大变化。贷款人不得以其在缔约时知晓的情况,来作为触发此类条款的理由。最后,应由贷款人来证明存在违约行为:*Grupo Hotelero Urvasco v Carey Value Added* [2013] EWHC 1039 (Comm), [364]。

[90] PR Wood, *International Loans, Bonds, Guarantees, Legal Opinions* (Sweet & Maxwell, 2nd edn, 2007) ch 4.

同的陈述,如果该陈述失实,则它赋予无辜主体提起违约诉讼的权利;一般而言[91],与"条件"不同的是,"保证"被用于描述某一条款,违反该条款将会引发损害赔偿请求权,但不会赋予无辜主体终止合同的权力。在行文精巧的贷款合同中,没有必要对这些技术细节详为分析,因为该合同明确规定了虚假陈述和保证将会引发的后果,或者规定在陈述与保证的某些重要方面不正确之时,允许借方有一定的回旋余地。如果虚假陈述与保证构成了违约事件,贷方有权要求立即归还全部欠款,并且在借方拒绝偿付时有权起诉,要求支付合同项下的到期金额。

约定

贷款合同中的约定的功能是制约借方的商事行为,由此赋予贷方对借方的经营方式拥有一定的控制权。它们的目标是确保在贷款尚未归还时,借方的信用评级不会下降。大体而言,承诺可分为两类,即借方约定做某事(积极的承诺)和借方约定不做某事(消极承诺)。[92] 其根本目标是确保借方有能力履行其贷款项下的义务,并且不会从事损及该能力的行为。在英国和爱尔兰,在贷款合同中写入财务事项的约定是一种普遍做法。[93] 欧洲大陆的贷款做法,在传统上向来对财务事项的约定依赖较轻,但近期的情况表明,这种做法越趋频繁。[94] 这种情形的出现,可归因于市场一体化及向英国模式趋同的全球化压力。[95]

贷款合同中的约定通常包括:

(1) 提供信息。借方必须向贷方提供其年度审计账目和临时财务报告(包括相关合并账目),发送给借方股东的通讯资料,以及贷方合理要求的任

---

[91] "保证"这一术语可被用于描述一份合同,该合同为同样的合同主体签订的另一份合同提供担保。违反担保合同的保证约定,会引发赔偿诉讼,或者会成为法院拒绝作出履行主合同的裁决的理由。一般而言,可参见 K. W. Wedderburn, 'Collateral Contracts' [1959] CLJ 58。

[92] W. L. Megginson, *Corporate Finance Theory* (Addison-Wesley, 1997) 407. WW Bratton, 'Bond Covenants and Creditor Protection: Economics and Law, Theory and Practice, Substance and Process' (2006) 7 *European Business Organization Law Review* 39.

[93] J Day, P Ormrod, and P Taylor, 'Implications for Lending Decisions and Debt Contracting of the Adoption of International Financial Reporting Standards' [2004] *Journal of International Banking Law and Regulation* 475.

[94] 同上。在历史上,德国的银行往往依赖合同条款,这些条款规定,如果借款人的财务状况或者经营状况发生了实质性恶化,则银行有权要求借款人提供进一步的保证或者担保,或者主张贷款加速到期。它与英国的以下实证情况相一致:如果贷款获得了担保,则贷款人对于约定所提供的保护的程度,更不在意:P Brierley and M Young, 'The Financing of Smaller Quoted Companies: a Survey' (2004) *Bank of England Quarterly Bulletin* 160。

[95] J Day, P Ormrod, and P Taylor, 'Implications for Lending Decisions and Debt Contracting of the Adoption of International Financial Reporting Standards' [2004] *Journal of International Banking Law and Regulation* 475.

何其他信息。

（2）违约事件。借方必须通知卖方违约事件的发生，或者通知卖方其他经通知或随着时间的推移而将构成违约的其他事件。

（3）营运资本。借方必须确保其当前资产超过其当前负债（或者在必要时，集团资产超过集团负债）规定的数倍，而且当前资产与当前负债的比率不低于某一规定的最低数额。

（4）有形资产的净值。借方必须确保其（在必要时为集团）实缴股本及准备金高于规定的数额，并且总负债与总净资产（在必要时必须是合并净资产）之比率不会低于规定的最低数额。

（5）分配。借方必须确保股息及对股东的其他分配不会超过公司净利润的一定比例。

（6）处分资产或者变更营业。未经贷方同意，借方不得处分其营业的重大部分，或除非在正常经营过程中，也不得处分其资产的重大部分。类似地，除非得到贷方的同意，借方不得以对其营业、财产或财务状况产生重大不利影响的方式，改变其经营范围或经营性质；如果借方是控股公司，它可以被要求只要它能够做到[96]，就有义务促成集团内其他公司遵守这一约定，但该约定可以允许集团内资产转让。

（7）创建担保权。未经贷方同意，借方不得在其全部或部分营业或资产之上创建其他担保权（以及在必要时借方可能会被要求，只要它能够做到，它必须承诺促成集团内其他公司也遵守这一约定）；约定可以拓展至提高现有担保物担保的数额，签订分期付款协议、附条件售卖、保付及类似协议，以及提供保证。

（8）同一顺位的义务。借款人必须确保其在贷款安排中的义务是无条件的、非次级的，并且在任何时候都至少与其他无担保的、非次级债务处于同等地位（法律对此类义务有强制规定的除外）。[97]

在具体融资安排中最后会写入哪些约定，这取决于诸多因素，包括借方公司的谈判能力，所涉及的资金金额（提供贷款数额相对较少的贷方比风险敞口更大的贷方，对约定的重视程度更低），利率（高额利率可以为贷方弥补

---

[96] 关于母公司对其子公司行为和事务的控制，以及控制太多所带来的风险（也就是说，事实董事或影子董事所面临的潜在责任），参见本书第二章的分析。

[97] *DBS Bank v Tam Chee Chong* [2011] SGCA 47, [2011] 4 SLR 948, [52]: "同等权利承诺的作用在于，防止债权人对债务人施加不适当的压力，以要求后者偿还逾期债务。与避免提供担保的消极保证不同，同等权利承诺是针对债权人支付的款项的。此外，与消极保证不同，同等权利承诺是一项积极义务，在任何时候都以同等方式对待债权人；并且有这样一项在要求的义务，即借款人不会使一个债权人优先于另一个债权人。因此，如果一个债权人诱导债务人违反同等权利承诺义务的，其行为的法律效果将与诱导债务人违反消极保证义务的法律效果相同，也就是说，这将构成对合同关系的干涉。"

因约定较少而带来的损失),计划中的贷款期限,贷款是否获得了担保,它是银行贷款还是证券的发行。[98] 正如本章前面所提到的,达成贷款条款的过程可以是充满纷争,通常是合同文本中协商最为集中的部分。[99] 限制性约定(无论对于贷方还是借方)会带来诸多风险,因为它们会阻遏对有价值的投融资机会的追逐,进而伤害借方公司的经济增长的潜力;在极端情形下,繁冗的约定甚至会妨碍对陷入严重财务困境的借方公司的救助。[100] 根据Smith和Warner提出的假说,由于缔约成本高昂,公司会在向贷方提供控制权及订立限制借方公司灵活性的约定之间进行比较,以达成价值最大化的借贷条款。[101] 另外,研究文献支持以下假说:在限制性约定给借方带来的成本与其降低了公司控制人以牺牲债权人利益为代价而从事机会主义行为的幅度之间,会达成一种均衡。[102] 有证明表明,约定限制投资和分配所带来的价格影响,在经济方面具有显著性。[103]

非常严苛的约定可能引发的问题,在债券发行方面体现得最为尖锐,因为如果债券发行的约定被认为过于严苛,对其松绑将会特别费时费力,而且代价高昂,因为它可能会要求就此目的而专门召开证券持有人大会。不难理解的是,贷款协议的重新谈判如果仅仅涉及少部分人,则可能会简单得多。对于未来重新谈判的困难的担忧,有助于解释为什么公开发行债

---

[98] WW Bratton, 'Bond Covenants and Creditor Protection: Economics and Law, Theory and Practice, Substance and Process' (2006) 7 *European Business Organization Law Review* 39, 该文探讨了运用合同约定来保护债权人的美国经验。

[99] 还可参见 RJ Lisrer, 'Debenture Covenants and Corporate Value' (1985) 6 *Company Lawyer* 209。

[100] PR Wood, *International Loans, Bonds, Guarantees, Legal Opinions* (Sweet & Maxwell, 2nd edn, 2007) ch 5; J Day and P Taylor, 'Evidence on the Practice of UK Bankers in Contracting for Medium-Term Debt' [1995] *Journal of International Banking Law* 394; J Day and P Taylor, 'Bankers Perspectives on the Role of Covenants in Debt Contracts' [1996] *Journal of International Banking Law* 201。随着时日的推移,市场及经济条件的变化所产生的更多的考量因素,可能会使贷款人改变其关于特定约定事项的重要性的认识;WW Bratton, 'Corporate Debt Relationships: Legal Theory in a Time of Restructuring' [1989] *Duke Law Journal* 135。

[101] CW Smith and JB Warner, 'On Financial Contracting: An Analysis of Bond Covenants' (1979) 7 *Journal of Financial Economics* 117。

[102] 近期的例子是:S Chava, P Kumar, and A Warga, 'Managerial Moral Hazard and Bond Covenants' (2007年5月26日) ⟨http:l/ssrn.com/abstract=989342⟩ (2013年7月访问); MH Bradley and MR Roberts, 'The Structure and Pricing of Corporate Debt Covenants' (2004年5月13日) ⟨http://ssrn.com/abstract=466240⟩ (2013年7月访问); BE Adler and M Kahan, 'The technology of Creditor Protection' (2013) 161 *University of Pennsylvania Law Review* 1773; EB Rock, 'Adapting to the new Shareholder-Centric Reality' (2013) 161 *University of Pennsylvania Law Review* 1907; G Triantis, 'Exploring the Limits of Contract Design in Debt Financing' (2013) 161 *University of Pennsylvania Law Review* 2041。

[103] 同上。

券中的约定往往轻于私下商定的债券融资安排[104],而且这些约定有着更具有可预见性的标准特征。[105] 接下来的第十五章将进一步考察债券发行的约定。

2000年以来,杠杆收购活动风起云涌,催生了"低额约定"的贷款交易,该交易不要求借方作出保持财务比率的约定,另外,该种交易还具有有利于借方的其他特点,例如写入一些条款,根据这些条款,违反约定不会构成违约,除非合同有此约定。这一趋势在2007年夏天达到高潮,但自此之后,市场环境发生了变化(通常称为"信贷紧缩"),以"低额约定"条款为基础的债券类型的贷款融资风潮出现了转向。[106]

关于报告的约定

约定借方向贷方提供账目副本以及包含其他信息的有关报告,对于贷方而言至关重要,因为它们促进了对公司事务的动态监督。关于信息的约定补充了公司法和证券法的财务信息披露及审计要求,因为它们可能比那些要求更为宽泛,并且可能会要求信息的更新更有规律或更为便捷。显然,对于贷方而言,重要的是发生违约事件时及早获得通知,以使贷方能够审视其处境,而且,要求借方在违约之时通知贷方是合乎情理的。要求在违约事件迫近之时通知贷方,可能会带来某些不确定性。

关于财务状况的约定

关于财务状况的约定试图确保借方具有清偿能力、以及借方不会过于依赖债权融资:其理路在于,在债务到期时借方能够偿付债务(现金流偿债能力),因为其流动资产轻松地超越了其流动负债(营运资本的约定),以及在资产负债表意义上也具有清偿能力,因为其总资产轻松地超越了总负债(有形资产净值的约定)。关于财务状况的约定的效果,可能会迫使公司就其开展的新的营业寻求新的股权资本。贷方会认为这是合理的,其理由是如果用新的借款来对该营业进行融资,则一方面在经营失败事件给公司偿债能力带来风险时,贷方所有请求权的价值会遭到稀释,另一方面,因为贷方不能分享资本增长的收益,因而他们无法分享经营成功的回报。[107] 相反,也有观点认为,过度依赖债权融资会导致公司拒绝潜在的营利机会,因为那

---

[104] 例如,M Kahan and D Yermack, 'Investment Opportunities and the Design of Debt Securities' (1998) 14 *Journal of Law, Economics and Organization* 136,该项研究发现,高增长的公司在向市场公开发行债券时,往往偏好于在约定中写入转换权。

[105] Ramsay and BK Sidhu, 'Accounting and Non-accounting Based Information Market for Debt: Evidence from Australian Private Debt Contracts' (1998) 38 *Accounting and Finance* 197.

[106] M Hitching and D O'Brien, 'Leveraged Lending Terms: a Less Brave New World?' (2007) 18 (10) *Practical Law for Companies* 9.

[107] DR Fischel, 'The Economics of Lender Liability' (1989) 99 *Yale Law Journal* 131.

些机会产生的大量利益将归属贷方而不是股东[108]；就此而言，限制借款的约定可能会降低投资不足的激励。[109]

相对于美国而言，欧洲的贷款协议中更少出现限制股息的约定；一项研究发现，债权合同中限制股息的约定，对于 42％的美国公司的经营者来说，构成一项重要的考量因素，而它却只是 8％的欧洲公司的经营者的一项重要考量因素。[110]《公司法第二指令》第 17 条在一般法律意义上对股息支付进行了限制。[111] 有些观点认为，英国[112]和德国[113]的贷款文件中缺乏限制股息的约定，这可以解释为贷方满足于一般的法律对此的限制，而无须效仿美国的市场经验，后者的股息约定更为普遍[114]，但笼统而言，在一般法律意义上，没有此类股息支付的限制性规定。[115] 能够在多大程度上认为，《公司法第二指令》由于模仿了贷方的偏好而发挥了有益的作用，这是一个富有争议的问题。重要的是注意到，债权融资的合同条款因个案考量因素的差异而各有不同，这一点不像法定资本规则，后者提供的是一套僵化的、一体适用的模式，它无法根据具体情况而适时调整。合同协商过程的灵活性与适应性，证

---

[108] SC Myers, 'Determinants of Corporate Borrowing' (1977) 5 *Journal of Financial Economics* 147; R Sappideen, 'Fiduciary Obligations to Corporate Creditors' [1991] JBL 365.

[109] CW Smith and JB Warner, 'On Financial Contracting: An Analysis of Bond Covenants' (1979) 7 *Journal of Financial Economics* 117, 124.

[110] F Bancel, UR Mittoo, and N Bhattacharyya, 'Cross-Country Determinants of Payout Policy: A Survey of European Firms' (2004) 33 *Financial Management* 103.

[111] 2012 年 10 月 25 日欧洲议会和理事会第 2012/30/EU 指令，关于保护措施的协调，这些保护措施是为了保护符合《关于欧盟运行的条约条约》第 54 条第二段语义的公司所属成员国的、有关公众有限责任公司的成立以及其资本的维持和变更的利益，以使这些保护措施具有相当性（（重述）[2012]L315/74）。第 17 条限制公司运用成立以来的净利润进行分配，并进一步进行限制，规定分配不得使公司净资产降至低于认缴资本和未分配储备的数额。

[112] JFS Day and PJ Taylor, 'The Role of Debt Contracts in UK Corporate Governance' (1998) 2 *Journal of Management and Governance* 171.

[113] C Leuz, D Deller, and M Stubenrath, 'An International Comparison of Accounting-Based Pay-Out Restrictions in the United States, United Kingdom and Germany' (1998) 28 *Accounting and Business Research* 111; C Leuz, 'The Role of Accrual Accounting in Restricting Dividends to Shareholders' (1998) 7 *European Accounting Review* 579, 580; C Leuz and J Wüstemann, 'The Role of Accounting in the German Financial System', in P Krahnen and RH Schmidt (eds), *The German Financial System* (OUP, 2004) 450, 481.

[114] A Kalay, 'Stockholder-Bondholder Conflict and Dividend Constraints' (1982) 10 *Journal of Financial Economics* 211; WW Bratton, 'Bond Covenants and Creditor Protection: Economics and Law, Theory and Practice, Substance and Process' (2006) 7 *European Business Organization Law Review* 39.

[115] C Leuz, D Deller, and M Stubenrath, 'An International Comparison of Accounting-Based Pay-Out Restrictions in the United States, United Kingdom and Germany' (1998) 28 *Accounting and Business Research* 111. 对于监管可以取代约定这一观点，在诸多不同的背景下展开了研究：例如，EL Black, TA Carnes, M Mosebach, and SE Moyer, 'Regulatory Monitoring as a Substitute for Debt Covenants' (2004) 37 *Journal of Accounting and Economics* 367，该项研究通过调查 1979 年至 1984 年间（此间监管力度增强）的 105 家银行的债券发行，对银行是否以约定替代了行政监管进行了研究。

明了以下观点：在实践中实际达成的债权融资条款与法律模型非常相像的情形，可能并不普遍。[116]

支持限制股息的观点的理由是它们可以鼓励公司开展新的投资[117]，因此，虽然从短期来看，股东会遭受损失（因为公司决定分配利润或留存利润以转增投资的自由受到了制约），但从长远来看，当其带来资本增长时会有利于股东利益。与此不同的观点认为，如果约定的内容过于繁冗，以至于要求管理层留存的利润高于其能够谨慎使用的数量，有可能使公司投资于高风险行业，给贷方和股东都产生潜在的不利影响。[118] 当公司留存利润有富余时，它可能会在相关债权融资条款所许可的范围内，提前偿还成本高昂的债务或者限制性债务。[119] *

关于处分资产的约定

限制处分资产的约定，其目的在于防止资产的剥离，例如借方公司以象征性价格出售财产。即便以公允的市场价格处分资产，也可能损害贷方的利益，因为零碎出售资产可能比整体出售资产和出售持续经营中的事业所获得的收益要低得多。当借方是控股公司时，其全资子公司之间转让资产，即便以象征性价值来进行，也不会侵害贷方的利益，因为无论转让如何进行，其资产价值仍然留存于集团内部。然而，如果作为借方的控股公司与集团内另一公司发生资产转让，则可能会带来潜在的损害，因为它意味着本来可以用于偿付借方债权人的资产，将首先用于清偿作为受让方的子公司的债权人。全资子公司向集团内另一不是全资的子公司转让资产，可能也会带来问题，因为受让方公司的其他股东或者事业，将从与借方控股公司的资产拥有同等位序的资产中获益。因而，如果约定允许集团内部转让，它通常会排除借方自身转让资产，也可能会排除或者限制全资子公司之外的资产转让行为。关于处分资产的约定，必须允许正常经营过程中的资产处分行为。借方处分其一小部分的资产或事业，也可以获许，虽然引入实质测试可能会埋下将来解释和运用规则的种种困难的种子。

关于变更经营事项的约定

要求借方不得变更其经营或运作的约定，有助于维持借方在贷款期内

---

[116] L Enriques and J Macey, 'Creditors Versus Capital Formation: The Case Against the European Legal Capital Rules' (2001) 86 *Cornell Law Review* 1165, 1193.

[117] A Kalay, 'Stockholder—Bondholder Conflict and Dividend Constraints' (1982) 10 *Journal of Financial Economics* 211.

[118] RJ Lister, 'Debenture Covenants and Corporate Value' (1985) 6 Company Lawyer 209, 213; R Sappideen, 'Fiduciary Obligations to Corporate Creditors' [1991] JBL 365, 378.

[119] 在债权证券的情形下，借方可能被要求向沉淀资金付入款项，以用于在证券到期之前买回证券。

* 指转让方全资子公司的资产。——译者注

的身份。然而，司空见惯的是，约定只能限制可能对借方的经营、资产或财务状况产生"重大不利影响"的变更。但由于解释方面的不确定性，监督这一约定是否获得遵守就显得复杂了。[120]

关于消极保证的约定

公司承诺不创建新的担保权益、或者承诺不提高既有担保财产的担保数额，这一约定的目的是确保贷款未获偿付期间贷方的优先受偿地位不受影响。贷方不希望发现自己的受偿地位劣后于后来的债权人，进而面临贷款获得偿付之前借方资产已经耗尽的风险。达成此种效果的约定，通常被称为"消极保证"约定。在担保贷款和无担保贷款中，都可以看到此种形式的消极保证约定，但本章主要关注无担保贷款。[121] 此种约定的典型条款试图禁止准担保行为（例如赊销）以及传统的提供担保权益的行为，但贷方试图创建无所不包的条款的努力，可能会被其他公司融资方的聪明才智所挫败，他们后来创建出来的安排，发挥着与担保贷款同样的经济功能，但却采取了消极保证约定所未能预见到的法律形式。

与其他约定一样，违反消极保证约定构成违约行为，贷方将因此获得合同救济权利。在一份行文精细的贷款协议中，违反消极保证约定会被明确规定为违约事项，贷方据此有权终止协议，并要求返还本金及其他未偿付的金额。贷方有可能通过禁令来防止公司作出违反消极保证约定的担保，但要识破公司是否打算这样做，以及何时会这样做，在实践中面临重重困难，这可能会影响这种救济方式的成功概率。[122] 另一衡平法上的救济方式是，由法院指派一名接管人，但这种救济方式通常只适用于担保贷款，尽管在澳大利亚的一起案件中，在违反消极保证的情况下，是否有可能以有利于无担保贷方的方式行使权力，仍然不无疑问。[123]

后来提供的担保违背了消极保证约定，这对于违法担保所着意施惠的债权人来说，具有什么法律意义？在宽泛的意义上，对这一问题的回答是肯

---

[120] 在 *Re IBP, Inc Shareholders' Litigation* 案中 [2001] WL 675339 (Del Ch 2001)，特拉华州法官法院认为，根据合并协议的语境，MAC 是一起对于"公司整体价值构成了严重减损"的事件。然而，以这种"善意的努力"来解决不确定性问题，已经招致了批评：RJ Gilson and A Schwartz, 'Understanding MACs: Moral Hazard in Acquisitions' (2005) 21 *Journal of Law, Economics and Organization* 330。还可参见：*Cukurova Finance International v Alfa Telecom Turkey* [2013] UKPC 2, and *Torre Asset Funding v The Royal Bank of Scotland* [2013] EWHC 2670 (Ch)。

[121] 关于担保贷款中的消极保证，参见后文第十二章。

[122] 为此目的而作出的禁令，在以下案件中作出：*Pullen v Abeicheck Pty Ltd* (1990) 20 NSWLR 732。以下论文探讨了为此目的而作出的禁令：JRC Arkins, '"OK—So You've Promised, Right?" The Negative Pledge Clause and the "Security" it Provides' [2000] *Journal of International Banking Law* 198。

[123] *Bond Brewing Holdings Ltd v National Australia Bank Ltd* (1989—1990) 1 ACSR 445, Vic SC, App D and (1980—1990) 1 ACSR 722, High Ct of Aust(拒绝许可上诉)。

定的,因为打算以这种方式违背其既有财务约定的公司,被推断为很可能陷入了财务困境。为其利益而创设相关担保的贷方,与公司其他债权人一样,可能很快发现自身惹上了向不具有偿付能力的公司提供信贷的麻烦。特别是,如果公司进入了破产管理程序或者清算程序[124],根据《1986年破产法》相关规则,这一担保的合法性可能非常脆弱。根据该规则,在公司具有偿付能力的晚期创建的担保无效,或者授权法院认定该担保无效。[125]

其中,一个具体的技术问题是,原来受益于消极保证约定的无担保贷方,是否有权对违反该约定而获得担保[126]的后来的贷方提起诉讼。在这里,问题的出发点在于合同相对性规则,也就是说,合同不能对合同主体之外的第三方赋予权利或施加义务。[127] 这一规则有诸多例外和条件,与此特别相关的是 *de Mattos v Gibson* [128] 一案中的衡平原则。该原则是指,当一方主体受让财产或财产利益时,明知此前已有合同影响着该项财产,则可以通过禁令来限制该主体以有悖于该合同的方式行事。[129] 这一原则的基础如何?它的限度在哪里?甚至它是不是良法?相关案件对此作出了种种不同的解读,因而毫不奇怪的是,它们也成为学术圈所广为讨论的问题。[130] 达成广泛共识的一点是,即便它能够作为现存的法律原则而存活下来,*de Mattos v Gibson* 也应受制于种种约束性条件,后者大大制约着其适用范围。特别是,它只适用于反对那些"知道"存在早期约定的人们,而且这一语境之下的"知道",是指实际上"知道"早期的权利。[131] 推定知道——可以从信息的公开发布中获知——并

---

[124] 如果公司的现有约定包含了交叉违约条款,则一旦担保的创建违背了一份合同中的消极保证约定,可能在所有合同中均构成违约,因而公司的所有贷方均可以要求偿还欠款。交叉违约条款的多米诺骨牌效应会增大公司无法偿还到期债务的可能性,并且构成了作出行政处罚或《1986年破产法》之下的清算法令的基础。本章后面将进一步探讨交叉违约条款。
[125] 特别是《1986年破产法》第245条(某些浮动担保的避免)和第239条(优先权)。
[126] 在这里,这一术语在宽泛的意义上使用,包括了与担保发挥着同样经济功能的利息,但利息采取了不同的法律形式。
[127] Law Commission, 'Privity of Contract: Contracts for the Benefit of Third Parties', Report No 242(1996),该报告对这一领域的法律进行了总体的回顾。
[128] (1858) De G&J 276, 282, [1843—1860] All ER Rep 803, 805 per Knight-Bruce LJ. 但该原则也并非超越合同相对性原理的灵丹妙药;*Law Debenture Corp v Ural Caspian Ltd* [1993] 2 All ER 355, 362 per Hoffmann LJ (作为高等法院的一项补充裁决)。上诉法院推翻了该项裁决([1995] 1 All ER 157, CA),但理由与该点无关。
[129] *Law Debenture Corp v Ural Caspian Ltd* [1993] 2 All ER 355, 362 per Hoffmann LJ.
[130] S Worthington, *Proprietary Interests in Commercial Transactions* (Oxford: Clarendon Press, 1996)第5章对判例予以了详尽而细致的分析,诸多评论人士对此进行了不同的解读。
[131] *Swiss Bank Corp v Lloyds Bank Ltd* [1979] 1 Ch 548, 575 per Browne-Wilkinson J (上诉法院予以变更,但理由不同[1982] AC 584, CA and HL)。在引诱违约的经济侵权的语境下,明知还包括故意作出不查问事实存在与否的决定("闭眼不看"):*OBG LTD v Allan*; *Douglas v Hello! Ltd*; *Mainstream Properties Ltd v Young* [2007] 2 WLR 920, HL. The *de Mattos v Gibson* 原则可以被视为引诱违约的侵权行为在衡平法上的对应项(参见 *Swiss Bank Corp v Lloyds Bank Ltd* [1979] 1 Ch 548, 573)。

不足够。而且，根据英国法律，在任何情况下，无担保贷款协议中的消极保证条款都无须遵守可以据以推定公众知悉该条款的一般披露或注册要求。因而，虽然在特定情况下，原先的贷方能够证明担保权人"知道"以往的消极保证属于议定担保融资条款的一部分，在许多情况下，基于 *de Mattos v Gibson* 一案的诉求将受挫于第一道障碍，因为无法证明相关的"知道"要求。

即使认识方面的障碍可以清除，消极保证约定的无担保持有人要基于 *de Mattos v Gibson* 一案提出诉请并获得成功，仍然面临着巨大的障碍。当一方主体受让财产之后，试图以与早期合同承诺不一致的方式处分该财产时，这一原则可以适用。这种说法并不倾向于涵盖违背消极保证约定而创建担保的情形，因为违反早期约定的是受让财产的担保利益，而不是后面的处分行为。循着这种分析路径，违反消极保证约定的行为，可能也在 *de Mattos v Gibson* 原则所涵盖的范围之外。

要支持这一见解，可以认为，*de Mattos v Gibson* 原则的根本目的是制约财产的受让方，以尊重原有的第三方对该财产所享有的权利；如果一项担保违反了此前的消极保证约定，那么显而易见的是，受让方遵守原有的限制性约定，没有成为谈判内容的一部分。[132]

作为对 *de Mattos v Gibson* 的衡平原则的一种替代性做法，贷方在为其作出的消极保证约定被违背之后，有可能对获得担保物的主体提起侵权诉讼。[133] 要赢得基于引诱违约而导致的经济侵权诉讼，原告必须证明被告故意侵犯了其合同权利。[134] 故意侵犯的一个内在要素是，被告必须知道它是在引诱违约。[135] "实际上知道"这一要求，包括一种故意决定不去问询事实是否存在，或者换一种方式表达，包括对显见事实视而不见的情形。[136] 在确

---

[132] 它将 *de Mattos v Gibson* 置于一个防范不当攫取财富这一更为宽泛的标题下。关于这一理论的进一步阐发，参见 Worthington, *Proprietary Interests in Commercial Transactions* (oxford: Clarendon Press, 1996) 102—105, 以及该文献所引用的资料。

[133] 虽然 *Swiss Bank Corp v Lloyds Bank Ltd* [1979] 1 Ch 548 可能会建议，*de Mattos Gibson* 原则仅仅关系到授予衡平法上的救济，以防范侵权行为，也可能认定该原则与侵权请求权的距离比较远：AP Bell, *Modern Law of Personal Property in England and Wales* (Butterworths, 1989) 210—216。

[134] *Lumley v Gye* [1843—1860] All ER Rep 208; *OBG LTD v Allan* [2007] 2 WLR 920, HL。也有可能基于诸如合谋等其他经济侵权行为而寻求请求权。还可进一步参见 J Stone, 'Negative Pledges and the Tort of Interference with Contractual Relations' [1991] *Journal of International Banking Law* 310。

[135] *OBG LTD v Allan* [2007] 2 WLR 920, HL; *Torquay Hotel Co Ltd v Cousins* [1969] 1 All ER 522, CA。

[136] *Torquay Hotel Co Ltd v Cousins* [1969] 1 All ER 522, CA, 530 per Lord Denning MR; *Emerald Construction Co Ltd v Lowthian* [1966] 1 WLR 691, CA, 700—701 per Lord Denning MR。在 *ORG LTD v Allan* 一案中，Hoffmann 法官援引了 Denning 法官在 Emerald 一案中的观点称，根据法律的一般原则，故意决定不去问询事实是否存在，被视为相当于明知该事实。Hoffmann 法官强调，这与过失不同，甚至也不同于重大过失。

定意图时,违约必须是结果,或者是造成结果的手段,而不能仅仅是通过某些行为可以预测将发生的结果。[137] 基于消极保证约定(后来被打破)而提供信贷额度的贷方,能否确立构成侵权的要素,在很大程度上取决于它能否发现早于后来的担保贷款协定的披露过程存在什么问题。[138]

有时,拥有消极保证约定的贷方会试图在其贷款协议中写入"自我救济"条款,从而在出现违反消极保证约定的事项时,贷款将获得担保。然而,此种形式的"自我救济"的法律效力却不无疑问。第一,自动担保条款无法产生有效的担保,因为它没有充分确定担保权的客体。[139] 第二,基于违反消极保证约定而产生的担保,可能无法产生被期待的优先效力,也就是说,在位序上,它无法优先于违反消极保证约定而生效的其他担保权。根据传统的见解,如果约定担保生效于偶发事件成就之时(在这一情形下,该偶发事件是消极保证约定的违反),则在该偶发事件成就之时才会创建一项担保权。[140] 因而,为了赢得"先到规则"之下的优先权大战,必须仔细起草文本,以保证该担保在违反消极保证约定的担保创建之前,立刻发生效力。[141] 在 Smith(Administrator of Cosslett (Contractors) Ltd) v Bridgend County Borough Council[142] 一案中,Scott 法官建议,合同约定在未来不确定事件发生时才成立的抵押,即使在偶发事件成就之前,也可以视为满足了有关公司抵押相关要求的抵押,[143] 然而,大多数议员却赞同 Hoffmann 法官的看法,后者在演讲中并没有提到这点。在 Re Spectrum Plus Ltd[144] 一案中,Scott 法官又提到了这一问题,同时建议,合同约定在与特定资产相关的未来事件

---

[137] OBG LTD v Allan [2007] 2WLR 920, HL.
[138] 在 BDS Bank v Tam Chee Chong [2011] SGCA 47, [2011] 4 SLR 948, [50]案中,法官认为:"'消极保证'是指,借款人或债务人向贷款人或债权人作出承诺,确保不向任何现在或将来的贷款人或债权人提供担保。这是具有商业议价能力的借款人所使用的一种手段,即当多个贷款人向借款人的业务或经营提供融资时,借款人不在其资产上设置抵押,以便能够根据自身商业利益来自由处置财产。消极保证条款履行了合同约定的功能,防止债权人在任何时候试图获得债务人资产上的担保权,尤其是在债务人处于严重的财务困境,债权人希望他的逾期债务能够优先于其他债权人获得偿付。在这种情况下,如果债权人诱使债务人违反对于其他债权人的消极保证义务,将会因侵害债务人与其他债权人的债权而构成侵权行为。"
[139] National Provincial Bank v Charnley [1924] 1 KB 431, CA.
[140] Re GregoyLove Ltd [1916] 1 Ch 203. Roberts v Investwell [2012] NSWCA 134.
[141] Fire Nymph Products Ltd v The Heating Centre Pty Ltd (1991—1992) 7 ACSR 365, NSW CA. 在该案中,人们认识到有可能实现这一事件的位序安排。这是一起涉及浮动抵押自动固化的案件,但该推理可以同样适用于未获担保的消极保证贷款,尽管对此一直不乏质疑之声: JRC Arkins,'"OK—So You've Promised, Right?" The Negative Pledge Clause and the "Security" it Provides' [2000] Journal of International Banking Law 198. 关于有关互相冲突的证券的请求权位序,参见下文第十二章。
[142] [2002] 1 AC 336 HL.
[143] At [63].
[144] Re Spectrum Plus Ltd; National Westminster Bank plc v Spectrum Plus Ltd [2005] 2 AC 680, HL.

发生时才成立的抵押,在原则上在偶发事件成就之前,应被归为浮动抵押[145],但这一见解没有影响到对本案的裁决。在前述任一案件中,Scott法官都未能考虑以往的判例,即直到偶发事件成就时或然担保才构成担保。在法官直接依据或然担保的法律效力作出的裁判中,如果没有对该案的所有问题进行全面的审查,则基于清晰的判例而形成的传统观点,仍然站得住脚。

试图依赖由违反消极保证约定而自动生成的担保的贷方,必定会面临的第三个问题,来自与公司抵押相关的登记要求。大多数类型的担保必须在创建之后的21天内完成登记,以在公司进入正式破产管理程序或清算程序时,可以对其他担保债权人和借方公司产生法律效力。[146] 根据或然担保的传统观点,登记期间从偶发事件成就之日起算,因而贷方有义务保持足够的警醒。[147] Scott法官的替代性观点意味着,这一期间的起算点是最初的贷款协议签订之时,但这样会使设定无担保贷款的目的无法实现。

另外还存在其他问题。尚不明确的是,在偶发事件成就之时是否还应提供新的对价,以对该或然担保提供支撑。[148] 另外,贷款未获担保的外观与其已获担保的现实之间潜在的错配会带来什么影响,也未经研究。总的说来,无可置疑的结论是,通过规定违反消极保证约定将自动生成担保这一机制来实现"自力救济",是非常不可靠的。获得借方消极保证承诺的无担保贷方,应在谈判阶段就接受以下安排:出于实际目的的考虑,其违约救济权仅能够针对违约公司而行使,进而对其风险进行相应的定价。[149]

默示约定

除了各方明确同意的条款外,在理论上,也可以默示的方式达成合同关系。在特定情形下,条款也可以隐含于法律之中(例如,有关根据《1979年货物买卖法》进行的货物买卖相关的合同),或者作为交易惯例而存在。只有当法律文件没有明确规定某些事件发生后(通常是无法预见的)的法律效果时,才会产生默示条款的问题。[150] 最近的判例表明,"法院应当适用的判断

---

[145] At [107].
[146] 《2006年公司法》第874条。
[147] *Re Jackson and Bassford Ltd* [1906] 2 Ch 467,476—477.
[148] J Maxton, 'Negative Pledges and Equitable Principles' [1993] JBL 458 argues that fresh consideration is needed but cf J Stone, 'The "Affirmative" Negative Pledge' [1991] *Journal of International Banking Law* 364.
[149] A McKnight, 'Restrictions on Dealing with Assets in Financing Documents: Their Role, Meaning and Effect' [2002] *Journal of International Banking Law* 193.
[150] *Forstater v Python (Monty) Pictures* [2013] EWHC 1873 (Ch), [134].

标准是:[默示]条款能否以明确的文字阐明协议在相关背景下的合理意思"?[151] 因为法院不具有改写合同主体谈判条款的功能,而是赋予合同主体本来想达成却没有明确写明的条款以法律效力,法官强调法院不得仅以公平或合理为由来确定条款的默示含义,而应在需要说明合同约定含义时才这样做[152];只有需要给予特定合同[153]在签订时(而不是之后出现特殊情况时)的商业效力的,才需要确定条款的默示含义。[154] 鉴此,法院显然不可能去推定与明文规定的条款不相一致的合同条款。一份行文详尽而细密的典型的贷款协议,通常不大可能给默示条款留下空间。此外,鉴于默认的立场是法律文书中不应含有默示的内容[155],因此很难在一份详细的标准格式合同中加入默示条款,因为一种有力的观点认为,合同的详细条款本来就是完整的。[156] 有一个有趣的发展是,在英国法中,就合同事项达成善意和公平的默示约定的可能性。在传统上,英国人对善意原则持怀疑态度。[157] 这种怀疑态度很快就过时了。虽然英国合同法中没有关于诚信原则的一般规定,

---

[151] *Consolidated Finance v McCluskey* [2012] EWCA Civ 1325, [22]; *Dear v Jackson* [2013] EWCA Civ 89, [15]—[18]. 虽然其正确性值得怀疑,但有一些判例具有这样的效果,即理性的裁判者,具备当事人在缔约时应当具有的所有背景知识,且裁判者应当了解合同的法律效果,即便当事人本身并未认识到这些效果;同时,在考虑到条款的默示含义时,可以假定理性的裁判者具备当事人没有的知识,如果这些知识明显是关于既定的、众所周知的法律原则:*Barden v Commodities Research Unit* [2013] EWHC 1633 (Ch), [42]。

[152] *Liverpool City Council v Irwin* [1977] AC 239, HL; *Wuhan Ocean Economic and Technical Cooperation Company v Schiffahrts-Gesellschaft 'Hansa Murcia' mbH & Co KG* [2012] EWHC 3104 (Comm); [2013] 1 all er (Comm) 1277; *Forstater v Python (Monty) Pictures* [2013] EWHC 1873 (Ch), para 134.

[153] *Societe Generale, London Branch v Geys* [2012] UKSC 63; [2013] 1 ALL ER 1061, [55]. 法院警告称说,如果将"赋予商业效力所需"这一短语,从对合同文本的基本解释程序中独立出来,将是非常危险的。通常来说,如果双方都能履行其明确的义务,则合同就能完美地运行,但履行的结果可能与一般理性人对合同的理解有所不同: *Grainmarket Asset Management v PGF II* [2013] EWHC 1879 (Ch), [40]。

[154] *Telfer v Sakellarios* [2013] EWHC 1556 (Comm), [71]。

[155] *Forstater v Python (Monty) Pictures* [2013] EWHC 1873 (Ch), [134]。

[156] *Greatship (India) v Oceanografia SA de CV (The Greatship Dhriti)* [2012] EWHC 3468 (Comm), [2013] 1 ALL ER (Comm) 1244, [41]; *Wimpole Theatre (a firm) v JJ Goodman* [2012] EWHC 1600 (Qb) at [44] ("要将一项没有表达的条款内容,推定至书面协议中,难度是很高的")。

[157] *Walford v Miles* [1992] 2 AC 128, HL; *Ng Giap Hon v Westcomb Securities* [2009] SGCA 19, [2009] 3 SLR 518, Singapore CA; *Tang v Grant Thornton International* [2012] EWHC 3198 (Ch), [2013] 1 ALL ER (Comm) 1226, [57] ("关于同意的协议,以及关于诚信谈判的协议一般应被认为是无法强制执行的:因为诚信是一个非常开放的概念或标准,无法对协议至少应涉及的内容,以及何时可以客观地确定已做到诚信等问题,提供明确的定义。") 美国法院已不允许在债券合同案件中提起关于诚信的索赔: WW Bratton, 'Bond Covenants and Creditor Protection: Economics and Law, Theory and Practice, Substance and Process' (2006) 7 *European Business Organization Law Review* 39。

但法律默认诚信义务是某些合同的部分内容。[158] 此外,虽然英国还没有准备在所有的商业合同中将诚信义务视为默示的法律义务,即便是作为一项默认规则;但根据英国法现有的在事实中推定默示条款的方法,并基于当事人的推定意思,推定在一项普通的商业合同中存在诚信义务并无困难。关于诚信的要求常受到法律情境的影响。这包括诚实的核心价值。在任何情况下,如果当事人明知自己的陈述是虚假的,但仍然陈述一项事实欺骗他人,并使他人依据该虚假事实作出判断,这是不诚信的。但是,对诚信的要求往往更为严格。例如,A 向 B 提供信息,并知道 B 可能依赖于该信息作出判断;而 A 在提供信息时相信这些信息是真实的,但之后却发现该信息变为虚假信息,如果 A 保持沉默或未告知 B 真实的情况,则 A 将可能是不诚实的。在另一个例子中不存在谎言,但根据情况也有可能认为当事人是不诚实的,即当对方询问信息时,当事人故意不给出答案,或者给出的答案回避了问题。虽然诚信的标准通常取决于所处的情境,但判断诚信的标准是客观的,因为该标准不取决于任何一方关于某项行为是否正当的看法;而是取决于在特定情况中,该行为是否会被理性和诚实的人视为不可接受的商业行为。[159]

违约事件

行文精细的贷款协议通常会赋予贷方一种权利,即在诸多规定的"违约事件"之一发生之时,贷方有权加速贷款的到期。[160] 通常的违约事件包括:
(1) 借方未能支付根据合同已经到期并且应予支付的款项;
(2) 借方违背了根据合同应履行的其他义务或承诺;
(3) 任何陈述或者保证被证明是不正确的(或者,更不严重的是,陈述或者保证在某一重要的方面不准确);
(4) 交叉违约:借方未能支付或者履行任何到期的其他负债或者财产

---

[158] *Mid Essex Hospital Services NHS Trust v Compass Group UK and Ireland* [2013] EWCA Civ 200,[105]。

[159] *Yam Seng v International Trade Corporation* [2013] EWHC 111(QB),[2013] 1 ALL ER (Comm) 1321,[119]—[145]。注意在 *Hamsard 3147(t/a Mini Mode Childrenswear)v Boots UK* [2013] EWHC 3251(Pat)案中,第 86 段,法院拒绝将 Yam Seng 案视为支持以下主张的判例:在商业合同中,可以认为合同当事人的推定意图是存在一般的诚信义务,因为通常会有一项默示条款要求当事人不得妨碍合同目的的实现。当事人通常并不负有一项积极义务,即使其商业利益从属于合同相对人的利益。还可参见:*HSBC Institutional Trust Services(Singapore)(trustee of Starhill Global Real Estate Investment Trust)v Toshin Development Singapore* [2012] SGCA 48,Singapore CA;*TSG Building Services v South Anglia Housing* [2013] EWHC 1151(TCC)。

[160] R Youard,'Default in International Loan Agreements I and II' [1986] JBL 276 and [1986] JBL 378。

义务；

(5) 借方开始解散或其他破产或重组程序；

(6) 借方的资产被扣押或者执行；

(7) 借方中止其营业。

当借方是控股公司时，违约事件可能与集团内的子公司及子公司的营业有关。在发生部分或者全部违约事件时，可能会给予借方许多天的宽限期，以使借方在贷方回收贷款前有机会修正其状况。在借方发生技术性违约或者轻微违约行为时，这种让步对于借方非常重要。

在一份典型的贷款合同中，如果借方违约，贷方有权选择是否宣布贷款到期，而这不是违约的必然后果。[161] Youard 解释了为什么自动加速到期一般而言并不常见[162]：

……由于违约事件(除了不付款以外)只是等同于贷款议定之时合同各方对于下一个(比如说)10年间可能发生的、贷方可据此立即回收贷款的事件的一种有根据的猜测，在通常情形下，认为这些事件的发生会导致自动加速到期，将是完全不合适的。

有时，贷款人还要求在与借款人的多项贷款中适用交叉违约条款（cross-default clause）。在一个案例中，法院阐释了交叉违约条款的合法适用情形[163]：

……如果向多个成本中心（cost center）提供了多项贷款，而贷款上设立了多项担保。在这种情况下，交叉违约条款的存在是具有充分商业理由的。假设财产 A 为 15 年期贷款和 5 年期贷款设定了担保，在 5 年期限贷款届满而债务人未偿还贷款的，财产 A 将被出售，而变现的钱款将多于 5 年期贷款的数额。在没有交叉违约条款的情况下，准确地说，抵押权人是否可以获得多余的钱款作为 15 年期贷款的担保，是存在疑问的。如果存在交叉违约条款，就不会产生类似问题……成本中心

---

[161] 在模棱两可的情况下，法院倾向于作出如下解释：贷方拥有加速到期的选择权，但这并不是违约的自动后果：*Government Stock and Other Securities Investment Co v Manila RIy Co* [1897] AC 81, HL. 关于债券发行中的违约事件发生(或者明显将要发生)时必须遵守的合同程序的解释，参见 *Law Debenture Trust Corp plc v Acciona SA* [2004] EWHC 270 (Ch); *Concord Trust v Law Debenture Trust Corp plc* [2005] 1 WLR 1591, HL; *Law Debenture Trust Corp plc v Elektrim Finance BV* [2005] EWHC 1999 (Ch); *Law Debenture Trust Corp plc v Concord Trust* [2007] EWHC 2255 (Ch). P Rawlings, 'The Changing Role of the Trustee in International Bond Issues' [2007] JBL 43; S Wright, 'Making Lenders Liable for Damage Caused by "Wrongful Acceleration" of Loans' (2006) 27 *Company Lawyer* 123。

[162] R Youard, 'Default in International Loan Agreements I and II' [1986] JBL 276, 278.

[163] *Rahman v HSBC Bank* [2012] EWHC 11 (Ch), [278]—[279]。

应当能缴纳15年的利息,其中[住宅性投资产]贷款为15年,[商业性投资资产]贷款为5年,并在贷款到期时进行偿还,这并不是不公平的。

特别值得一提的是交叉违约。根据这一条款,贷方有权在借款公司未能履行对其他人的义务时回收贷款,即便(除了交叉违约条款外)借方可能满足了其对特定贷款人的所有义务。交叉违约条款的理念在于,任何违约都是借方陷入麻烦的信号,为了对此作出回应,贷方需要被赋予权利以加速行使其请求权,从而防止其他债权人在履行债务或重新议定合同条款方面,偷偷取得领先优势。当借方在贷款合同中议定违约事项条款时必须记住,自己可能会在将来签订其他含有交叉违约条款的贷款合同,以至于在某一情况下接受的非常严格的违约安排条款(例如不给予宽限期或者不就"重大性"设定条件),可能会因为交义违约的"多米诺骨牌"效应,而给日后埋下灭顶之灾的种子。另外,交叉违约的条款本身也须仔细研究:如果该条款包括了借方的所有义务,则借方可能会发现自身经常在技术上处于违约状态,因而它会要求对该条款进行更大范围的限缩,可能将交叉违约限于未能支付高于某一特定门槛要求的金额,或者将其限缩为仅仅指特定类型的负债。

贷方倾向于青睐在其他有关负债已经到期或者"能够被宣布到期"时产生效力的交叉违约条款。引号中的字句又提及了以下事实:违约在通常情况下并不会导致贷款自动加速到期。当借款公司在一项贷款合同中违约时,贷方可能不会要求偿还贷款,而是寻求对借方施加更为严苛的条款。在这种情况下,如果借方违约,则加速到期将成为盘踞其心头的一种威胁。如果借方的其他贷款人已经接受了只在借方欠款"到期"时才生效的交叉违约条款,则那些贷款人处在更为弱势的谈判地位(除非除了交叉违约条款之外还存在其他违约条款),因为他们无法根据这样行文的交叉保证条款,威胁要回收贷款,这样,实现债权人之间平等的条款的目的就会落空。

在大规模商业贷款中,双方具有相同的议价能力,对交叉违约条款的执行就不太可能构成《1974年消费者信贷法》第140a条规定的不公平。[164]

债权融资与公司治理[165]

虽然迄今为止尚未出现某种单一的理论可以解释公司的资本结构,债

---

[164] *Rahman v HSBC Bank* [2012]EWHC 11 (Ch).
[165] 一般可参见 GG Triantis and RJ Daniels, 'The Role of Debt in Interactive Corporate Governance' (1995) 83 *California Law Review* 1073; BR Cheffins, *Company Law Theory, Structure and Operation* (OUP, 1997) 75—79。

权融资的特征凸显于在当前研究文献居于主导地位的两个模型之中：折中理论[166]和位序理论。[167] 公司对债权融资的依赖意味着，债权融资的提供者可以通过对经理人员施加限制而在公司治理中发挥重要的作用。[168] 他们有权提供或者撤回融资，并且明确规定可以获得这些资金的条款。特别是，合同条款允许债权资本提供者对于借方公司的运营拥有一定的话语权，另外，违约事件条款使贷方在借方陷入财务困境时有权与其重新谈判，从而议定更为严苛的控制性条款。在借方公司无力清偿债务时，债权资本的提供者因其事实上取代了股东成为公司资产的剩余索取权人，从而进入了公司治理的核心圈子。[169] 公司经营者可以自愿履行具有法律拘束力的债务履行和监督条款，从而发出积极的信号。[170] 因而，债务可以缓解公司内部的代理成本和信息不对称问题，当然，这种制约效果的高低，还取决于债务的类型[171]及贷方监督的力度。[172]

银行监督的合同框架产生于合同谈判的过程，因而受到了诸多变量的影响，这些变量包括借方的成熟度和历史记录、融资的规模和期限、是担保融资还是无担保融资，以及更为宽泛意义上的竞争压力。例如，小型或新近成立的公司除了向银行贷款外，外部融资途径比较有限。它们除了接受短期或者有着详细限制性约定的贷款之外，别无其他商业选择。[173] 因而，有观点认为，"银行的权力总是与借方的规模成负向关系，因为公司的规模与其

---

[166] 也就是说，公司会通过权衡额外债务的成本（破产成本）和收益（税收待遇），来识别最优的杠杆机制：EF Fama and KR French, 'Financing Decisions: Who Issues Stock?' (2005) 76 *Journal of Financial Economics* 549, 549—550。

[167] 股权证券发行中的信息不对称和交易成本，使得公司优先选用留存收益来为新项目融资，然后才是债权融资，最后才运用外部股权资本：SC Myers, 'The Capital Structure Puzzle' (1984) 39 *Journal of Finance* 575。

[168] GG Triantis and RJ Daniels, 'The Role of Debt in Interactive Corporate Governance' (1995) 83 *California Law Review* 1073.

[169] J Armour, B Cheffins, and DA Skeel, 'Corporate Ownership Structure and the Evolution of Bankruptcy Law: Lessons from the United Kingdom' (2002) 55 *Vanderbilt Law Review* 1699, 1722; DG Baird, 'The Uneasy Case for Corporate Reorganizations' (1986) 15 *Journal of Legal Studies* 127, 129—131.

[170] H Leland and D Pyle, 'Informational Asymmetries, Financial Structure, and Financial Intermediation' (1977) 32 *Journal of Finance* 371; SA Ross, 'The Determination of Financial Structure: the Incentive-signaling Approach' (1977) 8 *Bell Journal of Economics* 23.

[171] O Hart, *Firms, Contracts and Financial Structures* (Oxford: Clarendon Press, 1995) ch 5.

[172] CR Harvey, KV Linsc, and AH Roper 'The Effect of Capital Structure when Expected Agency Costs are Extreme' (2004) 74 *Journal of Financial Economics* 3.

[173] M Middleton, M Cowling, J Samuels, and R Sugden, 'Small Firms and Clearing Banks' in N Dimsdale and M Prevezer (eds), *Capital Markets and Corporate Governance* (Oxford: Clarendon Press, 1994) 141.

信用评级及可资利用的借款选择息息相关"。[174] 在实践中通常只能为更大型的公司所用的债券市场融资，往往更为标准化，而且构成了监督基础的约定范围也往往更为有限。

监督的实际过程被描述为"持续获取、加工、解释和验证关于公司的信息"。[175] 考虑到银行的信息优势会使其成为更有效率的监督者，借方公司及其银行之间的关系往往比债权证券发行人与其持有人之间的关系更为紧密。[176] 以下事实进一步强化了银行作为监督者的优势：即使债券发行时通常会有受托人代表债券持有人的整体利益，但由于标准文本允许债券受托人假定发行人遵守了义务，并且允许其假定除非他们事实上已经知道或者明确注意到相反的情形，发行人不存在违约情形，从而降低了受托人的监督义务。[177] 除非受托人已经知道或者注意到违约的情形，其通常的监督任务只包括接收董事关于遵守约定和其他债券发行条款的确认函，以及审查发行人的年度账目和其他发送给股东或债权人的文件。[178] 即使发生了违约事件，通常也允许受托人不采取任何行动，除非由此产生的任何费用或责任均由债券持有人承担，或者由受托人代表债券持有人承担。[179]

很自然地，驱动着银行监督水平的是其自利动机，而不是其利它主义行为，但它的制约效果可以为其他债权人、股东带来利益。它表明，一般而言，政策框架应当鼓励勤勉的银行监督行为，因为它会产生正的外部性。另一方面，正如 Triantis 和 Daniels 所说，显而易见的危险在于，"银行也有动机去运用其可观的监督优势及对公司决策的影响力，以牺牲其他利益相关者为代价而强化其地位"。[180] 这表明，以政策术语来说，有必要设置一些边界，以

---

[174] ES Herman, *Corporate Control, Corporate Power* (CUP, 1981) 122. 还可参见 D Lomax, 'The Role of the Banks' in N Dimsdale and M Prevezer (eds), *Capital Markets and Corporate Governance* (Oxford: Clarendon Press, 1994) 161, 173—177, 阐释了清算银行与小型公司和更大型公司之间的关系的差别。

[175] Triantis and Daniels, 'The Role of Debt in Interactive Corporate Governance' (1995) 83 *California Law Review* 1073, 1079.

[176] Triantis and Daniels, 'The Role of Debt in Interactive Corporate Governance' (1995) 83 *California Law Review* 1073, 1088—1090.

[177] Financial Markets Law Committee, 'Trustee Exemption Clauses', Issue No 62 (2004年5月) ch 3, available at ⟨http://www.fmlc.org/papers/trustee_exemption_clauses_issue62.pdf⟩ (2013年8月访问). 该报告引入了法律委员会(英格兰和威尔士的法律改革机构)的一项研究报告，该报告对2003年的信托豁免条款进行了意见征询，并就此于2006年发布了关于信托豁免条款的报告：*Trustee Exemption Clauses* (Law Corn Rep No 301, 2006). 在其报告中，法律委员会不再建议施加法律的干预。

[178] Financial Markets Law Committee, 'Trustee Exemption Clauses,' Issue No 62 (May 2004), available at ⟨http://www.fmlc.org/Documents/trustee_exemption_clauses_issue62.pdf⟩ (2013年8月访问).

[179] 同上。

[180] GG Triantis and RJ Daniels, 'The role of Debt in Interactive Corporate Governance' (1995) 83 *California Law Review* 1073, 1091.

对银行利用其信息优势的范围予以限制。英国的法律运用大量的机制,以制约此类利益相关者之间的潜在冲突。[181] 特别是,当监督逐渐演化为实际上告诉公司如何管理其事务时,银行面临着被当作事实董事或者影子董事而承担责任的风险。[182] 事实董事是指,虽未获得正式委任但事实上居于董事职位的人,而且处于该地位的人应遵守的义务,与正式委任的董事应遵守的义务并无差池。[183] 事实董事的概念,仅限于那些愿意或自愿承担这一职责的人,无论是夺取职位的人,还是正式职务结束后仍继续行使权力的人。它不适用于那些不愿意担任董事的人。[184] "不能制定单一的标准来判断一个人是否为事实董事,而必须要考虑所有的相关情况。"[185] 但为了确定一个人是否为公司的事实董事,就有必要指出并证明,该人履行了只能由董事适当履行的、与公司有关的职责。要有明确的证据证明,该人要么是唯一掌管公

---

[181] 与本文探讨的潜在的董事责任一样,破产法的条文规定了其他重要的限制,它们规定在破产之前一段期间发生的某些交易无效。例如,在以下情形下,可能会违反该规则:由于公司及其选定的贷款人之间的紧密关系,某些债务优先于其他债务获得清偿,或者将无担保之债转化为担保之债(《1986 年破产法》第 238—239 条)。

[182] 这两种类型并非完全互相排斥: *Secretary of Stare for Trade and Industry v Aviss* [2007] BCC 288, paras 88—89 commenting on *Re Hydrodam Ltd* [1994] 2 BCLC 180; *Revenue and Customs Commissioners v Holland* [2010] UKSC 51, [2010] 1 WLR 2793, [110]。影子董事的功能完全不同于事实董事,但 Aviss 的观点是,一人可以同时是影子董事和事实董事。还可参见 D Noonan and S Watson, 'The Nature of Shadow Directorship: Ad Hoc Statutory Liability or Core Company Law Principle' [2006] JBL 763。很明确的是(a) 确定影子董事和事实董事的证据标记(evidential indicia)可能相同;(b) 一个人可能同时成为影子董事和事实董事,其中一个职务也可能逐渐变为另一个职务: *Secretary of State for Business Innovation and Skills v Chohan* [2013] EWHC 680 (Ch), [46]。在一个案例中,一位控股股东与公司法律上的董事们共同参加了董事会会议,并且告诉董事们该如何行事: *McKillen v Misland (Cyprus) Investments* [2012] eWHC 521 (Ch), [32]。虽然事实董事与影子董事对应的概念并没有根本区别,且区别已逐渐缩小,但并不意味着这种区别已经消失。在大多数情况中,区别仍然存在。两种类别的当事人都会对公司治理产生真实的影响,但不意味着有此影响力的当事人既是事实董事也是影子董事: *McKillen v Misland (Cyprus) Investments* [2012] EWHC 521 (Ch), [34]。在确定当事人的责任范围时,还需对两种身份进行区分: *Secretary of State for Business Innovation and Skills v Chohan* [2013] EWHC 680 (Ch), [47]。但有观点认为:"影子董事和事实董事间的区别[已经变得]无法区分,因为在这两种情况下,两者对公司事务的影响是衡量其在公司中实际作用的标准": *Grimaldi v Chameleon Mining NL (No 2)* [2012] FCAFC 6, [61]。值得注意的是,如当事人在与公司交易或为公司交易时所具有一定身份,对该身份进行识别是判断他(她)是影子董事或事实董事的关键因素。身份识别是适用一般原则的前提,该一般原则指在判断是否应对推定的董事施加信托义务时,应当看他(她)做了些什么,而不应看他(她)是如何被描述的: *Smithton v Naggar* [2013] EWHC 1961(Ch), [61] 和[67]。另可参见: D Noonan and S Watson, 'The Nature of Shadow Directorship: Ad Hoc Statutory Liability or Core Company Law Principle' [2006] JBL 763。

[183] *Ultraframe (UK) Ltd v Fielding* [2005] EWHC 1638, para 1254。

[184] *Delegat v Norman* [2012] NZHC 2358, [31]。

[185] *McKillen v Misland (Cyprus) Investments* [2012] EWHC 521 (Ch), [26]。在早先的案例中,事实董事需要向第三人表示自己是公司的董事,或者被公司管理层视为董事;上述要求已成为判断标准的考虑因素之一,而不是关键因素。*Smithton v Naggar* [2013] EWHC 1961 (Ch), [53]。

司事务的人;要么在有其他真正的董事时,该人与其他董事平等地掌管公司事务。如果不清楚该人的行为是否与假定其担任的董事职务相关,或与其他某些权力相关(如股东或顾问),则该人有权享有"疑点从无"的利益。[186]

在一般情况下,监督活动的风险上升至将银行置身这一类别的董事的情形并不多见。当银行有权向借方公司的董事会委派董事时(这种情形有时会发生),被委派的个人当然应遵守董事的义务,但银行作为提名人并不需要对个人行为间接承担责任,而且在不存在欺诈或者恶意的情形下,银行也不承担直接的个人责任来确保该义务得到妥当履行。[187]

影子董事是指一个人,公司的董事习惯于根据这个人的指导或者指示而行事。[188] 影子董事在公司事务中真正具有影响力。[189] 这种影响力未必一定及于公司事务的全部领域[190],但一定存在连贯的行为范式的证据,表明真正的董事(至少他们中的大多数)按照被宣称的影子董事的指导或者指示行事。[191] 但在某些情况下,有证据表明某当事人向董事们作出了指示和/或建议,董事们依该指示和建议行事,而该当事人系基于适当的权力作出了指示行为,但此种权力并不建议该当事人以影子股东的身份作出指示。虽然某当事人的行为表明其好似影子董事,但实际上该行为与当事人的其他角色或利益相关,则该当事人就不太可能是影子董事。例如,假设某当事人行使公司秘书的职责,作出了关于公司行政要求的指导或指示,比如提交年度纳税报表等,即便董事会遵守了上述指示和/或建议,该秘书也不能被视为影子董事。[192]

---

[186] *Delegat v Norman* [2012] NZHC 2358,[32]; *Secretary of State for Business Innovation and Skills v Chohan* [2013] EWHC 680 (Ch),[38]—[41].

[187] *Kuwait Asia Bank EC v National Mutual Life Nominees Ltd* [1991] 1 AC 187,Pc.

[188] 《2006年公司法》第251条;《1986年破产法》第251条,以及《1986年公司董事解除资格法》第22条。*Secretary of State for Trade and Industry v Deverell* [2001] Ch 340,CA; *Secretary of State for Trade and Industry v Becker* [2003] 1 BCLC 555. *Vivendi v Richards* [2013] EWHC 3006 (Ch) at [133] ("影子董事"的定义可以追溯到《1917年公司(董事的详细信息)法》。当时,《1908年公司法》要求公司的年度报表、董事登记簿中提供董事的详细信息……一家拥有英国业务的海外公司,还要在英国公司登记处提交其董事的详细信息……《1917年公司法》第3条扩大了适用于这些条款的"董事"的定义,该定义包括"公司董事习惯于根据其指示或指令行事的人"。《1928年公司法》使用了形式相同的措辞,如果现在被称为"影子董事"的当事人,不与清算人合作的话,该当事人应当依法承担刑事责任;这一概念也被用于《1948年公司法》和《1967年公司法》。直到1980年,"影子董事"的表达形式才首次出现于法律中。《1980年公司法》第63条规定,为了本法第四部分(涉及董事的职责和利益冲突)的目的,"影子董事"应被视为董事。

[189] *Secretary of State for Trade and Industry v Deverell* [2001] Ch 340,CA,para 35 per Morritt LJ.

[190] *Secretary of State for Trade and Industry v Deverell* [2001] Ch 340,CA.

[191] *Secretary of State for Trade and Industry v Becker* [2003] 1 BCLC 555.

[192] *Pyne v Van Deventer* [2012] IEHC 263.

影子董事必须遵守某些法定义务[193]，包括有可能对不法交易所产生的亏损承担个人赔偿责任。[194] 影子董事还负有信托义务。[195] 在大量的案件中，法官已经考虑了贷方被认定为影子董事的可能性[196]，但已经出现的情势是，银行必须超越了普通的银行—顾客间的关系，才会面临着被认定为影子董事的风险。[197] 仅仅是在董事会中拥有一名被提名的董事，并不会导致被提名人成为影子董事。[198] 法院认为，银行有权密切关注它的金钱被如何处置，并就其对公司的支持施加条件。[199] 这并不意味着银行在掌控着公司或者褫夺了董事的权力，即便（考虑到他们的情况）董事觉得自己除了接受银行的要求之外，实际上别无选择。[200] 按照通常的做法，银行会要求借款人就其当前状态作出保证，并对其行为方式作出约定，同时就放款施加先决条件，然后监督借款人的合规情事，这并不是银行在作出"指导"或者"指示"，而只是银行对其提供和持续提供财务支持设定条款和条件，而在技术上，公司对此可自由接受或者拒绝。个人或公司不能仅因以下原因成为影子董事，即该当事人在其与公司的商业交易中施加了董事应当遵守的条件。例如，有权要求偿还贷款并指定接收人的贷款人可以说，只有当借款公司出售某些资产时，它才会罢手。在第三方当事人与公司进行商业交易时，当第三方始终支持公司时并能够坚持公司遵守某些条款，且第三人也在一段时间内成功促使公司遵守了这些条款，此时第三方也不能被视为影子董事；理由在于，第三方与公司在商业交易中坚持某些条款，该事实本身并不是第三方就指示或期望董事如何行使权力。除非有其他干涉行为，否则董事可以自由作出自己的判断，并应当自行判断公司遵守或拒绝第三方所坚持的条款，是否符合公司的利益。当他们作出自己的判断时，如果他们习惯性地遵守第三方所坚持的条款，也并不意味着第三方对他们如何履行董事职务作出

---

[193] 《2006年公司法》，第170(5)条。
[194] 根据《1986年破产法》第214条。
[195] *Vivendi v Richards* [2013] EWHC 3006 (Ch)，[143] ("通常来说，影子董事起码对于向法律上董事作出的指示和指令，负有[信托]义务。更具体地说……影子董事在作出此类指示或指令时，通常负有诚信（或忠诚）义务。影子董事在作出指令和指示时，应当合理地以公司利益行事，而非以其自身利益行事。")
[196] *Re a Company No 005009 of 1987* (1988) 4 BCC 424；*Re PTZFM Ltd* [1995] 2 BCLC 354；*Ultraframe (UK) Ltd v Fielding* [2005] EWHC 1638，[1254]；*Krtolica v Westpac Banking Corporation* [2008] NZHC 1.
[197] 一位著名的法官预测到了判例法将朝这一方向发展，特别撰写了司法意见：Sir Peter Millett, 'Shadow Directorship—A Real or Imagined Threat to the Banks' [1991] *Insolvency Practitioner* 14。
[198] *Lord v Sinai Securities Ltd and ors* [2005] 1 BCLC 295.
[199] *Ultraframe (UK) Ltd v Fielding* [2005] EWHC 1638，[1268]。Lewison法官在"宽泛的意义上"接受了律师提出的这种意见。
[200] *Ultraframe (UK) Ltd v Fielding* [2005] EWHC 1638，[1268]。

了指示或表达了期望。[201]

在拯救公司的过程中如何按照正确的方式行事,特别具有挑战性,同时也格外重要,因为在那时,公司不当交易的潜在责任所带来的法律风险正日益逼近。[202] 在英国,从追讨债务转向更多地监督和干预以使公司境况好转,正蔚然成风。[203] 旨在培植"拯救文化"的法律变革促成了这一趋势。[204] Finch 报告称,有关破产程序的关注焦点的变更,使复苏专家如雨后春笋般地走上舞台,以帮助银行和公司实现公司境况的好转。[205] 可以认为,更为强大的拯救文化和提供专业复苏服务的市场的健康发展表明,影子董事承担责任的风险并非多余,而且事实上可以将该风险设定在很好地吻合以下政策框架的水平之上:其目的既在于为银行监督和对出现的问题及早作出反应提供激励,同时又在于遏制利益相关者之间产生冲突的机会。[206]

---

[201] *Buzzle Operations v Apple Computer Australia* [2011] NSWCA 109,[242]—[243]; *Pyne v Van Deventer* [2012] IEHC 263.
[202] D Milman, 'Strategies for Regulating Managerial Performance in the "Twilight Zone"—Familiar Dilemmas: New Considerations' [2004] JBL 493,495—496.
[203] V Finch, 'Doctoring in the Shadows of Insolvency' [2005] JBL 690.
[204] V Finch, 'Control and Co-ordination in Corporate Rescue' (2005) 25 *Legal Studies* 374; S Frisby, 'In Search of a Rescue Regime: The Enterprise Act 2002' (2004) 67 *MLR* 247; V Finch, 'The Recasting of Insolvency Law' (2005) 68 *MLR* 713.
[205] V Finch, 'Doctoring in the Shadows of Insolvency' [2005] JBL 690,692.
[206] V Finch, 'Doctoring in the Shadows of Insolvency' [2005] JBL 690,728—730.

第十二章　担保之债

担保债权人的优势

本章关注的是,公司可以对贷款人提供何种形态的实物担保。拥有实物担保的贷款人可以控制担保资产,并且可以在公司未能履行义务时对那些资产主张权利以清偿其债务。贷款人还可以就公司的负债接受第三方(例如,公司的董事或其母公司提供)提供的保证。有时,保证被描述为个人担保,但在本章中,"担保"[1]这一术语意味着一种财产权利,也就是说,拥有与某一事物有关的请求权。[2] 保证不是此一定义上的担保,因为债权人只对保证人拥有特定的请求权。[3]

如果公司资不抵债,通常而言,它的有担保债权人的处境优于无担保债权人。在破产时,无担保债权的清偿遵循的是比例规则[4],换句话说,如果公司资产不足以清偿所有债务,则必须按比例地缩减债务的清偿。运用比例规则的结果是,按照无担保债权人各自的请求权所占的比例,将公司资产分配给他们,而且每一位债权人必须按比例承担不足部分的差额。比例规则受制于诸多限制条件和例外。[5] 就本章目的而言,最重要的限制是,该规则不适用于有担保债权,因为破产前取得的所有权应予尊重,而且不需遵循破产法的集体程序。[6] 避免适用比例规则并确保在公司破产时享有优于无担保债权人的地位,是接受担保的令人信服的原因。[7] 即使破产法已经在

---

[1] cf *Estate of Imorette Palmer v Cornerstone Investments & Finance Company（Jamaica）*[2007] UKPC 49.
[2] EI Sykes and S Walker, *The Law of Securities*（Sydney: Law Book Company, 5th edn, 1993）9.
[3] 当然,除非保证人已经对债权人提供了按揭、抵押或者其他形式的担保利益。
[4] 例如 Insolvency Act 1986, s 107.
[5] 特别是《1986 年破产法》已经创建了优先债权的类别,这些债权优先于普通的未担保债权(也优先于浮动抵押所担保的债权)受偿。一般可参见 F Oditah, 'Assets and the Treatment of Claims in Insolvency'（1992）108 LQR 459.
[6] *Sowman v David Samuel Trust Ltd* [1978] 1 WLR 22; *Re Potters Oils Ltd* [1986] WLR 201. 关于破产背景下财产权利的重要性的探讨,一般可参见 RM Goode, 'Ownership and Obligations in Transactions'（1987）103 LQR 433, 434—453.
[7] *Insolvency Law and Practice*（Cmnd 8558, 1982）ch 34（Report of the Review Committee under the Chairmanship of Sir Kenneth Cork）.

某些方面予以干预，将某些归属于担保债权人的资产重新分配给无担保债权人，但情况并未根本改变。也就是说，此类法律侵蚀了担保债权人的优势，但这些优势并未彻底消除。[8] 具有再分配功能的破产立法，激励着贷款人去获得这一范围之外的担保。[9]

　　在借款人违约之时，担保债权人比无担保债权人拥有更多的选择权。在一份行文精细的贷款协议中，违反禁止或限制处分的规定、且未经授权而处分资产，将构成违约行为，贷款人无论是否获得担保，都有权将该贷款加速到期并要求债务人偿付。然而，如果贷款是有担保的，而且被处分的资产是担保标的物的一部分，则对于未能意识到存在利益冲突、支付了对价以受让财产的善意第三人，担保债权人在遵循对其予以保护的法律规定的情况下，可以向获得财产的人追索财产，或者主张处分该财产的收益。[10] 而无担保债权人则无此权利。在发生违约情形时，如果担保合同有此规定，则担保债权人可以委派一名接管人来实现担保权，或者可以请求法院委派接管人（虽然此种申请绝少发生，因为委派接管人的合同权力通常会给予贷款人充分的保护）。法院通常不会根据无担保债权人的要求委派接管人。[11] 近来，成文法已经干预以限制担保债权人委派接管人的权利——除了某些特殊的情形，2003 年 9 月 15 日或者之后创建的浮动抵押债权人不能委派行政接管人[12]，该行政接管人也就是公司全部（或者将近全部的）财产的接管人或者经理人[13]，浮动抵押权人仍有权委派普通的接管人。在 2003 年 9 月之前本来可以委派行政接管人的担保债权人，现在可以委派一名管理人。[14] 然而，管理程序不同于接管程序，前者是为全体债权人利益而设置的一道集体性破产程序。[15]

---

[8] J Armour, 'Should We Redistribute in Insolvency?' in J Getzler and J Payne (eds), *Company Charges*: *Spectrum and Beyond* (OUP, 2006)，第九章探讨了《1986 年破产法》以下条款的再分配性效果：第 40 条、第 175 条、第 386 条（位序高于浮动抵押权人的优先权）以及 176A 条（要求作为浮动抵押标的物的财产的一部分，预留给无担保的债权人）。

[9] 本章稍后探讨的以账面债权设定抵押，可以被总结为贷方试图创建固定抵押，以使其不在影响浮动抵押的具有再分配功能的破产法的范围之外。

[10] 除了约定或者其他合同限制之外，无担保债权人无权干涉借方处分其资产的方式：*Re Ehrmann Bros Ltd* [1906] 2 Ch 697, CA.

[11] *Harris v Beauchamp Bros* [1894] 1 QB 802, CA.

[12] *Feetum v Levy* [2005] EWCA Civ 1601, [2006] Ch 585.

[13] 《1986 年破产法》第 29 条对此作出了界定。

[14] Insolvency Act 1986, Sch B1, para 14.

[15] 法律的变化将抵押权人置于更不利的境地，包括：管理人必须本着债权人的整体利益行事，而不是本着主要是为了抵押权人的利益而行事；在破产管理程序的多层级目标中，实现抵押权人的利益居于最后；与接管程序相比，新的破产管理程序更加着眼于规制不良行为，而且更为精巧，因而更为缓慢且成本更为高昂。

关于担保债务的经济视角[16]

提供担保和公司借款的利率之间至少有可能实现双赢。[17] 因为担保使担保权人在债务人破产时处于有利的地位，它可能会使公司从某一本来不愿批准贷款的特定出借人中获得贷款，或者至少从该出借人中获得比没有担保的情况下利息更低的贷款。[18] 另外，由于降低了对担保债务的监督成本，还可以确保改善了利息的收取：担保债权人无须通过合约来对公司的整体业务进行监督，而只需核查作为其担保权标的物的资产没有被耗散即可。[19] 然而，其他无担保债权人可能会要求更高的利息，以补偿其在借款公司破产时受偿地位劣后于担保债权人的风险。[20] 类似地，就担保债权人降低的监督成本而言，必须与无担保债权人可能增加的监督成本相抵消，这正如一位评论人士所解释的："担保的存在减少了公司可供利用的资产，提高了预期违约的成本，因而激励着这些主体更为全面地实施监督。"[21]

在总体上，担保债务只有在以下情形中才富有价值：如果一家公司以其资产对外提供了担保，同时还有其他主体成为其无担保债权人，则无担保债权人要求该公司支付的额外的债权价格，仍然低于公司前面的债务因获得

---

[16] JL Westbrook, 'The Control of Wealth in Bankruptcy' (2004) 82 *Texas Law Review* 795, 838—843. 该文梳理了二十多年来美国法律评论中关于这一主题的文献。

[17] 然而，经验数据并没有明确无疑地支持以下结论：贷款利息差额和担保存在负相关关系：SA Davydenko and JR Franks, 'Do Bankruptcy Codes Matter? A Study of Defaults in France, Germany and the UK', ECGI Finance Working Paper No 89(2005).

[18] 在完全竞争的市场中，项目风险越高，贷款利率也越高。但信息不对称创建了不完美的市场和信贷配给理论(J Stiglitz and A Weiss, 'Credit Rationing in Markets with Imperfect Information' (1981) 71 *American Economic Review* 393)。该理论称，就给定利率而言，贷款并不会分配给所有需要它的人：'Competition in UK Banking: A Report to the Chancellor of the Exchequer' (Cruickshank Report, 2000), para 5.8。

[19] TH Jackson and AT Kronman, 'Secured Financing and Priorities Among Creditors' (1979) 88 *Yale Law Journal* 1143. 但如果担保是浮动抵押，则这一分析站不住脚，因为浮动抵押的本质是允许债务人如同不受担保拘束那样继续处分其资产。

[20] A Schwartz, 'Security Interests and Bankruptcy Priorities: A Review of Current Theories' (1981) 10 *Journal of Legal Studies* 1; A Schwartz, 'The Continuing Puzzle of Secured Debt' (1984) 37 *Vanderbilt Law Review* 1051.

[21] A Schwartz, 'Security Interests and Bankruptcy Priorities: A Review of Current Theories' (1981) 10 *Journal of Legal Studies* 1, 10. 关于担保债务的"监督"的变化的解释，参见 S Levmore, 'Monitors and Free riders in Commercial and Corporate Settings' (1982) 92 *Yale Law Journal* 49; RE Scott, 'A Relational Theory of Secured Financing' (1986) 86 *Columbia Law Review* 901, 925 et seq。

担保而被收取更低价格所节约下来的成本。[22] 担保可以为无担保债权人带来积极的外部性,因为它防止借款公司处分其现有主要资产并从事新的更为冒险的营业[23],并使集中的监督适得其位。[24] 得到强有力担保的贷款人的存在,也可以在公司陷入财务困境时促进高效的合同的履行[25]或者重组。[26] 在某些情况下,提供担保的回报是注入债权融资,后者使得公司经营得以维续并避免成本高昂的破产。[27] 凡此种种表明,担保债权人的更低的监督成本,可能无法完全被无担保债权人所承担的更高的监督成本所抵消,其结果是,以担保的方式筹集公司的部分债权资本,可能在总体上有利于公司的资本成本。

对于担保之债的效率的分析,虽然多有争论,但正如 Westbrook 所称,担保之债仍然是不完备的,对于其效率也未有定论。[28] 虽然确切无疑的是,在一个完美的市场中,无担保债权人在妥当考量积极外部性之后,会准确地调整其对公司的债权融资价格,以补偿其借款给已把资产抵押给其他人的公司的额外风险。然而,尽管如此,仍然会存在贷款人提供了非自愿性信用、或者不够老练的贷款人缺乏正确定价风险的能力而提供了信用的情形,在这些情况下,都不会发生价格调整的结果。它表明,担保机制可能会带来社会福利的减损,因为它们会导致无法补偿的风险落到最不知情、调整贷款条款的能力最差、在借款公司破产时得到的保护最弱、并且最没有能力承担

---

[22] JJ White,'Efficiency Justifications for Personal Property Security'(1984) *Vanderbilt Law Review* 473; FH Buckley,'The Bankruptcy Priority Puzzle'(1986) 72 *Virginia Law Review* 1393; H Kripke,'Law and Economics: Measuring the Economic Efficiency of Commercial Law in a Vacuum of Fact'(1985) 133 *University of Pennsylvania Law Review* 929.
[23] A Schwartz,'Security Interests and Bankruptcy Priorities: A Review of Current Theories'(1981) 10 *Journal of Legal Studies* 1, 11 11; 还可参见 CW Smith and JB Warner,'Bankruptcy, Secured Debt, and Optimal Capital Structure: Comment'(1979) 34 *Journal of Finance* 247; CW Smith and JB Warner,'On Financial Contracting: An Analysis of Bond Covenants'(1979) 7 *Journal of Financial Economics* 117, 127,作者注意到了担保债务的优势,但同时指出,由于担保债务的存在,公司在处分受制于该项担保的财产时,尽管该项处分行为会给公司带来潜在的利益,但仍受到制约,因而带来了机会成本。
[24] TH Jackson and AT Kronman,'Secured Financing and Priorities Among Creditors'(1979) 88 *Yale Law Journal* 1143, 1149—1157.
[25] RE Scott,'The Truth About Secured Lending'(1997) 82 *Cornell Law Review* 1436.
[26] I Armour,'Should We Redistribute in Insolvency?' in J Getzler and J Payne (eds), *Company Charges: Spectrum and Beyond* (OUP, 2006) ch 9.
[27] F Oditah, *Legal Aspects of Receivables Financing* (London: Sweet & Maxwell, 1991) 14—18(对于评人人士用于解释担保债务的不同的经济理论,该文献提供了一份有价值的探讨); F Oditah,'The Treatment of Claims in Insolvency'(1992) 108 *LQR* 459。
[28] JL Westbrook,'The Control of Wealth in Bankruptcy'(2004) 82 *Texas Law Review* 795, 842. L LoPucki,'The Unsecured Creditor's Bargain'(1994) 80 *Virginia Law Review* 1887; LA Bebchuk and JM Fried,'The Uneasy Case for the Priority of Secured Claims in Bankruptcy'(1996) 105 *Yale Law Journal* 857.

财务困境的债权人头上。[29] 虽然关于这一问题的实证数据并不是结论性的,但向来有观点认为,对于担保是否弊大于利,争论及怀疑仍然没有消停过。[30] 国际层面越来越多的共识是,在整体上,担保之债会带来社会和经济的福利。[31]

　　人们认为,提供担保传递着公司拥有良好信誉的信号[32],但担保作为一种信号的有效性并非没有任何疑义,因为有一些证据表明,公司只有在无法获得无担保贷款时才会提供担保,因而其传递的信号可能是消极甚于积极。[33] 这也符合以下直觉预期:在规模更小、冒险程度更高且违约可能性更大的公司中,担保的运用更为流行[34],而且这一点得到了经验研究的支持,后者表明,运用担保之债的主要是一些中小型公司。[35] 有证据表明,更小型的上市公司(SOCs)相对厌恶有担保的借款,但银行倾向于要求这种规模的公司提供担保,特别是长期的贷款。[36] 盈利能力很强的更小型的上市公司更有可能借到不以担保为基础的款项。[37] 绝大多数大型公司的债务都是没有担保的。[38] 为特定目的而成立的特殊目的实体(SPVs)通常拥有包含着若干层级担保的、复杂的财务结构。[39]

---

[29] V Finch,'Security,Insolvency and Risk:Who Pays the Price'(199) 62 MLR 633,668. L LoPucki,'The Unsecured Creditor's Bargain'(1994) 80 *Virginia Law Review* 1887; LA Bebchuk and JM Fried,'The Uneasy Case for the Priority of Secured Claims in Bankruptcy'(1996) 105 *Yale Law Journal* 857.

[30] J Armour 'Should We Redistribute in Insolvency?' in J Getzler and J Payne (eds),*Company Charges:Spectrum and Beyond* (Oxford:OUP,2006) ch 9; R Mokal,'The Search for Someone to Save:A Defensive Case for the Priority of Secured Credit' (2002) 22 *OJLS* 687.

[31] G McCormack,'The Priority of Secured Credit:An Anglo-American Perspective'[2003] *JBL* 389,404—407,该文献予以了梳理。

[32] A Schwartz,'Security Interests and Bankruptcy Priorities:A Review of Current Theories'(1981) 10 *Journal of Legal Studies* 1,14—21.

[33] 参见 M Bridge,'The Quist close Trust in a World of Secured Transactions'(1992) 12 *OJLS* 333,336—339。

[34] J Armour,'Should We Redistribute in Insolvency?' in J Getzler and J Payne (eds),*Company Charges:Spectrum and Beyond* (Oxford:OUP,2006) ch 9.

[35] 同上,分析了数据。

[36] P Brierley and M Young,'The Financing of Smaller Quoted Companies:a Survey'(Summer 2004) *Bank of England Quarterly Bulletin* 160.

[37] 同上。

[38] MA Lasfer,*Debt Structure,Agency Costs and Firm's Size:An Empirical Investigation*,working paper,;G McCormack,'The Priority of Secured Credit:An Anglo-American Perspective'[2003] JBL. 389,404.

[39] 例如 *Belmont Park Investments v BNY Corporate Trustee Services* [2011] UKSC 38,[2012] 1 AC 383. PR Wood,'Is the English Law of Security Interests Sleepwalking?'(2005) 20(6) *Butterworth Journal of International Banking and Financial Law* 211.

政策——合同自由居于支配地位

英国的法律允许创造大面积的担保利益,包括效力涉及所有资产的担保。这一主流的政策立场,在 Hoffmann 法官关于一起案件的评论中得到了例示。该案提出了关于特定类型的担保安排是否具有法律效力的问题,对此,Hoffmann 法官评论道:"如果案件不危及法律的连续性或者违反公共政策,我想法院在宣布商业社会的某一做法在概念上不可行之时,应当非常审慎。"[40]

英国的法律凭借着其灵活性,以及接受并赋予创新性结构以法律效力的能力,提供了既满足消费者又满足资本提供者需求的担保机制,从而在商业发展中发挥着重要的作用。[41] 驱动着法律发展演变的是实践人士而不是立法机构,并在面临不确定性时由法院来决定其法律效力。在存有疑义的领域,法院当然并不仅仅是对公司融资实践人士天才般的思维所创造的创新结构和方案,提供一份橡皮图章般的认可。合同自由要受到在法律上可行这一条件的制约[42],当那些限制条件被突破时,法院并不会仅仅因为会使实践人士失望或打破既有商业安排而羞于作出决定。[43] 然而,从长远来看,公平地说,数个世纪以来,对于律师在交易构造中付出的努力,英国法院向来在总体上持支持态度,并且发展出法律来为公司部门提供高效的融资方案。[44] 在法律上可行这一范围内,各主体之间的合同自由不受公共政策这一额外考量因素的制约。[45]

这一立场会带来关于公平的担忧。[46] 法律轻易接受债权人的担保偏

---

[40] *Re Bank of Credit and Commerce International SA* (No 8) [1998] AC 214, HL, 228. 还可参见:*Re Lehman Brothers International* (Europe) [2012] EWHC 2997 (Ch), [34].
[41] *Buchler v Talbot* [2004] 2 AC 298, HL, para 2 *per* Lord Nicholls.
[42] F Oditah, 'Fixed Charges and Recycling of Proceeds of Receivables' (2004) 120 LQR 533, 537—538.
[43] *Re Spectrum Plus Ltd* [2005] 2 AC 680, HL (上议院拒绝推翻早期的不连贯的判例,以免破坏既存的担保安排);*Smith*(*Administrator of Cossleit* (*Contractors*) *Ltd*) *v Bridgend County Borough Council* [2002] 1 AC 336, HL(标准格式的文本已被使用多年,而从未有人认为它创造了浮动抵押,这一事实并不构成法院认为其并不构成浮动抵押的理由;法官 Hoffmann(at para 42)说:"因而,不能假定合同主体试图创建此类抵押。但固化形式的合同所表达出来的合同主体的意图,只关乎他们相互权利和义务的确立。而此类权利和义务是否被界定为浮动抵押,则是个法律问题……对于这一问题的解答,可能在合同主体的意料之外,但没有理由作出不同的界定。")。
[44] R Nolan, 'Property in a Fund' (2004) 120 *LQR* 108.
[45] *Re ASRS Establishment Ltd* (*in administrative receivership and liquidation*) [2000] 2 BCLC 631, CA, 642.
[46] V Finch, 'Security, Insolvency and Risk: Who Pays the Price' (199) 62 *MLR* 633, 660—667.

好,从而容忍以下情形:担保权人可以介入并卷走一切,而给无担保债权人什么都没有留下,特别是那些未获薪酬支付的员工。[47] 此类担忧已经引起了立法机关的关注,但迄今为止,立法仍未对创建担保的合同自由进行限制。[48] 而是在公司立法中引入强制性披露要求来予以干预,据此,绝大多数的担保形式必须进行登记才能获得法律效力。[49] 另外还在破产法中引入了一些规定,这些规定有利于破产借款人的无担保债权人,起到了再分配的效果。这些规定包括:在接近公司破产之前的黄昏时期(twilight period)所创建的担保利益是无效的[50];雇员有权主张其权利优先于特定类型的担保权人[51];部分设定担保的财产要留给无担保债权人。[52]

双方同意的担保利益

"担保利益"这一术语的范围,有着一定的不确定性,但在 Bristol Airport plc v Powdrill[53] 一案中,一方主体的代理律师运用如下语言来描述实物担保:"当一人(债权人)根据法律或合同约定对另一人(债务人)拥有权利,而且除了债务人履行债务的个人承诺之外,债权人还对债务人拥有利益的某些财产享有权利,以履行债务人对债权人的义务。"Browne-Wilkinson V-C 拒绝认为这是一个关于担保的全面定义,但确认这一描述显然不会比这一词汇的通常含义更宽。它可能过于严苛的一个方面是,未能认可第三

---

[47] *Re Spectrum Plus Ltd* [2005] 2 AC 680, HL, [97] per Lord Scott. In *Salomon v A Salomon and Co Ltd* [1897] 2 AC 22, HL, 53, Macnaghten 法官将浮动抵押卷走财产的后果,描述为"大的丑闻"。

[48] 特别是,呼吁直接废除浮动抵押的建议,在整体上并未得到支持:参见 *Insolvency Law and Practice* (Cmnd 8558, 1982) ch 36 (Report of the Review Committee under the Chairmanship of Sir Kenneth Cork) and AL Diamond, *A Review of Security Interests in Property* (1989) ch 16。本章结尾部分将梳理关于改革贷款和担保的法律的探讨。

[49] 《2006 年公司法》第 25 部分。在案件(*Agnew v The Commissioner of Inland Revenue* [2001] 2 AC, 710 PC, [10])中,Millett 法官称,对于普通商事债权人而言,登记的收益"更多的是理论上的,而不是真实的"。

[50] 《1986 年破产法》第 238 条(避免低估价值的交易)、第 239 条(可撤销的优先权的避免)和第 245 条(某些浮动抵押的无效)是关键的法条。这些法条允许在公司破产清算或者破产管理开始之前最长为两年的期间,追溯审查担保的效力。如果满足了某些条件,法院会基于当事人以低估价格进行交易为由,裁定担保无效:(如 *Hill v Spread Trustee (Re Nurkowski)* [2006] EWCA Civ 542, [2007] 1 WLR 2404; *Official Receiver for Northern Ireland v Stranaghan* [2010] NICh 8, [2010] BPIR 928);或者基于该项担保是可撤销的优先权为由,作出上述裁定。根据第 245 条,如果满足了某些条件,在黄昏期间创建的浮动抵押自动无效。

[51] 《1986 年破产法》第 40 条、第 175 条、第 386 条和 Sch 6。

[52] 《1986 年破产法》第 176A 条;Insolvency Act (Prescribed Part) Order 2003, SI 2003/2097。参见 J Armour, 'Should We Redistribute in Insolvency?' in J Getzler and J Payne (eds), Company Charges: Spectrum and Beyond (OUP, 2006) ch 9; G McCormack, 'The Priority of Secured Credit: An Anglo-American Perspective' [2003]。

[53] [1990] Ch 744 CA, 760。

方可能会通过保证的方式,赋予债权人对其财产享有权利。[54] 然而,这一描述的确突出了担保的本质,也就是说,它赋予了债权人财产权而不仅仅是就其债务而享有个人权利。

Jauncey 法官在 *Armour v Thyssen Edelstahlwerke AG*[55] 一案中强调了担保的财产属性:

> 担保中的权利是债务人向债权人提供的权利,借此,债权人在债务人无力清偿债务时就该财产取得了优先于其他一般债权人的权利。担保权的本质是,债务人就该财产拥有可以转让给债权人的权利,而该权利在支付期到来之前必须转让给了债务人。

本章讨论的焦点是各方协议所创造的担保利益。担保利益也可依法创设,例如,卖方可以留置卖出的财产以确保买方按买价支付价款,但这些类型的担保在本章不予进一步考虑。[56]

授权与保留——法律上的根本区别

关于担保的这些描述中,值得仔细研究的一个因素是对债权人获得权利和债务人授予权利的强调。在英国法中,传统上[57]一个重要的区别发生于被授予利益以确保义务的履行和为该目的而保留利益之间。[58] 例如,如果供货商以赊欠的方式向客户出售货物,并且转让了那些货物的所有权,则卖方如果想就其已经提供的信用获得担保,就必须在买方或者某一其他人的财产中拥有利益。卖方的替代性方案是保留货物的所有权,直到获得支

---

[54] 保证人能够以其财产设定担保,而无须作出付款的个人承诺:*Re Conley* [1938] 2 All ER 127 CA; *Re Bank of Credit and Commerce International SA (No 8)* [1998] AC 214, HL; *Re Lehman Brothers International (Europe)* [2012] EWHC 2997 (Ch), [42]。

[55] [1990] 3 All ER 481, HL, 486. 有人认为,"抵押权人有特别的可执行的权利,可占有相关财产用以支付款项、履行相关债务或其他义务,这是很有必要的"。这种特定的执行权利将原本纯粹的人身权利,转变为一种对抵押财产的物权权利: *Re Lehman Brothers International (Europe)* [2012] FWHC 2997 (Ch), [43]。

[56] 参见 S Worthington, *Proprietary Interests in Commercial Transactions* (Clarendon Press, 1996) Pt II。

[57] 参见 L Gullifer (ed), *Goode on Legal Problems of Credit and Security* 4th edn (London: Sweet & Maxwell, 2008) paras 1-28—1-32; WJ Gough, *Company Charges* (London: Butterworths, 2nd edn, 1996) 3—4; and El Sykes and S Walker, *The Law of Securities* (Sydney: Law Book Company, 5th edn, 1993) 3, 12—13. Contrast F Oditah, *Legal Aspects of Receivables Financing* (London: Sweet & Maxwell, 1991) 4—11,双方合意的担保并不经常存在于利益的授予,利益的保留也会产生法律上的担保权益。

[58] 上议院在 *McEntire v Crossley Brothers Ltd* [1895] AC 457, HL 中清晰地界定了这些区别。

付。有效的所有权保留条款[59]与获得担保具有同样的经济效用,但在英国法的目的上,所有权保留条款属于不同的法律类别,而且特别是,根据《2006年公司法》的公司费用条款,它并不要求登记注册。[60] 此外,虽然它取决于争议中的条款的准确措辞,但未能创建公司此前提供的未来的担保,可能不属于契约。某一安排会被归入某一法律类别而不是其他类别,即便这两个法律类别的经济效果相同,这是英国法的一个特色。这种做法面临批评,批评者认为它会允许形式重于实质的情形发生。[61]性质非常类似的交易被区别对待,这种人为的划分带来了复杂性。然而,反对的观点认为,英国法尊重交易的法律形态,是其作为国际金融交易的准据法受到普遍欢迎的原因之一,而且打造一套灵活的法律制度来适应商业需求所带来的利益,也不应受到损害。[62]

在此期间,多个审查机构不时提出建议,英国法应当采用一套更为灵活的做法,债权人保留的利益应当与债务人授予的利益一样被视为担保利益。[63]最近,法律委员会于2002年及2004年发表的两份咨询文件,也主张这一观点。[64]将债权人保留的财产利益与债务人授予的担保利益同样对待,将使英国法与《美国统一商法典》第9条更为接近,后者将"担保利益"广泛地界定为,包括任何"确保支付或者债务履行的个人财产及其附着物上的利益",显然,它包括债权人保留的利益及债务人授予的利益。然而,以此为目的的建议不可避免地面临争议,反对者提出了技术层面和政策层面的担忧,认为它会对英国法之于商业的吸引力带来消极影响。2005年,法律委员会撤回了所有权保留机制的提议,包括融资租赁、分期付款购买以及新注册

[59] 关于何时此类条款具有法律效力,有着大量的判例法,它们包括:Aluminum Industries Vaassen BV v Romalpa Aluminium Ltd [1976] 1 WLR 676, CA; Re Peach art Ltd [1984] Ch 131; Hendy Lennox Ltd v Grahame Puttick Ltd [1984] 1 WLR 485; Clough Mill Ltd v Martin [1985] 1 WLR 111, CA; Armour v Thyssen Edelstahwerke AG [1990] 3 All ER 481, HL; Re CKE Engineering [2007] BCC 975; Sandhu (t/a Isher Fashions UK) v Jet Star Retail Ltd (t/a Mark One) [2011] EWCA Civ 459。一般而言,关于所有权保留协议的探讨,参见 G McCormack, *Reservation of Title* (London: Sweet & Maxwell, 2nd edn, 1995); S Wheeler, *Reservation of Title Claims: Impact and Implications* (Clarendon Press, 1991)。
[60] *Clough Mill Ltd v Martin* [1985] 1 WLR 111, CA.
[61] RM Goode, 'The Modernization of Personal Property Security Law' (1984) 100 *LQR* 234, 237—238; M Bridge, 'Form, Substance and Innovation in Personal Property Security Law' [1992] *JBL* 1.
[62] R Calnan, 'The Reform of Company Security Interests' (2005) 20(1) *Butterworths Journal of International Banking and Financial Law* 25.
[63] *Report of the Committee on Consumer Credit* (Cmnd 4596, 1971) paras 5.2.8—5.2.15 (herein after 'Crowther Report'); AL Diamond, A Review of Security Interests in Property, paras 3.4—3.10.
[64] Law Commission, *Registration of Security Interests: Company Charges and Property other than Land* (Law Corn CP No 164, 2002). Law Commission, *Company Security Interests, A Consultative Report*, (Law Com CP No 176, 2004).

计划框架内的附条件销售协议,但提到会在后期重新考虑这一问题。[65] 很少有迹象表明,从短期或者中期来看,提议进行激进的变革会在利益集团中达成共识,或者取得政治方面的支持。

英国法在运用以下规则时,会受制于两项原则:法院必须尊重法律和经济学之间的分野,赋予某一交易的法律形态以法律效力,尽管以经济学的术语而言,它与法律地位不同的另一种交易具有同样的功能。[66] 首先是"虚假"原则。如果行为主体试图通过那些行为或者文本向第三方或者向法院营造一种主体之间权利和义务的外观,而这些权利和义务又不同于主体实际上打算创建的法律权利和义务(如果有的话),则该行为或者文件被认为是虚假的。[67] 如果交易的外观是虚假的,则该笔交易不会根据外观而产生法律效力。法院会忽略主体试图用于隐藏交易真实本质的欺骗性语言,而努力通过外部证据发现交易的本质。[68] 然而,法院不会轻易援引"虚假"原理。向来有观点认为,虚假交易的主体在某种程度上不忠诚,而法院在认定不忠诚行为时通常比较审慎。[69] 一种强有力的假定是,主体打算受其订立的合同条款的拘束,而且愿意使该合同条款产生法律效力。[70] 一份安排并不仅仅因为它是人为的或者是非营利的而认定它是虚假的。[71]

忽视交易表面形式的第二项基础为"贴错标签"的原则。合同自由意味着,通常而言,合同各方能够按其意愿互相赋予对方权利和义务,而这些权利和义务束所创建的交易属于什么类别,则是法律的事情。[72] 主体对其合同贴上什么标签,都不是决定性的,如果合同条款与其被贴上的标签不符,

---

[65] Law Commission, *Company Security Interests* (Law Com Rep No 296,2005) para 1.29.
[66] *Bank of Tokyo Ltd v Karoon* [1986] 3 All ER 468, CA, 486 *per* Goff LJ.
[67] *Snook v London West Riding Investment Ltd* [1967] 2 QB 786 CA, 802 *per* Diplock LJ; *Autoclenz v Belcher* [2011] UKSC 41, [2011] 4 All ER 745.
[68] *Orion Finance Ltd v Crown Financial Management Ltd* [1996] 2 BCLC 78 CA, 84 *per* Millett LJ.
[69] *National Westminster Bank plc v Jones* [2001] 1 BCLC 98, paras 39 and 46. 上诉被驳回 [2001] EWCA Civ 1541。
[70] *National Westminster Bank v Jones* [2001] 1 BCLC 98, [59].
[71] *Hitch v Stone* (*Inspector of Taxes*) [2001] EWCA Civ 63, [2001] STC 214, para 67 *per* Arden; *Westminster Bank v Jones* [2001] 1 BCLC 98, [39].
[72] *Agnew v The Commissioner of Inland Revenue* [2001] 2 AC 710, PC, [32]. 该案涉及了关于固定抵押和浮动抵押的分类,但可以将案件的推理过程视为更为宽泛地适用于这一分类,而且它与一项交易是创造了绝对的利息还是创造了担保这些问题息息相关: H Beale, M Bridge, L Gullifer, and E Lomnicka, *The Law of Security and Title-Based Financing* 2nd edn (Oxford: OUP, 2012) para 4.16。还可参见: *Re F2G Realisations* [2010] EWHC 1772 (Ch), [2011] 1 BCLC 313。

则法院将对该合同重新归类。[73]

担保利益是可取消的权益

担保利益的一个无可争辩的特点是,它赋予权利人对财产享有某项权益,而这项权益将在被担保的债务获得支付或者履行之时予以撤销或者解除。[74] 提供担保的借款人总是能够通过清偿贷款而解除其财产上的负担。[75] 除了一项例外,衡平法认为任何试图限制借款人回赎担保物的行为都是无效的。[76]

在衡平法上,抵押权人享有有限的权利,该权利只能在确保债务受偿时行使。抵押物只能为上述目的而非其他目的强制执行。因此,以其他目的强制执行抵押物的行为(起码是纯粹为了执行),都是无效的,至少在抵押人和抵押权人之间是无效的。原因在于,这种行为损害了赎回权,衡平法院在面对这些行为时常会产生极大的猜忌。[77]

该项例外规定于《2006年公司法》第739条中。该条规定债券中包含的条件,或者担保债券的行为中所包含的条件,并不仅仅因为以下原因而无效:债券因该条件而不可赎回,或者债券仅仅在偶发事件(无论几率有多低)发生之时或期限(无论该期限有多长)届至之日才可赎回。"债券"这一术语缺乏精准的定义[78],但显而易见的是,就本条目的而论,它包括土地抵

---

[73] *Re George Inglefield Ltd* [1933] Ch 1, CA; *Re Curtain Dream plc* [1990] BCLC 925; *Welsh Development Agency v Export Finance Co Ltd* [1992] BCC 270, CA; *Orion Finance Ltd u Crown Financial Management Ltd* [1996] BCC 621, CA; *Re Bond Worth Ltd* [1980] Ch 228; *Borden UK Ltd v Scottish Timber Products Ltd* [1981] Ch 25, CA; *Pfeiffer E Weinkellerei-Weineinkauf GmbH & CO v Arbuthnot Factors Ltd* [1988] 1 WLR 150; *Thtung (UK) Ltd v Galex Telesure Ltd* (1989); *Al Lofts v Revenue and Customs* [2009] EWHC 2694 (Ch), [2010] STC 214.

[74] *Re Bond Worth Ltd* [1980] Ch 228, 248. *Brighton & Hove City Council v Audus* [2009] EWHC 340 (Ch), [2010] 1 All ER (Comm) 343, [46]: "在抵押或担保利益的概念中固有的内容是,借款人应当能够解除担保的负担,即通过支付款项的方式来履行被担保的义务,并赎回抵押物。"

[75] *Re George inglefield Ltd* [1933] Ch 1, CA, 27 per Romer LJ. 这是一项特征,该特征有助于将按揭或抵押从一项销售行为中区分开来。

[76] Viscount Haldane LC 在 *Kreglinger v New Patagonia Meat and Cold Storage Co Ltd* [1914] AC 25, HL 一案追溯了衡平法规则的历史。在该案中,上议院确认,该项规则适用于浮动抵押,因而排除了以下案件提出的疑问:*De Beers Consolidated Mines v British South Africa Co* [1912] AC 52, HL。"相关规定有三个层面:第一,与合同约定的回赎权、衡平法的回赎权相抵触的条件,是无效的。第二,在未能行使合同约定回赎权后,对行使衡平法上的回赎权施加处罚的条件,衡平法上是无效的。第三,如果规制或控制回赎权的规定是不合理的,则该条款也是无效的": *Brighton & Hove City Council v Audus* [2009] EWHC 340 (Ch), [2010] 1 All ER (Comm) 343, [47]。

[77] *Cukurova Finance International v Alfa Telecom Turkey* [2013] UKPC 2, [73].

[78] *Fons v Corporal* [2013] EWHC 1801 (Ch).

押。[79] 在实践中,被描述成"永久"或者"不可赎回"的债券,或许在事实上仍能给予公司一个回赎的选择。

担保权益是抵押人用于担保债务履行的财产利益

这一标题之下存在两个问题。第一个问题是担保权益与其担保的债务之间存在密不可分的关系。这一说法的依据是,如果不存在未清偿的债务,不能称债权人对财产拥有担保权益。[80] 例如,这种情形产生于担保人提前记载提供金钱的日期,或者这种情形与当前账户在赊欠与透支之间变动不居有关。

第二个问题与担保权益的本质特征有关,也就是说,担保权益赋予债权人对于担保人的财产拥有利益。这意味着,如果债务人[81] 同意就其目前尚未拥有但将来会取得的财产设定担保,不能认为在协议签订时债权人对于债务人的财产拥有担保权益。[82] Crowther 委员会的一份包含着对信用和担保进行评估的报告,曾于 1971 年作为政府法令而予发布。该委员会采用类似于美国律师在《美国统一商法典》第 9 条背景下的语言,将存在担保协议但没有未偿借款、或者担保物当前并不为债务人所有的情形,描述为担保权益还没有"附着于"债务人的财产之上。[83]:"存在着提供了担保权益的具有履行效力的合同,这一事实本身并不足以使担保权益附着于担保物之上,因为该合同可能缔结于债务人获得担保物以及/或者被担保人交付钱款之前。"

即使可能没有发生附着行为,担保合同的可执行日期仍然具有重要的法律意义。就《2006 年公司法》的注册要求的目的而言,它是 21 天注册日期的起算日。[84] 另外,从有关以订立合同时债务人并不拥有但日后获得的财产(通常被指称为"未来财产")设定担保的案件来看,非常清楚的是,即便只在获得财产后才附着担保权,债权人在合同订立之时获得的也不仅仅是一项合同权利。当债务人破产或者赋予其他人对于同一财产拥有利益而可能产生优先权争议时,此一点具有重要的意义。

---

[79] *Knightsbridge Estates Trust Ltd v Byrne* [1940] AC 613, HL.
[80] "对不存在的债务进行担保,在措辞上是矛盾的": *Serious Organised Crime Agency v Sze-pi-etowski* [2010] EWHC 2570 (Ch), [2011] 1 BCLC 458, [45]。
[81] 在这里,该术语意在包括通过保证而达成的第三方提供的担保。
[82] 债务人不能以其他人的财产设定有效的担保,这一规则有着一些例外,但这些例外的意义有限:参见 L Gullifer (ed), *Goode on Legal Problems of Credit and Security* 4th edn (London: Sweet & Maxwell, 2008) paras 2—7。
[83] *Report of the Committee on Consumer Credit* (Cmnd 4596, 1971) para 5.6.4. 参见 Goode L Gullifer (ed), *Goode on Legal Problems of Credit and Security* 4th edn (London: Sweet & Maxwell, 2008) ch2。
[84] 《2006 年公司法》第 870 条。

以未来财产设定担保

以未来财产设定担保的有关协议,在上议院关于 *Holroyd v Marshall*[85] 一案的裁决中获得了最初的效力。在该案中,借贷双方在合同中规定,贷方对借方现有的房产、机器设备和其他工具拥有担保权益,同时对"在担保期间里前述工厂确定会获得的所有机器设备、工具和其他财产……会增加或替代前述房产或其他任何部分的,拥有担保利益"。当借方后来违约时,贷方卖出了在担保合同订立时业已存在的机器设备和财产,但所获收益并不足以回收其贷款。因而他们还主张,担保协议签订之后增加或者替代后的机器设备是其担保权益的一部分,但另一判定债权人也主张对此拥有权利。上议院面临的问题是,贷方是否对增加和被替代的机器设备拥有利益,因为如果他们有的话,那些机器设备就不能分配给判定债权人。

上议院认为,贷方拥有衡平利益,因而它们的权利优先于判定债权人。虽然在成文法上,赋予他人对未来财产拥有利益的合同是无效的,因为当时没有东西可以转让[86],但在衡平法上,借方一旦取得该未来财产,该协议即生效力,而且无须贷方另外作出任何行为,该财产即成为担保权的标的。Westbury LC 法官称[87]:

> 然而,如果卖方同意出售当时并不拥有的财产,或者抵押人同意就当时并不拥有的财产设定抵押,而且接受了合同的对价,但卖方或者抵押人后来拥有了满足该合同所述的财产,则毫无疑问的是,衡平法院将强迫其履行合同,而且在衡平法上,在卖方或抵押人受让财产之时,该项合同即刻把受益人权益让渡给买受人或者抵押权人。

在后来发生的 *Tailby v The Official Receiver*[88] 一案中,上议院审查了 *Holroyd v Marshall* 案件,并对该案的某些方面进行了澄清。在这里,卖契(与其他事情一道)将所有到期账面债权或在担保存续期间可能到期的账面债权转让给了抵押人。有观点认为,赋予债权人对于卖契订立之后产生的账面债权享有衡平利益,是有效力的。被告认为,对于担保的这种描述太过含糊而无效(上诉法院对此予以支持),但它并不为上议院所采信。上议院认为,上诉法院(以及一些审理早期案件的法院)在审理案件时错误地理解了 Westbury 法官在 *Holroyd v Marshall* 一案中的见解,看起来将该案阐

---

[85] (1862) 10 HLC 191, ER 999, [1861—73] All ER Rep 414, HL. 该案并没有确立新的法律原理,但包含着"衡平法院长期以来确立的基本原则的纯粹的阐述";*Thilby v Official Receiver* (1888) 13 App Cas 523, HL, 535 *per* Lord Watson;还可参见 546 *per* Lord Macnaghten.
[86] *Robinson v Macdonnell* (1816) S M&S 228, 105 ER 1034.
[87] (1862) 10 HLC 191, HL, 211.
[88] (1888) 13 App Cas 523, HL.

述的原理与衡平法院将准予实际履行的情形挂起钩来。[89] Macnaghten 法官特地试图去纠正这种错误的理解。他解释道, *Holroyd v Marshall* 一案背后的衡平法原则是,衡平法将应当完成的行为视为已经完成。这一原则不同于有关准予强制执行的规则,它适用于转让未来财产以获得对价的协议,其结果是,如果对价已经转移,一旦转让方获得了该未来财产,该协议即行生效。[90]

Tailby v The Official Receiver 一案表明,如果有人已经承诺向贷方提供担保权益,则在以下情形中,将适用 *Holroyd v Marshall* 一案所阐发的原则:

(1) 存在授予担保权益给贷方的合同:在 *Holroyd v Marshall* 一案中,合同采取了以担保来分配权益的方式,而在 *Tailby v The Official Receiver* 一案中,则采取(通过担保)现在转让未来债权的方式。正如 Macnaghten 法官所称,这一原则使合同各方的合约意图产生了法律效力。

事实上,在对价已经转移的时候,衡平法上的转让或者特定的留置权,取决于合同各方的真实意思。笼统而言,这里存在的困难在于确定合同的真实范围和效力。[91]

(2) 担保权益的对价已经完成,也就是说,贷方已经提供了钱款。

(3) 借方已经在符合担保权标的物描述的财产中取得了利益。担保标的物可以用宽泛的术语来表达,正如在 *Tailby* 一案中,它拓展至包括借方的所有未来账面债权。如果描述担保权标的物的条款没有含糊到无法确定其适用范围,则应适用这一原则。在 *Tailby* 一案的裁决中,上议院两名议员提到以公共政策为理由,来否决据称是衡平法上的转让的可能性,该项转让将出让人所有的当前和未来财产都囊括其中,并且使该出让人丧失了自立能力,但那种可能的限制并没有适用于后期的案件。

在担保合同签订和债务人取得担保财产之间,债权人处于何种地位? *Re Lind, Industrial Finance Syndicate Ltd v Lind* [92] 一案对此进行了论证。Lind 被推定在其母亲的个人地产中拥有利益份额,并且他运用这一项

---

[89] (1888) 13 App Cas 523, 529 per Lord Hershell, 535 per Lord Watson. 第三位法官,Fitzgerald 法官没有提及这一点(他既不同意也不反对这一决定)。接下来要考虑的是剩下的 Macnaghten 的意见。

[90] *Metcalfe v Archbishop of York* My & Cr 547.

[91] *Thilby v Official Receiver* (1888) 13 App Cas 523, HL, 547. Contrast *Carr v Allatt* (1858) 27 U (Ex) 385 and *Brown v Bateman* (1866—1867) LR 2 CP 272 with *Reeve v Whitmore* (1864) 33 U (Ch) 63, *Thompson v Cohen* (1871—1872) LR 7 QB 527; *Cole v Kernot* (1871—1872) LR 7 QB 534n; *Collyer v Isaacs* (1881) 19 Ch D 342, CA (在以下案件中进行了解释:*Re Lind* [1915] 2 Ch 345 CA, 362—363 *per* Swinfen Eady LJ)。

[92] [1915] 2 Ch 345, CA.

期设定了两项抵押。然而,后来在其母亲去世之前,Lind 破产并被免除了债务。此后,他将该预期转让给了一家企业集团。Lind 的母亲去世后,两名抵押权人主张,他们对 Lind 在其母亲的地产份额上的权利,优先于企业集团,上诉法院支持他们的主张。破产免责程序已经免除了 Lind 的个人债务,但抵押权人拥有更为强大的请求权。上诉审法院法官 Bankes 解释道:"的确,直到产生财产时才可以行使担保权,但无论如何,担保就在那里"[93];上诉审法院法官 Phillimore 说道:"我认为长期以来已被妥为解决的问题是,财产受让人的权利高于合同的强制履行权利,受让行为创造了一项衡平法上的抵押,它在财产产生时即行生效。"[94] 而早些时候,对于效力的解释及其区分,显然与此并不一致。[95]

贷方就尚未取得的未来财产拥有担保权,这种利益的准确性质,从来没有准确的定义,但 Re Lind 一案却导致了以下若干明白不过的后果:首先,就未来财产拥有担保权的贷方,在抵押人清算时居于担保债权人的地位,只要提交证明即无须作为无担保债权人参与分配。如果抵押公司陷入强制性清算,债权人可以在抵押人获得该财产时行使对该财产的权利,而不会违背《1986年破产法》第 127 条,后者规定,清算开始后处分公司财产的行为无效。[96] 其原因在于,债权人在破产之前即已取得在公司财产中的利益,因而没有在公司脆弱时期处分公司的财产。其次,根据权利创建次序而确立了优先权规则,就其目的而言,以未来财产为对象的担保权创建于合同签订之时,而不是该财产获得之时。因而,在 Re Lind 裁决中,抵押权人享有的权益优先于后来的合约方。[97]

担保权益的标的——可以用作担保的财产的形态

本书在上一节中提到,抵押人可以就其自身财产设定担保,但该财产可以包括抵押人在未来可以获得的财产。这里的问题在于,抵押人拥有的可

---

[93] [1915] 2 Ch 345, 374, CA. ,374.
[94] [1915] 2 Ch 345, 374, 365—366, CA.
[95] Collyer v lsaacs (1881) 19 Ch D 342, CA.
[96] Re Androma Pry Ltd [1987] 2 Qd 134 Q FC,虽然这是一个关于澳大利亚的案件的裁决,但这一推理过程看起来同样适用于英国的成文法。
[97] 在普通法中,个人不能对外让与他(她)当时不享有的财产权益。但长期以来,人们一直认为,让与在之后取得的财产的权利,在衡平法中可以得到承认和执行……在合同签订时,受让人在衡平法上的财产权益并未产生。一旦让与人获得财产,则受让人将立即获得该财产在衡平法上的利益……如果之后获得的财产上存在竞争性的衡平法利益,一般来说,率先签订的合同享有优先权。衡平法实际上承认,在协议签订时其后获得的财产上存在着一种还未成型的物权权利: Royal Bank of Canada v Radius Credit Union Ltd, 2010 SCC 48, [20], Canada SC。

用于担保的财产类型是否存在限制。

现在清楚的是,公司可运用其一切现有的和未来的资产设定担保。[98] 土地(无论是拥有自由保有权的土地或是租约土地)及其附属建筑物和设备、有形的个人财产(例如公司存货)、无形的个人财产(包括对公司的负债及其知识产权)等都能被用于设定担保。

法官在 *Re Charge Card Services Ltd*[99] 一案中的裁决,引发了长达十年的争议。在该案中,法官认为,在债权人自身对公司负有债务的情况下,抵押人(公司)不得运用该债权对该债权人提供担保——也就是说,抵押人不得将债权"抵押回转"给债务人——因为该种形态的担保"在概念上不可行"。诸多学术期刊及其他地方对此亦多有探讨。[100] 当审视这一问题的机会出现于 *Re Bank of Credit and Commerce International SA (No 8)*[101] 一案时,上议院驳回了"抵押回转概念不可行"的观点。当时,Hoffmann 法官发表了唯一的富于理性的演讲,他承认"抵押回转"缺乏债权抵押的一个常规特征——也就是说,抵押权人无法通过起诉债务人而行使担保权,因为抵押权人不能起诉自己——但 Hoffmann 法官认为,缺乏这一特征并不妨碍抵押的存在。法官强调,如果不存在危及法律一致性或违背公共政策的情形,法院在宣布商业社会的做法在概念上不可行时,应当非常审慎。虽然对于抵押回转这一问题的决议对于案件的裁决并非必不可少,因而 Hoffmann 法官的观点在技术上可以被视为是边缘的[102],但这一观点在 Hoffmann 法官之前已被充分讨论,而且就最实用的目的而言,这一观点看起来终止了这场论辩,并确认了抵押回转这一担保形式的效力。[103]

---

[98] *Jurong Data Centre Development v M+W Singapore* [2011] SGHC 58, [2011] 3 SLR 337, [37], Singapore HC ("对于那些满足抵押利益要求的利益,应当作广义解释,一般的原则是,大多数利益都可满足抵押的要求,除非该利益具有人身性质")。
[99] [1987] Ch 150 (确认但未援引与此相关的见解 [1989] Ch 497, CA)。
[100] 支持抵押回转观点的主要的支持者是 Philip Wood;参见 PR Wood, 'Three Problems of Set-off: Contingencies, Build-ups and Charge-Backs' (1987) 8 *Company Law* 262。关于这一观点的详细分析,可见于 PR Wood, *English and International Set-off* (London: Sweet & Maxwell, 1989) paras 5.134—5.181。
[101] [1998] AC 214, HL. G McCormack, 'Charge Backs and Commercial Certainty in the House of Lords' [1998] CFILR 111.
[102] 在以下文献中 RM Goode, *Legal Problems of Credit and Security* (London: Sweet & Maxwell, 3rd edn, 2003) 93—94. Goode 认为抵押回转在概念上不可行。
[103] *Re Lehman Brothers International* (Europe) [2012] EWHC 2997 (Ch). 仍存在一些细节问题,参见 H Beale, M Bridge, L Gullifer, and E Lomnicka, *The Law of Security and Title-Based Financing 2nd edn* (Oxford: OUP, 2012) para 6.25。

合意的不动产担保形式

在传统上,自愿的不动产担保可以分为四种类型:质押、留置、按揭、抵押。质押和留置的实际意义有限,因为它们要求债权人以某种形式占有担保权的客体。在公司融资中运用得更为广泛的是按揭和抵押。"按揭"与"抵押"经常互用,但这两者存在一些技术方面的差别。就《2006年公司法》登记要求的目的而言,"抵押"这一术语包括"按揭"。[104]

质押与留置[105]

在一项质押中,债务人将其资产交付给债权人,以担保其债务或其他义务的履行。[106] 债权人被认为对质押财产拥有特别利益,如果债务人未能偿付到期债务,债权人可以出售质押财产,并运用出售所得收益来满足其债权,余额则归债务人所有。[107] 这一点使质押与留置迥然有别,在普通法上,留置权使债权人有权留存债务人财产,但无权出售或处分。[108] 债权人可以运用质押资产,并自行承担风险。债权人作为质权人也可以处分其权益,并且可以转质押其权益。[109] 债务人在偿清质押财产所担保的债务之后,有权立即占有该财产,而且如果该财产已被转质押而且转质押权人阻碍债务人行使权利,则债务人可以对其提起诉讼。在这些情况下,债务人也可以就债权人违反质押合同的违约行为提起诉讼。[110]

一项有效的质押,要求债务人和债权人之间签订协议,并且交付了作为担保权客体的财产;仅仅是签订协议本身并不足够。[111] 就此目的而言,除了实际交付之外,法律还认可推定交付为有效行为,举例来说,交付存储货物的仓库钥匙即为推定交付了货物。[112] 流通票据和证券,例如不记名债券也可以设定质押[113],但向来有观点认为,将股权证书交存给贷方的效果是创建

---

[104] 《2006年公司法》第859A(7)条。
[105] H Beale, M Bridge, L Gullifer, and E Lomnicka, *The Law of Security and Title-Based Financing* 2nd edn (Oxford: OUP, 2012) ch 5.
[106] *Coggs v Barnard* (1703) 2 Ld Raym 909, Ct of Kings Bench; *Haliday v Holgate* (1868) LR 3 Exch 299, Exch Chamber.
[107] *Re Hardwick, ex p Hubbard* (1886) 17 QBD 690, CA.
[108] *Donald v Suckling* (1866) LR I QB 585, 604, 610, 612.
[109] 同上。
[110] 进一步参见 LS Sealy and RJA Hooley, *Commercial Law: Text, Cases and Materials* 4th edn (Oxford: OUP, 2009) 1091—1106.
[111] *Official Assignee of Madras v Mercantile Bank of India Ltd* [1935] AC 53, PC.
[112] *Wrightson v Mc Arthur and Hutchinsons* (1919) Ltd [1921] 2 KB 807.
[113] *Carter v Wake* (1877) 4 Ch D 605.

了衡平法上的按揭,而不是质押。[114] 其中的区别可以解释如下:向债权人交付不记名证券与交付货物一样,构成了资产的交付;但交付仅仅作为股份所有权凭证的股票[115]并不等于股份的交付,而且即使股票的交付附随已经生效的股份转让表,也不能完成股份转让行为。[116]

创设一项质押权,要求债务人与债权人签订合同,而不能根据法律来创设。而普通法上的留置则可以根据法律[117]或者合同来创设。[118] 留置是一种有限的担保形态,它使债权人有权占有作为担保客体的财产,但不能出售它们。[119]

按揭

如果不考虑成文法的因素,抵押在法律上或者衡平法上转移了所有权,为债务或者其他义务的履行创设了担保,同时附带有一项明示或默示条款,即在债务或者其他义务履行完毕之后财产所有权回转给债务人。[120] 债务人可以用其自身的财产,也可能用第三方的财产为他人的债务提供担保,而且第三方不需自身承担任何付款的个人义务。[121] 自 1926 年以来,土地抵押必须遵循特殊的成文法规则,根据这些规则,抵押的创建并不涉及所有权的转

---

[114] *Harrold v Plenty* [1901] 2Ch 314.
[115] 《2006 年公司法》第 768 条;参考《2006 年公司法》第 779(2)条,该条涉及股份权证,该权证的所有权的确会通过交付而移转。
[116] *London and Midland Bank Ltd v Mitchell* [1899] 2 Ch 161; *Stubbs v Slater* [1910] 1 Ch 632, CA. 通说认为,只有受让人作为公司成员登记于公司名册时,才发生股份所有权的移转: *Société Générale de Paris v Walker* (1885) App Cas 20, HL, 28 *per* Lord Selborne; *Colonial Bank v Hep worth* (1887)36 Ch D 36, 54。
[117] *Re Bond Worth Ltd* [1980] Ch 228, 250 *per* Slade J; *Toll Logistics (NZ) v McKay* [2011] NZCA 188; [2011] 2 NZLR 601.
[118] *Samsun Logix Corporation v Oceantrade Corporation* [2007] EWHC 2372 (Comm), [2008] 1 All ER (Comm) 673; *Toll Logistics (NZ) v McKay* [2011] NZCA 188; [2011] 2 NZLR 601.
[119] *Hammonds v Barclay* (1802) 2 East 227, 102 ER 356; *Tappenden v Artus* [1964] 2 QB 185, CA. 关于留置,进一步参见 Sealy and Hooley(前注 103)1053—1068。LS Sealy and RJA Hooley, *Commercial Law: Text, Cases and Materials* 4th edn (Oxford: OUP, 2009) 1106—1122。
[120] *Santley v Wilde* [1899] 2 Ch 474, CA; *Noakes 6 Co Ltd v Rice* [1902] AC 24, HL, 28 *per* Earl of Halsbury LC. *Brighton & Hove City Council v Audus* [2009] EWHC 340 (Ch), [2010] 1 All ER (Comm) 343, [46]("在按揭或担保利益的概念中隐含以下内容,即借款人应当能够解除担保的负担,也就是以支付款项的方式来履行受担保的义务,并赎回抵押物"); *Szepietowski v Serious Organised Crime Agency* [2011] EWCA Civ 856, [1]("合法的不动产抵押,以担保的方式给予抵押权人一项权利,该权利在抵押赎回或变卖财产之前始终存续。相应地,抵押人享有回赎权,有权在支付抵押贷款、利息和其他费用后,从抵押权人处赎回财产"); *Cukurova Finance International v Alfa Telecom Turkey* [2013] UKPC 2, [73]("在衡平法上,抵押权人具有有限的权利,该权利的功能在于保证债务的清偿")。
[121] *Perry v National Provincial Bank of England* [1910] 1 Ch 464, CA; *Re Conley* [1938] 2 All ER. 127 CA.

移。本章将进一步探讨土地及地上权益的抵押问题。

本章没有详细探讨的还包括衡平法上财产的担保权益,例如信托的受益人权益。虽然公司可以持有衡平法上的财产,可能更为普遍的看法是,公司把其可以作为担保财产来使用的财产,看成自己是该财产的法律所有权人,这些财产包括厂房、机器设备、存货、工业产权、账面债权和其他应收账款。

以个人财产为标的物的法定按揭,要求把担保财产的法律所有权移转给债权人。移转的方式则取决于所指向的财产的性质。货物的法定按揭可以通过口头[122]也可以通过行为或者货物的交付而创建。一项涉及货物交付的交易是按揭还是质押,取决于合同主体的意图。[123] 一般而言,就诉讼财产权(例如债权)设定的法定按揭,必须遵守《1925年财产法》第136(1)条的规定,就此而言,它必须是书面的,应当向债务人发出书面通知[124],但特殊类型的诉讼财产权必须适用特殊的规则:股份的法定按揭要求将抵押权人及相关股份登记于公司成员名册之中[125];诸如不记名证券等可转让票据的法定按揭,可以仅仅通过交付相关文件而予创设。而未来财产则不能设定法定按揭。[126] 部分债权的让与无法纳入《1925年财产法》第136(1)条,其结果是无法就部分债权创建法定按揭。[127]

衡平法上的按揭涉及向债权人转让衡平法上的所有权,但还要遵守回赎条款。以个人财产创建衡平法上的按揭,可以通过多种方式来完成。例如,就财产设定法定按揭的合同,将在法定按揭的要求(例如,就股份设定法定按揭时,应将债权人登记于公司成员名册中;或者就债权设定法定按揭

---

[122] *Newlove v Shrewsbury* (1888) 21 QBD 41, CA.

[123] AP Bell, *Modern Law of Personal Property in England and Ireland* (Butterworths, 1989) 185; RW Ramage, 'Chattel Mortgages' (1971) 121 NLJ 291.

[124] 《1925年财产法》第136(1)条规定的是"绝对的"转让,并且规定它并不适用于仅仅通过抵押而实现的转让。通过按揭而实现的转让,被认为是绝对的转让;而仅仅通过抵押而实现的转让,则不是绝对的转让:*Burlinson v Hall* (1884) 12 QBD 347; *Tancredu Delagoa Bay Co* (1889) 23 QBD 239。

[125] *General Credit and Discount Co v Glegg* (1883) 22 Ch D 549 是一个股份法定按揭的例子。通说认为,只有受让人作为公司成员登记于公司名册时,才发生股份所有权的移转:*Société Générale de Paris Walker* (1885) 11 App Cas 20, HL, 28 per Lord Selborne; *Colonial Bank v Hepworth* (1887) 36 ChD 36, 54。

[126] *Holroyd v Marshall* (1862) 10 HLC 191; 11 ER 999, [1861—1873] All ER Rep 414, HL; *Robinson v Macdonnell* (1816) 5 M & S 228, 105 ER 1034。

[127] *Durham Brothers v Robertson* [1898] 1 QB 765, CA; *Re Steel Wing Co Ltd* [1921] 1 Ch 349; *Earle v Hemsworth* (1928) 44 TLR 605; *Williams v Atlantic Assurance Co* [1933] 1 KB 81, CA. 虽然相反判例的存在表明,这一问题并未获得确切无疑的答案,但人们普遍认为,本文所表达的观点是更为理想的见解: OR Marshall, *Assignment of Choses in Action* (Pitman, 1950) 173—174. In *Norman v FCT* (1963) 109 CLR 9, High Ct of Aust, 29 Windeyer 法官认为,更为早期的不一致的裁决,必须加以推翻。

时,应遵守《1925年财产法》第136(1)条的规定)全部得到满足时,创设了一项衡平法上的按揭。[128]

债务人对于按揭财产的持续权益,源于其在担保债务或其他义务获得履行之后有权要求将该财产归还给自己,这被称为"衡平法上的回赎权"。[129] 衡平法上的回赎权可以不受违约情事的影响[130],即使付款或者迟延履行,按揭人仍有权回赎,至少直至债权人通过卖出或者没收担保资产之前,按揭人仍有权回赎。任何旨在赋予按揭人回赎权利的合同条款,或者间接造成按揭不可赎回的后果的合同条款,在衡平法上被认为是对"衡平法上的回赎权"的妨碍或者束缚,因此它是无效的。[131] 妨碍衡平法上的回赎权的行为是无效的,这一原则适用于所有类型的按揭和抵押,包括浮动抵押。[132] 衡平法上有一项长期确立的但从未过时的原则[133],该原则被描述为"不守规矩的狗"(unruly dog),"人们合理地期待,随着狗的年龄增长,它不会离开狗窝太远或太频繁"。[134]

抵押

衡平法上的所有按揭,均属于衡平法上的抵押,但反之则不然[135]:与抵

---

[128] 还可进一步参见 LS Sealy and RJA 1-looley, *Commercial Law Text, Cases and Materials* (Butterworths, 3rd edn, 2003) ch 26。

[129] *Dellway Investments v NAMA* [2011] IESC 14("按揭人对按揭财产的权益是回赎权,即随时赎回按揭财产的权利。该权利在按揭期间始终存续;同时,在按揭期满后直至抵押权人根据出售按揭财产的权利签订了可执行的买卖合同并实现了担保权前,上述权利也存在。这是一项有财产价值的权益,可以出售,也可以作二次抵押或后续抵押");*Sofaer v Anglo Irish Asset Finance* [2011] EWHC 1480 (Ch), [2011] BPIR 1736, [25]("赎回抵押物的权利,实际上是当按揭实现后且抵押权人行使其救济后,按揭人对财产所享有的剩余权利。从定义上看,银行对回赎权并无担保,因为回赎权是抵押权生效后的剩余权利")。

[130] 情况并非总是如此:AWB Simpson, *A History of the Land Law* (Oxford: Clarendon Press, 2nd edn, 1986) ch X。

[131] 例如,*Noakes Co Ltd v Rice* [1902] AC 24, HL, 28 per Earl of Haisbury LC and 30 per Lord Macnaghten;*Brighton & Hove City Council v Audus* [2009] EWHC 340 (Ch), [2010] 1 All ER (Comm) 343, [46]("在普通法上,在按揭中可以规定一个合同条款,即如果按揭人未在指定日期偿还到期款项,他就将丧失回赎权。衡平法认为,上述条款可能导致不公平以及适用困难;而衡平法规定了回赎权,针对上述条款的运作为当事人提供了救济,尽管这不符合合同约定。在这里,无须详细说明在法律上的回赎权、衡平法上的回赎权以及'回赎权利'间的区别。依据现有的衡平法规则,保护衡平法上的回赎权,就足够了");*Dellway Investments v NAMA* [2011] IESC 14("在按揭中,与回赎权不一致的约定,无效。按揭不应当是不可赎回的,同时也不应当将回赎权限制于特定的人或特定的期限内")。

[132] *Kreglinger v New Patagonia Meat and Cold Storage Co Ltd* [1914] AC 25, HL, 消除了以下案件提出的疑问:*De Beers Consolidated Mines v British South Africa Co* [1912] AC 52, HL。

[133] *Cukurova Finance International v Alfa Telecom Turkey* [2013] UKPC 2, [111]。还可参见 *Cukurova Finance International v Alfa Telecom Turkey* [2013] UKPC 20。

[134] *Warnborough v Garmite* [2003] EWCA Civ 1544, [72]。还可参见 *Lift Capital Partners v Merrill Lynch* [2009] NSWSC 7, [106]—[137]。

[135] *Shea v Moore* [1894] IR 158, Ir CA。

押一样，按揭也是为了敦促债务的偿付或者义务的履行而占有财产，但按揭比抵押走得更远，它还在满足按揭人衡平法上的回赎权的情况下，将衡平法上的所有权转让给了债权人。[136] 抵押权的创设使其持有者对作为担保权客体的财产拥有某些权利，但没有转移该项财产的法律或受益所有权。[137] 除了在有关土地方面，根据成文法的规定，可以通过法定抵押而创建按揭之外，[138] 抵押是一种衡平法上的担保形式。当抵押拓展至包括未来财产时，仅仅有行为并不足够，而通常要求存在对价。

有观点认为，按揭和抵押之间差异的重要性在于，根据一般的法律认定存在违约情形时，债权人可以获得的救济范围有所区别。广义而言，根据一般的法律，按揭权人可以获得的救济范围要广于抵押权人。[139] 然而，行文精细的抵押合同一定会拓宽抵押权人的救济范围，其结果是，在实践中按揭权人与抵押权人所享有的救济范围实际上几乎没有差异。在 *Re Bond Worth Ltd* 一案中，上诉审法院法官 Slade 也承认，"按揭"与"抵押"这两个词经常交互使用。[140]

Buchler v Talbot [141] 一案提出了以下问题：根据《1986 年破产法》第 175 (2) 条，能否运用抵押资产所实现的收益，来支付清算人的成本和费用？对该案发表了良好见解的英国上院的所有三名议员，运用了通常与按揭相关的语言来描述抵押："抵押资产在其所担保债务的数额内属于债权人"[142]；"浮动抵押包含的资产的收益，在其所担保债务的范围内属于抵押权人"[143]；"公司只拥有衡平法上的回赎权；也就是当浮动抵押所担保的债务获得清偿时，资产即重新转移给公司"。[144] 如此表述招致了尖锐的批评。[145] 但第一眼看来，我们不能就此认为法官（包括 Hoffmann 法官）会直接忽略他们熟悉

---

[136] *Re Bond Worth Ltd* [1980] Ch 228, 250. 但如果衡平法上的按揭未满足完全合法按揭的要求，则不发生权转让。此种衡平法上的按揭实际上是一项抵押。

[137] *National Provincial and Union Bank of England v Charnley* [1924] 1 KB 431, CA, 449—50 *per* Atkin LJ; *Re Bond Worth Ltd* [1980] Ch 228, 250 *per* Slade J; *Swiss Bank Corpn v Lloyds Bank Ltd* [1982] AC 584, CA and HL, 594—595 *per* Buckley U; *Re Charge Card Services Ltd* [1987] Ch 150, 176 *per* Millett; *Re BCCJ* (No 8) [1998]. AC 214, HL, 226 *per* Lord Hoffmann; *Re Cosslett* (*Contractors*) [1998] Ch 495 CA, 508 *per* Millett LJ.

[138] 《1925 年财产法》第 87 条。

[139] H Beale, M Bridge, L Gullifer, and E Lomnicka, *The Law of Security and Title-Based Financing* 2nd edn (Oxford: OUP, 2012) para 6.57.

[140] [1980] Ch 228, 250.

[141] [2004] 2 AC 298, HL.

[142] At [16] *per* Lord Nicholls.

[143] At [62] *per* Lord Millett.

[144] At [29] *per* Lord Hoffmann.

[145] RJ Mokal, 'Liquidation Expenses and Floating Charges—the Separate Funds Fallacy' [2004] LMCLQ 387. Mokal, 'What Liquidation Does for Secured Creditors, and What it Does for You' (2008) 71 *MLR* 699.

的按揭与抵押之间的基础性区别,这导致人们认为,运用抽象的术语使抵押的性质过分地理论化,这是错误的,因为抵押的运作取决于与这些问题相关的成文法语境(在 Buchler 一案中,则是指破产法及清算人分配资产)以及合同各方在抵押文件中约定的权利和义务。[146]

但在 National Insurance Corp v Winmark 案中[147],Hoffmann 法官似乎收回了他在 Buchler 案中的观点。Winmark 案的问题与 Buchler 案相似。本案中,国家保险公司是负责管理国家保险基金的机构,根据圣卢西亚法律规定,在对"雇主财产"进行执行或根据受担保债权人的申请执行,并出售"雇主财产"时,该公司所负的雇主债务应被视为优先债务。争议的焦点是,国家保险公司所负的雇主债务,与对雇主不动产享有抵押权的受担保债权人相比,是处于优先低位还是劣后低位?不令人意外的是,受担保债权人基于 Buchler 案判决认为,在出售抵押财产后,国家保险公司的优先权不应使该公司对出售收益享有优先地位;因为设定抵押的法律效果是,当财产以任意价格出售后,收益不再是"雇主的财产"。收益应当受担保债权人享有。但是 Hoffmann 法官(代表枢密院发表意见)驳回了受担保债权人的意见,并以一种令人费解的方式,对 Buchler 案作了解释:

> [Buchler]案中的陈述是为了解释以下问题:如果在原则上变现资金的成本应由享有利益的债权人承担,那么要使接管人手中设定了浮动抵押的财产,来承担清算人为无担保债权人利益而变现的财产的成本,将是错误的……
>
> 法官们的观点认为,适用抵押权人和无担保债权人的单独利益的概念,是危险的;而 Buchler 案中使用了上述概念,以解释为何一项资金不应承担另一项资金的变现成本,这与圣卢西亚的不动产担保利益民事制度中的优先权,是两个完全不同的问题。[148]

但在 Buchler 案中,问题几乎是相同的。《1986 年破产法》第 115 条规定,所有的清算费用"应当优先于其他索赔要求从公司资产中支付"。他们在 Buchler 案的判决中得出结论认为,由于浮动抵押财产有利于债券持有人,这些财产不是可用于支付清算费用的公司财产。Hoffmann 法官在 Winmark 案中对 Buchler 案中独立资金概念的解释,属于乞题(question begging)。经过合理的分析后,Winmark 案证明了对 Buchler 案的批评是正确的。

---

[146] J Armour and A Walters,'Funding Liquidation: a Functional View' (2006) 122 *LQR* 295.
[147] [2009]UKPC 8.
[148] *National Insurance Corp v Winmark* [2009] UKPC 8, paras 19—20.

固定抵押和浮动抵押——它们关键特点的比较

固定抵押

对于公司而言,抵押的种类可以分为固定抵押和浮动抵押。固定抵押与按揭的相似之处在于,按揭权人立刻获得了有关担保财产的权利,而且可以限制抵押公司处分或者毁灭该财产。抵押权人可以通过获得禁令来限制未经授权的处分行为[149],而且,如果具有拘束力的固定抵押所指向的财产遭到抵押人的不当处分,则该项抵押对于获得财产的第三人仍具有效力,除非第三人能够证明自己是财产的善意受让人,自己不知道存在该项固定抵押。固定抵押被认为锁定了作为担保权客体的资产;因而在 *Illingworth v Houldsworth* [150]一案中,Macnaghten 法官将固定抵押描述为"没有比它更能锁定被确定和界定(或者能够被确定和界定)的财产"。在一起更近期的案件中,Walker 法官回应了这些观点:"在一项固定抵押中,担保资产永远用于所抵押债务金额的偿付,这样就给了抵押权人在资产上的某种权益。只要抵押没有解除,只有抵押权人明确同意,才能解除该项资产上的抵押。"[151]根据 *Holroyd v Marshall* [152]一案所确立的原则,固定抵押担保的标的物还可以包括未来财产。

浮动抵押

在 *Illingworth v Houldsworth* 一案的演讲中,Macnaghten 法官这样描述浮动抵押[153]:"另一方面,浮动抵押在本质上是变动不居、游移不定的,它盘旋于财产之上,而且可以说是与其一起浮动,直到某一事件成就或者某一行为完成之时始生效力,并使其最终得以落定并系牢于抵押权所及的标的物之上。"

浮动抵押的本质及其区别于固定抵押的关键因素是,抵押人可以继续处分作为担保权标的物的财产,并且可以将它们转让给第三方,而不受担保的羁绊。[154]然而,正如本章稍后将要探讨的,对抵押人处分担保财产作出某些程度的限制,并非与浮动担保的相关规定不一致。如果一项抵押允许抵

---

[149] *Holroyd v Marshall* (1862) 10 HL Gas 191, HL, 211—212 *per* Lord Westbury.
[150] [1904] AC 355, HL, 358.
[151] *Re Spectrum Plus Ltd* [2005] 2 AC 680, HL, [138].
[152] (1862) 10HLC 191,11 ER 999, [1861—1873] All ER Rep 414, HL.
[153] [1904] AC 355, HL, 358.
[154] *Re Spectrum Plus Ltd* [2005] 2 AC 680, HL, para 111 *per* Lord Scott.

押人拥有一定的自由来处分担保资产,并将其从担保标的物中撤回,则它是否可以被归为固定抵押,这一问题所面临的争议要大得多。

浮动抵押可以、而且通常会在抵押公司目前所拥有的财产之外,将其效力及于未来的财产。浮动抵押及于当前及未来财产的效果是,以存货来说,因为存货在公司正常的交易过程中变动不居,担保所涵盖的财产会被卖掉,但公司一旦取得新的财产,则其马上会被纳入抵押权的范围。尚不清楚的是,以有形财产为标的的浮动抵押是否及于公司在抵押合同条款许可的情况下,为其自身利益卖出资产而取得的收益,[155]但行文精细的担保文件,通常会规定担保及于应收账款及其收益。

公司的大量财富可以沉淀在原材料、半成品或者存货之中。浮动抵押非常适合发挥这些资产的担保价值。

由于包含着原材料、半成品和存货在内的资产属于流动资产,它们在正常交易过程中必然会变动不居,赋予贷方限制资产处分权利的固定担保,也无法成为富于吸引力的选择。19世纪,市场人士和衡平法院发展出了浮动抵押,[156]彼时工商业的扩张提升了对公司融资的需求,而既不能够也不愿意通过发行股权证券来筹集资本的小型公司,在很大程度上依赖贷款。[157]

对于贷方而言,接受浮动担保而不是固定担保,显然存在风险,因为公司可能会不以营利为目的而处分其担保标的物,进而削弱担保的价值,并使其清偿能力面临风险。浮动抵押欠缺与担保相关的一个重要特征,即抵押物由抵押人占有或者可以方便地从受让方收回,Westbrook 将这一特征贴上了"资产约束"的标签。[158] 另外,如果担保公司的确资不抵债,拥有浮动抵押权的贷方可能会发现,其他拥有固定抵押权的贷方拥有受偿优先权,其结果

---

[155] 参见以下探讨:Law Commission, *Company Security Interests* (Law Corn Rep No 296, 2005) paras 3.51—3.52。

[156] *Re Panama, New Zealand and Australia Royal Mail Co* (1870) 5 Ch App 318; *Re Florence Land and Public Works Co. exp Moor* (1878) 10 Ch D 530, CA; *Moor v Anglo-Italian Bank* (1878) 10 Ch D 681; *Re Hamilton's Windsor Ironworks Co, ex p Pitman and Edwards* (1879) 12 Ch D 707; *Re Colonial Trusts Corp. ex p Bradshaw* (1879) 15 Ch D 465. 为适应英国19世纪工商业的扩张以及公司日益增长的资本需求,浮动抵押获得了发展,以下案件对其进行了梳理:*Re Spectrum Plus Ltd* [2005] 2 AC 680, HL, paras 95—96 *per* Lord Scott and in *Agnew v The Commissioner of Inland Revenue* [2001] 2 AC 710, PC, paras 5—7 *per* Lord Millett。

[157] RR Pennington, 'The Genesis of the Floating Charge' (1960) 23 *MLR* 630. WI Gough, 'The Floating Charge: Traditional Themes and New Directions' in PD Finn (ed) *Equity and Commercial Relationships* (Law Book Company, 1987) 239,浮动抵押被描述为"维多利亚时期最伟大的法律成就之一"。

[158] JL Westbrook, 'The Control of Wealth in Bankruptcy' (2004) 82 *Texas Law Review* 795, 808.

是公司资产不足以清偿浮动抵押所担保的债务。

如果采取一些措施,则既可以强化浮动抵押的安全性,又不会伤害其灵活性。第一,业已确定的规则是,对于与浮动抵押的性质不相容的交易,存在某些限制,贷方可以将这些限制纳入抵押合同之中,以保护自身利益。[159]第二,拥有浮动抵押权的贷方也可以通过设定与"固化"相关的抵押合同条款,来保护其自身利益。浮动抵押无须永远浮动,而是可以转化为固定抵押,这一程序通常被描述为"固化"。一旦浮动抵押固化,它从该时点开始即成为固定抵押,因而其效力及于担保权标的物描述范围内的公司现有资产,并且如果该担保权拓展至未来财产,则与公司后来取得财产的描述相吻合的财产,也属于担保权标的物。换言之,固化带来了资产约束。[160]除非合同各方明确将其排除,法律会将某些特定的固化事件予以默认,纳入浮动抵押之中。还有可能通过抵押合同条款的明确规定,拓展固化事件的范围。[161]然而,尽管诸如此类的措施对于解决私人主体之间的优先权争端能够起到一定的效果,但它们并不能僭越破产法中的公法规则,后者具有再分配的效用。那些规则主要适用于浮动抵押,起着将浮动抵押的部分担保物重新分配给没有担保的债权人的效果。

由于直至固化发生时,浮动抵押才能够产生资产约束,而且它在确立优先权方面的作用有限,因而,作为一种担保类型,浮动抵押的重要性面临质疑。[162]此外,破产法的变革[163]在很大程度上剥夺了浮动抵押权人委派行政接管人的权利,而是赋予他们监督破产财产管理整体进程的权利[164],这进一步加深了对其有用性的质疑。虽然浮动抵押权人在破产财产管理方面拥有某些特别权利,包括有权选择管理人,这一管理程序在根本上不同于行政接

---

[159] 特别是消极保证,借此公司约定不会创建任何享有优先于或者位序等同于浮动抵押的担保。本章后面将会探讨消极保证之于优先权的效果。

[160] *J. D. Brian v Companies Acts* [2011] IEHC 113,[18]."固化后,设定抵押的财产不再浮动,抵押依附于或固定于确定的财产。有时人们会说,浮动抵押固化后即成为固定抵押。但是,公司并未设立新的抵押。现有的抵押即公司设立的浮动抵押,其性质发生变化,成为了固定抵押。债券持有人对公司设立的浮动抵押所享有的担保权的性质,在抵押固化时发生了变化;抵押权不再浮动,并基于抵押财产成为了固定的抵押。根据固定抵押的一般原则,当抵押固定时,应将相关财产公平地转让给债券持有人。然而,债券持有人对于抵押财产的权利,来源于公司设立的浮动抵押。该权利的本质是经固化而发生改变的"。

[161] *JD. Brian v Companies Acts* [2011] IEHC 113,[56]("任何法律规则都阻止债券当事人设立浮动抵押,并且允许以下内容成为合同条款,即在发生特定事项或抵押权人采取特定措施后,浮动抵押将被固化")。参见下文。

[162] R Mokal,'The Floating Charge—An Elegy' in S Worthington (ed),*Commercial Law and Commercial Practice* (Hart, 2003) ch 17.

[163] 通过修订《1986年破产法》,并使其成为《2002年企业法》的一部分,从而起到了相应的效果。《2002年企业法》自2003年9月生效。

[164] 《1986年破产法》,Sch Bi,para 14。

管程序，因为它的独立性和利它主义之特点，并不适用于行政接管程序。[165] 由于法律的修改没有溯及力，而且在 2003 年 9 月 15 日之后设定的浮动抵押中，在一些例外情形下仍可以委派行政接管人，要妥为评估法律修改的实际影响，仍需一些时日。然而，可以合理预测的是，贷方群体会认为，这在一定程度上降低了浮动抵押的优势，并影响了对以浮动抵押为担保的债权的定价。目前，废除浮动抵押的呼声变得更为强烈。[166]

浮动抵押的性质

浮动抵押的性质令人捉摸不透。毫无疑问，它是一项即期担保权益，而不仅仅是一项约定在将来发生固化事件时创建的担保。[167] 正如传统的见解认为，担保权益的持有人对于债务人的财产拥有所有权利益，而且可以控制有关该财产的交易。然而，如果该项抵押为浮动抵押，则一般而言，债务人可以像该财产未设担保那样自由地加以处分。[168] 如何解释这一点？这些案件并没有提供清晰的答案，但它们引发了大量的可供学术界热烈探讨的问题。

关于浮动抵押所创建的所有者权益的性质，有一种理论认为，在本质上，它与固定抵押所创建的所有者权益并无不同，但前者附带了一件许可，即债权人许可债务人继续处置其资产。现在被普遍接受的是，浮动抵押是一种迥异的担保类型，而不仅仅是有着独特个性的固定抵押。[169] 然而，有观点认为，浮动抵押与固定抵押所创建的权益的性质相同，这一观点也获得了一些强有力的支持。特别是，Worthington 认为，最好把浮动抵押理解成创建了一种所有者权益，它与固定抵押权人所拥有的所有者权益一样，但当依据准许的方式处置抵押资产时，该抵押可被废除。[170] Nolan 也认为，有关浮动抵押的标准的默认权利是，它是一种一般的衡平法上的固定抵押。但与

---

[165] M Simmons, 'Some Reflections on Administrations, Crown Preference and Ring-fenced Sums in the Enterprise Act' [2004] *JBL* 423, 425.

[166] RM Goode, 'The Case for the Abolition of the Floating Charge' in J Getzler and J Payne (eds), *Company Charges: Spectrum and Beyond* (Oxford: OUP, 2006), ch 2.

[167] Buckley LJ in *Evans v Rival Granite Quarries Ltd* [1910] 2 KB 979, CA, 999: "浮动抵押不是未来的担保；而是现在的担保，它现实地影响着纳入浮动抵押的公司财产。"

[168] 这一显见的矛盾，使得美国的法院拒绝认可浮动担保的有效性：*Benedict v Ratner* 268 US 353, 45 S Ct 566, 69 L Ed 991 (1925).

[169] 特别是 Buckley LJ in *Evans v Rival Granite Quarries Ltd* [1910] 2 KB 979, CA, 999 中称："浮动抵押并非是这样的一种抵押：它本质上是就资产设定的具体的抵押，只不过是加上抵押权人有权在经营过程中处分其资产。"

[170] S Worthington, *Proprietary Interests in Commercial Transactions* (Clarendon Press, 1996) 81; S Worthington, *Personal Property Law: Text, Cases and Materials* (Hart, 2000) 129.

与Worthington不同的是，Nolan认为，更好的做法是，不要将浮动抵押视为可撤销的权益，而是将其视为一种具有内在局限性的权益，因为它可能会失效。他还强调，合同各方可以调整标准合同条款，其后果是，浮动抵押所创建权益的准确性质，可能会因具体情事的差异而有所不同。[171]

另一种观点认为，作为一种担保权益，浮动抵押完全不同于固定抵押，它赋予债权人对公司不时取得的财产拥有某种即时的所有者权益，但直到固化之时其效力才及于特定的资产。[172] 该理论获得了相当多的学界支持[173]，但它面临的一个难题在于，它并没有清晰地指明浮动抵押所创建的所有者权益的性质和品质。[174] Goode试图捕捉浮动抵押所创建的所有者权益的特殊性质，他提到，浮动抵押使其持有人对于债务人在日常经营过程中可以自由支配的资金资产拥有现有权益。[175] 这种资金的概念在有关浮动抵押的里程碑式的案件中，具有一定的解释力，它强调此类担保权人拥有的权益并不及于债务人的特定财产。在现代具有判例效力的案件中，这种观点获得了大量的司法支持。在 Re Spectrum Plus Ltd（清算中）[176]中，Walker法官说，"抵押权人拥有所有者权益，但它的权益存在于流动资本的资金当中，而且除非抵押权人干预（在抵押固化之时）、并且在其干预之前，应当由公司而不是由银行来决定如何运营。"[177]

Walker法官的评论含蓄地批驳了关于浮动抵押的性质的另一种理论。该种理论的主要支持者是Gough，该观点认为，虽然浮动抵押是一种衡平法上的即期担保，但它直至固化之时才赋予抵押权人衡平法上的所有者权益。[178] 在他看来，浮动抵押产生了延期的衡平法上的权益，而且在固化之前，浮动抵押权人根据抵押合同拥有针对抵押人的个人或者"纯粹"的衡平

---

[171] R Nolan, 'Property in a Fund' (2004) 120 *LQR* 108.
[172] RR Pennington, 'The Genesis of the Floating Charge' (1960) 23 MLR 630, 646 and RR Pennington, *Company Law* (Butterworths, 8th edn, 2001) 539—541.
[173] 虽然强调的重点以及观点的细节之处各有不同，以下作者均同意，固化浮动抵押权人拥有某些形式的所有者权益：L Gullifer (ed), *Goodeon Legal Problems of Credit and Security* 4th edn (London: Sweet & Maxwell, 2008) ch 4; JH Farrar, 'World Economic Stagnation puts the Floating Charge on Trial' (1980) 1 *Company Law* 83; EV Ferran, 'Floating Charges—The Nature of the Security' [1988] *CLI* 213。
[174] *Re Margart Pty Ltd*; *Hamilton v Westpac Banking Corp* (1984) 9 *ACLR* 269, NSW SC-EqD, 272 per Helsham CJ, "当抵押是浮动抵押时, 利率可以是、也可以不是它成为固定抵押时权利人可以获得的利率"。
[175] G Lullifer (ed), *Goodeon Legal Problems of Credit and Security* 4th edn (London: Sweet & Maxwell, 2008) paras 4-03—4-07.
[176] [2005] 2 AC 680, HL, para 139. 还可参见 S Atherton and RJ Mokal, 'Charges Over Chattels: Issues in the Fixed/Floating Jurisprudence' (2005) 26 *Company Lawyer* 10。
[177] 还可参见 *Agnew v The Commissioner of Inland Revenue* [2001] 2 AC 710, PC, para 11 *per* Lord Millett。
[178] WJ Gough, *Company Charges* (Butterworths, 2nd edn, 1996) 97—101 and ch 13.

利益。

关于浮动抵押合同的性质的不确定性，令诸多评论人士痴迷不已，但它并不妨碍浮动抵押成为公司融资中一项具有重要商业意义的要素。另外，即使学者经常被迫运用非常含糊的比喻来描述浮动抵押[179]，在日复一日的累积过程中，法院已经能够得出关于浮动抵押的诸多问题的答复，并且已经确立了许多规范其运作的清晰易懂的原则。[180] 例如，浮动抵押的优先权、抵押合同禁止就抵押财产的任何部分随后创建位序更优的担保的禁令在多大程度上可以有效地把此类担保推至浮动抵押之后，已为人所熟知并且不存争议。[181] 这使得人们会理所当然地提出以下问题：对于浮动抵押创建的所有者权益的抽象性质进行精准的界定，实际上真的如此重要吗？如果没有这一问题，法律的运作在总休上仍然完美，我们是否还需要考虑这一问题？法律的缺陷，在包括但不限于以下事实造成的后果的范围内，法律的缺陷看起来并不会带来重大的实际困难，而且不应当夸大其重要性：浮动抵押权人的权利在固化之前无法进行统一的界定，因为它们在某种程度上取决于抵押合同条款及问题产生的具体语境。[182] 然而，如果现有法律未能清晰界定浮动抵押运作的某一特定方面，则缺乏关于浮动抵押的所有者效应的普遍而权威的理解，将难以预测案件将会获得怎样的裁判。例如，违反浮动抵押的限制出售资产约定，将会在所有权方面产生怎样的效果，这尚未在英国的案件中得

---

[179] *Re New Bullas Trading Ltd* [1993] BCC 251, 260.
[180] *Evans v Rival Granite Quarries Ltd* [1910] 2 KB 979, CA. 该案突出地表明，英国上诉法院试图在考虑浮动抵押在特定情况（与判定债权人产生冲突）下的效力之前，设法弄清楚该抵押所创造的利率的理论性质。澳大利亚的法院已经表明了其开展浮动抵押的理论性质的探讨的意愿，或者，至少承认已经提出来的理论的差异。以下文献分析了支持这两种观点的判例：*Lyford v CBA* (1995) 17 ACSR 211, Fed Ct of Aust-GenD. 其中 Gough 的观点被采纳，而且支持着另外观点的以下澳大利亚的案例并未获得遵循（*Landall Holdings Ltd v Caratti* [1979] WAR 97, WA SC；*Hamilton v Hunter* (1982) 7 ACLR 295, NSW SC Eq D；*Re Margart Pty Ltd*（清算中），*Hamilton v Westpac Banking Corp* (1984) 9 ACLR 269, NSW SC Eq D）。Lyford 判例适用于 *Wily v St George Partnership Banking Ltd* (1997—1998) 26 ACSR 1, Fed Ct of Aust. *Westpac Banking Corporation v The Bell Group* (No 3) [2012] WASCA 157 案判决认为，现在主流观点认为，浮动抵押创设了一项财产上的公平利益。
[181] 接下来进一步考虑优先权规则。浮动抵押将产生有关所有者权益问题的其他情形包括：法院是否可以指定接管人或者管理人来运用浮动抵押（*Re Victoria Steamboats Ltd*，*Smith v Wilkinson* [1897] 1 Ch 158（"可以"））；浮动抵押权人与判定债权人的请求权冲突（*Evans v Rival Granite Quarries Ltd* [1910] 2 KB 979, CA）；特定成文法规则的运用（例如，*Re Margart Fey Ltd*；*Hamilton v Westpac Banking Corp* (1984) 9 ACLR 269, NSW SC-EqD，在该案中法院认为，向固化浮动抵押权人的偿付，并没有违反南威尔士有关与《1986 年破产法》第 127 条相当的条款，因为该条并不适用于财产的受益权人获得财产或从公司获得收益的程序——为此目的，浮动抵押授予的是受益人权益）。
[182] R Nolan, 'Property in a Fund' (2004) 120 LQR 108；PG Turner, Floating Charges—A "No Theory" Theory' [2004] LMCLQ 319.

到全面的解释。[183] 对于这个问题,评论人士仁者见仁,智者见智。[184]

固定抵押或浮动抵押的确定

一个具有重要现实意义的问题是区分固定抵押和浮动抵押。一项抵押究竟是固定抵押还是浮动抵押,这与其相较于其他担保形式的优先权息息相关。它同样关系到《1986年破产法》中诸多具有分配效果的条款的目的,因为这些条款主要影响着浮动抵押而不是固定抵押。[185] 现代许多关于抵押分类的著名案件,肇始于享有优先权的债权人与担保权人就清偿顺序所发生的争议。[186] 随着《2002年企业法》第251条废除了皇室税收权的优先地位,具有法定优先权的债权类型大幅减少。[187] 其结果可能是,将来关于破产法方面的规定及其作用于双方同意的担保权益所引发的争端会减少。

然而,《1986年破产法》其他关于优先债权的规定,却成为酿成有关正确划分抵押类型的争端的关键因素。第一,根据《1986年破产法》第176A条(《2002年企业法》予以引入),在破产诉讼中,必须将公司某些部分的净资产予以隔离,并不得分配给浮动抵押权人,除非该资产超过了对无担保债权的偿付金额。第二,一般的管理(一种破产程序)费用可以从作为浮动抵押标的物的资产中支出,而不得从作为固定抵押标的物的资产中支出。[188] 这也被认为是清算中的做法,直到上议院在 Buchler v Talbot[189] 一案中作出的

---

[183] 这一点,在以下案件中被提及:*National Westminster Bank Plc v Spectrum plus Ltd* [2004] Ch 337, CA, paras 25—30 *per* Lord Phillips MR。在 *Ashborder BV v Green Gas Power Ltd* [2005] 1 BCLC 623 一案中,处分行为被认为违反了对于浮动抵押的限制,这些限制制约了抵押人的日常经营行为。但该项裁决之于所有权的影响,却没有充分的探讨。

[184] 然而,最清晰、也是最具有说服力的观点(并非源自 EV Ferran, 'Floating Charges—The Nature of the Security' [1988] CU 213, 231)是,即便在固化之前,浮动抵押所创造的衡平法上的利益,也能够拘束注意到了该项抵押的存在以及转让情况的财产买受方:R Nolan, 'Property in a Fund' (2004) 120 LQR 108, 127。还可参见 Law Commission, *Company Security Interests* (Law Corn Rep No 296, 2005) para 3.219, 它假定,如果买方知道因为抵押中存在一些明确的限制而不允许处分抵押物,则买方不会免费接受抵押。

[185] J Armour, 'Should We Redistribute in Insolvency?' in J Getzler and J Payne (eds), *Company Charges: Spectrum and Beyond* (Oxford: OUP, 2006) ch 9.

[186] 例如,*Agnew v The Commissioner of inland Revenue* [2001] 2 AC 710, PC 和 *Re Spectrum Plus Ltd* [2005] 2 AC 680, HL.

[187] 《1986年破产法》附表六列出了其他类别的优先债权(职业养老计划和国家养老金计划的支出、向雇员支付的报酬及相关支出,以及对于煤矿和钢铁产品的税收)。

[188] 《1986年破产法》, Sch Bi, para 99(3). J Armour, 'Floating Charges: All Adrift' [2004] CU 560, 564. 然而,接下来讨论的 *Buchler v Thibot* 一案使情况更为复杂:R Henry, 'The New World of Priority for Floating Charge Holders' (2004) 20 *Insolvency Law and Practice* 194.

[189] [2004] 1 BCLC 281, HL.

裁决认为,浮动抵押所指向的资产不得用于支付一般的清算费用。然而,浮动抵押权人在清算中拥有更为有利的地位,这一状况却好景不长,因为《2006年公司法》插入了《1986年破产法》第176ZA条,改变了这一状况。第三,浮动(而不是固定)抵押如果创建于破产程序开始前的特定期间,并且满足了其他特定条件,可能会归于无效。[190]

固定抵押和浮动抵押都是各方通过合同创建的双方同意之担保。在合同主体选择互相赋予何种权利和义务的范围内,合同自由优先适用。然而,他们已经选择的权利和义务束,是否等同于创建了固定抵押抑或浮动抵押,则是一个法律问题。合同主体在担保文件上贴上的任何标签,对于抵押的性质,都不是决定性的:如果合同主体互相赋予的权利和义务与其贴在抵押上的标签不符,则该描述将被弃用,而是依据法律规定,根据抵押所创建的实体权利和义务来对其予以类分。[191] 在关于抵押的性质任何讼争案件中,都将会遵循以下两个步骤:(1)确定合同主体互相赋予的权利和义务;以及(2)在权利和义务束上贴上正确的法律标签。

那么,什么样的权利和义务束会被法律认可为设定了浮动抵押,或者视情形之不同,认可为设定了固定抵押?它们的自愿属性及英国法关于担保权益的非常灵活的特点表明,任何一种类型的抵押都不应被期待着拥有一套不容偏离的固定术语。因而,在考虑这一问题时,我们必须谨记在心的是,我们试图确立的是一套标准术语或缺省性术语,对此,合同各方可能拥有一定的偏离自由度,同时又不必然因此而创建出不同于其最初想法的担保。正如Hoffmann法官在提到无法详尽界定浮动抵押时所言[192]:

> 我们所能够做的是列出其标准特征。但它并不意味着,缺乏一个或者更多的那些特征,或者存在其他特征,将使抵押无法被界定为"浮动"抵押。一定会存在一些模棱两可的情形,在这些情形下,难以判断偏离标准条款多远才不适合使用这一术语。但法律据以将抵押归为浮动抵押或不归为浮动抵押的权利和义务,则完全源自合同各方的约定,法律的隐含条款规定起到了补充的作用。

看起来于我而言,以下观点是错误的:一旦合同各方达成了某些合同条款,而这些条款被认为足以认定该项交易是浮动抵押,则他们不得再行议定

---

[190] 《1986年破产法》第245条。
[191] *Agnew v The Commissioner of Inland Revenue* [2001] 2 AC 710, PC,[32]. 关于抵押合理分类的诸多论争,集中于带有"固定抵押"标识的抵押是否是真正的浮动抵押,但分类的结果可能是相反的:*The Russell Cooke Trust Co Ltd v Elliot* [2007] EWHC 1443 (Ch),[2007] 2 BCLC 637(带有浮动抵押标识的抵押被认为是固定抵押)。
[192] *Re Brightlife Ltd* [1987] Ch 200, 214—215.

标准条款之外的其他任何条款。

当人们试图确定浮动抵押的特征时,通常会引用来自上诉审法院法官 Romer 在 *Re Youkshire Woolcombers Ltd* [193] 中的判词的以下段落:

> ……我确切地认为,如果一项抵押拥有我将要提及的以下三项特征,则它是浮动抵押:
> (1) 如果它是以公司现在和将来的一类资产为抵押权标的;
> (2) 如果在公司的日常营运过程中,该类资产会不时发生变化;以及
> (3) 如果你发现,根据抵押的情形可以想到,公司可用通常的方式来营业,包括考虑我正在处理的特定种类的资产时也是如此,直到那些在抵押中拥有利益的人或其代表在未来采取了一些措施。

这三个特征是浮动抵押的表征,但正如上诉审法院法官 Romer 强调指出[194],它们并不等同于对浮动抵押的精准定义。即便一项抵押没有满足所有的这些标准,它也可以是浮动抵押。在 *Re Croftbell Ltd* [195] 一案中,此点至为明显。在该案中,一项抵押被认定为浮动抵押,虽然人们并不认为担保财产(子公司的股份)是公司日常经营所产生的常规性营业收入。[196] 在类似情况下,在 *Re ASRS Establishment Ltd* [197] 中,法官认为,对于确定以托管账户设定的抵押是浮动抵押,以下因素无关紧要:托管的金钱并非源自流动资本的常规渠道,因而不会变动不居。在 *Smith*(*Cosslett* 公司(承包商)的管理人)*v Bridgend County Borough Council* [198] 一案中,施工设备、临时的工程货物和物资(用于分离有用的煤矿和残渣的重税负的洗煤设备),其性质有待检验。

虽然浮动抵押不及于债务公司的现有及未来财产的情形极不常见,人们认为,只就现有财产设定的抵押,也可以是浮动抵押。[199] 同样地,只就未来财产设定的抵押也可以是浮动抵押。而且,在作出这样的分类时,并非一定要将现有资产归入抵押物的范围。[200]

---

[193] [1903] 2 Ch 284 CA; affirmed sub nom Iiingworth v Houldsworth [1904] AC 355, HL.
[194] At 295. 还可参见,298 per Cozens Hardy LJ.
[195] [1990] BCLC 844.
[196] 还可参见 Welch v Bowmaker (Ireland) Ltd [1980] JR 251, Ir SC, 爱尔兰最高法院的大多数法官认为,以土地设定的抵押可以是浮动抵押,尽管债务公司并不打算转让土地,而且土地也不属于公司经营过程价值变动不居的财产类别。
[197] [2000] 2BCLC 631.
[198] [2002] 1 AC 336, HL.
[199] Re Bond Worth Ltd [1980] 1 Ch 228, 267; Re Cimex Tissues Ltd [1994] BCC 626, 635.
[200] Re Croftbell Ltd [1990] BCLC 844, 848.

这三个标准中，最为重要的是第三个：这项抵押在多大程度上会考虑到公司能够继续自由地处分作为抵押标的物的资产，而无须回过头来寻求债权人的授权。[201] 在 *Agnew v Commissioners of Inland Revenue* 一案中，Millett 法官在提到这三个标准时称，"前面两个标准是浮动抵押的典型特征，但却不是其独有特征"。[202] 法官继续谈到，"浮动抵押的标志是第三个特征，它使浮动抵押区别于固定抵押"。[203] 在 *Re Spectrum Plus Ltd* [204] 中，Scott 法官走得更远："的确，如果一项担保具有上诉审法院法官 Romer 所提出的第三个特征，则不管它具有哪些其他特征，我都愿意认为它是一项浮动抵押，而不是固定抵押。"*Spectrum* 一案关注以账面债权这一浮动资产设定抵押的法律性质，在该案的事实情境之下，Scott 法官的评论值得关注，但并非特别令人吃惊。然而，如果将其解读为表明了一个更为普遍的原则——拥有处分担保标的物资产的任何自由，即意味着该项担保必须归为浮动抵押，而无须考虑担保的其他特征，例如担保物的性质等，则 Scott 的评论会引发更多的争议。[205] 这是因为，回溯以往关于固定抵押和浮动抵押的经典案件的判例法规则，看起来已经认定，在一定程度上许可抵押人处分资产，并非必定与固定抵押不相容。而多大程度的许可相容于固定抵押，则取决于案件的一切情形。[206] 有人认为，授予抵押人处分抵押物的有限权力与固定抵押是相容的，这种观点现在面临很大疑义，因为在 *Smith*（*Cosslett* 公司（承包商）的管理人）*v Bridgend County Borough Council* [207] 一案中，就包括重税负机器设备在内的资产设定的抵押，均被认为是浮动抵押。[208] 然而，该案裁判的基础在于，抵押权所及的财产是浮动资产，在承包商的日常营运中，这些资产会耗损或者（在工程师的批准之下）被搬离。[209] 因而可以认为，该案的裁判法理不适用于种种不同的情境，例如，在抵押仅限于非流动资产、而且只是有限许可从担保物中撤回资产的情况下，该裁判法理就不适用。

---

[201] *Jurong Data Centre Development v M+W Singapore* [2011] SGHC 58, [2011] 3 SLR 337, [73], Singapore HC ("要确定抵押是固定的还是浮动的，一个重要因素是，要确定在违约事件发生前抵押权人或抵押人是否控制着相关财产")。
[202] [2001] 2 AC 710, PC, [13].
[203] 同上。
[204] [2005] 2 AC 680, HL, para 107.
[205] N Frome, 'Spectrum—An End to the Conflict or The Signal for a New Campaign?' (2005) 20 *Butterworths Journal of International Banking and Financial Law* 433, 434; N Frome and K Gibbons, 'Spectrum—An End to the Conflict or the Signal for a New Campaign' in J Getzler and J Payne (eds), *Company Charges: Spectrum and Beyond* (OUP, 2006) ch 5.
[206] 以下文献讨论了这些案件：*Re Cimex Tissues Ltd* [1994] BCC 626, 634—640。
[207] [2002] 1 AC 336, HL.
[208] P Walton, 'Fixed Charges Over Assets Other Than Book Debts—Is Possession Nine-tenths of the Law?' (2005) 21 *Insolvency Law and Practice* 117.
[209] At [41].

确定抵押是固定抵押还是浮动抵押的两步骤法,在 *Agnew* 和 *Spectrum* 案件中被牢牢地确立为决定抵押的法律性质的方法,它强调合同主体互相赋予的权利和义务,以及与权利和义务束有关的法律类别。与担保有关的资产类别的性质,作为解释文本的标准程序的事实背景的一部分,在这一过程中也息息相关。[210] 在某些情况下,它具有特别重要的意义[211]——例如,在缺乏允许公司在日常营运过程中处分抵押资产的明文约定的情况下,以在公司日常营运过程中价值通常会波动的资产设定的抵押,可能被归类为浮动抵押,因为如果将其归为固定抵押有可能使公司营运陷于瘫痪。另外,如果合同用语能够接受的话,法院倾向于采纳合乎商业情理的解释。[212] 然而,就特征描述的目的而言,资产类别的特征充其量只具有第二[213]重要的意义,而且有一种观点认为,它实际上对于确定抵押是固定抵押还是浮动抵押,无关紧要。[214]

另一方面,浮动抵押的本质是,作为担保标的物的资产仍然在抵押人的管理和控制之下。[215] 一项抵押并不会仅仅因为引入了抵押人处分担保资产的某些限制而不再成为浮动抵押。[216] 问题仍然是整体的控制权掌握在谁手中,如果掌握在抵押人手中,则抵押为浮动抵押;如果掌握在抵押权人手中,则抵押为固定抵押。人们最熟悉的与固定抵押不相容的限制是,在抵押合同中,抵押人承诺后来不在抵押资产上创建清偿位序优于或者等同于浮动抵押的担保。这种类型的消极保证约定非常普遍,它们与浮动抵押的相容性现在已无疑问。[217] *Re Brightlife Ltd*[218] 则是另一个例子,禁止公司出售作为担保标的物的债权被认为与浮动抵押相一致。该案是以账面债权设定抵押的法律分类这一冗长而复杂的故事的一部分,现在我们来探讨这一问题。

---

[210] *Ashborder BV v Green Gas Power Ltd* [2005] 1 BCLC 623,[183]。
[211] 同上。
[212] *Mannai Investment Co Ltd v Eagle Star Life Assurance Co Ltd* [1997] AC 749 HE,771 *per* Lord Steyn。
[213] *Re Cosslett (Contractors)* [1998] Ch 495 CA,510 *per* Millett LJ,affirmed *Smith (Administrator of Cosslett (Contractors) Lid) v Bridgend County Borough Council* [2002] 1 AC 336,HE。
[214] S Worthington,'Floating Charges: Use and Abuse of Doctrinal Analysis',in J Getzler and J Payne (eds),*Company Charges: Spectrum and Beyond* (Oxford: OUP, 2006) 25, 29。
[215] *Re Cosslett (Contractors)* [1998] Cli 495 CA,510 *per* Milletc LJ。然而,如果抵押人违反了抵押权人施加的限制而开展交易,这不会将抵押的性质由固定抵押变为浮动抵押。只要抵押权人不同意抵押人违反任何限制,也不同意放弃追究随后发现的违约行为,抵押人就不能因为自身的错误而将固定抵押变更为浮动抵押:*Jurong Data Centre Development v M+W Singapore* [2011] SGHC 58,[2011] 3 SLR 337,Singapore HC。
[216] *Re Cosslett (Contractors)* [1998] Cli 495 CA,510 *per* Milletc LJ。
[217] 同上。
[218] [1987] Ch 200。

固定抵押或浮动抵押的分类及担保财产的性质——以账面债权设定抵押

在 *Siebe Gorman & Co Ltd v Barclays Bank Ltd* [219] 一案中,公司与其债权人 Barclays 银行通过合同设定了以公司现在及未来账面债权为标的物的固定抵押。抵押合同约定,公司在没有 Barclays 银行同意的情况下,不得就设定抵押的财产再行设定抵押或予以转让。公司可以继续自行收取其账面债权的收益,但必须将那些收益转入 Barclays 银行的账户。Slade 法官认为,限制处分债权(虽然仅禁止某些类型的交易)以及要求将收益转入 Barclays 银行的账户,同时根据对债权的解释,Barclays 银行可以防止他人从账户中提取款项(虽然阻止提款的权利并未明确规定于抵押合同条款之中),足以构成一项固定抵押。

Siebe Gorman [220] 案的裁决是一项重要的裁决。它看起来解决了一个自 19 世纪早期以来市场人士一直纠缠不清的问题。彼时,我们现在耳熟能详的担保形态开始出现,也就是说,如果债权人获得的担保权被认为是固定担保,则债权人必须控制该担保资产,然而,与此同时公司可以便利地获得其账面债权的收益,后者是其现金流的重要组成部分。在 *Yorkshire Woolcombers* 诉讼中,就账面债权设定的固定抵押,由于剥夺了公司重要的现金来源,可能会妨碍公司的持续运营。这一事实被认为是重要的,并且会得出合同主体试图创建浮动抵押这一结论。[221]

Siebe Gorman 案确认,对债权及其收益的双重控制,对于创建以账面债权为标的物的固定抵押至为重要,并且就有关债权的收益而言,债权人必须能够防止人们从付入的账户中撤回该收益。法院对抵押的解读结果是,该双重控制要求得以满足,但却没有去发掘该结论的现金流含义。

在 *Siebe Gorman* 案件之后,公司融资的实践迅速把以账面债权设定的固定抵押,列为贷款人寻求的担保束的标准组成部分,但英国和其他普通法国家中的稳定的案件流,显示了裁决中面临的一些困难,这些困难最终在上

---

[219] [1979] 2 Lloyd's Rep 142.
[220] 一般而言,以账面债权设定固定抵押概念的发展演变,参见:RA Pearce, 'Fixed Charges over Book Debts' [1987] *JBL* 18; RR Pennington, 'Fixed Charges Over Future Assets of a Company' (1985) 6 *Company Law* 9; G McCormack, 'Fixed Charges on Future Book Debts' (1987) 8 *Company Law* 3.
[221] [1903] 2 Ch 284, 288 per Farwell J, 296 per Romer LJ, and 297 per Cozens-Hardy LJ. 还可参见 A Berg, 'Charges Over Book Debts: A Reply' [1995] *JBL* 433, 436—440.

议院关于 *Spectrum Plus* [222] 案的裁决中达到了高潮。该案否决了 *Siebe Gorman* 案的原则。该案存在两个核心的问题:其一,在 *Siebe Gorman* 一案中,如何解释被起诉的 Barclays 银行所运用的担保文件? 它是否实际上赋予抵押权人对于账面债权的收益以足够的控制权,以使该抵押被认定为固定抵押? 其二,更深层的问题在于,对于收益以及债权本身的控制权,对于一项以账面债权设定的固定抵押,是否事所必须?

对于第一个问题,在 *Supercool v Hoverd Industries Ltd* [223] 一案中,新西兰高等法院在一起涉及抵押文本的案件(该案与在英国成讼的案件大致相同)中,拒不遵循 *Siebe Gorman* 案件的范式,也不理会 *Siebe Gorman* 案件透出的以下含义:没有债权人的同意,公司不能自由地从付入收益的账户中撤回收益。因而,由于公司获得收益的可能性降低,该项抵押只是浮动抵押。在 *Siebe Gorman* 案件中,法院是否正确解读了 Barclays 银行所运用的抵押文件? 这一疑问在普通法世界其他国家的司法裁决中被进一步放大。[224] *Spectrum Plus* 案件最后为上议院提供了一个机会,来考虑解释这一问题,因为在该案中,National Westminister 银行所运用的抵押与 *Siebe Gorman* 案件中 Barclays 银行争议中的债券,并没有本质差别。[225] 由 7 名法官组成的上议院合议庭一致认为,根据设立抵押的事实背景进行妥当的解释,这项抵押没有限制公司使用收取账面债权收益账户的余额,因而,该项抵押虽然被贴上了固定抵押的标签,但在法律上只是一项浮动抵押。*Siebe Gorman* 案被驳回,法院也拒绝采取其他措施,没有将驳回裁决的法律效果限制为仅对未来的案件发生效力。有观点认为,*Siebe Gorman* 债券案已经成为关于固定抵押的一个被广泛使用的判例,该观点还认为,贷方不应当受到全面的、具有溯及力的驳回判决的影响,但上述观点没有得到支持。

在 *Spectrum* 案件中,上议院也推翻了上诉法院在 *Re New Bullas Trading Ltd* [226] 一案中的裁决。该案牵涉以账面债权设定的抵押形式,它在某一重要方面不同于标准的 *Siebe Gorman* 案件式先例。虽然传统的抵押方式将账面债权及其收益视为不可分割的财产,但 *New Bullas* 一案中系争的抵押将账面债权及其收益视为可分割的财产。该项抵押引入了对于账面债权本身交易的通常的限制,并且要求抵押公司将那些债权的收益付入一家指定银行的指定账户。然而,该项抵押进一步规定,一旦该收益已被付入

---

[222] *Re Spectrum Plus Ltd* [2005] 2AC 680.
[223] [1994] 3 NZLR 300, NZ HC.
[224] *Re Holidair* [1994] 1 IR416, Ir Sc.
[225] At [86] *per* Lord Scott.
[226] [1994] BCLC 485.

该账户,它们将脱离于就账面债权设定的固定抵押,并且在债权人未就金钱使用作出书面指令的情况下,该收益只受制于债权人的一般浮动抵押。上诉法院认为,在法律上将债权与其收益相分离是可行的,而且债权可以成为固定抵押的客体,而与此同时,债权的收益却只是浮动抵押的标的。该裁决虽然与英国法院欣赏实践人士改造法律以适应商业需求的创造力一脉相承,但却广受批评,因为在一项抵押中,即便作为担保标的物的资产,会因为收取该资产的收益这一抵押权人无法控制的行为而灭失,但法院仍然允许将其划分为固定抵押。[227] 在上议院就 *Spectrum* 一案的裁决作出前不久,人们认为,*New Bullas* 一案已经被枢密院在 *Agnew v Commissioner of Inland Revenue* 一案[228]中错误地裁决了。经由 Millett 法官的论说,枢密院推理到:

> 虽然债权及其收益属于两类不同的资产,但后者仅仅是可归因于前者的收益,并且代表着其整体价值。债权是应收账款;它仅仅是一项从债务人中获得支付的权利。这种权利无法按其真正的形式来享有;而只能通过行使该权利或将其转让给第三方来利用其价值。受让一项并不拥有索取权的应收账款或者就其设定的抵押,并不具有价值。它是一项一钱不值的担保。在当前情况下,担保试图分离债权所有权及其收益所有权的努力(即便它在概念上可行),在商业上没有任何道理可言。
>
> ……
>
> 公司控制了这一过程,在这一过程中,抵押资产被消灭,代之以不属于固定抵押标的物的不同资产,并且任由公司处置。这与固定抵押的性质格格不入。[229]

在 *Spectrum* 案件中,上议院同意,账面债权的基本价值在于,可以在债务人偿付债务时获得金钱,不允许担保权人控制债权收益的担保,应被归类为浮动担保。[230] 这并不是说,在法律上,债权及其收益从来不能被视为可分割的资产——例如,在不对债权本身进行控制的情况下对收益设定固定抵押,完全有可能。[231] 相反,抵押权人必须控制债权的收益,以使其就那些债

---

[227] RM Goode, 'Charges Over Book Debts: a Missed Opportunity' (1994) 110 *LQR* 592; and S Worthington, 'Fixed Charges over Book Debts and other Receivables' (1997) 113 LQR 562. Cf A Berg, 'Charges Over Book Debts: A Reply' [1995] *JBL* 433.
[228] *Agnew v The Commissioner of Inland Revenue* [2001] 2AC 710, PC.
[229] At [49].
[230] *Re Spectrum Plus Ltd* [2005] 2 AC 680, HL, para 110 *per* Lord Scott.
[231] *Re SSSL Realizations (2002) Ltd* [2005] 1 BCLC 1, [54], 上诉被驳回, [2006] Ch 610, CA.

权设定的抵押成为固定抵押。

330　　在 *Agnew* 和 *Spectrum* 案件之后,就账面债权创建固定担保,在概念上仍然可行[232],然而,虽然"有可能在这种情况下将债权与其收益相分离"这一怪诞观点(正如在 *New Bullas* 一案中所)已经被消除,但是,抵押权人必须对债权及其收益拥有何种最低程度的控制,才能使以账面债权设定的抵押成为固定抵押,这些问题仍然存在。法律技术方面的不确定性引发的担忧,与更深层的政策忧虑叠加在一起:就账面债权创建固定抵押所要求的法律上的控制权,可能会超过商界所能够接受的程度,因为将那种程度的控制权赋予债权资本提供者,会因其剥夺了公司利用营业资本的主要渠道,而使公司运营陷于瘫痪。

没有疑问的是,如果抵押权人为其自身利益而收取账面债权的收益,或者抵押权人允许抵押人代表其收取该收益并要求后者将收益付入一个账户,并且未经抵押权人许可该账户的收益不得提取,则该抵押为固定抵押。然而,此类安排在管理方面非常麻烦,而且在商业方面难以操作。[233] 另一方面,如果抵押人在其日常经营中拥有全面的自由来收取并运用收益,该项抵押毫无疑问是浮动抵押,它不可能满足抵押权人的强势优先权的意愿。[234] 商业方面的考量因素表明,合同各方应当寻求妥协,例如,在抵押合同条款中达成一份持续的授权,即当贷方余额超过规定的担保数额时,抵押人可以动用账户。然而,并不确定的是,这种安排可以有效创建一项固定抵押:在 *Spectrum* 案件中,Walker 法官认为,只有抵押权人表示积极同意,资产才能免受固定抵押的拘束;[235] 上议院其他成员发表的见解,也可以被解读为对以下情形提出了质疑:对于被假定的冻结账户,按有利于抵押人的方式事先议定有关提取的权利条款,是否包容于就账面债权设定固定抵押的合同条款。[236] 上诉法院在审理 *Spectrum* 一案中,案卷主事官 Philips 法官说,看起来"毋庸置疑"的是,要求把对于账面债权的偿付支付进冻结账户,这种限制

---

[232] *Spectrum*, para 54 *per* Lord Hope; para 136 *per* Lord Walker. 还可参见 S Worthington, 'An "Unsatisfactory Area of the Law"—Fixed and Floating Charges Yet Again' (2004) 1 *International Corporate Rescue* 175。

[233] G Yeowart, 'Spectrum Plus: The Wider Implications' (2005) 20 *Butterworths Journal of International Banking and Financial Law* 301, 302。

[234] 以下事实是无关紧要的,即在债券发行几个月后,由于设立了被冻结的账户,公司发现自己无法自由使用当时或之后本可以使用的账面负债的收益:*Re Harmony Care Homes* [2009] EWHC 1961 (Ch), [2010] BCC 358, [19]。

[235] *Re Spectrum Plus Ltd* [2005] 2 AC 680, HL, [138]。还可参见:*Re Lehman Brothers International* (Europe) [2012] EWHC 2997 (Ch)。

[236] A Berg, 'The Cuckoo in the Nest of Corporate Insolvency: Some Aspects of the Spectrum Case' [2006] *JBL* 22; F Oditah, 'Fixed Charges and the Recycling of Proceeds of Receivables' (2004) 120 *LQR* 533。

足以使就账面债权设定的抵押构成固定抵押,即便抵押人获许从另一账户中提取款项,而该账户不时可从冻结账户中转入资金。[237] 然而,即便对于这一看似确定的指引,也应保持审慎的姿态,因为上诉法院的裁决被上议院推翻了,而且 Walker 法官在上议院称,案卷主事官提及的结构,虽然毫无疑问是适当的,而且在某些商业情境下是有效的,但可能无法简单地适用于所有案件。[238]

抵押人是否必须实际上冻结账面债权的收益付入的账户?或者只要根据文件表面的规定,收益付入的账户已经充分冻结,就账面债权设定固定抵押的法律要求即已得到满足? Millett 法官在 Agnew 案中对于这一问题的回答非常明确:"但法官希望说清楚,如果只是在合同中规定账户是冻结的,而实际上却不是这样,那也不够。"[239] 在 Spectrum 案件中,Walker 法官两次援引 Millett 法官的观点,并显然地认为这种观点是正确的[240],然而,他同时也承认,这样会在商业合同的解释方面,带来一些难题。这里的困难在于,合同解释的传统规则是,在实际运作中账户是否冻结,与合同解释无关,因为通常不允许以合同订立之后各方的行为来帮助解释合同条款。[241] 在从 Siebe Gorman 案到 Spectrum 案的若干案件中,都有类似的情形,与合同签订后的行为有关的证据不被接受,这在法院得出固定抵押而不是浮动抵押的结论时,起到了一定的作用。[242] 合同签订后的行为不被接受这一原则的例外情形是欺诈,但法院通常不愿意援引欺诈原理。尚不清楚的是,Millett 法官的警告最好被解释为仅仅提醒大家存在一种传统理解上的欺诈原理,以彰显一种对传统解释路径的偏离,还是解释为表明根据调整第一阶段(合同主体互相赋予怎样的权利和义务)、而不是第二阶段(对于它们的权利和义务,法律作出了怎样的分类)的合同解释[243]的一般原则,抵押分类的两阶

---

[237] *National Westminster Bank plc v Spectrum Plus Ltd* [2004] Ch 337, CA, [99].
[238] [2005] 2 AC 680, HL [160].
[239] [2001] 2 AC 710, PC.
[240] At paras 140 and 160. 还可参见 Lord Scott,[119]。
[241] *James Miller Partners v Whitworth Street Estates (Manchester) Ltd* [1970] AC 583, HL; *Wickman Ltd v Schuler AG* [1974] AC 325, HL; *Re Armagh Shoes* [1984] BCLC 405; *Re Wogani (Drogheda) Ltd* [1993] 1 IR 157, Ir SC. *Wimpole Theatre (a firm) v JJ Goodman* [2012] EWHC 1600 (QB) para 40. 合同签订之后的行为当然与现有合同规定、合同弃权和禁止反言的变化等问题息息相关。
[242] 特别是 *Re Wogan's (Drogheda) Ltd* [1993] JR 157, Ir SC. 还可参见 *Re Keenan Bros Ltd* [1985] BCLC 302, Ir HC, [1986] BCLC 242 Ir SC. 在该案中,在担保文件签署之后的五个月内,一个专门冻结的账户并没有启用,并且在此期间,公司明显地自由运用了其账面债权的收益。对于合同主体在该五个月期间的行为的证据,主审法官不予采信,爱尔兰最高法院也并没有质疑该方法。
[243] 关于这一点,参见 *Mannai Ltd v Eagle Star Assurance Co Ltd* [1997] AC 749, HL; *Investors Compensation Scheme Ltd v West Bromwich Building Society* [1998] 1 WLR 896。

段过程会带来的一种后果。第三种替代性解释认为,抵押合同签订后的行为与第二阶段的权利及义务的法律分类息息相关,因为它表明固定抵押的法律特征之———永久占有抵押资产以偿付抵押数额[244]——并不存在,这种观点得到了强烈的赞同。[245] 无论其精准的意思是什么,在这一领域内诸如 Millett[246] 法官等拥有如此丰富经验和显赫影响的人士会发出这样的警告,以及同样声名卓著的 Walker 法官会在更后面的案件中特别提及这一点,如果他们并不打算认真考虑这一问题,那绝不可能发生这些情形。[247] 因而,由于就账面债权设定抵押并规定了冻结账户的合同条款与实践中该账户的实际运作存在重大差异,以此为基础而进行的公司融资实践,看起来面临着重大的法律风险。

Agnew 案和 *Spectrum* 案之于其他资产类别的后果

Queens Moat House plc v Capita IRG Trustees Ltd[248] 是支持以下观点的一起近期案件:只要抵押权人拥有总体上的控制权,抵押人拥有使财产不受担保约束的有限权力,并不会与固定抵押相悖离。在该案中,旅馆收益的资产池被设定为抵押标的,以为公司债券提供担保。该项抵押合同赋予抵押人在某些情况下从抵押中提取财产的单方面权力。有观点认为,存在有利于抵押人的单方面权利,并不会因此而把固定抵押变更为浮动抵押。Lightman 法官推理道,公司抵押人无须征询抵押权人的意见而有权使资产摆脱抵押拘束,与抵押人要求抵押权人使资产摆脱抵押拘束,两者存在关键的差别,其差别在于,前面的权利只符合存在浮动抵押的情形,而不符合存在固定抵押的情形,虽然固定抵押与抵押人拥有要求抵押权人使资产摆脱抵押拘束的合同权利,两者并不一致。然而,在 *Spectrum* 一案的裁决中,法官强调,永久占有担保资产以清偿债权、以及抵押权人对于使资产摆脱担保的约束表示积极同意,对于固定抵押至为关键。[249] 因而,在 *Spectrum* 案件之前获得裁决的 *Queens Moat Houses* 一案是否与上议院的裁决相一致,也

---

[244] *Re Spectrum Plus Ltd* [2005] 2 AC 680, HL, para 138 *per* Lord Walker.
[245] A Berg, 'The Cuckoo in the Nest of Corporate Insolvency: Some Aspects of the Spectrum Case' [2006] *JBL* 22.
[246] 关于 Millett 法官对于法律的贡献,参见 G McCormack, 'Lords Hoffmann and Millett and the Shaping of Credit and Insolvency Law' [2005] *LMCLQ* 491。
[247] A Berg, 'The Cuckoo in the Nest of Corporate Insolvency: Some Aspects of the Spectrum Case' [2006] *JBL* 22, 36.
[248] [2005] 2 BCLC 199.
[249] 特别是,Walker 法官提出了这一见解,[139]。

就不无疑问。[250] 这两个案件中资产的性质不同，可能是一个区别，但在 Spectrum 案件中，法官发表观点的关键段落是以笼统的语言来表达的，看起来显然不会局限于以账面债权设定的抵押。另外，正如本章的更早部分所提及的，现代案件中一个明显的趋势是，在决定抵押是固定抵押还是浮动抵押时，资产分类的重要性已经降低。虽然在传统上关于担保权益的英国法律向来以法律可能性约束下的灵活性见长，而且诸多案件已经在不对担保详为定义的情况下，确立了不同种类的担保的标准条款，近期的判例表明，对担保资产的全面控制，无论其性质如何，对于固定抵押均为必须。[251]

是否有可能在与债面账权以外的资产类别有关的担保情况下，将 Spectrum 案凸显出来，这与项目融资和结构性融资交易息息相关。例如，在证券化中，诸如按揭、设备租赁、消费贷款、信用卡应收账款、商业贷款、财产租赁、汽车融资贷款、汽车消费贷款、贸易应收账款（例如货物）等收益性资产，由发起人转让给特殊目的实体（SPV），SPV 发行债券以为此项购买提供融资，而对债券持有人的还本付息则由那些资产所产生的收益来完成。SPV 就其所有资产及事业（包括其银行账户）为债券的受托人设定了"固定"担保，但担保文本会规定从银行账户中获得支付的顺序（付款顺序）。它通常会规定，在支付完费用、成本及对债券持有人的到期欠款之后，才向发起人偿付。

付款顺序的安排也常见于项目融资中[252]，它在本质上是关于从银行账户提取款项的事先约定，其后果是，抵押权人并不需要逐笔予以认可。因而，就银行账户设定的担保就面临着被分类为浮动抵押的风险。更进一步的风险是，根据 Agnew 和 Spectrum 案件的推理，以产生了收入流（该收入流付入了银行账户）的资产设定的担保，也可以被认定为是浮动担保。在 Spectrum 案件之前的若干案件中，法院认为，以诸如租赁物和股份等收益性资产设定的抵押，可以是固定抵押，即便抵押人可以自由运用该收益。然而，那些裁决究竟是否正确，现在却面临着质疑。[253]

担保安排被重新界定为浮动抵押而不是固定抵押的风险，会影响到结

---

[250] *Re F2G Realisations* [2010] EWHC 1772 (Ch)，[2011] 1 BCLC 313，[38].
[251] *Funshaw v Amav Industries* (*Re Beam Tube Products*) [2006] EWHC 486 (Ch)，[2007] 2 BCLC 732；*Re Rayford Homes* [2011] EWHC 1948 (Ch)，[2011] BCC 715.
[252] G Yeowart，'*Spectrum Plus*: The Wider Implications' (2005) 20 *Butterworths Journal of International Banking and Financial Law* 301，302.
[253] *Re Atlantic Computer Systems plc* [1992] Ch 505，CA；*Re Atlantic Medical Ltd* [1992] BCC 653；*Arthur D Little Ltd* (*in administration*) *v Ableco Finance LLC* [2003] Ch 217. Cf *Royal Trust Bank v National Westminster Bank plc* [1996] BCC 613，CA，618 *per* Millett LJ.

构性融资的信用评级。评估机构惠誉国际就此提供了具体的建议。[254] 它说,考虑到运用 *Spectrum* 案件到账面债权之外的资产类别所面临的法律不确定性,以及实践中抵押权人拥有的控制水平等事实因素,就交易结构中的每一项抵押(包括那些破产隔离的 SPV 发行人所授予的抵押)而言,惠誉国际希望每笔交易的法律顾问:

(1) 就相关抵押构成一项固定(而不是浮动)抵押发表无保留意思。

(2) 就相关抵押构成一项固定(而不是浮动)抵押发表有保留(而不是无保留)意见。在这些情形之下,惠誉国际会审查其提供的观点及分析的合理性。如果该意见表达的结论是,抵押是或者有可能被认为是浮动抵押,则须清楚地表达其法律后果(例如,其对权利行使或管理程序中恢复原状或避免风险的影响),以使惠誉国际在评级时考虑这些后果。

(3) 在交易的律师不能就重新定性担保的风险发表任何法律结论(在这种情况下,惠誉国际将在其分析中假定该抵押为浮动抵押),不能明确指出如果固定抵押被重新定性为浮动抵押时的法律后果(例如,其对权利行使或管理程序中恢复原状或避免风险的影响)时,惠誉国际在评级时会考虑这些后果。

对于 *Spectrum* 案件之后的状况的评估

虽然对于 *Spectrum* 案件之后的状况、特别是对账面债权之外的资产类别,会存在多大程度的不确定,有不同的见解,评论人士往往同意,从事交易的律师以及在酿成争议时的法官仍将付出代价高昂的努力,来确定某项特定的担保结构属于固定抵押还是浮动抵押。[255] 如果法律就流动资产或其他资产设定的固定抵押所设定的控制性要求,被证明在商业上不可行,一种可能的政策反应是,完善关于担保权益的法律,以提供一种担保,该担保一方面赋予贷方拥有有关固定抵押的利益,另一方面允许公司自由使用收入流。[256] 然而,迄今为止,立法部门并没有表现出以这种方式予以干预的任

---

[254] Fitch Ratings, 'Spectrum Plus—Implications for Structured Finance Transactions?', Special Report (2005 年 12 月)〈http://www.fitchratings.com/corporate/reports/report_frame.cfm?rpt_id=259190&sector_flag=1&marketsector=2&detail=〉(2013 年 5 月访问)。

[255] 以下著作收录的文章,指出了这一点:J Getzler and J Payne (eds), *Company Charges: Spectrum and Beyond* (OUP, 2006)。

[256] 固定抵押和浮动抵押的概念外延并不足以涵盖新型的担保,因而必须存在第三种类型的担保,这一观点在以下文献中提出来了:A Berg, 'Charges Over Book Debts: The Spectrum Case in the Court of Appeal' [2004] JBL 581, 608; A Berg, 'Brumark Investments Ltd and the "Innominate Charge"' [2001] JBL 532。

何意愿。就中短期而言,更为可能的是,公司融资的业界人士会努力找到在一般的法律意义上可以避免困难和不确定的建设性解决方案。[257] 一种可能的方案是,公司更多地运用替代性产品和制度,后者允许借方通过卖断(商票贴现和代收账款)而不是授予担保权来实现其账面债权的价值。[258] 另一种方案在债权融资中更为常见,即通过具有破产隔离结构的 SPV 来融资(在破产时,抵押的地位最受人关注)。

浮动抵押的固化

在浮动抵押固化之前,公司可以在通常经营过程中继续处分作为担保权标的物的资产。[259] "通常经营过程"这一表述,应当被赋予以下含义:处于担保主体地位的通常的商人在制作那些文本的事实和商业背景下,将会赋予其何种含义,则应赋予"通常经营过程"以此种含义。[260] 即使一项交易实属独特或前所未见,或者甚至在公司清算背景下它可能是诈欺交易或者是赋予了不当优先权的交易,它也可能属于公司通常经营过程之中。[261] 未固化的浮动抵押的存在,并不能阻止公司的债务人对该抵押资产主张抵消权,[262] 也不能防止公司其他债权人针对其资产执行法院的判决。[263]

当浮动抵押固化为固定抵押时,在抵押金额范围内,该抵押及于公司现

---

[257] N Frome, 'Spectrum—An End to the Conflict or the Signal for a New Campaign' (2005) 11 *Butterworths Journal of International Banking and Financial Law* 433: "最终,借方总能找到一种方法来实现其控制目标,即便法律要求其运用更为复杂的方法(例如资产负债表外结构)来这样做。不幸的是,在那种情况下,借方必须承担额外的成本。"以下文献也提及额外成本所带来的潜在的破坏性后果:G Moss, 'Fictions and Floating Charges: some Reflections on the House of Lords' Decision in Spectrum' in J Getzler and J Payne (eds), *Company Charges: Spectrum and Beyond* (Oxford: OUP, 2006) 1.

[258] P Flood, 'Spectrum Plus: Legal and Practical Implications' (2006) 17(2) *International Company and Commercial Law Review* 78. 在代收账款的安排之下,资金供给方购买并且回收了债权(如果债务人未能履行支付义务,融资方能够\或者不能够向公司追索)。在商票贴现的情况下,资金供给方购买了债权,但由公司来回收债权,而无须通知债务人。

[259] *Re Panama, New Zealand Australia Royal Mail Co* (1870) 5 Ch App 318; *Re Florence Land Public Works Co, ex p Moor* (1878) LR 10 Ch 10 D 530, CA; *Wallace v Evershed* [1899] 1 Ch 189; *Re Yorkshire Woolcombers Ltd* [1903] 2 Ch 284, CA; affirmed sub nom *Illingworth v Houldsworth* [1904] AC 355, HL. *J. D. Brian v Companies Acts* [2011] IEHC 283.

[260] *Ashborder BV v Green Gas Power Ltd* [2005] 1 BCLC 623, applying *Countrywide Banking Corp Ltd v Dean* [1998] 1 BCLC 306.

[261] *Ashborder BV v Green Gas Power Ltd* [2005] 1 BCLC 623.

[262] *Biggerstaff v Rowatt's Wharf Ltd* [1896] 2 Ch 93, CA.

[263] *Evans v Rival Granite Quarries Ltd* [1910] 2 KB 979, CA, 并未遵循以下判例: *Davey Co v Williamson & Sons* [1898] 2 QB 194, CA.

有资产及(除非抵押合同另有约定)随后受让的资产。[264] 在确定固化的浮动抵押与固化之后创建或者受让的针对公司财产的其他权益的行使位序时,固化的浮动抵押等同于固定抵押。[265] 虽然有一起案例显示了相反的情形,[266] 更可取的见解是,固化并不能影响浮动抵押与固化之前针对同样财产的其他权益的清偿顺序。固化具有把判定债权人权益推迟至抵押权人权益之后的后果,[267] 而且一旦公司债务人接到了固化的通知,他们基本上就不能主张抵消权。[268]

由于抵押在本质上属于合意担保,合同主体可自行确定固化事件,但在没有任何其他规定的情况下,存在三种默示的固化事件。[269] 其一,抵押权人出手干预,控制了担保物。例如,抵押权人根据抵押合同的规定指派了接管人。[270] 其二,公司开始进行清算。[271] 其三,公司停止经营。[272] 各方也可以在抵押合同中议定其他固化事件。例如,浮动抵押合同可以包含一个条款,赋予抵押权人通过向公司发出产生固化效果的通知,从而触发固化事件。[273] 直至20世纪80年代,尚不确定的是,根据英国的法律,是否有可能规定某一事件的发生自动触发固化,而并不要求抵押权人干预,并且这一事件不必如清算或者停业那样传递出公司经营结束的信号。早期一些案件的训条表明,在

---

[264] *NW Robbie Co Ltd v Witney Warehouse Co Ltd* [1963] 3 All ER 613, CA. But Cf *Re Dex Developments Pty Ltd* (1994) 13 ACSR 485, CT SC, criticized by CH Tan, 'Automatic Crystallisation, De-Crystallisation and Convertibility of Charges' [1998] CFILR 41, 44.

[265] 在没有公开的迹象表明存在固化的事实时,这些特殊的考量因素即为适用。

[266] *Griffiths v Yorkshire Bank plc* [1994] 1 WLR 1427.

[267] *Re Standard Manufacturing Co* [1891] 1 Ch 627, CA; *Re Opera Ltd* [1891] 3 Ch 260, CA; *Taunton v Sheriff of Warwickshire* [1895] 1 Ch 734; *Norton v Yates* [1906] 1 KB 112; *Cairney v Back* [1906] 2 KB 746. 这是个复杂的领域。这里的主要困难在于,如何确定在固化发生之前执行程序是否已经完成。进一步参见 WJ Gough, *Company Charges* (London: Butterworths, 2nd edn, 1996) 319—328。

[268] *NW Robbie Co Ltd v Witney Warehouse Co Ltd* [1963] 3 All ER 613, CA. 这是另外一个复杂的领域,以下文献会予以进一步探讨: PR Wood, *English and International Set-Off* (Sweet & Maxwell, 1989) 925—929; Gough (前注 252) 281—302; EV Ferran, 'Floating Charges—The Nature of the Security' [1988] CLJ 213, 217—227。

[269] *Edward Nelson Co Ltd v Faber Co* [1903] 2 KB 367.

[270] *Evans v Rival Granite Quarries Ltd* [1910] 2 KB 979, CA; *NW Robbie & Co Ltd v Witney Warehouse Co Ltd* [1963] 3 All ER 613, CA. 法院应债券持有人的请求而指定接管人,也会触发固化,通过这种方式指定接管人的情形,现在非常罕见。

[271] *Re Panama, New Zealand and Australian Royal Mail Co* (1870) 5 Ch App 318; *Re Colonial Trusts Corp. ex p Bradshaw* (1879) 15 Ch D 465, CA, 472 *per* Jessel MR.

[272] *Re Woodroffes (Musical Instruments) Ltd* [1986] Ch 366; *William Gaskell Group Ltd v Highley* [1993] BCC 200; *Re The Real Meat Co Ltd* [1996] BCC 254.

[273] *Re Brighlife Ltd* [1987] Ch 200. 以下案件承认了固化通知的效力: *Re Woodroffes (Musical Instruments) Ltd* [1986] Ch 366。

停业之外的其他情形下,抵押权人必须积极干预以促成固化的发生。[274] 在英国,Hoffmann 法官在 *Re Brightlife Ltd*[275] 中的强有力的附带意见,以及他在 *Re Permanent House(Holdings)Ltd*[276] 中的裁决,开了风气之先,自此,不要求抵押权人积极干预的自动固化条款具有法律效力的观点,开始为人所接受。英联邦的其他地方,也认为这种形式的自动固化条款是可行的。[277] 尽管面临着一些政策方面的反对意见[278],对不干预自动固化条款的接受,代表着合同自由的胜利:浮动抵押是合意担保,应由各方自行确定其特点,包括在什么情况下它应当固化。

自动固化条款(automatic crystallization clauses)的起草

被认可的自动固化条款主要有两种:其一,抵押权人没有积极干预,发生了特定事件即产生了固化;其二,如果抵押权人发出了产生固化效果的通知,则固化自此产生。[279] 第一种类型的条款将固化置于抵押权人的控制范围之外,而且除非该条款设计得非常精细且作狭义解释,可能会导致出现以下情形:即使抵押权人同意该抵押以非固化的形式出现,它也可能被固化。正是由于预见到这一情形,自动固化条款可以辅之以明确约定,授权抵押权人再次除去抵押的固化。[280] 在没有这一约定的情况下,应当也可以通过抵

---

[274] 特别是,*Evans v Rival Granite Quarries Ltd* [1910] 2 KB 979, CA, 986—987 per Vaughan Williams LJ and 992—993 per Fletcher Moulton LJ; *Reg in right of British Columbia v Consolidated*。

[275] [1987] Ch 200. 实际上,该案是关于通过发出通知而导致固化的情形,但这种类型的条款和"纯粹"的、不干预主义的自动固化条款,法律对其的分析并无重要差异。可进一步参见 Gough(前注 252)233。

[276] (1989) 5 BCC 151. 律师认可了这一点,但 Hoffmann 法官强调了他在早期案件中表达的观点,即对于为什么合同各方不得同意任何规定事件的发生将导致抵押固化,并不存在理论依据(at 154—155)。

[277] *Stein v Saywell* [1969] ALR 481, H Ct of Aust (尽管此点并未论及); *Fire Nymph Products Ltd v The Heating Centre Pty Ltd* (1991—1992) 7 ACSR 365, NSW CA; *Re Manurewa Transport Ltd* [1971] NZLR 909, NZ SC; *DFC Financial Services Ltd v Coffey* [1991] 2 NZLR 513, PC, 518 per Lord Goff; *Dovey Enterprise Ltd v Guardian Assurance Public Ltd* [1993] 1 NZLR 540, NZ CA。

[278] 在历史上,自动固化条款对于优先债权层级的影响,是研究这一问题的作者所关注的焦点之一。在《1986 年破产法》之前,如果优先债权要优先于浮动抵押所担保的债权获得清偿,则要求在清算日之前,浮动抵押持续保持浮动:*Re Griffin Hotel Co Ltd* [1941] Ch 129.《1986 年破产法》改变了这种状况,使得优先债权优先于创建时为浮动抵押的担保所担保的债权。一般而言,关于反对抵押固化的政策,参见 AJ Boyle, 'The Validity of Automatic Crystallization Clauses' [1979] JBL 231; Insolvency Law and Practice (Cmnd 8558, 1982) (Report of the Review Committee under the Chairmanship of Sir Kenneth Cork) paras 1570—1580。在 20 世纪 80 年代的案件之前,支持自动固化条款的学术观点,包括 JH Farrar, 'The Crystallization of a Floating Charge' (1976) 40 *Conv* 397。

[279] *J. D. Brian v Companies Acts* [2011] IEHC 113.

[280] 正如在以下案件中:*Coyacich v Riordan* [1994] 2 NZLR 502, NZ HC。

押权人明确或者默示的许可来达到除去固化的效果。[281] 然而,这里存在的风险在于,如果自动固化条款起草得非常宽泛,以至于抵押权人频繁同意除去固化,这种事件的范式可能会使法院得出结论称,合同各方后来变更了原先的约定,从而排除了自动固化条款。第二种形式的自动固化条款,规定通知发出之时才产生固化,从而将固化的触发机制掌握在抵押权人手中,避免产生不必要的固化。[282] 另一方面,这种形式的自动固化条款带有内在的延缓因素,它的适用会伤害到抵押权人就承载着其他权益的同样的财产主张优先权。[283]

公司根据《1986年破产法》而进入破产管理程序,并不构成一个默示的固化事件。这是前面段落所罗列的明示自动固化条款所涵盖的事件的一个例子。

自动固化和第三方主体

反对自动固化条款的观点认为,这些条款不公平,因为它们导致了抵押固化,但对于与公司发生交易并对公司提供信用的主体而言,该事实却并非显而易见。人们认为,由于认可该自动固化条款的效力而对第三方带来的不公平,可以用禁止反言[284]或者代理[285]原则来缓和:也就是说,在固化的事实得到与公司发生交易的外部人关注之前,可以禁止抵押权人否认该项抵押保持浮动,或者换句话说,外部人可以像公司资产只受制于未固化的浮动抵押那样,继续依赖公司处分该资产的表面权力。在后面的抵押权人不知道早期设立的抵押已经固化的情形下,运用任一原则意味着,通过运用自动固化通知而固化为固定抵押的浮动抵押所担保的债权,与以同样财产随后设定的固定抵押所担保的债权相比,会丧失其优先权,即便根据本章后面部

---

[281] 然而,请关注:R Grantham, 'Refloating a Floating Charge' [1997] *CFILR* 53; CH Tan, 'Automatic Crystallization, De-Crystallization and Convertibility of Charges' [1998] *CFILR* 41。

[282] *J. D. Brian v Companies Acts* [2011] IEHC 283 案件中,法院认为,在判断固化通知能否有效地将浮动抵押变为浮动抵押时,法院采用的方法应当与判断固定/浮动抵押的方法相同。第一步,法院必须对抵押文件进行解释,以确定双方在收到固化通知后,就浮动抵押财产向对方授予或施加相关权利和义务的意图。一旦确定了这一点,法院就应该开始第二步,即确定这种权利和义务是否与固定抵押相一致。如果一致的话,则固化通知就已经将浮动抵押变更为固定抵押;否则,该通知将无法达到目的,而财产上设定的抵押仍为浮动抵押。

[283] 然而,如果第三方并不知道,而且没有途径知道固化已经发生,则他们受到影响的程度有限。参见下文。

[284] WJ Gough, *Company Charges* (Butterworths, 2nd edn, 1996) 252—256,探讨了这一情境下禁止反言的运用及其限度。还可参见 WJ Gough, 'The Floating Charge: Traditional Themes and New Directions' in PD Finn (ed), *Equity and Commercial Relationships* (Sydney: Law Book Company, 1987), 239, 251—252。

[285] L Gullifer (ed), *Goode on Legal Problems of Credit and Security* 4th edn (London: Sweet & Maxwell, 2008) paras 4-53 and 5-50。

分所探讨的通常的优先权规则,它排在后者之前。

与自动固化条款有关的禁止反言或者代理原则的运作,未遭到诉讼。在其关于公司抵押的近期作品中,英格兰和威尔士的法律委员会采纳了Goode提出的代理理论,并得出结论称,这种做法绝不可能对于实际上不知道自动固化条款的抵押权人发生效力,这些人不知情,认为公司仍然拥有显见的权力在通常的经营过程中处分其资产。[286] 类似地,不知情的购买者也不会受影响。[287] 根据Goode的推断,判定债权人的地位有所不同,因为他们是无担保债权人,在公司资产中并不拥有权益。[288] 法律委员会已经接受,判定债权人面临着自动固化条款所带来的风险。[289]

对于固化实行登记制度的建议,不时被人提起[290],《1989年公司法》写入了达成该种效果的条款。该条款本已授权国务大臣颁布规章,规定通知固化事件时必须完成的登记要求,以及未能发布通知的后果。它还特别规定,那些后果本来包括,针对规定的群体固化不产生法律效力。这一条款是试图修订和更新《1985年公司法》关于抵押登记要求的措施的一部分。该法通过之后,起草新的规则遇到了诸多困难,该法因而从未付诸实施。

相同财产所负载的竞争性权益的优先权规则

公司可能运用其资产为一项以上的债权提供担保。当发生此种情形而且担保财产的价值被证明不足以清偿所有被担保的债务时,必须考虑清楚不同抵押各自的优先权。而当公司本着有利于某人的方式设定抵押,然后同意将该抵押财产卖给其他人时,也会产生优先权争端:这里的问题在于,买方是否有权取得抵押拘束之下(或者不受抵押拘束)的财产。英国法院创造出一系列规则以解决优先权争端,而且这些规则仍然适用于公司抵押,即便其某些方面受到了关于抵押登记的法定要求的影响。英国法关于个人财产的担保权益的规定,与诸多现代法律制度不同,它并不是主要以在公共登记机关完成抵押登记的时间为基础来建立法定的优先权制度。[291] 改革机构

---

[286] Law Commission, *Registration of Security Interests*: *Company Charges and Property other than Land* (Law Com CP No 164, 2002) para 2.44.
[287] 同上, para 4.143。
[288] L Gullifer (ed), *Goode on Legal Problems of Credit and Security* 4th edn (London: Sweet & Maxwell, 2008) paras 5-50.
[289] Law Commission, *Company Security Interests* (Law Com Rep No 296, 2005) para 3.201.
[290] AJ Boyle, 'The Validity of Automatic Crystallization Clauses' [1979] *JBL* 231, 240.
[291] 特别参见《统一商法典》第9条(美国);《1982年统一个人财产担保法》(加拿大),以及加拿大诸多省份基于第9条的模式而颁布的多部个人财产担保法。第9条也发挥着奠定了新西兰新的成文法《1999年个人财产担保法》的基石作用,这种描述源自D Mc Lauchlan, 'Fundamentals of the PPSA: An Introduction' (2000) 6 *New Zealand Business Law Quarterly* 166。

定期审查英国的法律,认为它在这方面有所欠缺,并号召对有关信用和担保的法律进行彻底的梳理和检查,包括建立以申报为基础的优先权制度,但迄今为止,立法方面并没有动静。[292]

本书接下来对这种种规则进行概要介绍。在开始介绍时,指出这些优先权规则是缺省性规则,也就是说,只有在合同各方没有作出替代性规定时它们才能适用,这是适当的。担保债权人可以通过优先权协议,改变一般法赋予它们的抵押方面的优先权。在开始介绍这些规则之时,还应当提及的是,土地、船舶按揭以及其他优先权受到专门立法影响的资产种类,被排除在讨论范围之外。当债权或者其他形式的无形个人财产上存在互相冲突的利益时,将适用特殊的规则。本书将在介绍完一般规则之后,对此展开介绍。

有形个人财产之上的互相冲突的利益

这方面的主要规则有两条。[293] 第一条规则是,当衡平法权利地位平等时,首先创设的权利优先行使。[294] 例如,这条优先权规则适用于就相同财产设定了两项衡平法固定抵押而产生的优先权争端。除非衡平法权利地位不平等,首先创设的抵押拥有优先权。衡平法权利地位不平等的场合在于,位序第一的抵押权人的行为使位序第二的抵押权人相信该财产没有任何权利负担。第二条规则是,善意有偿地买受了财产中的合法权益的人,可以不受该财产上既有衡平利益的约束而取得利益,只要他对该衡平利益的存在并不知情,而且不存在欺诈、禁止反言或者重大过失之情事。[295] 运用这一规则时,善意有偿且不知情的买受方,可以不受抵押拘束地占有该固定抵押之下的财产。债权人被迫向违背抵押合同约定而处分其担保物的公司寻求救济。

浮动抵押的一个关键特征是,它允许公司在通常经营过程中,如同资产未设定担保那样对其进行处分。这种继续交易的权力包括授予后续按揭和抵押。相应地,虽然担保是首先创设的,浮动抵押权人被禁止否认更晚创设的法定或者衡平法上的固定抵押权益的优先权。[296] 后来的固定抵押权人或

---

[292] 参见下文。
[293] 详情请见 J McGhee (gen ed), *Snell's Equity* (London: Sweet & Maxwell, 31st edn, 2005) ch 4.
[294] *Cave v Cave* (1880) 15 Ch D 639; *Rice v Rice* (1853) 2 Drew 73, 61 ER 646; *Naxatu v Perpetual Trustee Company* [2012] FCAFC 163, [101].
[295] *Pilcher v Rawlins* (1872) 7 Ch App 259.
[296] *Re Castell & Brown Ltd* [1898] 1 Ch 315; *Re Valletort Sanitary Steam Laundry Co Ltd* [1903], 2 Ch 654.

者买方尽管意识到更早创设的抵押的存在,也可以将其置之不顾。[297] 对于"时间优先"这一通常规则的更改,并不适用于就相同财产设定的两项浮动抵押。在这里,根据一般的原则,首先创设的抵押具有优先权[298],除非首先创设的抵押明确允许后面创设的浮动担保优先于、或者平行于首先创设的浮动抵押。[299]

在浮动抵押合同中,抵押公司承诺不运用作为担保标的物的资产,来为任何后来的借款提供在位序上优先于或者等同于浮动抵押的担保,这是一种普遍的做法。这一"消极保证"具有双重目的。[300] 它的内在目的在于,确保如果该承诺未得到信守,抵押权人可以就公司违约情事提起诉讼。在一份行文精细的合同中,这种违约行为将构成赋予抵押权人回收贷款的权利的一起违约事件。消极保证的外在目的在于,通过确保浮动抵押在位序上优先于违反保证而创建的担保,从而改变适用于浮动抵押的通常的优先权规则。合同承诺对于合同主体之外的第三方通常不生效力,但已经确定的是,如果某人获得了一项财产担保(无论是法定担保还是衡平法担保),而该财产已经受制于含有消极保证的浮动抵押,如果其已经知悉该消极保证的存在,则其必须受到该项浮动抵押的拘束。[301] 后面的债权人仅仅是知道浮动抵押的存在,这是不够的;他还必须知道该浮动抵押包含着消极保证这一事实。[302] 浮动抵押中的消极保证会对优先权产生影响,对此的一种解释是,它是一种附着

---

[297] *Moor v Anglo-Italian Bank* (1878) 10 Ch D 681; *Re Hamilton's Windsor Ironworks Co*, *ex p Pitman and Edwards* (1879) 12 Ch D 707; *Wheatley v Silkstone Haigh Moor Coal Co* (1885) 29 Ch D 715; *English and Scottish Mercantile Investment Co v Brunton* [1892] 2 QB 700, CA; *Re Standard Rotary Machine Co Ltd* (1906) 95 LT 829.

[298] *Re Benjamin Cope & Sons Ltd* [1914] Ch 800. *Griffiths v Yorkshire Bank plc* [1994] 1 WLR 1427, 在这些案件中,第二个浮动抵押可以因最早固化而拥有优先权,这与更早期的判例并不一致。

[299] *Re Automatic Bottle Makers Ltd* [1926] Ch 412, CA。在该案中,以更早设定的浮动抵押的标的物的一部分设定的第二个浮动抵押,优先于更早设定的抵押。该项裁决关注了第一个浮动抵押的合同条款,后者规定公司保有权利来创建某些类型的享有优先权的抵押。上诉法院认定,以浮动的形式来创建抵押属于公司保有的权利。

[300] *DBS Bank v Tam Chee Chong* [2011] SGCA 47, [2011] 4 SLR 948, [50], Singapore CA: "消极保证是指,借款人或贷款人向贷款人或债权人作出的承诺,保证不向其他现在或未来的贷款人或债权人提供担保。这是具有商业议价能力的借款人所使用的一项商业手段,当借款人的业务由多个贷款人提供资金时,借款人借此方式可以排除对资产的妨碍,以便可以为了自身商业利益而自由地处置财产。消极保证条款的作用在于,利用合同的方式在任何时候防止债权人试图取得债务人财产上的担保,尤其在债务人处于严重的财务困境时,而债权人希望能在其他债权人的索赔前优先受偿到期债务。在这种情况下,如果债权人诱使债务人违反对其他债权人的'消极保证',则该债权人有可能要承担侵害债务人与其他债权人合同关系的侵权责任……"

[301] *Cox v Dublin City Distillery Co* [1915] 1 IR 345, Ir CA.

[302] *Re Valletort Sanitary Steam Laundry Co Ltd* [1903] 2 Ch 654; *Siebe Gorman & Co Ltd v Barclays Bank Ltd* [1979] 2 Lloyd's Rep 142.

于衡平法利益之上的权益，一般来说，可以拘束已经意识到它存在的人。[303]

关于无形财产的竞争性利益的优先权规则

关于无形财产的竞争性利益的优先权规则，与以下情形相关：例如，公司就其账面债权创设一系列抵押（固定抵押或者浮动抵押）、或者卖出受制于抵押的账面债权。这里的优先权受到 Dearle v Hall [304] 一案确立的规则的调整，该规则规定，按照债务人获得通知的次序来确定优先权。通知不必具有特定的形式，它可以是口头的。[305] 相应地，如果抵押权人首先就其拥有利益通知了债务人，购买债权的法定权利 [306] 的人，在取得该权利时必须受制于该更早设定的固定抵押，即便购买者在购买债权时可能并不知悉固定抵押的存在。[307]

不言自明的是，公司以其债权设定了浮动抵押，仍可以继续处分该债权并收取其收益；浮动抵押的存在，不会通知公司的债务人，其后果是，该抵押权人在位序上劣后于被通知的权益持有人。

Dearle v Hall 一案中的规则，必须满足以下条件：如果权利人在获得权利之时意识到，在相同财产上除了浮动抵押之外还存在其他权益，则无论发送给债务人的通知的次序如何，权利人都应接受那些权益的拘束。[308]

购买价款担保权益的优先权

这里存在优先权冲突的一种特殊情况。这种情况产生于以下情形：就未来财产设定抵押的公司，购买了符合担保标的物描述的财产，但该购买行为获得了来自贷方（第三方）提供的借款支持，而且该贷方要求在公司买入的财产中拥有权益以确保其可以优先受偿。假定善意买受人规则不适用，则哪种担保权益拥有优先权？是在时间方面首先创设的抵押，还是后来的

---

[303] *Rother Iron Works Ltd v Canterbury Precision Engineers Ltd* [1974] QB 1, CA.
[304] (1823) 3 Russ 1, 38 ER 475, 492.
[305] *Lloyd v Banks* (1868) 3 Ch App 488.
[306] 债权的法定权力的转让，必须符合《1925年财产行为法》第136(1)条的形式要求。这些形式要求包括，要求向债务人发出债权转让的书面通知。这一书面通知满足了 *Deane v Hall* 一案所确立的规则的目的，但它并不能推翻关于更早确立的优先利益的任何形式的通知。
[307] 对于法定权益支付了对价的买受人，如果不知道在该法定权益之上存在更早的衡平利益，则可以不受拘束地取得该权益。近期的判例法支持排除这一规则的适用（*Pfeiffer Weinkellerei-Weinenkauf GmbH Co v Arbuthnot Factors Ltd* [1988] 1 WLR 150；*Compaq Computers Ltd v Abercorn Group Ltd* [1991] BCC 484）。赞成在这种情况下适用善意买受人规则的相反的观点，由 F Oditah, (1989) OJLS 513 提出，并重述于 F Oditah, *Legal Aspects of Receivables Financing* (London: Sweet & Maxwell, 1991) 154—163，但没有被法院接受。
[308] *Re Holmes* (1885) 29 Ch D 786, CA；*Spencer v Clarke* (1878) 9 Ch D 137.

购买价款担保? 在 *Abbey National Building Society v Cann*[309] 一案中,上议院认为,购买价款融资的提供者拥有优先权。Jauncey 法官对该裁决的基础陈述如下:"只能通过借款来完成交易的买方……在现实中不能被认为已经获得了哪怕是暂时的、丝毫的、没有负担的、借此他可以授予优于抵押权益的土地上的所有权或者租赁权。"[310] 运用购买后的财产来满足现有抵押优于新的抵押的优先权,将构成一种有利于现有抵押权人的不正当的横财。[311]

抵押的登记——要求的概览

公司抵押登记的法定制度,源于 1990 年。英格兰和威尔士的法律委员会将公司抵押登记的预期日的概述如下[312]:

(1) 它把有关公司财产的权利负担的信息提供给那些可能感兴趣的人(例如债权人和那些考虑与公司发生交易的人,或者对公司发生的交易提供建议的人,包括信用咨询机构、财务分析人士和潜在的投资者);

(2) 它帮助公司向潜在的贷方提供其财产不存在权利负担的某种形式的担保;

(3) 它就已登记抵押的效力及优先权的相关方面,向抵押权人提供某种程度的保护;

(4) 它帮助接管人和清算人决定,是否认可按揭或抵押的效力。

长期以来,英国的登记管理制度并未完全实现上述目标。

数年来,改革机构、业界人士和学者对于如何完善抵押登记制度,多有论争,甚至立法也出手干预。《1989 年公司法》第 4 部分对《1985 年公司法》第 7 部分提出了一些新的建议,本来它可以矫正当前法律的某些不足。然而,它颁布之后在新体制之下出现的一些潜在的问题,包括它与其他抵押的登记要求(例如有关土地抵押等事项的登记要求)的内部关系如何协调解决

---

[309] [1991] 1 AC 56, HL. G McCormack, 'Charges and Priorities—The Death of the Scintilla Temporis' (1991) 12 *Company Law* 10; RJ Smith, 'Mortgagees and Trust Beneficiaries' (1990) 106 *LQR* 545; R Gregory, 'Rompala Clauses as Unregistered Charges—A Fundamental Shift?' (1990) 106 *LQR* 550; J de Lacy, 'The Purchase Money Security Interest: A Company Charge Conundrum' [1991] *LMCLQ* 531.

[310] 对于裁决的适用范围的某些疑问,参见 L Gullifer (ed), *Goode on Legal Problems of Credit and Security* 4th edn (London: Sweet & Maxwell, 2008) para 5-64。但 Cann 案的判决在许多案件中均有适用,例如:*Whale v Viasystems Technograph* [2002] EWCA Civ 480; *Redstone Mortgages v Welch* [2009] 3 EGLR 71; *Mortgage Business v O'Shaughnessy* [2012] EWCA Civ 17, [2012] 1 WLR 1521; *Re Lehman Brothers International (Europe)* [2012] EWHC 2997 (Ch).

[311] AL Diamond, *A Review of Security Interests in Property*, para 17.7.

[312] Law Commission, *Registration of Security Interests: Company Charges and Property other than Land* (Law Com CP No 164, 2002) para 2.21.

等问题,使它无法付诸实施。对于《1989年公司法》而言,第4部分的目的在于改良而不是进行激进的变革。[313]

《2006年公司法》第25部分最初是对《1985年公司法》第7部分合并而成的文本。整合之后,(除了增加通常适用于北爱尔兰的规则之外)该法的实体内容并没有发生变更。但当前版本的《2006年公司法》第25部分[314],体现了重大的进步。其政策目标如下:

• 公司登记处应做好准备,使贷款人、公司能以电子方式在财产上进行抵押登记,并简化需提供的摘要信息;

• 在公共登记簿上公开整个文件,提高透明度,但允许对个人信息作一定的处理,以防止欺诈行为;

• 建立覆盖整个英国的注册机制,与苏格兰关于担保利益的法律,以及英格兰和威尔士法关于抵押的法律协同发挥作用;

• 取消因未作抵押登记而应承担的刑事罪行,此种刑事处罚并不能保证当事人遵守登记要求;因为未作登记导致贷款人对资不抵债的债务的索赔无效时,贷款人的商业利益保证了抵押登记;

• 用一个简单的基于排除适用的制度,取代零碎而复杂的可登记抵押类型的清单。

概括而言,《2006年公司法》第25部分的结构是,在英国注册的公司[315]所设立的抵押(明确免除登记义务的除外),[316]如果在设立后的21天内,为了登记目的而将规定的抵押详情声明提交至公司登记处的,则上述抵押必须被登记。[317] 设置21天的登记期间,是登记制度的主要缺陷。查阅登记簿的人仅通过查阅的方式,[318]无法确定其已了解影响公司资产的所有抵押,甚至由于存在21天登记期间,查阅人也无法确定其已了解目前应当登记的所有抵押。如果把这一问题与"时间第一"优先规则结合起来考虑,其重要意义就不难理解了。公司登记官必须置备一份抵押登记簿册,供公众查阅。登记官必须检查登记的要求是否得到遵守,如果他认为这些要求已被遵守,

---

[313] 《1989年公司法》第4部分在一定程度上以Diamond文章(AL Diamond,A Review of Security Interests in Property)第3部分所提出的建议为基础。在有关个人财产担保权益的一般法律临近全面修订之时所提出的临时措施,构成了Diamond的主要建议。
[314] 由《2013年〈2006年公司法〉(第25部分修正案)规定》引入,该规定于2013年4月6日生效。
[315] 根据《2011年海外公司(文件执行及押记登记)(修订)规例》,海外公司设立的抵押不登记。
[316] 意即,为了(土地)出租人的利益,作为与土地租赁相关联的担保而对现金存款设立的抵押;劳合社的成员为了担保该成员与承销业务相关的债务而设立的抵押;根据法律排除适用登记规定的抵押。(《2006年公司法》第859A(5)条)
[317] 《2006年公司法》第859E条规定了设立抵押的日期。
[318] 查询公司可以得到更多的信息。此外,公司必须置备设立可登记抵押的文件的文本,以供查阅(《2006年公司法》第859P条、第859Q条)。

则他出具的抵押登记证书就具有决定性的意义。公司登记官是否具有排除有缺陷的登记申请的行政责任,值得商榷,但这项制度提供的确定性在实践中很有价值。[319] 未按法律要求进行登记,会导致抵押对特定人(包括后续担保债权人)不产生效力。就此而言,登记要求可能会影响到优先权,一些可登记但未登记的抵押权基于"时间优先"规则对后续权利享有优先权,可能被撤销。然而,如果妥当地遵守了抵押登记要求,则优先权的顺序不受登记顺序的影响。许多人认为,这一制度不需要这样的复杂性:以登记日期为基础的优先权制度,相比基于竞合性担保权设立、衡平权利设立以及通知发送的顺序为基础的一系列规则,要简单得多。如果疏忽了提交可登记抵押的详情声明的义务时,法院可能会批准延长允许提交期间。没有法院命令,就不存在延长允许提交期间的机制。

登记要求——详情

要求登记的抵押

除非有明确规定排除适用,公司创建的某些抵押是应登记的。[320] 此种语境下,"抵押"包括"按揭",但不包括"质押"。[321] 相对于依公司行为创建的抵押而言,依法律运作而创建的抵押是不需登记的。[322]

登记要求

如果在设立抵押之日起 21 天内,公司或对抵押享有利益的人为了登记的目的,将法律规定的抵押详情声明提交给公司注册官,则公司登记处必须登记该抵押。[323] 如果公司创设的系列债券包括一项抵押,且债券持有人对抵押享有同等权益,则任何设立抵押或证明抵押设立的文件,应与详情声明一并提交。如果抵押并非由一项文件设立或证明,则该系列债券之一的经核证文本应与详情声明一并提交。[324] 目前,大多数(但非全部)文件可通过

---

[319] 有人建议,在《1989 年公司法》中豁免登记官的这一义务因而排除登记的确定性证书效力,这是创建新制度方面的最有争议的建议。关于《1989 年公司法》的更为详细的探讨,参见 G McCormack, 'Registration of Company Charges: The New Law' [1990] LMCLQ 520; EV Ferran and C Mayo, 'Registration of Company Charges—The New Regime' [1991] JBL 152.
[320] 《2006 年公司法》第 859A(1)条。
[321] 《2006 年公司法》第 859A(7)条。
[322] *London and Cheshire Insurance Co Ltd v Laplagrene Property Co Ltd* Ch 499.
[323] 《2006 年公司法》第 859A 条。
[324] 同上,第 859B 条。

电子方式交付登记处。[325]

公司创建的抵押的规定详情如下[326]：(a) 该公司的登记名称和登记号。(b) 该抵押设立的日期，如相关的话，以及取得该财产或事业的日期。(c) 如果该抵押由一项文件设立或证明，(i) 对该抵押享有利益的每个人的名称，或者为了一人或数人的利益而持有该抵押的每个担保代理人或受托人的名称[327]；(ii) 该文件是否明示包括一项浮动抵押，并且如果包括，该浮动抵押是否明示涵盖该公司所有财产和事业；(iii) 该抵押的任何条款是否禁止或者限制公司设立与该抵押明灯受偿或者优先于该抵押受偿的进一步担保；(iv) 在英国登记的或者被要求在英国登记的任何土地、船舶、航空器或者知识产权，是否(并且如果是的话，简短描述)受限于一项该文件所包括的抵押(不是浮动抵押)或者固定担保；(v) 该文件是否包括未被描述的有形或无形财产上的一项抵押(并非浮动抵押)或固定担保。(d) 如果抵押并非由一项文件设立或证明，(i) 关于没有设立或证明该抵押的文件的声明；(ii) 对该抵押享有利益的每个人的名称，或者为了一个或数人的利益而持有该抵押的任何担保代理人或受托人的名称；(iii) 该抵押的性质；(iv) 抵押财产或事业的简短描述；(v) 该抵押所担保的债务。

登记官的作用以及登记证书的签发

登记官的作用在于检查登记的申请是否合乎规程。[328] 如果该申请不合规程而被驳回，则该有缺陷的文件因不符合《2006年公司法》的登记要求而不能被依赖，而且为了避免抵押归于无效，必须在原先提交申请的21天内，第二次提交正确的申请。[329] 一旦向公司登记官提交了与登记抵押相关的正确详情，则申报的法定义务已经履行，因而抵押不能因为未获登记而归为无效，即便实际上该项抵押直至21天的申报期过后的某一天才出现在登记簿册之中。在登记抵押时，登记官向提交抵押详情声明的当事人，签发一份登记证明，该登记证明必须载明(a) 设立该抵押的公司的登记名称和登记号，以及(b) 分配给该抵押的特定参考代码。[330] 该登记证明是所涉条款所要求

---

[325] 参见 Company Charges and Mortgages FAQs published by Companies House〈http://www.companieshouse. gov. uk/infoAndGuide/faq/companyCM. shtml〉(2013年5月访问)。
[326] 《2006年公司法》第859D条。
[327] 如果这样的人超过4个，该抵押文件所列的任何4个对该抵押享有利益的人或者担保代理人或受托人的名称，以及关于还有其他对该抵押享有利益的人或者担保代理人或受托人的声明。
[328] 根据2005年法律委员会就完善抵押登记制度提出的建议，注册官将被豁免此一义务，而且无须签发确定性证书：Law Commission, *Company Security Interests* (Law Con No 296, 2005)。
[329] *R v Registrar, ex p Central Bank of India* [1986] QB 1114, CA.
[330] 《2006年公司法》第8591条。

的文件在相关的允许期间结束之前,向登记官提交的结论性证据。[331] 证书的确定性本质意味着,除非证据的表面具有明显错误或者有证据表明该证书乃欺诈获得,则除了皇室之外,任何个人不得挑战证书的效力。[332] 因而,举例而言,即便抵押登记的申请已经逾期,但登记官签发了证书,任何人(除非皇室)均不得以该抵押未获登记为由而主张其无效。[333]

如果登记官未能注意到已备案的详情中对于抵押权人的权利存在某些方面的误述,并不妨碍抵押权人根据抵押合同条款主张相应的权利。一则案例显示了这一点:在该案中,已备案的登记详情少记载了担保的数额,法院认为,抵押权人仍然能够根据抵押条款所载明的全部担保数额行使抵押权。[334] 这是一个不幸的结果,它进一步削弱了抵押登记作为一种有益的信息源泉之地位。但现有的登记制度要求,设立抵押的文件应当包含在登记册中。[335] *Grove v Advantage Healthcare (T10) Ltd* [336] 一案是显示登记制度存在缺陷的另一个案件。在该案中,提交备案的详情将抵押公司的登记号码错误地记载为集团公司中的另一家公司,而且这一错误未被发觉,其结果是,抵押被错误地登记在一家公司的头上。法院认为,未能提供正确的登记号码,并不构成未能履行登记义务,因为号码并不属于规定的详情。相应地,在这种情况下,抵押获得了登记并属有效,即便查询正确的登记号码,并不能发现该抵押的存在。法院注意到,这种结果可能会损害与公司交易的第三方权益,并建议在那些情形下,第三方可能的救济手段是向登记官或者错误地通知了登记官公司登记号码的主体寻求损害赔偿。在今天,*Grove* 案的判决结果可能会有不同,因为抵押人的登记号是特别规定的。[337]

登记和通知

应登记抵押的登记向被合理期待着会查询登记的人,发出了该抵押存在的推定通知。[338] 被合理期待着会查询登记的人的类别,包括后续的抵押

---

[331] 《2006年公司法》第859I条。
[332] *R v Registrar, ex p Central Bank of India* [1986] QB 1114, CA; *Sterritt v Allied Irish Banks* [2013] NICh 6. 通过司法审查的方式或者其他方式来挑战登记结果: *Bahamas Hotel Maintenance & Allied Workers Union v Bahamas Hotel Catering & Allied Workers Union* [2011] UKPC 4, [33]。
[333] *Re CL Nye* [1971] Ch 442, CA; *Re Eric Holmes Ltd* [1965] Ch 1052.
[334] *Re Mechanizations (Eaglescliffe) Ltd* [1966] Ch 20. 还可参见 *National Provincial and Union Bank of England v Charnley* [1924] 1 KB 431, CA.
[335] 《2006年公司法》第859I(2)条。
[336] [2000] 1 BCLC 661, noted A Walters, 'Registration of Charges: Wrong Company Number in Particulars Submitted to the Registrar' (2000) 21 *Company Lawyer* 219.
[337] 《2006年公司法》第859D(1)(a)条。
[338] *Re standard Rotary Machine Co Ltd* (1906) 95 LT 829; *Wilson v Kelland* [1910] 2 Ch 306.

权人,但尚有疑问的是,它是否包括公司财产的买受者。[339] 为着 *Dearle v Hall* 一案中的规则之目的,应登记抵押的登记并不构成对债务人的推定通知。抵押的推定通知在内容上涵盖了抵押的规定详情,但广为接受且在爱尔兰向来特别认为,[340]它并不会拓展至包括法律并不要求而抵押权人自愿纳入抵押申请文件中的内容。就此而言,将浮动抵押中存在(或者不存在)消极保证,纳入规定详情的清单,受到了极大关注。此前,消极保证条款的存在不是规定详情以至于其不属于推定通知的范围,这一事实削弱了对于包含此类条款的浮动抵押权人的保护。但现在不是这样了,因为消极保证条款应当包括在抵押详情的清单中。[341]

未经登记

在这一语境下,"未经登记"意味着未能在抵押创建之日起 21 天内,提交正确的应登记抵押详情。假如在 21 天的登记期里已经提交了登记申请,则或许实际上在这 21 天的登记期结束之后的某一天,抵押才出现在登记簿册中,这也无关紧要。当相关意义上的登记不存在时,抵押对于公司的清算人或者管理人以及公司的其他担保债权人不产生效力。[342] 抵押权对于清算人或者管理人不生效力,这意味着它对处于清算或接管中的公司不生效力,或者(换种方式来表达同样的事情)对于清算人或者管理人所代表的公司不生效力。[343] 对于应登记的抵押未做登记,并不会使其对于公司财产的购买者不生效力,尽管根据不知情的善意购买者规则,他们可以自由地将其取走。[344] 同样地,只要公司不处于清算或者接管之中,担保对于公司仍然有效。[345] 当一项抵押因为未经登记而无效时,该项抵押所担保的金额应立即

---

[339] Law Commission, *Registration of Security Interest: Company Charges and Property other than Land* (Law Con No 164, 2002) paras 2.60—2.61. 参见 *Sterritt v Allied Irish Banks* [2013] NICh 6, [27]案,法院认为,登记的目的是警告与公司交易的人(包括购买该公司开发的公寓的人),警告的内容为其他人正对公司财产主张抵押权;以确保受到警告的人有权利和机会,保证自身利益得到适当的保护,且不会采取损害自身利益的行为。根据 2005 年法律委员会就完善抵押登记制度提出的建议,抵押登记将影响买受者:Law Commission, *Company Security Interests* (Law Con Rep No 296, 2005)。
[340] *Welch v Bowmaker (Ireland) Ltd* [1980] IR 251, Ir SC.
[341] 《2006 年公司法》第 859D(2)条。
[342] 《2006 年公司法》第 859H 条。该条表述为"债权人",但从判例法(*Re Cardff's Workmen's Cottage Co Ltd* [1906] 2 Ch 627)来看,非常清楚的是,无担保债权人无权对已经妥为登记的担保的效力提出质疑。
[343] *Smith (Administrator of Cosslett (Contractors) Ltd) v Bridgend County Borough Council* [2002] 1 AC 336, HL.
[344] Law Commission, *Registration of Security Interests: Company Charges and Property other than Land* (Law Corn CP No 164, 2002) para 2.58.
[345] *Re Monolitbic Building Co Ltd* [1915] 1 Ch 643 CA, 667 *per* Phillirnore LJ.

予以偿付。[346]

迟延登记

《2006年公司法》第859F条规定了迟延登记。根据公司或者其他利益相关人的申请,法院可以发出法令,延长提交可登记抵押文件的期间。在作出这一法令之前,法院必须确信未能及时完成登记是由于意外、疏忽或者其他充分的事由,或者在本质上不会损害债权人或者股东的利益,或者基于其他理由,赋予救济是正当而公平的。法院可以施加在其看来是公平而且是方便的条款和条件。此类法令的通常形式是拓展登记期,但必须受制于以下条款:"这样做不会损及各方主体在前述抵押创建之后、事实上完成抵押登记之前所获得的权利。"[347]已登记详情或者债务清偿备忘录中的错误或者遗漏,也可以经法院法令而纠正。[348]

注销登记——债务清偿备忘录

当已登记抵押所担保的债务已获全部或部分清偿,或者财产已经解除了已登记抵押的约束或不再属于公司财产的一部分时,可以向公司登记官以规定的形式提交债务清偿备忘录,公告这一事实。[349]

关于金融担保的登记要求的变革

《2006年公司法》所规定的登记义务并不适用于(如果它们本来是适用)有关证券金融担保的安排或者任何根据证券金融担保的安排而创建或生成的抵押。[350] 这一变化源自《金融担保指令》[351],后者旨在确保金融稳定和通过简化金融担保的运作流程而促进跨境交易的效率。它将金融担保(也就是以现金或投资证券为形式的担保)与公司法、财产法和破产法适用的情形区分开来。[352]

---

[346] 《2006年公司法》第859H(4)条。根据2005年法律委员会就完善抵押登记制度提出的建议,登记没有时间限制,但贷方拥有登记的强烈动机,因为贷方的优先权取决于其登记的日期: Law Commission, *Company Security Interests* (Law Com Rep No 296, 2005).
[347] 该条源于以下案件的裁决: *Watson v Duff Morgan Vermont (Holdings) Ltd* [1974] 1 WLR 450. 关于该条的运用,参见 G McCorrnack, 'Extension of Time for Registration of Company Charges' [1986] *JBL* 282. 还可参见 *Petition of Salvesen* [2009] CSOH 161; *Peleton v Companies Acts* [2011] IEHC 479; *Sterritt v Allied Irish Banks* [2013] NICh 6.
[348] 《2006年公司法》第859M条。
[349] 《2006年公司法》第859L条。
[350] 《金融担保安排(第2号)条例》2003, SI 2003/3226, reg 4(4).
[351] 2002年6月6日,欧洲议会和理事会指令(EC) 2002/47,关于金融担保安排[2002] OJL168/43.
[352] 参见下文第十五章。

变革[353]

347　2002年,英国贸易工业部请求英格兰和威尔士法律委员会考虑对有关公司抵押的法律进行改革。[354] 随后,公司法评估指导小组在最终报告中提出了一项建议。[355] 指导小组的报告称,它收到了针对当前抵押登记制度以及确定诸多抵押何者为先制度的大量批评。然而,由于缺乏时间去咨询,它自身只能提出一些支持变革的临时结论。2002年,法律委员会公布了咨询文件[356],2004年发布了更为详细的咨询报告。[357] 这些文本提出了一些激进的观点,要对公司创建的担保权益实行一套全新的方案。法律委员会的临时议案包括,取消浮动抵押,并代之以一种新的担保形式,后者允许债务人处分担保物,而无须取得抵押权人具体的个案同意。法律委员会提升了将新的方案扩展至运用于所有权保留机制的可能性,例如融资租赁、分期付款购买以及附条件销售协议等。它认为,应当以一套高效的、以备案为基础的对抗第三方的优先权规则,取代现有的繁杂的普通法规则。但事实证明,这些议案充满争议[358],并且在其发表于2005年8月的报告中,法律委员会提出了修订后的议案,试图祛除临时方案中一些更具争议的特征。[359] 2005年议案保留了固定抵押和浮动抵押之间的分野,主要是考虑到这种区分在破产时具有重要意义,同时在方案中取消了所有权保留机制,以回应以下批评:公司采取的所有权保留机制适用一套规则,而非公司的企业和个人采取的所有权保留机制则适用另一套规则,这不合逻辑。方案中应引入代收及贴现协议会涵盖的实物应收账款的出售,并必须加以登记以在破产时保持

---

[353] H Beale, M Bridge, L Gullifer, and E Lomnicka, *The Law of Security and Title-Based Financing* 2nd edn (Oxford: OUP, 2012) ch 23.

[354] 苏格兰法律委员会也被要求开展调查研究。这两个法律委员会分别开展了大体类似的咨询活动。苏格兰的担保法律与英格兰和威尔士的不同。关于苏格兰的做法的概述,可以参见 Law Commission, *Company Security Interests* (Law Corn Rep No 296, 2005) paras 1.42—1.43.

[355] 'Final Report', URN 01/942, paras 12.8—12.10.

[356] Law Commission, *Registration of Security Interests: Company Charges and Property other than Land* (Law Corn CP No 164, 2002).

[357] Law Commission, *Company Security Interests, A Consultative Report* (Law Corn CP No 176, 2004).

[358] 受到关注的一个著名团体是伦敦法律协会下设的金融法律委员会,这是一个由伦敦众多国际律师事务所的合伙人组成的团体:R Calnan, 'The Reform of Company Security Interests' (2005) 20(1) *Butterworths Journal of International Banking and Financial Law* 25; R Calnan, 'The Reform of the Law of Security' (2004) 19(3) *Butterworths Journal of International Banking and Financial Law* 88.

[359] Law Commission, *Company Security Interests* (Law Corn Rep No 296, 2005).

有效。法律委员会继续倡议对公司抵押备案制度进行改革,包括引入电子备案、废除登记的确定性证书效力、放弃 21 天的登记时间限制、扩展应登记抵押的范围、以及基于备案的更为清晰的优先权规则。然而,2005 年 7 月,政府对于法律委员会关于公司担保的建议之于经济的影响,亲自征询意见。随后于 2005 年 9 月发布了部长级公告,公告称,从咨询的情况看,对于法律委员会的[360]建议,尚未形成一致的支持意见,因而新的公司法不会引入一项具体的权力来实施抵押方案,但该法案将引入一项新的权力来发布改革公司法的法令,而且如果有此意愿,它将就公司法(针对财产法)中的公司抵押的某些变革,提供一套实施机制。[361] 政府称,它将继续考虑到底应实施哪些变革,并与各利害相关方商讨。[362] 在国会通过法案之时,改革公司法法令的一般权力的提议被剥离了,但授予了国务大臣一项新的权力,即通过规章来修订第 25 部分。[363]

考虑到过去多年来,有关公司担保权益的英国法律招致了严厉的批评,并受到了法律改革机构的多方关注,此外,与英国拥有共同法律传统的其他国家总体上采纳更为现代的制度的样例也提供给了政府,政府抵制法律变革显得非常引人注目。[364] 虽然仍然有一些严肃的声音质疑通知备案制度的价值,[365]或者有人认为,现在有很好的理由从趋同于美国主导的模式中抽身而退,因为后者可能并不完全契合于现有的当地环境,或者不完全契合于未来该领域的欧盟或国际潮流。[366] 《1989 年公司法》中的公司抵押条款从未获得实施,它的命运表明,在这样一个存在诸多技术困难的领域,要实现成

---

[360] This rejection extended to the proposals of the Scottish Law Commission as well as those made by the Law Commission for England and Wales.
[361] Written Ministerial Statement, Alun Michael, Minister for Industry and the Regions, 2005 年 9 月 3 日, 'Company Law Reform Government Statement Following the White Paper and Related Consultations', reported Hansard, HL, vol 675, col WS 27 (3 Nov 2005).
[362] 同上。
[363] 参见《2006 年公司法》,第 25 部分第 3 章。
[364] 加拿大绝大多数省份和新西兰已经引入了以《美国统一商法典》第 9 条为模式的通知备案制度和优先权规则:Law Commission, *Company Security Interests* (Law Com Rep No 296, 2005) para 1.8。
[365] U Drobnig, 'Present and Future of Real and Personal Security' [2003] *European Review of Private Law* 623, 660; R Calnan, 'The Reform of the Law of Security' (2004) 19(3) *Butterworths Journal of Banking and Financial Law* 88.
[366] R Calnan, 'The Reform of Company Security Interests' (2005) 20(1) *Butterworths Journal of International Banking and Financial Law* 25:"我们相信,相较于《统一商法典》第 9 条,欧洲重建和发展银行颁布的《示范担保法》是合适得多的起点。"G McCorrnack, 'The Law Commission Consultative Report on Company Security Interests: An Irreverent Riposte' (2005) 68 *MLR* 286, 307—309。然而,参见 S Worthington, 'Floating Charges: Use and Abuse of Doctrinal Analysis', in J Getzler and J Payne (eds), *Company Charges: Spectrum and Beyond* (Oxford: OUP, 2006) 25, 49。作者认为,本来可以建议英国更新其法律以更有效地参与欧洲和国际法律的制订。

功的立法,将面临多么严峻的挑战。总之,最为谨慎的行动方针是,回避激进的变革,对现有制度采取渐进的、温和的改良,包括使其更加符合电子时代的需要[367],而这正是《2013年〈2006年公司法〉(第25部分修正案)规定》所做的。

---

[367] G McCormack,'The Law Commission Consultative Report on Company Security Interests: An Irreverent Riposte'(2005) 68 *MLR* 286,309.

第四部分

资本市场融资

第十三章　股权证券的公开发行

本部分的范围

本书这部分探讨直接向投资者发行股权证券来筹集公司资金的问题。它首先关注股权证券的发行,然后再转而探讨公司债券的发行。

本章的重点是,公司通过向市场投资者首次发行股权证券来筹集资金的程序,尽管本章也考察了经验丰富的发行机构作二次发行的监管要求,如股票认购权发行等问题。[1] 虽然并非必要,但为了确保能够利用证券交易及结算系统、受到投资分析人士的关注进而从整体上增强证券的流动性,首次公开发行(IPOs)的程序通常伴随着证券获准在有序的交易平台上市交易。在讨论首次公开发行时,本章将笼统假定,证券获准发行的同时也获准在正式的交易平台上市交易。它还假定,国内发行是指在英国设立的公司向英国投资者首次公开发行证券,并且在英国市场交易。第十四章将探讨股权证券的跨国发行。第十五章将探讨公司债券。

上市的原因[2]

有许多原因可以解释公司的控制人为什么可能认为首次公开发行或者(正如通常描述的那样)上市的时机已经成熟。[3] 首先,也就是最为明显的是,首次公开发行使得公司可以筹集新的股权资本。通过公开发行来运用资本市场,拓宽了公司资金渠道,降低了公司对内部资本、公司控制人的个人资金、银行融资、贸易融资(例如债务保理)以及风险资本的依赖。虽然小型私营企业使用的新的融资结构不断发展,如"众筹"(crowdfunding)等,即大量投资者借助基于互联网的融资平台、社交媒体网站,将资金(有时每人的出资额很少)投入经营;但这些替代投资方法是存在风险的,因此利基业

---

[1] 与配股相关的公司法,包括优先购买权已在第五章作了讨论。
[2] JC Brau, 'Why Do Firms Go Public?' in D Cumming (ed), *The Oxford Handbook of Entrepreneurial Finance*, (Oxford: OUP, 2012) ch 16.
[3] T Jenkinson and A Ljungqvist, *Going Public: The Theory and Evidence on How Companies Raise Equity Finance* 2nd edn(Oxford: OUP, 2nd edn, 2001).

务(niche operations)无法取代更为成熟的融资方法。[4] 发行证券筹集的现金将降低公司的杠杆率,并且公司一旦上市,发行人可以选择回到市场第二次发行证券,以筹集更多的资金。上市还可以改善公司能够从银行获得贷款的利率。[5] 作为上市影响资本结构的一个示例,我们可以考察英国的耶尔集团(Yell Group),后者于2003年7月发行证券,首次公开发行即筹集了4.336亿英镑(总收入)。它运用该笔收入冲销了银行应付欠款1.095亿英镑,支付了证券发行费用2370万英镑,支付了额外开支7960万英镑,偿付了高级信贷安排之下的债务4830万英镑,并且根据发行条款的选择性回赎安排,回赎了35%(1.725亿英镑)的高级票据。它还用6.64亿英镑和5.96亿美元的全新的信贷安排以及2亿英镑的循环信贷安排,取代了剩余的高级信贷安排。总之,它使公司的净负债从24亿英镑锐减至13亿英镑。但在上市后的几年里,耶尔集团再次提高了负债水平以筹集资金,便于在世界各地开展多项雄心勃勃的收购计划。2007年至2009年金融危机之后,经济形势非常艰难,该公司的资本结构再次面临巨大压力。在2009年,作为重大再融资活动的一部分,该公司不得不寻求股东注入新的股本。上述努力并未使公司永久地建立起稳固的财务基础。截至2013年中,该公司(现已变更为希布公司,Hibu plc)在一项贷款合同中违约,未能支付到期利息,故该公司进行了一项大规模的债转股重组活动。[6] 退出是公司控制人考虑公司上市的第二个原因。上市使现有控制人在公司发行新股以筹集新的股权资本的同时,有机会直接向市场卖出原有的股份。在一些情况下,在发行的股份中,来自首次公开发行之前的持股者和来自发行公司本身的股份几乎一样多。[7] 对于那些向成长潜力大的中小企业投资的风险资本公司[8],以及

---

[4] O Stacey, S Lovegrove, and D Murphy, 'Crowdfunding: Possibilities and Prohibitions' (2012) 23(1) PLC 18; FSA, 'Crowdfunding: Is Your Investment Protected?' ⟨http://www.fsa.gov.uk/consumerinformation/product_news/saving_investments/crowdfunding⟩(2013年7月访问)。Crowdcube 是金融服务局授权和监管的第一家众筹集团,自其2011年开业以来,从天使投资人以及其他投资人处为英国小型公司募集了将近500万英镑;天使投资人的每笔投资为100,000英镑,其他投资人最低可为10英镑。
[5] M Pagano and A Röell, 'The Choice of Stock Ownership Structure: Agency Cost, Monitoring, and the Decision to Go Public' (1998) 113 *Quarterly Journal of Economics* 187.
[6] Hibu plc, 'Interim Management Statement for the Quarter ended 31 December 2012' (12 February 2013); R Gribben, 'Investors try to salvage returns from Hibu Deal: Former Yellow Pages Group aims to lose Market listing and shed Debt' *The Daily Telegraph*, 10 June 2013, 8 (Business Section).
[7] MJ Brennan and J Franks, 'Underpricing, Ownership and Control in Initial Public Offerings of Equity Securities in the UK' (1997) 45 *Journal of Financial Economics* 391, 406.
[8] DJ Cumming and JG MacIntosh, 'The Extent of Venture Capital Exits: Evidence from Canada and the United States' in J McCahery and L Renneboog (eds) *Venture Capital Contracting and the Valuation of High Technology Firms* (Oxford: OUP, 2004) ch 15. 可以认为,风险资本是私募股权投资的一部分,它的一大显著特征是,风险资金投给处于早期阶段的公司。

发起杠杆买断交易的私募股本公司而言,将上市当作一种退出机制,尤为重要。尽管首次公开发行一度被认为是风险投资获得成功的"黄金标准"[9],但近年来,相对于股权转让的退出,上文所述的退出已有所减少。[10]

当事人无须在首次公开发行后立即退出,而可在一段时间后退出。上市为公司股份创建了公开交易的市场,因而为那些选择将大量股份留在市场上交易的控制人,提供了在后期退出的机会。在某些情况下,上市可能是公司采取的一着棋,公司借此引发关注,来使自己成为潜在的收购目标,并促成以高于私下转让价格的售价卖出公司。[11] 另外,如果公司处于收购中的买方,一旦上市,公司也可以运用上市后成为流动性投资的股份,作为购买的对价,从而强化其地位。宏观经济环境也影响着公司上市的决定。市场环境以及公司在其生命周期中所处的阶段,经常被认为是公司在考虑是否上市时的重要因素。[12] 首次公开发行的时间可以选择利用"热门"的市场机会,在"热门"市场中,投资者的过度热情会影响上市价格。[13] 举例而言,1999年—2001年的网络泡沫推动了欧洲的首次公开发行的浪潮,但数年之后,经济环境发生了变化,公司寻求外部融资的需求降低,而且相较于公开发行证券而言,在某种程度上,公司更多地依赖债权融资和私募股权融资。[14] 同样地,在市场低迷时,首次公开发行也会减少。因此,2007年至2009年的全球金融危机、2011年欧元区危机,被认为是2008年至2011年期间欧洲首次公开发行活动减少的原因。[15]

资本结构的"市场时点"理论尝试将公司的资本结构理解为,公司选择股票市场时点的努力的累积后果——也就是说,当市场价格走高时,公司发行股份;而当市场价值走低时,公司回购股份;该理论以此方式试图梳理公司的融资决策与总体市场情况的关系。[16] 也有关于范围经济方面的争论,认为规模较小的公司更喜欢通过合并、收购和股权转让来成长,而非选择上

[9] DM Ibrahim 'The new exit in Venture Capital' (2012) 65 *Vanderbilt Law Review* 1, 11.
[10] 同上。
[11] L Zingales, 'Insider Ownership and the Decision to Go Public' (1995) 62 *Review of Economic Studies* 425.
[12] JR Ritter and I Welch, 'A Review of IPO Activity, Pricing and Allocations' (2002) 57 *Journal of Finance* 1795.
[13] A Ljungqvist, VK Nanda, and R Singh, 'Hot Markets, Investor Sentiment, and IPO Pricing' (2006) 79 *Journal of Business* 1667.
[14] L Bê Duc, G de Bondt, A Calza, D Marqués Ibáñez, A van Rixtel, and S Scopel, 'Financing Conditions in the Euro Area', ECB Occasional Paper Series No 37 (2005) 27—29.
[15] JR Ritter, A Signori, and S Vismara, 'Economies of Scope and IPO Activity in Europe' (30 October 2012)〈http://ssrn.com/abstract=2169966〉(2013年7月访问)。
[16] M Baker, and J Wurgler, 'Market Timing and Capital Structure' (2002) 57 *Journal of Finance* 1.

市并保持独立。[17] 之前的一些研究工作发现，欧洲和美国市场在上述方面存在差异，在欧洲上市的小型公司不像在美国那样多，[18] 这一结果与一项假设一致，该假设认为，公司在规模、经营年限、所处行业及风险偏好程度等方面存在国别差异，这些被市场认为是影响公司准备上市的因素。[19] 但近年来，美国小型公司的首次公开发行也有所减少。[20] 2012年通过的美国《促进创业企业融资法案》（JOBS法案）旨在创设一项新的发行人类别（新兴成长型公司（emerging grown company，EGC）），并修订首次公开发行的监管要求，以适应新兴成长公司的首次公开发行活动，从而鼓励更多的小型公司开展首次公开发行。然而一年之后，据报道，尽管JOBS法案增加了灵活性，调整了披露要求，暂时减轻了上市公司监管方面的义务，但许多私营企业仍未能广泛地理解首次公开发行程序的改进。[21]

政治也会影响首次公开发行活动，前身为国有企业的私有化和上市活动，在这方面表现得最为明显。公司私有化的首次公开发行的显著特点包括，鼓励员工和个人投资者接受发行要约。

最后，还有其他许多因素可能与公司作出上市的决定有关，尽管这些因素与筹集新资本及退出公司及相关利益等考量因素相比，往往居于从属地位。这些因素包括增加了公司声望，这有助于公司吸引到质量更高的专业经理人；同时提升了公司的公共形象，这有助于公司在产品市场中吸引更多的顾客。在一项以伦敦证券交易所（LSE）名义开展的调查中，十分之一的受访者认为，公司股票在证券市场交易所带来的额外信誉和知名度，是公司寻求上市的主要动因。[22] 另一项好处是，证券公开上市所带来的流动性，为公司安排包括股票及期权在内的薪酬计划，提供了更多的选择。

当然，与股票上市有关的弊端同样不容忽视。上市的过程复杂而且成本高昂，尽管承销及首次公开发行的其他直接成本，诸如律师费等，欧洲显

---

[17] Ritter, A Signori, and S Vismara, 'Economies of Scope and IPO Activity in Europe'.
[18] F Degeorge and EG Maug, 'Corporate Finance in Europe: a Survey' in X Freixas, P Hartmann and C Mayer (eds), *Handbook of European Financial Markets and Institutions*, (Oxford: OUP, 2008) ch 7.
[19] M Goergen and L Renneboog, 'Why are the Levels of Control (so) Different in German and UK Companies? Evidence from Initial Public Offerings' (2003) *Journal of Law, Economics and Organization* 141.
[20] X Gao, JR Rritter, and Z Zhu, 'Where Have all the IPOs Gone?' (13 March 2012)〈http://ssrn.com/abstract=1954788〉(2013年7月访问)。
[21] Latham & Watkins, *The JOBS Act After One Year: A Review of the New IPO Playbook* (April 2013). 一般可参见DC Langevoort and RB Thompson, '"Publicness" in Contemporary Securities Regulation After the JOBS Act' (2013) 101 *Georgetown Law Journal* 337。
[22] Eversheds, *Going Public 2: A Survey of Recently Floated Companies* (2003).

著低于美国。[23] 在英国,英国发行人协会发行人协会(ABI)证实,英国类似规模交易的典型费用大大低于美国,但投资人也要考虑总体成本;同时,人们还呼吁在招股说明书中更多地披露费用,并对奖励费用作更多控制。[24] 至于复杂性,上市过程可能会带来公司身份、治理框架及其管理结构的重大重组。公司身份可能必须发生变更,因为私人公司不能公开发行证券[25],其证券也无法获许正式上市。[26] 在章程中规定的一些公司治理规则也必须修订以删除一些条款,例如,一旦股份公开上市交易,那些限制股份转让的条款将不再合乎时宜。[27] 同时,公司还必须聘任独立非执行董事,以满足上市要求以及市场对良好公司治理的期望。对于现有执行董事的聘任条款,特别是有关薪酬权利和通知期限的约定,必须更加透明。[28] 公司上市还有许多持续性义务。一旦公司成为拥有外部投资者的公众公司,它必须遵循更加严格的法律要求,以及来自市场和史为强化的透明度要求的拘束。[29]

从根本上说,首次公开发行将导致公司当前的所有者失去一定控制权。首次公开发行被认为是公司发展中的一道分水岭,借此达到了管理层控制公司和股份所有权分散的后果。导致这一结果的是市场惯例的一个关键特点,也就是"一股一票"这一简单明了的股权资本结构之盛行。英国市场的机构投资者普遍预期,首次公开发行的发行人的资本结构由单一类别的普

---

[23] l Bell, l Correia da Silva, and A Preimanis, *The Cost of Capital*: *An International Comparison* (City of London, 2006),该文献显示,欧洲市场交易的平均承销费为3%至4%;美国市场交易的平均承销费为6.5%至7%。法律、会计及咨询费用,以及营销和公关成本,将另外增加3%—6%的费用。近期一项研究考察了从事首次公开发行的投资银行的费用,研究证实,在欧洲开展首次公开发行的费用大约比美国低3%;尽管在这两个地区中占市场主导地位的银行相同,且上市业务有很大的趋同性;M abrahamson, T Jenkinson, and H Jones, 'Why Don't U. S. Issuers Demand European Fees for IPOs?'(2011) 66 *Journal of Finance* 2055。
[24] ABI, *Encouraging Equity Investment*: *Facilitation of Efficient Equity Capital Raising in the UK Market* (July 2013) 24—26.
[25] 《2006年公司法》第755条。
[26] 2001年《〈2000年金融服务与市场法〉(证券正式上市)规定》《金融服务与市场法》,SI 2001/2956, reg 3。
[27] 金融行为监管局《上市规则》规定,如果发行人需求证券上市交易的,则他们应不受"转让权的任何限制"(见《上市规则》第2.2.4条)。金融行为监管局只在非常有限的情况下才允许对转让设置限制,这是为了避免陷入繁重的域外立法的要求;英国上市监管局(UKLA)*Technical Note*: *Restrictions on Transferability* (UKLA/TN/101.1)。
[28] 关于上市的公司治理意义,一般可参见 I Filatotchev and K Bishop, 'Board Composition, Share Ownership and "Underpricing" of UK IPO Firms' (2002) 23 *Strategic Management Journal* 941。
[29] 为了适用《2006年公司法》中越来越繁重的要求,区分公众公司和私人公司是一条主要的分界线;而在一些领域中,法律还作了进一步的细分规定(如第13部分(适用于上市公司的关于公司会议的特殊要求,上市公司即获准在受管制的市场上交易的公司);如第15部分(某些适用于上市公司的会计要求,上市公司即获准在欧洲经济区国家正式上市的公司,或在纽约证券交易所、纳斯达克交易所交易的公司)。监管要求(上市规则等)适用于公司进行证券交易的市场或市场板块。

通股组成,并遵循"一股一票"的原则。[30] 2012 年,John Kay 教授代表英国商业部对英国股市进行了一项调查,证实了人们对这一问题的强烈感受。Kay 的报告指出[31]:

>英国公司能够合法地、自由地创设具有不同投票权的不同股票类别。近期,两次著名的美国企业上市——谷歌和 Facebook——都具有这样的结构;同时,两家公司的创始人热衷于维护他们对公司独特文化的影响,如果不能实施上述结构安排的话,他们就不会同意进行首次公开发行。
>
>但英国机构投资者对于多种股票类别的结构,抱有较大的敌意。英国发行人协会(ABI)在历史上就曾反对这样的结构安排,其立场导致英国上市公司事实上消除了双重股票结构;该协会告诉我们,他们仍然强烈反对这种结构。

2013 年,金融行为监管局(FCA)宣布,将加强完善其顶级的高级上市制度;将制定新的高级上市原则,规定高级上市股票、类别股票投票权的平等原则和比例原则。[32] 上述变化是一系列措施中的一部分,这些措施主要是为了确保高级上市公司不会受到控股股东的不当影响。在撰写本书时(2013 年 11 月),这些措施预计将在 2014 年的年中生效。但在上文引用的 Kay 教授报告的若干段落中,可以明显看到英国和美国在这些问题上存在一些分歧。英国的做法也可以与欧洲大陆的市场状况进行对比,在历史上,机构投资者在欧洲大陆所发挥的作用较为有限。在一些欧洲国家,诸如双重股权结构等机制仍然很普遍,此种机制能使公司的当前所有者通过增加有利于自身投票权的方式,维持对公司的控制。

一项发表于 2005 年的关于欧洲公司资本结构的重要研究表明,只有 65%的公司将"一股一票"原则应用于股权证券之中。[33] 研究表明,采用这

---

[30] Brennan and Franks, 'Underpricing, Ownership and Control,' 369(1986 年至 1989 年英国首次公开发行的大规模样本中,没有一例发行了双重类别股份,也没有一例招股说明书向特定的股东全体提供了超级优先权,或者对特定股东群体的控制权施加了其他限制);JR Franks, C Mayer, and S Rossi, 'Ownership: Evolution and Regulation', (2009) 22 *Review of Financial Studies* 4009。

[31] J Kay, *The Kay Review of UK Equity Markets and Long-term Decision Making* (BIS, July 2012) paras 8.33—8.34.

[32] FCA, *Feedback on CP12/25: Enhancing the Effectiveness of the Listing Regime and Further Consultation* (CP13/15, November 2013) paras 10.9—10.13.

[33] Deminor Rating, *Application of the One Share—One Vote Principle in Europe* (2005 年 3 月)(由英国发行人协会委托开展的研究)。在这份报告中,无表决权优先股并未被认为是违背了"一股一票"原则,因为股息的优先性弥补了表决权的缺失。随后的一项研究与 Deminor 的研究结论一致,认定法国、荷兰和瑞典是公司运用多重投票权结构最为频繁的国家:Institutional Shareholder Services, Shearman & Sterling and European Corporate Governance Institute, 'Report on The Proportionality Principle in the European Union' (2007 年 5 月)(欧盟委员会委托开展的研究)。

一原则的公司比重最高的国家是比利时(100%),其次是德国(97%)和英国(88%)。而在以下国家中,只有少部分的公司运用"一股一票"原则:荷兰(14%)、瑞典(25%)、法国(31%)。[34] 然而,双重类别的股权结构只是实际情况的一部分,因为金字塔型股权结构、交叉持股等其他机制也可以产生与其投资水平不成比例的集中权力。[35] 在欧洲使用的加强控制的机制,经确认的已多达 13 种。[36] 在历史上,金字塔型所有权结构曾经在德国公司中司空见惯[37],但现在这已不再是德国公司的一道风景。[38] 金字塔结构在欧洲其他地方广泛使用(除了爱尔兰,丹麦和芬兰),特别是在比利时和瑞典。[39]

双重类别、金字塔型以及其他功能相当的结构,会阻滞所有权与控制权分离的进程,因为它们使得上市之前的公司控制人在公司上市之后,对公司事务拥有不成比例的话语权,从而继续控制公司。另一方面,它们实际上"奖励"了长期股票持有人所具有的耐心,从而抵消了短期主义投资策略的负面影响。Kay 的报告总结了上述立场,认为:"挑战在于在不损害保护小股东的前提下,促进忠诚的股东参与。"[40] 对这些问题的学术研究尚未形成结论性意见,这也可以看出,要达到适当的平衡困难重重。一系列的理论和实证文献,将对比例原则的讨论置于关于法律和金融关系的更广泛的辩论中。

文献中的一种观点认为,在全球范围内,公司所有权范式的差异(特别是公司偏离"比例原则"的持久度)与国内法律制度对小股东的保护具有关联度:孱弱的法律保护意味着公司所有权集中。[41] 然而,这种对所有权范式的解释并非不受质疑,人们可以列举出诸如瑞典的一些国家,这些国家的法

---

[34] 关于瑞典的状况,还可参见 P Högtfeldt and M Holmen, 'A Law and Finance Analysis of Initial Public Offerings' (2004) 13 *Journal of Financial Intermediation* 324。关于德国的情况可参见 M Goergen and L Renneboog, 'Why are the Levels of Control (so) Different in German and UK Companies? Evidence from Initial Public Offerings' (2003) *Journal of Law, Economics and Organization* 141。

[35] 金字塔型股权结构是指控股公司用少量的总投资,并通过控股链条而握有最终的控制权。High Level Group of Company Law Experts, *A Modern Regulatory Framework for Company Law in Europe* (Brussels, November 2001) 17。

[36] Institutional Shareholder Services et al, *Report on the Proportionality Principle in the European Union*。

[37] JR Franks, C Mayer, and HF Wagner, 'Ownership and Control of German Corporations' (2006) 10 *Review of Finance* 537。

[38] Institutional Shareholder Services et al, *Report on the Proportionality Principle in the European Union*, para 4.3.4。

[39] 同上。

[40] Kay, *The Kay Review*, paras 8.33—8.34。

[41] R La Porta, F López de Silanes and A Shleifer, 'Corporate Ownership Around the World' (1999) 54 *Journal of Finance* 471。

律保护功能良好，但公司所有权集中的情形持续存在。[42] 而且，的确，在英国，尽管法律保护小股东的功能屡弱，但公司股份所有权却呈分散状态。[43] 另一重要的观点强调，在许多国家中，国内的政治生态是所有权集中的强大推手，[44] 尽管这种解释向来也充满争议。[45] 另外，有观点指出，这种关于股权"集中"和"分散"的划分过于简单，必须引入一套更为精细的分类标准，才能反映全球实际存在的纷繁多样的控股股东模式。[46]

此外，有人提出了令人信服的观点：控股股东制度是否会不可避免地牺牲小股东的利益，而获取控制带来的巨大私人利益，目前还是不明确的。[47] 不均衡的所有权状态是否会破坏公司价值，进而造成社会成本，对于这一问题的认识是不明确的；[48]这也为欧盟委员会在 2000 年代末决定不再坚持干预理念来监管强化控制机制提供了背景依据。[49]

"自由流通股"（free float）是指，上市时必须提供给公众的最低比例的股票，它是影响上市时控制权丧失的另一个重要因素。关于自由流通股的要求以及控股股东地位的相关要求，在英国已经成为一个重要的辩论议题：严格的需求可能会阻碍企业上市；但放松要求又可能导致公司治理问题，如大股东控制人采取独立非执行董事不能或不愿采取的方式，剥削小股东。[50] 上市并非不可逆转的一步。遭到一些困难的公司可能会选择"私有化"，以逃离受到苛刻关注的公开市场。退回到私人领域，对于那些未能引发投资者重大兴趣、因而上市所带来的收益并不足以抵消更为沉重的监管负担和严苛的公开审查所带来的种种不利的公司而言，也不无吸引力。[51] 特别是那些从零开始把公司一手带大的创业者，可能对公众领域的种种约束特别反感。自从 20 世纪 90 年代晚期以来，具有重要经济意义的"由公转私"的市

---

[42] RJ Gilson, 'Controlling Shareholders and Corporate Governance: Complicating the Comparative Taxonomy' (2006) 119 *Harvard Law Review* 1641.

[43] BR Cheffins, 'Does Law Matter? The Separation of Ownership and Control in the United Kingdom' (2001) 30 *Journal of Legal Studies* 459.

[44] MR Roe, *Political Determinants of Corporate Governance*: *Political Context*, *Corporate Impact* (Oxford: OUP, 2003).

[45] BR Cheffins, 'Putting Britain on the Roe Map: The Emergence of the Berle-Means Corporation in the United Kingdom' in JA McCahery, P Moerland, T Raaijmakers, and L Renneboog (eds), *Corporate Governance Regimes: Convergence and Diversity* (OUP, 2002) 147.

[46] Gilson, 'Controlling Shareholders and Corporate Governance'.

[47] 同上。

[48] Institutional Shareholder Services et al, *Report on the Proportionality Principle in the European Union*, 6.

[49] C McCreevy, Speech to European Parliament Legal Affairs Committee, 3 October 2007.

[50] 以下文件重点强调了自由流通股和公司治理问题，ABI, *Encouraging Equity Investment*, 26—29. 本章后文中将对这些问题作详细的讨论。

[51] European Commission, *Report of Alternative Investment Group: Developing Private Equity* (July 2006) 13.

场，已经发展起来。[52]

在哪儿上市？国际上的选择

本章主要关注国内首次公开发行，即一项由英国公司在英国提出的发行，该公司的股份在位于英国的正式市场上市（此处所称"上市"是松散意义上的，与以下概念是同义词，即股票被批准在有序的市场上交易；但在本章后文中，"上市"还可以更精确的方式使用，是指获准在适用强化监管标准的特定市场板块中交易）。尽管公司首次上市的传统选择是，使其证券在母国的证券交易所上市或交易，但值得注意的是，还有其他上市选择。公司首次上市的标准化选择是使其证券获准在母国交易所上市交易。初次上市可以一开始就在国外交易所进行，或者日后辅之以在国外交易所第二次上市或者交叉上市。一项关于股权证券上市地理分布的研究发现，20 世纪 90 年代，在美国交叉上市的欧洲公司，大部分是高科技公司，它们拥有筹集新的股权资本的需求。作者认为，生成美国竞争优势的因素主要包括以下方面：拥有技术娴熟的分析人士及精于对这些公司估值的机构投资者；美国交易所提供的流动性；美国会计准则及股东权利保护的质量；美国巨大的产品市场，为出口导向强烈的外国公司提供了天然助力。[53] 来自同时期的另一项强有力的分析则强调"认同"是世界各国的公司选择到美国上市的原因——它们自愿接受美国更高的披露要求和更为严苛的处罚威胁。[54]

然而，在 2002 年代中期，欧洲公司在美国上市的数量已在下降，这一趋势引发了许多市场观察者、政治家、学术评论家的分析与反馈。披露的数据包括：2003 年，纽约证券交易所首次公开发行总额中，31% 来自包括欧洲在内的外国发行人，但到了 2005 年，外国发行人只占这一总额的 8%[55]；2005

---

[52] L Renneboog, T Simons, and M Wright, M, 'Why Do Firms Go Private in the UK?' (2007) 13 *Journal of Corporate Finance* 591.

[53] M Pagano, AA Röell and J Zechner, 'The Geography of Equity Listing: Why Do Companies List Abroad?' (2002) 57 *Journal of Finance* 2651.

[54] R Stulz, 'Globalization, Corporate Finance, and the Cost of Capital' (1999) 12 *Journal of Applied Corporate Finance* 8; JC Coffee, 'Racing Towards the Top?: The Impact of Cross-Listings and Stock Market Competition on International Corporate Governance' (2002) 102 *Columbia Law Review* 1757; C Doidge, GA Karolyi, and RM Stulz, 'Why Are Foreign Firms That List in the U.S. Worth More?' (2004) 71 *Journal of Financial Economics* 205.

[55] McKinsey & Co, *Sustaining New York's and the US' Global Financial Services Leadership* (2007) 46, MR Bloomberg and CE Schumer 委托开展的研究报告（2007 年 1 月）46, available at 〈http://www.nyc.gov/html/om/pdf/ny_report_final.pdf〉（2013 年 7 月访问）。

年,全球首次公开发行(也就是在发行人母国之外进行的首次公开发行)所筹集的资本,只有5%在美国筹得;而2000年,这一数字是50%。[56] 总体而言,在2001年至2011年期间,在所有的跨境首次公开发行活动中,伦敦吸引了其中的41%,而纽约吸引了其中的23%。[57] 很多因素可以解释这一趋势,但其中特别引人关注的是两项因素,一是美国的监管环境更为严苛所带来的影响,集中体现在2002年颁布的《萨班斯—奥克斯利法案》,该法案是为了应对某些备受关注的公司倒闭和同期公司丑闻;二是在美国司法体制内的私人诉讼倾向的增强。[58] 相关的争论非常激烈,但是证据还不足以得出结论。一些针对《萨班斯—奥克斯利法案》颁布前后在美国上市交易的公司的分析发现,在此期间,与遵循美国监管要求相关的溢价已经下降,这一结果使作者得出结论称,投资者认为,总体而言,《萨班斯—奥克斯利法案》给交叉上市的公司、特别是更小型的公司和已经拥有良好治理的公司所带来的成本高于收益。[59] 另一方面,其他研究对纽约和伦敦证券交易所交叉上市的决定因素和后果进行了分析,并没有发现在美国交易所交叉上市会产生任何与《萨班斯—奥克斯利法案》有关的亏损。[60] 该项研究的作者得出结论称,实证数据支持以下理论:在纽约上市会给外国公司带来独特的公司治理收益,这并没有遭到《萨班斯—奥克斯利法案》的严重侵蚀,而且这种收益也无法通过在伦敦上市予以复制。

近期关于公司在母国外开展首次公开发行的研究证明,在美国发行的境外和全球性首次公开发行的数量在下降,久而久之,英国和新加坡是发行

---

[56] Committee on Capital Markets Regulation, *Interim Report* (November 2006) 2. 该报告通常被称为"保尔森委员会报告"(Paulson Committee Report),可参见〈http:/lwww.capmktsreg.org/pdfs/11.30 Committee_Interim_ReportREV2.pdf〉(2013年7月访问)。

[57] PWC, *Equity Sans Frontières—Trends in Cross-border IPOs and an Outlook for the Future* (2012年11月);ABI, *Encouraging Equity Investment*。

[58] 有人认为《萨班斯—奥克斯利法案》是立法部门在媒体关于公司丑闻的一片喧嚣中所犯的严重政策失误;例如,参见R Romano, 'The Sarbanes-Oxley Act and the Making of Quack Corporate Governance' (2005) 114 *Yale Law Journal* 1521。
舒默和彭博委托麦肯锡公司撰写了一份报告,内容系关于纽约失去全球金融之都地位的可能性,也是这一时期的产物。

[59] K Litvak, 'Sarbanes-Oxley and the Cross-Listing Premium' (2007) 105 *Michigan Law Review* 1857. 还可参见K Litvak, 'The Effect of the Sarbanes-Oxley Act on Foreign Companies Cross-Listed in the U.S.' (2007) 13 *Journal of Corporate Finance* 195。

[60] C Doidge, GA Karolyi, K Lins, D Miller, and R Stulz, 'Private Benefits of Control, Ownership, and the Cross-listing Decision' (2009) 64 *Journal of Finance* 425; C Doidge, GA Karolyi, and R Stulz, 'Has new York Become less Competitive than london in Global Markets? Evaluating Foreign Listing Choices over Time' (2009) 91 *Journal of Financial Economics* 253.

数量增幅最大的地区。[61] 但这项研究还指出,当考察发行收益而非发行数量时,情况略有不同。虽然在英国进行的境外和全球首次公开发行的数量大幅增加,但发行的规模往往小于在美国开展的首次公开发行。上述结论与其他作者的观点一致,即英国交叉上市数量增加的主要原因在于,伦敦证券交易所尚处于初级阶段,而另类投资市场的上市标准较低,填补了小型发行人的需求,这些小型发行人在《萨班斯—奥克斯利法案》颁布之前或之后,均不太可能成为美国证券交易所的交叉上市候选人。[62] 关于首次公开发行的研究还发现,公司开展境外首次公开发行(仅在一个外国发行并绕过母国)和全球首次公开发行(同时在母国和外国发行),更可能来自资本市场发展不佳、近期的行业同行较少、披露要求较低的国家。[63] 相比之下,在母国上市后又在外国交叉上市的公司,往往来自明显更加发达的、证券法制度更严格的市场。较大规模的首次公开发行更可能在美国上市,而更严格的披露要求似乎是决定在美国上市的一个重要因素。地理位置接近是决定在英国上市的一个因素,而在英国上市的公司往往来自那些披露要求更强,而不是更弱的国家。

在哪儿上市?国家(英国)和区域(欧盟)的选择

长期以来,建立泛欧证券市场一直是欧盟内部市场议程上的重要议题;为建立监管框架和监督检查体系,以促进和支持该市场的运作,欧盟已经做了大量工作。故在某种意义上,整个欧盟[64]均可以被视为英国公司的"国内"市场。当然,在欧洲主要证券交易所之间也存在着对发行人上市业务的竞争。随着证券交易所的公司制化,由全国性证券交易所行使重大公共利益功能的概念,已经消失;证券交易所现在主要经营面向国际的业务。例如,伦敦证券交易所集团(London Stock Exchange Group)目前是一个跨国集团,于 2007 年 10 月由伦敦证券交易所与意大利证交所合并而成。伦敦证券交易所曾试图与多伦多证券交易所合并,但未获成功。媒体也会定期报

---

[61] C Caglio, K Weiss Hanley, and J Marietta-Westberg, 'Going Public Abroad: The Role of International Markets for IPOs' (2011 年 3 月) ⟨http://ssrn.com/abstract=1572949⟩(2013 年 7 月访问)。还可参见:C Doidge, GA Karolyi, and RM Stulz, 'Financial Globalization and the Rise of IPOs Outside the U. S.' (2013 年 1 月) ⟨http://ssrn.com/abstract=2118624⟩(2013 年 7 月访问)。
[62] Doidge, Karolyi, and Stulz, 'Has New York Become less Competitive than London in Global Markets?'
[63] Caglio, Weiss Hanley, and Marietta-Westberg, 'Going Public Abroad.'
[64] 甚至是欧洲经济区,因为相关的监管框架也延伸到了欧盟以外的欧洲经济区国家。

道其他的一些可能性,包括与新加坡交易所建立联系的建议。伦敦证交所的主要竞争对手之一,纽约泛欧交易所(NYSE Euronext)在定位上也具有高度的国际化,该交易所于 2007 年由纽约证交所集团公司与泛欧交易所集团合并成立。2012 年 12 月底,洲际交易所(ICE)同意以 82 亿美元收购纽约泛欧交易所。欧盟委员会行使了欧盟竞争主管部门的职能,于 2013 年 6 月批准了这一交易。洲际交易所此前与纳斯达克联合发起竞购,但因美国竞争主管部门的反对而告失败。德意志交易所对纽约泛欧交易所的收购报价,也因竞争问题而受挫,该交易被欧盟竞争主管部门否决。纽约泛欧交易所在纽约、阿姆斯特丹、布鲁塞尔、里斯本和巴黎都设有交易市场,甚至建立了一个伦敦上市机构,与伦敦证券交易所在英国开展竞争。2012 年 6 月,欧洲隧道公司集团从伦敦证券交易所转股,成为在纽约泛欧交易所伦敦市场上的首家公司。

尽管欧盟内部市场的重要性不断上升,但更准确地说,仍应将英国视为英国注册公司的国内市场。此外,对于一家寻求上市的英国公司来说,其选择的上市地点可能是伦敦证券交易所提供的市场或市场板块。尽管还有其他总部位于英国的股票市场,但这些市场一直难以建立并保持较大的市场份额。[65] 伦敦证券交易所提供了主板市场,总体来说,该市场面向更大、更成熟公司的市场,或是渴望达到上述状态的公司;伦敦证券交易所还提供了另类投资市场(Alternative Investment Market,AIM),该市场一个面向更年轻、更小型的发展中的公司。[66] 主板市场是由欧盟监管的、面向正式上市(officially-listed)证券的市场;其高速成长板块(High Grouth Segment)于 2013 年创设,是由欧盟监管的、面向未获准正式上市的证券。另一方面,另类投资市场是一个受交易所监管的面向非正式上市证券的交易市场。发行人考虑正式上市以及获准进入主板市场的,其选择分为"高级"(premium)上市和"标准"(standard)上市。"欧盟监管"与"交易所监管""上市"与"未上市""高级"与"标准"上市间的差异,都与适用的监管标准有关。为了理解这些令人困惑的标签和类别,有必要对监管框架作详细的考察。

---

〔65〕 在 2012 年之前 Plus 集团提供了两个市场,一个市场针对成立年限较短或规模较小的发行人,另一个市场针对规模更大且发展更成熟的发行人。Plus 集团管理着超 140 家上市公司,总市值约 23 亿英镑;但该集团面临了严重的财务问题,且威胁到了其生存,后该集团于 2012 年被同业经纪公司 Icap 收购。新的所有人仍旧提供了两个层次的市场:ISDX 主板市场面向更成熟公司的市场,而 ISDX 成长型市场的监管框架致力于满足小型公司的需求。

〔66〕 此外,伦敦证交所面向专业人士的专业证券市场,将在第十四章(海外发行人的存托凭证市场)以及第十五章(公司债券市场)中讨论。

欧盟资本市场监管

考察应从欧盟层面开始。自 20 世纪 70 年代末以来,资本市场监管制度越来越多地受到欧盟层面立法干预的影响,欧盟旨在推动建立一体化的泛欧证券市场。20 世纪 70 年代末和 80 年代初,欧盟的早期立法适用于证券市场的"正式上市"板块。[67] 发行人为筹集资金,通过正式上市的证券市场(通常是各成员国的主要证券市场)向公众公开发行证券,或者使其证券获准在此类市场进行二级市场交易,就必须按规定填报上市公告表格,进行最初的强制性信息披露。[68] 它们还必须遵守某些强制性准入标准。[69] 而一旦上市,发行人必须遵循持续性的定期披露义务和其他要求。[70] 成员国可以选择接受这些义务,实施并监督这些制度适用于在本国证券交易所正式上市的证券。英国也行使了这项自由,伦敦证券交易所是该国证券正式上市的主管机构。在制定证券正式上市制度之后,欧盟又于 20 世纪 80 年代末制定了新的法律,规定无论是正式上市的证券还是其他证券的公开发行,招股说明书是强制性的义务。[71]

20 世纪 90 年代,市场发生了变化,全新的交易平台的涌现,使得以证券市场正式上市板块为重心的监管制度,越来越不合时宜。目前交易所正在从非营利机构向商业公司转型,以便能够在全新的、更富于竞争性的环境中更加高效地运作。依赖交易所来实施监督和管理职能的事实,受到了越来越多的深入审视。欧盟关于正式上市和证券发行的监管制度的其他方面,也被证明已不适应不断变化的市场环境。

1999 年,欧盟委员会通过了《金融服务行动计划》(FSAP)。[72] 《金融服务行动计划》是欧盟委员会的一项尝试,试图使欧共体更好地应对货币联盟所带来的挑战,并获得金融服务单一市场带来的潜在收益。它制度了一套

---

[67] 还可参见 A Alcock, 'The Rise and Fall of UK Quoted Company Regulation?' [2007] *JBL* 733.
[68] 欧洲议会和欧洲理事会关于协调准许证券在正式证券交易所上市而发布上市公告书的拟订、审查与传播要求的 80/339/EEC 号指令,(《上市公告书指令》)[1980] OJ L100/1.
[69] 欧洲议会和欧洲理事会关于协调许可证券在正式证券交易所上市的条件的(欧洲经济区)指令 79/279,[1979] OJ L66/21(《许可指令》).
[70] 欧洲议会和欧洲理事会关于股份获准在正式证券市场上市的公司定期发布信息的(欧洲经济区)指令 82/121,[1982] OJ L48/26(《临时报告指令》).
[71] 欧洲议会和欧洲理事会关于协调公开发行可转让证券招股说明书的拟订、审查和传播的要求的(欧洲经济区)指令 89/298,[1989] OJ L124/8(《公开发行指令》).
[72] European Commission, *Financial Services: Implementing the Framework for Financial Markets: Action Plan* (COM (1999) 232).

雄心勃勃的全新立法计划，包括对证券公开发行和证券获准在交易平台交易的制度规范，进行大刀阔斧地革新。《金融服务行动计划》的思想，最终形成了一部集大成的全新的欧盟资本市场法，以下内容是上述法律的主要组成部分，目的在于监管进入资本市场的发行人：

  欧洲议会和理事会2003年1月28日关于内幕交易和市场操纵（市场滥用）的2003/6/EC号指令（《市场滥用指令》或 MAD）。[73]《市场滥用指令》正在审查中，将被一项新的《市场滥用规定》和一项《市场滥用的刑事制裁指令》所取代。[74] 欧洲议会及理事会2003年11月4日关于向公众发行证券或被许可在受管制市场上交易时公开招股说明书的2003/71/EC号指令（《招股说明书指令》）。[75]《招股说明书指令》经2010/73/EU指令修订，以澄清若干条文规定，减少某些行政负担，并针对特定发行人及融资类型规定了相称的披露制度；[76] 以及

  欧洲议会及理事会2004年12月15日获准在受管制市场进行交易的发行人信息的透明度统一要求的2004/109/EC号指令，以及2001/34/EC号修订指令（《透明度义务指令》）。[77]《透明度义务指令》已由2010/73/EU号指令和2013/50/EU号指令审查和修订。[78]

  《金融服务行动计划》相关指令倡导的新做法，在很大程度上已取代了原有的欧盟对正式上市的监管制度。只有数量有限的、相对要求较低的、关于定性准入标准规定仍被保留。[79]

---

[73] [2003] OJ L339/70.
[74] European Commission, *Proposal for a Regulation of the European Parliament and of the Council on insider dealing and market manipulation* (*market abuse*)（COM(2011) 651）and *Amended Proposal*（COM(2012) 421）; European Commission, *Proposal for a Directive of the European Parliament and of the Council on criminal sanctions for insider dealing and market manipulation*（COM(2011) 654）and *Amended Proposal*（COM(2012) 420）. 2013年9月，欧洲议会与欧盟委员会就《市场滥用规定》达成了政治协议。在就修订的《金融工具市场指令》（MIFID II）达成最终政治协议后，《市场滥用规定》可获最终通过，因为《市场滥用规定》的各项内容取决于修订的《金融工具市场指令》最终文本，这些规定还需要进行协调。《市场滥用规定》的适用日期将与修订的《金融工具市场指令》的适用日期保持一致。
[75] [2003] OJ L435/64.
[76] [2010] OJ L327/1.
[77] [2004] OJ L390/38.
[78] 欧洲议会和欧盟理事会2013年10月22日修订2004/109/EC号指令的第2013/50/EU号指令，[2013]OJ L294/13。相关背景可参见 European Commission, Proposal for a Directive of the European Parliament and of the Council amending Directive 2004/109/EC (COM(2011) 683。成员国预计将于2015年年中在国内层面适用上述指令。
[79] 欧洲议会和欧洲理事会2001年5月28日第2001/34/EC号指令，关于准许证券在正式股票交易市场上市以及关于公布此类证券信息的指令，[2001]OJ L181/1（被称为《合并的准许和报告指令》，或 CARD）。《合并的准许和报告指令》合并了一系列早期的措施（准许指令、上市详情指令，以及中期报告指令）。

根据《招股说明书指令》，成员国有义务颁布法律，要求发行人就所有非豁免公开发行向公众披露招股说明书。《招股说明书指令》还要求成员国通过相关法律，规定证券获准在"受管制市场"交易时，必须公布招股说明书。如伦敦证券交易所的主板市场等的国家顶层市场，一般就是"受管制市场"。此种分类也可以扩展到第二层级市场，但如另类投资市场（AIM）等可以被有意组织，故不属于"受管制市场"，这样可以避免适用在受管制市场中采用的某些监管要求，并为小型公司保留更加灵活的监管机制。

《透明度义务指令》进一步强化了与证券获准在"受管制市场"交易时的相关监管义务。该指令规定，成员国有义务要求证券获准在"受管制市场"交易的发行人遵守定期披露的规定。它还要求股东披露主要持股情况。此外，根据《市场滥用指令》，获准在受管制市场交易证券的发行人，应当披露内幕信息（《市场滥用规定》将取代该指令，然而据此规定，上述义务将扩展至更广泛的发行人）。本章最后将进一步考察《市场滥用指令》和《透明度义务指令》所规定的发行人披露义务。

另一部特别重要的欧盟法律，是欧洲议会和欧盟理事会于2002年7月19日就国际财务报告准则（"国际财务报告准则"条例）的适用而发布的2002年第1606号（欧共体）条例。该条例自2005年1月生效，对证券获准在受管制市场上市的欧洲经济区的发行人提出了合并账户要求，即应当根据欧盟已经采纳的《国际财务报告准则》（IFRS）来编制账户。[80]

"受管制市场"的正式定义，现被规定于《金融工具市场指令》（MiFID）第4(1)(14)条，其含义为：

> 由市场经营者操作和/或管理的多边系统，市场经营者汇集或促进汇集了第三方在金融工具中的多种买卖利益——在该系统内并根据其强制性规则——在某种意义上产生了一项合同，合同内容是关于获准根据其规则和/或系统交易的金融工具；同时，市场经营者根据指令第3条规定，获得授权并定期履行职能。[81]

《金融工具市场指令》正在接受审议，审议内容包括重新审查不同交易

---

[80] [2002] OJ L243/1.
[81] 欧洲议会和欧盟理事会2004年4月21日关于金融工具市场的2004年第39号（欧共体）指令，修订了欧洲理事会85/611/EEC号、93/6/EEC号指令，以及欧洲议会和欧盟理事会2000/12/EC号指令，撤销了欧洲理事会93/22/EEC号指令，[2004]OJ L145/1。

场所的分类。[82] 在《金融工具市场指令》的审议中，引入了多边交易系统（MTF）的一项新的监管子类别，即中小企业成长型市场（SME growth market）。[83] 欧盟委员会认为，此举将提高知名度，有助于为此类市场制定统一的泛欧洲监管标准，这些标准将考虑到相关发行人和投资者的需求，同时将保持现有的对投资者的高水平保护。[84]这一发展对现有受管制的市场，以及受交易所管制的市场（如另类投资市场，实际为多边交易市场）有何影响，仍有待观察。要维持以下关系的平衡：既要对中小企业进行适当监管（可能涉及不同的招股说明书、披露或上市要求），也要对投资者进行适当程度的保护，无论他们投资大企业还是小企业。我们稍后讨论招股说明书的披露要求时再回头讨论以上问题；关于招股说明书的披露要求最近做了修改，为市值较低的发行人和中小企业制定了更加"相称的"披露制度，以方便其进入资本市场。

在英国实施欧盟法律：概要介绍

在英国，获准正式上市、获准在受管制市场交易和公开发行证券，应遵循的法律主要是《金融服务与市场法》第六部分和《金融服务局手册》(FSA Handbook)，后者特别是指《招股说明书规则》(PR)、《披露和透明度规则》(DTR)以及《上市规则》(LR)，上述规定共同实施了欧盟指令。《2000年金融服务和市场法》第6部分规定，英国金融行为监管局具有处理这些事项的法定权限，还规定了该机构在这方面主要职责和责任，以及管理上市程序和执行机制的框架规则。金融行为监管局的前身为金融服务局(FSA)，金融服务局于2000年5月开始负责管理上市事务，这是伦敦证券交易所重组为公开上市商业公司的结果之一。金融服务局的职责于2013年被移交给了金融行为监管局。

获准正式上市以及获准进入伦敦证券交易所的主板市场，也带来了最为繁重的合同义务：发行人必须遵守全套的监管要求，但是因为发行人选择"高级"发行或"标准"发行，监管要求可能在某些方面有所区别。如果发行

---

[82] European Commission, *Proposal for a Directive of the European Parliament and of the Council on markets in financial instruments repealing Directive 2004/39/EC* (COM(2011) 656); European Commission, *Proposal for a Regulation of the European Parliament and of the Council on markets in financial instruments and amending Regulation (EU) No 648/2012 on OTC derivatives, central counterparties and trade repositories.*

[83] COM(2011) 656, Art 35.

[84] 同上，para 3.4.10. 就这一观点演变的深入思考，可参见 G Ferrarini and P Saguto, 'Reforming Securities and Derivatives Trading in the EU: From EMIR to MiFIR' [2013] *Journal of Corporate Law Studies* 319.

人获准进入主板的高速成长板块,则无须受到《上市规则》的约束,因为该板块不是一个正式上市证券的市场;但是与进入欧盟监管市场的相关监管要求,包括招股说明书要求以及持续披露义务,仍将适用。[85] 适用于高速成长板块的差异化监管要求反映了一种政策选择,即要促进高增长公司进入英国的首次公开发行市场。这一板块将成为公司实现完全高级上市的"跳板"。

尚未准备好进入主板市场的公司,可以申请在另类投资市场上进行交易。另类投资市场是一个受交易所监管的市场,获准进入该市场无须适用来源于欧盟法律的关于招股说明书的披露要求,除非证券向公众公开发行,(在这种情况下,需要提供招股说明书)。来源于欧盟法律的关于发行人定期强制披露的要求,也不直接适用于在另类投资市场交易的公司,因为此类要求仅适用于受管制的市场。如发行人希望其证券在有序的交易平台上交易,除了接受普通法规定的条件外,还必须接受市场经营者规定的条件。获准进入伦敦证券交易所的主板市场时,此类要求规定于伦敦证券交易所的《准入和披露标准》中[86];或者在需要适用时,规定于《高速成长板块规则》中。[87]《另类投资市场公司规则》(以下简称《另类投资市场规则》)中,规定了适用于另类投资市场公司的准入标准和责任。[88] 其中的要求包括及时披露价格敏感信息、发表半年度报告以及其他事项等披露要求。

正式上市——它在英国的持续重要性

高级上市和标准上市

基于之前的讨论可以明显地看出,欧盟层面关于市场的正式上市板块的监管意义正在不断下降,现在已如明日黄花。欧盟最初的和现行的发行人披露制度适用于所有受管制的市场,无论这些市场是否为正式上市证券的市场;受管制市场的正式上市板块,仅应遵守来源于欧盟法律的、相对次要的关于准入定性标准的附加要求。[89]

虽然欧盟层面的政策已经确定不再以规制市场中的正式上市板块为目标,在英国国内法中,如在《金融服务与市场法》和《金融行为监管局手册》中,仍然存在大量的与正式上市有关的规则。这一情况反映了这样的政策

---

[85] LSE, *High Growth Segment Rulebook*(2013 年 3 月 27 日发行)。
[86] LSE, *Admission and Disclosure Standards*(2011 年 6 月)。
[87] LSE, *High Growth Segment Rulebook*(2013 年 3 月)。
[88] 2010 年 2 月。
[89] [2001] OJ L184/1.

选择,即继续将证券市场的正式上市板块单列,并对其实施高于执行欧盟指令所需之最低要求的公开监管。2004年,金融行为监管局的前身,金融服务局对此项政策作了如下解释:

> 然而,我们已经对证券获准正式上市的发行人适用更高的标准,而且我们的咨询文件已经表明,市场主体很重视这些更为严苛的或者高于同等的标准,认为它们为投资者提供了更多的保护,而且增强了市场的深度和流动性。我们会继续对股权证券获准正式上市的发行人适用某些高于同等的标准。[90]

最近,金融服务局将上市制度描述为"一项独立的制度,规定了发行人必须履行的行为上和管理上的义务;对投资者而言,这一制度基于提供信息的功能,使投资者能作出积极、明智的决策"。[91] 尽管始终强调制度的质量,但人们对上市制度的目的,以及制度规定的严格程度等问题的思考,仍在不断发展中。金融行为监管局作为金融服务局继任者,是上市事务的主管部门,该机构指出,如果使该制度过于繁重或过于复杂,可能会减少投资者或类别投资者接触到上市证券的机会,最终损害投资者利益。[92]

为了回应人们对于制度缺乏明确性且规定混乱的关切,尤其是对获准上市的外国发行人的管理要求等问题,金融服务局于2010年改革了上市制度,引入了更加明确且有区分的双层制度:"高级上市"和"标准上市"。[93] 这一改革在某些方面加强了对外国发行人的要求,但对英国发行人而言,它们的主要意义在于,改革引入了"标准"上市的可能性——依据欧盟指令的标准上市,而非依据要求更高的"高级"上市标准。[94] 就这点来说,此次审议限制了"高于同等"(super-equivalence)原则。但金融服务局于2012年再次回到这一问题,着手对上市制度作进一步修订,部分原因是为了强化高级上市的相关要求(包括制定额外的资格要求和上市原则,以及针对有控股股东的高级上市公司的持续性义务等),还有部分原因是为了强化标准上市制度,并将某些上市原则扩大适用于标准上市的公司。金融行为监管局通过了关于上市责任转移的方案,在撰写本书时(2013年11月),该方案产生的变化预计将于2014年年中生效。金融服务局认为,将上市原则应用于标准板块,

---

[90] FSA, *The Listing Review and Implementation of the Prospectus Directive—Draft Rules and Feedback on CP203*(CP04/16)para 1.8.
[91] FSA, *Enhancing the Effectiveness of the Listing Regime*(CP12/25)13.
[92] FCA, CP13/15,para 3.34.
[93] 在上述变化前,进行了广泛的审议:FSA, DP 08/01;CP08/21;CP09/24;CP09/28;CP09/24;PS10/02.
[94] 《上市规则》第6条(对于高级上市的额外要求(商业公司));第14条(对标准上市的要求:股份)。

并没有违反适用欧盟指令规定的最低标准的政策,因为这些原则可以被视为来源于现有的法律框架。[95]

综上所述,在现有制度中,标准上市与高级上市的主要区别如表 13.1 所示。[96]

表 13.1 高级上市和标准上市:基本要求

上市要求	高级上市	标准上市
资格标准	股票	股票
最低自由流通股[97]	《上市规则》第 6 条(25%)	《上市规则》第 14 条(25%)
最低市值	《上市规则》第 2 条(700,000 英镑)	《上市规则》第 2 条(70 万英镑)
经审计的历史财务信息	《上市规则》第 6 条(3 年)[98]	《招股说明书规则》附件 3(3 年或者发行人经营的更短期间)
至少 75% 的业务具有 3 年的历史财务信息	《上市规则》第 6 条	无
至少 3 年内控制的资产以及独立性	《上市规则》第 6 条	无
与控股股东间的关系协议	《上市规则》第 6 条	无
营运资金报告	《上市规则》第 6 条(最少 12 个月)	《招股说明书规则》附件 3(发行人短期和长期的资金来源的信息)
上市原则	《上市规则》第 7 条	《上市规则》第 7 条
保荐人	《上市规则》第 8 条	无

从表 13.1 可以看出,25% 最低自由流通股的要求既适用于标准上市,也适用于高级上市。自由流通股的规定削弱了控股股东的控制权,但此种削弱仅限于一定范围内:控股股东仍有权强行通过关键决定,包括那些需要特别决议(即 75% 绝对多数同意)的决定。如果金融行为监管局认为,考虑到公众持有股票的庞大数量以及股票分配情况,市场运作正常,金融行为监管局也可以调低所需的百分比。就高级上市而言,金融行为监管局表明,在行使其自由裁量权时将考虑同类股票(即便股票未上市)在非欧洲经济区国家的情况、公众股东的数量和性质,以及在股票获得准入时公众手中股票的期

---

[95] FCA,CP13/15,para 10.5.
[96] 《上市规则》第 15 条。
[97] 高速增长板块的一个重要特点在于,最低自由流通股少于 10%。
[98] 对矿产公司和科技公司的业绩记录和账目要求作了修改,金融行为监管局在其他情况下也有权修改或取消这些要求:《上市规则》第 6.1.8—6.1.15 条。

望价值是否超过1亿英镑。[99] 不过,金融行为监管局准备在标准上市方面变得更加灵活,以便在有足够流动性的情况下允许小型自由流通股上市。这一立场的目标在于,提高伦敦的标准上市市场的国际竞争力。[100] 在反思对流通股的监管立场时,英国发行人协会指出,由于估值较低以及公司治理标准较低,供应商、发行人和投资者通常认为标准上市的吸引力较差。[101] 至于高级上市,英国发行人协会坚持认为,25%应是能够提供适当流动性的最低自由流通股比例。要想被纳入富时指数(FTSE),则至少需要25%的自由流通股。[102]

在高级上市要求中(预计将在2014年)规定公司与控股股东的强制协议关系,也旨在解决投资者的担忧。[103] 这一协议的目的在于,保证公司能够独立于股东的影响而行事,并对不遵守协议条款的行为加强监管。有控股股东的高级上市公司,(预计在2014年)还要确保其章程规定了以双重投票结构的方式选举独立董事;在这种方式中,独立董事必须分别经全体股东批准,以及作为单独类别的独立股东批准。

上市原则

这些上市原则的目的是确保上市公司在维持市场信心和确保公平而有序的市场方面,予以适当的关注。[104] 上市原则分为两个层次。有两项上市原则同时适用于标准上市和高级上市。[105] 这些原则是,上市公司必须采取合理的措施,建立和维持适当的程序、制度和控制以便履行自身的义务;还必须以开放和合作的态度,与金融行为监管局合作。此外,如表13.2所示,高级上市板块还有六项额外的上市原则。[106]

---

[99] FCA, CP 13/15, paras 8.4—8.17。该部分内容提出了《上市规则》的修改建议,预计将于2014年中生效。该文本预测了法律修改后的举措。
[100] FSA, CP 12/25号, paras 7.112。金融行为监管局证实了将采用这一做法的意图;FCA, CP13/15号, paras 8.7。
[101] ABI, *Encouraging Equity Investment*, 27.
[102] 上述要求针对英国公司。对于非英国公司的要求更为严格。详见第十四章。
[103] 本部分主要引自FCA, CP13/15。所述的变化将通过《上市规则》修正案的方式来适用,尤其是对规则第5条、第6条、第9条和第11条的修正。
[104] 《上市规则》第7.1.2条。
[105] 截至2014年,上市原则仅适用于高级上市板块。金融服务管理局在CP 12/25号文件的第7.131—7.141段中,提议针对所有的上市公司建立双层次的上市原则制度(高级上市和标准上市)。该提议得到金融行为监督局的支持:金融行为监管局,CP13/15号文件。在撰写本文时(2013年11月),这些修改内容尚未正式通过,但预计将在2014年的年中付诸实施。文件中预计了这一结果。
[106] 《上市规则》第7.2.1条。

表 13.2 高级上市原则

原则一	上市公司必须采取合理措施,以使董事理解作为董事应承担的义务和责任
原则二	上市公司必须对其上市股权证券持有人或潜在持有人,本着诚信行事
原则三	获准高级上市的同类股票,必须在任何股东投票中,具有相同数量的投票权
原则四	如果上市公司获准高级上市的股票多于一种的,每种股票的累计投票权应与此种股票在该上市公司中的利益大致相称
原则五	上市公司必须确保在上市股权证券所拥有的权利方面,同等对待处于同样地位的同一种类的上市股权证券持有人
原则六	上市公司必须以本着避免制造上市股权证券的虚假市场或者继续此种虚假市场的方式,向其上市股权证券持有人或潜在持有人传递信息

高级上市:保荐人的要求

从表13.1可以看出,高级上市制度中另一项重要的高于同等的要求是,当公司申请股权证券的首次上市、以及在此后的某些规定场合,必须指定保荐人。[107] 保荐人,即投资银行或类似的金融机构,其作用是确保高级上市发行人(及上市申请人)理解并遵守其应当遵守的监管要求。保荐人通常是发行承销财团的资深成员。保荐人将与金融行为监管局保持联系,监管机构期待保荐人能在监督发行人遵守规定方面发挥重要作用。《上市规则》中的保荐人制度会定期受到审查和扩充。该制度被机构投资者视为确保高级股票市场有效性的基础。[108]

高级上市:持续的义务

采用高级上市方式的正式上市公司,要遵守上市规则规定的持续义务(对于非英国公司,部分规定有修改)。这些要求不同于以下规定,即适用于所有获准在受规制市场发行证券的公司(无论是高级上市还是标准上市),以及规定于《披露和透明度规则》的规定(本章稍后探讨)。上市规则中的广泛的持续义务,体现了金融服务局为正式上市的板块提供强健的、"镀金"的监管制度这一政策选择。上市规则中重要的持续义务包括:

——在年度财务报告中说明上市公司如何执行《公司治理合并守则》中的主要原则,确认公司已经遵循了《合并守则》中所有的相关规定,或者说明未遵守之处并对此作出解释[109];

---

[107] 《上市规则》第8条。
[108] ABI, *Encouraging Equity Investment*, 30.
[109] 《上市规则》第9.8.6(5)—(6)A条。这一要求延伸至海外公司:《上市规则》第9.8.7条。

——报告董事的薪酬方案及薪酬计划[110];
——遵守《标准守则》中关于限制证券交易的规定[111];
——通知股东某些交易,并且向股东提供机会以对拟议交易进行投票。[112]

为了加强《上市规则》的治理功能,规定了额外的持续义务(撰写本书时即 2013 年 11 月,已形成了规定;这些预计于 2014 年年中生效)。[113] 这些新的持续义务主要针对的是有控股股东的高级上市公司;这些义务对原有措施进行了补偿,提升了高级上市的准入标准。除其他要求外,这些义务要求制定一项正式协议来规范此类股东和公司的关系,并坚持要求独立董事在此类公司的董事会中为多数。对于持续性义务制度的补充内容包括,遵守选举独立董事的双层投票机制,根据这一制度,具有控股股东的高级上市公司的独立董事应当由全体股东、独立股东分别批准;将与高级上市相关事项的投票限制为已获准高级上市的股份;加强关于独立性的透明度。对于关联方交易的监管也加强了。关于取消上市的要求得到加强,其中包括要求独立股东单独批准取消高级上市的提议等。

《上市规则》的执行

如果金融行为监管局认为,正式上市证券发行人或者上市发行人已经违反了《上市规则》的任何规定,包括上市原则,它可以进行经济处罚。[114] 如果金融服务局认为发行人或者申请人的董事"明知"存在违反情事,则董事个人也会面临被处以罚款的风险。[115] 如果金融行为监管局有权处罚违反上市规则的个人,则它也可采取替代措施,转而谴责该个人。[116] 对保荐人也可以采取纪律处分(包括施加处罚、公开谴责、暂停或限制监管审批等)。[117] 在某些情况下,违反上市规则也可以等同于违背《金融服务与市场法》第八部分的市场滥用行为。金融行为监管局有权对实施市场滥用[118]的任何人处以不受限制的罚款,并要求赔偿。[119] 金融行为监管局也有权对明知而违反上

---

[110] 《上市规则》第 9.8.8 条。这一要求延伸至海外公司:《上市规则》第 9.8.6A 条。
[111] 同上,第 9.2.7—9.2.8 条。
[112] 同上,第 10 条。
[113] 该部分内容主要引自 FSA, CP12/25,以及 FCA, CP13/15。根据英国发行人协会的报告,投资者广泛的支持上述提议:ABI, *Encouraging Equity Investment*, 28. 所述的变化将通过《上市规则》修正案来适用,尤其是《上市规则》第 5 条、第 6 条、第 9 条和第 11 条。
[114] 《金融服务与市场法》第 91(1) 条。
[115] 同上,第 91(2) 条。
[116] 同上,第 91(3) 条。
[117] 同上,第 88A—F 条(被《2012 年金融服务法案》第 89 条替代)。
[118] 同上,第 123 条。
[119] 同上,第 384 条。

市规则的人员发出赔偿的命令,这里所说的违反行为不涉及市场滥用行为。[120]

表 13.3 《上市规则》的执行措施

公司名称	决定日期	违反行为	处罚结果
Prudential plc & Prudential Assurance	2013.3.27	未通知监管者2010年的收购计划:违反《金融行为管理局原则》和《上市原则》第6条	公司罚款3,000万 公开谴责CEO
Lamprell	2013.3.15	制度和控制存在问题,未能披露信息,违反交易规则:《上市原则》第2条、《披露和透明度规则》第1.3.4R条和2.2.1R条、《上市规则》第9条和《示范规定》	公司罚款240万
Nestor Health Group	2013.2.14	违反《示范规定》:《上市原则》第1条、第2条、《上市规则》第9.2.8条	公司罚款17.5万
Exillion Energy	2012.4.26	未能确定向公司主席支付的金额,制度和控制存在问题;违反《上市规则》11.1.1条、11.1.2条、《披露和透明度规则》第2.2.1条以及《上市原则》第2条	公司罚款29.2万
Cattles	2012.3.28	错误信息:市场滥用和违反《上市规则》第1.3.3条,《上市原则》第3条、第4条	公开谴责
BDO LLP（保荐人）	2011.5.26	保荐人未能以应有的责任心和技能行事	谴责公司
JJB Sports	2011.1.26	未能披露内部信息:《披露和透明度规则》第2.2.1条和《上市原则》第4条	公司罚款45.5万
Photo-Me International plc	2010.6.21	未能披露内部信息:《披露和透明度规则》第2.2.1条和《上市原则》第4条	公司罚款50万
Entertainment Rights	2009.1.19	延迟发布声明:《披露和透明度规则》第2.2.1条和《上市原则》第4条	公司罚款24.5万
Wolfson Microelectronic	2009.1.19	延迟发布声明:《披露和透明度规则》第2.2.1条和《上市原则》第4条	公司罚款14万
Woolworths	2008.6.11	延迟发布声明:《披露和透明度规则》第2.2.1条和《上市原则》第4条	公司罚款35万
Eurodis	2005.9.12	延迟发布声明:《上市规则》第9.2条	谴责公司
My Travel	2005.7.14	延迟发布声明:《上市规则》第9.2条	公司罚款24万

[120] 《金融服务与市场法》第382条。

(续表)

公司名称	决定日期	违反行为	处罚结果
Pace Micro	2005.1.26	中期业绩有遗漏,且未公布:《上市规则》第 9.2 条和第 9.3A 条	公司罚款 45 万
Shell	2004.8.24	市场滥用和违反《上市规则》	公司罚款 1,700 万
Universal Salvage	2004.5.19	延迟发布声明:《上市规则》第 9.1 条	公司罚款 1.9 万 董事罚款 1 万
Sportsworld	2003.3.29	延迟发布声明:《上市规则》第 9.2 条	谴责公司 董事罚款 4.5 万
SFI	2003.12.11	误导性初步结果:《上市规则》第 9.3A 条	谴责公司
Marconi	2003.4.11	延迟发布声明:《上市规则》第 9.2 条	公开声明

金融行为监管局的前身为金融服务局,该机构对上市发行人及其保荐人行使的制裁权力非常有限。到目前为止,它最为显赫的战果是 2004 年对 Shell Royal Dutch plc 的处罚,后者因市场滥用和多年来在经证实的石油和天然气储备方面虚假陈述而违反了上市规则,因而被金融服务局处以 1,700 万英镑的罚款。

表 13.3 总结了截至 2013 年 3 月,金融服务局实施的对违反上市规则行为的强制措施。

另类投资市场交易的准入标准

如前所述,获准在另类投资市场上交易,不属于欧洲法律所要求的强制性信息披露的范围,除非同时存在证券的公开发行。潜在的另类投资市场的发行人也无须遵循一般法律规定的强制性最低定性要求。相反,一家希望获准进入另类投资市场的公司,必须遵守《另类投资市场公司规则》,其中包括:每一位董事,无论是作为整体还是个人,均负有完全遵守《另类投资市场规则》的义务。[121] 另类投资市场规则对于股份获批之后公众持股的最低比例、获准之前的最低交易记录或者最低市值,均不设要求。强制性体制中监管机构对于许可文件的预先审阅制度,在另类投资市场中亦不存在。相反,另类投资市场规则要求,申请进入另类投资市场的公司必须委任一名提名顾问(NOMAD),并在获准之后一直延聘该提名顾问。[122] 当其被委任为

---

[121] 《另类投资市场规则》第 31 条。
[122] 同上,第 1 条。

提名顾问后,该提名顾问对证券交易所负有如下义务,即评估另类投资市场申请人或现有的另类投资市场公司是否具有适当性,并应建议和指导该公司履行遵守规定的义务。[123] 提名顾问在判断申请人的适当性时应考虑多项因素,对此有详细的要求。[124]

尽管来源于欧盟法律的受管制市场的披露不直接适用于另类投资市场,但另类投资市场的发行人实际上要承担一系列的披露义务,这些义务在很大程度上与适用于受管制市场的一般法律规定相类似。《另类投资市场规则》规定,申请人应提交许可文件,文件所规定的内容不像强制性招股说明书中的那样繁琐,但在很大程度上仍与之类似。[125] 同样地,另类投资市场公司根据《另类投资市场规则》应遵守的现有的披露要求,从广义上讲,与在受管制市场交易的发行人根据普通法应遵守的义务相比,是一个简化的版本。[126] 在欧洲经济区国家注册的另类投资市场公司,必须根据《国际财务报告准则》编制并呈报账册。[127] 如果另类投资市场公司注册于非欧洲经济区国家,则须根据《国际财务报告准则》《美国公认会计准则》《加拿大公认会计准则》《澳大利亚国际会计准则》或《日本公认会计准则》编制和呈报账目。[128] 另类投资市场公司必须合理谨慎,确保其公布的所有信息不具有误导性、错误性或欺骗性,同时也未遗漏任何可能影响信息录入的内容。[129] 在获准进入另类投资市场后,还有许多其他的持续义务,包括在进行反向收购[130]或导致业务根本变化的重大资产处置前,应得到股东同意。[131] 但有一个重要的区别是,另类投资市场的发行人在履行《公司治理准则》时,无须遵守披露要求。"上市公司联盟"是一家维护中小型上市公司利益的机构,该联盟制定了《小型上市公司治理指南》,另类投资市场发行人可以此作为合适的替代选择。

股份公开发行的形式

首次公开发行可以采取许多方法,其中最为重要的是以下数种。[132]

---

[123] 《另类投资市场规则》第1条。
[124] 针对保荐人的《另类投资市场规则》。
[125] 《另类投资市场规则》第3条,以及附件第2项。
[126] 《另类投资市场规则》第11条(即时披露价格敏感信息)、第17条(披露杂项信息)、第18条(半年报告)、第19条(年度财务报告)。
[127] 同上,第19条。
[128] 同上。
[129] 同上,第10条。
[130] 同上,第14条。
[131] 同上,第15条。
[132] 本部分的定义源于FCA《上市规则》附录1.1。

371 **公开认购要约**

在公开认购要约中，公众受邀向发行人直接认购尚未发行的新证券。新股份的公开认购要约，可能会伴随着卖方股东出售既有股份的要约。

公开出售要约

在公开出售要约中，公众受邀向发行人购买已经发行或配售的证券。当首次公开发行运用这一销售方法时，公司把新发行的证券配售给投资银行，后者随后邀请公众申购证券。与此同时，投资银行可以从现有股东中买入证券，然后将其卖给公众。

配售和中介机构发行

配售是指作为发行保荐人的投资银行向其客户或支持该配售的证券公司的客户出售证券。中介机构发行是指发行人或者发行人的代表向中介机构发行证券，再由后者卖给自身的客户。作为选择性市场手段，配售和中介机构发行可以节省潜在的交易成本，这种情形在公开认购要约或公开出售要约的成本相较于发行人对新资本的需求不成比例的情况下，会成为一个关键的考量因素。在跨国首次公开发行中，在一国（通常是发行人的母国）零售发行的同时，也可以在其他国家向机构投资者定向发行。

发行价格的确定——承销和询价

公司在募集股本时通常会聘请承销商。承销商（常为投资银行组成的财团，通常还包括已为发行人提供经纪服务的公司）同意以特定的价格购买股票（如果股票未被他人认购的话），以此提供一项保证，即发行人将能获得所需资金。承销服务通常延伸到这样的范围，即为公司融资提供一般性建议，并提供相关的管理和分销服务。主要承销商之一通常也是发行的保荐人。分承销商同意履行承销商购买股份的部分义务（可收取费用）。分承销商业务可以由机构投资者、银行和对冲基金提供。

在历史上，英国的市场惯例是，公司股份的发行价格由承销商在正式发行期起算前与公司协商确定。虽然承销商对于次级承销商可能愿意接受的发行价格有一个大体的判断，但实际上，次级承销和面向其他机构和公众的正式发行，直到发行价格确定之后才进行，而且主承销商必须履行合同义务来买入在发行中未被认购或购买的股份。因而，主承销商与次级承销商在发行期间（通常是10天至两周）将面临风险，发行期结束后将确定股份的发行和获准上市。承销的标准费用是发行收益的 2%。

自 20 世纪 90 年代以来,在确定证券发行价格时,更为普遍的是通过一种被称为询价的程序来完成。询价和传统的英国式承销的主要区别是,其确定发行价格的时点不同于承销和发行营销。当运用询价时,在确定发行价格之前,即已有效开展了证券的营销。在账簿管理人完成营销前的初步调查之后,公司公布了经批准的、载明价格区间并确定最终价格条件的潜在价格区间说明书,询价期间即开始起算。[133] 通过经理人网络,账簿管理人对股份发行的收益水平进行评估。在此期间,精密的通信系统和计算机软件使账簿管理人得以对需求水平进行观察和分析。在询价期结束之后,可以参考需求水平来确定发行价格。

人们认为,与传统的英国方法相比,询价在确定价格方面拥有诸多优势。据称,它能更加准确地与需求相匹配,而且降低了承销人最终包入大量"留存"(投资者未买入的证券)的风险;它还在潜在投资者之间创造了价格竞争,并提升了投资者透明度。[134] 然而,询价作为一种更为准确的定价机制这一优势,也会带来成本,因为它的费用通常高于更为传统的手段。而且,由于以下情形的存在,询价还会带来潜在的监管问题:公司给予负责询价的投资银行的自由裁量范围很宽泛(因而存在滥权的可能)[135];投资银行对发行人所负的义务与其对投资客户所负的义务[136]、或与其自身的财产权益[137]之间,存在潜在的冲突。

改进价格确定机制,目标在于更好地进行市场定价。大量的经验性文献考察了首次公开发行"价格被低估"现象——这意味着,股价会在交易首日大幅上涨。[138] 价格被低估的水平,在不同的时期变动不居,但在市场处于"火热"时期,例如 20 世纪 90 年代技术股繁盛时期,价格被低估的情形特别严重。价格被低估的现象令人称奇,因为它意味着大量的价值从现在的所有权人转移到了新的投资者。研究文献对于价格被低估的现象提供了种种

---

[133] 以下文件描述了该程序:ABI, *Encouraging Equity Investment*, 13—14。
[134] Degeorge and Maug, 'Corporate Finance in Europe'.
[135] 关于投资银行在分配方面的自由裁量权的系统性证据是有限的:TJ Jenkinson and H Jones, 'Bids and Allocations in European IPO Bookbuilding' (2004) 59 *Journal of Finance* 2309, 2336. 然而,伦敦的投资银行所收取的费用仍然低于纽约的投资银行:McKinsey & Co, *Sustaining New York's and the US Global Financial Services Leadership* (January 2007) 43。
[136] FSA, *Conflicts of Interest: Investment Research and Issues of Securities. Feedback on CP171*, CP 205, (October 2003) ch 5.
[137] 金融服务局已经对一起询价交易中未能遵守适当的市场标准的行为,采取了执法行动:FSA Final Notice, 10 April 2006 against Deutsche Bank。
[138] A Ljungqvist, 'IPO Underpricing: A Survey' in BE Eckbo (ed), *Handbook of Corporate Finance: Empirical Corporate Finance* (Elsevier/North-Holland Handbook of Finance Series, 2007), vol 1, ch 7.

解释，最为可信的是基于信息不对称的模型所提供的解释，例如，从事交易的发行人更了解需求情况；发行人比其他关键的参与方更了解公司的真实价值；或者一些投资者比其他人拥有更多的信息。然而，以信息为基础的模型并不能全面解释首次公开发行价格被低估的情形，而且还有许多人一直认为存在其他原因，其中包括行为理论，后者关注了"不理性"的投资者对市场的影响，或者公司控制人的偏见对首次公开发行决定的影响等。首次公开发行定价过高的责任风险，也可能起了一定作用。

除了价格低估外，定价不准确的情况有时还体现为以下情形，如在2012年5月Facebook臭名昭著的首次公开发行中，股票上市后股价上涨时间很短，在收盘的第一天股票价格仅略微高于上市价格，之后的价格进一步下降。机构投资者建议，发行人与投资者间的信息不对称可以通过以下方式解决，即发行人更早地与潜在投资者接触——在拟开展的首次公开发行前一年或更长时间——更早地发布招股说明书，发表更加独立的研究报告等。[139]

股票承销费会定期引起竞争主管部门的注意。最近的一个例子是2011年公平交易办公室（Office of Fair Trading，OFT）所作的市场研究。[140] 这项研究发现，自金融危机爆发以来承销费有了显著增长，2009年平均费用增长至3％以上，而2003年至2007年的费用约为2％至2.5％。公平交易办公室认为，这段时期的波动性和风险有所增加，但只是承销费用上涨的部分原因。该办公室没有特别关注可用的股票承销服务提供商的数量，并称其分析表明，公司未能与投资银行有效谈判成本问题，以及股东未能向募集股本的公司施加足够的压力要求其降低成本等情况，可能导致了费用上升、费用与折扣更趋集中的趋势。

招股说明书的强制性披露原则

在以下意义上，证券市场是有效率的：价格对新的信息迅速作出反应，是现代证券监管的基石。[141] 虽然在研究文献中，关于强制性披露是否可取，它在完善股价（股价是一种预测未来风险及回报的可能的一种最佳方法）的

---

[139] ABI, *Encouraging Equity Investment*, 17—22.
[140] OFT, *Equity Underwriting and Associated Services* (OFT 1303).
[141] RJ Gilson and RH Kraakman, 'The Mechanisms of Market Rfficiency' (1984) 70 *Virginia Law Review* 549.

准确性[142]，以及它在实现稀缺资源流向最富有潜力的项目投资的分配效率[143]等方面众说纷纭，政策和法律制定者已经认可，可以公开获得的信息、证券价格的准确性与资源分配之间存在关联，而且，进而言之，自愿披露的市场机制并不完善，会导致在监管缺位的情况下，造成次优的披露水平，其结果是产生不利的分配效率和投资者保护。[144] 向投资者公开发行证券的发行人必须遵守一套强制性的招股说明书披露要求，因而，英国（使欧盟指令具有效力）遵守了国际标准。

强制性招股说明书披露制度的运作

何时需要招股说明书？

在英国，向公众发行规定的可转让证券，或者请求许可它们在位于英国或运作于英国的受管制市场上市交易，除非招股说明书已经获得批准并在公开发行之前向公众公开或者视情况已经发出了请求，这些行为均为非法行为。[145] 违反这些规定将构成刑事犯罪[146]，因此遭受损害的任何人都可以对这种违反法定义务的行为提起诉讼。[147] 股份属于该目的之下的可转让证券。[148] 因而，所有的首次公开发行，包括那些获准在另类投资市场而不是伦敦证券交易所主板市场的发行行为，在表面上均属于公开发行所要求的强制性招股说明书规定调整的范围。然而，仅仅获准在另类投资市场交易，并不等同于获准在受管制市场交易，因而在没有公开发行的情况下，不会触发强制性招股说明书要求的适用，但《另类投资市场公司规则》中的披露要求

---

[142] LA Stout, 'The Mechanisms of Market Efficiency: An Introduction to the New Finance' (2003) 28 *Journal of Corporation Law* 635, 640. Gilson and Kraakman 强调，要区分市场信息效率和证券基本价值：RJ Gilson and R Kraakman, 'The Mechanisms of Market Efficiency Twenty Years Later: The Hindsight Bias' (2003) 28 *Journal of Corporation Law* 71; RJ Gilson and R Kraakman, 'Market Efficiency after the Fall: Where Do We Stand Following the Financial Crisis' in CA Hill and BH McDonnell (eds) *Research Handbook on the Economics of Corporate Law* (Cheltenham: Edward Elgar, 2012).

[143] MB Fox, R Morck, B Yeung, and A Durnev, 'Law, Share Price Accuracy, and Economic Performance: The New Evidence' (2003) 102 *Michigan Law Review* 331, pt I, 梳理了这方面文献的重要观点。还可参见 *Journal of Corporation Law* 2003 年的夏季号，该期刊包含了对前引 Gilson 和 Kraakman 的富于创意的论文予以重新审视的一系列论文。

[144] JC Coffee, 'Market Failure and the Economic Case for a Mandatory Disclosure System' (1984) 70 *Virginia Law Review* 717，该文献仍然是关于强制性披露的经典论述。以下文献对于有关强制性披露的文献进行了梳理：RA Prentice and FB Cross, *Law and Corporate Finance* (Edward Elgar, 2007) 28—69。

[145] 《金融服务与市场法》第 85(1) 条和第 85(2) 条。

[146] 同上，第 85(3) 条。

[147] 同上，第 85(4) 条。

[148] 同上，第 102A 条。

仍然适用。

在英国,向公众发行可转让证券的界定非常宽泛。以任何方式或者以任何手段向任何人发行可转让证券,并且提供了关于证券及其发行条件的充足信息以使投资者能够作出投资决定,均属于向公众公开发行可转让证券。[149] 这一定义包括股东二次转售,也包括发行人发行新股。通过金融中介机构募集证券也涵盖其中[150],但与在某些市场和场所交易相关的通讯,却不在其中。[151] 只要向在英国的人士发行,即被认为是在英国向公众发行。[152]

根据拟募集的资金数额、发行面向的投资者人数、发行面向的投资者的性质(一般说来,向非个人投资者的发行将予豁免)、或者证券的最低购买价格,存在着某些例外或者豁免。第一项豁免是,在欧盟法律中,当可转让证券是对总价低于500万英镑或相当金额的在欧盟内发行的一部分时,没有必要提供公开发行招股说明书。[153] 这些例外的引入,可以使中小型企业融资更为容易。低于500万欧元的发行完全不属于欧盟《招股说明书指令》(Prospectus Directive, PD)调整范围,原则上,对低于该价格的发行(遵守其他豁免规定),如果各成员国愿意的话,可以自由适用其国内招股说明书的相关法律。但英国并未选择利用这一制度。制作招股说明书是一项成本高昂的业务,成本对规模较小的融资活动的影响尤为明显。据估计,对价水平低于1,000万英镑的发行中,其成本为募集资金的7%—12%,也就是说,如果发行500万英镑证券,招股说明书的成本就为350,000英镑至600,000英镑。[154] 这就不成比例了。

一项有所重叠的例外规定是,总对价不超过10万欧元或者相当金额的证券公开发行,豁免适用公开发行的招股说明书要求。[155] 当适用10万欧元这一例外时,成员国不得在其国内法中施加招股说明书要求。[156] 如果拟募

---

[149] 《金融服务与市场法》第102B(1)条和第102B(3)条。
[150] 同上,第102B(4)条。
[151] 同上,第102B(5)条。
[152] 同上,第102B(2)条。
[153] 同上,第85(5)(6)条,以及附件11A项,第9段。欧盟2010/73/EU号指令([2010]OJ L327/1)将最低金额从250万欧元提高至500万欧元,英国制定了《2011年招股说明书条例》(Prospectus Regulations 2011),(SI2011/1668)以适用上述指令。2010/73/EU号指令还明确了豁免措施金额标准的地域范围,英国制定了《2012年招股说明书条例》(SI2012/1538)以适用这部分规定。
[154] HM Treasury, *Consultation on Early Implementation of Amendments to the Prospectus Directive* (March 2011) 6.
[155] 《金融服务与市场法》第86(1)(e)条,《2011年招股说明书条例》(SI2011/1668)、《2012年招股说明书条例》(SI2012/1538)适用了欧盟2010/73/EU号指令,并修订了第86(1)(e)条的规定。
[156] 如果成员国选择对500万欧元以下的发行实施招股说明书的要求(英国并未采取这一措施),因为低于10万欧元的发行享有豁免,故该成员国的权力将受到限制。

集的资金数额如此之低,则置备招股说明书的相关成本将不成比例。

向每个成员国内低于 150 人的发行,也豁免适用招股说明书要求。[157] 只向合格投资者进行的发行,同样也豁免适用该要求。[158] 当投资者必须至少支付 5 万欧元(或相当金额)来购买证券时,也可以进一步豁免适用公开发行招股说明书要求。[159] 这些例外规定促进了非零售发行,包括只针对机构的首次公开发行。它们特别有助于跨国的首次公开发行,后者在传统上,发行人在其母国(要求置备招股说明书)进行全面的零售发行,并向其他国家的机构投资者选择性地募集证券。它们还有益于国际债券发行的营销。这些例外将于接下来的第十四章(关于国际股权证券的发行)和第十五章(关于公司债券的发行)予以进一步探讨。另一项豁免包括"零售层级"(retail cascade):如果通过金融中介机构出售或配售股份,而该股份已是一项或多项公开发行的标的并满足特定条件的,就无须提供招股说明书;所谓特定条件包括,置备了相对较新的招股说明书(在目前的发行日前 12 个月以内经过金融行为监管局批准),以及发行人(或其他负责起草招股说明书的人)已书面同意为此目的使用招股说明书等。[160]

在刚刚探讨的所有例外情形中,豁免的仅仅是公开发行招股说明书要求。如果证券获准在受管制市场交易,除非适用其他的例外情形,必须提供许可招股说明书。许可招股说明书要求的豁免,以及公开发行招股说明书要求的进一步豁免,由金融服务局制定的《招股说明书规则》(Prospectus Rules, PR)予以规定。[161] 就首次公开发行而言,《招股说明书规则》中相关的豁免规定意义不大。对于二次发行(发行人已被允许进入市场交易后进行的发行),有一项重要的豁免是,允许证券交易时的公开招股说明书要求不适用于以下股份,即在 12 个月期间内代表在同一受管制市场上交易股份10%的股份。[162] 这有助于将增发股票合理分配给合格的投资者。[163]

---

[157] 《金融服务与市场法》第 86 (1) (b)条,经《2011 年招股说明书条例》(SI2011/1668)修订,该规定适用了 2010/73/EU 号指令。

[158] 《金融服务与市场法》第 86(1) (a)条,经《2011 年招股说明书条例》(SI2011/1668)修订,该规定适用了 2010/73/EU 号指令;(该规定经修订后的)第 86 (7)条根据《欧盟金融工具市场指令》所使用的定义,界定了"合格的投资者"。

[159] 《金融服务与市场法》第 86 (1) (c)条,经《2011 年招股说明书条例》(SI2011/1668)修订,该规定适用了 2010/73/EU 号指令。

[160] 《金融服务与市场法》第 86(1A)条,由《2012 年招股说明书条例》(SI2012/1538)第 2(2)条加入,并经过《2013 年招股说明书条例》(SI2013/1125)的修改。还可参见 2012 年 6 月 4 日第 862/2012 号欧盟委员会的授权规定,该规定修改了《招股说明书条例》,并明确应包括发行人同意为上述目的使用招股说明书的信息。

[161] 《招股说明书规则》(PR)第 1.2.2 条和第 1.2.3 条。《金融服务与市场法》第 85(5)条和第 86 条规定了金融行为监督局以此方式限制强制性招股说明书要求范的法定权力。

[162] 《金融服务与市场法》第 85(6)(b)条,以及《招股说明书规则》第 1.2.3(1)条。

[163] 详见第五章。

招股说明书的形式和内容

单一文件或三份文件的招股说明书

股票的强制性招股说明书可以置备为单一的文件，或者是三份文件，后者包括一份登记文件（包含有关发行人的信息）、证券说明（包括将要发行或获准交易的证券的详情）以及一份摘要说明。[164] 拟发行证券的发行人可以向金融服务局提交一份注册文件以登记备案，该文件在十二个月内有效。当发行人准备向公众发行证券或者申请证券获准在受管制市场交易时，它只需提交证券说明（如果自证券登记文件获批之后发生的重大变化，会使得投资者对该证券的评估，不同于基于最近更新的登记文件所作出的评估，则它也会提供关于该重大变化的信息）以及摘要说明。[165] 拥有包含三份文件的招股说明书，能够提升发行程序的效率。在英国，首次运用这种新的、包含三份文件的招股说明书来发行证券的是英国标准人寿公司，该公司于2006年7月发行了证券。[166]

《招股说明书指令条例》：清单与防护栏

强制性招股说明书的详细内容，以及内容的排列顺序，均规定于《招股说明书指令条例》(Prospectus Directive Regulation，PDR)之中，后者根据欧共体法律直接适用于英国。[167]《招股说明书指令条例》是根据欧共体证券立法的兰氏程序(the Lamfalussy Process)之"第二层级"立法的一个范例。[168]《招股说明书指令条例》所采取的方法，是要求运用与发行人种类及所涉及的证券相适合、并且结合运用清单（schedule）与防护栏（building block）的方法，来置备招股说明书。[169] 除此之外，对于面值低于100,000欧元的股份和债权证券、面值至少为100,000欧元的债权证券、资产支持证券和衍生证券，

---

[164] 《招股说明书规则》第2.2条。

[165] 同上，第2.2.5条。

[166] E Ferran, 'Cross-border Offers of Securities in the EU: The Standard Life Flotation' (2007) 4 *European Company and Financial Law Review* 462.

[167] 欧洲议会和欧洲理事会2004年4月29日关于招股说明书所含信息及其格式、引文和此类招股说明书的发布和广告的散播而实施2003年第71号（欧共体）指令的欧盟委员会（欧共体）条例809/2004，[2004] OJ L149/1（《招股说明书指令条例》）。2012年3月30日第486/2012号欧盟委员会批准的规定（[2012]OJ l150/1），修订了欧盟委员会第809/2004号规定，修订内容包括招股说明书的格式和内容、基本招股说明书、摘要和最终条款以及披露要求。2012年6月4日第862/2012号欧盟委员会批准的规定（[2012]OJ l256/7），修订了第809/2004号规定，修订内容包括准许使用招股说明书的信息、基础指数信息，以及独立会计师或审计师编写报告的要求。2013年4月30日第759/2013号欧盟委员会批准的规定（[2013]OJ l213/1）修订了第809/2004号规定，修订内容包括可转换、可交易的债务证券的披露要求。

[168] 关于兰氏程序的一般介绍，参见E Ferran, *Building an EU Securities Market* (CUP, 2004) 58—126.

[169] 《招股说明书指令条例》第21条。

另设有单独的清单与防护栏。《招股说明书指令条例》附件十八提供了一份表格清单,以使发行人能够确定特定的招股说明书必须包含哪些具体内容。为帮助读者,金融行为监督局《招股说明书规则》包括了一份摘自《招股说明书指令条例》的冗长摘要,但《招股说明书指令条例》本身才是确定的渊源。[170]

相称的披露——中小企业和小盘股

2010 年对《招股说明书指令》所做的修改,针对某些发行人和某些类型的融资活动规定了相称的披露机制。在指令的修改过程中,受益者是中小型企业(SMEs),以及股票市值较少的发行人。[171] 对中小企业和小盘股公司招股说明书的披露要求,要与其规模相适应,必要时,还与其较短的业绩记录相适应。中小企业是指,根据其最新的年度报表或综合报表,该企业在下列三项标准满足两项:在该财政年度内平均的雇员数少于 250 人;资产负债表不超过 4,300 万欧元;年度净营业额不超过 5,000 万欧元。[172]

小盘股公司是指,在受管制的市场上市,且在过去三年中年末统计的平均市值小于 1 亿欧元的公司。[173] 对中小企业和小盘股公司有利的变化包括,在某些情况中可就以下要求享有豁免,包括提交经营和财务审查报告、关联方交易细节,以及财务的历史信息等。根据欧盟委员会引用的估算结果显示,放松监管将能降低 20% 左右的成本,这意味着每份招股说明书的成本将减少 20,000 欧元至 60,000 欧元。[174] 欧洲证券和市场管理局(ESMA)[175]收集的数据表明,起草招股说明书的成本可能高达小型融资业务(如 500 万欧元)所募集金额的 10% 以上;而置备经营和财务审查报告、财务的历史信息,每份报告的成本均可能超过 100,000 欧元。[176]

欧洲证券与市场管理局对规定与中小型企业和小盘股相称的信息披露制度表示担心,理由在于,这样的规定不符合此类公司风险较高的情况;从长期来看,还可能会对中小企业和小盘股造成损害,因为其无法满足投资者对于信息披露标准的要求。[177] 欧洲证券与市场管理局建议,为了维持充分

---

[170] 《招股说明书规则》第 1.1.7 条。
[171] 《招股说明书指令》第 7.2(e) 条;《招股说明书指令条例》第 26b 条;第 XXV—XXVIII 号附件。
[172] 《招股说明书指令》第 2(1)(f) 条;2003/361 号《委员会建议》,[2003]L124/36。
[173] 《招股说明书指令》第 2(1)(ii)(t) 条(经修订)。
[174] European Commission, *Impact Assessment* (SWD (2012) 77) 28—29。
[175] 2011 年 1 月 1 日,欧洲证券和市场管理局代替了欧洲证券监管委员会,欧洲证券和市场管理局是根据欧洲议会和理事会 2010 年 11 月 24 日 1095/2010 号(欧盟)条例设立的,[2010]OJ l331/84。
[176] ESMA, *Technical Advice on Possible Delegated Acts Concerning the Prospectus Directive as Amended by the Directive 2010/73/EU* (esMa/2011/323) para 229。
[177] 同上,para 319—333。

的对投资者的保护,中小企业或小盘股在首次公开发行时,仍应提供完整的招股说明书,因为投资者不了解新进入市场的企业,故投资者应得到最大限度的保护。但欧盟委员会没有接受这一建议。[178] 其观点是,相称的披露制度一般应适用于尽可能避免信息重复的招股说明书,而这些信息可在其他地方查询;该制度还应当用于调整《招股说明书指令》关于信息要求标准的水平,以更好地适应中小企业和小盘股的规模。欧盟委员会认为,全面适用上述规定,将能在不严重损害投资者保护制度的前提下,便利中小型企业和小盘股更容易进入市场。

在促进资本形成和提供适当的投资者保护水平之间存在着一种紧张的关系,这种关系贯穿于资本市场的监管制度中。如本章前文所讨论的,对于小规模发行的豁免和除外责任提供了一系列的例证,以证明政策制定者认识到,繁重的监管制度可能会对相对较小规模的资本产生不适当的影响,故政策制定者转而支持资本的形成。相称的披露机制也朝着同样的方向发展。此外,欧洲的政策制定者对这些问题的思考,与其在大西洋对岸的同行的观点大致相同:在经济低迷时期,创业和小企业被认为是希望之光;消除监管障碍是当务之急,因为这些障碍可能会阻碍它们充分发挥潜能。这种想法支撑着2012年美国《促进创业企业融资法案》。《快速启动创业公司法案》的目的在于,为较小型的交易提供豁免(如为众筹提供便利),降低对中小型发行者在某些信息披露方面的要求,以此减轻中小型公司的监管负担。[179] 鼓励创业、刺激就业、重振首次公开发行市场,这些目标都具有明显的吸引力。[180] 但当前的风险是,这种善意的放松管制可能会对投资者保护产生意想不到的负面影响,特别是在短期政治考量可能会刺激改革动力的情况下。[181]

相称的披露——某些次要问题

有经验的发行人,即已有证券上市交易的发行人,负有定期和不定期的披露义务,还应当接受投资者、金融分析师和媒体的审查。当这些发行人要重返市场筹集新资本时,考虑到其已经公开的信息数量,再由发行人制作完整招股说明书的话,所花费的成本可能是不合理的。因此,对二次发行逐步实行相称的披露制度,可能会提高效率;但与以往一样,必须在减轻发行人

---

[178] European Commission, *Impact Assessment* (SWD (2012) 77) 28—29.
[179] Latham & Watkins, *The JOBS Act After One Year*.
[180] JR Ritter, 'Re-energizing the IPO Market,' in M Bailey and R Herring (eds) *Restructuring to Speed Economic Recovery* (Washington: Brookings Press, 2013).
[181] JC Coffee, 'The Political economy of Dodd-Frank' in E Ferran, N Moloney, JG Hill, and JC Coffee, *The Regulatory Aftermath of the Global Financial Crisis* (Cambridge: CUP, 2012) 301, 364—367.

负担和保护投资者间保持平衡。欧洲证券与市场管理局在其向欧盟委员会作的技术建议中指出，针对这样的发行人来规定简化的信息披露制度，尽管有利于避免重复，但重要的是不要"清空招股说明书的实质内容"，因为这将"违背加强投资人保护的目标"。[182] 修订后的《招股说明书指令》规定了相称的披露制度，旨在实现如下平衡。[183] 相称的披露制度只能适用于"股票认购权发行"，但为此目的，"股票认购权发行"的定义不仅包括《2006年公司法》规定的完整的法定股票认购权发行，还包括未适用法定优先购买权但以"几乎同等的权利"代替时的发行。按照《上市规则》进行的标准股票认购权发行（即根据现有股东持股比例，以可放弃配售通知书为载体面向现有股东的发行，对不行使权利或出售股权的股东给予补偿，并对海外股东、库藏股和零股作出特别安排），如是有补偿的公开发行，将是符合修订后的制度的；但并非没有补偿内容的公开发行，就不符合《2006年公司法》的优先购买权以及修订后的制度了。[184] 如果要从修订后的披露制度中受益，拟作二次发行的类别股份就必须已获准在受管制的市场中交易，或在符合现行披露规定和市场滥用规定中某些监管要求的多边交易系统中交易。[185] 多边交易系统（这一分类包括另类投资市场）的规则要求发行人必须在每个会计年度结束后6个月内，发布年度财务报告和审计报告半年财务报表；在每个财年前6个月结束后的4个月内，发布半年财务报告；并根据《市场滥用指令》规定发布内部信息。该制度中的放宽措施包括：无须进行经营和财务审查，只需提供一年的审计历史财务信息，无须披露资金来源或所需的特定财务信息，在满足一定条件时关联方交易的细节可以忽略，受管制市场的发行人无须披露薪酬、福利和董事会行为。无论何时在股票认购权发行中采取相称的披露制度，在招股说明书的开头都必须包含对该制度法律效果的警告。[186]

尽管发行人可根据相称的披露制度来制作招股说明书，但其也可以选择根据《招股说明书规则》相关附件中更加完整的披露要求，来制作招股说明书。发行人认为在招股说明书中包含额外披露信息会在市场上带来好处时，或者担心遗漏特定信息可能导致招股说明书在整体上产生误导时，发行人可以作出上述选择。在这方面应当谨慎行事，即便发行人可以采用相称的披露制度，但其仍应遵守普遍的披露义务（稍后讨论）。

最大限度的协调

《招股说明书指令》和《招股说明书指令条例》所确立的披露制度，常被

---

[182] ESMA/2011/323, para 262.
[183] 《招股说明书指令》第7.2(g)条。
[184] 详见第五章。
[185] 《招股说明书指令条例》第26a(1)条，该规定由486/2012号委员会规定加入。
[186] 同上，第26a(3)条。

认为实现了"最大限度的协调"(maximum harmonization),虽然指令中并未使用这一词汇。[187] 最大限度的协调意味着,国家管理机关不能发布一般的规则,要求招股说明书包含未涵盖于《招股说明书指令条例》的相关清单与防护栏中的信息。尽管《招股说明书指令》第 7 条和《招股说明书指令条例》规定了招股说明书应包含的"最少"信息,这并不是为了影响协调的水平,而仅是为了给以下操作留有空间,即包含更多信息以满足普遍的披露义务(后文将作讨论),或包含超出指定项目的信息,这些信息可选择披露。[188] 只有针对有限的、准确的名单中的发行人,主管机构才能要求披露超出清单与防护栏信息项目范围的信息。[189] 然而,在审批招股说明书而进行的个案审查中,金融服务局可以要求在招股说明书中加入它认为保护投资者所必需的信息。[190] 另外,如果本来必须披露的某些信息披露后将有违公众利益,或者会严重损害发行人的利益(如果在这种情况下,省略这些信息不会误导公众),或者这些信息只具有微小的意义,则金融服务局有权以特定事实为基础,授权省略披露这些信息。[191] 对招股说明书披露要求的最大限度的协调,并不妨碍成员国在批准证券进入受管制市场时施加其他的特定要求,如公司治理要求等。[192]

最大限度的协调的首要目标是,实现标准化。如果实现招股说明书信息的标准化,将能使投资者更容易比较和评估不同投资机会的相对优势和劣势。

欧洲证券与市场管理局(ESMA)的建议与问答

此外,为了促进实现标准化目标,欧洲证券与市场管理局(欧洲的证券和市场管理和监督机关),已经发布了关于持续实施招股说明书要求的推荐意见。[193] 根据《招股说明书指令条例》,招股说明书的置备者必须将欧洲证券监管机构委员会的推荐意见,作为确定招股说明书内容的考虑因素。金

---

[187] 《招股说明书指令》鉴于条款 15 条、第 20 条暗示了这一特点,尽管规定中的观点不是非常明显。参见《招股说明书指令条例》第 3 条和第 22(1)条。就此观点的详细讨论,可见 P schammo, *EU Prospectus Law* (Cambridge: CUP, 2011) 69—74。
[188] 《招股说明书指令条例》鉴于条款第 15 条设想了自愿纳入额外信息的可能性。
[189] 同上,鉴于条款第 5 条和第 22 条。还应注意鉴于条款第 23 条,该条涉《招股说明书指令》中未涵盖的全新类型的证券;关于这一问题,主管部门应当就招股说明书的内容行使自由裁量权,但"应努力寻找相似之处,并尽可能多地利用现有的规定"。
[190] 《金融服务与市场法》第 87J 条。
[191] 同上,第 87B 条。
[192] 《招股说明书指令》鉴于条款第 15 条。
[193] ESMA, *Update of the CESR recommendations on the consistent implementation of Commission Regulation (EC) No 809/2004 implementing the Prospectus Directive* (ESMA/2013/319)。

融服务局在完成招股说明书审批程序时,也会考虑该项因素。[194] 欧洲证券与市场管理局还持续更新着一个关于招股说明书的问答文件。[195] 这个文件定期更新,记录普通公众和主管当局关于《招股说明书指令》实际应用中的问题,以及对上述问题的回复。其目的在于,促进形成共同的监管方法和举措。

普遍的披露义务

除了遵循《招股说明书指令条例》的详尽要求外,招股说明书必须包含《金融服务与市场法》第87A(2)条所称的使投资者能够对以下事实作出明智评估的"必要信息":

(1) 公司的资产和负债、财务状况、盈利和亏损、可转让证券发行人和保证人的情况说明;以及

(2) 附着于可转让证券的权利。

必要的信息必须以可以理解并易于分析的形式来提供。[196] 在置备这些信息时必须关注可转让证券及其发行人的特定性质。[197]

普遍的披露义务不限于以下信息,即为招股说明书负责人实际知晓的信息,或负责人可合理查询得到的信息。普遍的披露义务也未排除以下事实信息,即某些信息属于那些专业顾问的了解范围,而潜在的证券购买者可能会向他们咨询了解;以及经认可的投资交易所通过上市规则或其他规则向发行人施加要求,从而使当事人了解的某些信息。

除了强制性披露具体信息外,向投资者披露全部可供查询的资料信息,是一项重要的原则,该原则也是资本市场法律的标准特点。[198] 尽管招股说明书内容的标准化很重要,但如果招股说明书草拟人将具体披露的要求视为一份详尽的清单,或将之视为对招股说明书中信息全面性做整体评估的要求,都是不合适的。

引置条款

允许在招股说明书中援引载于一份或多份先前或同时公布的文件中的信息,这些文件已获得发行人母国的有权管理机关(在英国成立的发行人,其管理机关就是金融行为管理局)批准或备案;或者这些信息已根据监管规

---

[194] 《招股说明书规则》第1.1.6条和第1.1.8条。但欧洲证券及市场管理局第1095/2010号规定中第16条的建议未被采纳,故根据该条建立的"或遵守或解释"机制也未予适用。
[195] ESMA/2013/1537(2013年10月更新)。
[196] 《金融服务与市场法》第87A(3)条。
[197] 同上,第87A(4)条。
[198] IOSCO, *International Disclosure Standards for Cross-Border Offerings and Initial Listings by Foreign Issuers* (1998) 5.

定,提供给了管理机关。[199] 可以通过援引文件来传递的信息包括年度账簿和报告、半年度报告。[200]

招股说明书摘要

所有首次公开发行的招股说明书,无论是体现为一份文件还是三份文件,都必须包含一份摘要。[201] 在欧盟资本市场的法律中,摘要被认为是散户投资者获取信息的重要来源。摘要必须用清晰的语言起草,并以易于理解的方式呈现关键信息。招股说明书的摘要应以非技术性的语言以及适当的结构,并以简明扼要的方式,阐述招股说明书的标的证券的重要信息;同时,还应结合招股说明书其余部分,帮助投资者思考是否投资该证券。[202] 摘要的长度应考虑到发行人和证券的复杂性,但不得超过招股说明书长度的7%或15页(以较长的为准)。[203] "关键信息"是指,提供给投资者的、必要的和适当的结构化信息,使投资者能够理解发行人、担保人和证券的性质和风险,此处所指的证券,是提供给投资者的或者获准在受管制的市场上交易的证券;同时,关键信息还能使投资者决定进一步考虑哪一项证券发行业务。[204] 关键信息必须包括:对于发行人、担保人的主要特点、相关风险的简要描述;对于投资相关证券、发行的一般条款(包括发行人或要约人估计将向投资人收取的费用)、获准进行交易的细节、发行的原因以及收益使用等内容的主要特点、相关风险的简要描述。[205] 摘要必须以通用的格式拟订,以便提高与类似证券摘要的可比性。[206] 标准化的高度重要性体现在《招股说明书指令规定》的演变中:根据《招股说明书指令规定》第24条最初的规定,发行人、要约人或者申请获准交易的人可"自行"决定摘要的详细内容;而法律现在已对关键信息条款作了规定,并规定"各部分的顺序以及相关附件各要素的顺序,应当是强制性的"。[207]

招股说明书的摘要中还必须包含风险警示,告知读者该摘要只是一项介绍,投资者应该基于招股说明书再作出投资决定,还应告知在与招股说明

---

[199] 《招股说明书规则》第2.4.1条。
[200] 同上,第2.4.2条。
[201] 《金融服务与市场法》第87A(5)条。
[202] 《招股说明书指令》第5(2)条(经修订),该指令由《金融服务与市场法》第87A(6)和第87A(9)—(10)条适用;《金融服务与市场法》的上述规定系由《2012年招股说明书规则》(SI2012/1538)添加。
[203] 《招股说明书指令条例》第24条(经修订);《招股说明书规则》第2.1.4条。
[204] 《招股说明书指令》第2(1)(s)条(经修订),该指令由《金融服务与市场法》第87A(9)—(10)条适用。
[205] 同上。
[206] 《招股说明书指令》第5(2)条(经修订)。
[207] 《招股说明书指令条例》第24条和附录XXII(经修订);《招股说明书规则》第2.1.4条。

书信息相关的民事诉讼中可能会遇到的某些圈套。[208] 摘要中不得以参考文件来传递信息。[209] 如果在摘要中交叉引用文件,可能会被认为带有以下风险,即摘要不是一份独立包含信息的文件,且交叉引用的方式可能会取代简明扼要的解释。[210]

遗漏的信息

如果报批的招股说明书没有包括最终发行价格或者可转让证券数量(含有价格区间的招股说明书即属此种情形),遗漏的公告必须尽快向金融服务局备案[211],并因而会触发有限撤销权。[212] 本章稍后部分将进一步探讨撤销权。

招股说明书中的财务信息

欧盟的发行人通常必须按照欧盟采用的《国际财务报告准则》来置备招股说明书的历史财务信息。[213] 相应地,对于在英国成立的发行人来说,有招股说明书中财务信息披露的形式和内容,立法者的立场相对简单明确。对于第三国的发行人来说,情况则更加复杂一些,因为所需财务信息必须根据欧盟采用的《国际财务报告准则》置备;或者也可根据第三国的会计标准来置备,但前提是该第三国的国内标准已经过欧洲委员的评估,且这些标准被认为与欧盟所采用的《国际财务报告准则》相当。[214]

要求外国发行人按照欧盟所采用的《国际财务报告准则》或者"相当的"会计制度来置备财务信息,很快成为《招股说明书指令》所确立的制度中的一项最具争议的特点之一,在一段时间内,人们很担心,账目重述方面的严苛要求,会使得欧洲资本市场对于外国发行人而言,昂贵得无法接受。[215] 但在最近一段时间,"相当标准"的确定程序已经稳定下来,在这个过程之中,欧盟委员会在欧洲证券监管机构委员会的建议之下,起到了引领作用。[216] 日本和美国的国内会计制度(公认会计原则或 GAAP)被认为符合"相当标准"('equivalence' test)。[217] 中国、加拿大、韩国和印度的公认会计原则也

---

[208] 《招股说明书指令条例》附录 XXII,A 项;《招股说明书规则》第 2.1.7 条。
[209] 《招股说明书指令条例》第 24 条;《招股说明书规则》第 2.14.4 条。
[210] ESMA/2011/323,63.
[211] 《金融服务与市场法》第 87A(7) 条;《招股说明书规则》第 2.3.2 条。
[212] 《金融服务与市场法》第 87Q 条。
[213] 《招股说明书指令条例》附录。
[214] 《招股说明书指令条例》第 35 条。
[215] E Ferran, *Building an EU Securities Market* (OUP,2004)160—164.
[216] (EC)1569/2007 号欧盟委员会规定([2007]OJ 1340/66),依据 2003/71/EC 号指令、欧洲议会和欧洲理事会第 2004/109/EC 号指令(经过 (EU) No310/2012 号欧盟委员会批准规定([2012]OJ 1103/11)的修订),建立了一项机制,以判断第三国证券发行人适用的会计标准是否具有"相当性"。《透明度义务指令》第 23(4) 条规定建立了该项机制。
[217] 2008 年 12 月 12 日 2008/961/EC 号欧盟委员会决定[2008] l340/112。

383 被认为符合"相当标准";在印度,"相当标准"的确定程序仍是临时性的,以便有更多时间来实施符合《国际财务报告准则》的报告制度。[218] 第十四章将进一步考察外国发行人的情况。

国际财务报告准则语言的要求

正如在首次公开发行中,向公众发行证券以及/或者申请证券获准在其母国市场交易的发行人,必须用为母国监管者所接受的语言来起草招股说明书。[219] 如果发行活动跨越国境,即除在母国发行之外还进入了其他国家,则招股说明书必须以每一东道国的证券主管机构所能够接受的语言来起草,或者发行人可以选择用国际融资活动所惯用的语言来起草。[220] 在首次公开发行中并不常见的情形是,发行人并不打算在母国发行,在这种情况下,发行人必须满足每一相关东道国的要求,或者以国际融资活动所惯用的语言来起草招股说明书。[221] 当根据这些语言规则置备的招股说明书被用于欧洲经济区内的跨境发行活动时,作为东道国的成员国只能要求将招股说明书的摘要翻译成其官方语言。[222]

在历史上,欧盟的多语言特征,是招股说明书用于证券跨境发行的一项重大障碍,因为成员国会坚持要求把招股说明书的全部都译成其当地语言。为遵守此类要求,必须进行耗费时日的、精细的相互校对工作,以避免不准确的信息通过翻译进程而潜伏进披露的内容,这样就在整体上增加了交易成本。上述观点解释了为何跨境使用招股说明书的情形极为鲜见。《招股说明书指令》关于语言的规定,着眼于解决这些问题。相对于全面翻译招股说明书的成本而言,翻译简短摘要的成本就显得微不足道了。

欧洲证券和市场管理局及其前身欧洲证券监管委员会(CESR),定期公布跨境使用招股说明书的统计信息。例如,2012年1月至2012年6月期间的数据显示,共有2,317份招股说明书获得了国家主管部门的批准,共有722份招股说明书获准进入了一个或多个其他成员国。[223] 公开的统计信息并没有根据证券的类型(股票、债务或混合证券)或发行的性质来细分这些数字。

然而,根据金融行为监管局(及其前身)掌握的招股说明书从欧盟其他司法管辖区进入英国的记录表明,"招股说明书护照制度"(passporting sys-

---

[218] 2012年4月11日欧盟委员会适用决定,[2012]L103/49。
[219] 《招股说明书指令》第19.1条,关于英国对语言规则的实施,参见《招股说明书规则》第4.1条。
[220] 《招股说明书指令》第19.3条。
[221] 同上,第19.2条。
[222] 《招股说明书指令》第19.2条和第19.3条。
[223] ESMA, *Data on Prospectuses Approved and Passported—January 2012 to June 2012* (ESMA/2012/603)。

tem)常用于发行债务或混合证券,上述制度用于首次公开发行的情形非常罕见。即便如此,这些数据还是提供了一个例证,说明了监管制度的变化对塑造市场行为产生的重要影响。一些欧盟成员国(卢森堡、奥地利和荷兰)甚至免除了对英文招股说明书的摘要的翻译。[224] 招股说明书护照制度的运行情况,将在第十四章作进一步探讨。

补充型招股说明书

根据《招股说明书指令》的要求,在招股说明书公布之后要约期限届满之前,或者在证券获准在受管制市场交易之前,发生了重大的新的因素,或者发现了重大错误或不准确的信息,则须公布补充型招股说明书,说明这些情形。[225] 如果为了达到一般披露义务提及的作出明智评估的日期,某项因素是重大的,则该因素就是重大的。[226] 然而,在这种语境下,并不存在判断重大性的法定检测标准。补充型招股说明书必须提供充足的信息以纠正那些错误或者不准确的信息,正是这些错误或者不准确的信息导致必须提供补充型招股说明书。[227] 如果相关的交易既涉及发行,也涉及获准在受管制市场交易,则补充型招股说明书可能被要求的相关期间,截止于以下两个日期中更晚的日子:发行要约结束之日,或者证券获准在受管制市场交易的开始之日。[228]

撤销权

对于向公众发行证券的招股说明书,在特定情况下,可以产生招股说明书的法定撤销权,也就是说:当

(1) 有人承诺购买或者认购可转让证券,而发行之中的可转让证券的最终发行价格或者数量并没有包含于招股说明书之中,除非招股说明书披露了确定这些因素的标准和/或条件[229];或者

(2) 在证券交割前产生了对补充型招股说明书的需求,且补充型招股说明书已经发布。[230]

---

[224] UKLA Factsheet, *Passporting* (October 2008).
[225] 《金融服务与市场法》第 87G 条。
[226] 同上,第 87G(4)条。
[227] 同上,第 87G(6)条。
[228] 《金融服务与市场法》第 87G(3A)条,经《2012 年招股说明书规则》(SI2012/1538)修订,适用了 2010/73/EU 号指令。
[229] 《金融服务与市场法》第 87Q(1)—(2)条。在这种情况下,撤销期限为自主管部门知晓相关信息之日起两个工作日。
[230] 《金融服务与市场法》第 87Q(4)—(6)条,经《2012 年招股说明书规则》(SI2012/1538)修订,适用了 2010/73/EU 号指令。

撤销权的行使可能会给市场带来不稳定的后果。由于价格区间招股说明书只是标明了参考发行价格,但只要招股说明书披露了确定发行价格的标准/条件,而且最终发行价格也在该区间之内,就不能认为它产生了撤销权;其风险主要在于,公布补充型招股说明书可能产生撤销权。2010 年对《招股说明书指令》的修订,明确了在这些情况中行使撤销权而带来的一些不确定性。尤其是现在很清楚的是,只有与公开发行的招股说明书相关时,才可产生撤销权;在这种情况下,撤销期间被进一步严格地限制为,从发布补充型招股说明书之日起两个工作日内;或者为补充型招股说明书规定的时间。

招股说明书的审批

招股说明书必须获得发行人母国主管机构的审批,并在向公众发行证券或者申请证券获准在受管制市场交易之前向公众公开。[231] 在公开之前,应先经过行政审批。《招股说明书指令》规定了确定发行人母国的做法。[232] 对于欧共体的发行人而言,批准其股份发行的母国,就是公司注册地所在的国家。因而,英国的发行人必须向金融服务局申请批准招股说明书。[233]（非欧洲经济区的）国外发行人拥有一次机会来选择其欧盟母国。[234]

严格的审批制度也带来了一些争议。在《招股说明书指令》生效之前,发行人被绑定于其证券发行或者上市活动发生地的母国。[235] 如果未在母国发生这些活动,发行人可以从发生该活动的任何国家申请招股说明书的审批。在这方面降低发行人的灵活机动性,系基于以下假定:公司注册所在地的国家,被认为最有利于监管发行人。然而,以这种方式绑定发行人意味着,事实上,各国监管者由于拥有了对其母国发行人的垄断优势而免受竞争压力。这降低了各国监管者改善其监管效率和监管有效性的动力。

现在,经批准的招股说明书适用于欧盟区域,这意味着它对于在欧盟的任何成员国公开发行证券或者获准在受管制市场交易证券,均有效力。[236] 唯一允许的额外形式要求是,母国必须通知东道国,其招股说明书已经根据《招股说明书指令》获得了批准,并发送一份招股说明书副本给东道国。东道国可以要求将该招股说明书的摘要翻译成官方语言。东道国不能施加其

---

[231] 《招股说明书指令》第 13 条。英国实施了指令条款:《金融服务与市场法》第 85 条,以及《招股说明书规则》第 3 条。
[232] 《招股说明书指令》第 2(1)(m)条。
[233] 《金融服务与市场法》第 87 条。
[234] 《招股说明书指令》第 2(1)(m)(iii)条。
[235] 《合并的准许和报告指令》第 37 条和《公开发行指令》第 20 条。
[236] 《招股说明书指令》第 17 条。

自身的审批要求。[237] 关于跨境使用经批准的招股说明书的问题,将在第十四章中进一步探讨。

招股说明书的公开

经批准的招股说明书必须在主管机构备案,并且向公众公开。[238] "公开"的要求并不意味着,招股说明书必须直接送达给潜在的投资者。相反,根据《招股说明书规则》和执行《招股说明书指令》的要求[239],只要运用以下一种方式,即可认为招股说明书已经向公众公开:

(1) 在一份或者多份报纸中插入招股说明书,该报纸在证券公开发行或者证券获准交易的国家公开发行,或者在该国内的发行范围较广[240];

(2) 将招股说明书制成印刷材料,置备于证券获准交易的受管制市场的办公室,或者置备于发行人的注册地办公室,同时置备于募集或者销售证券的金融中介机构(包括贷款代理人)的办公室,向公众免费提供[241];

(3) 将招股说明书的电子版发布于发行人的网站,并且如果可行的话,同时发布于募集或者销售证券的金融中介机构(包括付款代理人)的网站[242];或者

(4) 将招股说明书的电子版发布于证券寻求上市的受管制市场的网站。[243]

当招股说明书以电子形式发布时,如果投资者要求获得纸面副本,则应向其免费提供。[244]

《招股说明书指令》关于"公开要求"有一条规定,即如果母国主管机构决定提供服务,将招股说明书电子版发布于自己网站,则该公开要求必须获得满足。[245] 目前,金融行为监管局并没有提供此种服务。因而,《招股说明书指令》要求金融服务局在其网站公布已经批准的招股说明书的清单。[246] 金融行为监管局履行了这项义务,提供了已获批准的招股说明书

---

[237] 《招股说明书指令》第 18 条。
[238] 同上,第 14 条(经过修订)。关于英国对指令的实施,参见《招股说明书规则》第 3.2 条。
[239] 《招股说明书指令》第 14 条(经过修订)。
[240] 同上,第 3.2.4(1)条。请注意《招股说明书指令条例》鉴于条款第 32 条规定,如果报纸用于发布招股说明书,则该报纸应当有着广泛的发行和流通范围。关于以报纸发布招股说明书的进一步要求,参见《招股说明书指令》第 30 条。
[241] 《招股说明书规则》第 3.2.4(2)条。
[242] 同上,第 3.2.4(3)条。关于以电子形式发布招股说明书的进一步要求,参见《招股说明书指令条例》第 29 条。
[243] 《招股说明书规则》第 3.2.4(4)条。
[244] 同上,第 3.2.6 条。
[245] 《招股说明书指令》第 14.2(e)条。
[246] 同上,第 14.4 条。

的清单,这份清单还附有超链接,在可能的情形下,还会链接到特定的发行人的网站。[247] 已获批准的招股说明书也可以在英国的国家储存系统"晨星"(Morningstar)中公开查阅。通常来说,招股说明书必须备案于金融行为监管局,尽快向公众公开,并且在任何情况下都应比发行提前合理的时间,而且至迟在发行开始之时应予公开。[248] 但当证券首次公开发行并首次获准在受管制市场交易时,时间要求就更为精确;招股说明书通常必须至少早于要约期限结束之前六个工作日向公众公开。[249] 招股说明书一旦公开,而且视要求提供了补充型招股说明书,则它在十二个月内有效。[250] 而如果包含三份文件的招股说明书登记材料获得了批准,它将在十二个月内持续有效,而且可以结合新的或者更新过的证券说明和摘要说明,以为该期间内未来的证券发行所用。[251]

广告、探路者招股说明书和简式招股说明书

《招股说明书规则》对于广告施加了特定的限制。[252] 与发行或者获准在受管制市场交易相关的广告,除非在以下情况下,不得发布:

(1) 它声称招股说明书已经或者即将发布,并且指明投资者在哪里可以或即将可以获得招股说明书;

(2) 它可以被清楚地辨认为是一项广告;

(3) 广告中的信息并无不准确或者误导之处;并且

(4) 如果招股说明书已经公布,则广告中的信息与招股说明书中所包含的信息相一致;如果招股说明书后来公布,则广告中的信息与要求招股说明书披露的信息相一致。[253]

为遵守这一要求,书面的广告还应当包括一份显著的粗字体的声明,即它并不是招说明书,而是一份广告;投资者不应当参考该广告来认购任何可转让证券,除非基于招股说明书的信息来作出决定。[254] 所有以口头或者书面形式(即便不是为了广告的目的)披露的有关发行或者获准交易的信息,

---

[247] 《招股说明书规则》第 3.2.7 条。参见〈http://www.fsa.gov.uk/ukla/officialPublicationOf-Prospectuses.do?view=true&listType=publicationOf Prospectuses〉以及〈http://www.fsa.gov.uk/ukla/officialProspectuses.Passported.do?view=true&listType=prospectusesPassported〉(2013 年 7 月访问)。
[248] 《招股说明书规则》第 3.2.2 条实施《招股说明书指令》第 14.1 条。
[249] 《招股说明书规则》第 3.2.3 条实施《招股说明书指令》第 14.1 条。
[250] 《招股说明书规则》第 5.1.1 条和《招股说明书指令》第 9 条(经修订)。
[251] 《招股说明书规则》第 5.1.4 条和《招股说明书指令》第 9.4 条(经修订)。
[252] 《招股说明书规则》第 3.3 条实施《招股说明书指令》第 15 条。
[253] 《招股说明书规则》第 3.3.2 条。
[254] 同上,第 3.3.3 条。

必须与招股说明书所包含的信息相一致。[255]

该目的之下的广告,意味着是以下一则通告:

(1) 表达了向公众发行特定证券或者证券获准在受管制市场交易的信息;并且

(2) 旨在于专门促进潜在的证券认购或者购买行为。[256]

《招股说明书指令条例》第34条对于符合广告定义的文本或事件类型,列出了一份非穷尽的清单。这份清单内容非常宽泛,包括标准信函、报纸广告(有或者没有订单)、研讨会和报告、海报、宣传册和传真。金融行为监管局的技术指导强调,广告制度规定涵盖的范围很广,包括投资者演示、广播、分析师电话会议,甚至包括发行人对媒体发布的评论等。[257] 对新的发行所做的投资研究,是否适用广告制度规定,将视个案事实和具体情况而定。[258]

探路者招股说明书是未经金融行为监管局正式批准的招股说明书草案,可以根据《招股说明书规则》作为广告来发行。[259] 探路者招股说明书只可能被用于豁免适用公开要约招股说明书要求的发行行为,正如在向机构投资者发行时那样。在兼有零售和机构发行要素的首次公开发行中,发行人可能偏好金融行为监管局批准的价格区间招股说明书,以尽快启动《招股说明书规则》所要求的6天公开期限。

《金融服务与市场法》包含了一般的禁令,即禁止发出邀请或者劝诱他人从事投资活动的沟通函件,除非行为主体为受许可个人或者该函件的内容得到了该受许可个人的批准。[260] 这被称为"金融促销"规定。对于金融促销行为的限制,并不适用于金融行为监管局批准的招股说明书和某些相关文件。[261] 然而,《招股说明书规则》之下的广告,并没有为这些豁免情形所涵盖,因而,除非适用其他一些豁免情形,根据金融促销规定,它仍应获得审批。

在过去,常见的做法是向潜在的个人投资者发送招股说明书。根据现行法律,这种老式的招股说明书是广告,因而它要遵守《招股说明书规则》,并且除非存在豁免情形,它还必须遵守金融促销的规定。现有制度规定为发行人提供了一替代性选择,即发行人可以散发包含三份文件的招股说明书的摘要。遵循这一路径的优势是,根据摘要的相关要求,它会包含一个声

---

[255] 《招股说明书规则》第3.3.4条。
[256] 《招股说明书指令》第2(9)条。
[257] UKLA Technical Note, *PD Advertisement Regime* (UKLA/TN/604.1).
[258] UKLA Technical Note, *PD Advertisement Regime*.
[259] 同上。
[260] 《金融服务与市场法》第21条。
[261] 《金融服务与市场法》(2000),(金融促销)法令2005, SI 2005/1529, regs 70—71。

明,即任何投资决定均应以作为一个整体的招股说明书为基础[262],而只有在摘要(与招股说明书的其他部分一起阅读时)存在误导、不准确、不连贯或者未能提供关键信息时,才会产生民事责任。[263]

规范公开发行和许可交易的证券法的实施——概述

为支撑规范证券公开发行和获准在有组织市场交易的监管框架,英国法律运用了公共执行和私人执行并行不悖的混合策略。就私人执行而言,根据侵权法与合同法的一般规定,投资者有权在受到虚假信息侵害时提起诉讼。另外,证券法不仅命令发行人披露比一般法律要求更为宽泛的信息,而且赋予投资者提起诉讼的特别权利,后者在某些方面与基于侵权或合同提起的诉讼请求相比,更有利于投资者。把监管机构干预以确定证券发行规则与投资者对这些规则的私人执行相结合的战略,评论人士向来赞誉有加,他们指出,这样使得与在缺乏成文法明文规定的情况下来证明发行人存在过失相比,投资者更为容易、因而成本更低地在法庭中证明,发行人未能披露法律强制要求披露的特定信息,而且当成文法准确地描述要赢得诉讼必须证明存在哪些事实时,要推翻判决就更为困难。[264] 一项研究表明,股票市场的发展水平与私人执行的水平紧密相关,例如宽泛的披露要求,以及投资者因招股说明书披露信息不准确或不完整而主张损害赔偿时相对较低的举证责任等,均属其中。[265] 但另外的研究有不同的观点,这些研究强调由公共管理机关实施监管和执行的重要性。[266] 因为被当作公共执行措施的目标而遭受的声誉损失,也应当予以考虑。[267] 研究还认为,私人执行机制也会对证券市场带来一些潜在的损害。一些重要的报告浓墨重彩地声称,2005 年前后出现的一个趋势是,美国证券民事诉讼威胁着美国资本市场的国际竞

---

[262] 《招股说明书规则》第 2.1.7 条。
[263] 《金融服务与市场法》第 90(12)条,经《2012 年招股说明书规则》(SI 2012/1538)修订,实施了 2010/73/EU 号指令。
[264] S Djankov, EL Glaeser, R La Porta, F López de Silanes, and A Shleifer, 'The New Comparative Economics' (2003) 31 *Journal of Comparative Economics* 595.
[265] R La Porta, F López de Silanes, and A Shleifer, 'What Works in Securities Laws?' (2006) 61 *Journal of Finance* 1. 关于证券执法(私人和公共执法)与市场发展的关系的进一步讨论,参见 U Bhattacharya, 'Enforcement and its Impact on Cost of Equity and Liquidity of the Market', Study Commissioned by the Task Force to Modernize Securities Legislation in Canada (May 2006)。
[266] HE Jackson and MJ Roe, 'Public and Private enforcement of securities laws: resource-based evidence' (2009) 93 *Journal of Financial Economics* 207.
[267] J Armour, C Mayer, and A Polo, 'Regulatory Sanctions and Reputational Damage in Financial Markets' Oxford Legal Studies Research Paper No 62/2010 〈http://ssrn.com/abstract=1678028〉(2013 年 7 月访问)。

争力。[268]

迄今为止,在欧盟层面《尚未出现富有意义的证券法律私人执行机制的协调。[269] 而它只是以下更为宽泛得多的见解的一个方面,也就是说,欧盟远未真正实现民商事领域的统一司法。如果实现了统一司法,则在欧盟区,人们可以在任何一个成员国寻求法院或主管机构的救济,就像在自己母国那样容易。互相承认司法判决和开展司法合作,而不是协调,在欧盟民事司法领域这一仍属试验性质的政策动议中,成为关注的焦点。[270] 虽然资本市场的指令在民事责任方面并非完全保持沉默,指令的确包含了要求成员国在国内法中适用民事责任的规定,但没有规定具体法律内容,也未对适用指令的程序进行规范。[271] 跨境发行证券的潜在责任风险,将在第十四章进一步讨论。

在公共执行方面,金融行为监管局拥有大量的监管手段。它可以施加行政处罚,包括罚款和公开谴责,也可以没收所得。它可以中止或者禁止证券上市或交易活动,也可以启动刑事诉讼程序。公共执行的泛欧合作,要比私人执行机制发达得多。[272] 资本市场的指令要求成员国施加"有效的、相称的、具有劝阻性的"管理手段或者处罚措施。[273] 它们还规定了各国证券监管者必须有权自主运用的最低限度的调查手段[274],并且规定了信息共享和合作。[275] 有一项重大突破是,将在市场滥用制度中适用协调的刑事制裁措施。[276] 这将是根据《欧洲联盟运行条约》第 83 条作出的首项立法措施。条约第 83 条规定,应适用指令来制定关于刑事犯罪定义、严重跨境犯罪惩处制裁的最低标准规定;上述犯罪的跨境特点,来源于犯罪本身的性质或影响,或来源于共同打击此类犯罪的特殊需要。基于"选择加入(opt-in)规则",根据第 83 条制定的措施将只适用于英国。而现任政府并不打算选择适用关于

---

[268] McKinsey & Co, *Sustaining New York's and the US' Global Financial Services Leadership*,73—75; Committee on Capital Markets Regulation,*Interim Report*,71—91.
[269] 为了将来的法律协调,基础工作正在开展着:为回应欧盟委员会的指令,欧洲证券和市场管理局编制了一份各成员国与《招股说明书指令》相关责任制度对照表:ESMA, *Comparison of Liability Regimes in Member States in relation to the Prospectus Directive* (ESMA/2013/619).
[270] M Andenas, 'National Paradigms of Civil Enforcement: Mutual Recognition or Harmonization in Europe?' (2006) 17 *European Business Law Review* 529.
[271] 《招股说明书指令》第 6.2 条;《透明度义务指令》鉴于条款第 10 条、正文第 7 条。
[272] 《招股说明书指令》第 23 条;《透明度义务指令》第 22 条。但是,《市场滥用指令》的地域性更强(鉴于条款第 35 条)。
[273] 《招股说明书指令》第 25 条;《透明度义务指令》第 24 条;《市场滥用指令》第 14 条。
[274] 《招股说明书指令》第 21 条;《透明度义务指令》第 20 条;《市场滥用指令》第 12 条。
[275] 《招股说明书指令》第 22 条;《透明度义务指令》第 21 条;《市场滥用指令》第 16 条。
[276] 正如 COM(2011) 654、COM(2012) 420 等文件中所提出的。作为背景工作的一部分,欧洲证券和市场管理局(在其前任欧洲证券监管委员会所做前期工作的基础上,开展了后续工作)回顾并报告了《市场滥用指令》制裁权的实际使用情况:ESMA/2012/270。

市场滥用的刑事制裁制度。

《〈国际会计准则〉规定》(IAS Regulation)还规定,要在财务报告中形成一种共同的做法,这是欧洲证券和市场管理局所追寻的目标,该局将 2003 年至 2004 年欧洲证券监管委员会的标准更新、升级为《欧洲证券和市场管理局指南》,就是为了实现此目标。[277] 这将导致财务信息的执法者,应当遵守指南中的"要么遵守,要么解释"义务。[278] 欧洲证券与市场管理局的观点是,要保护投资者利益,就要将实施范围扩展至适用于上市发行人的整个财务报告框架,包括欧盟司法管辖区的国家公认会计准则(如第九章所讨论的,公认会计准则可适用于个人账目,例如为了确定可分配利润等),以及被认为等同于欧盟适用的《国际财务报告准则》的第三国公认会计准则。[279] 欧洲证券与市场管理局强调,需要形成实施执行财务信息的欧洲共同做法,以避免发行人的监管套利,即发行人选择的发行证券市场可能会受到不同欧洲司法管辖区的不同做法的影响。

有缺陷的招股说明书在英国导致的民事责任——合同的撤销

如果一位投资者根据另一方或者另一方代表提供的事实方面的信息,被劝诱[280]购买了证券,而后经证明该信息存在虚假或者误导,则该投资者有权请求撤销购买该证券的合同。在判例法中清楚不过的是,公司不可能与其发布或者以其名义发布的招股说明书中的报表撇清关系,即使那些报表是完成招股说明书的专业人士制作的。[281] 遭到起诉的报表必须包含对事实的描述,而不是关于法律、意愿或者观点的陈述,但如果招股说明书声称公司有意愿做某件事情,但事实上公司并无此意愿,则它也属于包含了对事实的错误陈述。[282] 根据一般规则,沉默并不具有可诉性,但如果省略会导致错误或者误导性陈述,则会产生请求权。[283] 在更早期的关于招股说明书的公司法要求的相关案件中,法院认为,仅仅是未能遵循关于招股说明书的强制

---

[277] ESMA, *Consultation Paper*: *Guidelines on Enforcement of Financial Information*(ESMA/2013/1013)。
[278] 与欧洲证券和市场管理局建立所依据的规定相符合,Regulation(EU) No1095/2010, Art 16。
[279] ESMA/2013/1013。
[280] 虚假陈述并非唯一的诱因:*Re Royal British Bank*, *Nicol's Case* (1859) 3 De G&J 387。如果一项陈述本来可以影响到一位理性的投资者购买证券的决定,则法院会倾向于推定原告受到了诱导:*Smith v Chadwick* (1883) 9 App Cas 187, HL, 196 *per* Lord Blackburn。
[281] *Lynde v Anglo-Italian Hemp Co* [1896] 1 Ch 178; *Mair v Rio Grande Rubber Estates* [1913] AC 853, HL。
[282] *Edgingeon v Fitzmaurice* (1885) 29 Cli D 459, CA。
[283] *Deny v Peek* (1889) 14 App Cas 337, HL。还可参见 *R v Kylsant* [1932] 1 KB 442, CCA。

披露要求，并不会使得投资者有权撤销接受股份的合同。[284] 看起来，这些案件仍然代表着目前法律的态度。模棱两可的陈述具有可诉性，但原告必须证明他按照错误的意思解读了语句，因而被劝诱买入了证券。[285] 没有注意到陈述错误或者没有依赖该陈述的人，不能主张其受到了劝诱而买入股份。[286]

主张撤销权的人，必须属于虚假陈述所面向的那类人。[287] 当股份面向普通大众公开发行时，这一要求很容易得到满足，因为每个人都属于接受人的范围。当直接面向特定的投资者发行证券时，例如，向现有股东发行认股权证时，要辨识发行所面向的人们的类别，困难就大得多。在典型的结构性权证发行中，公司向原来的股东发行新的证券，在一份认购表中，原来的股东可以把认购权放弃给其他投资者。对于这种结构的一种合理解释是，发行及支持该发行的文件，系面向原来的股东及获得被放弃的权利的其他人而作出，尽管并没有明确的现代判例支持这种观点。[288]

撤销包括解除合同以及将各方恢复至合同签订前的状态。从投资者的角度分析，它的优点是，它使投资者可以直接交还股份并取回为此支付的金钱。[289] 投资者无须陷入对于欺诈、虚假陈述或者过失而引发赔偿的评估这一复杂的情势当中。在现代证券市场中，有关撤销权的运用方面并没有产生太多的判例法，但这是不是因为这种救济手段很少使用，或者即使被使用也绝少生成观点，就很难说了。[290] 早期的案例表明，在这种情况下，撤销救济权的现实意义相当有限。根据法律的一般规定，主张撤销权的主体必须在发现欺诈或者虚假陈述之后立即行动，在19世纪有关取得股份合同的案件中，法官特别强调了快速行动的必要性：

> 当一方签订合同买入公司股份，并且其名字已经出现在股东名册上时，人们一向认为，在发现欺诈或者虚假陈述之后，他必须以最快的

---

[284] *Re Wimbledon Olympia Ltd* [1910] 1 Ch 630；*Re South of England Natural Gas and Petroleum Co Ltd* [1911] 1 Ch 573. 在 *Re Wimbledon Olympia Ltd* at 632 中，Neville J 称："我不认为立法者有此意图；仅仅是遗漏了本条要求的任何事实本身，就足以赋予股东撤销其股份的权利。"

[285] *Smith v Chadwick* (1883) 9 App Cas 187，HL.

[286] 同上。

[287] *Peek v Gurney* (1873) LR 6 HL 377；*Al Nakib Investments (Jersey) Ltd v Longcroft* [1990] 1 WLR 1390.

[288] 在这里所描述的情形不同于诸如 *Al Nakib* 裁决的案件中所考虑的情事，也就是说，在二级市场上买入股份的投资者不能基于与新股发行相关的招股说明书中的虚假陈述而提出诉讼。

[289] *Re Scottish Petroleum Co* (1883) 23 Ch D 413，CA. 投资者也可以获得利息：*Karberg's Case* [1892] 3 Ch 1，CA.

[290] *Smith New Court Securities Ltd v Scrimgeour Vickers (Asset Management) Ltd* [1997] AC 254，HL，262 per Lord Browne-Wilkinson.

速度行使撤销权。[291]

如果一方以遭到虚假陈述劝诱为理由，主张撤销其买入公司股份的合同，他必须在知悉该事实之后尽快撤销合同，否则他将丧失所有救济请求权。[292]

在我看来，延误了14天才撤销股份的购买，很难说是及时的。毫无疑问，当调查是必要的，就必须留出一些时间……然而，在目前这起案件来说，股东立刻知道了公告，他必须即刻撤销股份的购买。[293]

如果在知道有权拒绝接受股份之后，投资者做了某些相当于接受股份的事情，这将阻遏撤销权的行使。以下行为被认为具有此类效果：试着卖出股份[294]，参加公司会议[295]，签署授权委托书，缴付股款或者接受股息。[296] 如果一些当初买入的股份后来被卖出，是否有可能撤回买入股份的合同，对此存在互相冲突的判例。[297] 由于股份是可替代证券，在原则上值得怀疑的是，处分原来持股的一部分，是否应当阻遏撤销权的行使：投资者总是可以通过市场买入替代股份，从而使自己处于可以归还其买入的全部股份以取回金钱的地位。[298] 如果股份的购买者将该股份用作自身借款的担保，或者第三方已经取得了股份上的权利，除非该权利可以解除或者基于流动性的观点为人所接受，这也可能阻遏撤销权的行使。不能对陷入清算的公司主张撤销权，因为彼时债权人的权利已经接管了公司。[299] 即便清算之中的公司仍然具有清偿能力，仍能阻遏撤销权的行使。[300]

撤销认购股份的合同的机理是，投资者必须通知公司其持股已被取消，

---

[291] *Aaron's Reefs v Twiss* [1896] AC 273，HL，294 *per* Lord Davey.
[292] *Sharpley v Louth and East CoastRly* (1876) 2 Ch D 663，CA，685 *per* James LJ.
[293] *Re Scottish Petroleum Co* (1883) 23 Ch D 413，CA，434 *per* Baggallay LJ.
[294] *Ex parte Briggs* (1866) LR 1 Eq 483.
[295] *Sharpley v Louth and East Coast Rly* (1876) 2 Ch D 663.
[296] *Scholey v Central Rly of Venezuela* (1869) LR 9 Eq 266n.
[297] *Re Metropolitan Coal Consumers' Association Ltd* (1890) 6 TLR 416 (如果是部分出售，则不得撤回)；*Re Mount Morgan* (*West*) *Gold Mines Ltd* (1887) 3 TLR 556 (即便是部分出售，仍有可能撤回)。
[298] *Smith New Court Securities Ltd v Scrimgeour Vickers* (*Asset Management*) *Ltd* [1997] AC 254，HL，262 *per* Lord Browne-Wilkinson.
[299] *Tennent v City of Glasgow Bank* (1879) 4 App Cas 615，HL；*Oakes v Turquand* LR 2 HL 325，HL. 投资者必须在公司清算开始之前，已经拒绝接受股份，并且采取积极的行动来免除接受这些股份（或与公司达成某一协议，借此，特定的投资者不须采取积极的行动；例如，另一位投资者已经采取了积极的行动，而该行动的后果将决定其他诉求是否站得住脚）：*Re Scottish Petroleum Co* (1883) 23 Ch D 413，CA，433—434 *per* Baggallay U.
[300] *Re Hull and County Bank*，*Burgess's Case* (1880) 15 Ch D 507.

并且采取措施从股东名册中将自己的名字去除[301],或者采取了相当的行动。[302]

在一些发行结构中,投资者可能不是直接从公司获得股份。的确,例如,当公开发售股份的是大股东时,公司可能并不直接介入发行或与此相关的招股说明书文件。在这种情况下,投资者基于招股说明书的错误信息而主张的请求权,针对的是股份卖方而不是公司。投资者必须首先证明,存在可诉的、卖方负有责任的关于事实的虚假陈述,然后就其拒绝接受该股份的意愿通知卖方。[303] 如果卖方不接受该请求,可以申请法院作出撤销的法令。投资者可能已经被公司登记为股份所有者,但这并不妨碍撤销权的行使[304],而且投资者可以要求修改股东名册。《2006年公司法》第125条规定了一个修改股东名册的简易模式。如果一个人的姓名在缺乏充分理由的情况下出现于公司成员名册之中,都可以启动该模式。这一自由裁量的权力[305],是一个笼统的权力,它可以在股份不当移转和配售的时候行使。[306] 然而,在复杂的案件中,例如在投资者改正名单的权利存在争议的案件中,这种简易程序却不应适用。[307] 撤销向卖方股东购买股份的合同的阻遏事由,在总体而言,应当与那些适用于阻遏撤销认购股份的合同的事由一样,因而也包括以下情形:在虚假陈述被发现之后,未能迅速采取措施来撤销合同,或者在那些情形下,以等同于确认该合同的方式来行事。

---

[301] *Re Scottish Petroleum Co* (1883) 23 Ch D 413 CA. 公司可能同意修订名册(例子之一是 *Re London and Mediterranean Bank* (1871—1872) 7 LR Ch App 55),但如果公司驳回这一请求,投资者可以向法院申请发布法令。据称法院通常会发布此一法令:*Re Derham and Allen Ltd* [1946] 1 Ch 31, 36 *per* Cohen J.

[302] *Re General Rly Syndicate* [1900] 1 Ch 365,CA(投资者因未支付催缴款而被起诉时,提出了撤销股份的反诉,法院认为这种理由是充分的)。与此相反,在 *First National Reinsurance Co v Greenfield* [1921] 2 KB 260 一案中,被告因未支付催缴款而被诉作为诉讼抗辩,被告称其有权要求撤销股份,但他并没有主张撤销或纠正,因为这不在法院的管辖范围之内;被告的诉讼行为被认为是不充分的,因此他有义务支付催缴款。

[303] 向其他缔约方发出打算撤销股份的通知是一项通常的要求,尽管在异常情况下会豁免这一要求:*Car and Universal Finance Co Ltd v Caldwell* [1965] 1 QB 525, CA.

[304] 例如,参见 *Cory v Cory* [1923] 1 Ch 90. 该案考虑了以下情形:如果有证据证明已完成登记的股权转让系受到欺诈或者虚假陈述的诱导,是否可以更正股东名册;尽管该案的裁决只涉及针对公司的事实认定的程序性问题。

[305] *Re Piccadilly Radio plc* [1989] BCLC 683.

[306] *Re London, Hamburgh and Continental Exchange Bank, Ward and Henry's Case* (1867) 2 Ch App 431; *Ex parte Shaw, Re Diamond Rock Boring Co* (1877) 2 QBD 463, CA; *Re Tahiti Cotton Co, ex p Sargent* (1874) 17 Eq 273.

[307] *Reese River Co v Smith* (1869) LR 4 HL 64, HL, 80 *per* Lord Cairns; *Re Greater Britain Products Development Corp Ltd* (1924) 40 TLR 488; *Re Hoicrest Ltd* [1998] 2 BCLC 175.

有缺陷的招股说明书的民事责任——赔偿请求权

基于虚假的招股说明书而买入股份的投资者,除了请求撤销合同之外,还可以请求金钱赔偿,或者以金钱赔偿请求权取代撤销合同请求权。受到损害的投资者拥有多种不同的潜在请求权。任何人只要被面向他的虚假陈述所劝诱而签订了合同,都可以向那些对该陈述负有责任的人主张侵权诈欺责任。如果求偿人与陈述人之间具有合同关系,无辜的一方可以寻求《1967年虚假陈述法》之下的赔偿,还可以主张对方承担违约责任。投资者另一个可能的请求权是主张陈述人违背了勤勉义务,有义务承担过失侵权之下的赔偿责任。这些救济手段属于一般措施,它们并非专门产生于证券交易中。除此之外,根据《金融服务与市场法》,有一种专门适用于招股说明书和上市公告(一种证券披露文件,现在意义相当有限)的法定赔偿请求权。[308]

下文将把笔墨集中于《金融服务与市场法》所产生的法定请求权,因为相较于针对诈欺、虚假陈述和违背勤勉义务的一般金钱救济,这种救济方式通常可能产生最有利于投资者的后果。概括说来,为什么情形会如此,原因各有不同。投资者可以以信息遗漏为理由,主张《金融服务与市场法》之下的法定请求权,而且不像其他请求权,它并不限于积极的虚假陈述。与其他请求权相比,法定请求权适用的潜在的受害投资者的范围更为宽泛。《金融服务与市场法》明确规定了请求权可以针对的对象。投资者承担举证责任以胜诉的要求低于其他请求权:投资者无须表明信息不准确的情形是由于故意或者过失而发生的(虽然不知情或者缺乏适当的注意可以成为辩护的理由)或者投资者积极依赖该不准确的信息(再一次地,虽然投资者并未依赖招股说明书,也可以成为一项辩护理由)。然而,法定的请求权只产生于以下情形,即招股说明书或上市公告中包含了错误的或者不准确的信息的情形。当被声称的错误信息包含于其他文件(例如经纪人的通告)之中时,投资者必须在《金融服务与市场法》之外寻求救济。[309]

---

[308] 《金融服务与市场法》第90条。关于这一条运用于招股说明书的规定,特别参见第90条第11款。在正式上市时,必须置备上市公告,但不要求准备强制性的招股说明书:《上市规则》第4.1款)。此种情形可能发生在专业证券市场(PSM)中。伦敦证券交易所运营的专业证券市场是证券正式上市的场所,但它并不是一个在欧洲受管制的市场。相应地,只要证券没有向公众公开发行,证券获准在这一市场上市并不会触发强制性的招股说明书要求。专业证券市场将在本书第十四至十五章进一步讨论。

[309] *Hall v Cable and Wireless plc* [2010] 1 BCLC 95, QBD.

潜在的原告

任何人购买或者承诺购买某项招股说明书所适用的证券或者证券上的利益,并且因为该招股说明书的虚假或误导性陈述、或者因为招股说明书遗漏了任何应予纳入的内容而遭到损害,可以主张法定的请求权。[310] 类似地,任何因该证券未能披露所要求的补充型招股说明书而遭到损害的人,也可以提起诉讼。[311] 原始认购人及市场中的后手购买者均可以主张该请求权,只要后者能够证明他们购买的是招股说明书所适用的证券。[312] 然而,不准确的招股说明书与损失之间存在因果关系的要求,排除了在错误信息的扭曲效果彻底耗尽之后买入证券的投资者。

《2000 年金融服务与市场法》的法定救济允许原始认购人或者原始认购人之外的人行使请求权,这一点也优于一般法律规定的民事救济。在基于诈欺提起的诉讼中,原告必须证明,虚假陈述系本着原告或者原告所属的那类人会基于该陈述而行事的意图而作出。鉴此,在市场中购入股份的人就已经发布的虚假招股说明书而提起诈欺请求权,遭到了失败,原因在于上议院认为,当首次发行结束之时,招股说明书的目的已被用尽。[313] 在一项欺诈诉讼中,投资者必须证明,招股说明书的目的是为了劝诱市场中的购买者和原始购买者一样去购买股份。[314]

相比较而言,《1967 年虚假陈述法》之下的赔偿请求权在这方面也不利于投资者,因其取决于主体之间是否存在合同的联系,且仅适用于因合同导致的损失。[315] 从二级市场购买股票的投资者,如其登记为公司成员的,则根据《2006 年公司法》第 33 条规定,其将成为与公司订立法定合同的当事人;而因为错误的招股说明书导致投资者遭受的损失,来源于股权买卖合同,而非法定合同。[316] 在基于违背勤勉义务而提起的请求权中,原告必须证明,被

394

---

[310] 《金融服务与市场法》第 90(1) 条。
[311] 同上,第 90(4) 条。
[312] *Hall v Cable and Wireless plc* [2010] 1 BCLC 95, QBD. 请注意 *Possfund Custodian Trustee Ltd v Diamond* [1996] 2 All ER 774 一案。该案表明,"购买了与招股说明书相关的证券的人",仅仅是指股份最初发售时受让股份的人,因而排除了在二级市场的买受者。这种解释对于系争案件的裁决并非决定性的,似乎过于狭隘。还可参见 J Cartwright, *Misrepresentation, Mistake and Non-Disclosure* (London: Sweet & Maxwell, 2007) para 7.52; P Davies, *Review of Issuer Liability*: *Final Report* (HM Treasury, June 2007), para 2, n 4.
[313] *Peek v Gurney* (1873) LR 6 HL 377, HL.
[314] *Andrews v Mockford* [1896] 1 QB 372, CA; *Peek v Gurney* (1873) LR 6 HL 377, HL, 412—13 *per* Lord Cairns.
[315] 根据《1967 年虚假陈述法》第 2(1) 条,"如果一方在另一方向其作出虚假陈述之后缔结了合同,并因此遭受了损失……"则其有权行使请求权;请求权的对象是另一方。根据《1967 年虚假陈述法》第 2(2) 条,法院可以作出赔偿的法令,以取代撤销各方之间缔结的合同。
[316] *Hall v Cable and Wireless plc* [2010] 1 BCLC 95, QBD.

告对其负有勤勉义务,并且违背了该义务。在 *Caparo Industries Ltd v Dickman*[317] 这一重要判例中,上议院认为,要产生这一责任,必须证明以下内容:(a) 可以预见会给原告带来损害;(b) 原告与被告之间存在邻近的关系;(c) 根据具体情形,施加勤勉义务是公平、公正并且合理的。"邻近"这一概念并没有精确的界定:奥利弗法官在 *Caparo* 案件的裁决中称[318],"它仅仅是一个标签,并没有包含一个确定的概念,而仅仅一种描述,即描述法院出于实用的考虑,会在何种情况下认定存在勤勉义务"。鉴此,它会重叠于、并且逐渐变成第三种标准,后者明确主张,是否存在勤勉义务并非科学的推演,而会受到法院考虑的诸多政策考量因素的影响。在 *Henderson v Merrett Syndicates Ltd*[319] 这起更晚近的案件中,Goff 法官认为,虚假陈述中的侵权责任可以基于陈述人的"假定责任"来予以解释。在随后的一些案件中,"假定责任"标准被认为不无裨益。[320]

英国的法院通常不会要求陈述人对信赖那些陈述并且遭受经济损失的人负有勤勉义务。法院认为,在这些情形下必须限制勤勉义务的一个重要考量因素是"水闸"理论:据称,如果发布公告的陈述人被认为对任何信赖它的人负有勤勉义务,这将打开"在不确定的时间向不确定的群体承担数量不确定的义务"之闸门。[321] 反对施加勤勉义务的另一个理由是,那些关注他们试图依赖的信息的准确性的人们,应当通过获得陈述人的合同保证或者通过保险而实现自我保护,而这超越了关于过失的法律规则在此种情形下能够提供的请求权的范围。

在 *Al-Nakib Investments(Jersey)Ltd v Longcroft*[322] 一案中,原告针对据称权证发行招股说明书存在虚假信息的情形,以被告违反勤勉义务为理由主张请求权,但基本上流于失败。主张请求权的是公司的原有股东,但涉及在市场中以高于权证发行条件买入股份的情形时,该请求权的范围被放大了。法院认为,招股说明书的目的仅仅是鼓励股东行使其权利,董事和那些在二级市场买入股份的人们之间,不存在充分的邻近关系。这并不是说,市场中依赖(诸如)有关公开发行的招股说明书的陈述的投资者,永远无法赢得基于勤勉义务的诉讼——的确,在 *Al Nakib* 裁决作出之后的一个案件中,法院认为,这是个有争议的案件,在这里,公司、董事、审计师及其财务顾问究竟是否对市场中的购买者负有勤勉义务? 这些事项在案件审理时值

---

[317] [1990] 2 AC 605, HL.
[318] [1990] 2 AC 605, 633, HL.。
[319] [1995] 2 AC 145, HL.
[320] 尤其可参见 *Williams v Natural Life Health Foods Ltd* [1998] BCC 428。
[321] *Ultramares Corp v Touche* (1931) 174 NE 441, 444 *per* Cardozo CJ.
[322] [1990] 1 WLR 1390.

得全面考量。[323] 然而,请求赔偿的投资者有义务证明存在必要的邻近关系,才能认定存在此项义务。

可以被起诉的人

潜在的被告的范围,也使根据《金融服务与市场法》提起的诉讼请求更具优势,因为相较于其他民事法律救济方式,它的范围更为清晰。

《招股说明书规则》列出了对招股说明书负有责任、因而可能有义务赔偿投资者的人的清单。[324] 对有关权益股份、认股权证或者由权益股份发行人发行的认购期权、或者其他具有类似特征的可转让证券的认购期权的招股说明书负有责任的人是:

(a) 发行人;

(b) 如果发行人是公司:

(i) 当招股说明书发布时,担任该公司董事的每个人;

(ii) 每一授权其名字被记载并且已经作为董事、或者承诺立即成为董事或在未来某一时间成为董事而被记载于招股说明书中的人;

(c) 每一接受并且招股说明书也记载为接受招股说明书责任的人;

(d) 在有关要约发行时:

(i) 要约人,如果他不是发行人的话;以及

(ii) 如果要约人是公司而且不是发行人,在招股说明书发行时担任该公司董事的每个人;

(e) 在有关申请可转让证券上市交易时:

(i) 申请许可的人,如果他不是发行人的话;以及

(ii) 如果申请许可的人是公司而且不是发行人,在招股说明书发行时担任该公司董事的每个人;以及

(f) 在前述范围之外的每一批准招股说明书内容的人。[325]

如果发行人没有发出或者授权发出与已公布的招股说明书有关的要约,或者请求许可与已公布的招股说明书有关的上市交易,发行人及其董事就无须承担该目的之下的责任。[326] 如果招股说明书发布时未经董事同意或者认可,而且在该董事知悉招股说明书发布时,尽快向公众发出合理的通告,即该招股说明书未经其认可或者同意而发布,则董事无须承担招股说明

---

[323] *Possfund Custodian Trustee Ltd v Diamond* [1996] 2 All ER 774.
[324] 《招股说明书规则》第 5.5 条。
[325] 同上,第 5.5.3 条。
[326] 同上,第 5.5.5 条。

书的责任。[327] 当招股说明书主要由或者以发行人的名义起草时，而且要约人在发出与发行人有关联的要约时，发行人对招股说明书负有责任，而要约人则无须对该招股说明书承担责任。[328] 举例而言，公司员工试图连同公司本身公开发行新证券，通过出售要约将其持有的公司股份变现，在这种情况下，这一规则保护员工免受与招股说明书信息有关的个人法定责任。这是个合理的结果，因为那些员工不可能在置备招股说明书中发挥重要的作用。上述做法得到了欧洲证券和市场管理局关于招股说明书的《问答指南》的支持。[329] 承担招股说明书责任或者批准招股说明书内容的人可能会辩称，他的行为只是及于招股说明书上的特定内容或者特定方面，在这种情况下，同时有疑义的材料包含于（或者大部分包含于）他同意的表格和文字中时，他只需对特定的内容负责。[330] 在把接受招股说明书责任的人加入负有责任的人的清单时，必须同时注意《招股说明书指令条例》关于招股说明书内容的要求，后者规定对招股说明书的信息负有责任的人（无论是法人还是自然人，只要其名字列在招股说明书中即是）必须发布声明，在其最大的了解范围之内，招股说明书（或者他们负责的招股说明书的部分）所包含的信息，系据实发布，并且不存在可能影响其意思的遗漏情形。[331] 在英国，申报会计师被要求对招股说明书所包含的历史财务信息承担责任。毫不奇怪的是，他们的标准做法是将其责任仅仅限定于该部分。

基于专业能力而对招股说明书的内容提供建议的人，不会仅仅因此而需对招股说明书承担责任。[332] 金融行为监管局并不期望作为发行保荐人的投资银行和为此提供建议的律师，发表关于招股说明书的责任声明。因此，在这些情况下产生的责任，其依据必须是上述人员已"认可"(authorize)招股说明书的内容。

控股股东也不属于应当承担责任的人。英国发行人协会建议，责任人名单应当包括控股股东，因为阻止那些不愿承担上市责任的控股股东进行上市，对提升伦敦上市公司的质量有好处。[333]

这种关于责任的详细规定，使投资者无须指明信息披露归咎于具体的个人，更无须指明这些人对此负有法律责任。尽管投资者不能就其同一笔损失向两个以上的责任人求偿，但法律明确规定多人负有责任（还要受制于

---

[327]《招股说明书规则》第 5.5.6 条。
[328] 同上，第 5.5.7 条。
[329] ESMA/2013/1537，Q47。
[330]《招股说明书规则》第 5.5.8 条。
[331]《招股说明书指令条例》附件 I，第 1 项 and 附件 III，第 1 项。
[332]《招股说明书规则》第 5.5.9 条。
[333] ABI, *Encouraging Equity Investment*, 28.

辩护结果)这一事实,可以增加机会以找到足够深的"金钱袋子"来实现请求权。在诈欺请求权诉讼或者基于违背勤勉义务的诉讼中,投资者的负担更重,因为根据普通法规则,他们必须证明被告对于违法陈述的作出负有法律责任。就诈欺请求权而言,董事与公司一道,因故意或疏忽发布了虚假的招股说明书而对普通法上的诈欺负有个人责任[334],而且更近期的判例确认,对于试图把公司的独立法律人格用作欺诈行为挡箭牌的董事,法院并没有好脸色。[335] 在原则上,董事、申报会计师、财务顾问和其他专业中介机构,对于招股说明书中的过失性误述要承担责任,但关于勤勉义务的规则意味着必须证明这些人对于该信息负有个人责任,但这可能并非易事。[336]《1967年虚假陈述法》的规定是,原告与被告之间必须存在合同的联系。

对于责任的辩护

根据《金融服务与市场法》第90条,责任人可以通过证明该法附表10规定的豁免情形之一可以适用,从而免除责任。这些豁免情形是:

(1) 责任人经过合理的问询合理地相信,招股说明书在提交给金融服务局时,其披露的信息是准确的;或者在招股说明书遗漏信息的情况下,责任人合理地相信该遗漏是合适的;并且以下情形之一得到满足:

　　a. 直到该证券被买入他还继续相信;或者

　　b. 在实际可能改变潜在购买者的关注之前,该证券已被买入;或者

　　c. 他已经采取实际可能的所有措施来改变潜在购买者的关注;或者

　　d. 在证券获准在受管制市场上市并开始交易之后,他仍然相信,经过这么长时间之后证券被买入,他应当被合理免责;这一豁免将限制责任人对于一连串的购买者承担潜在的责任,但应当注意的是,它是自由裁量型的豁免,而不能当作权利来使用[337]。

(2) 如果争议中的损失是专家的不准确陈述所造成的[338],则其他责任人可以下述理由请求豁免责任:他们合理地相信,专家是胜任的,而且专家认可了招股说明书提交给金融行为监管局时所包含的特定表格和文字的陈述,同时相当于前述(a)至(d)的条件之一已经得到了满足[339];

---

[334] *Edgingeon v Fitzmaurice* (1885) 29 Ch D 459.
[335] *Standard Chartered Bank v Pakistan National Shipping Corp and ors (Nos 2 and 4)* [2003] 1 AC 959,HL.
[336] *Al Nakib Investments (Jersey) Ltd v Longcroft* [1990] 1 WLR 1390.
[337] 《金融服务与市场法》附件10,第1条。
[338] 关于其界定,见《金融服务与市场法》附件10,第8条。
[339] 《金融服务与市场法》附件10,第2条。

（3）不论责任人最初相信什么，如果他使法院认可他已早于潜在的购买者买入股份之前，以一种引起潜在的购买者关注的方式公布了纠正通告，或者他已经采取所有合理措施来确保此类公告的发出，并且合理相信它事实上已经发出；[340]

（4）只要招股说明书的陈述是准确的而且得到了妥当的复制，则尽管官员或者官方公开文件中对此做了不准确陈述，仍然不会产生责任[341]；

（5）任何人在明知招股说明书不准确的情况下买入证券，都不会产生责任[342]；而且

（6）如果未能遵守制作补充型招股说明书的义务的责任人，使法院认可他合理相信该招股说明书并不必要，则其将豁免承担责任。[343]

还应当注意的是，关于摘要的法定责任也受到了调整。

招股说明书摘要的责任

对招股说明书摘要所载资料的责任，已作了特别规定。当事人不得仅因招股说明书的摘要而单独承担民事责任，除非招股说明书摘要与其他部分共同阅读时，有误导性、不准确或者不一致，或者未能提供关键信息。[344]

请求权的要素

损失的因果关系

《2000 年金融服务与市场法》第 90 条允许投资者对于以虚假信息扭曲市场运作的行为提起损害赔偿。投资者必须证明不准确的招股说明书与遭到的损失之间存在因果关系；这意味着投资者必须证明，他买入股份的价格受到了错误信息的扭曲。然而，并没有进一步要求投资者应特别注意到了错误的信息，并且依赖该信息作出了投资决定。在欺诈诉讼或基于《1967 年虚假陈述法》提起的诉讼中，投资者必须表明他的行为受到了虚假陈述的劝诱[345]（尽管在案件事实中，可以推断投资者依赖了虚假陈述）；[346]而如果证据表明投资者没有意识到该陈述或没有注意到它，该项请求权将无法成功。[347]

投资者知悉虚假信息

如果投资者知悉招股说明书中的信息是虚假的，则其提起的诉讼请求

---

[340] 《金融服务与市场法》附件 10，第 3—4 条。
[341] 同上，附件 10，第 5 条。
[342] 同上，附件 10，第 6 条。
[343] 同上，附件 10，第 7 条。
[344] 同上，第 90 条第 12 款。
[345] *Edgington v Fitzmaurice* (1885) 29 Ch IJ 459，CA.
[346] *Smith v Chadwick* (1881) 9 App Cas 187，HL.，196 *per* Lord Blackburn.
[347] *Smith v Chadwick* (1881) 9 App Cas 187，HL.

可能会被驳回,而不论其主张何种特定的救济方式。明知信息是虚假的投资者,无法主张自己的行为受到了劝诱,因而基于欺诈或者虚假陈述的请求权无法获得成功。[348] 同样地,在基于违背勤勉义务的案件中,投资者如果事实上知悉了错误并继续为之,则其无法令人信服地主张是错误的建议导致了损失。根据《金融服务与市场法》,原来的责任人可以通过表明投资者在明知信息不准确的情况下买入股份而对抗请求权。[349]

陈述的责任人知悉存在虚假

投资者根据第90条主张请求权时,并不要求表明责任人知悉违法陈述存在虚假。责任人不了解情况时,只有在责任人能够证明他们基于合理理由相信该信息是真实的情况下,才会构成辩护的理由。在这方面,它与《1967年虚假陈述法》之下的请求权有些类似。在后者情形中,原告并不要求证明被告存在过失,但被告可以通过证明其合理相信陈述是真实的,从而免除责任。[350] 在诈欺诉讼中,主观因素非常重要,原告必须证明陈述人知悉该陈述是虚假的,而且陈述人并未真诚地相信它是真实的,或者根本不考虑它的真实性。[351] 在基于勤勉义务的请求权诉讼中,原告必须证明陈述人未能本着足够的勤勉行事。

沉默的责任

关于沉默或未能提出警告的责任的一般法律规定,非常有限。根据一般规则,保持沉默并不等同于欺诈,而且侵权法并不会轻易施加勤勉义务,要求警告其他人注意潜在风险。[352] 同样地,除非沉默的效果是使得所披露的信息不真实,沉默不会产生《1967年虚假陈述法》之上的虚假陈述请求权。然而,根据《金融服务与市场法》,信息披露不充分也会引发责任,即使它不会导致所披露的信息不真实。因而,正如未能置备规则所要求的补充型招股说明书一样,遗漏招股说明书披露要求所规定的信息也具有可诉性。[353]

赔偿数额

诈欺请求权规则中关于可以支付给胜诉原告的赔偿数额的规定,比基于勤勉义务的规则慷慨得多,因为后者要遵守间接规则,根据该规则,赔偿

---

[348] 但不要求投资者请求确认信息的真实性:*Aaron's Reefs Ltd v Twiss* [1896] AC 273, HL, 279 *per* Lord Halsbury LC.
[349] 《金融服务与市场法》第10章,第6条。
[350] 《1967年虚假陈述法》第2(1)条. *Howard Marine & Dredging Co Ltd v A Ogden & Son (Excavations) Ltd* [1978] QB 574, CA.
[351] *Derry v Peek* (1889) 14 App Cas 337, HL.
[352] *Smith v Littlewoods Organization Ltd* [1987] 2 AC 241, HL.
[353] 《金融服务与市场法》第90(1)(b)(ii)条和第90(11)条。

责任仅限于因违约导致的可预见损失。也就是说，根据间接规则，尽管某人能够证明自己受到欺骗，并进而主张获得所有直接源于错误信息的损失赔偿(无论那些损失是否可以预见)。[354] 诈欺规则被认为也适用于《1967年虚假陈述法》之上的请求权。[355]《金融服务与市场法》未对法定赔偿数额的评估提供明确的指引。运用早期的有关不真实招股说明书的公司法规则来裁判的案件，也适用诈欺规则。[356] 虽然成文法条文的差异意味着此类案子必须审慎处理，但这方面的现代成文法规则与其前身之间充分的相似性表明，法院仍可能继续适用诈欺规则。[357]

在 Smith New Court Securities Ltd v Scrimgeour Vickers (Asset Management) Ltd[358] 一案中，上议院审查了调整诈欺侵权损害赔偿的规则。该案牵涉由故意的虚假陈述所引诱的股份买卖行为。上议院驳回了以下简单但却不够灵活的规则：原告计算其损害赔偿的基本方法是，原告买入股份的价格与购买当日如果市场未被虚假信息扭曲情况下该股份的市场价格之间的差额。上议院认为，这种规则在原则上是错误的，而且可能会酿成明显的不公正后果。最主要的原则是，侵权受害人有权主张在不法行为人劝诱下所从事交易而直接造成的所有实际损失的赔偿。在某些情形下，为购买财产而支付的价格与交易发生之日如果不存在侵权行为时财产的市场价格之间的差额，或许是计算这种损失的妥当方法，但在其他情况下，或许需要采取另外一种方法，例如为购买财产而支付的价格与该财产后来被处分的价格之间的差额，从而根据一般的原则来给原告全面的赔偿。

投资者可能关注的一个问题是，他买入股份之后随着市场行情下行，其持有的股份价值下跌，他能否主张这部分的损失赔偿。固定日期交易规则

---

[354] Doyle v Olby (Ironmongers) Ltd [1969] 2 QB 158, CA.

[355] Royscot Trust Ltd v Rogerson [1991] 2 QB 297, CA. 将诈欺规则拓展适用于被告没有故意误导原告的情形，已经遭到了批评：RJA Hooley, 'Damages and the Misrepresentation Act 1967' (1991) 107 LQR 547. In Smith New Court Securities Ltd v Scrimgeour Vickers (Asset Management) Ltd [1997] AC 254, HL, 282—283, Steyn 法官提及，是否因《1967年虚假陈述法》用语的宽泛迫使法院拓展适用诈欺规则，但他明确表态拒绝对于 Royscot 案件的裁决是否准确，发表结论性的意见。Browne-Wilkinson 法官同样持保守态度(第267页)。

[356] Clark v Urquhart [1930] AC 28, HL. Viscount Sumner (at 56) 解释道，成文法上的诉讼试图提供一种救济，而在 Derry v Peek 一案中，上议院将这种救济仅仅局限于能够证明存在诈欺的情形。还可参见 Tomlin 法官(at 76)："本条的效果是创建一种成文法上的侵权，在本条规定的范围内，这种侵权与基于虚假陈述的普通法上的侵权具有同样的特征和后果，只是原告不负有提出并证明存在欺诈的责任。"

[357] P Davies, 'Liability for Misstatements to the Market: A Discussion Paper' (HM Treasury, March 2007) para 107, 作者认为，"看起来法院会采用与普通法的诈欺诉请同样的方法，因为本条的架构与普通法上的侵权非常相似"。与以下文献形成对比，A Alcock, 'Liability for Misinforming the Market' [2011] JBL 243. Cartwright 认为，最高法院完全有可能放弃了诈欺规则：Cartwright, *Misrepresentation, Mistake and Non-Disclosure*, para 7-62.

[358] [1997] AC 254, HL.

将股份买入后市场行情导致的损失排除在赔偿范围之外，但根据法官在 Smith New Court 一案中采取的更为灵活的方法，这些损失有可能获得赔偿。尽管这一措施相当慷慨（比过失侵权诉讼中的措施更为慷慨），投资者仍必须证明损失是由虚假陈述引发的交易造成的，并且是该交易的直接后果。证明存在法律上的因果关系是一个复杂的问题，在这方面，有说法称："没有令人满意的理论可以解决已出现的纷繁多样的现实问题。"[359] 如果投资者购买股票的价格因错误陈述而被扭曲，且投资者在市场崩溃后仍持有这些股票；在评估实际情况的基础上，正确的结论可能是，投资者的额外损失是其保留股票的决定所导致，而非由初始交易导致。[360]

人们通常认为，在评估欺诈行为的损失时，有一项推测是不适当的，即如果没有欺诈行为投资者就可能选择替代交易。[361] 但这一观点也受到了质疑：有意见认为，自判例法建立以来，在一些情况中原告的赔偿中可以包括从事其他交易可获得的利润，在原则上该利润应当与考虑假设的替代损失相当；如果不是这样的话，将使抗辩变得"困难且不可能实现"。[362]

根据《1986年破产法》第74（2）（f）条，对公司成员以股息、利润或其他形式所应支付的金钱，在公司成员自身与非公司成员的其他债权人之间产生竞争时，不应被视为向公司成员应负的债务。破产时请求权的法定劣后性，并不适用于股份购买人因遭受虚假陈述损害而产生的赔偿请求权，但股份认购人的地位则更不确定。[363]

虚假的招股说明书的民事责任——评估

人们认为，在英国，与招股说明书有关的准确性标准要求相当高，这在一定程度上与民事责任标准息息相关。[364] 民事制裁的威慑作用可能足以抑制以下动机，即公司管理人员伪造招股说明书信息的动机，以及/或者财务

---

[359] *Smith New Court Securities Ltd v Scrimgeour Vickers (Asset Management) Ltd* [1997] AC 254, HL, 284—285 per Lord Steyn.
[360] 关于欺诈案件中因果关系断裂的讨论，可见 *Invertec Limited v De Mol Holding BV, Henricus Albertus de Mol* [2009] EWHC 2471 (Ch) at [381]—[386].
[361] *Smith New Court*, 283F-G per Lord Steyn.
[362] *Yam Seng Pte Limited*（一家注册于新加坡的公司）*v International Trade Corporation Limited* [2013] EWHC 111 (QB), [209]—[217].
[363] *Soden v British & Commonwealth Holdings plc* [1998] AC 298, HL. 欧洲法院审理的 C-174/12 号 *Alfred Hirmann v Immofinanz AG* 案件中，股东和债权人等级、资本维持和投资者赔偿请求之间的问题，已被提交至法院。佐审官（Advocate General）的观点（2013年9月）是，赔偿因虚假信息而购买股票的投资者损失的义务，并未损害资本维持原则。
[364] P Davies, 'Liability for Misstatements to the Market: A Discussion Paper' (HM Treasury, March 2007) para 71, 梳理了 Davies 教授在其研究的第一阶段进行访谈时，被访谈者的观点。

和专业中介机构在核查说明书准确性和完整性时采取冒险行为的动机。如果在某种程度上的确如此,则值得注意的是,低水平的实际执法活动并没有损害民事制裁的威慑作用。然而,英国最引人关注的特点之一,却是投资者就有关虚假招股书而主张(成文法上的或者其他)民事请求权的现代案件少之又少。投资者根据《金融服务与市场法》或其前身《1986年金融服务法》成功地提出诉请的呈报案件,则更是没有。在呈报的案件的裁决中,也没有许多证据表明投资者启动了此类诉求——LexisNexis数据库从1986年迄今只发现一起与法定请求权直接相关的案例:在一起认股权证发行中,受到不准确的上市公告损害的投资者,向法院请求发布披露文件的法令,以获得相关文件证据和信息,从而确定根据《1986年金融服务法》或者普通法上的疏忽责任起诉发行人的会计师是否值得。该申请被法院以有关披露文件的民事诉讼规则为理由予以驳回。[365](投资者针对会计师和公司的银行提起诉讼,最终各方庭外和解;公司的经营董事被认定构成欺诈罪,并被判处八年有期徒刑。)[366]在另一案件中,根据《1986年金融服务法》提起的赔偿请求与此相关,但该诉讼主要涉及破产中的请求权的折中与妥协。[367] 在2010年报道的一个案例中,简要地考察了第90条规定。但该案中涉嫌虚假陈述的内容,并未包含在招股说明书或上市细则中,故法院毫不犹豫地认为第90条(在任何情况下都不是可抗辩的诉因)对原告并无帮助。[368] 历史上,甚至在报纸中关于因招股说明书虚假而买入证券的投资者提起诉讼的事件,相对而言也并不常见。

但投资者的态度可能已发生变化。[369] 尤其是,2007年至2009年金融危机的部分后果是,一个一致行动的投资者团体购买了苏格兰皇家银行救助性的认购权发行股票,该团体认为在认购权发行中招股说明书以及相关文件存在误导性说明,故向银行及其董事主张赔偿。在民事诉讼对一级资本市场活动发挥监管作用方面,这一诉讼有可能成为一项里程碑式的判决。但要实现这一目标,还必须克服集体诉讼中存在的重大的民事诉讼程序障碍。同样令人吃惊的是,近期以下案例很少:即因招股说明书信息不准确,公司或代表公司行事的股东以被诉股东违反《2006年公司法》第174条对公司的一般注意义务为由,向被诉股东承担责任。一般而言,在英国,针对董

---

[365] *Axa Equity and Law Life Assurance Society plc and others v National Westminster Bank plc* Chancery Division, 2 February 1998, Court of Appeal, 7 May 1998.
[366] J, Wilicock, 'Resort Hotels Chief Jailed for Eight Years', *The Independent* (London), 2 April 1997, Business Section, 21.
[367] *Re Barings plc* [2001] 2 BCLC 159.
[368] *Hall v Cable and Wireless plc* [2010] 1 BCLC 95, QBD.
[369] 关于是否有理由认为英国越来越倾向于民事诉讼,参见 Davies, *Final Report*, paras 12—18.

事的诉讼作为一种控制公司治理机制,所起到的作用相当有限,本章后文将进一步讨论。

针对有缺陷的招股说明书的行政制裁

对于违反《招股说明书规定》的行为,金融行为监管局有权采取一系列的执行行动。基本框架与本章之前在《上市规则》背景下的讨论相同。其权力包括:命令中止或者禁止向公众公开发行证券;命令中止或者禁止在受管制市场上市交易可转让证券[370];发布公开谴责通告[371];以及实施罚款[372]。根据包括《招股说明书规则》在内的法律所施加的要求,金融服务局也可以根据获得的利润或遭受的损失及其他不利后果,作出赔偿的决定。[373] 如果违法行为构成了市场滥用,金融行为监督局自身即可以责令赔偿损失,而无须启动法院诉讼。[374] 如果存在市场滥用,金融行为监督局还可以实施包括无限制罚款的处罚措施。[375]

金融服务局(金融行为监督局的前身)创建之初,他将如何运用庞大的执法权力,受到相当多的关注。[376] 事实证明,金融服务局从未就已发布的招股说明书所含的信息,行使过普遍的执法权力。缺乏事后执行的部分原因可能是,招股说明书发布前的监管审查机制提供了一种替代性的控制机制。在保障招股说明书的信息质量方面,行政措施有潜力发挥重要作用;这表现为,金融服务局有权对受监管的企业以及在企业中发挥重要影响作用的个人,行使广泛的惩戒权。在一起案例中,金融服务局根据《金融服务与市场法》第67条,对一家于2008年倒闭的银行的前财务总监处以罚款,理由是该财务总监未能向董事会报告该银行不断恶化的财务状况。财务总监的疏忽导致该银行发布了不准确的股票认购权发行文件,这些文件必须通过一份相当于盈利预警的最新交易报表来纠正,并可能最终导致股票认购权发行失败。该财务总监尝试通过司法审查金融服务局行动程序的方法,来挑战该局的处罚措施,但未能成功。[377]

香港证券及期货事务监察委员会(SFC)基于虚假的、具有误导性的招股

---

[370] 《金融服务与市场法》第87K条和第87L条。
[371] 《金融服务与市场法》第87M条和第91(3)条。
[372] 《金融服务与市场法》第91(1A)条。
[373] 《金融服务与市场法》第382—386条。
[374] 《金融服务与市场法》第384条。
[375] 《金融服务与市场法》第8部分。
[376] E Ferran, 'Examining the United Kingdom's Experience in Adopting the Single Financial Regulator Model' (2003) 28 *Brooklyn Journal of international Law* 257.
[377] *R (on the application of Christopher Willford) v FSA* [2013] EWCA 677.

说明书，对洪良国际控股有限公司采取措施，再次有力地说明行政制裁在这方面可能发挥的作用。[378] 洪良国际公司于 2009 年 12 月 24 日在香港联交所上市，首次公开发行价为每股 2.15 港元。2010 年 3 月 30 日，根据香港证券及期货事务监察委员会的指示，洪良国际公司股票停牌。2010 年 3 月 30 日，洪良国际公司股票的收盘价为每股 2.06 港元。2012 年 6 月 20 日，香港证券及期货事务监察委员会和洪良国际公司就一系列事实达成一致；根据这些事实，洪良国际公司承认，招股说明书中包含重大虚假和误导性信息，并导致投资者认购和购买其股票，该公司对此是有疏忽的。根据其所承认的事实，洪良国际公司被责令向已在首次公开发行和二级市场中购买股票的公众股东，以每股 2.06 港元的价格回购股份，回购总金额总共高达 10.3 亿港元。此外，洪良国际公司还被责令向香港证券及期货事务监察委员会支付诉讼费用 700 万港元。

针对有缺陷的招股说明书的刑事责任

发行证券的招股说明书包含有虚假信息、承诺或者预测，或者隐匿了重要事实，将构成违反《2012 年金融服务法》第 89—90 条的违法行为。第 89 条规定，行为人在以下情况构成犯罪：行为人故意或过失地发表声明，并知晓声明在实质内容方面存在错误或有误导性，或者行为人不诚实地隐瞒了重要事实，且行为人具有引诱的故意，或对其行为存在引诱持放任态度，并导致相对人订立了相关合同。第 90 条规定，行为人故意造成对市场、价格或投资价值的误导，以诱使相对人作出投资决定的，行为人也构成犯罪。根据本条被认定有罪的个人，有可能被判处最高为期 7 年的监禁，外加处以罚款。[379] 在 R v Feld [380] 一案中，可以看到将这种处罚用于有关证券公开发行的情形，在该案中，上诉法院对以下判决予以支持：《金融服务与市场法》对于在有关认股权证发行招股说明书中存在违法行为的董事，判处 6 年监禁。该招股说明书夸大了利润，却对责任轻描淡写，信息严重错误。公司的执行董事 Feld 向公司审计师提供的置备完成的文件，支持了这些数字。公司通过发行认股权证筹集了超过 2000 万英镑的资金，但次年即进入破产清算程序。法院在支持判处监禁的刑期时强调指出，维持城市及金融机构对于招股说明书及类似文件的信息的真实性，是极端重要的。

---

[378] Securities and Futures Commission, 'Hontex Ordered to Make $1.03 Billion Buy-back Order over Untrue IPO Prospectus,' 20 June 2012.
[379]《2012 年金融服务法》第 92 条。
[380] 1998 年 4 月 6 日，CCA。

发行招股说明书存在虚假,可以成为大量刑事违法行为的更为宽泛的规定所调整的一部分。例如,2003 年,法院根据《1987 年刑事司法法》第 12 条,认定两名董事 Nicolaides 和 Atkins 因欺骗了两家公司的股东,从而构成犯罪。这两家公司原本是为申请人提供日常使用的网络和低成本的电话服务,但在许多招股说明书中,这两家公司却被吹嘘为提供了在一个全新的、盈利能力丰厚的技术市场的富于吸引力的投资机会。事实上,这两家公司只是工具,被告运用其以及其控制的诸多中介公司和商家,来达到欺诈性致富的目的。然而,根据《2012 年金融服务法》第 89、90 条的成文法前身,Atkins 及另一名董事却不被认定有罪。[381]

自 2007 年 1 月 15 日起生效的《2006 年欺诈法》规定了一套全新的欺诈刑事违法行为,根据该规定,虚假陈述、未能披露信息或者滥用优势,均会构成此行为。在以上所有的情形中,行为人的行为都必须是不诚实的,并且试图获利或导致另一方损失或面临损失的风险,但获利或损失并不要求实际发生。一旦被认定有罪,被告人可以被判处最高刑期为十年的监禁,并且(或者)处以罚款。这种新的欺诈违法行为的规定,意在消除对欺诈活动提起公诉时所面临的种种复杂情形。它可以与其他现有的违法行为规定一并适用,或者优先适用。

刑事案件的举证责任较重,不利于广泛地将刑法作为遏制滥用行为的机制。在以误导声明为由对公司董事或其他人提起公诉时,公权力机关所面临着挑战在以下案件中得以生动的说明:iSoft 公司是一家健康软件供应商,金融行为监管局认为,对于向市场所作的关于公司财政业绩的误导性声明,该公司的前董事存在共谋;故金融行为监管局于 2013 年 7 月对 iSoft 公司的前董事提起公诉,但告失败。[382] 金融行为监管局及其前身金融服务局,共花费了 7 年的时间以及大约 500 万英镑来调查案件事实,但在第一次刑事庭审后,因为无法解决的程序问题而放弃了公诉,这导致陪审团无法达成一致意见以及第二次庭审失败。

私人公司公开发行证券

《2006 年公司法》规定,拥有股本的私人有限公司不得向公众公开发行

---

[381] FSA/PN/091/2005(2005 年 8 月 18 日) and FSA/PN/106/2005(2005 年 10 月 7 日)。
[382] J Rankin, 'Blow to city Watchdog as iSoft Case Collapses' *Guardian*, 23 July 2013, 23.

证券,也不得本着其证券将向公众公开发行的想法配售或者议定配售证券。[383] 事实上,公司法禁止私人公司向公众发行证券的规定,比《2000 年金融服务与市场法》非常细致的相关规定,在时间上早了许多。公司法中界定向公众公开发行证券的方法,与《金融服务与市场法》第 102B 条的规定并不一样。虽然从表面上看,将两个定义加以统一是有吸引力的,但在国会关于后来成为《2006 年公司法》的法案的辩论中,政府认为,这两部成文法着眼于不同的事物,因而无法将这些定义变得完全一样。[384]

《2006 年公司法》并没有对"公众要约"进行全面的界定,但这部法律采取的方法的本质在于,公众要约是一项不具有私人特点的要约,因为公司与其要约对象之间并不存在紧密的关系。[385] 因而,向公众的要约包括向公众任何阶层的要约,而无论该阶层是如何被选择出来的。[386] 然而,如果情况表明,能够将要约妥当地视为不被直接或间接计算在那些收到要约的人以外的人可获得的公司证券之内,或者视为收到要约以及作出要约的人的私人事务,则要约不被视为向公众的要约。[387] 如果发生以下情形,则要约被视为(除非另有所证)发出要约或者接受要约的人的私人事务:

(a)要约向与公司关联人士作出,而且如果要约条款允许该人士放弃其权利,则该权利的放弃只能本着有利于另一与公司关联人士作出;或者

(b)发出员工持股计划之下的证券认购要约,而且如果要约条款允许受要约人放弃其权利,则该权利的放弃只能本着有利于另一根据该计划有权持有证券的人士、或者有利于与公司已有关联的人士作出。[388]

该目的之下的与公司关联人士是指,公司的现有成员或者雇员,公司成员或者雇员的家庭成员、寡妇、鳏夫或者公司成员或雇员的民事合伙人、现有的债券持有人、以及以前述人士为主要受益人的信托的受托人。[389]

禁止私人公司公开发行证券之"证券"的含义,仅限于股份或者债券。[390] 也有可能其他证券(例如期权或者权证)的发行,被当作股份或者债券的间

---

[383] 《1986 年公司法》第 755 条。存在以下假定:如果一项配售或同意配售的目的是为了公开发行,且发行要约在配售或同意配售后 6 个月内作出,或者在公司收到其对于证券将收到的全部对价之前作出(第 755(2)条)。

[384] 议员代表政府在上议院的发言,简要地梳理了针对这一论题而展开的辩论的发展演变:*Hansard*, vol 679, GC 455—6 (2006 年 3 月 14 日),*Hansard*, vol 679, GC 47 1—3 (2006 年 3 月 15 日)。众议院关于这一问题的辩论,参见 *Hansard*, Standing Committee D, cols 819—825 (2006 年 7 月 18 日)。

[385] McKenzie 法官代表政府在国会讨论通过《2006 年公司法案》的辩论中,表明了这一点:*Hansard*, vol 679, GC col 472 (2006 年 3 月 15 日)。

[386] 《2006 年公司法》第 756(2)条。

[387] 同上,第 756(3)条。

[388] 同上,756(4)条。

[389] 同上,第 756(5)—756(6)条。

[390] 同上,第 755(5)条。

接发行。[391]

禁止私人公司公开发行证券的禁令,也将影响着打算转变为公众公司以首次公开发行证券的私人公司的准备步骤。然而,《2006年公司法》的例外规定,在此种情形下应有帮助:如果在证券配售前,公司根据重新注册为公众公司的安排善意地行事;或者作为要约条款的一部分,公司承诺在不超过六个月的期限内重新注册为公众公司,并且遵循了该承诺,则公司不构成违法行为。[392]

根据《2006年公司法》之前的法律规定,私人公司违反了公开发行的禁令,属于犯罪行为。然而,刑事制裁已经不再运用于这一语境之中。根据公司成员或债权人或者内阁大臣的申请,法院可以撤销拟议的违法指控。[393] 如果违法行为已经发生,法院会要求公司重新注册为公众公司,除非它不符合重新注册的要求,或者这样做不现实或者要求它这样做并不可取。[394] 在那些情形下,法院可以发出救济法令(它可以要求明知存在违法情事的人士买入证券)以及/或者发出强制解散公司的法令。[395] 有权申请"后违法行为法令"的人,是在要约发出之时的公司成员或者债权人、由于证券发行而成为公司成员的人士,以及内阁大臣。[396] 违法行为并不影响证券配售的效力。[397]

众筹

对私人公司公开发行证券的限制,促进了众筹;众筹是指,大量投资者向初创企业和成长型企业提供小额融资。[398] 有一种结构可能会回避上述问题,即寻求股权融资的私人公司,成为上市公司建立的众筹工具的子公司。另一种选择是,将众筹项目构建为集体投资项目。[399] 除了考虑限制私人公司融资的问题外,还应当适当考虑与金融推广(financial promotion)以及公开募集招股说明书方面的要求。专门的众筹监管豁免措施可能有用,但与以往一样,要在促进发行人获得融资以及保护投资者利益之间取得平衡,也

---

[391] 政府发言人McKenzie法官在国会讨论通过《2006年公司法案》的辩论中,提出了这一点:*Hansard*, vol 679, GC col 453 (2006年3月14日)。
[392] 《2006年公司法》第755(3)—755(4)条。
[393] 同上,第757条。
[394] 同上,第758条。
[395] 同上,第758(3)—(4)条和第759条。
[396] 同上,第758(4)条。
[397] 同上,第760条。
[398] O Stacey, S Lovegrove, and D Murphy, 'Crowdfunding: Possibilities and Prohibitions' (2012) 23(1) PLC 18.
[399] Association for UK Interactive Entertainment, *UKIE Crowd Funding Report: A Proposal to Facilitate Crowd Funding in the UK* (February 2012).

存在一些问题。[400]

上市公司的定期和非定期的披露义务

公司使其证券获准在有序的交易平台上交易,即走出了向外部投资者开放的关键一步,此时公司将面临更严格的监管要求。这是考虑上市的公司在评估利弊时必须考虑的因素。英国根据本国意愿制定了金融服务局《上市规则》,对高级上市证券的发行人施加了持续性义务,对此本书已作探讨。本节主要讨论披露的持续义务,这主要源于《透明度义务指令》和《市场滥用指令/预期规定》。同时,还将讨论关于公司治理的披露要求,这源于《会计指令》。《透明义务指令》要求大股东在达到一定标准时,披露其所持有的股份和股权;发行人也应向市场披露上述信息。本节还将简要提及大额持股披露义务,以及此前未考察的发行者的部分持续性义务。[401]

源于《透明度义务指令》的发行人披露义务

定期财务报告义务

《透明度义务指令》规定了年度财务报告和半年度财务报告的内容和时间要求。[402] 在最初的文本中,《透明度义务指令》对于没有置备季度报告的证券发行人,还引入了中期业债报告(IMS)的概念。强制性的季度报告或中期报告的规定,很快招致了批评,因为人们认为,这种报告产生了意想不到的副作用,助长了过度的短期主义。[403] 人们逐渐认识到,季度收益数据可能会被随机的市场波动主导,甚至更糟的是,可能会被设法规避。[404] 作为一项精简措施,欧盟委员会提出废除这一要求,并认为这样不会危及保护投资者利益。欧盟成员国将不得以更高的频率,要求公布定期财务报告;在此范围

---

[400] 为实施美国《快速启动创业公司法案》的众筹豁免条款,起草监管规则花费了漫长的过程,这表明要实现这种平衡并非一项简单的工作。参见 J Eaglesham, 'Crowdfunding efforts Draw suspicion' *Wall Street Journal Online*, 17 January 2013。2013 年 10 月,美国证监会公布了一项拟议规则,允许公司以众筹方式发行和销售证券。媒体对拟议规则的评论指出,这项豁免与早些时候的意见主张有很大不同;评论还质疑,这项规则是否能在保护投资者和减少繁文缛节之间取得平衡。

[401] 上市发行人(股票认购权发行、配售等)二次发行中的持续性义务,已在第五章中详细讨论。

[402] 《透明义务指令》第 4—5 条。文本中讨论了 2013/50/EU 号指令所制定的修正案,修正案于 2014 年在英国生效。

[403] COM(2011) 683; Kay, *The Kay Review*, paras 10.1—10.19.

[404] Kay, *The Kay Review*, para 10.19.

内,修订后的《透明度义务指令》就成为最高限度的要求。但是,这种对欧盟成员国自主权的限制是有条件的:如果成员国的要求不会对公司造成沉重的财务负担,且所需的额外信息有助于投资人作出投资决定,则成员国有权要求发行人公布额外的定期财务信息。同时,上述限制不影响欧盟部门立法需要的额外信息,尤其是成员国要求金融机构公布额外的定期财务信息。另外,对于证券已获准在受监管市场交易的发行人,受监管市场可以在所有或部分市场板块中,要求发行人公布额外的定期财务信息。

证券获准在受管制市场交易的发行人,以及位于成员国或者运作于成员国的发行人,必须遵守《透明度义务指令》关于定期信息披露的要求。根据指令要求,股权发行人的母国,是指该公司有注册经营场所的国家。[405] 在英国,《透明度义务指令》的实施,通过以下方式来实现,通过《2006 年公司法》加入相关条款,修改《金融服务与市场法》;同时由金融服务局根据新的成文法的权力来颁布规则。[406]

根据金融行为监管局的《披露和透明度规则》,可转让证券获准交易的发行人以及母国是英国的发行人,无论是高级上市或标准上市,或被获准进入高速成长板块交易,必须在每一财务年度结束之后的最近四个月内公布其年度财务报告,并确保其至少在 5 年内可以公开获得。[407] 年度财务报告必须包括经审计的财务报表、经营报告和责任声明。[408] 成立于欧盟的公司,通常应根据国际财务报告准则来置备合并的财务报表。[409] 经签署的审计报告必须与年度财务报告一起,向公众全面披露。[410] 经营报告必须对发行人的经营进行公允的评估,并且对其面临的主要风险及不确定性进行描述。[411] 经营报告中应包含的其他信息有:对财政年度结束后发生的重要事件的表述、发行人可能的发展、在研发领域的活动、收购自身股权的信息、分支机构的设立情况、财务风险管理目标和策略、财务风险点等。[412]

责任声明必须由发行人中的责任人作出,并且每一责任人必须声明,在

---

[405] 《透明度义务指令》第 2(1)(i) 条。
[406] 《金融服务与市场法》第 89A—89N 条(《2006 年公司法》第 1266—1268 条插入)、《金融服务与市场法》第 90A 条和第 90B 条(《2006 年公司法》第 1270 条插入)、《金融服务与市场法》第 100 条(《2006 年公司法》第 1271 条插入)和《金融服务与市场法》第 103(1) 条(《2006 年公司法》第 1265 条予以修订)。《2006 年公司法》也作出了某些细微而重要的修订(《2006 年公司法》第 1272 条和附件第 15 项)。相关规则见金融行为监督局《手册》和《披露和透明度规则》。
[407] 《披露和透明度规则》第 4.1.1R—4.1.4 条。根据修订后的《透明度义务指令》第 16 条,年度报告应当在至少 10 年内可公开获得。
[408] 《披露和透明度规则》第 4.1.5 条。
[409] 同上,第 4.1.6 条。
[410] 同上,第 4.1.7(3) 条。
[411] 同上,第 4.1.8 条。
[412] 同上,第 4.1.11 条。

他(或者她)的最大了解范围之内,财务报表真实而公允地反映了发行人的资产、负债、财务状况及收益和亏损情况,以及被纳入作为一个整体的企业合并的事业;经营报告必须对发行人的发展、经营绩效、地位、以及被纳入作为一个整体的企业合并的事业,作出公允评估,并对其面临的主要风险及不确定性进行描述。[413]

半年度财务报告必须尽快公布,但不得迟于该报告所涉及的相关期间结束之后的2个月,并确保其至少在5年内可以公开获得。[414] 半年度财务报告必须包含一份压缩版的财务报告、一份中期经营报告和责任声明。[415] 对于股份发行人而言,半年度报告还必须包括一份关于重大关联方交易的公允评估报告。[416]

对于非欧盟的发行人,如其成立地国家的相关法律被认为是"相当的",则发行人可以免除适用年度财务报告、半年财务报告等规则。[417] 关于会计标准的"相当性"问题,本章已在关于招股说明书的内容中作了讨论。一般来说,金融行为监管局认为,瑞士、美国和加拿大规定的发行人持续披露机制与《透明度义务指令》在很多方面是相当的,故来自这些国家的发行人可以免除其遵守英国国内法要求的义务。[418]

《透明度义务指令》规定的其他持续义务

《透明度义务指令》包含了有关收购或者处分大宗股份和某些其他金融工具时的通知义务。在英国,通过金融行为监管局的《披露和透明度规则》第五章来实施这些要求,这些要求适用于将英国作为母国的发行人。[419] 第五章要求持有人通知发行人,而且如果相关股份获准在受管制市场交易,则还必须通知金融行为监管局。然后,发行人必须通过监管信息服务系统(RIS),公布通知所包含的所有信息。发行人还应当在持股数额发生增减的每一月末,向公众披露发行在外的每一类别股份的资本额及表决权总数,以及发行人以库藏股形式持有的股份所拥有的表决权总数。发行人购买股份或者处分其自身持有的股份,也要承担信息披露义务。

金融行为监管局的《披露和透明度规则》第六章实施了《透明度义务指

---

[413] 《披露和透明度规则》第4.1.12条。
[414] 同上,第4.2.2条。根据修订的《透明度义务指令》,公开期限延长至3个月。报告应当至少10年内可公开获得。
[415] 《披露和透明度规则》第4.2.3条。
[416] 同上,第4.2.8条。
[417] 《透明度义务指令》第23条。
[418] 同上,第4.4.8—4.4.9条。关于豁免范围的详细情况,参见⟨http://www.fca.org.uk/firms/markets/ukla/information-for-issuers/non-eea-regimes⟩(2013年7月访问)。
[419] 《金融服务与市场法》第89A条和第89B—89D条(由《2006年公司法》加入)规定的法定权力。

令》之下的其他持续义务，适用于母国为英国的发行人。[420] 这些义务包括确保处于同一地位的股份持有人获得平等对待的义务。[421] 本章中的其他持续义务关注的是，确保证券持有人能够行使包括运用委托书在内的权利，以及确保证券持有人对于附着于证券的权利的变更、会议安排、发行新股和股息支付等事项，拥有知情权。

获准在受管制市场中交易的发行人每年披露公司治理信息

根据《披露和透明度规则》，所有获准在受管制市场交易的英国公司，都应在年报中作出关于公司治理情况的声明。[422] 为避免重复，如高级上市发行人遵守了《英国公司治理准则》相关的"或遵守或解释规则"（该规则由《上市规则》的持续披露义务制度所规定）的，即被认为符合了《披露和透明度规则》的特定要求。[423]《披露和透明度规则》关于公司治理的要求（以及"或遵守或解释"规则），也适用于高级上市或标准上市的海外公司。[424]

另类投资市场发行人的定期披露

《另类投资市场公司规则》要求另类投资市场的发行人置备年度和半年度报告。在欧盟注册的发行人必须根据《国际财务报告准则》置备和提交账目，但其他发行人则无须将其已经根据美国《公认会计准则》、加拿大《公认会计准则》、澳大利亚《公认会计准则》或日本《公认会计准则》置备的账目，与《国际财务报告准则》进行调和。[425]《上市规则》和《披露和透明度规则》大多数规定不适用于另类投资市场的发行人。[426] 另类投资市场的发行人不受英国《公司治理准则》的正式约束，但该准则被视为一种理想的标准。

---

[420]《金融服务与市场法》第89A条和第89E条（由《2006年公司法》加入）规定的法定权力。
[421]《披露和透明度规则》第6.1.3条。
[422] 同上，第7.2条。《金融服务与市场法》第89O条以及《披露和透明度规则》第7条适用了欧洲议会和欧洲理事会2013年6月26日第2013/34/EU号指令（[2013]OJL182/19）第20条，该指令系关于年度财务报告、合并财务报表，以及特定类型公司的相关报告信息的指令，修订了欧洲议会和欧洲理事会2006/43/EC号指令，撤销了欧洲理事会78/660/EEC号指令以及83/349/EEC号指令。
[423]《披露和透明度规则》7.2.4条。
[424]《上市规则》9.8.7—9.8.7A条（高级上市）；《上市规则》14.3.24R条（标准上市）。
[425]《另类投资市场规则》第19条。
[426]《披露和透明度规则》第5条（投票权持有人和发行人通知规则）适用。

非定期披露义务

《市场滥用指令》第 6 条规定,成员国有义务要求金融工具发行人在产生如不公布将损害合法利益的内幕信息时,尽快向公众公布,从而完成发行人披露的监管框架。该《指令》适用于证券获准在受管制市场交易的发行人。根据该《指令》,每一成员国必须将《指令》规定的要求适用于:(a) 在境内外发生的行为,该行为与获准在受管制市场交易的金融工具有关,而该市场位于境内或者运作于境内;或者已经提交了在此类市场上市交易的申请;以及(b) 在境内发生的行为,该行为与获准在受管制市场交易的金融工具有关,或者已经提交了在此类市场上市交易的申请。[427] 而就《指令》第 6 条规定的发行人披露要求而言,金融行为监管局的《披露和透明度规则》第一章已经将其实施。《披露和透明度规则》规定,上市发行人必须尽快将与发行人直接相关的内幕信息告知监管信息服务机构,除非有例外情况。[428] 在例外情况中,发行人可在自负其责的情况下推迟披露内幕信息,以免损害其合法利益,但条件是:(1) 这种信息的遗漏不会误导公众;(2) 收到信息的人对发行人负有保密义务;(3) 发行人能够保证该信息的保密性。[429] 新的《市场滥用规定》保留了公开披露内幕信息的义务(《条例》第 12 条,此系 2013 年 9 月欧洲议会通过的合并文本的编号)。

根据另类投资市场规则,另类投资市场发行人目前要遵守有关价格敏感信息的一般披露义务。[430] 根据新的《市场滥用条例》(该条例将取代《市场滥用指令》),现有关于披露内幕信息的要求,将适用于在多边交易系统(MTF,包括另类投资市场)中以及在有组织的交易设施(OTF)中交易的金融工具。[431] 这将促进交易场所和交易系统间的公平竞争环境,还将能预防和发现市场滥用行为。但如果发行人的金融工具获准在中小企业成长型市场中交易,披露框架制度也将适应于发行人的特点和需求,以免阻碍规模较小的发行人在资本市场上融资。[432]

---

[427] 《市场滥用指令》第 10 条。
[428] 《披露和透明度规则》第 2.2.1 条。
[429] 同上,第 2.5 条。
[430] 《另类投资市场规则》第 11 条。
[431] 《市场滥用规定》第 12 条(根据 2013 年 9 月的法律文本的编号)。
[432] COM(2011)651,第 3.4.3.3 条。

定期和非定期财务披露的民事责任

《金融服务与市场法》第 90A 条以及《附表》第 10A 项（被《2000 年金融服务与市场法（发行人责任）2010 年规定》取代）[433]，上述条款规定，投资者（股票的购买人、出卖人和持有人）对于定期或非定期披露义务（包括自愿披露）中的误导性声明或信息遗漏，以及披露迟延等行为，具有请求赔偿的权利。这种法定责任制度适用于其证券获准在位于或运作于英国的受管制市场中（这包括另类投资市场，以及伦敦证券交易所主板市场的各个板块）交易的发行人；也适用于以英国为母国[434]，且证券在其他受管制市场中交易的发行人。[435] 法定制度适用于发行人通过受认可的信息服务公开的信息，以及通过此等方式说明了可用性的信息。[436]

发行人披露义务的法定责任制度的目的，是针对发行人及其董事是否对投资者负有普通法上义务的问题提供确定性，此前对于这一问题的认识是不清晰的。在 21 世纪头十年中期，要解决上述不确定性成为一个问题，因为《透明度义务指令》规定成员国有义务在其国内法中建立定期披露的责任制度。《2006 年公司法》在《金融服务与市场法》中加入了该法定制度的第一版规定，该版本规定没有明显超过英国政府当时应当履行的欧盟义务的最低标准。人们总认为，该版本规定是仓促中制定的临时性举措，相关问题需要进行更深入的考察。此后，在牛津大学教授 Paul Davies 教授撰写了考察报告后，第一版规定于 2010 年被范围更广泛的发行人披露责任制度所取代，该制度目前仍有效。[437]

在经过修订的规定中，潜在的索赔人范围很广泛：不仅包括购买人，还包括出卖人以及证券的持续持有人。[438] 索赔人必须证明其因为被告披露信息不准确或披露迟延（损失的原因），而遭受了证券相关损失。[439] 如本章前文所讨论的，损失的原因也是《2000 年金融服务和市场法》第 90 条规定的招

---

[433] SI 2010/1192.
[434] 《金融服务与市场法》附件 10A 第 1(3) 条解释了如何确定发行人的母国。
[435] 《金融服务与市场法》附件 10A 第 1 条。对法律规则的选择，将决定英国法是否适用于国际层面的案件。W-G Ringe and A Hellgardt, 'The International Dimension of Issuer liability—liability and Choice of law from a transatlantic Perspective' (2011) 31 *Oxford Journal of Legal Studies* 23.
[436] 《金融服务与市场法》附件 10A 第 2 条。
[437] Davies, Discussion Paper; Davies, Final Report. 还可参见：P Davies, 'Liability for Misstatements to the Market: Some Reflections' [2009] *Journal of Corporate Law Studies* 295.
[438] 《金融服务与市场法》附件 10A 项，第 3(1) 条以及第 5(1) 条。
[439] 同上，附件第 10A 项，第 3(1)(b) 条以及第 5(1)(b) 条。

股说明书责任制度中的组成部分。但与第90条规定的责任相比,第90A条以及附件第10A项所规定的基于公开信息不准确或有遗漏的索赔权利中(该索赔权利并非基于迟延披露),索赔人还需证明其系依赖公开信息采取了购买、处分以及持续持有证券的行为,并应证明这种依赖是合理的。英国法中关于虚假陈述的案例认为,对公开信息的依赖可以从案件事实中推论得知。[440] 在第90A条以及附件第10A项规定的责任中,也可适用同样的方法。从事实中得出的推论,应与对信赖的法律推定区分开来。第90A条以及附件第10A项并未采纳美国证券法中经典的"市场欺诈"理论,该理论为在有效市场中交易的投资者提供了关于信赖的法律推定,但该项推定是可以被反驳抗辩的。[441]

第90A条以及附件第10A项规定的责任标准很高。针对因积极的虚假陈述而产生的法律责任,索赔人必须证明,发行人内部负有信息发布管理责任的人知晓信息不准确或对信息不准确存在疏忽大意。[442] "疏忽大意(recklessness)"是指,有意无视一项明显的风险,这不等同于过失或重大过失。就公开信息的遗漏行为来说,披露失败应当达到不诚实地隐瞒信息的程度,且负有管理责任的人知道这一事实。[443] 在迟延披露的情形中,负有管理责任的人也应有不诚实的行为。[444] 基于上述目的,判断不诚实的标准在于,常在所涉证券市场上交易的人会将争议行为视为是不诚实的,而且负有管理责任的人知道(或必须被认为已经知道)这种行为是被视为不诚实的。[445]

第90A条以及附件第10A项规定是一项只适用于发行人的责任制度。这与第90条关于招股说明书的责任制度截然不同,在后一种制度中,发行人、董事和其他负有招股说明书责任的人可能会承担责任。[446] 此外,发行人享有(有限的)安全港规则:除了附件第10A项所明确规定的责任外,发行人不再就附件适用的其他披露失败的情况承担责任。[447] 这一安全港规则受到许多其他重要规定的制约,这些规定限制了安全港规则的效果。[448] 安全港

---

[440] *Smith v Chadwick* (1884) 9 App Cas 187 HL.
[441] *Basic v Levinson* 485 US 224 (1988).
[442] 《金融服务与市场法》附件第10A项,第3(2)条。董事是履行管理责任的人:《金融服务与市场法》附件第10A项,第8(5)条。
[443] 《金融服务与市场法》附件第10A项,第3(3)条。
[444] 同上,附件第10A项,第5(2)条。
[445] 同上,附件第10A项,第5条。
[446] 《招股说明书规定》第5.5条。
[447] 《金融服务与市场法》附件第10A项,第7条。
[448] 同上,第7(3)—(5)条。此类规定的范围仍存在不确定性:Alcock, 'Liability for Misinforming the Market.'《2010年规定》对该制度的修订还存在摇摆和迂回的情况,因为法定责任及其安全港规则被扩大适用于更广泛的披露范围,但安全港规则的额外条件也同时适用。

规则不影响以下民事责任:(i)《2000 年金融服务和市场法》第 90 条规定的责任;(ii)根据《2006 年公司法》第 954 条制定的规则中的责任;[449](iii)违约责任;(iv)《1967 年虚假陈述法》规定的责任;或(v)某当事人为特定目的,对另一当事人负有关于信息准确性或完整性义务而产生的责任。安全港规则也不影响民事处罚或刑事责任。同样,它不影响金融行为监管局责令当事人赔偿的权力,以及请求法院判令当事人赔偿的权力。[450]

董事和其他实际导致信息披露失败的人,除了第 90A 条以及附件第 10A 项规定(尽管安全港规则也受限于上文所述的条件)的发行人损害责任外,不再承担其他责任。为何仅由发行人承担责任?不将发行人的董事纳入发行人信息披露的民事责任制度中,这样的做法被认为是有争议的。[451] 乍一看,仅由发行人承担责任并不能很好地适应以下目标,即确保负责整理公司披露信息的人采取适当的谨慎,来防止虚假信息传播并使市场了解最新的发展情况。在制定原有第 90A 条规定时,以及在 Davies 教授的报告中,该制度的这项特点均引起了广泛关注;Davies 教授的报告导致现有第 90A 条规定取代了原有规定。尽管得到了如此密切的关注,立法者仍维持了这项特点,这表明有强力的理由支持它。[452]

上述做法的理由在于,将发行人信息披露的民事责任置于一个更加广泛的参照系当中。[453] 民事责任制度能够遏制草率的报告,但法律无须承担所有的繁重工作。Davies 报告所主张的观点以及政府普遍接受的观点是,如果公权力执法的责任标准较低(以过失而非欺诈为标准),而执行的范围较广(对发行人以及董事均实施制裁),则可能意味着要做大量的工作来遏制草率的报告。Davie 指出,公司可以因董事违反义务而向该董事主张赔偿,也可向顾问或其他人主张赔偿,以此作为对公权力执法的补充。他还提到,股东也可以根据《2006 年公司法》新规定的派生诉讼程序对董事提起诉讼。Davies 认为,在私人民事索赔诉讼中采用过失标准,可能会对信息披露行为产生不利影响,因为人们会为了避免责任而采取不必要的谨慎态度。

---

[449] 对于违反收购规定的赔偿。
[450] 依据《金融服务与市场法》第 382 条和第 384 条。
[451] E Ferran, 'Are Us-style Investor suits Coming to the Uk?' [2009] *Journal of Corporate Law Studies* 315.
[452] 较规则制定时,安全港规则的范围变小了。
[453] 这一段总结了 Davies 的论点:Davies, Final Report, 4—5。还有一个 Davies 并未仔细考察的观点,但有学术文献提了出来,即发行人责任制度能够刺激控股股东(作为长期股东,他们面临着因发行人责任导致的亏损转移)监督管理层控制欺诈的风险;因此,在那些控股股东是公司所有权的一项共同特征的国家中,发行人责任制度有强烈的威慑作用。M Gelter, 'Risk-shifting through Issuer Liability and Corporate Monitoring' (2014) 15 *European Business Organization Law Review*。

他指出，董事和高级管理人员（D&O）责任保险可能会把损失从董事身上转移回公司，这将成为仅由发行人承担责任制度的另一个有利因素。

毫无疑问，向广泛的私人执行打开闸门，带来的问题将比能解决的问题更多。但"公权力执法优于广泛私人执行"战略的公信力，取决于公权力执法机制的有效运行。

行政和刑事制裁

金融行为监管局的纪律处分权力和制裁权力的标准权限，适用于发行人违反《披露和透明度规则》的信息披露失败行为。此外，根据《2012年金融服务法案》第89—90条（误导性陈述和印象）规定或《2006年欺诈法案》规定，信息披露失败可能构成市场滥用行为和/或刑事犯罪。金融行为监管局的权力包括，公开谴责发行人和董事[454]，以及施加民事处罚。[455] 如表13.3所示，如果高级上市发行人违反《披露和透明度规则》规定的信息披露义务的话，也可能会违反上市原则，特别是旨在避免形成虚假市场的信息传递原则。金融行为监管局在履行信息披露义务方面所适用的标准，是发行人应采取的合理注意措施之一。[456] 只有在违反规定时具有"故意"的董事（或其他人），才会被罚款或受到公开谴责。[457]

表13.3中的数据显示，对信息披露失败施加严厉行政制裁的情况并不常见。在Davies报告所讨论的要点中，尤其引人注意的是对董事个人的制裁相对较少。正式的制裁不能说明全部问题[458]，但关于总体执法水平还不够理想的感受，却是挥之不去的。金融行为监管局的执法理念是以"可信的威慑力"为基础，该局设想，要比其前任（金融服务局）做好更加充分的准备来使用正式的执法工具。[459] 英国需要一个有效的金融活动执法机制，这一

---

[454] 《金融服务与市场法》第89K条和第91(3)条。

[455] 同上，第91(1ZA)条和第91(1B)条。

[456] 《披露和透明度规则》第1.3.4条和第1A.3.2条；《上市规则》第1.3.3条。

[457] 《金融服务与市场法》第91(2)—(3)条。

[458] E Ferran, 'Capital Market Competitiveness and enforcement' (april 2008) 〈http://ssrn.com/abstract=1127245〉(2013年7月访问); J Armour, 'Enforcement Strategies in UK Corporate Governance: A Roadmap and Empirical Assessment' in J Armour and J Payne (eds), *Rationality in Company Law* (Oxford: Hart Publishing, 2009) 71; K Cearns and E Ferran, 'Non-Enforcement Led Public Oversight of Financial and Corporate Governance Disclosures and of Auditors' [2008] *Journal of Corporate Law Studies* 191; J Armour, C Mayer, and A Polo, 'Regulatory Sanctions and Reputational Damage in Financial Markets'。

[459] M Wheatley, 'The FCA—Our Vision for Enforcement,' speech at FSA's Enforcement Conference, 2 July 2012.

观点得到了广泛而有力的支持。[460] 一个更加有力的公共执法制度的主要冲击对象是金融服务业,但上市商业公司及其董事也可能会受到影响。[461]

修订后的《透明度义务指令》规定了最低限度的制裁措施,扩大了对有效的、相称的、阻遏性的制裁的协调要求。如果发行人未能按规定披露信息的,将至少按以下标准被处以罚款(以下两者取较高者):(i) 1,000 万欧元或年营业额的 5%;(ii) 因违约所获利益或所避免损失的两倍。

---

[460] 例如,Parliamentary Commission on BankingStandards,*Changing Banking for Good*(Hl Paper 27, HC Paper 175,June 2013)。该委员会由英国议会两院任命,负责审议和报告英国银行业的专业标准和文化。
[461] 公开上市的银行和其他机构均要遵守本章所讨论的披露义务,同时也要遵守更加专业的监管义务。例如,摩根大通银行因其伦敦办公室 2012 年的衍生品交易遭受了指控,该交易规模巨大且造成了全球金融市场的不稳定(被称为"伦敦鲸"交易),摩根大通银行最终报告亏损 20 亿美元。对于该银行的指控包括其未能遵守《美国证券法》规定的披露义务。当年 10 月,摩根大通同意支付 1 亿美元并承认存在不当行为,以此了结调查。

第十四章　股权证券的国际发行和上市

导论

当发行人向其母国市场之外的投资者直接发行证券时,构成了国际(或全球)发行。发行人可以在向母国市场发行的同时进行国际发行,也可以只进行国际发行而不进行国内发行,只不过后者更为少见。股权证券的现代国际发行市场产生于20世纪80年代,彼时,前东欧国家的政治与经济变革推动了市场经济的出现,大型国有公用公司私有化,而其庞大的资金需求通常无法从国内市场获得满足,另外,发展中国家通过改革解除了交易管制并创造了对国际投资资金富于吸引力的新兴市场,与此同时,为实施分散投资策略,投资者对于国外证券的胃口越来越大,凡此种种,都推动着国际发行市场的形成。[1] 该市场所占的份额,被认为具有重要的经济意义。在21世纪头十年,跨境业务占首次公开发行业务总额的比例稳步上升,在2007年达到了峰值,占首次公开发行业务总额的14%。[2] 2007年至2009年全球金融危机期间,首次公开发行业务数量总体下滑,但此后有所回升。[3] 具有里程碑意义的事件是,注册在新泽西的Glencore International plc公司(原为Marc Rich & Co,系一家瑞士公司,自2013年5月起变更为GlencoreXstrata公司)于2011年在伦敦证券交易所上市,同时也在香港双重上市。[4] Glencore公司在伦敦的首次公开发行业务中筹集了100亿美元,是有史以来的最大规模;也是规模最大的高级上市的首次公开发行。

发行人在其母国之外发行股权证券,均有其自身的原因,但通常都会提及以下数点:进入高度发达的国外市场以满足其当下及未来的资金需求;突破母国市场投资者欲望的制约和/或者获得国外投资者的利益;出于战略/

---

[1] 广泛分散投资的重要性,是现代金融理论的核心要素:M Rubinstein,'Markowit's "Portfolio Selection": A Fifty-Year Retrospective' (2002) 57 *Journal of Finance* 1041。
[2] PwC, *Equity Sans Frontières: Trends in Cross-border IPOs and An Outlook for the Future* (November 2012). 这项研究将跨境首次公开发行定义为,50%或以上的融资来自非本土的证券交易所(中国内地到香港的首次公开发行被视为国内交易)。
[3] PwC, *Equity Sans Frontières*.
[4] London Stock Exchange, 'Glencore Raises $10bn in London's Largest Ever IPO,' 24 May 2011.

商业考虑，构建理想的投资者、特别是外国投资者基础；引起分析人士的关注；以更合适的同业群体为衡量基准，例如，被纳入专业基金或指数；自愿接受发行所属国监管制度的约束，(以国际标准来衡量，发行人所属母国的制度相对孱弱的，该原因特别突出)[5]；赢得知名度或者强化国际声望[6]。这些原因交相重叠，对于特定的发行人而言，众多因素的交叠可能影响着其作出国际发行的决定。而抵消作出国际发行决定的因素中，突出的一点是多国别发行的额外成本，后者包括发行本身的成本、存在于若干不同证券市场和遵循每一当地法规的持续成本。

市场基础设施的供应商在全球范围内开展竞争，以吸引跨境首次公开发行业务。直至21世纪头十年，美国市场毫无疑问的是寻求国际资本的发行人的首要目标[7]，但更具竞争力的现代市场指标体系(包括伦敦证券交易所)，在2002—2011年间是41%的跨境首次公开发行的目的地；同期，在纽约的跨境首次公开发行占比为23%；新加坡和香港作为亚太地区的中心，也正吸引着越来越多的市场份额。[8]许多因素促成了跨境首次公开发行趋势的形成，包括新兴经济体发行人偏好的不断变化(例如，伦敦是俄罗斯发行人的主要上市地点)、地理上的接近以及技术进步、金融全球化导致的证券交易所间更加激烈的竞争；前文所说的金融全球化，能使资本不受地理或政治边界阻碍地在国际之间流动。监管制度是另一个相关因素，但正如第十三章所讨论的，监管如何确切地影响发行人选择上市地点，仍是一个值得广泛争议的问题。

建立国际发行监管框架的战略

与其他类型的资本市场跨境活动一样，证券国际发行给监管者和政策制定者带来了深刻的挑战。一方面，消除阻遏外国发行人进入本国市场的监管壁垒，能够引进商业业务并提振本国经济。如果一个国家严格执行国民待遇，即对于外国发行人和公司实行与本国国民相同的监管制度——将可能损害该国资本市场的国际竞争力。此外，如果将投资者的选择限制在其"母国"市场，这样的策略可能会起到恰恰相反的效果，这要么会限制投资

---

[5] JC Coffee, 'Racing Towards the Top?: The Impact of Cross-listings and Stock Market Competition on International Corporate Governance' (2000) 102 *Columbia Law Review* 1757.
[6] PwC, *Equity Sans Frontières*.
[7] McKinsey & Co, *Sustaining New York's and the US' Global Financial Services Leadership* (January 2007) 45 (舒默和彭博委托撰写的报告指出，在过去，如果一家非美国公司希望利用全球规模最大和流动性最强的市场融资，则在美国交易所上市被视为一种惯例)。
[8] PWC, *Equity Sans Frontières*.

者的投资组合多元化策略,要么使投资者在寻求外部投资机会时,自行承担所有的风险与成本。两位时任美国证券交易委员会的高级官员,在 2007 年发表的一篇重要文章中表述了个人观点,认为现在单纯关注国内已无法充分履行监管者保护投资者的职责,因为投资者能越来越方便地将资金从一个司法管辖区域转移至另一个管辖区域,以寻求更高的回报。[9] 作者评论道:"我们的市场现在是相互联系的,如果孤立地看待它们——如我们这么长时间以来所做的那样——将不再是保护投资者的最佳途径,也不是促进高效、透明的美国市场,或促进美国发行人资本形成的最佳途径。"[10] 另一方面,放弃对国外发行人的监管要求,触及关于国家主权、国家主管机构保护其自身市场免受欺诈或其他破坏活动的影响、确保投资者保护,以及平等对待境内外市场主体等敏感问题。

在制定一个符合流动资本和无缝衔接市场实际情况的监管框架时,有许多概念性方法。以下的段落将在整体上讨论这些概念,而下一节将详细讨论一些具体的提升国际资本市场机关制度的倡议;下一节还将考虑各种概念性工具在实际中的适用。各国准备向外国投资者开放市场的程度是不同的,除非各国以完全的国民待遇为基础;而许多概念性方法常以不同的组合方式来适用。

趋同

在国际金融监管制度的语境中,趋同意味着降低或者消除各国或各地区的要求的差异。[11] "融合"则是另一个术语,它有时与"趋同"交互使用,但人们更愿意使用"趋同"这一术语,因为它抓住了致力于达到"最佳"标准的做法这一意思,而融合则是指存在差异时达成的妥协。[12] 全面的趋同意味着达成了单一的、普遍适用的标准。欧盟已经在内部市场中形成了这一程度的跨境统一标准,即在相当部分的欧盟发行人之间,达成了招股说明书信息披露和合并财务报告的趋同标准,但该项成果必须在欧盟市场一体化项

---

[9] E Tafara and RJ Peterson, 'A Blueprint for Cross-Border Access to U. S. Investors: A New International Framework' (2007) 48 *Harvard International Law Journal* 31.

[10] E Tafara and RJ Peterson, 'A Blueprint for Cross-Border Access to U. S. Investors: A New International Framework' 32.

[11] G Whittington, 'The Adoption of International Accounting Standards in the European Union' (2005) 14(1) *European Accounting Review* 127, 133.

[12] E Tafara and RJ Peterson, 'A Blueprint for Cross-Border Access to U. S. Investors: A New International Framework' (2007) 48 *Harvard International Law Journal* 31, n 72; DT Nicolaisen, 'A Securities Regulator Looks at Convergence' (2005) 25 *Northwestern Journal of International Law and Business* 661, 672.

目的整体语境下来考察。[13] 本章后文将进一步讨论欧盟内部的跨境证券发行监管框架,以及支持该框架的广泛的监督管理体系。如此广泛的用以支持跨境发行的监管和制度安排,是欧盟独有的。

出于政治原因,要在全球范围内实现完全的统一往往是不现实的,而且也不一定是最理想的。尽管一套单一的标准具有某些优势,但是不能孤立地看待这些优势,而应当同时考虑它可能存在的劣势,包括它无法灵活地吸收市场条件和法律环境方面的重要地区差异。无论如何,如果没有世界权威机构来解释与适用标准,且没有世界统一的私人执行制度的话,纸面上的标准化与实践情况将不可避免地存在巨大差别。[14] 其他的支持性制度以及广泛的遵守激励机制,也将导致资本市场中的结果存在差异。[15]

许多国际机构都参与了制定和维护了不具有约束力的国际金融监管标准,这些标准具有不同程度的特殊性,会影响但不会规定(欧盟)区域法律和国家法律的内容。在资本市场领域,两个最重要的国际机构是国际证监会组织(IOSCO)和国际会计准则委员会(IASB)。本章后文将详细讨论这些机构的职能,以及其负责的部分标准。

相当性(equivalence)、相互承认(mutual recognition)和替代遵守(substituted compliance)

在全球层面,考虑"实质性"趋同比"完全"等同更有意义。实质趋同是指,不同的标准达成了高度的相似,但并不一定要让它们完全一样。[16] 非约束性的国际性标准可以通过建立议定的最低标准,来促进实现上述目标;上述最低标准可以作为实现实质性趋同的焦点。[17]

原则上,相似性(comparability)应能促进对外国监管制度质量的信任和信心,并进而对开展跨国业务的人作出减让,使其在开展业务的司法管辖区内,免于完全遵守所有的国内法要求。[18] 为了可行,相似性不仅应包含管理

---

[13] PH Verdier, 'Mutual Recognition in International Finance' (2011) 52 *Harvard International Law Journal* 55; E Ferran, 'EU Financial Supervision in the Context of Global Financial Governance' in D Mügge (ed) *Europe's Place in Global Financial Governance* (Oxford: OUP, 2014).
[14] HS Scott, 'Internationalization of Primary Public Securities Markets' (2000) 63 *Law and Contemporary Problems* 71.
[15] H Daske, C Leuz and RS Verdi, 'Adopting a Label: Heterogeneity in the Economic Consequences Around IAS/IFRS Adoptions' (2013) 51 *Journal of Accounting Research* 495.
[16] Nicolajsen, 'A Securities Regulator Looks at Convergence,' 672—673.
[17] AM Slaughter, *A New World Order* (Princeton: Princeton University Press, 2004), 180; E Ferran and K Alexander, 'Can Soft Law Bodies Be Effective? The Special Case of the European Systemic Risk Board' [2010] *European Law Review* 751.
[18] Tafara and Peterson, 'A Blueprint for Cross-Border Access to U.S. Investors.'

规定的内容,也应包括监督和执行机制。要对外国发行人作出减让,就意味着要在很大程度上依赖于外国监管者能够正确地适用其国内的监管要求;因此一个国家可能不愿意在这个方向上推进,除非该国相信外国监管制度和执行制度的质量与本国的一样好。[19] 此外,如果对外国监督制度和执行制度的信心减弱,将可能不会继续或延长此种安排。[20]

相当性

"相当性"一词常用来描述在适用特许准入安排(concessionary access arrangement)时所需的基本程度的相似性。对该术语的含义有多重解释[21],但原则上,对"相当性"最好被理解为是指一种整体性标准,基准是考察管理和监督结果之间的高度相似性,而不在于严格地逐条检查相似性和差异性,也不在于追求两者在实践和理念方面完全一致。国际机构制定的国际标准,可被用以作为判断结果相当性的基准。

例如,澳大利亚适用了上述方法,《2001年澳大利亚公司法案》在第三国准入规定中使用了"充分的相当性"(sufficient equivalence)一词;澳大利亚证券和投资委员会(ASIC)在补充法定框架中,规定了相当性原则,根据这一原则,以下监管制度被认为是具有相当性的制度:(i)该制度是清晰的、透明的和确定的;(ii)该制度符合国际证监会组织规定的证券监管目标和原则;(iii)该制度在其所属的司法管辖区内得到充分执行;(iv)该制度取得了与澳大利亚监管制度相等的效果。[22] 预计相关的管理和监督机构能够加强对跨境监督合作与信息共享机制的支持。

相互承认

相互承认至少包括两个国家,它们同意以基本互惠为基础,允许对方主体以遵循国外监管要求为条件进入它们的市场,同时放弃一些当地要求。[23]

---

[19] 许多作者认为,美国和加拿大的标准具有相似性,两国间订立相互承认协议是有可能的,这一协议将在后文中讨论:SJ Choi and AT Guzman, 'Portable Reciprocity: Rethinking the International Reach of Securities Regulation' (1998) 71 *South California Law Review* 903, 920; DS Ruder, 'Reconciling U. S. Disclosure Practices with International Accounting and Disclosure Standards' (1996) 17 *Northwestern Journal of International Law and Business* 1, 11.

[20] W Hicks, 'Harmonisation of Disclosure Standards for Cross-Border Share Offerings: Approaching an "International Passport" to Capital Markets?' (2002) 9 *Indiana Journal of Global Legal Studies* 361, 377. 这篇文章概述了加拿大与美国有关发行人披露义务的相互承认协议中的问题,由于美国对加拿大监管制度质量的信心不足,该协议被认为已几乎崩溃。

[21] TB Wei, 'The Equivalence Approach to Securities Regulation' (2007) 27 *Northwestern Journal of International Law & Business* 255.

[22] ASIC, *Regulatory Guide 54: Principles for Cross-border Financial Regulation* (2012) principles 7—10.

[23] SJ Choi and AT Guzman, 'Portable Reciprocity: Rethinking the International Reach of Securities Regulation' (1998) 71 *South California Law Review* 903, 907;该文运用"通常的互惠"来描述此类安排。

两国标准具有相似性的先决条件,与加强跨境合作的先决条件是相似的。有观点认为,两国的相互承认有赖于两国制度间有充分的相似性或相当性,此种相当性可以促进国际间的信任。[24] 在理论上,如果一个国家对在其领土上开展跨境业务的外国当事人作出减让,则构成单方承认。单方承认能为国内投资者提供更加广泛的多样化金融产品和服务,也能在本国金融领域引入更多的竞争与创新。但单方承认涉及向外国当事人提供比本国人"更好的交易机会",这是一个敏感的问题。相互承认不那么具有争议,因为该制度至少为国内当事人提供了互惠互利的交易机会。

相互承认是欧盟法律的基石性原则,在欧盟内部市场的建设中发挥了重要作用。[25] 从历史上看,在欧盟内部资本市场法律的相互承认,依赖于各成员国国内监管要求的标准化程度相对较低;因此,资本市场法律反映了通常用于内部市场措施的"最低融合"(minimum harmonization)方法。[26] 近来,在加强欧盟金融监管制度以更加有效地应对金融危机跨境影响的压力下,欧盟金融市场法律对成员国施加的监管一致性的要求更高了。

在这方面,欧盟的经验似乎表明,相互承认在消除国家间壁垒方面越成功,潜在的副作用就越发严重,需要通过更高水平的跨境监管制度的趋同来应对。但如果根本目的仅仅是在国际交易中形成某种程度的一致性和协调性,而非是要创造一个完全一体化的市场,那么上述副作用的危险并不会大规模地显现。相互承认制度是一种能在全球范围内处理跨境资本市场问题的有效的、高效的、可行的方式,该制度获得了广泛的支持。[27]

替代遵守

"替代遵守"与相互承认有许多共同之处。这两个词的一个实际区别是,美国的监管机构和官员往往更多地使用"替代遵守"一词,而相互承认和相当性是与欧洲话语体系密切相关的术语。美国的学者将"替代遵守"描述为这样一项制度,即外国当事人虽然没有直接接受美国证券交易委员会的监管,或遵守美国联邦证券管理规定和规则;但如果该外国当事人遵守了实质上相似的外国证券法律法规,并接受具有监管权力的、且管理和执法理念与美国证券交易委员会实质性相似的外国证券管理机构的监管,则该外国

---

[24] K NicolaNidis, 'Trusting the Poles? Constructing Europe through Mutual Recognition' (2007) 14 *Journal of European Public Policy* 682; K Nicolaïdis and G Schaffer, 'Transnational Mutual Recognition Regimes: Governance Without Global Government' (2005) 68 *Michigan Review of International Law* 267.
[25] K Amstrong, 'Mutual Recognition' in C Barnard and J Scott (eds), *The Law of the Single European Market* (Oxford: Hart Publishing, 2002).
[26] M Dougan, 'Minimum Harmonisation and the Internal Market' (2000) 37 *Common Market Law Review* 853.
[27] Ferran, 'EU Financial Supervision in the Context of Global Financial Governance.'

当事人可向美国证券交易委员会登记并申请豁免。[28] 美国证券交易委员会对于违反美国联邦证券法律中反欺诈规定的行为,仍具有管辖权。除认定相关规定具有相似性外,还需由美国证券交易委员会和外国相应机构间订立的协议作为补充,以便共享广泛的执法和监管信息。

监管竞争

趋同、相当性、相互承认和替代遵守都具有一个共同的中心思想:一定程度的监管标准化有助于建立一个运转良好的国际金融监管体系。但制度间的差异是另一项概念性方法(监管竞争)的基础。

一些学者撰文强烈呼吁开放资本市场并引入"监管竞争"。究其根本,是允许市场参与方自愿选择其愿意遵循的某一国家的监管制度,并自由参与国际市场的竞争。一些监管竞争的支持者认为,如果发行人可以自由选择规范其发行活动的法律,将会促成"奔向高端"的良性格局,因为发行人有激励来选择提供良好投资者保护的披露法律制度,其原因在于此种选择会降低融资成本。[29] 反过来而言,政府对监管竞争所作出的反应意味着,全球各国将调适其标准,以使其迎合发行人和投资者的偏好。[30] 换句话说,监管竞争会导致趋同。但有理由认为的是,市场驱动的趋同更符合市场偏好和需求。[31]

然而,另有他人质疑发行人是否有激励选择拥有良好的投资者保护的法律制度[32];他们质疑投资者是否有能力收集和分析作出有意义评估所必

---

[28] Tafara and Peterson, 'A Blueprint for Cross-Border Access to U.S. Investors,' 32.

[29] 关于证券市场领域的监管竞争的利弊,在一流学者之间引发了激烈的论争。关键的文章包括:R Romano, 'Empowering Investors: A Market Approach to Securities Regulation' (1998) 107 *Yale Law Journal* 2359; R Romano, 'The Need for Competition in International Securities Regulation' (2001) 2 *Theoretical Inquiries in Law* 387; SJ Choi and AT Guzman, 'Portable Reciprocity'; MB Fox, 'Securities Disclosure in a Globalizing Market: Who Should Regulate Whom' (1997) 95 *Michigan Law Review* 2498; MB Fox, 'Retaining Mandatory Securities Disclosure: Why Issuer Choice is Not Investor Empowerment' (1999) 85 *Virginia Law Review* 1335; MB Fox, 'The Issuer Choice Debate' (2001) 2 *Theoretical inquiries in Law* 563。以下这篇文章提供了关于这一论战的富有价值的概述:HE Jackson, 'Centralization, Competition, and Privatization in Financial Regulation' (2001) 2 *Theoretical Inquiries in Law* 649, 659—662。

[30] HE Jackson and E Pan, 'Regulatory Competition in International Securities Markets: Evidence from Europe in 1999—Part I' (2001) 56 *Business Lawyer* 653,该文称,关于监管部分的论辩的一个隐含假定是,至少一些政府会对其法律制度作出一些有意义的变更,以保存或者增加在其监管范围内的企业的数量。

[31] 关于监管竞争的好处,最常被援引的一点是,监管竞争为发现人们的需求提供了一套市场驱动的机制:JM Sun and J Pelkmans, 'Regulatory Competition in the Single Market' (1995) 33 *Journal of Common Market Studies* 67。

[32] JC Coffee, 'Law and Regulatory Competition: Can They Co-exist?' (2002) 80 *Texas Law Review* 1729.

需的信息,这些评估针对不同的投资者保护制度的质量差异来进行,并将其准确地反应为融资成本。[33] 另外,是否有足够多的提供监管制度的国家和地区可供进行有意义的竞争,也不无疑问。[34] 一些评论人士把执法视为可能的一处软肋,因为发行人关于投资者保护的选择自由,意味着接受选定法律所属国家和地区的证券监管机构所实施的充满争议的域外执法,或者接受其他国家监管机构不娴熟的、缺乏经验的执法。[35] 特别是,对欺诈的担忧,使得监管者质疑监管竞争是否能够促成"奔向高端"的良性格局。[36]

私募豁免(private placement exemption)

最后一项概念性方法是使用私募。第十三章讨论了适用私募豁免的一系列情况,包括私募在中小型企业小规模募资活动中的作用。在国际金融监管领域,对于那些具有很强大的国际形象的发行人来说,私募豁免是一项非常有用的机制,使它们能够非常可靠地在其本国市场以外筹集资金。根据私募豁免机制,在无须完全遵守外国资本市场法律的情况下,即可募集到资金。国际发行人主要依赖于面向有经验投资者发行的豁免。国际股权发行中的一种常见结构是,发行人在其本国提交一份完整的零售和批发招股说明书,同时向选定的外国司法管辖区的批发投资者进行跨境私募。

私募豁免既方便又受欢迎。对该制度重要性的衡量标准之一是,在2006年,根据美国证券法律中使用最为频繁的一项豁免而募集的股权融资,比当年在美国纽约证券交易所、纳斯达克以及美国证券交易所上市的全部首次公开发行募集的资金还要多。[37] 此外,在原则上,相对没有争议的是:如各当事方都能在没有国家帮助的情况下照顾自身利益的话,为何不废除所有的强制性披露要求?同时,对于大型上市公司来说,其应遵守严格的定

---

[33] JD Cox,'Regulatory Duopoly in U. S. Securities Markets'(1999)99 *Columbia Law Review*. 1200,1234:"我们本着相信特定证券市场的信息披露层级将发展变化的想法而接纳多元标准时,我们还需要更好的证据证明,证券市场能够甄别运用不同披露标准的发行人。"根据监管竞争的经典理论("Tiebout 模型"由下述文献提出:C Tiebout, A Pure Theory of Local Expenditures'(1956)64 *Journal of Political Economy* 416),信息周全是该理论有效运作的前提条件之一;J P Trachtman,'Regulatory Competition and Regulatory Jurisdiction in International Securities Regulation' in DC Esty and D Geradin (eds),*Regulatoy Competition and Economic Integration* (OUP, 2001) 289—310. 然而,这种严格的条件永远无法完全实现(JP Trachtman,'Regulatory Competition and Regulatory Jurisdiction in International Securities Regulation'); Scott,'Internationalization of Primary Public Securities Markets'.
[34] Cox,'Regulatory Duopoly in U. S. Securities Markets'(1999)99 *Columbia Law Review* 1200,1232—1233.
[35] 同上,1239—1244; Coffee,'Law and Regulatory Competition'.
[36] Tafara and Peterson,'A Blueprint for Cross-Border Access to U. S. Investors'.
[37] WK Sjostrom,'The Birth of Rule 144A Equity Offerings'(2008)56 *UCLA Law Review* 409,412. 还可参见 L Zingales,'The Future of Securities Regulation'(2009)47 *Journal of Accounting Research* 391.

期和非定期的披露要求,如果为了筹集新的资本,其还要遵守(可能的)各种各样的招股说明书披露要求,这将可能使其承受不必要的成本负担。不过,私募有可能成为"监管黑洞"。[38] 由于缺乏具体的以披露为基础的监管规定,因此在私募豁免中严格界定"有经验的"投资者的正式定义的重要性就凸显出来,这样,那些无法保障自身利益的投资者就可以被排除在外。[39] 还有必要考虑潜在的系统性风险。[40] 随着私募市场规模的扩大,以及通过私募股权市场配置的外来金融工具种类的增加,私募市场"不受监管"性质的系统的重要性也随之增加。[41]

为国际发行活动创建监管框架:国际标准的实际运用

国际证监会组织(IOSCO)关于非财务信息的《国际披露准则》(IDS)

国际证券会组织成立于1983年,该组织是从美国内部的地区性协会(创建于1974年)转型而来,着眼于促进证券监管者之间的合作。[42] 其会员包括来自世界各地的120个证券监管机构,以及80个其他证券市场。国际证券会组织的会员监管着全球95%以上的证券市场。国际证券会组织的目标是:合作制定、实施和促进遵守国际公认的、一致的管理、监督和执行标准,以保护投资者,维护公平、高效和透明的市场,并寻求化解系统性风险;加强在打击不当行为、监督市场和市场中介机构等方面的信息交流与合作,以加强投资者保护,增进投资者对证券市场诚信的信心;在全球和区域等层面交流各自的经验,促进市场发展,加强市场基础设施,并实施适当的管理措施。国际证监会组织在一项国际标准文件《证券监管目标和原则》中,提炼了资本市场监管的基本要素。[43] 这项标准文件将证券监管目标定义为:保护投资者,确保市场公平、高效、透明,降低系统性风险。38项原则涉及监管组织、证券监管执法、监管合作、对发行人的原则、对审计师的原则、对信用评级机构和其他信息服务提供者的原则、对集体投资计划的原则、对市场中介

---

[38] JJ Johnson, 'Private Placements: A Regulatory Black Hole' (2010) 35 *Delaware Journal of Corporate Law* 151.
[39] 反欺诈的规定仍旧适用。在美国,有观点建议,应当为私募设置专门的民事责任。WK Sjostrom, 'Rebalancing Private Placement Regulation' (2013) 36 *Seattle University Law Review* 1143. 如第十三章所探讨的,美国资本市场监管中民事责任的作用比在其他地方更大。
[40] AI Anand, 'Is Systemic Risk Relevant to Securities Regulation?' (2010) 60 *University of Toronto Law Journal* 941.
[41] Zingales, 'The Future of Securities Regulation'.
[42] 本段信息源于 IOSCO, *Fact Sheet*(2013年5月)。
[43] 数据截至2010年6月。

的原则和二级市场原则。

现在,它拥有150多家成员和附属单位,代表着全球的监管机构和自律组织。它的功能之一是在成员之间展开合作以促进高标准的监管,从而维持公正、有效而健康的市场。国际证券会组织也致力于促进监管者之间的信息交换,共同努力以达成有效的监管,并在运用和执行标准方面提供互助。

国际证券会组织针对股权证券国外发行人的跨境发行和首次上市,公布了《国际披露准则》(IDS)。《国际披露准则》的根本目的是,通过强化信息的相似性,确保投资者保护的高水平,促进跨境上市发行以及跨国发行人的上市。[44]《国际披露准则》适用于国际上市和公开发行、以及出售股权证券以获得现金。[45] 它们为招股说明书、发行和首次上市文件以及与此类上市和发行相关的注册声明,规定了披露要求。[46]《国际披露准则》不具有法律约束力,但该标准系国际证券会组织制定,国际证券会组织建议其成员在本国司法管辖区内赋予《国际披露准则》以法律效力。1999年,英国采纳了以国际证券会组织模式为基础的修正后的披露要求。[47] 在欧盟内部,《国际披露准则》是《招股说明书指令》中的披露要求的起点。[48]

然而,《国际披露准则》却并非包罗万象;特别是,在有关财务信息方面,虽然《国际披露准则》列明了要求纳入的财务报表的类型,规定了它们应当涵盖的期间,并且施加了独立审计的要求,但它们并没有规定财务报表的内容。[49] 它任由各国选择是否要求公司发表盈利预测或其他前瞻性陈述。[50]《国际披露准则》另一值得关注的差别与"重大性"有关。除了特定的披露要求之外,绝大多数国家依赖在招股说明书或其他发行文件中披露重大信息这一最主要的原则。因而,例如,英国《2000年金融服务与市场法》第87A(2)条规定,招股说明书必须包含"必要的信息",也就是指"使投资者能够对以下事实作出明智评估的必需的信息:(a) 公司的资产和负债、财务状况、盈利和亏损、可转让证券发行人和保证人的情况说明;以及(b) 附着于可转让证券的权利"。对于"重大性"这一概念,不同的国家解读方式各不相同。

---

[44] IOSCO, IDS, 3.
[45] 同上。
[46] 同上。
[47] HS Scott, *International Finance: Law and Regulation* (London: Sweet & Maxwell, 2004) 41.
[48] 欧洲议会和欧洲理事会2003年9月4日关于证券公开发行或者获准在受管制市场上市的招股说明书的2003年第71号(欧共体)指令,[2003] OJ L435/64,《招股说明书指令》鉴于条款第22条。
[49] IOSCO, 105, 20—23, Standard VIII (Financial Information).
[50] IOSCO, IDS, 14.

《国际披露准则》注意到了这些方式的差异,但没有去直接挑战它。[51] 这意味着采纳《国际披露准则》的国家,对于国际发行的披露预期仍然可以存在相当大的差异,这一特点削弱了《国际披露准则》作为国际发行的单一而普遍适用的披露要求的作用。另一旁落于《国际披露准则》的、可以构成跨境发行和上市活动障碍的诡异问题是非财务信息所运用的语言:直接的假定是,文件所包含的所有信息必须以东道国能够接受的语言来提供[52],这意味着发行人可能必须承担繁重的翻译负担。在更为一般的意义上,《国际披露准则》设想东道国有相当大的空间来改造国际披露要求以适应其母国市场,这再一次降低了其作为标准化力量而发挥的影响。[53] 或许,最好把《国际披露准则》看作蕴涵着"真正融合的种子",[54]但显然它们并非完全长成的大树。在为债券发行活动创建普遍标准的一项近期活动中,国际证券会组织的技术委员会自身对《国际披露准则》所取得的成就,表现得相对低调。[55] 它将《国际披露准则》称为被广泛接受的一项披露的基准,而且它还提及,国际证券会组织许多成员的股权证券发行制度都以它们为基础(着重号后来所加)。[56]

最近,国际证券会组织制定了《上市企业定期披露原则》。[57] 该文件建议,上述原则应为各司法管辖区提供一个有益的制度框架,供其建立或审查定期披露制度;但该文件也承认,各司法管辖区也可能会认为,需要其他的信息披露制度来解决其市场中的具体问题。

国际会计准则理事会(IASB)和《国际财务报告准则》(IFRS)

国际会计准则委员会创建于 1973 年,以设定国际会计准则并就国际会计事宜发布意见征询文件。[58] 它的目标是整合现有的多元标准,为公众利益制定并发布财务报表陈述中应遵循的会计准则,并促成通用的国际规则。多年来,该组织发展成为一个独立的、非营利的私营机构,即国际财务报告

---

[51] IOSCO, IDS, 5 and Pt II-2.
[52] IOSCO, IDS, 6.
[53] Hicks, 'Harmonisation of Disclosure Standards for Cross-Border Share Offerings', 372.
[54] TG Siew, 'Regulatory Challenges in the Development of a Global Securities Market—Harmonisation of Mandatory Disclosure Rules' [2004] *Singapore Journal of Legal Studies* 173, 186.
[55] IOSCO, *International Disclosure Principles for Cross-border Offerings and Listings of Debt Securities by Foreign Issuers* (Final Report, 2007).
[56] IOSCO, *International Disclosure Principles for Cross-border Offerings and Listings of Debt Securities by Foreign Issuers*, 1.
[57] IOSCO(2010).
[58] 本段采用的信息源于国际会计准则理事会的网站:http://www.iasb.co.uk。关于该理事会的结构及其在实践中如何运作的更为详尽的解释,参见 Whittington, 'The Adoption of International Accounting Standards in the European Union'。

准则基金会;国际会计准则委员会是该基金会中制定标准的机构。

国际财务报告准则基金会的目标是:

(1) 基于明确表述的准则,为公众利益创建一套高质量、易理解、具有执行力,且全球均可接受的会计准则。该标准要求财务报表及其他财务报告中包含高质量的、透明的并且具有相似性的信息,以帮助投资者、全球资本市场的参与方和其他使用者作出经济决策;

(2) 促进运用并严格适用那些标准;

(3) 在实现与第(1)和第(2)项有关的目标时,适当考虑不同经济环境中各类规模和类型的实体的需求;

(4) 通过各国国内会计准则和国际财务报告准则相结合,推动和促进适用国际财务报告准则,该准则与其解释由国际会计准则委员会制定。

截至 2001 年 4 月,在该制度下制定的标准被称为《国际会计准则》(IAS)。此后制定的标准被称为《国际财务报告准则》。与本书的其他部分一样,本章使用《国际财务报告准则》作为组合术语,除非在特定语境中需要特别引用《国际会计准则》的情况。

国际会计准则委员会和国际财务报告准则基金会并不是拥有正式权力的监管机构。它们不能强制执行国际标准或要求他人遵守标准。与国际证券会组织的标准一样,《国际财务报告准则》是国际"软法"标准,只有在以下情况中,才能产生法律效力:或者通过《国际财务报告准则》转化程序,或者将各国国内标准与《国际财务报告准则》趋同,使上述标准成为国内法(或在欧盟内成为地区性立法),或者当市场参与者在特定的交易中适用上述标准。[59]

《国际财务报告准则》跨大西洋的适用

虽然《国际财务报告准则》具有软法的性质,但已经获得了相当程度的关注。[60] 截至 2013 年 1 月,将近 120 个国家要求或者允许使用《国际财务报告准则》,包括 20 国集团的四分之三的成员国。[61] 将国际财务报告准则作为具有执行力的披露标准的最强有力的支持之一,来自欧洲。2000 年 6 月,欧盟委员会宣布了法律改革计划,即到 2005 年 1 月,在欧盟受管制市场上市的所有公司,均应按照国际会计准则理事会的会计准则来置备合并的

---

[59] Whittington,'The Adoption of International Accounting Standards in the European Union'认为,国际标准最初的成功是以市场为基础的,并认为(可以提出争议)由于该标准在实践中确立了重要地位,许多政府被迫采取了相关措施。

[60] Whittington,'The Adoption of International Accounting Standards in the European Union,', 127—128,对世界接受国际标准提出了背景介绍。

[61] IFRS Foundation & IASB, Who We Are and What We Do〈http://www.ifrs.org/The-organisation/Documents/2013/Who-We-Are-English-2013.pdf〉(2013 年 5 月访问)。

财务账目。[62] 欧洲议会和欧盟理事会于 2002 年 7 月 19 日就国际会计准则的适用,发布了 2002 年第 1606 号(欧盟)规章。[63] 该《国际会计准则规章》规定,2005 年 1 月 1 日及以后的每一财务年度,成员国法律规制之下的公司,如果在其结算日其证券在任一成员国的受管制市场上市,则其必须根据欧盟采纳的《国际财务报告准则》来置备其合并账目。[64] 该《规章》既适用于欧盟成员国,也适用于欧洲经济区的非欧盟成员国。《国际会计准则规章》规制下的发行人,在其发布的招股说明书中,必须根据《国际财务报告准则》提供历史财务信息,[65] 而且对于此类发行人而言,《透明度义务指令》所要求的定期财务披露,也必须遵循欧盟采纳的《国际财务报告准则》。[66]《招股说明书指令》和《透明度义务指令》原则上也将强制适用《国际财务报告准则》的要求,扩展至适用于第三国的发行人,但为非欧盟发行人颁布了规则,允许其使用未根据《国际财务报告准则》置备的财务报表,只要根据欧盟的机制,该报表置备所遵循的会计准则"相当"于《国际财务报告准则》。[67]

　　了解以下一点是重要的:《国际会计准则规章》所达成的后果是,它对于《国际财务报告准则》的强制性适用,施加了欧盟层面的过滤机制。该《规章》规定了欧盟采纳《国际财务报告准则》的程序,并要求上市公司只根据那些已经被采纳的《国际财务报告准则》来置备其合并账目。因而,认可机制(endorsement mechanism)使欧盟得以监控《国际财务报告准则》的适用。从宪法和政治的角度看,这种审查程序解决了一个敏感问题,即在事实上将规则制定权授予了第三方,但该程序也存在缺陷。尽管欧盟委员会称,该机制的作用并不是改写或者取代《国际财务报告准则》,而是监督新标准及其解释的适用,而且只有在它们存在重大缺陷或者未能适应欧盟特有的环境时,它才予以介入,[68] 但存在这样的认可机制,可能会导致各地区有不同版本的《国际财务报告准则》,从而阻碍了国际层面为构建共同会计准则的更为广

---

[62] European Commission Communication,'EU Financial Reporting Strategy'(COM(2000)359)。一位美国证券交易委员会的首席会计师将这一步称为《国际财务报告准则》被广为运用的首要驱动力;Nicolaisen,'A Securities Regulator Looks at Convergence'.

[63] [2002] OJ L243/1 (IAS Regulation).

[64] IAS Regulation, Art 4.

[65] 欧洲议会和欧洲理事会 2004 年 4 月 29 日关于招股说明书所含信息及其格式、引文和此类招股说明书的发布和广告的散播([2004] OJ L149/1)而实施 2003 年第 71 号(欧共体)指令的欧洲委员会(欧共体)条例 809/2004(《招股说明书指令条例》),附录 1,第 20 段。

[66] 欧洲议会和欧洲理事会 2004 年 12 月 15 日关于证券获准在受管制市场上市的发行人的信息透明度要求之融合、以及修订 2001 年第 34 号(欧共体)指令的 2004 年第 109 号(欧共体)指令,[2004] OJ L390/38,(《透明度义务指令》)第 4—5 条。经 2010 年第 73 号(欧盟)指令,[2010] OJ L327/1,以及 2013 年第 50 号(欧盟)指令,[2013] OJ L294/13 修订。

[67]《招股说明书指令条例》附录 1,第 20.1 段,和《透明度义务指令》第 23 条。本章后面将更为详尽地分析关于相当性的论辩。

[68] COM (2000) 359 7.

泛的努力。[69]

2013年7月前的实践经验并未提供广泛的证据来支持这种担忧,但有一个特定领域,即《国际会计准则第39号——金融工具:确认和计量》关于对冲会计方法的要求是例外。就《国际会计准则第39号》对衍生品及其他复杂金融工具的会计处理方法,长期存在争议。2003年至2004年间,美国监管机构认为,欧盟委员会在认可《国际会计准则第39号》前,为确保向该准则转变的努力,可能会危及《国际会计准则》/《国际财务报告准则》和美国《公认会计准则》(US GAAP)之间的趋同。最后,欧盟投票通过了《国际会计准则第39号》的另一版本,从国际会计准则理事会公布版本中去除了两个事项。[70] 第一项去除事项的理由与公允价值相关,尤其关于公允价值规定是否适用于不在活跃和流动的市场中交易的金融资产。[71] 对冲会计法系第二项去除事项,问题在于《国际会计准则第39号》是否充分考虑了许多欧洲银行经营其资产/负债管理业务的方式。[72] 国际会计准则理事会修订了《国际会计准则第39号》的公允价值问题,欧盟委员会随即适用了修订了这一问题的《国际会计准则理事会标准》。[73]《国际会计准则第39号》中部门关于对冲会计的要求,仍未被采用。[74] 自2015年1月1日起或之后的年度,《国际会计准则第39号》将被《国际财务报告准则第9号——金融工具》所取代。截至2013年7月,《国际财务报告准则第9号》还未得到欧盟委员会批准。*

另一方面,美国迄今为止始终拒绝对国内发行人全面适用《国际财务报告准则》,但对外国发行人作了重大让步。21世纪初,美国的战略是重点促进财务报告标准的趋同。自从2002年10月以来,国际会计准则理事会和美国财务会计准则理事会(FASB)一直在开展关于《国际财务报告准则》和美国《公认会计准则》趋同的长期的项目。在这一命名为《诺沃克协议》的项目

---

[69] SEC, *Work Plan for the Consideration of Incorporating International Financial Reporting Standards into the Financial Reporting System for U. S. Issuers* (13 July 2012) 3.

[70] 欧盟委员会2004年11月19日(欧共体)2086/2004号条例,[2004] OJ L36311,修订了(欧共体)1725/2003号条例;根据欧洲议会和欧洲理事会关于引入《国际会计准侧第39号》的(欧共体)1606/2002号条例,(欧共体)1725/2003号条例采用了部分国际会计准则。

[71] 欧盟委员会(欧共体)第2086/2004号条例,鉴于条款第5条。

[72] 欧盟委员会(欧共体)第2086/2004号条例,鉴于条款第7条。

[73] 欧盟委员会2005年12月21日(欧共体)2106/2005号条例,[2005] OJ L337/16,修订了(欧共体)1725/2003号条例;根据欧洲议会和欧洲理事会关于引入《国际会计准侧第39号》的(欧共体)1606/2002号条例,(欧共体)1725/2003号条例适用了部分国际会计准则。

[74] European Financial Reporting Advisory Group, *The EU Endorsement Status Report: position as at 21 May 2013* ⟨http://www.efrag.org/WebSites/UploadFolder/1/CMS/Files/Endorsement%20status%20report/EFRAG_ Endorsement_Status_Report_21_May_2013. pdf⟩(2013年7月访问)。

* 国际会计准则委员会于2014年7月24日公布了《国际财务报告准则第9号——金融工具》。——译者注

中,双方均致力于尽最大努力使其现有财务报告标准在可能的情况下全面兼容,并协调未来的工作项目以确保达成该状态后维持其兼容性。[75]《诺沃克协议》既包括相对简单的短期项目,又包括期限更长的、更富于雄心的项目。短期项目的目标是消除不同标准之间技术层面的细微差异,因而降低遵从的需要,而长期项目则着眼于为原则问题寻求共同的解决方案。根据国际会计准则理事会和美国财务会计准则理事会于 2006 年 2 月签署的《谅解备忘录》,合作的目标是在 2008 年之前就某些短期的趋同事宜形成结论。[76] 从那时起,进展一直较为缓慢,时间表也有所迟滞。美国证券交易委员会在 2012 年 7 月的一份报告中指出,尽管在一些优先项目上取得了值得称赞的进展:"但董事会有时难以在某些领域形成标准的融合,这导致部分项目时间延误,一些项目甚至完全停止。过去几年中,董事会的工作因一系列挑战而变得更加复杂,这其中包括金融危机,以及投资者和监管机构的关注重点发生转变等。"[77]

尽管《诺沃克协议》趋同项目有许多错综复杂的问题,但美国在《国际财务报告准则》方面的立场有了突破。美国证券交易委员会于 2007 年 11 月投票通过了一项规则,允许外国私人发行人在无须遵从《美国公认会计准则》的情况下,提交根据《国际财务报告准则》编制的财务报表。[78] 这一重大决定于 2008 年 3 月起生效,该决定产生的部分原因在于,欧盟在一场关于金融市场准入的复杂的跨大西洋对话中施加了压力[79];还有部分原因在于,美国资本市场似乎正在丧失全球竞争优势[80],而上述决定是这一时代的产物。这是国际金融监管的一个分水岭。在 1980 年代,对于遵守美国财务报告要求的外国发行人,美国的立场是,允许外国发行人根据除了《美国公认会计准则》外的、得到广泛接受的会计原则来编制财务报表;但如果他们这样做,他们需要遵从《美国公认会计准则》中的重要变化。在引入遵从机制时,其

---

[75] IASB and FASB, *Memorandum of Understanding* (October 2002).
[76] FASB and IASB, *A Roadmap for Convergence between IFRSs and US GAAP—2006—2008* (February 2006).
[77] SEC, *Work Plan*, 10—13.
[78] SEC, *Acceptance from Foreign Private Issuers of Financial Statements Prepared in Accordance with International Financial Reporting Standards Without Reconciliation to U. S. GAAP*, Release Nos 33-8879; 34-57026; International Series Release No 1306; File No S7-13-07. 该许可仅适用于依据国际会计准则委员会的《国际财务报告准则》来编制的账目,而不适用于不同地域的变更版本。
[79] 这一议题在下文中有详细讨论:E Ferran, 'Capital Market Openness After Financial Turmoil' in P Koutrakos and M Evans (eds) *Beyond the Established Orders* (Oxford: Hart Publishing, 2010). 如本章后文所讨论的,《招股说明书指令》和《透明度义务指令》的相当性机制给予了欧盟一项有力的杠杆工具,可以对整个欧盟区域施加影响。
[80] LA Cunningham, 'The SEC's Global Accounting Vision: A Realistic Appraisal of a Quixotic Quest' (2008) 87 *North Carolina Law Review* 1.

本拟成为一种有利于外国发行人的减让,但后来该机制则被视为一种昂贵而耗时的程序,反而成为外国发行人进入美国市场的障碍。[81] 1994 年,对于根据《国际会计准则》/《国际财务报告准则》置备的账目,美国相对温和地放宽了遵从的要求,但市场参与方对于单一的高质量国际会计准则的需求不断提升,他们希望这一标准既能提升投资者对不同发行人进行比较的便利,又能促进发行人对资本池的利用,因而,这一问题受到了强烈的关注。

2008 年 11 月,美国证券交易委员会进一步采纳了《国际财务报告准则》,正式计划于 2014 年 12 月起的财政年度,对美国发行人分阶段地强制适用《国际财务报告准则》。[82] 但与关于趋同的《诺沃克协议》一样,上述时间表也受到了金融危机后对政策和重要事项的重新评估的影响,金融市场与经济发展的深刻变化导致了全球金融危机。美国证券交易委员会 2012 年 7 月的报告没有回答一个根本问题,即向《国际财务报告准则》转变是否符合美国证券市场总体的最大利益,尤其是美国投资者的利益。[83] 报告认为,在委员会将《国际财务报告准则》纳入美国发行人的财务报告制度之前,有必要对这一门槛性政策作进一步的分析和审议。

迟缓的进展表明,要围绕一套统一的标准实现全面融合,所面临的挑战是巨大的。同时,会计和监管专家可能会反对的种种技术性和概念性问题,即一个主权国家使第三方事实上有权制定规则并在其领土内规范重要活动(即便可通过采纳机制减轻这种影响),将是具有高度政治意义的问题,永远不能掉以轻心。鉴于美国历史上曾经是全球金融市场的霸主,这些敏感的问题对该国来说尤为严重。另一项因素是,随着标准制定者角色重要性的扩大,标准制定者的独立性、合法性、透明度和责任承担等相关问题的突出性也相应增加:对国际财务报告准则基金会治理结构、程序和资金的审查日益严格,也证实了这一点。[84] 在基本层面上存在以下问题:一个通用的财务报告准则是否在任何情况下都是令人满意的;或者至少在一小部分替代做法间是否存在竞争性的紧张关系,其中每种替代做法都可能或多或少地适合于一个国家的特点。[85]

《国际财务报告准则》和相当性

旨在形成统一标准的雄心勃勃的计划可能会存在问题,而基于相当性

---

[81] Scott and Gelpern, *International Finance*, 193—194.
[82] SEC, *Roadmap for the Potential Use of Financial Statements Prepared in Accordance with International Financial Reporting Standards by U. S. Issuers*, Release Nos. 33-8982; 34-58960; File No S7-27-08.
[83] SEC, *Work Plan*, executive summary.
[84] SEC, *Work Plan*, 34—70.
[85] Scott and Gelpern, *International Finance*, 200.

的跨境协调安排能够避免上述问题,但此类安排自身也面临着挑战。欧盟始终在积极寻找一种基于相当性的方法,用于开展跨境资本市场业务的发行人披露财务信息。这项活动值得进一步研究。

根据《招股说明书指令》和《透明度义务指令》建立的披露制度,第三国发行人应当使用《国际财务报告准则》或具有相当性的会计信息披露制度。[86] 相当性机制涉及欧洲委员会与欧洲证券和市场管理局(ESMA)就技术问题磋商后所作的决定。[87] 相当性标准是指,如果第三国的会计标准(通用会计准则,GAAP)能使投资者对资产和负债、财务状况、利润和损失、发行人的前景作出评估,该评估与根据《国际财务报告准则》作出的评估相似,且根据评估结果,投资者很可能对购买、持有或处分发行人证券等问题作出相同的决定,则该第三国的会计标准可被认为相当于欧盟所适用的《国际财务报告准则》。[88] 此外,第三国应当公开、积极地促使其标准与《国际财务报告准则》一致。[89]

最初,财务报告标准的相当性是披露制度最具争议的特征之一。在跨大西洋两岸的对话中,对根据《美国公认会计准则》编制报告的发行人的地位争议很大;而在欧盟内部,关于超国家管理机关和国家主管机构各自的角色定位,也存在争议。但争议事项已解决。日本和美国的《公认会计准则》均满足了相当性标准。[90] 中国、加拿大、韩国和印度的《公认会计准则》也被认为具有相当性,尽管在印度,对相当性的确定仍是暂时的,以便有更多时间实施符合《国际财务报告准则》的报告制度。[91] 对其他国家标准的讨论仍在继续。

其他关于相当性、相互承认/替代遵守制度的例证

允许发行人根据其本国的披露规定来发行或上市证券的想法,并不局限于财务报告标准这一特定领域。在欧盟法框架内,《招股说明书指令》第20条规定,第三国发行人为了向公众发行或为获准进入受监管市场进行交

---

[86] Prospectus Directive Regulation, Annex 1, para 20; Transparency Obligations Directive, Art 23.
[87] (欧共体)1569/2007 号条例建立了确认第三国发行人所适用会计标准的相当性的机制,[2007] OJ/340/66,该条例被欧洲委员会授权的(欧盟)No 310/2012 号条例修订,[2012] OJ L103/1.
[88] (欧共体)1569/2007 号条例,被(欧盟)No 310/2012 号条例修订。
[89] 同上。
[90] 欧盟委员会 2008 年 12 月 12 日 2008/961/EC 号决定,[2008] L 340/112,该决定被欧盟委员会 2012 年 4 月 11 日实施决定所修订,[2012] OJ L103/49.
[91] 欧盟委员会 2012 年 4 月 11 日实施决定。

易的,可使用依据该第三国法制定的招股说明书。[92]

如发行人母国系欧盟成员国,该国的主管机构应当负责核准招股说明书。指令授权欧盟委员会通过授权行动,建立公认的相当性标准,但欧盟委员会迄今尚未行使这一权力。[93] 欧洲证券和市场管理局负责保证《招股说明书指令》的统一实施,该机构发布了一份评估框架,根据这份评估框架,欧洲证券和市场管理局有权决定,在源于第三国的招股说明书中应当包含哪些补充信息,使该招股说明书具有相当性。[94] 在该语境中,相当性的含义似乎是基于所用词语的字面意义解释。[95]

根据《招股说明书指令》(经修订)第4(1)(e)条规定,一家在欧盟以外设立的公司,如其证券获准在第三国市场交易,则该公司员工持股计划的招股说明书可基于相当性而享有招股说明书相关要求的豁免。[96] 在此背景下,欧盟委员会将作出一项关于相当性的决定,说明了该第三国的管理框架(法律上的和监管上的)是否能保证交易市场在该第三国得到了授权;该管理框架应符合为了适用豁免目的的法律要求,该法律要求应与源自欧盟特定资本市场法律的要求具有相当性;同时,该管理框架应遵守第三国有效的监管与执行制度。欧盟委员会要求欧洲证券和市场管理局,对解释相当性标准提供技术性建议;在要求中,欧盟委员会强调要对实质性的差异进行一项"全球性的和全面性的评估";但关于欧盟在何种程度上对结果相似性表示满意的信号,发生了混淆,因为与此同时,欧盟委员会也强调欧盟指令"已在欧盟内部建立了一个严格的法律和监管框架,所有行为人和市场参与者都应当维护该框架,以支持人们对金融市场的信心"。[97]

在欧盟金融服务和公司法领域,也有关于第三国准入的相当性机制的例子,在不同情形中,对相当性认定机制有着不同解释,有的更加严格,有的更加宽松;同时也存在不同的相当性认定机制。[98] 如《法定审计指令》规定[99],在欧盟质量保证审查制度中,第三国审计人员可基于互惠原则在欧盟质量保证审查制度中,以及调查与处罚制度中享有一定的减让;前述互惠原

---

[92] 该制度在以下书籍中,有详细讨论:P Schammo, *EU Prospectus Law* (Cambridge: CUP, 2011), ch4.
[93] 第20(3)条(经修订后)。
[94] ESMA, *Framework for the Assessment of Third Country Prospectuses under Article 20 of the Prospectus Directive* (ESMA/2013/317).
[95] 同上。
[96] P Schammo, *EU Prospectus Law* (Cambridge: CUP, 2011), ch4.
[97] European Commission, *Formal Request to ESMA for Technical Advice on Possible Delegated Acts Concerning the Amended Prospectus Directive* (Ares(2011)56961—19/01/2011).
[98] E Ferran, 'EU Financial Supervision in the Context of Global Financial Governance.'
[99] 欧洲议会和欧洲委员会2006年5月17日关于年度报表与合并报表的法定审计的2006/43/欧共体指令,[2006]OJ L157/87.

则应遵守欧盟委员会与成员国共同实施的相当性标准。[100] 2011年,欧盟委员会通过一项决议,承认澳大利亚、加拿大、中国、克罗地亚、日本、新加坡、南非、韩国、瑞士和美国等10个国家的审计制度具有相当性。[101] 2013年,这一名单中又增加了20个国家。[102]

基于《透明度义务指令》的部分目标,欧盟委员会认为,在以下情况中可以认为第三国的规定具有相当性:如第三国普遍性的披露规则为规则使用人提供了便于理解的、广泛相同的评估措施,使他们能够评估发行人的状况,并能够基于评估结果作出决定,该决定与基于《透明度义务指令》提供的信息所做的决定相似,则即便第三国的规定与《透明度义务指令》规定并不完全一样,也可认定第三国的规定具有相当性。[103] 这样一来,一国的管理机构能够基于《透明度义务指令》的部分目标,自行作出关于相当性的决定。例如,英国金融行为监管局认为,美国、日本、以色列和瑞士关于大股东持股的法律规定,相当于英国适用《透明度义务指令》的法律规定中的通知要求;成立于上述国家的发行人,如果其证券获准在英国的受管制市场中交易,则这些发行人可免于遵守金融行为监管局的要求。[104] 瑞士、美国和加拿大的发行人基于各国规定的相当性,还在定期披露要求方面,享有进一步的豁免。[105]

要想通过减让当事人义务以避免浪费的重复要求的想法,也是不现实的;因为这两种监管制度在本质上是相似的,且欧盟居于垄断地位。对于上述概念的另一项重要的应用是,美国和加拿大订立了《跨法域披露制度》(MJDS),加拿大公司可以根据加拿大的信息披露规则向美国发行证券,美国公司可以根据美国的规则向加拿大发行证券。[106]《跨法域披露制度》主要由加拿大发行人使用,该制度被认为进一步促进了市场一体化,尽管不时有报道称其未来前景不明。[107] 还值得注意的是《跨塔斯曼证券发行相互承认计划》(MRSO),澳大利亚和新西兰的发行人可以在两国中发行股票、债券,以及管理投资计划或集体投资计划的权益。《跨塔斯曼证券发行相互承认计划》允许证券发行人在满足一定要求的条件下,使用一份披露文件向塔斯

---

[100] 第46(1)条。
[101] 欧盟委员会2011年1月19日关于在欧盟内对第三国审计人员和审计单位的公共监督、质量保证、调查和处罚制度的相当性的决定,[2011]OJ L15/12。
[102] 欧盟委员会2013年6月13日的实施决定,修订了2011/30/EU号决定,[2013] OJ L 163/26。
[103] 欧盟委员会2007/14/EC号指令,[2007] L69/27,鉴于条款第18条,以及正文第13—23条。
[104] 〈http://www.fca.org.uk/firms/markets/ukla/information-for-issuers/non-eea-regimes〉(2013年7月访问)。
[105] 同上。
[106] Securities Act Release No 6902 (21 June 1991).
[107] Hicks, 'Harmonisation of Disclosure Standards for Cross-Border Share Offerings.'

曼海两岸国家的投资者发行金融工具。人们认为,该计划为证券发行人节省了大量成本;同时,为投资者提供了更广泛的投资机会,从而使他们受益。[108]

尽管人们怀疑《跨法域披露制度》的价值,但在 2007 年至 2009 年的金融危机前,美国主管机构准备进一步充分支持相互承认(或替代遵守)的理念;在 2008 年 8 月,美国证券交易委员会与澳大利亚政府、澳大利亚证券投资委员会(ASIC)订立了相互承认协议。[109] 该协议为美国证券交易委员会、澳大利亚政府以及澳大利亚证券投资委员会提供了考虑实施监管豁免的框架,这些豁免将允许美国、澳大利亚合法的证券交易所和证券经纪人,在两国管辖范围内开展涉及特定类型投资者的经营活动,而无须在两国分别对这些经营实体(在某些方面)进行监管。[110] 相互承认协议规定,美国证券交易委员会、澳大利亚证券投资委员会将加强开展更多的监管与执法合作与协调。当该协议首次对外宣布时,人们对美国证券交易委员会的新行动寄予了很大期望,在美国证券交易委员会预计达成类似协议的司法管辖区域中,澳大利亚是其中的第一个。关于未来的美国—加拿大针对证券交易所和金融公司的相互承认协议的谈判,已在筹备中。[111] 美国证券交易委员会还表示,它预计欧盟也将成为这一倡议的一部分。[112]

这些进展被一些人誉为能够最终消除全球投资障碍的重要突破。[113] 关注证券经纪人而非发行人似乎与市场发展情况一致,这些发展促进了国际证券交易,减少了发行人通过跨境证券发行来积极寻找外国投资者的需要。[114] 然而,这些举措使人们对以下潜在危险产生了担忧:如将普通个人投资者的命运,起码在某种程度上,委托给外国机构;产生一个不公平的交易场所,使外国发行人能够(或者看起来能够)以比美国发行人更有利的条件

---

[108] Securities Commission New Zealand & ASIC, *Offering Securities in New Zealand and Australia under Mutual Recognition* (RG 190, March 2011)。
[109] 本段信息主要源于证券交易委员会的相关新闻:'SEC, Australian Authorities Sign Mutual Recognition Agreement,' Washington, 25 August 2008。
[110] *Mutual Recognition Arrangement Between the United States Securities and Exchange Commission and the Australian Securities and Investments Commission, Together with the Australian Minister for Superannuation and Corporate Law* (August 2008). 在下文中作了讨论:P Schammo, 'Regulating Stock Exchanges' (2008) 57 *International and Comparative Law Quarterly* 827。
[111] SEC Release 2008—2049 (24 March 2008)。
[112] 同上。
[113] EF Green, 'Beyond Borders: Time to Tear Down the Barriers to Global Investing' (2007) 48 *Harvard International Law Journal* 85。
[114] HE Jackson, 'A System of Selective Substitute Compliance' (2007) 48 *Harvard Journal of International Law* 105。

进入美国市场。[115] 2007年以来金融市场的动荡加剧了人们的担忧,因为那段时期的一个主要教训是,国家主管机构在危机中会把国家的利益放在第一位。即使在欧盟内部也是如此,在2008年9月雷曼兄弟投资银行倒闭后,欧盟成员国采取的单方面的、未经协调的维持稳定措施,导致了"以邻为壑"的后果,并使得政策制定者得出一个结论,即在狭义规则制定层面、附随管理制度层面制定更多的泛欧洲标准,是不可避免的,可以避免从单一市场的自由中倒退。但在欧盟单一市场外,市场情绪却朝着不同的方向发展。人们认识到,要建立一项国际规则体系,一方面要求该体系是协调的与高效的,另一方面要求该体系不会损害安全与稳定,要实现这样的平衡是很难的;故有意见反对剥夺投资者母国法对其的保护,这样的呼声越来越高。

证券跨境发行和上市的真正单一的监管制度:欧盟护照

关于证券跨境发行和上市的欧洲监管框架,已从相似制度间的相互承认,演变为制定相同的规则,并逐步提高监管规定的标准化(但尚未去除国别差异)。因此,它已成为世界上为促进国际发行活动而消除壁垒的最先进范例。随着该框架制度不断演变以适应单一地区市场的需求,该制度已越来越不适合作为全球性的模板。欧盟制度的目标(建立单一市场)并不适用于全球层面,且该制度依赖于区域性机构,而在世界上并不存在相似的机构。[116] 尽管如此,从国际金融治理的角度来看,欧盟证券跨境发行和上市制度仍是值得研究的案例,因为该制度说明了要建立真正的共同制度所必须付出的"代价"。如果国家没有通过紧密的区域性组织联系在一起,这些国家可以采用欧盟的经验作为参考基准,尽管这些国家对构建经济一体化的愿望,相对欧盟成员国来说要温和得多。

现行披露制度之前的监管框架曾规定,如果一个欧盟成员国的证券监管机构批准了某招股说明书,则其他成员国可对该招股说明书作出相互承认。但很少有发行人适用上述规定。人们认为这些规定是有缺陷的,因为东道成员国可能会要求在招股说明书中添加针对国内市场的额外信息,还可能要求发行人完整地翻译上述文件。发行人要为满足不同国家的监管要求而修改文件,这导致了额外的、成本高昂的复杂工作,削弱了相互承认程序的吸引力。

根据目前的《招股说明书指令》,上述设计缺陷已得到解决。《招股说明

---

[115] DC Langevoort, 'The SEC, Retail Investors, and the Institutionalization of the Securities Markets' (2009) 95 *Virginia Law Review* 1025.
[116] PH Verdier, 'Mutual Recognition in International Finance.'

书指令》坚持了一项基本理念,即如果一个成员国批准了招股说明书,而该招股说明书也应用于在其他欧洲经济区国家的发行和上市活动中的话,就无须另行批准。但东道国要求在招股说明书中包括额外信息以及要求完整翻译文件的权力,均被删除。这个体系已经"奏效":如在 2012 年,经成员国主管机构批准的 4,113 份招股说明书中,有 967 份已根据护照制度而进入其他成员国。因此,上述制度值得仔细研究。

护照的取得

如在第十三章中讨论的,拟将其证券发行给公众、以及/或者申请其证券获准在欧洲经济区的受管制市场交易的发行人,在置备招股说明书时,必须从形式和内容上均遵循《招股说明书指令》本身以及《招股说明书指令条例》的要求。在招股说明书发布之前,发行人必须向其母国主管机构申请批准。[117] 对于欧洲发行人而言,母国即为其注册办事处所在的国家。[118] 如果第三国发行人的招股说明书已得到其母国批准,则该发行人有权就招股说明书获得护照。对于股权证券的第三国发行人来说,其母国是指,拟在《招股说明书指令》生效后首次向公众发行证券的成员国,或者首次申请进入受监管市场交易的成员国,上述两地可由发行人选择。[119] 对于欧盟的发行人来说,其招股说明书中的内容已在第十三章中讨论。对于来自第三国的发行人来说,其招股说明书中的内容应根据《招股说明书指令》来确定,但如本章之前所讨论的,对此类招股说明书的内容要求还应遵守基于"相当性"原则的减让规定。

一旦招股说明书获得批准,该批准及于欧盟区域,这意味着它对欧盟区域内的诸多国家均有效力。[120] 母国监管机构必须应发行人的请求,通知东道国监管机构,招股说明书已经按照《招股说明书指令》获得批准,并且向其发送一份副本。[121] 东道国只有权利获得以下通知,即母国已批准了招股说明书,且东道国不能再强行实施其批准程序。[122] 如果适用上述程序的话,通知应当附有摘要的译文;如第十三章所述,股权招股说明书中应当包括摘要。用于跨境发行或上市活动的招股说明书的语言规则是,在一个以上的成员国(包括母国)向公众发出要约或寻求获准进入受监管市场交易的,则招股说明书应以母国主管机构认可的语言起草;还应根据情况由发行人、要

---

[117] 《招股说明书指令》第 13 条。
[118] 同上,第 2.1(m)(i)条。
[119] 同上,第 2.1(m)(iii)条。
[120] 同上,第 17 条。
[121] 同上,第 18 条(经修订)。
[122] 同上,第 17 条。

约人或请求获准进行交易的当事人的选择提供以下语言文本：或是每个东道国主管机构均认可的语言，或是国际金融领域习惯适用的语言。[123] 如果在一个以上的成员国中（不包括母国），向公众发出要约或寻求获准在受监管市场交易的，招股说明书应根据情况由发行人、要约人或请求获准进行交易的当事人选择提供以下语言文本：或者是这些成员国主管机构认可的语言，或者是国际金融领域习惯适用的语言。[124] 无论哪种情况，东道成员国的主管机构只能要求将摘要翻译为其官方语言。经批准的招股说明书应采用规定方式中的一种（其中必须包括电子方式），向相关成员国的公众公开。[125] 这一制度设计，可谓吃一堑长一智之结果：标准化了披露要求，东道国不能要求为母国市场加入额外的当地信息，翻译的负担大为减轻。

欧盟招股说明书要求的公众监督：确保跨境监管的一致性

当然，还必须在实施和监督的制度框架内审视欧洲招股说明书披露制度。对招股说明书的监督在国内的层面上进行，而且这主要是发行人的母国证券监管机构的职责。当招股说明书以护照方式进入东道国，而该东道国发现存在违规情事时，它必须知会母国成员国的主管机构，而且只有在成员国的母国主管机构采取了措施但违规情事继续存在，或者因为此种措施被证明并不得力时，东道国自身才能采取适当的措施以保护投资者。[126] 这种职责的分割会产生标准化目标无法实现的风险，因为各国监管机构解释和运用规则的方式的差异，削弱了目标的实现。

应对此种风险的一种策略，是制定规则时基本上不留不同的解释的空间。招股说明书披露要求在本质上非常详尽，在某种程度上运用了这一策略。另外，选择包含了这些要求的法律工具，也反映了这一点：《招股说明书指令条例》直接适用于成员国，而无须通过国内的工具予以转化。而指令本来需要通过国内工具予以转化，而这提供了通过转化程序而悄悄塞入不同的解释的机会。然而，内容过分详细有其自身的危害，因而通过撰写规则的内容来达到效果的策略不能走得太远。另外，也不能过分依赖法律工具的选择，因为监管可能经常是不适当的，其原因可能在于，必须考虑当地的合法的特殊情事。[127]

在原则上，对于不同国家的监管机构存在观点分歧这一问题，另一种解

---

[123] 《招股说明书指令》第 18(3) 条。
[124] 同上，第 18(2) 条。
[125] 同上，第 14 条（经修订）。
[126] 同上，第 23 条。
[127] Inter-institutional Monitoring Group, 'Second Interim Report Monitoring the Lamfalussy Process' (January 2007), para 34.

决方式是,将监管职责赋予专门设立的、超越国家层面的泛欧证券管理机构。然而,无论对所有金融市场部门负有职责的欧洲版证券交易委员会有何优势[128],在短期内不可能建立此种机构,因为这将面临难以克服的政治、法律和实际操作的障碍。相反,可以采取另一种方法,即各国国内监管机构保留监管职责,但必须建立一套适得其位的制度框架,以促进各国监管机构履行监管职责的方式趋同。欧洲证券及市场管理局现在的职能是引导欧盟监管制度向标准化方向发展。欧盟资本市场活动监管制度的集中化(包括但不限于招股说明书),是一个渐进的过程且还在不断演变中。欧洲证券交易委员会(Euro SEC)还不可能在短期内成立,但由欧洲证券及市场管理局承担这一角色正变得越来越可行。这个问题值得进一步研究。

欧盟层面的资本市场活动监管:2000年以来的发展概况[129]

2000年7月,欧洲理事会(以其经济和财务大臣(ECOFIN)的形式,委任了由智者(Wise Men)组成的委员会,由Baron Alexandre Lamfalussy担任该委员会的主席,对欧盟证券市场的监管机制进行广泛的研究。[130] Lamfalussy委员会的报告具有很大的影响。它导致证券市场活动的规则制定和监管活动采取了新的框架(通常命名为"兰氏程序"),该框架包括以下四个层面:

第一层面(在本质上,欧盟理事会和欧洲议会在通过主要的法律时,根据既有的立法程序来进行——《招股说明书指令》即是一个例证);

第二层面(欧盟委员会在决定采取措施或者制定更为细致的规则时,应根据欧盟专家委员会程序进行——《招股说明书指令条例》即是一个例证);

---

[128] 关于这一主题的广泛论辩的梳理,参见 E Ferran, *Building an EU Securities Market* (CUP, 2004) 119—122。

[129] 关于欧洲资本市场监管的重要著作是:N Moloney, *EU Securities and Markets Regulation* 3rd edn (Oxford: OUP, expected 2014)。考察从Lamfalussy监管委员会向欧洲监管机构转化的文章和书籍包括:N Moloney, 'EU Financial Market Regulation after the Global Financial Crisis: "More Europe" or More Risks?' (2010) 47 *Common Market Law Review* 1317; N Moloney, 'The European Securities and Markets Authority and Institutional Design for the EU Financial Market—a Tale of Two Competences: Part 1: Rule-making' (2011) *European Business Organization Law Review* 41, N Moloney, 'The European Securities and Markets Authority and Institutional Design for the EU Financial Market—a Tale of Two Competences: Part 2: Rules in Action' (2011) 12 *European Business Organization Law Review* 177; E Ferran, 'Understanding the New Institutional Architecture of EU Financial Market Supervision' in G Ferrarini, KJ Hopt, and E Wymeersch (eds), *Rethinking Financial Regulation and Supervision in Times of Crisis* (Oxford: OUP, 2012); E Ferran, 'Crisis Driven Regulatory Reform' in E Ferran, N Moloney, Jennifer G Hill, John C Coffee, *The Regulatory Aftermath of the Global Financial Crisis* (Cambridge: CUP 2012); P Schammo, 'EU Day-to-day Supervision or Intervention-based Supervision: Which Way Forward for the European System of Financial Supervision?' (2012) *Oxford Journal of Legal Studies* 771; E Wymeersch, 'The Reforms of the European Financial Supervisory System: An Overview' (2010) 7 *European Company and Financial Law Review* 240。

[130] *Regulation of European Securities Markets: Final Report* (Brussels, 15 February 2001)。

第三层面(在成员国层面推动法律的连贯一致的实施和转化);以及

第四层面(更为强调监督和执行)。

2001年6月,欧盟委员会正式创建欧洲证券监管机构委员会(CESR)(虽然它的起源可以追溯至欧洲证券委员会论坛于1997年创建的非正式基础),该委员会履行着推动法律连贯一致的实施的第三层面的功能,并且就立法议案向欧盟委员会提供技术建议。现在,银行业和保险业也有类似的协调委员会。作为第三层面的功能的一部分,欧洲证券监管机构委员会发挥着标准设定功能,也就是说,它可以发布标准、规则和指引,后者并不是具有拘束力的欧盟规则,但它们拥有一种类似于其他形式的国际"软法"的"可执行性",这种"可执行性"的基础是,欧洲证券监管机构委员会的成员作出松散的承诺,将其引入国内监管制度之中。该委员会还发挥着同行评估功能,监督着单一市场内部的监管活动。欧洲证券监管机构委员会还承担着观察证券监管的全球发展、研究其对金融服务单一市场的影响的职责。

欧洲证券监管机构委员会制定"软"标准的功能的一个相关实例,是其对连贯一致地实施招股说明书要求的建议。欧洲证券监管机构委员会建议对诸如营运资金披露、盈利预测、资本和负债、以及《招股说明书指令条例》规定的详细披露项目等相关事项,予以了澄清。这些建议并不能像欧洲法律那样具有约束力,但欧洲证券监管机构委员会的成员目前正在自愿将其引入为国内的要求。尤其与本章讨论相关的是,欧洲证券监管机构委员会发布的与招股说明书有关的"问与答"文件,后者简要列出了欧洲证券监管机构委员会成员所赞同的共同立场,以及观点歧义的若干方面。

2009年2月发布的《德拉罗西埃报告》(de Larosière Report),标志着在欧盟金融市场监管组织方面,开始了一个更加大胆的阶段。[131] 德拉罗西埃小组支持职权分配制度(基于条约规定的辅助性原则和相称性原则),根据该制度,对公司的日常监督是国家监管机构的工作;同时,德拉罗西埃小组利用当时金融危机导致的、易于接受意见的政治氛围,提出了一项重大创新,提议将欧洲证券监管委员会及其姊妹委员会,升级为具有正式法人资格的、且具有更加强大权力的欧洲监管机构(ESAs),其权力包括在某些情况下执行具有约束力的决定。[132] 这些建议被广泛地接受:根据欧洲议会和理事会2010年11月的一项规定,欧洲证券及市场管理局(ESMA)宣告成立并于2011年1月开始运作。[133]

---

[131] High Level Group on Financial Supervision in the EU, *Report* (February 2009) (*de Larosière Report*).
[132] 同上。
[133] Regulation (EU) No 1095/2010, [2010] OJ L331/84.

欧洲证券及市场管理局负责欧洲证券监管委员会现有的、正在开展的工作,包括制定指导方针、建议、标准以及前述第三层面的工作。就招股说明书的具体事项,欧洲证券及市场管理局已重新发布了(并定期更新)欧洲证券监管委员建议,内容系关于招股说明书要求的持续性执行。[134] 欧洲证券及市场管理局仍在维护关于招股说明书要求[135]、透明度要求[136]的"问与答"文件。欧洲证券及市场管理局把"问与答"机制描述为一种实用的趋同工具,用于促进形成共同的监督方法和实践。[137] 如在本章前文所述,欧洲证券及市场管理局还主要负责运行"相当性"机制,并维护着使用招股说明书护照的统计数据。该局的另一项重要作用是,就监管事项向欧洲委员会提供咨询意见,包括改革发行人披露义务指令,以及为充分落实披露机制所需的授权行为、技术性标准内容。[138] 欧洲证券及市场管理局具有一定的执法权,该局成立文件第16条所适用的指导意见,得到了各国主管机构所适用的"或遵守或解释"披露机制的支持。

发行人的责任——在跨境标准化日程中逐渐缩小的差距?

对于基于虚假的招股说明书而买入证券的投资者,许多国家的法律制度提供专门的民事救济。[139] 这种专门的救济措施通常比根据一般法律提出的诉请,更有利于投资者,例如,因为投资者为赢得诉请而必须证明的事项更少,或者该诉请针对的被告范围更宽。本书第十三章阐述过的英国《2000年金融服务与市场法》第90条,为此类诉请提供了示例。第十三章还考察了《2000年英国金融服务和市场法案》第90A条/附录第10A项,上述规定为发行人披露要求(不包括招股说明书)提供了另一种特殊责任制度:第90A条/附录第10A项明确了规定的内容,但对投资者的有利程度明显低于该法第90条规定。《招股说明书指令》和《透明度义务指令》仅轻微地影响了民事责任。上述指令要求,国内法应规定此种责任,此种责任应至少与发行人,或其行政机关、管理机关和监管机关有关[140];但上述指令并未规定民事责任

---

[134] 最近的文本为 ESMA, *Update of the CESR Recommendations: The Consistent Implementation of Commission Regulation (EC) No 809/2004 Implementing the Prospectus Directive* (ESMA/2013/319)。但上述建议并未被《欧洲证券与市场管理局规则》第16条采纳为建议,故该条规定的"或遵守或解释"机制不适用。
[135] 最近的文本为 ESMA/2013/1537 (October 2013)。
[136] 最近的文本为 ESMA/2012/198 (April 2012)。
[137] ESMA/2012/198 (April 2012),第7段。
[138] 参见 ESMA, Annual Report 2012, 第48—50页。
[139] ESMA, *Comparison of Liability Regimes in Member States in relation to the Prospectus Directive* (ESMA/2013/619),第26段(15个会员国制定了专门的招股说明书民事责任制度)。
[140] 如在有招股说明书的情形中,为要约人、请求或者在受监管市场交易的人或保证人(视情况而定)。

的内容(但规定了关于招股说明书摘要的民事责任的安全港规则)。[141] 英国决定颁布第90A条/附表第10A项,是因为现行法律能否满足《透明度义务指令》要求还存在不确定性,这种不确定性也表明,即便是程度较轻的导向行为也能起到催化作用。[142]

但这种相对轻度的干预意味着,各成员国责任制度存在差异的空间相当大。欧洲证券及市场管理局指出,目前缺乏关于民事责任的统一规定。[143] 这一评论记载于一份关于欧盟成员国适用的招股说明书责任制度的报告中,该报告系欧洲证券及市场管理局根据欧洲委员会的授权所拟订。此类信息收集工作可能会产生调节的作用,使对发行人披露责任制度的融合,从一项过于雄心勃勃的政策逐渐转变为一种可行的选择。[144]

很明显,欧盟内部在民事责任方面存在不同做法,而当它与所适用的冲突法规则相结合时,会对那些从事证券跨境发行活动的人产生潜在的不利影响。欧盟内部的民事管辖由《布鲁塞尔条例》予以规制[145],后者在通常情况下基于被告住所地来分配管辖权[146],但在侵权诉请(也就是说,系争的是被告的非合同民事责任)中,该条例规定侵害行为发生地的法院拥有管辖权。[147] 根据调整非合同义务的《欧共体罗马Ⅱ条例》的一般规则,损害行为发生地的法律,是调整侵权诉请的准据法。[148] 在运用这些规则时,那些基于招股说明书护照而从事跨境发行活动的参与方,面临着承担在运用招股说

---

[141] 《招股说明书指令》第6条;《透明度义务指令》第7条。
[142] 第十三章详细讨论了《金融服务和市场法案》第90A条和附件10A的立法背景。
[143] ESMA/2013/619,第125段。
[144] 对《招股说明书指令》(SEC(2009)1223)修订草案所做的影响评估,排除了融合民事责任制度的目标,因为这超出了《招股说明书指令》的范围。
[145] 欧洲议会和欧洲理事会2012年12月12日关于管辖权和民商事案件判决的承认与执行的(欧盟)No 1215/2012号条例,[2012]OJ 351/1(对欧洲理事会No 44/2001号条例的重述)。
[146] 《布鲁塞尔条例》(重述)第4条。法人的住所地由第63条确定,该条提供了三种可能的解决方案:法定本座说、公司管理中枢所在地、公司营业首要地。
[147] 《布鲁塞尔条例》(重述)第7(2)条。该地可以是损害直接发生地,也可以是导致损害的行为完成地(Case C-21/76 Bier v Mines de Potasse [1976] ECR 1735)。原告可以在这两个(或者更多)法院之间进行自由选择,以替代被告住所地的法院。确定金钱损失会面临挑战(例如,参见案件C-364/93 Marinari v Lloyds Bank [1995] ECR 1-2719 和 Case C-220/88 Dumez France v Hessische Landesbank [1990] ECR 1—49)。在确定哪里可以提起诉讼时的这些情形,给发行人带来了不确定性。然而,现在的动向是,限制法院根据第5(3)条对其辖区内的损害事件行使管辖权(Case C-68/93 Shevill v Presse Alliance [1995] ECR 1—415)。这可以防止对同样的损害事实提起并行的诉讼,但允许原告分割诉请,对若干不同辖区的发起人提起诉讼。
[148] 欧洲议会和欧洲理事会2007年7月11日关于非合同义务的法律适用的(欧共体)条例864/2007,(Rome II)[2007] OJ L199/40。该条例第4(1)条规定,适用该国的法律,而无论造成损害的事件发生于哪个国家,也无论该事件在哪个或者哪些国家间接造成损害。这一一般规则存在某些例外,这些例外包括,如果存在与其他国家"明显更为紧密的联系",则适用该国的法律。这种"联系"可以基于以前的关系或者诉讼主体之间的合同。如果事实表明,欧共体涉及合同义务的相关法令出现了类似的语汇,欧洲法院必须对例外的限制和适用性进行阐释。

明书的不同国家的多重责任的风险;如果是这样的话,将根据不同的国内法和不同的民事程序规则来确定责任。一些群体会发现,他们在某国属于应承担责任的人员,而在另一国则不属于应承担责任的人员。总体而言,在民事责任地位方面欠缺标准化的安排,会极大地削弱招股说明书护照的吸引力。正如欧洲证券及市场管理局所言:"特别是在跨境交易中,不同司法管辖区的规定具有多样性,这可能导致市场参与者难以根据可适用的招股说明书责任制度来评估自己的风险和权利。"[149]

关于发行人定期和不定期信息的披露责任,情况可能更加严重。根据《招股说明书指令》,发行人可以选择:它并不要求发行人基于护照化的招股说明书面向所有成员国发行。然而,根据《透明度义务指令》,证券获准在受管制市场上市的发行人,必须在整个欧共体向公众有效地传播受规制信息。[150] 根据《透明度义务指令》作出的实施措施,进一步指出了它的含义:

> 欧共体2004年第109号指令规定了高标准的受规制信息的传播要求。因而,仅仅是信息可以获得,也即意味着投资者必须积极努力以获取该信息,并不足以满足该《指令》的目的。相应地,传播应当包括为了使信息到达投资者,发行人积极地将其传播给媒体。
>
> 受规制信息的传播的最低质量标准是,必须确保投资者(即便其位于发行人所在国家之外的成员国)可以平等地获得受规制信息……
>
> 另外,根据最低标准,传播受规制信息的方式必须确保最大范围的公众可以获取该信息,并且可能在成员国中的发行人的母国内外同时到达公众……[151]

因而,证券一旦获准在受管制市场上市,发行人必须接受因其定期披露的信息而面临多辖域诉讼的可能,因为在投资者接收该信息并据此展开行动的每一辖域,都会产生责任。[152] 当然,在某种意义上说,这并无任何新奇之处,因为即便在《透明度义务指令》颁布之前,股份公开上市的发行人也面

---

[149] ESMA/2013/619,第136段。
[150] 《透明度义务指令》第21条。
[151] 2007年3月8日,欧洲委员会(欧共体)2007年第14号指令,为实施以下指令的某些条款规定了详细的规则:关于证券获准在受管制市场交易的发行人的信息透明度要求之融合的2004年第109号(欧共体)指令,[2007] L69/27,鉴于条款第15—17条。
[152] 英国金融市场法律委员会(FMLC)较为详细地分析了这一问题,分析认为,在批发金融市场的框架下,它存在一些法律方面的不确定性,并考虑了应当如何解决这些问题。参见第76期——《透明度义务指令》(2004年1月);第76期——《透明度义务指令》(2004年10月)以及第76期——《透明度义务指令》(2006年9月)。这些备忘录以及Woolf法官(金融市场法律委员会)和Alexander Schaub(欧盟委员会)之间对此的交换意见,可参见英国金融市场法律委员会的网站:〈http://www.fmlc.org〉(2013年7月访问)。

临着以下风险：不同国家的投资者可能买入其证券，后来在当地法院提起诉讼。然而，《透明度义务指令》已经引发了不同国内法之下的多重民事责任的诉讼风险增大的担忧，例如，因为即使国内法的规定一致，投资者可能发现，证明存在责任的因素（例如，在辖域内接收到了信息）更为容易，或者因为《指令》对于成员国关于责任的法律产生了动态的影响，并导致颁布了新的更有利于投资者的救济措施。

外国发行人的上市条件及减让

跨国上市可以增强流动性，并能提高发行人在相关司法管辖区的形象。但由于要遵守上市和相关的持续性义务，这将带来更大的监管负担。本节概述了考虑在英国伦敦证券交易所上市的发行人的可用上市选项，并说明了这些选项中的部分重要监管政策。

股票或存托凭证上市

存托凭证（DRs）是由受托人（通常是银行）发行的可流通票据，证明发行人已向其存入一定数量的证券。存托凭证将股票中可交易的所有权授予持有人，从清算和结算的角度来看这既简单又便捷。非美国公司通过美国证券交易所使用美国存托凭证（ADRs）来吸引美国投资者的投资，而全球存托凭证（GDRs）通常在欧洲证券交易所上市。美国存托凭证和全球存托凭证，常以对国际投资者有吸引力的货币计价，如美元、欧元等。

上市类别及市场板块

对于在欧洲经济区外注册的公司，如果该公司股票未在其注册国家（或在大部分股份所在的国家）上市，则金融行为监管局也不会允许该公司股票正式上市，除非金融行为监管局认为，该股票未上市并非出于保护投资者的需要。[153] 上述要求既适用于高级上市，也适用于标准上市。[154]

只有股票才有资格在伦敦证券交易所的主板市场中作高级上市。[155] 如果一家外国公司选择将其股票高级上市，它将要遵守繁重的持续性义务，其中包括公司治理要求等。部分规定在适用于外国公司时已作了修改（包括如前文所讨论的，基于相当性原则对源自《透明度义务指令》义务的豁免等），但修改内容的范围较为狭窄。值得一提的是，高级上市的外国公司现

---

[153]《上市规则》第6.1.21条，《上市规则》第14.2.4条。
[154]"高级上市"的重要性及其与"标准上市"的区别，在第十三章中作了讨论。
[155]《上市规则》第6章。

在必须在年度账目中包含一份声明,以说明它们是如何适用英国《公司治理规定》的主要原则的,以便让股东评估这些原则的适用情况。[156] 他们还必须说明是否已遵守了英国《公司治理规定》中的相关规定,并解释为何没有遵守其中某些规定。高级上市的外国公司还必须遵守向现有股东提供优先购买权的规定。[157]

股票和存托凭证有资格在伦敦证券交易所主板市场作标准上市。对标准上市外国公司的披露要求包括,应在其董事报告中作出公司治理声明,解释其应当遵守或自愿遵守的公司治理规定。[158] 股票和存托凭证的标准上市的区别为,制作半年报告的要求不适用于存托凭证。[159]

存托凭证也有资格在伦敦证券交易所专业证券市场(PSM)中交易。专业证券市场是伦敦证券交易所供专业证券上市和交易的市场,专业证券包括债务、存托凭证和可转换证券。专业证券市场是正式上市证券的交易场所,但不是一个受欧盟监管的市场。对于外国发行人而言,在专业证券市场上市的优势之一在于,无须遵守《国际财务报告准则》或同等标准关于报告财务信息的规定。第十五章(债券)将进一步讨论专业证券市场的运行情况。

富时英国指数系列

外国公司在确定上市对象和地点时的一项相关因素可能是,是否有资格被纳入富时英国指数系列以获得更大的流动性。[160] 该系列指数旨在为投资者提供一套全面而完整的指数,用以衡量英国市场主要资本和行业板块的表现。富时英国指数系列包括富时100指数、富时250指数、富时350指数和富时全股票指数。只有高级上市股票才有资格被纳入这些指数。如果未在英国注册的公司满足以下条件时,也将有资格被纳入指数:只要它们公开承认,将尽可能遵守英国《公司治理准则》、优先购买权规定以及英国《收购准则》所规定的原则;且公司的自由流通股超过50%。关于自由流通股要求的一些敏感问题也已在第十三章中讨论。近期的一些主要争议,是围绕国际发行人产生的。

---

[156]《上市规则》第9.8.7条。
[157] 同上,第9.3.11—9.3.12条。
[158]《披露和透明度规则》第7.2条,《上市规则》第14.3.24条(股份)、第18.4条(存托凭证)将该规定适用于外国标准上市公司。
[159]《上市规则》第18.4.3条。
[160] 本段信息来源于FTSE, *Ground Rules for the Management of the FTSE UK Index Series* (11.6版本,2013年6月)。

外国公司在伦敦上市的争议

Vallar公司系一家在新泽西州注册的投资公司，2010年7月该公司通过首次公开募集以及在伦敦证券交易所标准上市的方式，筹集了7.072亿英镑的资金。2010年11月，Vallar公司宣布收购两家印尼的动力煤生产商的股份，这实际上使两家印尼公司利用了在伦敦证券交易所上市的现金壳公司(cash shell)，实现了在伦敦上市的目的。上述收购活动于2011年4月完成。此后，Vallar公司的股东批准了一项协议安排，成立了一家新的母公司Bumi公司，并建立了Bumi集团。Bumi集团在高级上市板块上市。当时，伦敦证券交易所高级股票市场的主管对Bumi公司表示了热烈欢迎："我们欢迎Bumi公司进入主板市场。该公司在伦敦上市，使该公司能够进入全世界最广阔的国际资本池，并能够与全球同行一起上市和交易。高级上市可以确保该公司符合最严格的监管标准，并使其有资格被纳入被国际认可和关注的富时指数。"[16]但这种乐观的情绪并未持续很久。2012年9月，该公司宣布正在调查其印尼业务可能存在的财务违规行为。随后，该公司推迟公布了2012年的财务业绩报告，业绩报告显示，该公司存在2亿美元（折合1.33亿英镑）的财务黑洞，还存在引人注目的董事会纠纷。2013年4月，应该公司请求，该公司股票停牌，以等待该公司澄清财务状况。

Eurasian自然资源公司(ENRC)是一家总部位于哈萨克斯坦、但在英国正式注册成立的控股公司，该公司于2007年年底在伦敦证券交易所上市。Eurasian公司是一家高级上市公司，也是富时100指数的组成公司，该公司在自然资源和能源领域开展了一系列重大收购，并成为哈萨克斯坦国内生产总值的主要贡献者。在Eurasian公司上市时，哈萨克斯坦政府是该公司的最大股东。其他的主要股东是另一家哈萨克公司，以及三名创立Eurasian公司的商人。上述自然人是比利时一项长期犯罪调查的被调查对象，该项调查的内容是关于在部分房地产交易中的资金来源问题。Eurasian公司上市之初，就饱受争议。金融服务局对Eurasian公司放弃了25%自由流通股的正常要求，是引发人们担忧的一项因素；在该公司上市时，公众手中的股票比例低于20%；但金融服务局认为这是可以接受的，因为该局认为公司规模足够庞大，故公司股票因此具有流动性。但人们的担忧并非毫无依据，在该公司上市后的几年中，公司的一系列丑闻和董事会内部争议证实了人们的担忧；该公司董事会的内部争议包括，公司为符合公司治理规定而任命

---

[16] ⟨http://www.londonstockexchange.com/about-the-exchange/media-relations/press-releases/2011/bumi-plc.htm⟩(2013年7月访问)。

的非执行董事被免职等。2013 年 4 月,严重欺诈办公室(Serions Frand Office)宣布,将根据欺诈、贿赂和腐败等指控事项对 Eurasian 公司开展调查。Eurasian 公司当时还面临着金融行为监管局(英国上市管理机构、金融服务局的继任者)和收购委员会的调查。至 2013 年 6 月,Eurasian 公司的寡头创始人将该公司作为私有化收购的目标。

Eurasian 公司和 Bumi 公司所产生的问题引发了人们的疑问:伦敦的上市标准是否过于宽松,或者标准执行得还不够严格。[162] 如第十三章所讨论的,2014 年《上市规则》制定的新要求包括:对公司相对于控股股东的独立性的要求更加严格;对于有控股股东的公司,对公司董事会的组成作了强制性规定(与公司治理规定中的"或遵守或解释"条款不同);对于有控股股东的高级上市公司,规定了选举独立董事的强制性双重投票规则。[163] 在特定情形中,金融行为监管局可能考虑放弃自由流通股达到 25% 的最低要求,并允许公司申请高级上市,《上市规则》也明确了所涉的具体情形。部分上市原则仍将适用于标准上市板块,但另一方面,标准上市的其他条件也可能在某些方面有所放宽。[164] 这些问题反映了在制定一项既有国际竞争力又有适当质量要求的上市制度,所要采取的平衡措施的巧妙性。[165]

没有招股说明书护照的跨境股份发行活动——利用欧盟法律的豁免

作为一种在许多国家基于招股说明书护照的全面公开发行的替代方式,《招股说明书指令》规定了许多例外,使得发行人在没有招股说明书的情况下得以开展跨境股份发行活动。当发行人对资金的需求或者国际投资者对要约的兴趣有限,或者诸多不同法律制度所带来的多重招股说明书责任的诉讼风险,看起来超过了向群体宽泛的投资者公开发行所带来的利益,则它可以是一种富于吸引力的选择。一项关于 1999 年欧盟筹资状况的研究发现,欧洲发行人在欧洲资本市场发行证券,绝少使用招股说明书护照,而更为普遍的结构是,包含母国要素的发行以招股说明书为基础,而包括跨境因

---

[162] J Guthrie and D Oakley,'Listing Rules to be Tightened,'*Financial Times*,18 May 2013,10.
[163] FSA,*Enhancing the Effectiveness of the Listing Regime*(CP12/25);FCA,*Feedback on CP12/25:Enhancing the Effectiveness of the Listing Regime and Further Consultation*(CP13/15,November 2013).
[164] FSA,CP12/25;FCA,CP13/15. 尤其是在如果有足够流动性的时候,可以允许较小比例的自由流通股。详见第十三章。
[165] J Gapper,'The City Drive to Help Small Investors Goes Much Too Far,'*Financial Times*,27 June 2013,9.

素的发行则被构造成符合豁免的条件。[166] 该项研究显然是在新的《招股说明书指令》颁布和对护照制度设计作出重大改善之前作出。然而，一些诸如招股说明书责任等阻挠护照使用的因素，仍然存在。因而，在母国市场通过招股说明书向投资者全面零售发行，并同时向其他国家的专业投资者进行豁免性的批发发行，这种选择仍然具有相当的吸引力。

在欧盟内的跨境私募发行，必须被构造成符合当地法律关于转售限制的要求，后者的目的在于防止发行活动潜入只面向专业人士的、基于豁免招股说明书要求的证券零售市场。每一国家的当地法律的相关豁免的准确范围，也需予以核查。由于豁免源于《招股说明书指令》的要求，而且它是一项最大限度的融合措施，在理论上，在整个欧盟内它们都是一致的，但正如本章前面所提及的，当《指令》转化为国内法律时，解释上的差异会随着这一过程偷偷潜入其中。为尽量减少分歧，在欧盟现行的招股说明书披露制度中，豁免条款的措辞已逐渐地完善。欧洲证券和市场管理局的指南文件，以及与招股说明书相关的问答文件，也减少了解释不统一的风险。

欧盟招股说明书对国际私人募集的豁免

对于跨境证券发行活动最为相关的公开发行招股说明书的豁免，是只向合格投资者的证券发行，以及向每一成员国中合格投资者之外的低于150名的自然人或法人的证券发行。[167] 只要发行人没有寻求将其证券在作出发行的任何辖域的受管制市场上市（在此情况下，除非可以适用相关的豁免，将会产生该条目之下的招股说明书义务）[168]，它可以依赖这些豁免来发行证券。《招股说明书指令》中关于合格投资者的种类，现在与《欧盟金融工具市场法规》中的定义一致，即专业的客户和合格的交易对手。[169] 该定义的标准化将能减少私人募集的复杂性和所需成本。

转售已适用豁免的证券，被视为一项单独要约，可能需要提交招股说明书，除非当事人申请豁免。[170] 但在销售层级中（证券首先销售给中介机构，比如投资银行等，再销售给零售分销商），只要能够获取有效的招股说明书或者发行人、招股说明书起草人允许使用该招股说明书的同意，则不再需要提供单独的招股说明书。[171]

---

[166] Jackson and Pan, 'Regulatory Competition in International Securities Markets: Evidence from Europe in 1999—Part 1'.
[167] 《招股说明书指令》第 3(2) 条。
[168] 欧洲证券和市场管理局在招股说明书"问与答"文件(Q44)中，专门作了确认。
[169] 《招股说明书指令》第 2.1(e) 条。
[170] 同上，第 3(2) 条（经修订）。
[171] 《招股说明书指令》第 3(2) 条（经修订）。

简单的跨大西洋的比较[172]

美国和欧盟关于证券公开发行和上市的监管框架,在较高的层面上基本相似。在大西洋两岸,针对股票证券的公开发行和上市活动,都规定了广泛的信息披露要求;上市发行人都应当遵守一系列严格的监管要求;针对外国发行人,这些要求都在某些方面作了修改;在普遍的披露要求和其他要求中,也都有许多豁免规定,其中包括,促进面向能维护自身利益的、有经验的投资者的国际证券发行。本节将简要概述美国证券监管规定中关于外国私人发行人的待遇,并更详细地考察与国际发行活动最为相关的豁免问题。[173]

公开发行和上市

总体上,美国《1933 年证券法》第 5 条通常禁止发行人在美国公开发行或者出售证券,除非有关该证券的登记文件已提交给证券交易委员会并已生效,而且,作为登记文件一部分的招股说明书与出售的确认函同时(或者早于后者)提交。在某些情况下,这一禁令可能拓展至适用于在美国之外向美国人出售证券的行为。在美国上市,会触发《1934 年证券交易法》第 12 条规定的注册义务。[174] 公开发行和上市的披露要求大体相同。上市证券的发行人还必须遵守《1934 年证券交易法》第 13 条和第 15 条规定的定义报告义务和其他义务。外国私人发行人在完成初始注册和后续的年度备案时,应使用证券交易委员会 20-F 表格;在进行其他定期备案登记时,应使用 6-K 表格。外国公司属于这一目的所称的"外国私人发行人",除非其发行在外的有表决权的证券中,50%以上系由美国居民直接或者间接持有,并且满足以下条件:(a) 大多数执行高管/董事为美国公民或居民;(b) 发行人超过 50%的资产位于美国境内;或者(c) 公司业务主要在美国开展。1999 年,美国证券交易委员会对 20-F 表格作了全面修改,用国际证券会组织的国际披露准则取代了大部分其他要求。正如本章前文所阐述的,自 2008 年以来,外国发行人被允许使用《国际财务报告准则》规定来满足财务报告要求。美国证

---

[172] SEC, Accessing the U. S. Capital Markets—A Brief Overview for Foreign Private Issuers 〈http://www.sec.gov/divisions/corpfin/internatl/foreign-private-issuers-overview.shtml〉(2013 年 7 月访问)。

[173] 对这一话题的总体性思考请见 KB Davis, 'The SEC and Foreign Companies—A Balance of Competing Interests' (2010) 71 *University of Pittsburgh Law Review* 457。

[174] 在某些情况下,外国私人发行人还可能基于公司规模、其股份所有权的性质,而被要求在全球范围内以及在美国国内,根据《证券交易法》作某一种类的股权证券的登记:SEC, *Accessing the U. S. Capital Markets*。

券监管制度的某些其他要求,也针对外国发行人作了相应修订。[175] 这些调整反映出,美国证券交易委员会努力在保护投资者和维持美国证券市场的国际竞争力方面求取平衡。

2002年《萨班斯—奥克斯利法》既适用于在美国上市的外国发行人,也适用于本国发行人。该法案涉及公司治理问题,包括公司高管对财务报表的确认、独立审计委员会、审计合伙人轮换以及审计监督制度等。该法案颁布之初,对国内外公司一视同仁,但在执行时,证券交易委员会针对外国公司作出了调整,以避免该法案与发行人国内法中公司治理的要求和做法形成冲突。[176] 即便如此,外国发行人仍对遵守《萨班斯—奥克斯利法案》感到担忧。许多人认为,《萨班斯—奥克斯利法案》加重了监管负担,损害了在美国上市对外国发行人的吸引力。

发行人在美国退市相对容易,但这并不会终止其登记以及与登记相关的义务。在2007年以前,发行人无权终止其未在美国交易所上市的某种证券的登记,除非该种证券的持有者少于300名美国居民。但"300名美国居民持有人"的标准并没有跟上资产组合投资国际化的步伐,这意味着外国发行人远远超过美国投资者的人数。2007年美国证券交易委员会认识到该检验标准的不足,故修改了规则,允许外国私人发行人基于特定的标准而取消登记,该标准主要比较该类证券在美国的交易额和在主要交易市场的交易额,从而测量在美国市场的利益。[177] 根据修订后的规则,如果在最近的12个月内,该类证券在美国的平均日成交量低于同类证券在全球范围内的平均日成交量,另外还满足其他一些条件的,则该外国私人发行人有权终止该证券在《证券交易法》中的注册和报告义务。

2012年《促进创业企业融资法案》(JOBS法案)设立了一种名为"新兴成长型公司"(EGC)的新型上市登记类别,该类别并不排除外国公司。如果外国新兴成长型公司考虑开展在美国证券交易委员会登记的首次公开发行,该公司只需遵守目前主要针对规模较小的发行人的缩减要求,包括经修改的披露要求等,并从中受益。[178]

---

[175] 以下文章作了概述:R de la Mater, 'Recent Trends in SEC Regulation of Foreign Issuers: How the U. S. Regulatory Regime is Affecting the United States Historic Position as the World's Principal Capital Market' (2006) 39 *Cornell International Law Journal* 109。
[176] Coffee, 'Racing Towards the Top?', 1824—1826.
[177] SEC, *Termination of a Foreign Private Issuer's Registration of a Class of Securities under Section 12（g） and Duty to File Reports under Section 13（a） or 15（f） of the Securities Exchange Act of 1934*, 17 CFR Parts 200, 232, 240, and 249（2007）.
[178] SEC, *Accessing U. S. Capital Markets*.

美国对国际私人募集的豁免

针对法案第 5 条的注册要求,有几项豁免情形。与股权证券国际发行相关的最重要例外是:在美国之外出售证券(S 规则);私募(第 4(2)条和 D 规则);以及向合格机构购买者(QIB)的转售(144A 规则)。

S 规则:在美国之外出售和转售证券[179]

1990 年,美国证券交易委员会通过 S 规则,以阐明在何种情况下,《1933 年证券法》第 5 条的注册要求在域外不会适用。S 规则以一种适用美国法律更为倚重地域的方法,取代了一套复杂的出售限制规则。当 S 规则的要求得以满足时,美国的登记要求将不再适用。S 规则不会影响美国联邦证券法关于反欺诈规定的域外适用。

根据 S 规则,就《1933 年证券法》的登记要求的目的而言,"发行"和"出售"这些术语被认定为是排除了发生于"美国之外"的发行和出售。通过非排他性的安全港设计,如果以下两个笼统的条件得以满足,发行或者出售就被认为发生于美国之外:(a) 它是一项"离岸"交易,以及(b) 在美国没有发生引导性的销售行为。另外,S 规则关于首次发行的安全港还设有其他条件,即通过考察发行人的证券是否包含实质性美国市场利益(SUSMI)来加以运作。

离岸交易是指以下的交易:在美国之外发出要约、而且在购买订单作出之时买方位于美国之外或者卖方合理地相信买方位于美国之外。或者它是以下一项交易:在美国之外发出要约,而且交易通过美国之外的证券交易所(首次发行)或者离岸证券市场的交易设施(在转售的情况下)来完成。离岸交易并不限于对非美国人士的销售行为。

引导性销售行为是指可以被合理期待着对在美国发行证券的市场条件产生影响的行为。引导性销售行为包括在美国进行的电视或者电台广告(特殊类型的广告有某些特定的豁免)。本来可豁免适用《1933 年证券法》登记要求的在美国的证券发行推介行为,根据 S 规则,通常不会被当作美国之外的同步发行的引导性销售行为。

S 规则中的首次发行安全港规则区分了三种类型的发行行为。这种三层结构的思想是,最初以豁免适用相关规则为基础而售出的证券,会通过未受规制的通道流回美国市场,而且发行人与美国市场的联系越紧密,证券回流的风险也就越高。

类型 I 的发行涵盖了不存在实质性美国市场利益的外国发行人的股权

---

[179] Scott and Gelpern, *International Finance*, 94—99.

证券发行行为。而其中是否存在实质性美国市场利益,必须参考美国是否属于该证券发行人的最大的单一市场,或者比较通过美国市场交易设施而进行的该种证券的交易和通过单一外国证券市场交易设施而进行的交易比重,从而加以确定。在实践中通常被接受的看法是,拥有实质性美国市场利益的国外发行人寥寥无几,甚至那些在美国证券交易所上市的外国发行人也是如此。类型Ⅰ的发行只需遵守以上讨论的一般条件即可。

类型Ⅱ的发行涵盖了必须遵循美国证券法定期报告要求的国外发行人发行股权证券的行为,由于其存在实质性美国市场利益而不属类型Ⅰ的范围。对于类型Ⅱ的发行而言,除了必须满足离岸交易和引导性销售要求外,发行人还必须遵守一定的销售限制。在长达四十天的限制期内,不得在美国或者向美国人(参考其住所而不是其国籍确定)发行或者销售证券。在发行人为遵循安全港要求而必须提供的所有发行材料和协议中,还必须遵循一定的叙事方面的程序性要求。

类型Ⅲ的发行涵盖了无须遵循美国证券法定期报告要求的国外发行人发行股权证券的行为,由于发行该类别的证券存在实质性美国市场利益而不属类型Ⅰ的范围。属于该类型的国外发行人的发行寥寥无几。美国发行人发行股权证券的行为,也属于这一类型。在这种情形下适用最为严格的限制:除了必须遵循一般的条件,还必须遵循发行股权证券的一年的销售限制,此外还有其他程序性要求。

证券还可以根据S规则进行转售,只要该交易属于离岸交易而且在美国不存在引导性销售行为。该转售的规定并不限于最初根据S规则售出的证券。在美国通过私募获得或者根据另一出售豁免规则而买入的证券,也可以根据S规则而离岸转售。同样地,在美国之外运用S规则的豁免规定而发行的证券,可以运用144A规则的豁免而在美国立即转售,本书稍后将探讨这一问题。

私募和D规则[180]

《1933年证券法》第4(a)(2)条豁免了不涉及任何"公开发行"的交易的登记要求。在D规则中,证券交易委员会通过规定第4(a)(2)条之下的发行的非排他性安全港规则,来解决是否存在"公开发行"这一不确定的问题。通过D规则的背景是,国会要求降低小规模发行人的登记负担。但就本论述的目的而言,D规则第506条向私募提供的安全港规则最为重要。[181] D规则第506(b)条允许向不做数量限制的合格投资者发行、出售证券,但不涉

---

[180] Scott and Gelpern, *International Finance*, 91—92.
[181] 根据第506条规定。

及公开发行。"合格投资者"的类别包括银行、保险公司、注册的小企业投资公司、某些商业发展公司、某些雇主受益计划,以及符合最低净资产标准的组织和个人。D 规则第 506(b)条也允许向满足特定复杂标准的不超过 35 名的非合格投资者出售证券。要适用第 506(b)条的豁免规则时,发行人及代表其行事的人,不得以任何"大范围推广"的形式发行或出售证券。此外,2013 年 D 规则中加入了第 506(c)条,以实施《快速启动创业公司法案》带来的规则变化;在特定情形中,第 506(c)条允许使用"大范围推广"的形式来根据第 506 条的规定发行、出售证券。这些条件包括,发行人必须采取合理的措施,确认证券购买人是合格的投资者,所有的证券购买人都必须是合格的投资者。[182]

144A 规则:受限制证券向合格的机构投资者的转售[183]

114A 规则是非排他性的安全港规则,根据该规定,在向合格机构购头者(QIBs)转售在非公开募集市场发行的证券时,可免除登记要求;但上述证券与在美国证券交易所或交易商间自动报价系统中上市或发行的证券不属于同种类型,也不得为此类证券替代。就此而言,该规则针对的是以下情形:在一场本身豁免适用《1933 年证券法》登记要求的交易(例如根据 S 规则的离岸交易或者根据 D 规则的私募)中,从发行人中购买证券的人,在不会破坏原先豁免情形的情况下,可以转售那些证券,否则要遵守证券法的登记要求。144A 规则的豁免规定的理念是,当证券只向富有经验的老练投资者发行时,更为迅捷地利用资本市场所产生的收益,超过了以披露为基础的投资者保护所带来的收益。

根据 144A 规则,只要符合以下条件,个人可以向任何合格的机构购买者出售证券:发行人在发行该证券时,该证券与在纳斯达克市场或者美国证券交易所上市的证券不属于同一类别(可替代性的禁止);买方被告知卖方依赖 144A 规则(通知的要求);以及公开了某些信息(尽管这最后一项要求并不经常适用)。为实施《快速启动创业公司法案》而制定的规则允许在向被视为合格机构购买者的当事人出售证券时,进行大范围的推广和广告,这为宣传 114A 规则项下的发行增加了灵活性。[184] 合格机构购买者(a)是一家在可自由支配的基础上,拥有并投资至少 1 亿美元合格证券的机构(如果该购买者是证券经纪人,则标准为 1,000 万美元),或(b)是一家合格机构购买者所拥有的实体,或(c)是一家美国证券经纪人,作为合格机构购买者的

---

[182] SEC, *Eliminating the Prohibition Against General Solicitation and General Advertising in Rule 506 and Rule 144A Offerings* (Release No 22-9415, July 2013).
[183] Scott and Gelpern, *International Finance*, 99—101.
[184] SEC, *Eliminating the Prohibition Against General Solicitation and General Advertising*.

代理人购买证券,或在无风险的自营交易中(riskless principal transaction)将证券转售给合格机构购买者。此外,银行以及净资产在2,500万美元以上的储蓄和贷款机构,也属于合格机构购买者。

替代性的限制意味着,例如,美国上市公司的普通股不能根据144A规则进行销售。这一要求是为了防止基本相同的证券同时在公开市场和私募市场进行交易。根据144A规则的销售行为,无须遵守适用于注册公开发行的严格责任规定,但却要适用《1934年证券交易法》10b-5规则的责任规定。这是联邦证券法中基础性的反欺诈规定。它禁止欺诈性的方法、计划和做法,以及有重大事实的误述/遗漏(过失并不够)。它使受害的投资者拥有私人救济的手段。

对于适用144A规则的市场的显著增长,人们常认为,关于潜在责任的有利规定是一项具有解释力的因素。Howell Jackson和Eric Pan考察了1990年代中期以后的十年期间,他们认为,来自世界各地的外国发行人就如何进入美国资本市场有越来越多的选择;对于外国发行人来说,144A规则规定的替代方案已成为一个选项。[185] Hal Scott和Anna Gelpern的观察显示,至2010年,外国公司在美国首次公开发行而筹集到的资本中,超过四分之三来自适用144A规则的市场。[186] Jackson和Pan认为,上述趋势可归因于多项因素,包括外国交易市场相对质量的提升,美国和欧洲的披露标准差距的缩小,以及投资者流动性的增加等;同时,他们也强调了美国的诉讼风险对外国发行人的重要性。

---

[185] HE Jackson and EJ Pan,'Regulatory Competition in International Securities Markets: Evidence from Europe—Part II' (2008) 3 *Virginia Law & Business Review* 207.

[186] Scott and Gelpern,*International Finance*,101.

第十五章 公司债券

导论

债券市场是公司债权融资的源泉之一。运作良好的公司债券市场可以产生的经济效益包括[1]：

（1）多元化公司资金来源，使其更不会受到银行借款体系崩坍之伤害；

（2）增加了公司的选择并增强其灵活性，进而强化了公司筹集与其现金流币种和时机相匹配的资金的能力；

（3）通过向机构投资者提供比政府债券到期日更长、回报更高而比股权证券风险更低的固定收益资产，从而满足了机构投资者的需求，补强了养老基金和人寿保险公司的资产负债表；

（4）资金来源国际化；

（5）加强公司的透明度和信息披露；以及

（6）风险管理效益。

国际证监会组织（IOSCO）注意到公司债券具有许多好处，遂与世界银行合作，强调要在新兴经济体中建立更深入、更广泛的公司债券市场，以减少对银行融资的依赖并提高融资效率。[2] 在发达经济体中，债券市场被描述为"英国资本市场的核心部门……私人部门的主要融资工具"。[3] 在历史上，在欧洲大陆、特别是在德国公司的融资中，债券市场并没有发挥重要的作用[4]，然而，自 20 世纪 90 年代以来的政治和经济发展，包括欧元的引入，改变了市场环境。[5] 2011 年，在欧元区和英国，银行贷款及其他借款形式

---

[1] IMF,'Global Financial Stability Report'（September 2005）ch IV（Development of Corporate Bond Markets in Emerging Countries）.

[2] IOSCO, *Development of Corporate Bond Markets in the Emerging Economies*（FR10/11, November 2011）.

[3] FSA,'Trading Transparency in the UK Secondary Bond Markets'（Discussion Paper 05/5）para 2.3.

[4] ECB,'The Euro Bond Market Study'（December 2004）45.

[5] M Pagano and EL von Thadden 'The European Bond Markets under EMU'（2004）20 *Oxford Review of Economic Policy* 531; G de Bondt and JD Lichtenberger,'The Euro Area Corporate Bond Market: Where Do We Stand Since the Introduction of the Euro?'（2003）4 *European Business Organization Law Review* 517.

仍占所有非金融类公司债务的85%;而非金融类公司债券仅占15%。[6]（相比之下，美国的相应比例是53%比47%。[7]）但站在欧洲的立场上，评论家们认为，公司债券正在"发展成为一项银行贷款的重要的替代选项"。[8]

在2007年至2009年金融危机和之后的欧元区主权债务危机爆发的前几年，上述趋势就已经很明显了。在金融危机的前几年里，欧元区的发行人通过发行公司债券（包括以欧元计价的债券），不断扩大融资来源范围。[9]根据一项研究，整个欧元区的债券市场在1994年至2004年间的增长幅度为283%，大大超过美国的相关数据，后者在同期的市场增长率为35%。[10]从1994年至1998年间，欧元区私营机构债券发行金额从1240亿美元上升至2730亿美元，而且在引入欧元之后，该数额飙升至6570亿美元。[11]到2004年，欧元区私营机构债券发行金额约为5500亿美元。[12]在21世纪初席卷欧洲的公司并购风潮中，债券发行发挥着重要的作用。[13]公司发行人发现，世界上、特别是在欧元区，有着迅速增长的投资群体，他们在追求国际多元化投资策略时对债券青睐有加。金融服务行业迅速对新的商业机会作出反应，并通过在承销和其他中介服务方面的更为激烈的竞争，以及提供更为标准化的电子交易服务，来推动市场变革。[14]持续性的产品开发，包括创新性的资产支持证券化结构和信用衍生产品，在提升欧洲公司债券市场的广度和深度方面也发挥了作用。[15]

在金融危机和主权债务危机后，债券市场的增长帮助抵消了银行向企业放贷的下降。[16]根据金融数据提供商Dealogi公司的数据显示，2009年的发行额空前地高，而2012年的投资级债券发行也创纪录地高。央行的量化宽松计划（包括在经济活动中创造新的货币，以降低企业借款人或个人借款人所需支付的利率）刺激了需求。企业高度依赖债券发行以作为融资的来源；在将来，银行将削减放贷来调整资产负债表，以满足更严格的资本金要求，对于债券发行的高依赖度仍将持续下去。此外，主权债券的收益率处

---

[6] European Commission, *European Financial Stability and Integration Report 2012*（April 2013）5.
[7] 同上。
[8] Deutsche Bank, 'Corporate Bond Issuance in Europe'（January 2013）*EU Monitor* 13.
[9] ECB, *The Euro Bond Market Study*, 21—22.
[10] JP Casey and K Lannoo, *Europe's Hidden Capital Markets*,（Centre for European Policy Studies, Brussels, 2005）8.
[11] Pagano and von Thadden, 'The European Bond Markets under EMU'.
[12] 同上。
[13] ECB, *The Euro Bond Market Study* 22.
[14] Pagano and von Thadden, 'The European Bond Markets under EMU'.
[15] ECB, *The Euro Bond Market Study*, 6.
[16] Deutsche Bank, *Corporate Bond Issuance in Europe*（*EU Monitor*, January 2013）7—8.

第十五章 公司债券 **527**

于历史低位，投资者寻求收益的浓厚兴趣也推动了公司债券市场的增长。[17] 但如果投资者寻求收益而使其进一步远离了投资级的机会，则市场"泡沫"的危险就将增加。在撰写本书时（2013 年的年中），人们正公开地讨论对于公司债券市场过热的担忧。

机构投资者是债券的主要投资者，这种情形在英国市场特别突出。[18] 主权财富基金和对冲基金也是债券资本市场的重要参与者。历史上，个人直接投资于债券的情形在英国极为少见，但在欧洲的其他地方则更为普遍。[19] 但情况也发生着变动，在英国，个人投资者对于债券市场的兴趣也在增长，作为应对措施，伦敦证券交易所于 2010 年推出了零售债券指令簿电子系统（electronic Order book for Retail Bonds，ORB），这项新的举措是基于成功的意大利 MOT 零售固定市场提出的，意大利该市场 2009 年的交易价值达到了 2,300 亿美元。2013 年，建立了富时零售债券指令簿指数系列（FTSE ORB Index Series），以衡量在零售债券指令簿系统中来自不同行业和处于不同发展时期的公司债券的交易表现。在零售债券指令簿系统中，零售债券应当能以小于 10,000 英镑的单位进行交易；同时，债券发行应当符合《招股说明书指令》规定的上市制度和信息披露框架的要求，这些问题将在本章后文中详细讨论。[20] 在零售债券指令簿系统中上市的债券，通常具有简单的结构，且交易面额小于 1,000 英镑，常为 100 英镑，但前期投资最少为 2,000 英镑。[21] 截至 2012 年 10 月 25 日，通过零售债券指令簿系统共筹集了 25 亿英镑的资金，但二级市场的交易活动仍然很缓慢。[22] 零售债券的收益率可能比银行存款更高，但相应地，投资风险也更高，因为投资者可能会损失投资本金，且本金不会得到存款保护机制和金融赔偿计划的补偿。

债券、发行人的资本结构和融资选择

人们认为，公司债券为发行人和投资者提供了可预测的现金流：在债券发行时，为发行人提供了一笔资本投资；还向投资者定期支付利息，并在到

---

[17] Deutsche Bank, *Corporate Bond Issuance in Europe*, 9—10.
[18] FSA, *Trading Transparency in the UK Secondary Bond Markets*, paras 2.12—2.13. See also IOSCO, *Transparency of Bond Markets*, (Report of the Technical Committee of the International Organization of Securities Commissions, 2004 年 5 月) section B.2。
[19] FSA, *Trading Transparency in the UK Secondary Bond Markets*, para 2.14。
[20] LSE, *Listing and Admitting Retail Bonds* (2010)。
[21] LSE, 'Retail Bonds' 〈http://www.londonstockexchange.com/specialist-issuers/retail-bonds/retail-bonds.htm〉accessed July 2013。
[22] M Stothard, 'UK Market for Retail Bonds on Track to Top £1 billion of Issues' *Financial Times*, 30 October 2012, 20。

期时归还本金。[23] 债权可以是有担保的、无担保的或非次级的；因此，债务人资不抵债时，债权人债权的顺位取决于发行条件。但债权的顺位总是优先于股权。基于这一原因，以及利息支付的确定性和可预测性比股息更强，债权融资的成本比股权融资更低。同时，债券的潜在回报率通常高于银行存款，这也增加了债券对投资者的吸引力（同时也增加了风险）。债券可以在二级市场上交易，二级市场上债券的价格将随着以下因素而波动：对利率的普遍预期，以及与发行人信誉密切相关的问题。债券价格往往与利率呈反比。债券市场的二级市场成交量低于股票市场，因为许多机构投资者购买债券后会持有至债券到期，以便为长期现金流义务（如养老金等）筹集资金。[24] 在2013年，国际资本市场协会（ICMA）认为，债券平均交易规模在100万欧元至200万欧元之间，其中许多债券的交易额高于500万欧元；股权交易主要发生于证券交易所以及其他的多边交易系统中，与股权交易不同的是，国际证券市场的大多数二级市场交易是由双方直接在场外交易；只有约2%的股票每天交易一次以上。[25]

对公司来说，债券是一种非常灵活的融资形式，因为发行条件可以无限地适应个别发行人的情况和发行时的市场状况。大型企业发行人能最好地利用债券市场提供的灵活性。这些发行人有着最广泛的选择，包括：能直接从公司债券市场为大型项目筹资，也能同时/或者在银团贷款市场间接地从银行筹资。[26] 通过直接发行的方式来直接从债券市场融资，这不是中小型企业通常的选择，因为中小型企业规模较小、融资需求有限、发行成本也因此有失比例。[27] 规模较小的上市公司也可能因为公司规模和融资需求，或者这些公司未被评级等原因，而被排除在债权市场外。[28] 伦敦证券交易所零售债券指令簿电子系统（ORB，如前文所述）启用后，评级机构也积极扩展其业务范围以覆盖更多的公司，以便于向投资者销售中等市值的债券。但是，根据英国上市公司联盟/2013年BDO中小股信心指数（BDO Small and Mid-Cap Sentiment Index 2013）报告，中小型上市公司及其顾问仍对债券零

---

[23] ICMA, *Economic Importance of the Corporate Bond Markets*, 7; H Bessembinder and W Maxwell, 'Transparency and the Corporate Bond Markets' (2008) 22 The *Journal of Economic Perspectives* 217.
[24] ICMA, *Economic Importance of the Corporate Bond Markets*, 8.
[25] 同上，13。
[26] Y Altunbas, A Kara, and D Marqués-Ibáñez, 'Large Debt Financing: Syndicated Loans versus Corporate Bonds' (ECB Working Papers Series No 1028, March 2009).
[27] Department for Business Innovation and Skills, *SME Access to External Finance* (BIS Economics Paper No 16, January 2012).
[28] P Brierley and M Young, 'The Financing of Smaller Quoted Companies: A Survey' (2004) *Bank of England Quarterly Bulletin* 160.

售市场电子交易系统知之甚少;同时,发行公司债券也面临着重大障碍,包括缺乏过去的经验,以及对这种融资形式的潜在价值缺乏认识等。[29] 正如前一段所暗示的那样,信用评级机构(CRAs)通过债权证券对债券(包括在2007—2009年金融危机前激增的、形式更为奇特的衍生品和结构性产品)评级的业务,而在现代资本市场中发挥着核心作用。[30] 对债券的常见描述为"投资级"或"投机级"/"垃圾级",这源自信用评级机构对它们的评级。[31] 信用评级行业的起源,目的在于弥合金融工具交易双方间的信息差。弥合市场中的信息不对称,是该行业当前作用的重要组成。信用评级也广泛应用于确定信贷有效性的合同条款中。此外,评级具有重要的、直接的监管意义,银行资本监管要求在监管金融工具时会参考评级结果,这是一种趋势(该趋势目前处于逆转过程中)。根据Partnoy的描述,随着时间的推移,信用评级机构的业务从信息销售者转变为"打开金融市场的钥匙"的经销商,他捕捉到了评级行业在金融危机前的市场重要性,以及监管重要性。[32]

债券的条款[33]

债券通常拥有三个基本特征——面值(该面值通常也是回赎价值),利息率(或折扣),以及到期日——但这些因素都可以自由添加或者变更,以最为有效的迎合债券发行时特定投资者的偏好和市场条件。会计和监管方面的考量因素会对债券发行条款产生重大影响,某些混合证券即为适例。混合证券是一种兼有某些股权特征的债权证券,目的在于确保证券享有债务的利息减免税收优惠;同时,证券可在会计以及银行资本充足率要求方面,被视为同为股权。[34] 例如,或有可转换债券(contingent convertible bonds,

---

[29] ⟨ http://theqca.com/news/briefs/68507/confidence-improves-but-access-to-funding-deteriorates-in-qcabdo-index.thtml⟩(2013年7月访问)。

[30] Joint Forum, *Stocktaking on the Use of Credit Ratings* (June 2009). 此次联合论坛是在巴塞尔银行监管委员会(BCBS)、国际证监会组织(IOSCO)和国际保险监管协会(IAIS)的支持下设立的,旨在解决银行、证券和保险行业共同面临的问题。

[31] 在穆迪信用评级中,Aaa-Baa3是投资级别;Ba1-C是投机级别。在标准普尔信用评级中,相对应级别的分别是AAA-BBB-,以及BB+-C。

[32] F Partnoy, 'Historical Perspectives on the Financial Crisis: Ivar Kreuger, The Credit Rating Agencies, and Two Theories about the Function, and Dysfunction, of Markets' (2009) 26 *Yale Journal on Regulation* 431, 432. 还可参见 JC Coffee, 'The Ratings Agencies' in JC Coffee, *Gatekeepers* (Oxford: OUP, 2006), 283。

[33] WL Megginson, SB Smart, and BM Lucey, *An Introduction to Corporate Finance* (London: South-Western Cengate Learning, 2008) 131—137。

[34] 在 Kaupthing Singer & Friedlander Limited (in Administration) [2010] EWHC 316 (Ch)案中,高等法院考虑了次级债券问题,其中包含次级条款,以确保债券有资格被纳入发行人的监管资本中。

CoCos），是指当特定的触发事件发生时，此种债券将能自动转换为股权；或有可转换债券系由银行开发，目的在于满足金融危机后所施加的、愈发严格的资本要求。[35] 巴塞尔委员会（Basel Committee）负责制定国际资本充足率标准，该委员会将资本划分为几个层次，第一层次是核心一级资本（Common Equity Tier 1），第二层次是附属一级资本（Additional Tier 1）。[36] "高触发性"（high trigger）可可债是指，当银行能够继续经营时，此类金融工具也可以转换为股票；巴塞尔委员会正在考虑是否可将"高触发性"可可债视为与普通股票相似，以满足新的资本附加费用，解决规模最大的银行所带来的"规模庞大到不能倒闭"的问题；但到目前为止，巴塞尔委员会尚未允许以此目的使用可可债。[37] 不过，巴塞尔委员会准许了"低触发性"（low trigger）债务金融工具，此类金融工具在银行无法生存的情况下（当银行无法在市场上维持自己时），可转换为普通股，巴塞尔委员会将其视为附属一级资本。[38]

起草发行条款时，另一相关的因素是评级机构的观点。如前文所述，评级机构对许多债券在其发行时予以评级，从而发挥着有价值的信息收集、评估和传播功能。债券发行条款和条件会影响特定的债券发行的评级，并可能导致针对特定发行的评级和对发行人的整体信用评级存在差异。评级机构在打造债券发行文本方面发挥着重要的作用，公司混合债券的欧洲市场的发展为此提供了绝佳的注脚；该市场发端于2003年前后，但在2005年评级机构阐明了对这些投资工具的评级方法之后，该市场大幅腾飞。[39]

利息

债券的利率可以是固定的，也可以是浮动的。在浮动利率的债券中，票面利率是在特定货币市场利率之上的预定边界范围内设定的。伦敦银行同业拆借利率（LIBOR）旨在反映伦敦市场中无担保银行同业拆借的成本，是浮动利率债券最常使用的指数之一。2012年的Wheatley报告指出，伦敦银

---

[35] R Bax and P Athanassiou, 'Contingent Debt Instruments and Their Challenges: Some Insights' (2011) 26 *Butterworths Journal of International Banking and Financial Law* 20; C Pazarbasioglu, J Zhou, V le Leslé, and M Moore, 'Contingent Capital: Economic Rationale and Design Features' IMF Staff Discussion Note, No SDN/11/01 (January 2011); Goldman Sachs, *Contingent Capital: Possibilities, Problems and Opportunities* (March 2011).

[36] Basel Committee on Banking Supervision, *Basel III: A Global Regulatory Framework for More Resilient Banks and Banking Systems* (June 2011).

[37] Basel Committee on Banking Supervision, *Global Systemically Important Banks: Assessment Methodology and the Additional Loss Absorbency Requirement* (November 2011).

[38] GL Lyons, PM Rodel, and E Ligere, 'Hot CoCos from Basel III—the Next Bank Hybrid' (2011) 26 *Journal of International Banking Law and Supervision* 412.

[39] D Andrews, 'Corporate Hybrids Edge Towards Mainstream' (2006) 25(3) *International Financial Law Review* 7; B Maiden, 'Moody's Defends Hybrid Securities' (2006) 25(4) *International Financial Law Review* 68.

行同业拆借利率是全球使用频率最高的利率基准，适用该基准的交易的名义未偿价值（notional outstanding value）至少为 300 万亿美元。[40] 这一报告的产生，是因为此前有报道称，银行为设定利率而提交的数据受到了操纵；该报告还引发了改革措施，包括建立新的伦敦银行同业拆借利率管理制度，以及更严格的监管制度。[41]

高折扣债券也是允许的，此类债权通常提供零利率，但允许投资者以相对其回赎价的大幅折扣价格买入证券，从而获得回报。另一种可能是加速债券（step-up bond），经过一段初始期之后，它给予投资者更高的折扣。加速债券可能还伴随着发行人买入期权的制度设计，后者使发行人得以在债券到期前将其赎回；要支付的利息的增加，会激励着发行人行使该期权。

通常而言，无论发行人是否盈利，均应当支付债券利息。但在一些试图复制股权特征的混合债券中，可以推迟利息的支付，直到某些条件成就，例如某些预先设定的资金利率没有满足之时。实物支付（PIK）债券（或票据）是次级债权证券，在到期前不支付任何利息。[42]

到期

绝大多数债券最初设定的到期日至少为一年，但它也可以长达三十年，一些债券的期限还可以更长。［期限不足一年的债务金融证券（instrument）可称为"票据"（note），但从法律角度看，债券（bond）和票据在本质上是同一类证券。］混合债券的到期日可能非常漫长，或者是永久存续，以复制股权资本的永久性这一特征。长期债券可能引入发行人的买入期权，以增强其对投资者的吸引力。债券越来越多地引入债券持有人的卖出期权，以使债券持有人可以在某些情况下强迫对方赎回，例如在所有权变更或者发行人内部重组事件导致债券评级下降时，即可为之。

分级

公司债券通常不设担保。一个重大的例外是证券化，包括担保债权凭

---

[40] M Wheatley, *The Wheatley Review of LIBOR: Initial Discussion Paper* (August 2012) 9—11.
[41] M Wheatley, *The Wheatley Review of LIBOR: Final Report* (September 2012). 2013 年 7 月，英国银行家协会（British Bankers Association）宣布，将指定纽约泛欧交易所利率管理有限公司（NYSE Euronext Rate）成为伦敦银行间同业拆借利率（LIBOR）的新管理人。纽约泛欧交易所利率管理有限公司将受金融行为监管局的监管；伦敦银行间同业拆借利率的目前管理人为英国银行公会伦敦银行间同业拆借利率管理有限公司（BBA LIBOR Ltd），经过一定的过渡期后，纽约泛欧交易所利率管理有限公司预计将于 2014 年初着手管理该利率。
[42] M Stothard, 'Boom-era Debt Securities Stage Return in Europe' *Financial Times*, 24 November 2012, 14.

证(CDOs)这一证券化市场的一部分:特殊目的机构发行的债券,由包括诸如按揭、租赁、信用卡债权、债券或者贷款等收益资产的组合提供担保。[43] 担保债券的发行往往包括若干层级的债权,其中"高级担保"证券居首,其后是"二级担保"证券,然后是更为"次级的"证券。[44] 在发行人破产时,无担保债券的受偿次序可能劣后于无担保债权。试图模拟股权工具的混合证券的一大特征是,在保留了债权的有利税收抵扣优势之余,在受偿方面则具有劣后性。在历史上,关于无担保债权劣后受偿的合同约定在英国法中是否具有法律效力,一度面临质疑,而且人们还设计了相当复杂的结构来防范该法律风险。[45] 然而,现在这些担忧已经消退,因为即便是很直白的劣后受偿条款,也获得了近期案件的支持[46],尽管在正确解释劣后受偿条款时,仍可能出现问题。[47] 在特定情况下,人们还会运用更为复杂的劣后受偿结构,例如,在尝试运用多层级的无担保劣后受偿结构时即为适例。[48]

约定

债券发行的约定往往不像定期贷款的约定那样繁复[49],而"低门槛"(covenant-lite,或 cov-lit)贷款的出现缩小了这一差距。私募股权融资杠杆收购活动在 2007 年以前非常繁荣,低门槛贷款与这一繁荣现象密切相关。[50] 近年来,低门槛贷款越来越受欢迎,这与投资者追求收益、限制性合

---

[43] ECB, 'The Euro Bond Market Study',41—42. 关于担保债务的一般讨论,参加本书第十二章。

[44] S Whitehead, 'Managing Demand for Debt Puts Documentation Issues in the Spotlight' (2006) 25(1) *International Financial Law Review Private Equity Supplement* 17; G Fuller and F Ranero, 'Collateralised Debt Obligations' (2005) 20(9) *Butterworths Journal of International Banking and Financial Law* 343.

[45] E Ferran, *Company Law and Corporate Finance* (OUP, 1999) ch 16.

[46] *Manning v AIG Europe UK Ltd* [2006] Ch 610, CA; *Re Maxwell Communications Corporation plc* [1993] 1 WLR 1402. 还可参见本书第十一章。

[47] 例如,*Kaupthing Singer & Friedlander Limited (in Administration)* [2010] EWHC 316 (Ch)。

[48] 例如,可以将信托运用于收入的从属安排之中。在该项安排中,允许次级债权人在债务人清算时申报债权,但必须将清算股息归入规定的高级债权人的账户。通过要求次级债权人设立清算股息信托,该项安排就得以免受次级债权人自身破产的影响。

[49] WW Bratton, 'Bond Covenants and Creditor Protection: Economics and Law, Theory and Practice, Substance and Process' (2006) 9 *European Business Organization Law Review* 39; 关于贷款合同中约定严格性的问题,请参见 F Bazzana and M Palmieri, 'How to Increase the Efficiency of Bond Covenants: A Proposal for the Italian Corporate Market' (2012) 34 *European Journal of Law & Economics* 327. 关于贷款协议中约定的严格性,可参见 C Demiroglu and C James, 'The Information Content of Bank Loan Covenants' (2010) 23 *The Review of Financial Studies* 3700。

[50] 'Markets and Operations' (2007) *Bank of England Quarterly Bulletin* Q2,188,195.

同条款与回报率间的权衡关系等因素有关。[51] 当规模庞大而分散的投资者持有公开交易的金融工具时,可能会导致重新谈判变得困难;债券的约定保护水平较低,通常也与上述问题有关。[52] 一些人甚至认为,写入公开债权金融工具中的约定,实际上是不可能重新谈判的;其结果是在公开债权市场中,除了标准化的样板约定外,其他约定都是无用的。[53] 联合贷款(loan participation)二级市场的兴起,也产生了类似的协调问题,使借贷市场在这一方面更接近债券市场。

　　债券文本中的保护性约定的常见类型是,限制另外负债、限制支付股息、限制出售资产、限制投资、限制收购、消极保证以及限制与关联人的交易。[54] 在每一起个案中,均应密切注意约定文本是如何起草的,因为约定文本可能意味着,给予持有者的保护实际上比第一印象所认为的要薄弱。例如,消极担保条款的效果可能会被以下情况冲淡:允许了公司设立担保,或是允许对特定类型的新债务或在一定范围内设定担保等。[55] 同样,如果限制发行人承担新债务的条款不能适用于发行人子公司的话,这些条款的效力也将会被损害。如果债券发行人的子公司能够任意地承担新债务的话,将可能损害发行人的债券持有人,因为母公司作为子公司的股东,对子公司资产的受偿顺序在子公司债权人之后(换句话说,在结构上劣后于子公司债权人)。为了回应对于债券持有人保护标准较弱的担忧,机构投资者在以英

---

[51] S Foley, 'Covenant-lite Loans Lose Their Stigma in Hunt for Yield' *Financial Times*, 1 June 2013, 12.

[52] RP Wood, *International Loans, Bonds, Guarantees, Legal Opinions* 2nd edn (London: Sweet & Maxwell, 2007) ch 5.

[53] MH Bradley and MR Roberts, 'The Structure and Pricing of Corporate Debt Covenants' (2004年5月13日) available at SSRN ⟨http://ssrn.com/abstract=466240⟩(2013年7月访问)。

[54] DP Miller and N Reisel, 'Do Country-level Investor Protections Affect Security-level Contract Design? Evidence from Foreign Bond Covenants' (2012) 25 *Review of Financial Studies* 408; N Reisel, 'On the Value of Restrictive Covenants: An Empirical Investigation of Public Bond Issues' (January 2007), available at SSRN ⟨http://ssrn.com/abstract=644522⟩(2013年7月访问); WW Bratton, 'Bond Covenants and Creditor Protection: Economics and Law, Theory and Practice, Substance and Process' (2006) 9 *European Business Organization Law Review* 39; M Kahan and B Tuckman, 'Private Versus Public Lending: Evidence from Covenants' in JD Finnerty and MS Fridson (eds), *The Yearbook of Fixed Income Investing 1995* (Irwin Professional Publishing, 1996) 253, 比较了私人债券和公众债券的约定条款; K Lehn and A Poulsen, 'Contractual Resolution of Bondholder-Stockholder Conflicts in Leveraged Buyouts' (1991) 34 *Journal of Law and Economics* 645; CW Smith, Jr and JB Warner, 'On Financial Contracting: An Analysis of Bond Covenants' (1979) 7 *Journal of Financial Economics* 117。

[55] Fitch Ratings, 'Jumping The Queue: Ineffective European Bond Documentation's Negative Pledge and Structural Subordination-Related Provisions: Ratings Cliffs Waiting to Happen,' *European Corporates Special Report* (2003) 3—4; The Bond Covenant Group, *Model Covenants in Sterling and Euro Bond Issues* (June 2010) para 1.1.

镑和欧元发行的债券中，制定了一套示范合同文本。[56] 消极担保条款的示范文本适用于所有的金融负债，包括对子公司结构性优先债务的限制；还可适用于所有集团公司和所有类型的资产。还包括在其规定范围内的销售和售后回租行为。示范文本还包括变更控制（change of control）条款下的债券持有人"变更事件"（put event），这是一项允许持有人在特定情况下要求回赎债券的条款。[57] 示范文本中规定的触发事件是：处置集团的所有或大部分资产；任何个人或行动一致人团体，收购了发行人超过50%的表决权股份；任何个人或行动一致人团体控制了发行人的董事会，或者以其他方式控制了董事会的运行。可以规定专门的条款，以解决评级下调触发"变更事件"的问题。示范文本还制定了关于限制处分的规定。如果包括处置规定的话，则处置全部或大部分资产，既是违约情形也是"变更事件"。

企业财务管理人员对示范合同文本的第一反应并不热烈。财务管理人员协会称，示范合同文本"错失了良机，没有制定出投资者和发行人都支持的措施，而这些措施本可以促进债券市场平稳运行并提高运行效率"。[58] 自"低门槛"交易出现以来，交易量激增，表明市场影响有限。这一时期的经济状况，尤其是越来越多的投资者寻求更高的收益率数量，使市场朝着相反的方向发展。

转换权

限制性约定制约着债券发行人未来的行为，从而保护债券持有人免受管理层和控股股东机会主义行为的侵害。在现实生活中，有些行为有利于股东但对债券持有人构成潜在的不利，保护债券持有人免受该种行为侵害的一种替代机制（或额外机制）是设置转换权，使持有人有权选择将债券转换为股票。[59]（设置"反向"可转换债券也是有可能的，即发行人有权选择交付股票。[60]）转换条款使债券持有人有权将其债权工具转换为发行人或其集团中另一家公司的股权证券。经验数据提供了一些证据，表明转换机制和

---

[56] （http://www.treasurers.org/node/6044）（2013年7月访问）。这份文件由债券合同工作小组于2010年起草并发布的。债券合同工作小组由英国保险人协会（ABI）、联邦投资和资产管理协会（BVI）、投资管理协会（IMA）和国家养老金基金协会（NAPF）组成。

[57] M Hartley, 'Beyond Change of Control' (2006) 21(11) *Butterworths Journal of International Banking and Financial Law* 475.

[58] http://www.treasurers.org/node/6043（2013年7月访问）。

[59] M Jensen and W Meckling, 'Theory of the Firm: Managerial Behavior, Agency Costs and Ownership Structure' (1976) 3 *Journal of Financial Economics* 305; CW Smith, Jr and JB Warner, 'On Financial Contracting: An Analysis of Bond Covenants' (1979) 7 *Journal of Financial Economics* 117.

[60] M Szymanowyska, R Ter Horst, and CH Veld, 'Reverse Convertible Bonds Analyzed' (2009) 29 *Journal of Futures Markets* 895.

限制性约定可以互相替代。[61]

可转换债券持有人有权选择将其债券按照债券发行时确定的价格转换成固定数额的股份。转换的价格通常大大高于(大约25%至30%)股份发行时的市场价格。可转换债券所享受的优惠往往低于同一发行人发行的纯粹的债券,因为投资者能够将利益预期与可转换债券因同股本的密切联系所获得的利益相交换。如果转换股份的市场价格未能升至使转换价格有利可图的水平,债券持有人会保留债券,而没有义务将其转换成股份。行使转换权的效果是消除负债并将其转换成股本。可转换债券结构的一种变体是附加了权证的债券,投资者在获得债权工具的同时,还被赋予了认购股份的权利。该权证通常可与债券相分离,而且可以单独交易;行使该权证意味着公司被注入了新的股权资本,而债券则保持不变。与可转换债券基本相似的还有可交换债券(exchangeable bond),即可以转换为另一家公司的股票,而另一家公司无须是债券发行人公司集团的一部分。[62] 公开发行的可转换债券通常包含着特殊的约定,以保护债券持有人免受发行人稀释转换权利的经济价值的行为的侵害。[63] 使公司丢失价值的行为会带来稀释,例如向既有股东分配财产或者低价处分公司资产,即属此类。当以大大低于市场价格的发行价格发行新股时,也会稀释转换权的经济价值,因为发行人总资产的增加,并不足以弥补额外发行的股份数的增长。资本重组,例如股份分割,可能也会伤害可转换债券持有人,例如,当公司在拆分其股份时,转换价格保持不变,事实上导致债券持有人必须为原来的部分资产支付"全部"价格。总体而言,反稀释条款针对的是债券发行人试图降低将从债券转换成股份的价值的行为。[64] 为应对诸如股份分割等若干将来可能发生的事件而进行技术调整,这是相对简单的事情,但将来可能发生的其他事件会带来更为复杂的行文方面的挑战,以及应如何把握约定的松紧程度这一原则问题。[65] 在公开发行的可转换债券中,反稀释条款通常限定于公司的自愿行为,其中,由于股东和债券持有人的利益分野而产生了明显的代理问题:因

---

[61] M Kahan and D Yermack, 'Investment Opportunities and the Design of Debt Securities' (1998) 14 *Journal of Law, Economics and Organization* 136.

[62] M Asmar and J Cowan, 'Convertible and Exchangeable Bonds' (2001) 12(5) *Practical Law for Companies* 21.

[63] MA Woronoff and JA Rosen, 'Understanding Anti-dilution Provisions in Convertible Securities' (2005) 74 *Fordham Law Review* 129, 133; M Kahan, 'Anti-dilution Provisions in Convertible Securities' (1995) 2 *Stanford Journal of Law, Business and Finance* 147; PR Wood, 'International Convertible Bond Issues' [1986] *Journal of international Banking Law* 69. 关于运用于反稀释约定的公式的回顾,参见 Asmar and Cowan, 'Convertible and Exchangeable Bonds,' 27.

[64] Woronoff and Rosen, 'Understanding Anti-dilution Provisions in Convertible Securities,' 133.

[65] SI Glover, 'Solving Dilution Problems' (1996) 51 *Business Lawyer* 1241.

而，通常而言，权利发行、红利发行、向股东处分资产等问题得到了处理，但公司日常经营过程中与外部人的交易所产生的问题，却未得到解决。[66] 另外，可转换债券的相关文本通常不会针对日常的现金股息的支付或者简单的股份回购而作出调整，因为如果作出此类限制，将会影响公司的日常经营活动。[67]

兼并行为终结了可转换债券转换为股份的活跃市场，它潜在地威胁着可转换债券持有人的利益。在债券文本中可以采取多种方法来防范这一风险，例如允许债券持有人在发行人的控制权发生变更时，以调整后的转换价格将债券转换成股份或行使卖出期权，或者向发行人施加义务以促使收购方将其要约扩展至债券持有人。而债券文本中的合同约定则获得了英国《收购法案》的以下具体要求的支持：收购人有义务向债券持有人发出适当的要约或者方案，以确保其利益得到保护并受到平等对待。[68]

债券发行的结构

债券发行通常包含多个主体，包括发行人、对于债券认购与分配的安排进行协调的主经理人、在发行人和债券持有人之间扮演桥梁作用的受托人、帮助推动上市进程的上市代理人（对于需要获准上市的债券而言）、负责向债券持有人输送利益和其他支付事项的财务或者支付代理人；在债券为可转换的情况下，他们负责转换机制的设计。[69] 根据英国法律，在债券发行中任命托管人并非强制性义务；[70]但这是一项有用的功能，它集中了债券的管理和执行，从而提供了债券的有效性和流动性。[71] 债券发行托管人一般有权决定变更债券发行条款（一般为不重要的条款），并负责召集债券持有人会议，商讨可能会影响他们利益的事项，包括变更条款等；同时，当发生违约事件时，托管人还有权采取执行措施。[72]

---

[66] 如果债券发行条款包含投资者卖出期权，则异常交易行为会触发卖出期权的行使，例如，异常交易行为包括信用评级下调之后卖出或者停止发行人的主要营业。
[67] Asmar and Cowan, 'Convertible and Exchangeable Bonds', 27, 提到了将保护性条款延伸至特别（也就是例外的一次性）现金股息和以相当的溢价回购股份。
[68] Rule 15.
[69] Asmar and Cowan, 'Convertible and Exchangeable Bonds'; A Carmichael and T Wells, 'Eurobonds' (1996) 7(7) *Practical Law for Companies* 41.
[70] 可比较美国1939年《信托合同法》的强制性要求。
[71] *Elektrim SA v Vivendi Holdings 1 Corpn* [2008] EWCA Civ 1178.
[72] 托管人在执行方面的作用，参见 *Concord Trust v Law Debenture Trust Corp plc* [2005] 2 Lloyd's Rep 221, HL; *Elektrim SA v Vivendi Holdings 1 Corpn* [2008] EWCA Civ 1178. 还可参见 P Rawlings, 'The Changing Role of the Trustee in International Bond Issues' [2007] JBL 43.

在 *Elektrim SA v Vivendi Holdings 1 Corpn* 案中[73]，一名债券持有人在佛罗里达州提起诉讼，称发行人公司有欺许行为，且违反了对债券发行托管人的信托义务。Elektrim 公司和托管人申请的反诉讼禁令（anti-suit injunction）被法院批准了。Elektrim 公司的禁令是为了启动信托协议和债券条件中规定的无起诉权条款（no action clause），即只有发行托管人有权对发行人提起有执行内容的诉讼，而债券持有人不能直接起诉发行人，除非托管人未能根据债券文件的约定提起诉讼。上诉法院维持了批准禁令的决定，理由在于，基于无起诉权条款的商业目的，将得出这样一个结论，这些条款适用于那些实质上是为了执行信托协议或债券的诉讼，也适用于为了实施执行条款的诉讼。应当在合理的范围内解释无起诉权条款，该条款应被解释为一项有效的栏杆，能够阻止个人债券持有人为其自身利益，主张本应在团体诉讼中主张的利益。此外，上诉法院认为法官的判决是正确的，即便不适用无起诉权条款，法官以当事人受到滋扰/压力为由颁布禁令，也是适当的。

文件包括一份经理人承诺购买债券和发行人同意发行它们的认购协议、信托行为和支付代理协议。[74] 此外，还应当置备发行公告，公告的内容及审批的安排，取决于是否适用有关证券公开发行或获准在受管制市场上市的招股说明书的强制性要求。

在推动公司发行债券的过程中，承担责任的发行人的高管当然必须确保自身在职权和职责范围内行事。必须予以核查的特殊限制包括：其一，章程规定的借款限制，它规定了董事可以在不经寻求股东许可的情况下在其资本结构中添加多少负债；其二，现有贷款的约定，借此贷款人可以限制发行人新增负债的数额。发行股本联结债券，例如发行可转换债券，也要遵循保护既有股东的公司法要求。首要的是，董事必须获得公司章程或股东普通决议的特别授权，以发行股份或具有股份认购权或转换权的证券。[75] 发行机构必须表明可以发行的股份的最大数额，在发行股本联结证券的情况下，它意味着根据认购权或转换权可以发行的股份的最大数额。[76] 发行机构还必须载明到期日，从设定该日期起算不得超过五年。[77] 然而，通过行使认购权或者转换权配售证券，无须另行取得授权，而且可以在发行股本联结证券的职权已经到期之后行使。[78] 第二，股本联结证券是法定优先权目的

---

[73] [2008] EWCA Civ 1178.
[74] [2008] EWCA Civ 1178.
[75] 《2006 年公司法》第 551 条。该条假定发行人是公众公司。
[76] 同上，第 551(3)(a)和 551(6)条。
[77] 同上，第 551(3)(b)条。
[78] 同上，第 551(7)条。

之下的"股权证券",它意味着从表面上看,股本联结证券必须首先向现有股东发行。[79] 然而,优先权也可以通过股东特别决议而予以排除。[80] 通过普通决议授权董事在权限范围内发行股份和股本联结证券,以及在权限范围内通过特别决议排除优先权的适用,均为常规工作,但必须仔细核查以确保拟议中的债券发行不会越权。与股本联结证券有关的值得提及的另一公司法要点是,股份的发行价格不得低于其名义价值。举例来说,如果以低于1英镑的票面价值来发行可转换债券,而且赋予债券持有人即刻将其转换为票面价值为1英镑的股份的权利,则违背了该规则。[81] 然而,这一点不可能具有太多的实际意义,因为股份往往以大大高于其票面价值的价格进行交易,而且转换价格的设定,参考了股份的市场价格,并且往往会高于后者。当可转换债券转换成债券发行人的股份时,关于非现金对价的公司法规则并不适用[82],因为在技术上,这种情况下的股份采取的是现金发行[83];但当债券可以转换成(比如说)债券发行人的母公司的股份时,就必须考虑这些问题。[84]

债券的上市与发行

债券的上市

债券发行可以是上市的,也可以是非上市。在作出是否上市的决定时,一个相关的考虑因素是,上市会吸引到接受监管约束的国际机构投资者,因为这种监管的约束制约着他们持有非上市证券。伦敦证券交易所和卢森堡股票交易所主导着欧洲国际债券的上市市场。[85]

发行过程的监管

1963年,美国政府引入了一套税收制度,打击国外发行人直接从美国投资者中筹集美元资本。这一做法加速了欧洲的美元债券离岸市场的发展,这一市场最初得名为"欧洲债券"市场,但自那以后就以国际证券市场而闻

---

[79]《2006年公司法》第561条。关于股权证券的含义,参见《2006年公司法》第560条。
[80] 同上,第570—571条。
[81] *Mosely v Kofffontein Mines* [1904] 2 Ch 108, CA.
[82]《2006年公司法》第593条。
[83] 同上,第583(3)(c)条规定,如果股份发行的对价是豁免公司某一数额的债务,则认为以现金完成了股份的缴付。
[84] 在这种情况下,豁免的是子公司而不是发行股份的母公司的债务,因而第583(3)(c)条的条件并不能满足。
[85] JP Casey and K Lannoo, 'Europe's Hidden Capital Markets', 33.

名。在欧洲经济体中,国际债券市场已经成为非常成功而且具有重要经济意义的组成部分。现在,它为全球的公共和私营部门发行人提供交易平台,使它们通过发行种类繁多的金融工具而筹集币种各异的资本。[86]

国际证券市场发端于精明的实践人士针对管制措施所创造的机会而作出的富于冒险精神的反应,这种渊源以及其固有的国际特征,对市场的监管方式有持久的影响。有观点认为,该市场的"隐蔽"性质——交易在场外进行——意味着在其早期,它基本上游离于欧洲各国监管者的关注范围之外。不难理解的是,各国监管者更加关注与当地本土市场的个人投资者保护更为相关的活动。[87] 各国以及欧共体层面提出的提升证券市场监管的动议,使得该国际证券市场在20世纪80年代经受了一场监管审查。然而,总体而言,它受到的监管还是非常宽松,这一立场可以从以下政策术语中获得正当性:因为发行人往往是公权机构和评级相当高的私营实体,而且投资者往往是被期待着可以自我保护的老练的专业人士。而欧洲委员会启动的《金融服务行动计划》(FSAP)标志着,欧盟层面对于金融市场的监管在总体上采取了更为积极的干预态势,并且通过了一系列在欧盟范围内具有效力的新法律,它们影响着证券发行和交易活动。在第十三章和第十四章中,详细讨论了这一法律框架运用于股票发行中的情形。新的措施对债务发行制度作了重要修改,但继续确认了大部分债务资本市场具有高度国际性的特点,以及典型投资者是成熟老练的。

为了扼要重述股权证券的一般监管框架,《招股说明书指令》[88]为招股说明书的披露要求设定了泛欧框架。它的总体要求是,在向公众发行证券或者获准在受管制市场交易证券时,必须公布招股说明书。欧共体层面的法律对招股说明书的内容作出了细致无遗的规定,成员国无权设定额外的"超过相当的"招股说明书披露要求,但允许加入某些成立信息以供参考。招股说明书中的财务信息必须按照《国际财务报告准则》来置备,或者对于外国(非欧盟)发行人而言,其财务信息可以遵循另一会计制度来置备,只要欧盟认为该制度"相当于"《国际财务报告准则》。招股说明书在公布之前必须获得发行人母国证券监管机构的批准;对于欧盟区的发行人而言,母国是他们的注册办事处所在的国家;而对于非欧盟区的发行人而言,母国是指他

---

[86] P Krijgsman, *A Brief History: IPMA's Role in Harmonising International Capital Markets 1984—1994*, (International Primary Market Association, London, 2000).

[87] P Krijgsman, *A Brief History: IPMA's Role in Harmonising International Capital Markets 1984—1994*.

[88] 欧洲议会和欧洲理事会2003年11月4日关于证券公开发行或获准交易时公开招股说明书的(EC) 2003/71号指令,[2003] OJ L345/64,该指令修订了(EC) 2001/34号指令。该指令后又被2010/73/EU号指令修订,[2010] OJ L327/1。

们通过在某一辖域发行证券或者使证券获准在该辖域内的受管制市场上市而选定的欧盟母国(但一旦非欧盟区的发行人作出了选择,就不能随后在新的发行中变更母国)。经批准的招股说明书可以在欧盟范围内通行使用,而无须获得当地东道国监管者的审批。招股说明书的形式可以是单一的文件,或者是包括登记文件、证券说明和(在相关情形下的)摘要说明等在内的数份独立的文本。当跨境发行证券时,只要招股说明书的撰写语言为国际金融圈子的通用语言,例如英语,就无须将整个招股说明书翻译成当地语言。根据一般豁免规定,公布招股说明书的要求,并不适用于某些债权证券或股权证券的发行(假定证券并没有获准在受管制市场交易)。[89] 被排除的不上市发行的种类包括向"合格投资者"的发行[90],向每一成员国中低于150人的发行(不包括合格投资者)[91],大面值证券的发行(最低为10万欧元)[92],和有着高额的最低认购额度的发行(最低为每位投资者10万欧元)。[93] 高面值的豁免对债券发行有着特殊的重要意义。

对于需要招股说明书的债券发行——例如获准进入受管制市场交易的证券(因为这样可以提升证券对机构投资者的吸引力)——对招股说明书的形式和内容要求作了一些修改,尤其是对于发行最低面值为10万欧元的债券。[94] 根据发行计划发行的非股票证券,包括任何形式的认股权证,均可以使用基本招股说明书。[95] 基本招股说明书包含与发行人和证券相关的必要信息,但不包括要约的最终条款。基本招股说明书的有效期为一年,通常用于发行多批债券;招股说明书所涉及的证券可以随时根据债券发行计划,通过编制最终条款的方式来发行。[96]

债券和股票发行的一项重要区别在于,根据《国际财务报告准则》或者相当会计标准来置备财务信息的要求,并不适用于非欧盟区的非股本大面值证券(最低为10万欧元)发行人。相反,非欧盟区的发行人可以运用基于其他会计标准而置备的账目,只要招股说明书包含了适当的警告,并且对于

---

[89] 《招股说明书指令》第3(2)条。
[90] 同上,第3(2)(a)条。
[91] 同上,第3(2)(b)条。
[92] 同上,第3(2)(c)条。
[93] 同上,第3(2)(d)条。
[94] 同上,第7(2)(b)条;《招股说明书规章》(欧盟委员会2004年4月29日(EC)No. 809/2004号规则,[2004] OJ L149/1,经修订)鉴于条款第14条,第7—8条,附件IV—V(低于10万欧元),第12、16、21条,以及附件IX、XIII(10万欧元或以上)。
[95] 《招股说明书指令》第5(4)条。
[96] 证券发行时公布的最终条款无须单独获得监管部门的批准。2010年对《招股说明书指令》的修订,明确了最终条款、重大更新间的区别;重大更新应当在经批准的补充文件中公布,并可能引发撤回权。本书第十三章中已讨论了撤回权。

系争中的标准和《国际财务报告准则》之间的差别,提供了叙述性的描述。[97] 可转换成债权工具发行人或者其集团内另一家公司的新股份的债权证券,属于该目的之下的股权证券,因而不会受益于此次修订。另一项修改是,关于招股说明书摘要的要求不适用于最小面值为 10 万欧元的债券发行。[98] 招股说明书摘要是散户投资者保护措施的一部分;但对于高面值债券来说,是不合适的要求。

要求发行人必须获得其所在国家监管机构批准的要求,并不适用于非股票证券的发行。相反,发行人(无论是在欧盟区成立或者在非欧盟区成立)可以选择在其母国或者在证券发行给公众或者证券获准在受管制市场上市的成员国中,获得监管审批。[99] 如果债权证券可转换成该发行人的新股,或者可转换成该发行人所属集团内另一家公司的新股,则该债权证券不会受益于此次修订,因为它们被类分为该目的之下的股权证券。《招股说明书指令》将这一修订限制于面值至少为 1,000 欧元的债权证券。加入这一最低门槛金额,是两种意见形成的妥协:一种意见认为,在股票发行时,发行人应当与其母国绑定,因为母国被认为能够最好地管理和监督发行人;另一种意见认为,这项规定不应当适用于债券发行,因为伦敦和卢森堡是欧洲债券发行和上市行为的主要中心场所,汇集了相关的监管专业技能。基于多年的运作经验,欧洲委员会建议,为了减轻行政负担并提高效益,最好将发行人的选择扩大至所有的非股票证券发行中。[100] 有人认为,这一门槛标准给非股票证券发行人带来了实际问题,有时他们会发现需要为一项发行置备几份招股说明书,即一份招股说明书是为了在门槛标准内的债券发行计划,另一份是为了其他可能超过门槛标准的债券发行活动。此外,门槛标准不能适用于某些没有计价的结构性产品。欧盟委员会的观点是,取消门槛标准不会在投资者保护方面产生具体的风险,因为债权证券的特征以及相关风险并不取决于在受监管市场上发行或交易的证券的面值。尽管这些论点很有说服力,但在 2010 年对《招股说明书指令》的修订中,并未取消门槛标准。相反,欧盟委员会的任务是进行一次审查,并在此之后审议应否维持或撤销这项规定。[101]

资本市场发行人信息披露制度的另一项差异一般是,如"批发"债券的最小面值为 10 欧元且被允许在受管制市场中交易,则可以免除《透明度义务

---

[97] 《招股说明书指令条例》,附件 IX,第 11.1 段。
[98] 《招股说明书指令》第 5(2)条(经修订)。
[99] 同上,第 2(1)(m)(ii)条。
[100] European Commission, *Proposal for a Directive Amending Directive 2003/71/EC and Directive 2004/109/EC* (COM(2009) 491) 6.
[101] 2010/73/EU 号指令,鉴于条款第 8 条。

指令》规定的定期发布财务报告的义务。[102] 豁免于《透明度义务指令》中现行的财务报告要求,是批发制度的一个重要组成部分。

交易所规制的债券市场

正如欧洲债券市场所证明的那样,市场有能力灵活地、有创造性地应对监管要求。零售和批发债券的分界线(目前)为 10 万欧元,欧盟对上述债券的招股说明书制度和现行信息披露制度存在分歧,这导致即便未满足欧盟市场的最低面值要求,也可以在实质上进行批发债券发行。[103]

为应对这一风险,2005 年 7 月,伦敦证券交易所开设了一家新的名为"专业证券市场"(PSM)的交易平台。专业证券市场是为正式上市的债权证券和存单提供交易的市场,因此,不能购买未上市证券的机构投资者可以自由购买在该市场上交易的证券。就税收而言,在专业证券市场上市交易的债券属于"上市的欧洲债券",能够享受预扣税豁免。[104] 然而,专业证券市场并不是《招股说明书指令》和《透明度义务指令》目的之下的"受管制市场"。相应地,获准在专业证券市场交易的证券也无须遵循欧盟范围内《国际财务报告准则》(或相当的标准)关于财务信息的强制性要求(只要它们不是公开发行的主体)。对于获准进入专业证券市场的证券的相关上市公告(listing particulars)(此处用该术语而非"招股说明书"来指称"发行说明书"(offering circular)),相关披露要求由英国上市主管机构(金融行为监管局)制定并进行监督。[105] 对于专业证券市场中上市公告的要求,主要是基于《招股说明书指令》对批发债务(wholesale debt)的披露要求来制定的——实际上,"特别选择"(cherry picking)了那些在欧盟范围内与国际证券市场接轨的要求内容,并在此范围内满足了投资者对信息标准化(information standardization)的偏好,删除了那些不符合这一偏好的内容。英国希望保持其在上市证券国际市场方面的竞争优势,但毫不奇怪的是,欧盟其他国家也显而易见地拥有这种想法。2005 年 7 月,卢森堡股票交易所设立了结构类似的交易平台——欧洲多边交易设施市场(Euro MTF)。

---

[102] 欧洲议会和欧洲理事会 2004 年 12 月 15 日的(EC) 2004/109 指令,内容是统一证券获准在受管制市场交易的发行人信息的透明度要求,该指令修订了(EC) 2001/34 号指令,[2004] OJ L390/38。

[103] FH Kung, 'The Regulation of Corporate Bond Offerings: A Comparative Analysis' (2005) 26 *University of Pennsylvania Journal of International Economic Law* 409, 427。

[104] 在 2012 年,政府对限制该项豁免的提议作了咨询,咨询结果强烈反对改变现有规定,因为这将使募集资金更困难,进而使英国的竞争力比其他司法管辖区更低,故政府不再推进这项提议。HMRC, *Possible Changes to Income Tax Rules on Interest: Summary of Responses* (October 2012)。

[105]《上市规则》第 4 章。

为获准在专业证券市场或者欧洲多边交易设施市场交易债券而置备的上市公告,并不能受益于欧洲招股说明书的护照安排。然而,这并不是个大问题,因为使国际债券获准在正式市场上市的主要目的,并不是打通投资者直接进入的渠道,而是确保它们能够被那些必须投资于"上市证券"的投资者所接受,并且获得有利的税收待遇。在专业证券市场、欧洲多边交易设施市场或者类似交易组织平台上市的证券,可以通过自身拥有欧盟区域内运营护照的中介机构来实现二级市场的跨境交易。二级市场交易只要符合《招股说明书指令》的公开发行的豁免要求,就不会触发置备招股说明书的要求。

稳定

在债券发行过程中引入一些稳定措施,以维持并支撑"后发行期"的债券价格,这并不鲜见。以政策术语来说,允许在一定程度上采取稳定措施,因为它缓解了短线投资者带来的销售压力,同时维持了相关证券市场的秩序。[106] 因而,稳定措施有助于提升金融市场投资者和发行人的信心。[107] 然而,与此同时,必须对稳定措施予以审慎控制,以避免违反禁止市场滥用的法律。对于违反赋予《市场滥用指令》效力的法律的行为,欧盟的一项条例规定了安全港规则。[108] 根据现有规定,欧盟制度调整范围限于以下金融工具:至少获准在一个成员国受管制市场上交易,或者已提出进入上述市场申请的金融工具;以及未获准在成员国受管制市场上交易的金融工具,但其价值依赖于已获准进入市场或已作出进入上述市场申请的其他金融工具。[109] 英国国内法的调整范围更加广泛,包括与在专业证券市场上市的证券的相关交易;专业证券市场是根据英国公认的投资交易所的规则而建立的市场。[110]《市场滥用指令》正在被大幅度修改,修改内容包括,扩展欧盟法律框架的适用范围,使该框架适用于在多边交易系统(MTF)、规范的交易系统中交易的金融工具,也将适用于在场外交易(OTC)的相关金融证券;场外交易

---

[106] 欧洲委员会 2003 年 12 月 22 日关于实施欧洲议会和欧洲理事会有关回购项目豁免及金融工具稳定而颁布的 2003 年第 6 号(欧共体)指令的欧洲委员会(欧共体)条例 2273/2003,[2003] OJ L336/33,鉴于条款第 11 条。
[107] 欧洲委员会 2003 年 12 月 22 日(EC)2273/2003 号指令。
[108] 同上。
[109] 欧洲议会和欧洲委员会 2003 年 1 月关于内幕交易和市场操纵(市场滥用)的(EC) 2003/6 号指令,[2003] OJ L96/16,第 9 条。
[110]《2000 年金融服务和市场法》第 118 条,2001 年《〈2002 年金融服务和市场法〉(规定的市场和合格投资)命令》,SI 2001/996(经修订);金融行为监管局《手册》(*Handbook*),MAR2 部分(稳定性)。

可能对基础市场（underlying market）存在影响。[111] 英国国内法将随之发生重大变化。

对大规模募集（general solicitation）的限制

在债券发行过程中，还必须注意对广告和其他促销材料实施控制。在英国，这方面的控制规定主要体现在《2000年金融服务与市场法》第21条，它要求经营过程中的"金融促销"只能由获得授权的人作出，或者促销的内容经获得授权的人批准。这一要求并不适用于被豁免的通讯，包括某些与海外接收者、投资专业人士、富有的个人、公司和老练投资者的通讯。[112] 根据金融推广制度，招股说明书和上市公告也属于豁免范围。[113] 在英国，在金融服务局《手册》中获得实施的《招股说明书指令》，也通过以下方式规制与证券公开发行或证券获准在受管制市场交易相关的广告：要求该广告准确、完整并且与招股说明书保持一致，同时提醒人们注意以下事实：投资者应当将包含信息的招股说明书，当成其投资决策的基础。[114] 由于债券发行往往瞄准国际投资者群体，本书第十四章讨论了外国（特别是美国）关于销售限制的规定。迄今为止，债券发行是《144A号规则》所规范的市场的最大组成部分。[115]

债券的二级市场交易：对热点问题的简要说明

场外交易

债券（包括上市债券）的二级市场交易，通常在正规的交易所以外进行。国际资本市场协会给出了批发债券倾向于场外交易的三个原因[116]：

第一，与股票相比，债权证券的规模非常庞大。如在2009年7月22日，有6,810只股票获准在欧盟受监管的市场中交易，而Xtrakter的丘比特

---

[111] 2013年9月，欧洲议会与欧洲理事会就《市场滥用规则》达成了政治协议。在就修订的《金融工具市场指令》（MiFID II）达成最终政治协议后，《市场滥用规则》将获最终通过；因为《市场滥用规则》的部分内容依赖于《金融工具市场指令 II》的最终文本，且需进行协调统一。新的《市场滥用规则》的适用日期，将与《金融工具市场指令 II》一致。
[112] 例外的情形，规定于《2000年金融服务与市场法》（金融促销）2005法令，SI 2005/1529。
[113] 《2005年〈2000年金融服务与市场法〉（金融促销）命令》，第70-1条。
[114] 《招股说明书指令》第15条和金融行为监管局《手册》（Handbook）PR 3.3。
[115] P Carayannopoulos and S Nayak, 'Debt Issuance Under Rule 144A and Equity Valuation Effects' (2013) 16 *Review of Pacific Basin Financial Markets and Policies*.
[116] 〈http://www. icmagroup. org/Regulatory-Policy-and-Market-Practice/Secondary-Markets/Bond- Market-Transparency-Wholesale-Retail/So-why-do-bonds-trade-OTC-/〉（2013年7月访问）。

(CUPID)数据库中包含了超过 15 万份已发行的债权证券的信息。因此,债券市场远不如股票市场那样集中。

第二,债券交易的平均规模远高于股票交易。Xtrakter 的数据表明,债券交易的平均规模在 100 万至 200 万欧元之间,超过 200 万至 500 万欧元的交易也很常见。甚至在金融危机前,超过 1 亿欧元或更高额的交易也不罕见。另一方面,伦敦股票交易所的股票平均交易规模在 43,000 欧元左右,欧洲立法机构将典型的股票零售交易定义为 7,500 欧元或以下。

第三,与股票不同的是,几乎所有债券的交易都非常不频繁,因此很少有稳定的买家和卖家进行足够的交易,以维持一个由投资者提供流动性的资金池。平均来说,只有前 3,000 支债券(按交易量计算)每天至少交易 1 次。在以交易量排名的前 100 支债券中,交易量最高的债券每年可交易 1 万次,而其他债券一年只交易 6 次。这与股票市场的流动性形成了鲜明的对比。根据欧盟《金融工具市场指令》(MiFID),股票在以下情形被视为具有流通性:股票的自由流通股小于 5 亿欧元,且该股票每天交易的;或股票的日均交易数不少于 500 次;或股票日均交易额不小于 200 万欧元。

伦敦证券交易所的零售债券电子交易系统等开发项目,旨在为债券投资者提供有组织有序的交易平台。[117] 此外,扩大《金融工具市场指令》(MiFID) II 规定的交易场所[118],使交易场所既包括受监管的市场和多边交易系统,也包括有组织的新型交易系统,这将是对场外交易活动的又一项潜在的压力。

二级债券市场的透明度

债券市场是企业越来越重要的资金来源,且此类市场具有复杂性、散户投资者对债券市场的投资不断增加,上述事实共同导致债券市场的透明度成为一个日益重要的政策议题。[119] 场外交易的主导性意味着,与股票证券相关的债券交易中,没有现成可用的价格信息流动。但通过监管干预提高

---

[117] ⟨http://www.icmagroup.org/Regulatory-Policy-and-Market-Practice/Secondary-Markets/Bond-Market-Transparency-Wholesale-Retail/So-why-do bonds-trade-OTC-/⟩(2013 年 7 月访问),第 49—53 页。
[118] European Commission, *Proposal for a Directive on Markets in Financial Instruments repealing Directive 2004/39/EC* (COM(2011) 656); European Commission, *Proposal for a Regulation on Markets in Financial Instruments and Amending Regulation (EU) No 648/2012 on OTC derivatives, central counterparties and trade repositories* (COM(2011) 652).
[119] FH Kung, 'The Regulation of Corporate Bond Offerings: a Comparative Analysis' (2005) 26 *University of Pennsylvania Journal of International Economic Law* 409, 410—411; IOSCO, *Transparency of Corporate Bond Markets*.

透明度是一个有争议的问题,人们就此问题产生了激烈的争论。[120] 透明度和流动性之间的紧张关系是这一争论的核心议题:有人认为,提高强制性透明度要求可能会导致交易者从市场撤出资金,而市场高度依赖这些交易者以获取流动性。但是,《金融工具市场指令 II》的改革将使欧盟的立场转变为具有更高的透明度。《金融工具市场指令 II》等一系列规定将要求一切有组织的交易活动均在受管制的交易场所进行(受管制的市场、多边交易系统和组织有序的交易系统);指令还将在这些交易场所内规定同等的交易前、交易后透明度要求,尽管这些透明度要求可以根据以下情形进行修改:包括不同种类的证券(尤其是股票、债券和衍生品),不同类型的交易(尤其是交易委托账簿(order book)和报价驱动系统(quote driven systems))。[121] 在宣布上述变化时,欧洲委员会称扩大透明度要求是合理的,因为现有的透明度水平并不是在任何时候都足够。[122] 但人们对于这些举措可能损害债券市场效率和流动性的担忧,并未因此而减弱。[123]

清算(clearing)与结算(settlement)

清算和结算是确定证券交易产生的权利与义务的过程(清算),也是支付和转移所有权的过程(结算)。提供清算服务的中央结算对手方,应当遵守欧盟《欧洲市场基础设施规定》(EMIR)。[124]

就结算而言,欧盟有 30 多家中央证券存管机构(CSDs),一般每个国家都有一家,还有两家国际性中央证券存管机构 (ICSDs)[125],分别是欧洲清算银行 (Euroclear Bank SA/NV)[126]和卢森堡明讯银行 (Clearstream Banking Luxembourg)。[127] 在大多数情况下,获准在伦敦证券交易所零售债券电子交易系统交易的证券,应当能在英国的 CREST 系统中结算,该系统英国的中央结算存管机构,为欧洲清算银行所有。[128] 欧盟的证券结算系统在 2010 年结算交易金额约 920 万亿欧元,并在 2010 年年底持有近 39 万亿欧元的证

---

[120] GA Ferrarini, 'Market Transparency and Best Execution: Bond Trading under MiFID' in M Tison et al (eds), *Perspectives in Company Law and Financial Regulation* (Cambridge: CUP, 2009).
[121] COM(2011) 656; COM(2011) 652, 7—9.
[122] COM(2011) 652, 7—9.
[123] R Healey, *MiFID II and Fixed-Income Price Transparency: Panacea or Problem?* (TABB Group, 2012).
[124] 欧洲议会和欧洲委员会 2012 年 7 月 4 日关于场外交易衍生品、中央结算对手和交易信息库的(EU) No 648/2012 号规则,[2012] OJ L201/1.
[125] European Commission, *Proposal for a Regulation on Improving Securities Settlement in the European Union and on Central Securities Depositories (CSDs)* (COM(2012) 73).
[126] 〈http://www.euroclear.com/en.html〉(2013 年 7 月访问)。
[127] 〈http://www.clearstream.com/ci/dispatch/en/kir/ci_nav/home〉(2013 年 7 月访问)。
[128] LSE, *Listing and Admitting Retail Bonds*.

券。[129] 1998 年,欧盟采取了协调统一与结算相关的法律的初步措施。[130] 但 2007—2009 年的金融危机后,人们对以下问题的关注程度加剧了:证券结算缺乏安全性与效率,以及各国对于证券结算和中央证券存管机构的规定不同,并导致了内部市场运行时的障碍。基于上述更大的危机感,导致有人提议就结算周期和准则的问题,制定更加统一的规定,并就中央证券存管机构的弹性和准入性的问题,制定一套共同的审慎要求。[131] 根据欧盟委员会提议,新的欧盟条例将规定证券的电子化(dematerialization)/固定化(immobilization)(以账面登记形式发行证券),还将协调整个欧盟的证券交易结算周期,以及欧盟的结算准则措施。电子化规定将主要影响英国和爱尔兰,因为这两个欧盟成员国仍普遍以纸面形式持有某些证券;电子化规定的主要目标是,实现更加快速的清算、提升安全性,并降低成本。一项关于证券法的指令也在立法进程中,该指令通过统一规定特定投资者的权利,来提升安全性;上述特定投资者指的是,未正式登记为证券持有人的投资者,以及通过中介机构持有证券的投资者。除了上述立法进展外,欧元体系(Eurosystem)于 2007 年启动了一项大型基础设施项目 Target2-Securities(T2S),旨在促进跨境结算的协调统一。人们期待该项目能够为中央银行的资金提供一个泛欧洲的证券结算平台,重塑欧洲的交易后产业(post-trading industry)。[132]

---

[129] European Commission,*Proposal for a Regulation on Improving Securities Settlement in the European Union and on Central Securities Depositories*(CSDs)(COM(2012) 73).

[130] 欧洲议会和欧洲理事会 1998 年 5 月 19 日关于支付结算终局性和证券结算制度的(EC)98/26 号指令,[1998] OJ L166/45(该指令部分内容被 2009/44/EC 号指令作了修订,[2009] OJ L156/37)。

[131] European Commission,*Proposal for a Regulation on Improving Securities Settlement in the European Union and on Central Securities Depositories*(CSDs)(COM(2012) 73).

[132] 〈http://www.ecb.int/paym/t2s/html/index.en.html〉(2013 年 7 月访问)。

索　引

（本索引所标页码为原书页码，本书边码）

accessory liability　从犯责任
　　financial assistance 财务资助, unlawful use of　非法利用　263—264
accounting　会计; *see also* **dividends**
　　for allotment of：股份发行：
　　　　ordinary shares　普通股　44—45
　　definitions for accounting purposes：会计目的的定义：
　　　　company limited by shares　股份有限公司　22—25
　　distributions to shareholders：股东分配：
　　　　profits　利润　218
　　　　regulatory framework, choice of　监管框架，选择　217
　　　　relevant accounts　相关账户　216—217
　　international standards　国际标准; *see* **international equity offerings and listings**
　　for a share buy-back　股份回购　192
　　statutory reliefs and　法定豁免　102
accumulated unpaid cumulative　未支付不累积
　　preferential dividends　优先股股息　136
acquisition of shares　取得股份; *see also* **share buy-backs and redeemable shares**
　　acquirer of shares　股票取得者　249—250
　　　　identity of acquirer　取得者的身份　250
　　an acquisition　取得　247—248
　　reduction of capital　减少资本　176—177
　　status of company acquiring shares　取得股份公司的地位　249
　　validity of　有效性　262
administrative sanctions　行政制裁
　　public offers of equity securities　股权证券的公开发行　413
　　　　defective/false prospectuses　有缺陷或虚假的招股说明书　402—403
advertisements　广告
　　mandatory prospectus disclosure regime　强制性招股说明书披露制度　386—388
agency　代理
　　company limited by shares：股份有限公司：
　　　　insolvency　破产　32
　　costs：成本：
　　　　dividend policy　股息政策　205—206
　　problems, regulatory response to　问题，监管的回应　207—211
　　　　creditors　债权人　211—212
AIM (Alternative Investment Market)　另类投资市场
　　periodic disclosure by issuers　发行人的定期披露　409

standards for admission to trading　获准交易的标准　369—370
allotted capital below authorized minimum　在核定最低标准下发行的资本
　　reduction of capital　减少资本　170
allotted share capital　已发行股本
　　share capital formation　股本形成　82—83
　　　　authority to allot　发行的权力　83
　　　　registration of allotment　发行登记　83—84
　　　　return of allotments　配售申报表　83—84
　　terminology　术语　42—43
alterations　变动
　　voting for (class rights)　投票（类别股份的权利）　150—151
asset classes　资产类别
　　secured debt　担保债务　331—333
assisted person　受资助的人
　　financial assistance　财务资助　251
automatic crystallization clauses　自动固化条款　*see* secured debt

bank lending　银行借款
　　SMEs　中小型企业　57—58
bonds, corporate　债券,公司　447—465
　　context　背景　447—449
　　issuers' capital structure　发行人的资本结构　449—450
　　listing and issuance of bonds　债券的上市与发行　458—463
　　　　exchange-regulated markets for bonds　交易所规制的债券市场　461—462
　　　　listing　上市　458
　　　　regulation of issuance process　发行程序的监管　458—461
　　　　restrictions of general solicitation　对大规模募集的限制　462—463
　　　　stabilization　稳定　462
　　secondary market trading of bonds　债券的二级市场交易　463—465
　　　　clearing and settlement　清算与结算　464—465
　　　　OTC trading　场外交易　463—464
　　　　transparency　透明度　464
　　structure of bond issues　债券发行的结构　456—458
　　terms of bonds　债券的条款　450—456
　　　　conversion rights　转换权　454—456
　　　　covenants　约定　453—454
　　　　interest　利息　451—452
　　　　maturity　到期　452
　　　　ranking　分级　452—453
bonus issues　红股发行
　　financial assistance　财务资助　257
　　share premiums　股份溢价　98—99
bookbuilding　询价
　　public offers of equity securities　股权证券的公开发行　371—373
buy-backs　回购；*see* share buy-backs and redeemable shares
buyouts　收购；*see* takeovers/buyouts

called up share capital　已缴股本
　　terminology　术语　43
capital contributions　资本认缴
　　share capital formation　股本形成　103
capital gains　资本收益
　　risk and　风险　46
　　　　simple debt　简单债务　49
capital markets　资本市场　59—60
　　company accounts　公司账目　62—63
　　efficient　有效率的　60—62
　　European Union (EU)：欧盟：
　　　　regulation　监管　360—363
　　　　supervision of activity　行为的监督　433—435
　　financial performance　财务业绩　62—63
　　statutory financial disclosure (UK)　法定的财务披露(英国)　63—66
　　　　FCA Disclosure and Transparency Rules　金融行为监管局《披露和透明度规则》66—67
　　publicly traded companies　公开上市公司　67
capital rights　资本权利
　　default：默认：
　　　　ordinary shares　普通股　130—131
　　　　preference shares　优先股　133—134
capital structure　资本结构　54—56；see also capital markets; corporate finance; ordinary shares; share buy-backs and redeemable shares; share capital terminology; simple debt; valuation of securities
　　achievement of target　实现目标　181
　　corporate bonds　公司债券　449—450
　　debt finance terminology　债权融资术语　47—48
　　hybrid securities　混合证券　50—51
　　legal rules　法律规定　42
cashbox structures　钱箱结构
　　share allotments　股份发行　118—119
change of business　变更经营
　　covenants　约定　283—284，288
charges　抵押；see secured debt
charges on book debts　账面债务抵押
　　secured debt　担保债务　327—331
civil liability　民事责任；see financial assistance; public offers of equity securities
class consents　类别股东的同意
　　solvency statement procedure　偿债能力声明程序　170
class rights　类别股份的权利
　　share buy-backs　股份回购　200—201
　　variation of　变动　141—154
　　　　definition　定义　145—146
　　　　by enhancement　加强　149
　　　　redemption of shares/share buy-backs　赎回股份/股份回购　154

  reduction of capital and　减少资本　152—154
  statutory procedure　法定程序　149—150
  statutory protection of minorities　小股东的法定保护　151—152
  'variation', definition of　变动,定义　146—149
  voting for alterations　投票支持变更　150—151
classes of shares　股份类别　128—154
 company and registered shareholders, juridical relations　公司与注册的股东,法律关系　138—141
 context　背景　128—129
 legal nature of a share　股份的法律性质　129
 ordinary shares　普通股　130—132
  default capital rights　默认资本权利　130—131
  default dividend rights　默认股息权利　131—132
  financial entitlements　财务权利　130
  position of holders　持有人的地位　130
 preference shares　优先股　132—136
  default capital rights　默认资本权利　133—134
  default dividend rights　默认股息权利　134—135
  financial entitlements　财务权利　132—133
  position of holders　持有人的地位　132—133
  preferential dividends　优先股股息　135—136
   accumulated unpaid cumulative　未支付累积　136
   enfranchisement in arrears　拖欠时的权利　135—136
 redeemable shares：可赎回股份：
  financial entitlements　财务权利　136—137
  position of holders　持有人的地位　136—137
 transferability　可转让性　138
 variation of rights　权利的变动　141—154
  class rights　类别股份的权利　145—154
   definition　定义　145—146
   by enhancement　加强　149
   redemption of shares/share buy-backs　回赎股份/股票回购　154
   reduction of capital and　减少资本　152—154
   statutory procedure　法定程序　149—150
   statutory protection of minorities　小股东的法定保护　151—152
   'variation', definition of　变动,定义　146—149
   voting for alterations　表决支持变更　150—151
  identifying a class of shares　确定一种股份类别　142—143
   class distinctions, importance of　类别划分,重要性　145
   different amounts of paid up shares　全额缴付股份的不同数额　144—145
   golden shares　金股　143
   rights conditional on percentage shareholding　以持股比例为条件的权利　143—144
   shares with different par values　不同面值的股份　144
  provision for entrenchment　防御性规定　141—142
 voting rights　投票权　138
clearing and settlement　清算与结算

corporate bonds 公司债券 464—465
common equity 普通股权; *see also* **ordinary shares**
 characteristics 特征 45—47
 financial regulation and 财务监管 46—47
companies 公司; *see also* **private companies**; **publicly traded companies**
 company accounts: 公司账目:
  capital markets 资本市场 62—63
 company law: 公司法:
  company limited by shares: 股份有限公司:
   recognition 认定 22
   substantive law 实体法 26—28
 registered shareholders, juridical relations 注册股东,法律关系 138—141
company limited by shares 股份有限公司 12—41
 corporate group, the 公司集团 21—41
  deficiency in law 法律缺陷 35—41
  definition for accounting purposes 会计目的的定义 22—25
  definition for other purposes 其他目的的定义 25—26
  insolvency within 破产 28—35
   agency 代理 32
   contractual guarantees 合同的保证 32
   Insolvency Act (1986) 《1986年破产法》 33—35
   tort claims against other companies 向其他公司主张侵权损害赔偿 33
  recognition in company law 公司法上的认定 22
  substantive company law and 实体公司法 26—28
 distinctive features 区别特征 12—21
  limited liability 有限责任 15—21
   cost of capital 资本成本 19—20
   entrepreneurial activity, promotion of 创业活动,促进 17
   passive investment 消极投资 17—18
   portfolio diversification 分散投资组合 18—19
   tort liabilities 侵权责任 20—21
   transferability of shares 股份的可转让性 20
  separate legal personality 独立的法律人格 12—15
   alternatives to piercing the 'veil' 刺穿公司面纱的替代方法 32—35
   veil of incorporation, piercing the 公司面纱,刺穿 13—15
 regulatory framework 监管框架 4—7
compensation claims 赔偿请求权; *see* **public offers of equity securities**
consensual security interests 双方同意的担保利益; *see* **secured debt**
contractual guarantees 合同的保证
 company limited by shares 股份有限公司 32
convergence 趋同
 regulatory development 监管发展 416—417
conversion rights 转换权
 corporate bonds 公司债券 454—456
convertible securities 可转换证券
 share capital formation 股本形成 88

索　引　553

corporate bonds　公司债券；see bonds　参见债券
corporate finance, sources of　公司融资，来源　57—59
　　bank lending for SMEs　银行向中小型企业借款　57—58
　　external equity for SMEs　中小型企业的外部权益　58—59
　　venture capital　风险资本　58—59
corporate governance　公司治理
　　debt corporate finance　公司债权融资　295—300
　　disclosures　披露　409
corporate group　公司集团;see company limited by shares
cost of capital　资本成本
　　company limited by shares：　股份有限公司：
　　　　limited liability　有限责任　19—20
　　valuation of securities　证券的估值　53
court powers and procedures　法院职权和程序;see reduction of capital
covenants　约定　282—285;see also debt corporate finance; term loans
　　change of business　变更经营　283—284,288
　　corporate bonds　公司债券　453—454
　　creation of security　创设担保　284
　　disposals of assets　处置资产　283—284,287
　　distributions　分配　283
　　events of default　违约事件　283,293—295
　　financial　财务的　286—287
　　implied　默示的　292—293
　　negative pledge　消极保证　288—292
　　obligations to rank pari passu　同一顺位的义务　284
　　provision of information　提供信息　283
　　reporting　报告　285　　　　　　　　　　　　　　　　　　　　　　　　　　469
　　tangible net worth　有形资产净值　283
　　working capital　营运资本　283
creation of security　创设担保
　　covenants　约定　284
creditors　债权人
　　dividend policy decisions　股息政策决定　211—212
　　reduction of capital interests　减少资本利息　167—168
　　protection of　保护　155—156
　　secured creditor, advantages of　担保债权人,优势　301　302
criminal liability　刑事责任
　　defective/false prospectuses　有缺陷或虚假的招股说明书　403—404
　　payment for shares　股份缴付　97
criminal sanctions　刑事制裁
　　financial assistance, unlawful use of　财务资助,非法利用　260—261
crowdfunding　众筹
　　private companies　私人公司　406

debt corporate finance　公司债权融资　269—300;see also covenants; term loans
　　corporate governance and　公司治理　295—300

overdrafts 透支 271—274
unsecured lending 无担保的贷款 269—271
debt finance 债权融资
terminology 术语 47—48
debt securities 债权证券
valuation of securities 证券的估值 52—53
defective prospectuses 有缺陷的招股说明书；see **public offers of equity securities**
depositary receipts 存托凭证
listing requirements 上市要求 438
deregulation 放松监管
share buy-backs 股份回购 186—187
directors 董事
claims against：提出诉讼请求：
financial assistance 财务资助 262—263
de facto directors 事实董事 34，283 n，297—298
duties：职责
reduction of capital 减少资本 163—165
shadow directors 影子董事 34，38，283 n，297—300
unlawful distributions：非法分配：
claims against recipient shareholders 向接受的股东提起诉讼请求 226
directors' liability 董事责任 223—224
disclosure 披露
capital markets 资本市场 63—66
FCA Disclosure and Transparency Rules 金融行为监管局《披露和透明度规则》 66—67
publicly traded companies 公开上市公司 67
episodic disclosure obligations 不定期披露义务 409—410
general duty of disclosure：普遍披露义务：
mandatory prospectus disclosure regime 强制的招股说明书披露制度 380—381
obligations of listed and quoted companies 上市公司的义务 406
discounts 折价
share capital formation 股本形成 87—89
convertible securities 可转换证券 88
no-discount rule 不折价规则 87—89
underwriting commissions 承销费 89
disguised distributions 虚假分配
vs. genuine transactions （相对）真实交易 163
disposals of assets 处置资产
covenants 约定 283—284，287
disqualification 取消资格
financial assistance, unlawful use of 财务资助，非法利用 265
distributions 分配；see also **distributions to shareholders**
covenants 约定 283
definition of 定义 212—215
financial assistance 财务资助 257
profits available for 可用以……的利润 215，218

索 引   555

distributions to shareholders　向股东分配　202—231；see also **dividends**；**shareholders**
  intra-group distributions　集团内部分配　227—228
    intra-group transactions　集团内部交易　227
    principles of realization　实现的原则　227—228
  intra-group transfers of assets at an undervalue　集团内部以低估价格转移资产　228—229
  investor expectations　投资者的预期　202—203
  reform　改革　229—231
  scrip dividends　以股代息　226—227
  statutory regulation　法定监管　212—221
    accounting profits　会计利润　218
    accounting regulatory framework, choice of　会计监管框架，选择　217
    distribution, definition of　分配，定义　212—215
    dividend payment procedure　股息支付程序　220—221
    profits available for distribution　可分配利润　215，218
    public companies, additional requirement　公众公司，额外要求　215—216
    realised losses　已实现亏损　218—220
    realised profits　实现的利润　218—220
    relevant accounts　相关账户　216—217
  unlawful distributions　非法分配　221—226
    definition　定义　221—222
    liability consequences　责任后果　223—226
      directors' claims against recipient shareholders　董事对接受的股东提起诉讼请求　226
      directors' liability　董事的责任　223—224
      shareholder liability　股东责任　224—226
    restrictions on dividends　股息的限制　222—223
dividends　股息；see also **accounting**；**distributions**
  common equity　普通股权　45
  ordinary shares　普通股　45
    default rights　默认权利　131—132
  payment procedure　支付程序　220—221
  policy decisions, regulation of　政策决定，监管　207—212
    regulatory response to agency problems　对代理问题的监管的回应　207—211
      creditors　债权人　211-212
  policy, determinants of　政策，决定因素　203—206
    agency costs　代理成本　205—206
    information asymmetries　信息不对称　204—205
    market value　市场价值　203—204
    principal-agent problems　委托代理问题　205—206
    signalling　信号作用　204—205
  preference shares：优先股：
    default rights　默认权利　134—135
  preferential　优先的　135—136
    accumulated unpaid cumulative　未支付累积　136
    enfranchisement in arrears　拖欠时的权利　135—136

reinvestment plans 重新投资计划 227
restrictions on 限制 222—223
valuation of securities 证券的估值 52

employees 员工
share purchases: 购买股份:
financial assistance 财务资助 259—260
share schemes 持股计划 181
enfranchisement in arrears 拖欠时的权利
preferential dividends 优先股的股息 135—136
entrenchment 防御性
provision for (classes of share) (股份类别)规定 141—142
entrepreneurial activity 创业活动
company limited by shares 股份有限公司 17
ESMA (European Securities and Markets Authority) ESMA(欧洲证券和市场管理局)
prospectus recommendations 招股说明书建议 380
equity offerings and listings 股权证券的发行和上市; see international equity offerings and listings; public offers of equity securities
equity securities 股权证券
allotments of 发行 114—115
equity share capital 权益股份资本
share capital formation 股份资本形成 85
terminology 术语 42
equivalence 相当性
international standards 国际标准 428—431
IFRS 《国际财务报告准则》 427—428
regulatory development 监管发展 417—418
European Union regulation 欧盟监管; see international equity offerings and listings; public offers of equity securities; share buy-backs and redeemable shares
events of default 违约事件
covenants 约定 283, 293—295
external equity 外部权益
SMEs 中小型企业 58—59

false prospectuses 虚假的招股说明书; see public offers of equity securities
financial assistance 财务资助 232—265
circumstances of prohibition 被禁止的情形 247—251
acquirer of shares 股票取得者 249—250
identity of acquirer 取得者的身份 250
an acquisition 取得 247—248
acquisition of shares 取得股份 248
assisted person 受资助的人 251
direct and indirect financial assistance 直接或间接的财务支持 251
public companies and subsidiaries 公众公司和子公司 248—249
status of company acquiring shares 取得股份公司的地位 249
status of company providing assistance 提供资助公司的地位 249

civil consequences of unlawful use 违法使用的民事后果 261—265
  claims against directors 针对董事提起诉讼 262—263
  invalidity of transactions 交易无效 261—262
  liability of other parties 其他当事人的责任 263—265
    accessory liability 从犯责任 263—264
    disqualification 取消资格 265
    recipient liability 接收方的责任 264
    tort of conspiracy 共同侵权 265
    unjust enrichment 不当得利 265
  validity of acquisition of shares 股份取得的有效性 262
conditional exceptions 有条件的例外 257—260
  employee share purchases 员工持股的购买 259—260
  money-lending businesses 放款业务 258—259
criminal sanctions of unlawful use 违法使用的刑事制裁 260—261
definition of 定义 239—247
  commercial applications 商业应用 240—242
  as non-technical term 非技术性条款 239—242
  prohibited forms 禁止的形式 242—247
    gifts 赠予 242—243
    guarantee or security 保证或担保 243—244
    indemnity 赔偿 244
    loans 贷款 245—246
    material extent 实质范围 246—247
    net assets 净资产 246—247
    novation 更新 245—246
    release or waivers 豁免或弃权 244—245
    tripartite arrangements 三方协议 245
justification for ban 禁止的理由 236—239
  policy concerns 政策考量 236—239
  technical problems 技术问题 236
legal framework 法律框架 239
prohibition on giving 给予的限制 232—234
  "financial assistance" law, definition of "财务资助"法律，定义 232
  legislative history 立法历史 232—233
  protections 保护 234
purpose of 目的 252—256
  causal link 因果联系 252—253
  mixed purposes 混合的目的 253—256
    Brady decision *Brady* 案法官的判决 254—255
    good faith 善意 256
    principal purpose 主要目的 255—256
rationale for ban 禁令的理由 234—236
  'detriment' 损害 235—236
  maintenance of capital 资本维持 235—236
  market manipulation 市场操纵 234—235
  objections to leveraged takeovers/buyouts 反对杠杆收购/买断 234

  unconstitutional conduct by management　管理层违反宪章的行为　235
  unconditional exceptions　无条件的例外　256—257
    bonus issues　红股发行　257
    distributions　分配　257
    specific matters　具体事项　257
FCA（Financial Conduct Authority）　金融行为监管局（金融行为主管机构）；see also transparency
  regulatory requirements　监管要求　197—198
financial entitlements　财务权利
  ordinary shares　普通股　130
  preferential shares　优先股　132—133
  redeemable shares　可赎回股份　136—137
financial information　财务信息
  mandatory prospectus disclosure regime　强制的招股说明书披露制度　382—383
financial performance　财务业绩
  capital markets　资本市场　62—63
fixed charges　固定抵押；see secured debt
floating charges　浮动抵押；see secured debt
foreign issuer concessions　对外国发行人的让步；see international equity offerings and listings
forfeited shares　被收回的股份
  reduction of capital　减少资本　176—177
fractions　部分
  share allotments　股份发行　121—122
free cash flow valuation　自由现金流估值
  valuation of securities　证券估值　52
freedom of contract　合同自由
  dominance of（secured debt）　（抵押债务）的主导性　304—306

genuine transactions　真实交易
  vs. disguised distributions　变相分配　163
gifts　赠予
  financial assistance, as prohibited form of　财务资助，禁止的形式　242—243
golden shares　金股
  classes of share, identification of　股份类别，定义　143
good faith　善意
  financial assistance　财务资助　256
gratuitous dispositions　无偿处分
  to third parties　向第三人　163—165
group reconstruction relief　集团重组的豁免
  share premiums　股份溢价　100
    importance of　重要性　103
guarantee or security　保证或担保
  financial assistance, as prohibited form of　财务资助，禁止的形式　243—244

hybrid securities　混合证券

索引

capital structure　资本结构　50—51
IASB（International Accounting Standards Board） IASB（国际会计准则理事会）
　　international standards　国际准则　423—428
IFRS（International Financial Reporting Standards） IFRS（《国际财务报告准则》）
　　international standards　国际准则　423—428
　　　　equivalence　相当性　427—428
　　　　transatlantic adoption　跨大西洋两岸国家的适用　424—427
incorporation　纳入
　　administrative process　行政流程　11—12
　　by reference：参考引用：
　　　　mandatory prospectus disclosure regime　强制性招股说明书披露制度　381
indemnity　赔偿
　　financial assistance, as prohibited form of　财务资助，禁止的形式　244
independent valuation　独立评估
　　payment for shares　股份的支付　94—95
information asymmetries　信息不对称
　　dividend policy　股息政策　204—205
information signals　信息信号
　　share buy-backs　回购股份　180—181
insolvency　破产
　　company limited by shares　股份有限公司　28—35
　　　　agency　代理　32
　　　　contractual guarantees　合同的保证　32
　　　　Insolvency Act (1986)　《1986年破产法》　33—35
　　　　tort claims against other companies　对其他公司提起侵权之诉　33
interest　利息
　　corporate bonds　公司债券　451—452
　　simple debt　简单债务　49
　　term loans　定期贷款　277—280
intermediaries offers　中介机构发行
　　public offer of shares　股份的公开发行　371
international equity offerings and listings　股权证券的国际发行与上市　414—446
　　context　背景　414—415
　　cross-border (EU) regulation　跨境（欧盟）监管　431—437
　　　　EU prospectus requirements　欧盟招股说明书的要求　432—433
　　　　supervision of capital market activity　对资本市场活动的监督　433—435
　　　　liability for issuer disclosures　发行人披露的责任　435—437
　　　　obtaining a passport　获得护照　431—432
　　EU prospectus exemptions　欧盟招股说明书豁免　440—442
　　　　international private placements　国际私募发行　441—442
　　international standards　国际准则　421—431
　　　　equivalence　相当性　428—431
　　　　International Accounting Standards Board (IASB)　国际会计准则理事会　423—428
　　　　International Financial Reporting Standards (IFRS)　《国际财务报告准则》　423—428
　　　　IOSCO international disclosure standards　国际证券会组织国际披露准则　421—

423
  equivalence and　相当性　427—428
  transatlantic adoption　跨大西洋国家的适用　424—427
 mutual recognition　互相承认　428—431
 substituted compliance　替代遵守　428—431
 listing requirements and foreign issuer concessions　外国发行人的上市条件及减让　438—440
  category of listing　上市类别　438—439
  controversial London listings　有争议的伦敦上市　439—440
  depositary receipts　存托凭证　438
  FTSE UK Index Series　富时英国指数系列　439
  listing of shares　股份上市　438
  market segment　市场板块　438—439
 private placement exemptions　私募发行的豁免　420—421
 regulatory competition　监管竞争　419—420
 regulatory framework development　监管框架的发展　415—419
  convergence　融合　416—417
  equivalence　相当性　417—418
  mutual recognition　互相承认　418—419
  substituted compliance　替代遵守　419
 transatlantic comparisons　跨大西洋国家的比较　442—446
  public offers and listings　公开发行和上市　442—443
  US exemptions for international private placements　美国对国际私募发行的豁免　443—446
   private placements　私募发行　445
   Regulation D　D规则　445
   Regulation S　S规则　443—445
   Rule 144A　144A规则　445—446

intra-group distributions　集团内部分配；see distributions to shareholders
invalidity of transactions　交易无效
 financial assistance　金融资助　261—262
IOSCO (International Organization of Securities Commissions)　国际证券会组织
 international disclosure standards　国际披露准则　421—423
issuance of bonds　债券发行；see **bonds, corporate issued share capital**
 share capital formation　股本形成　84—85
 terminology　术语　42
issued shares　已发行股份
 share capital formation　股本形成　84—85
investors　投资者
 expectations：预期：
  distributions to shareholders　向股东的分配　202—203
 knowledge of falsehood　知悉虚假信息　398—399

language requirements　语言要求
 mandatory prospectus disclosure regime　强制性的招股说明书披露制度　383
legal capital doctrine　法定资本主义

concept of　概念　71
　　questionable value of　质疑的价值　156—159
liability　责任；see also **criminal liability**；**limited liability**
　　civil　民事责任；see **financial assistance**；**public offers of equity securities**
　　of directors and shareholders　董事和股东的责任；see **distributions to shareholders**
　　for issuer disclosures　发行人披露的责任　435—437
　　of other parties　其他人的责任；see **financial assistance**
　　relief from　责任的豁免　95—97
　　of subsequent holders　后手持有人的责任　95
lien　留置；see **secured debt**
limited liability　有限责任　15—21
　　company limited by shares：　股份有限公司：
　　　　cost of capital　资本的成本　19—20
　　　　entrepreneurial activity, promotion of　创业活动,促进　17
　　　　passive investment　消极投资　17—18
　　　　portfolio diversification　分散投资组合　18—19
　　　　tort liabilities　侵权责任　20—21
　　　　transferability of shares　股份的可转让性　20
listing　上市；see **bonds**；**corporate**
listing requirements　上市要求；see **international equity offerings and listings**
listing rules　上市规则；see **public offers of equity securities loans**
　　financial assistance, as prohibited form of　财务资助,禁止的形式　245—246
loss causation　损失的因果联系
　　compensation claims　损害赔偿请求　398

maintenance of capital　资本维持
　　financial assistance　财务资助　235—236
managerial conduct　经营管理行为
　　unconstitutional　不符合宪章要求　235
mandatory prospectus disclosure regime　强制性的招股说明书披露制度　373—388；
　　see also **public offers of equity securities**
　　advertisements　广告　386—388
　　conditions for requirement　要求的条件　374—376
　　mini prospectuses　简式招股说明书　386—388
　　pathfinder prospectuses　探路者招股说明书　386—388
　　principle of　原则　373—374
　　prospectus approval　招股说明书的批准　384—385
　　prospectus form and contents　招股说明书的形式与内容　376—383　　　　472
　　　　ESMA recommendations　欧洲证券和市场管理局建议　380
　　　　financial information　财务信息　382—383
　　　　general duty of disclosure　普遍披露义务　380—381
　　　　incorporation by reference　引置条款　381
　　　　language requirements　语言要求　383
　　　　maximum harmonization　最大限度的协调　379—380
　　　　missing details　遗漏的信息　382
　　　　proportionate disclosure　适当的披露　377—378

  secondary issues　二次发行　378—379
  prospectus directive regulation　《招股说明书指令条例》　376—377
  prospectus summaries　招股说明书摘要　381—382
  single vs. tripartite prospectus　单一文件或三份文件的招股说明书　376
  Small Caps　小盘股公司　377—378
  SMEs　中小型企业　377—378
 prospectus publication　公开招股说明书　385—386
 supplementary prospectuses　补充性招股说明书　384
 withdrawal rights　撤回权　384

market manipulation　市场操纵
 financial assistance　财务资助　234—235

market purchase　场内购买; see share buy-backs and redeemable shares

market value　市场价值
 dividend policy　股息政策　203—204

material extent　实质范围
 financial assistance, as prohibited form of　财务资助,禁止范围　246—247

maximum harmonization　最大限度的协调
 mandatory prospectus disclosure regime　强制性的招股说明书披露制度　379—380

member　成员
 terminology　术语　42

memoranda of satisfaction　债务清偿备忘录; see secured debt
  merger relief　合并豁免
   share premiums：股份溢价：
    importance of　重要性　103

mini prospectuses　简式招股说明书
 mandatory prospectus disclosure regime　强制性的招股说明书披露制度　386—388

minimum capital requirements　最低资本要求
 share capital formation　股份资本形成　75—82
  denomination of　计价　79—80
  value and purpose　价值和目的　80—82

minority protection　小股东保护
 share buy-backs　股权回购　201

money-lending businesses　房款业务
 financial assistance　财务资助　258—259

mortgage　按揭; see secured debt
 international standards　国际标准　428—431

mutual recognition　互相承认

negative pledge　消极保证
 covenants　约定　288—292

net asset value　净资产估值
 valuation of securities　证券估值　52

net assets　净资产
 financial assistance, as prohibited form of　财务资助,禁止的形式　246—247

no-discount rule　不折价规则
 payment for shares　股份的支付　87—89

non-cash considerations 非现金对价
    public companies　公众公司　92—93
        mergers exemption　合并例外　94
        takeover exemption　收购例外　94
    regulation　规则　89—90
    share premiums and　股份溢价　99—103
        group reconstruction relief　集团重组豁免　100
            importance of　重要性　103
        merger relief　合并豁免　100—102
            importance of　重要性　103
        other reliefs　其他豁免　103
        statutory reliefs and accounting requirements　法定豁免和会计要求　102
novation　更新
    financial assistance, as prohibited form of　财务资助,禁止的形式　245-246

obligations to rank *pari passu*　同一顺位的义务
    covenants　约定　284
offer for sale　发售
    public offer of shares　股份的公开发行　371
offer for subscription　公开认购
    public offer of shares　股份的公开发行　370
open offers　公开发售
    share allotments　股份发行　120,124—125
ordinary shares　普通股
    accounting for allotment　发行的会计处理　of 44—45
    classes of shares　股份类别　130—132
        default capital rights　默认资本权利　130—131
        default dividend rights　默认股息权利　131—132
        financial entitlements　财务权利　130
        position of holders　持有人的地位　130
    common equity characteristics　普通股权的特征　45—47
        capital gains and risk　资本收益及风险　46
        common equity and financial regulation　普通股权和财务监管　46—47
        dividends　股息　45
        voting rights　投票权　46
OTC trading　场外交易
    corporate bonds　公司债券　463—464
overdrafts　透支
    debt corporate finance　公司债权融资　271—274

paid up share capital　实收资本
    classes of shares, identification of　股份类别;定义　144—145
    different amounts　不同数额　144—145
    share capital formation　股本形成　86
    terminology　术语　43
par value　面值

share capital formation　股本形成　71—74
　　shares with differing par values　不同面值的股份　144
　　terminology　术语　43
passive investment　消极投资
　　company limited by shares　股份有限公司　17—18
pathfinder prospectuses　探路者招股说明书
　　mandatory prospectus disclosure regime　强制性招股说明书披露制度　386—388
'pay in' rules　"缴入"规则
　　definition　定义　71
placings　配售
　　disapplications for　不适用　125—126
　　public offer of shares　股份的公开发行　371
　　share allotment　股份发行　117—118，125—126
　　vendor　卖方　117—118
pledge　保证；see secured debt
portfolio diversification　分散投资组合
　　company limited by shares　股份有限公司　18—19
position of holders　持有人的地位
　　ordinary shares　普通股　130
　　preferential shares　优先股　132—133
　　redeemable shares　可赎回股　136—137
preference shares　优先股
　　default capital rights　默认资本权利　133—134
　　default dividend rights　默认股息权利　134—135
　　financial entitlements　财务权利　132—133
　　position of holders　持有人地位　132—133
　　preferential dividends　优先股股息　135—136
　　　　accumulated unpaid cumulative　未支付累积　136
　　　　enfranchisement in arrears　拖欠时的权利　135—136
premium listings　高级发行；see public offers of equity securities
principal　本金
　　term loans　定期贷款　274—277
principal-agent concerns　委托代理问题
　　dividend policy　股息政策　205—206
　　share buy-backs　股份回购　180
private companies　私人公司；see also solvency statement procedure
　　buy-back of shares　股份回购　194—197
　　public offers of equity securities　股权证券的公开发行　404—406
　　crowdfunding　众筹　406
　　share allotments：股份发行
　　　　with a single class of shares　单一类别的股份　112
　　　　statutory pre-emption rights　法定优先购买权　126
private placement　私募发行
　　exemptions　豁免　420—421
　　　　United States　美国　443—446
　　　　　　private placements　私募发行　445

索　引　　565

　　　　Regulation D　D 规则　445
　　　　Regulation S　S 规则　443—445
　　　　Rule 114A　114A 规则　445—446
　　international private placements　国际私募发行　441—442
property　财产；*see* **secured debt**
proportionate disclosure　适当的披露
　　mandatory prospectus disclosure regime　强制性的招股说明书披露制度　377—378
　　　secondary issues　二次发行　378—379
prospectus requirements　招股说明书要求；*see* **international equity offerings and listings;**
mandatory prospectus disclosure regime; public offers of equity securities
　　covenants　约定　283
public offers of equity securities　股权证券的公开发行　351—413；*see also* **mandatory prospectus disclosure regime**
　　administrative sanctions　行政制裁　413
　　AIM（Alternative Investment Market）：另类投资市场：
　　　periodic disclosure by issuers　发行人的定期披露　409
　　　standards for admission to trading　交易准入标准　369—370
　　bookbuilding　询价　371—373
　　civil liability for defective/false prospectuses　有缺陷或虚假的招股说明书的民事责任　392—403
　　　administrative sanctions　行政制裁　402—403
　　　assessment　评估　401—402
　　　compensation claims　损害赔偿请求　392—401
　　　　amount of compensation　赔偿金额　399—401
　　　　defences to liability　对责任的抗辩　397—398
　　　　elements of the claim　诉讼请求的要素　398—399
　　　　investor's knowledge of falsehood　投资者知悉虚假信息　398—399
　　　　liability for silence　沉默的责任　399
　　　　loss causation　损失的因果关系　398
　　　　persons responsible for the statement, knowledge of falsehood　对陈述负有责任的人，知悉虚假信息　399
　　　　persons who can be sued　可以被起诉的人　395—397
　　　　potential claimants　潜在的原告　393—395
　　　　prospectus summaries　招股说明书摘要　398
　　　criminal liability　刑事责任　403，404
　　civil liability for periodic and episodic disclosures　定期和不定期披露的民事责任　410—413
　　corporate governance disclosures　公司治理披露　409
　　criminal sanctions　刑事制裁　413
　　disclosure obligations of listed and quoted companies　上市公司的披露义务　406
　　episodic disclosure obligations　不定期披露义务　409—410
　　European Union (EU) choices　欧盟的选择　359—360
　　　EU capital market regulation　欧盟资本市场监管　360—363
　　forms of public offer of shares　股份公开发行的形式　370—371
　　　intermediaries offers　中介机构发行　371
　　　offer for sale　发售　371

offer for subscription 公开认购 370
placings 配售 371
international choice of listings 上市的国际性选择 357—359
private companies 私人公司 404—406
crowdfunding 私募 406
public issues 公开发行 388—390
rationale for 'going public' 上市的原因 351—357
trading on a regulated market 在受管制市场上的交易 409
transatlantic comparisons 跨大西洋国家的比较 442—443
Transparency Obligations Directive, issuer disclosure obligations 《透明度义务指令》,发行人披露义务 407—409
continuing obligations 持续性义务 408—409
periodic financial reporting obligations 定期财务报告义务 407—408
underwriting 承销 371—373
United Kingdom (UK) choices 英国的选择 359—360
giving effect to EU law 使欧盟法律生效 363—364
official listing, significance of 正式上市,重要性 364—369
enforcement of *Listing Rules* 《上市规则》的执行 368—369
listing principles 上市原则 366—367
premium listing continuing obligations 高级上市的持续性义务 367—368
premium listing main requirements 高级上市的主要要求 366
premium listing sponsor requirements 高级上市的保荐人要求 367
premium principles 高级上市原则 367
premium and standard listing 高级上市和标准上市 364—366
publicly traded companies 公开上市公司
acquisition of shares 收购股份 248—249
status of company acquiring shares 收购股份公司的地位 249
status of company providing assistance 提供支持公司的地位 249
distributions to shareholders 向股东的分配 215—216
future performance of undertakings 承诺的未来履行 91
non-cash considerations for shares 股份的非现金对价 92—93
mergers exemption 并购例外 94
takeover exemption 收购例外 94
statutory financial disclosure 法定财务披露 67
undertaking to work/provide services 承诺工作/提供服务 90—91

ranking 分级
corporate bonds 公司债券 452—453
realised losses 已实现亏损
distributions to shareholders 向股东的分配 218—220
realised profits 实现的利润
distributions to shareholders 向股东的分配 218—220
recipient liability 接收方的责任
financial assistance, unlawful use of 财务资助,非法利用 264
redeemable shares 可回赎股份; *see also* **share buy-backs and redeemable shares**
class rights, variation of 类别股份,变动 154

索　引

financial entitlements　财务权利　136—137
position of holders　持有人的地位　136—137
redenomination of shares　股份重新计价
　reduction of capital　资本减少　176
reduction of capital　资本减少　155—177
　class rights, variation of　类别股份,变动　152—154
　court approval procedure　法庭批准程序　167—170
　　creditors' interests　债权人利益　167—168
　　effect　效果　170
　　general powers of the court　法庭的一般权力　169
　　shareholders' interests　股东利益　168—169
　　registration　登记　169—170
　　　allotted capital below authorized minimum　在核定最低标准下发行的资本　170
　　special resolution of shareholders　股东的特别决议　167
　development (United Kingdom)　发展(英国)　159—165
　　common law rule prohibiting the return of capital　普通法规则禁止返还资本　160—161
　　directors' duties　董事的职责　163—165
　　genuine transactions vs. disguised distributions　真实的交易和虚假的交易　163
　　gratuitous dispositions to third parties　对第三方的无偿处分　163—165
　　ultra vires (unlawful return of capital)　越权行为(非法返还资本)　161—163
　exceptional procedures　特殊的程序　176—177
　　court orders　法院命令　176
　　forfeited or acquired shares　收回或取得的股份　176—177
　　redenomination of shares　股份重新计价　176
　legal capital doctrine: questionable value of　法定资本原则:质疑的价值　156—159
　protection of creditors' interests　保护债权人的利益　155—156
　solvency statement procedure (private companies)　偿债能力声明程序(私人公司)　170—176
　　effect of a reduction of capital　减少资本的效果　172
　　registration requirements　登记要求　172
　　sanctions in respect of false solvency statements　错误偿债能力声明的制裁　172
　　schemes of arrangement　协议安排　172—176
　　　Cape Group　Cape集团案　175—176
　　　Re Uniq　Re Uniq公司案　171—175
　　solvency statement　偿债能力声明　171
　　　contents of　内容　171
　　special resolution of shareholders and class consents　股东的特殊决议和类别股东的同意　170
　statutory procedures　法定程序　165—166
　　forms of (Companies Act, 2006)　(《2006年公司法》)形式　166
　　solvency statement procedure　偿债能力声明程序　166
　　reasons for reduction　减资的原因　165—166
reform　改革
　distributions to shareholders　向股东的分配　229—231
　secured debt　担保债务　346—348

registration of charges　抵押登记；see secured debt
registration requirements　登记要求
　　reduction of capital　减少资本　169—170
　　　　solvency statement procedure　偿债能力声明程序　172
regulatory competition　监管竞争
　　international equity offerings and listings　国际股权的发行与上市　419—420
regulatory development　监管发展
　　international equity offerings and listings　国际股权的发行与上市　415—419
regulatory framework　监管框架　3—10
　　company limited by shares　股份有限公司　4—7
　　for corporate finance　为了公司融资　7—10
　　　　case law　判例法　9—10
　　　　codes and guidelines　准则和指南　10
　　　　internal constitutional instruments　内部宪章性文件　8—9
　　　　legislation　立法　7—8
　　legal forms for business　商业的法律形式　3—4
reinvestment plans　重新投资计划
　　dividend　股息　227
release　豁免
　　financial assistance, as prohibited form of　财务资助,禁止的形式　244—245
reliefs　豁免；see share premiums
reporting　报告
　　covenants　约定　285
representations　陈述
　　term loans　定期贷款　281—282
return of capital　返还资本；see also reduction of capital
　　common law rule prohibiting　普通法禁止　160—161
rights　权利；see capital rights; class rights risk
　　capital gains and　资本收益　46
　　　　simple debt　简单债务　49

sanctions　制裁
　　false solvency statements　虚假偿债声明　172
　　public offers of equity securities administrative　股权证券公开发行的行政制裁　413
　　　　criminal　刑事制裁　413
schemes of arrangement　协议安排
　　solvency statement procedure　偿债能力声明程序　172—176
scrip dividends　以股代息
　　distributions to shareholders　向股东的分配　226—227
secondary market trading　二级市场交易；see bonds, corporate　301—348
secured debt　担保之债
　　Agnew case　Agnew 公司案　331—333
　　asset classes　资产类别　331—333
　　charges on book debts　账面债务抵押　327—331
　　consensual security interests　双方同意的担保利益　306—310
　　　　chargor's property　抵押人财产　309—310

索引 569

　　security on future property　未来财产的担保　310—312
　　as defeasible interests　可取消权益　308—309
　　grant vs. reservation　授权与保留　306—308
　economic perspectives　经济视角　302—304
　fixed charges　固定抵押　318—319
　　ascertainment　确定　323—327
　　classification　分类　327—331
　floating charges　浮动抵押　319—321
　　ascertainment　确定　323—327
　　classification　分类　327—331
　　crystallization　固化　334—337
　　　automatic crystallization clauses　自动固化条款　336
　　　third parties and　第三方　336—337
　　nature of　性质　321—323
　forms of consensual real security　合意的不动产担保形式　313—318
　　charges　抵押　317—318
　　mortgage　按揭　315—316
　　pledge and *lien*　保证和留置　314
　forms of property　财产的形式　312—313
　freedom of contract, dominance of　合同自由，支配地位　304—306
　priority rules for competing interests　竞争性权益的优先权规则　337—340
　　intangible property　无形财产　339—340
　　purchase money security interests　购买价款担保权益　340
　　tangible personal property　有形个人财产　338—339
　reform　改革　346—348
　registration of charges　抵押登记　341—346
　　certificate of registration　登记证书　343—344
　　charges requiring registration　需要登记的抵押　342
　　clearing the register　注销登记　346
　　detailed aspects　详细内容　342—346
　　late registration　迟延登记　346
　　memoranda of satisfaction　债务清偿备忘录　346
　　modification for financial collateral　金融担保的修改　346
　　non-registration　未注册　345
　　notice and registration　344—345
　　registration requirement　通知和登记　343
　　requirements　要求　341—342
　　role of registrar　登记的作用　343—344
　secured creditor, advantages of　担保债权人，优势　301—302
　Spectrum case *Spectrum*　公司案　331—333
　　post-*Spectrum* position, assessment of *Spectrum*　案后的做法，对 *Spectrum* 案的评价　333—334

share allotments　股份发行
　context　背景　105
　Companies Act (2006)　《2006 年公司法》　111—127
　　formalities　形式要求　126—127

shareholder empowerment　股东授权　111—114
　　authorization by company　公司授权　113—114
　　private company with a single class of shares　单一类别股份的私人公司　112
statutory pre-emption rights　法定优先购买权　114—119
　　allotments of 'equity securities'　"股权证券"的发行　114—115
　　cashbox structures　钱箱结构　118—119
　　disapplication/exclusion of　不适用/排除　117,119—126
　　disapplications for placings　不适用于发行　125—126
　　fractions　部分　121—122
　　non-compliance, consequences of　不遵守,后果　116—117
　　open offers　公开发行　120,124—125
　　overseas shareholders　海外股东　122—124
　　private companies　私人公司　126
　　procedural operation　程序运作　115—116
　　rights issue　认股权发行　120
　　subscription rights　认股权　117
　　timing　时机　120—121
　　vendor placings　卖方配售　117—118
regulating share issuance activity　监管股份发行活动　105—106
special protection of shareholders' interests　股东利益的特殊保护　106—111
　　abuse of majority shareholder power　滥用大股东权力　109
　　balanced policy response　平衡的政策回应　110—111
　　protection against dilution　保护免受稀释　108—109
　　unconstitutional behaviour　违反公司宪章的行为　109
　　wealth transfers　财富转移　106—108
share buy-backs and redeemable shares　股份回购和可赎回股份　178—201
　accounting for a share buy-back　股份回购的会计处理　192
　arguments for and against　赞成或反对的争论　178—183
　　achievement of target capital structure　目标资本结构的形成　181
　　discount on redemption price　赎回价格的折价　181
　　dissident shareholders　异议股东　182—183
　　employee share schemes　员工持股计划　181
　　exit facilitation　促进退出　179
　　expansion of financing options　融资选择的扩大　181
　　external investment　外部投资　178
　　informal reduction of capital　非正式的减资　182
　　information signals　信息信号　180—181
　　principal-agent concerns　委托代理问题　180
　　return value to shareholders　向股东的返还价值　179—180
　　share rice stabilization　股票价格稳定　183
　　structure a temporary loss of control　构造临时性的控制权丧失　179
　　takeover defence　收购防御措施　182—183
　authorizations required (redeemable shares)　所需的授权(可赎回股份)　199—200
　class rights issues　类别股份的发行　200—201
　　variation　变动　154
　Companies Act (2006) statutory rules: against a company acquiring own shares

索 引　571

　　《2006年公司法》法定规则:针对收购自身股份的公司　187—188
　　redemption of redeemable shares　赎回可回赎的股份　200
　　share buy-back, authorizations required　股份回购,所需的授权　188—191
　　　　market purchase　场内购买　188—189
　　　　off-market purchase　场外购买　189—191
　　　　ordinary vs. special resolution　普通和特别决议　189
　　　　procedural requirements, significance of　程序性要求,重要性　191
　　European dimension　欧洲层面　184—186
　　excessive deregulation　过度放松监管　186—187
　　FCA regulatory requirements　金融行为监管局监管要求　197—198
　　minority protection　小股东保护　201
　　private companies　私人公司　194—197
　　review bodies, consideration by　评估机构,……的考量　183—184
　　statutory modification of contractual matters　合同事项的法定变更　197
　　statutory restrictions　法定限制　191—192
　　Takeover Code implications　《收购守则》的含义　199
　　treasury shares　库藏股　192—194
share capital　股权资本(股本); *see also* share capital formation
　　terminology　术语　42—44
　　　　allotted share capital　已分派(发行)股本　42—43
　　　　called up share capital　已催缴股本　43
　　　　equity share capital　权益股份资本　42
　　　　issued share capital　已发行股本　42
　　　　member　成员　42
　　　　paid up share capital　实收资本　43
　　　　par value　面值　43
　　　　share premium　股份溢价　43
　　　　shareholder　股东　42
　　　　uncalled share capital　未催缴股本　43
share capital formation　股本形成　71—104; *see also* share capital; share premiums
　　allotted share capital　已发行股本　82—83
　　　　authority to allot　发行的权力　83
　　　　registration of allotment　发行登记　83—84
　　　　return of allotments　配售申报表　83—84
　　capital contributions　资本认缴　103
　　equity share capital　权益股份资本　85
　　issued share capital　已发行股本　84—85
　　issued shares　已发行股份　84—85
　　legal capital, concept of　法定资本,概念　71
　　minimum capital requirements　最低资本要求　75—82
　　　　denomination of　计价　79—80
　　　　value and purpose　价值和目的　80—82
　　par values　面值　71—74
　　　　'pay in' rules: definition　"缴入"规则:定义　71
　　payment for shares　股份的支付　85—97
　　　　breach of rules　违反规定　97

called up share capital　已催缴股本　86
　　cash consideration for shares　股份的现金对价　87
　　context　背景　85—86
　　criminal liability　刑事责任　97
　　discounts　折价　87—89
　　　　convertible securities　可转换证券　88
　　　　no-discount rule　不折价规则　87—89
　　　　underwriting commissions　承销费　89
　　independent valuation requirement　独立评估的要求　94—95
　　liability of subsequent holders　后手持有人的责任　95
　　non-cash consideration for shares: public companies　股份的非现金对价:公众公司　92—93
　　　　regulation　监管　89—90
　　paid up share capital　实收股本　86
　　public companies: future performance of undertakings　公众公司:承诺的未来履行　91
　　　　mergers exemption　合并例外　94
　　　　non-cash consideration　非现金对价　92—94
　　　　takeover exemption　收购例外　94
　　　　undertaking to work/provide services　承诺工作/提供服务　90—91
　　relief from liability　责任的豁免　95—97
　　stock　股票　103—104
share issuance　股份发行; *see* share allotments
share premiums　股票溢价　97—103; *see also* share capital formation
　　determining the issue price　确定发行价格　97
　　non-cash consideration and　非现金对价　99—103
　　　　group reconstruction relief　集团重组的豁免　100
　　　　　　importance of　重要性　103
　　　　merger relief　合并豁免　100—102
　　　　　　importance of　重要性　103
　　　　other reliefs　其他例外　103
　　　　statutory reliefs and accounting requirements　法定豁免和会计要求　102
　　permissible uses for　许可使用　98—99
　　　　bonus issues　红股发行　98—99
　　　　expenses and commissions on an issue of shares　股份发行的成本和佣金　99
　　terminology　术语　43
　　treatment of　处理　97—98
share price stabilization　股票价格稳定
　　share buy-backs　股票回购　183
shareholders　股东; *see also* distributions to shareholders; share allotments
　　dissident　异议　182—183
　　liability: unlawful distributions　责任:非法分配　224—226
　　overseas　海外　122—124
　　reduction of capital interests　减少资本利息　168—169
　　return value to　返还价值　179—180
　　shares: legal nature of　股份:法律性质　129

  valuation of securities　证券估值　51—52
 special protection of interests　利益的特殊保护　106—111
  abuse of majority shareholder power　大股东权力的滥用　109
  balanced policy response　平衡的政策回应　110—111
  protection against dilution　保护免受稀释　108—109
  unconstitutional behaviour　违反公司宪章的行为　109
  wealth transfers　财富转移　106—108
 special resolution of　特别决议　167
  solvency statement procedure　偿债能力声明程序　170
 terminology　术语　42

signaling　信号作用
 dividend policy　股息政策　204—205

simple debt　简单债务
 characteristics of　特征　49—50
  capital gain and risk　资本收益及风险　49
  control　控制　49—50
  interest　利息　49

Small Caps　小盘股公司
 mandatory prospectus disclosure regime　强制性招股说明书披露义务　377—378

SMEs (Small and Medium Sized Enterprises)　中小企业
 bank lending for　银行借款　57—58
 external equity for　外部权益　58—59
 mandatory prospectus disclosure regime　强制性招股说明书披露义务　377—378
 venture capital　风险资本　58—59

solvency statement procedure　偿债能力声明程序　170—176
 effect of a reduction of capital　减少资本的效果　172
 registration requirements　登记要求　172
 sanctions for false solvency statements　对虚假偿债能力声明的制裁　172
 schemes of arrangement　协议安排　172—176
  Cape Group case study　*Cape*集团案例研究　175—176
  Re Uniq case study　*Re Uniq*案例研究　174—175
 solvency statement　偿债能力的声明　171
  contents of　内容　171
 special resolution of shareholders and class consents　股东会的特别决议和类别股东的同意　170

stabilization　稳定
 corporate bonds　公司债券　462

statutory pre-emption rights　法定优先购买权；*see* share allotments

statutory procedures　法定程序
 class rights, variation of　类别股份的权利,变动　149—150
 minority protection　小股东的保护　151—152
 reduction of capital　减少资本　165—166
  forms (Companies Act, 2006)　《2006年公司法》的(减资)形式　166
  solvency statement procedure　偿债能力声明程序　166
  reasons for reduction　减资的原因　165—166

statutory regulations　法定监管, *see* distributions to shareholders; share buy-backs and re-

deemable shares
statutory relief 法定豁免
    accounting requirements and 会计要求 102
stock 股票
    share capital formation 股本形成 103—104
subscription rights 认股权
    share allotments 股份发行 117
substituted compliance 替代遵守
    international compliance 国际遵守 428—431
    regulatory development 监管发展 419

takeovers/buyouts 兼并/收购
    objections to leveraged 反对杠杆式收购 234
takeover defence 收购防御措施
    share buy-backs 股份回购 182—183
tangible net worth 有形资产净值
    covenants 约定 283
temporary loss of control 暂时失去控制
    share buy-backs 股份回购 179
term loans 定期贷款 274—295; *see also* **covenants**; **debt corporate finance**
    conditions precedent 前提条件 280—281
    interest 利率 277—280
    principal 本金 274—277
    representations 陈述 281—282
    warranties 保证 281—282
tort 侵权
    company limited by shares: 股份有限公司
        insolvency 资不抵债（破产） 33
        liabilities 责任 20—21
    financial assistance, unlawful use of: tort of conspiracy 财务支持,非法利用:共同侵权 265
transatlantic comparative approach 跨大西洋两岸国家的比较方法; *see*
    international equity offerings and listings; public offers of equity securities
transferability of shares 股份的可转让性
    classes of shares 类别股份 138
    company limited by shares 股权有限公司 20
transparency 透明度
    corporate bonds 公司债券 464
    FCA Disclosure and Transparency Rules 金融行为监管局《披露和透明度规则》 66—67
    Transparency Obligations Directive: issuer disclosure obligations 《透明度义务指令》:发行人披露义务 407—409
        continuing obligations 持续性义务 408—409
        periodic financial reporting obligations 定期财务报告义务 407—408
tripartite arrangements 三方协议
    financial assistance, as prohibited form of 财务资助,禁止的形式 245

ultra vires doctrine 越权行为原则
　　unlawful return of capita 非法返还资本 161—163
uncalled share capital 未催缴股本
　　terminology 术语 43
underwriting 承销
　　commissions：佣金：
　　　　payment for shares 股份的支付 89
　　　　public offers of equity securities 股权证券的公开发行 371—373
unjust enrichment 不当得利
　　financial assistance, unlawful use of 财务资助,非法利用 265
unlawful distributions 非法分配；*see* distributions to shareholders
　　unsecured lending 无担保的贷款；*see also* secured debt
　　debt corporate finance 公司债权融资 269—271

valuation of securities 证券的估值 51—53
　　cost of capital 资本成本 53
　　debt securities 债权证券 52—53
　　dividend valuation 股息估值 52
　　free cash flow valuation 自由现金流估值 52
　　net asset value 净资产估值 52
　　shares 股份 51—52
veil of incorporation 公司面纱
　　alternatives to piercing 刺穿公司面纱的替代方法 32—35
　　company limited by shares：股份有限公司：
　　　　'piercing' the veil 刺穿面纱 13—15
vendor placings 卖方配售
　　share allotment 股份发行 117—118
venture capital 风险资本
　　SMEs 中小型企业
voting rights 投票权
　　classes of share 股份类别 138
　　common equity 普通股权益 46
　　ordinary shares 普通股 46

waivers 弃权
　　financial assistance, as prohibited form of 财务资助,禁止的形式 244—245
warranties 保证
　　term loans 定期贷款 281—282
wealth transfers 财富转移
　　shareholders 股东 106—108
withdrawal rights 撤回权
　　mandatory prospectus disclosure regime 强制的招股说明书披露制度 384
working capital 营运资本
　　covenants 约定 283

法律逻辑的精细之美
——译后记

2012年1月13日,校完《公司金融法律原理》(*Principles of Corporate Finance Law*)的译稿,我长长地吁了一口气。这部逾70万字的厚重作品,是英国剑桥大学法学院院长、公司法与商法研究中心主任Eilis Ferran教授的扛鼎之作,我用时一年零八个月,终于完成了中译。2011年6月16日访问剑桥大学时,Ferran教授在圣凯瑟琳学院热情地接待了我们。一袭白纱裙,点缀着浅灰色的花,笑意盈盈,优雅而淡定。Ferran教授似山谷里的一缕清风,荡涤着我们旅途的疲惫。

以书架为背景,作者和译者留下了珍贵的合影。

在翻译前言时,我注意到,Ferran教授这样写道:"数周前,在完成本书的手稿之际,我的父亲兼挚友离开人世。天人两隔的哀伤以及此后与亲友的聚会,深深地影响着我并且提醒自己,即使我足够幸运,能够拥有一份内涵丰富而充实的工作,但这仅仅是我人生的一部分……"

这是一位拥有丰富人生和细腻心思的才女!腹有诗书气自华!Ferran教授的人生,又将打开另一幅画卷。2011年12月9日,Ferran教授应本人邀请,发来中译本的序言,同时来信称"我非常荣幸,能够在未来的某一天造访上海;但'不幸'的是,我刚刚被委任为剑桥大学法学院院长——因而,在未来的三年里,我将被淹没于繁杂的行政事务当中。但履职结束之后,我一定确保这一美好的计划成行……"

学者的多面人生!

此时,我想起另外一名著名的学者:耶鲁大学公司法研究中心主任、耶鲁大学斯特林讲席教授Roberta Romano女士。2011年8月,Romano教授被聘为斯特林讲席教授(Sterling Professor),这是耶鲁大学向教员颁发的最高奖项。这项巨大的荣誉,使得她与Bruce Ackerman、Anthony Kronman、Akhil Amar并驾齐驱,共同成为耶鲁大学法学院最享尊荣的教授。彼时,我以一位学者最大的虔诚与尊敬,同时代表学院,向Romano教授(她同时是国际金融法律学院兼职教授)表示祝贺,感谢因特网,我五个小时后就收到了她的积极回复。

本人非常荣幸,能够与剑桥、耶鲁这两所世界顶尖学府的公司法研究中心主任相识,我明显感受到,她们身上有一种强大的气场,深深地吸引着我。2010年6月28日,Romano教授应本人邀请,来华东政法大学参加学术活动。照例,重要的学术活动中,主演讲台都会摆放盆花。Romano教授的个头不高,站在演讲台前,她整个脸部都深深地埋在花丛之中了。坐在一旁做翻译的我,看到她认真演讲的神态,竟发觉潜心学术的人是如此地美丽醉人……此前,她详细问了演讲时间,并根据我的意见数易讲稿,每改一次,就用有色字体标明一次,给我发过来,以节省我的时间……更令人吃惊的是,她这辈子居然没有要孩子,她说,自己的孩子就是学术……

行文至此,不禁忆起尊敬的王泽鉴教授2009年5月在华政的讲学时光。彼时我担任其司机兼讲座主持人,半个月来,伴其左右,受益良多,印象尤深者有两点:其一,他说,无论做学生还是做学者,最难能可贵的是做到"三点",即"晚睡一点,早起一点,勉强自己一点";其二,令人极为感佩的是,年过七旬的王泽鉴教授在两个多小时的演讲中,始终保持站姿,七场讲座,场场如此。面对爆棚的人气,在讲到请求权基础对于民法学研究的重要意义时,他数次仰起头来,说"同学们,你们可以画几张请求权基础的图表,挂在帐顶上,就像夜观天象那样,晚上反复揣摩。辗转反侧终不得入眠者,方能登法学之殿堂。如果看了不久就想睡觉了,就可以考虑转系(当时是台湾大学法律系,现在易名为台湾大学法学院)了!"王教授讲到此处时,作仰望星空状,摇头晃脑,嘴里念念有词,同时用手在头顶上比划着画了数个圈,并说"请求权基础的结构非常优美"(beauty of structure,或者称elegance of structure),讲到此处,其眼神流露出无比幸福的光泽,其状可爱至极!

有人说,潜心学术的人是幸福的,看来此言不虚!那种貌似热闹、心实凄凉的孤独最是痛入骨髓!

说远了,现在可以说一说这部作品本身。从译者的角度看,这部作品有三大特点:

其一,体系恢宏。《公司金融法律原理》之分量,除了直观地体现为超过70万字的巨大篇幅之外,还体现为该书的体系非常宏大。它重点关注与公司金融直接相关的公司法律规则,并囊括了与证券发行人运用公开市场有关的证券监管规则。虽然本书主要以英国法律为研究对象,但与公司金融相关的监管议程越来越多地在欧盟层面上设定,这一趋势在1999年更为明显。因而,本书除了涵盖英国《1985年公司法》《1989年公司法》《2006年公司法》《1986年公司董事取消资格法》《1986年金融服务法》《2000年金融服务与市场法》等国内法律之外,还涉及了欧共体层面的《公司法第二指令》《公司法第七指令》《欧盟金融工具市场指令》《招股说明书指令》《透明度义务指令》《金融担保指令》《结算终局性指令》等数十个指令及其他规范性文件，同时，在第十四章论及"股权证券的国际发行"时，还涉及加拿大、澳大利亚、爱尔兰、新西兰、美国等诸多其他国家的相关法律规范，如美国《1933年证券法》《1934年证券交易法》《2002年萨班斯—奥克斯利法》《美国统一商法典》等。一部著作涉及如此庞大的法律群，在笔者接触的范围内，实属罕见。

该部作品体系宏大，还体现在其将公司融资的两种基本方式——股权融资与债权融资——进行了细致无遗的阐述。而且，每一部分均以"总—分"式的方式推进，既给读者以概貌式的了解，又详细地剖析了每一法律问题。这在一定程度上成就了本书宏大的体系。正是在这一意义，本书可以作为"公司金融法律"课程的良好教材。

其二，学科多元。以"公司金融法律原理"为研究对象的著述，不可避免地横跨法律、金融、财会等诸多学科领域。在本质上，"公司金融"的核心是效率，法律仅仅是把经过千百次市场重复交易而被证明最富有效率的融资结构安排，上升为法律规则，从而确立了市场预期，降低了交易成本。因而，要理解有关"公司金融"的法律，就必须对金融与财会的相关术语了然于胸。本书正是这方面的典范。

本书第三章即以"资本结构——法律、会计和融资的基本考量"为题，对股权资本术语、股份发行的会计处理、简单债务的特征（利息、资本收益及风险、控制）、股份净资产价值、股息估值、自由现金流估值、资本成本等进行了条分缕析式的阐述；在第四章"股本的构成"中，对于发行价格的确定、股份溢价的处理、股份溢价的许可使用、红股发行等纯粹的法律人士不太熟悉的问题，层层推进，并辅之以英国《2006年公司法》具体规定的阐释，读来顿有拨云见日之感。

正是由于本书自始至终贯穿了会计领域的学理及技术，诸多国家的《公认会计准则》《国际会计准则》《国际财务报告准则》等会计行业的规范性文件，也一体纳入了本书的论述范围，这进一步强化了本书宏大的体系。

其三，分析缜密。读者在阅读本书时将直接获得的观感是，本书分析之绵密，令人叹为观止！在分析法律问题时，本书往往先从法理（doctrine）说起，然后阐释现行成文法规则，接着运用大量的案例来回顾这些规则演进的过程，最后分析现行法律规则在当下面临着什么争议。本书逻辑体系之细密，远非一般的论著所可比拟。

例如，在第十章"财务资助"中，在论及"禁止的财务资助行为"时，本书先论及，对购买自身股份的行为提供财务资助，将侵蚀资本基础，减损保护债权人的力度，接着对以下诸种被禁止的行为以及该禁令的正当性基础予以细致的分析:以赠与方式提供财务资助、以保证或抵押方式作出的财务资助、以补偿方式作出的财务资助、以豁免或者弃权方式作出的财务资助行为、以借款方式作出的财务资助、通过其他约定来提供财务资助、借款合同或其他此类合同让渡或者更新了权利并以此提供财务资助、公司以导致净资产实质性减少的方式提供其他财务资助、没有净资产的公司提供的其他财务资助行为……不禁令人喟叹非法财务资助之花样繁多,与市场博弈之立法的精细和缜密!

同样的情形发生在第十二章"担保之债"中,该部分对"固定抵押和浮动抵押关键特点的比较""固定抵押或浮动抵押的分类""浮动抵押的固化"等问题的阐释,同样令人感叹法律逻辑的精细之美!

最后,一如既往地,我要感谢在翻译本书过程中提供了无私帮助的人们。尽管本书的每一个字均由我单独译出(因而我承担所有的文字责任),但如果没有胡曦彦等同学在录入注释等方面提供的大力帮助,本书的出版或许还要延后一段时间。另外,本书初译结束后,我把译稿打印出来发给学生,作为读书会的学习内容,汪丽丽博士等同学对于译稿存在的问题,提出了诸多宝贵的意见和建议;本书责任编辑、北京大学出版社的王晶女士,对于本书的出版,付出了大量的智慧和辛劳,在此一并致谢。尽管我们竭尽心力,力求保证译作的质量,但仍然可能存在错谬之处,在此恳请读者诸君批评指正。

罗培新
记于 2012 年岁首

智识恒久远,学术永留传
——第二版译后记

康河的水,静静流淌,经年不息。剑桥大学,这座享有学术盛誉的世界著名学府,数百年来,倒映在时光的涟漪里,看云卷云舒,花开花谢。

非常惭愧,我于剑桥大学,始终是个匆匆的过客,甚至只是个游客。所幸其间与本书作者艾利斯·费伦(Eilís Ferran)教授结识,使得剑桥于我,多了些学术的印记。

记忆深处的旧时光,细细碎碎地,交迭出剑桥的点滴回忆。

2001年5月,在北大读博士。得蒙恩师吴志攀教授举荐,以交换生的身份,到牛津大学交流学习。其间,安排过剑桥的自由行。彼时,三一学院的宏伟、牛顿苹果树的历史韵味、徐志摩笔下康河的柔美多姿,无不令人流连忘返。

2011年6月,时隔十年后,自己是一所新设法学院的创始院长,本着增强学术交流、拓展学术资源的初心,再次访问剑桥大学。行前,给艾利斯·费伦教授发了电子邮件,表达了拜访的想法。艾利斯·费伦教授非常友善地安排了那次会面,我们商定,希望下回见面的时候,我能够给她带去中译本。彼时,我正独自翻译其著作《公司金融法律原理》。

2011年12月,艾利斯·费伦教授应邀发来中译本序言。她不改学者本色,即便是作序,也认真如斯。在序言中,她提到,这本书与她在剑桥大学开设的一门课程有着很深的机缘。剑桥大学面向国际学生开设了"公司金融法律"的法律硕士课程,过去多年来,她很荣幸地成为这门课程的主讲教师。这门课程的出发点是,作为商事活动的一种工具,公司形态之所以受到广泛的青睐,其深层次的原因是融资方面的考量,而这后来也成为她写作此书的初衷。

2012年5月,有幸参与"金融创新与风险防控"培训班,在英国接受了为期21天的培训。授课地点就在剑桥。课程本身极富养分,最为难得的是,5月30日,已经担任副校长的艾利斯·费伦教授,特地前来看我们。我也如约带着中译本,她看到自己的著作已经被译成了中文,非常高兴,我们愉快地合了影。这样,一年前的约定,就此兑现。

那次剑桥之旅,还收获了一份意外的幸福。2012年5月26日,课程结束之后,团队组织了一次剑桥校园行。黄昏时分,夕阳的余晖洒落在金色的剑桥大学,给这所古老的学府平添了几分妩媚。此时,一位女士推着轮椅匆匆迎面走来,轮椅上坐着的居然是只能在电视和网络上见到照片的霍金本人,他歪着脑袋,似乎永远处于沉思状态,周遭的一切于其而言似乎并不存在。刹那间,巨大的崇敬充盈着我们的内心,我们只能愣在那里,目送着霍金消失于三一学院的大门之内。我们拿着相机,想记录下这一历史时刻,但显然,我们不能这样做,因为我们唯恐这会对沉思状态下的霍金,构成哪怕是片刻的打扰。

就这样,霍金与我们擦肩而过,我们记录下了这位世纪伟人的背影。此刻,我相信,我们每一位学员,都感受到学术的强大气场。

是的,在剑桥,统摄一切的力量,不是权贵,也不是金钱,而是学术!

2016年1月,本人与赵渊博士合译的著作《后金融危机时代的监管变革》出版,很有缘分,原作的主要作者之一,正是艾利斯·费伦教授。艾利斯·费伦教授在这部著作中,贡献了开篇之作《危机驱动之下的监管变革:欧盟究竟何去何从》。文章诺出不凡:绝不能浪费这些千载难逢的危机……至少在表面上,危机动摇了现状,并为新观念的涌现腾出了空间。自负的假设被推翻,人们开始了政策的研习,并强烈关注需要作出有力回应的事项。这些问题引发了显见的政治关注,必须纳入改革议程来加以推进……

而这一次,邀请沈志韬博士共同完成本书第二版的翻译工作,则算是与艾利斯·费伦的第三次神交了。志韬博士是年轻人,对学术很热忱,完成翻译后,我特地问,翻译的感受如何,他认真地写了一段:

> 在翻译过程中,我深切感受到本书的独特魅力。一是跨学科的理论性。本书以欧盟法和英国法为框架,结合不同学科知识,对公司融资活动中存在的法律问题作了理论分析,对我国的理论实践和制度设计也有较强的借鉴意义。二是跨时代的生命力。本书具有很强的生命力,跨越了两次世界性的金融危机,第一版在亚洲金融危机之后出版,第二版写就于2008年全球金融危机后,两个版本分别探讨了不同时期的法律制度的特点。近年来,世界格局以及各国的公司治理模式也发生了重大变化,十分期待本书能在未来继续再版。

是啊,智识恒久远,学术永传承!

生生不息、绵延不绝的,除了浩渺苍穹,就是学术了!

2020年9月19日